经典战史回眸　二战系列

阻击日轮

从拉包尔到巴布亚

冬初阳　著

WUHAN UNIVERSITY PRESS
武汉大学出版社

图书在版编目(CIP)数据

阻击日轮:从拉包尔到巴布亚/冬初阳著.—武汉:武汉大学出版社,2013.11

经典战史回眸·二战系列

ISBN 978-7-307-11865-2

Ⅰ.阻… Ⅱ.冬… Ⅲ.第二次世界大战战役—史料 Ⅳ.E195.2

中国版本图书馆 CIP 数据核字(2013)第 242013 号

责任编辑:王军风　　责任校对:鄢春梅　　版式设计:马　佳

出版发行:**武汉大学出版社**　(430072　武昌　珞珈山)

(电子邮件:cbs22@whu.edu.cn　网址:www.wdp.com.cn)

印刷:武汉中科兴业印务有限公司

开本:720×1000　1/16　印张:41.75　字数:797 千字

版次:2013 年 11 月第 1 版　2013 年 11 月第 1 次印刷

ISBN 978-7-307-11865-2　定价:68.00 元

目　录

第一章　黑云压城

日军南侵

1940年，日本对外侵略步伐加快，与欧美列强的矛盾日益明显。日本和美国在太平洋地区的利益冲突尤其激烈。一直以美国为主要假想敌的日本海军继续研究和修正对美战略计划，为即将开始的大战进行准备。日轮之火，试图烧遍整个西太平洋。

无论按照日本海军原先的近海邀击战略，还是联合舰队司令长官山本五十六海军大将提出的先发制人战略，确保日本在内南洋群岛——马里亚纳群岛、加罗林群岛和马绍尔群岛等地军事基地的安全都至关重要。对联合舰队而言，内南洋群岛最重要的战略支点就是加罗林群岛的特鲁克环礁，那里建有日本海军在海外最大的军事基地，一旦开战，将成为日本海军前线中枢。而英美盟国对特鲁克威胁最大的战略基地是距离特鲁克800海里，位于俾斯麦群岛主岛新不列颠岛东北的拉包尔港。

日本海军军令部认为，如果美英在拉包尔布置B-17“空中堡垒”式远程轰炸机，以B-17的作战半径计算，完全可以空袭特鲁克，一旦战争爆发，日军必须占领拉包尔，才能确保特鲁克的安全。

联合舰队从战略进攻的角度进一步阐述了占领拉包尔的意义。包括山本司令长官在内的联合舰队部分军官已经认识到制空权的重要性，在即将开始的战争中，日本与美英各国会为太平洋的航空基地展开激烈争夺。日军如果能够夺取拉包尔，可以将它扩建为与内南洋群岛的各航空基地互相支援的大型航空基地，形成日军最强大的右翼航空基地集群。更重要的是，如果日军能在拉包尔建成有力的海空基地，就能威胁新几内亚岛北岸和所罗门群岛，在南太平洋处于有利的战略地位。

日本海军军令部和联合舰队司令部一致认为，为确保日军的战略优势，必须攻占拉包尔，但陆军却存在不同看法。

1941年8月，日军大本营对未来南进作战的重要问题进行了交流。海军明确指出攻占拉包尔对日军的重要战略意义，强烈主张

■反对陆军对关岛和拉包尔用兵的陆军参谋次长田边盛武中将。

在开战后，陆海军联合攻打关岛、威克岛和拉包尔等地。陆军认识到在拉包尔等地作战必须得到地面部队支持，但他们认为海军应当依靠自己属下的陆战部队。陆军认为，无论拉包尔多么重要，都和陆军没有关系，拉包尔这种海岛基地不属于陆军的职责范围。陆军参谋次长田边盛武中将直言："在（拉包尔）那样的小岛上部署小规模陆军部队，就像在大海里撒盐。"

海军为争取陆军参与拉包尔攻略，艰苦斡旋。按照日军大本营不成文的规定，南方作战正式开始后，陆军负责东南亚的地面作战，海军负责太平洋海域作战，而西南太平洋的作战任务则由陆海两军分担。1941年9月底，陆军对马来亚攻略计划进行了磋商。他们预计，由于盟军在新加坡要塞的海空力量还相当强，陆军沿马来半岛推进的速度会相当缓慢。他们认为，当时驻中国广东的第38师团无法在东婆罗洲的攻略部队之前，到达苏门答腊岛南部。9月28日，陆军大本营和第16军参谋联席会议提议，南海支队在攻下关岛之后，前往苏门答腊岛的巨港，以最快的速度到达当地油田。

而海军计划在开战初期就迅速拿下婆罗洲的美里油田，他们强烈希望根据战争需要，能尽快入侵拉包尔、安汶和古邦（帝汶），但海军没有足够的地面部队实施自己的计划。

10月，陆海军经过进一步磋商，相互作出让步，以确保各自计划顺利实施。海军陆基航空部队将尽全力支援陆军尽快完成马来作战。作为回报，陆军会派遣南海支队，协助海军攻下拉包尔。然而陆军依然强调，在南海支队完成拉包尔作战后，将会被划入负责荷属东印度作战的第16军战斗序列。

1941年11月3日，大本营在提交给天皇的对英、美、荷战略计划中，仍将俾斯麦群岛列为需占领的重点区域，陆军"南海支队将与海军合作入侵拉包尔，占领当地机场"。

11月6日，大本营发布南海支队战斗序列，下达准备攻占关岛的命令。南海支队由第55师团步兵指挥官堀井富太郎少将指挥，以楠濑正雄大佐的第144步兵联队、穗积镇雄中佐的第55山炮联队第1大队、高森八郎大尉的第55工兵联队第1中队和川岛清喜中尉的第55骑兵联队第3中队为基干。支队绝大部分士兵都是第55师团驻地四国岛本地人。

第55师团是1940年7月，以第11师团国内留守部扩编的一个师团，训练水平不俗。南海支队长堀井少将在1932年“一·二八”淞沪战役期间，是上海派遣军司令部幕僚。1938年7月，堀井出任第82步兵联队首任联队长，在中国华北战场度过了将近20个月的战斗岁月。1940年3月，晋升少将的堀井回国在第11师团留守司令部供职。他是一位阅历丰富，拥有足够实战经验的指挥官。南海支队大部分都经过他精心训练和调教，实力不容忽视。

11月8日，支队长堀井少将来到大本营接受关岛攻略命令和陆海军中央协定的指示。同月14、15日，日军大本营在岩国举行

■南海支队首任支队长堀井富太郎少将。

了陆海军现地协商会议，与会的堀井少将和第4舰队司令长官井上成美海军中将就作战细节问题进行了讨论。

按照大本营陆海军中央协定，开战之初，海军航空部队从塞班岛出发，空袭马里亚纳群岛南部的美国军事基地关岛，摧毁美军舰艇和防御设施。南海支队由第4舰队护航，迅速占领关岛。确定占领关岛后，海军接替该岛防务，随后南海支队由海军护航，转赴特鲁克，伺机入侵西南太平洋的俾斯麦群岛，攻占新不列颠岛的拉包尔港。南海支队登陆前，海军飞机会先对俾斯麦群岛进行航空侦察，必要时发动空袭。

12月4日上午9点，南海支队在第4舰队护卫下，从母岛出发，驶向关岛。护航舰队一路都没有遇到敌军。8日，日军在罗塔岛附近海域进行了登陆部署。随后，各舰开始分别进入锚地。从8日起，驻特鲁克岛的第4舰队所属海军航空部队和水上飞机母舰“圣川丸”号的舰载飞行部队，持续对关岛发动空袭，击沉美军巡逻艇“企鹅”号，破坏了岛上的主要军事设施。

10日凌晨0点到1点之间，日军各舰先后进入锚地。大约2点30分前后，日军按既定部署，南海支队本部与楠濑部队（第144步兵联队第2和第3大队为基干）在关岛南部的东西两岸登陆，塚本初雄中佐指挥的塚本支队（第144步兵联队第1大队为基干）和林海军中佐指挥的海军塞班第5守备队在北部西岸登陆，夹攻美军。

■美军驻关岛总督乔治·麦克米林海军上校青年时代的相片。

美军驻关岛总督乔治·麦克米林海军上校部下守备队仅有约230人，自知兵力相差悬殊，只得向日军投降。10日16点30分，日军进占阿加尼亚市的关岛政厅。两天后，堀井支队长宣布关岛扫荡战全部结束，日军正式占领关岛。

太平洋战争初期，日军在东南亚节节推进。盟军在马来亚、菲律宾、缅甸等地全面被动，香港、马尼拉等地先后失陷，形势极为不利。根据美英两国达成的“欧洲优先”原则和盟军在太平洋战场的现实处境，盟军被迫放弃增援东南亚的企图，在新几内亚岛、俾斯麦群岛和所罗门群岛等地构筑对日战线，拱卫同盟国在西南太平洋的大后方——澳大利亚。澳大利亚大陆正面临有史以来的最大危机……

澳大利亚的困境

1939年9月，欧战爆发后，英联邦成员国澳大利亚即成为大英帝国战车的重要组成部分。1939年底，第一批澳大利亚士兵奉命开赴中东战场。德国的亚洲盟友日本对英国在远东的殖民地垂涎三尺，为加强马来亚和新加坡要塞的防御力量，英军除了向东方舰队增派战舰外，就近从澳大利亚调集兵力协防。为履行对宗主国英国的义务和自身安全的需要，两年多时间里，澳大利亚向马来亚派遣了大量军队，舰艇和飞机。

■远东盟军总司令，英国陆军上将阿奇博尔德·韦维尔爵士。

■驻澳美军首任司令兼远东盟军副总司令乔治·布雷特中将。

1942年1月，日军对马来亚、缅甸、荷属东印度和菲律宾的攻势全面展开。澳大利亚政府批准加入美国、英国、荷兰和澳大利亚四国组成的远东四国盟军司令部（American, British, Dutch, Australian Command，简称ABDACOM）。英国陆军上将阿奇博尔德·韦维尔爵士在印度就任远东盟军总司令，驻澳美军（United States Army Forces in Australia，简称USAFIA）司令乔治·布雷特中将出任副总司令。驻澳美军成立才几个星期，主要职责为：一、尽最大努力突破日军封锁线，向菲律宾输送物资；二、为美国陆军航空兵达尔文航空基地和荷属东印度群岛的前进基地提供补给支援。韦维尔上将的职责是率领远东盟军坚守马来防线。马来防线包括马来半岛、苏门答腊、爪哇、帝汶一线，以及澳大利亚西北沿海水域。盟军自知整个东南亚难以逃脱沦陷的命运，而澳大利亚不仅是盟军在西南太平洋最后的大后方，还会成为将来盟军反攻的重要支援基地，绝对不容有失。

根据盟军的计划，美国将以最快速度在澳大利亚建成强大的航空基地，对日军在爪哇的前沿基地展开空中打击，驻澳美军将成为远东四国盟军的坚实后勤部队，同时负责美国陆军航空兵空袭爪哇的补给任务。美国的飞机和物资将从美国西海岸出发，经南太平洋的新辟航线，沿夏威夷—圣诞岛—坎通岛—萨摩亚—斐济—新喀里多尼亚等一系列美属岛屿，运抵澳大利亚东海岸。运抵澳大利亚的大部分飞机和军用物资由韦维尔将军统一支配，用于维持马来防线，另一部分用于防卫澳大利亚大陆东北和东面的新几内亚岛、俾斯麦群岛和所罗门群岛等地，保障盟军南太平洋交通线的安全。

当时澳洲大陆西北部在盟军马来防线的拱卫下相对安全，但日军握有西太平洋的制海权，澳洲东北部和附近岛屿已经完全暴露，随时可能遭到日军进攻。为了澳大利亚东北的安全，必须加强新几内亚岛、俾斯麦群岛和所罗门群岛的防御力量。

新几内亚岛，地处西太平洋的赤道南侧，面积80万平方公里，是世界第二大岛，西邻东南亚，南隔阿拉弗拉海和珊瑚海与澳大利亚大陆东北部相望，东毗俾斯麦群岛和所罗门群岛海域，是连接亚洲和大洋洲的交通要冲，战略地位十分重要。该岛分为两个地区——东南部巴布亚半岛和东北部各地为英属新几内亚，西部为荷属新几内亚。英属新几内亚的领土还包括俾斯麦群岛的新不列颠岛和新爱尔兰岛，以及北所罗门群岛的布卡岛和布干维尔岛。除此以外，南所罗门群岛也属于盟军西南太平洋防御体系。

澳大利亚的军事实力无力负担如此广大的区域。1941年末，澳大利亚总人口刚过700万，当时已经参战2年，为了宗主国对抗轴心国的事业，许多澳大利亚战士背井离乡，前往世界各地。在日军大举南侵时，9个皇家澳大利亚空军（Royal Australian Air Forces，简称RAAF）中队分别在英国，中东和马来亚服役。另有8800名澳大利亚人直接加入英国皇家空军。皇家澳大利亚海军主力——2艘重巡洋舰和3艘轻巡洋舰追随英国皇家海军在地中海和印度洋执行任务，近期刚回到本国海域。澳大利亚仅有的受过严格军事训练和装备齐全的常备陆军——澳大利亚帝国军团（Australian Imperial Forces，简称AIF）的4个师，几乎都在国外。第8步兵师（欠1个旅）在马来亚。其他三个师——第6、第7和第9师都在中东。12月8日，太平洋战争爆发次日，英国首相丘吉尔试图将澳大利亚第6和第7师的6个旅全部调往马来亚，但由于路途遥远，先头部队1942年3月上旬才到达目的地，已经无力挽回败局，大部队便停止调运。第8师在本土只留下第23旅的3个营，其中2个营后来分别被派往荷属东印度加强荷兰驻军，最后1个营在1941年3、4月间被派往拉包尔，和一个新几内亚志愿兵分队一同守卫当地的海空设施。

1941年底，澳大利亚本土几乎不设防。日军大举南进时，皇家澳大利亚空军的165架作战飞机绝大部分都在马来亚。留在澳大利亚的作战飞机只有29架“赫德森”式中型轰炸机和14架“卡塔利纳”式飞艇。澳大利亚仅有的战斗机种——过时的“布鲁斯特水牛”式战斗机，全都在马来亚，皇家澳大利亚空军只能用本土产的“韦拉韦”式战斗机充数，而这种教练机在实战中几乎毫无用处。

地面部队情况也好不到哪里去。除了部分培训军官和没有一辆坦克的一个澳大利亚皇家装甲师外，再没有接受过军事训练的士兵。留守部队都是民兵而已，至少再要经过几个月的训练才能参加实战。

当时的澳大利亚本土防卫部队——澳大利亚军团（Australian Military Forces，简称AMF）由两部分组成：常备部队（1939年9月在编28000人）和国民军团（Citizen Military Forces，简称CMF）。按照澳大利亚法律，澳大利亚军团只负责澳大利亚本土和巴布亚的防务。澳大利亚军团装备很差，野战装备严重不足，直到1942年2月，这个军团都只配备最低数量的轻武器，一共被编为7个民兵师，战争爆发时，充其量只接受过简单的单兵训练。

澳大利亚政府原计划将民兵部队规模扩

地图一　新几内亚半岛东部，俾斯麦群岛和所罗门群岛

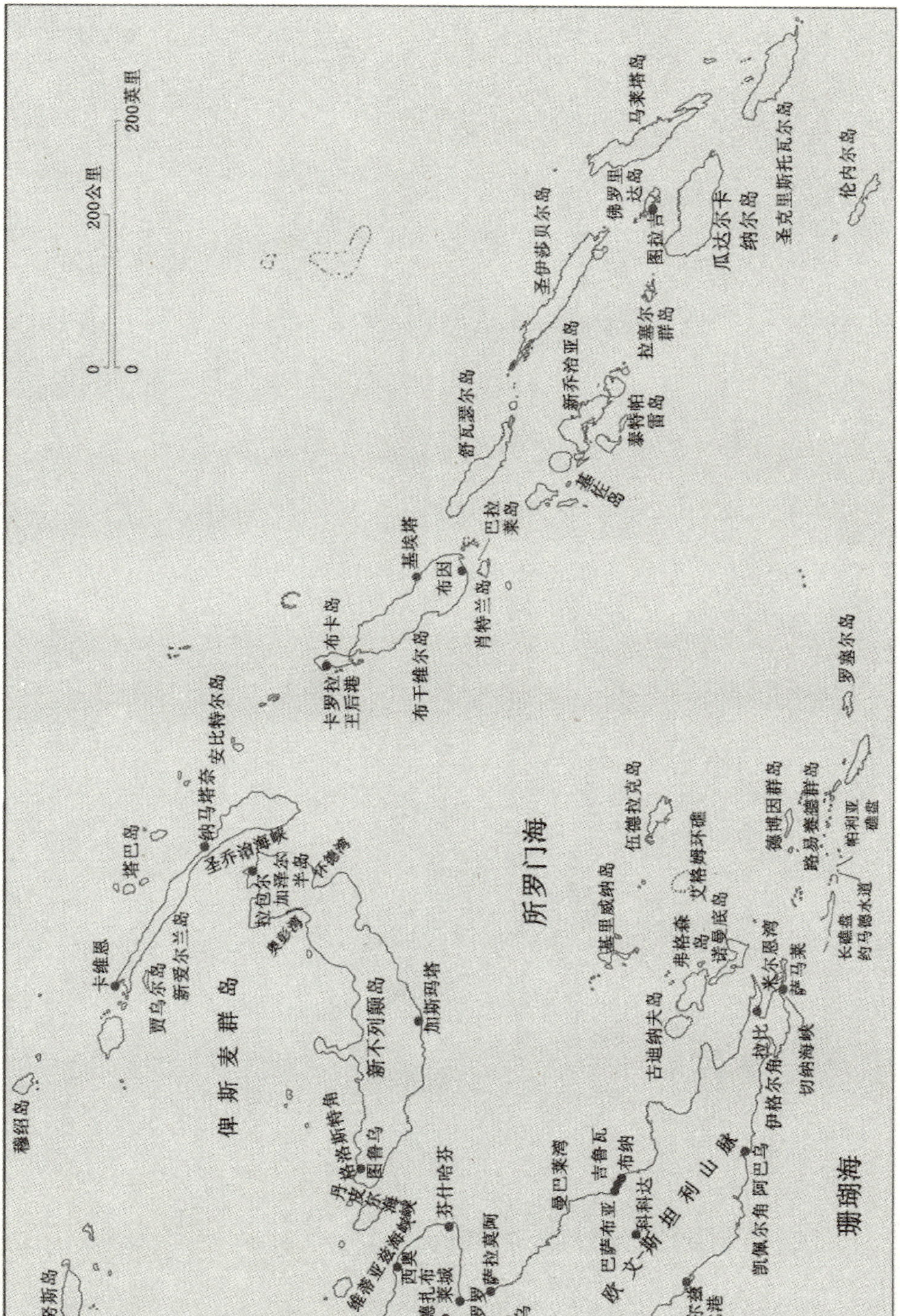

■拉包尔之战时期，聊胜于无的“韦拉威”式战斗机。

■飞行中的澳大利亚皇家空军的2架“赫德森”式轰炸机。

充到25万人，但1941年间，前往各地训练营报到的人数刚到这个数字的一半。按照原定的民兵训练计划，为保证受训的民兵不会因为接受军事训练得病而失业，被征召的民兵会在兵营和家里分别受训3个月，但这对提高训练水平有害无益，绝大部分民兵后来重新进行全日制军事训练时，水平和完全未经训练的新兵没有差别。

澳大利亚还拥有一个大约5万人的志愿防卫部队（Volunteer Defence Corps，简称VDC），按照法律规定，能够用于防卫本土。这支义勇军部队主要由一战时期的退伍军人组成，年龄普遍偏大，他们兼职参与军事任务不取任何报酬，精神可嘉，但只能使用自备武器，包括陈旧的猎枪和鸟枪，几乎不能形成战斗力。

澳大利亚将领面临的最主要问题是，如何最大限度发挥质量不尽如人意的军队的作用。开战后，他们的第一个问题就是必须决定是否增强澳大利亚东北方拉包尔等地的防卫力量。

澳军总参谋部经过仔细研究，认为在本土军队普遍缺乏训练、装备不足、海空兵力匮乏的条件下，要想防卫东北方的军事要地，尤其是拉包尔，难度太大。澳大利亚本土现有的部队即使去增援拉包尔等地，也很可能一去不回，唯一的后果是削弱本土的防御。1941年12月15日，澳军总参谋部建议澳大利亚战时内阁维持拉包尔驻军数量不变，既不增兵也不削减，但必须加强莫尔兹比港的兵力。他们认为新几内亚岛东南岸的莫尔兹比港位置比拉包尔更靠近本土，相对更易防御，一旦遭到日军进攻，更有把握守住。他们建议向莫尔兹比港增派一个营，将当地守军增加到一个旅，这已经是澳大利亚现在能在本土以外维持的最大兵力。澳大利亚的主要人力和资源必须尽可能在本土集中，当前的形势迫使澳大利亚必须做好在本土抵抗日军入侵的准备。

战时内阁接受了总参谋部的建议，调整了部署。澳大利亚土地广袤，海岸线漫长，当时的公路和铁路设施建设还相当薄弱，有限的兵力只能用于防御少数几个重要区域。各类军需物资都分配到各军管区，以便就近调配。澳军主力都被集中在澳大利亚的工农业核心基地——布里斯班、纽卡斯尔、悉尼和墨尔本等地。较小规模的几支部队在南部，西部和塔斯马尼亚岛驻防，几个独立步兵部队在达尔文、汤斯维尔、凯恩斯和星期四岛布防。莫尔兹比港增派一个加强营，而拉包尔等东北防线的守军，只能自生自灭。

如此一来，澳大利亚东北方的形势变得十分严峻。除莫尔兹比港之外，东北各地都只象征性地配备了少量兵力，这使莫尔兹比港失去纵深保护，存在巨大隐患。1942年1月，一个加强营的援兵到达莫尔兹比港后，驻军虽达到3000人，但只有一部分接受过系统军事训练。驻军重火力只有1个152毫米岸炮连，1个94毫米高炮连和少量反坦克炮，空中力量也只有少得可怜的卡塔利纳飞艇和

“赫德森”式中型轰炸机。一旦日军大举进攻，很难想象依靠这样的兵力能够守住。

莫尔兹比港西北，是东北新几内亚山脉的最高峰，守军规模比港口小得多。澳大利亚帝国军团第1独立连的一个排和数百名新几内亚志愿兵，在标高3000英尺的布罗罗山谷驻防。战前布罗罗曾以当地的金矿闻名。这个山谷拱卫着瓦乌的一座小型山地机场，机场的战略地位十分重要。从瓦乌机场出发的飞机可以直飞休恩湾，控制山谷到休恩湾最重要的两个据点莱城和萨拉莫阿之间的原始道路。守军的兵力实在太弱，无力同时防卫莱城和萨拉莫阿两地，便全力据守山谷。一旦日军进犯，他们就从山谷出动，进行骚扰和游击战，如果将来得到足够的援兵，再一同将日军赶下海。

地图二　澳大利亚防务分布图

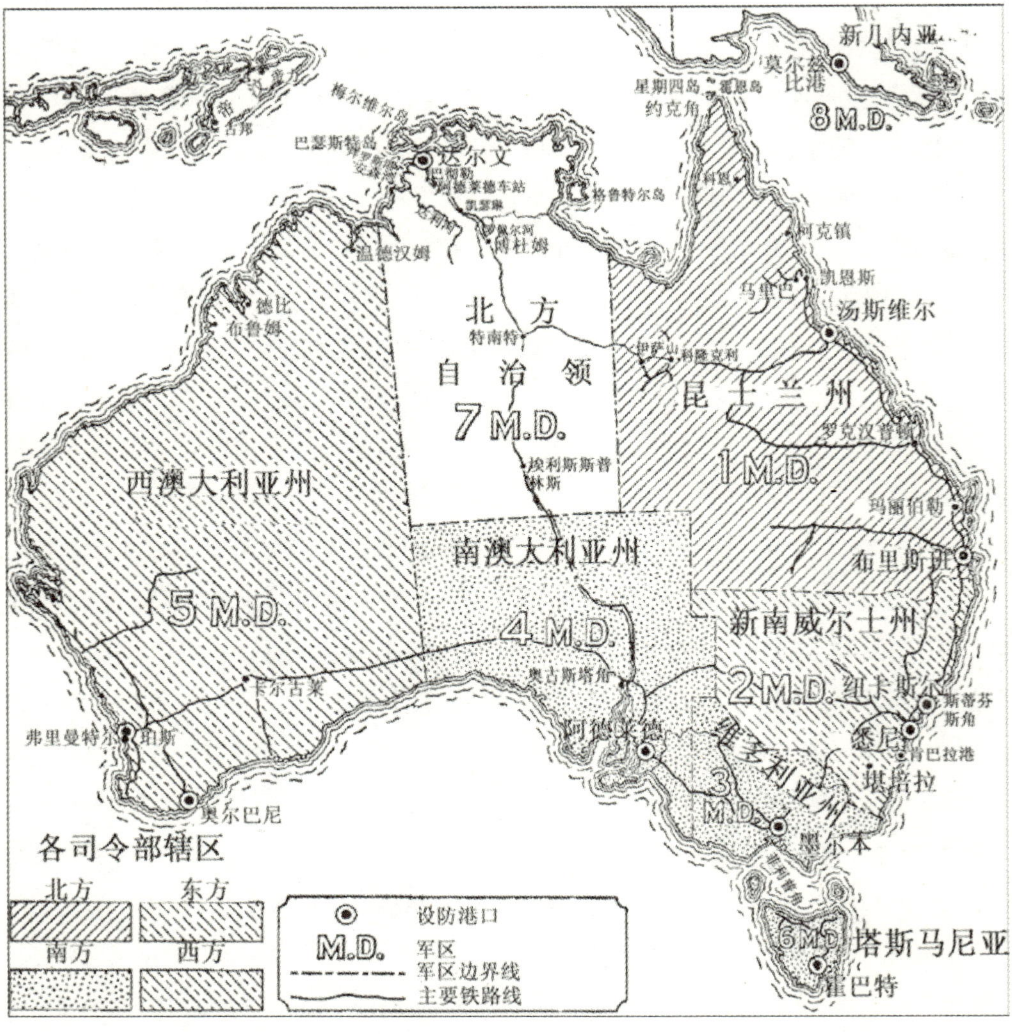

新不列颠岛最初是德属新几内亚的一部分，一战时期被澳大利亚夺取。全岛呈月牙形状，全长595公里，平均宽度约80公里，几乎都是蜿蜒崎岖的山峦，大部分被热带雨林覆盖。拉包尔附近的雨林中修建了公路，地面交通较为便利，从拉包尔通往岛西部的道路由于地形限制，大部分都只能沿海岸修筑，直通大海，而内陆地区几乎没有道路通行。气候和其他热带岛屿一样，终年高温炎热，潮湿多雨。

拉包尔位于新不列颠东北加泽尔半岛的一片活火山带之间（1937年曾有过爆发记录），面临布朗奇湾，是一个天然良港。布朗奇湾沿岸有两个内港——辛普森港和马图皮港，可供30万吨船舶停泊。港湾沿岸是一片环形山岭。山岭最高点位于乌纳卡瑙机场东北的拉鲁亚纳海角，标高1500英尺。山势从拉鲁亚纳由南向北逐次降低，辛普森港岸边的马拉古纳西面600英尺的位置为最低点。山岭向北绵延，到达港湾东北岸后，奇峰突起，形成三座高峰——北女峰、母峰和南女峰。南女峰南麓的普拉埃德角向南俯瞰整个布朗奇湾，澳军在这里修建了岸炮炮台。在辛普森港北岸，北女峰和母峰之间，是一片大约1.2公里宽的开阔地，澳大利亚人在这里建成了拉包尔城镇和拉库乃机场。拉包尔城镇南面是马图皮火山，山口堆积着大量火山灰。

拉包尔镇通过三条主要道路通往港口的其他地方：炮台路从普拉埃德角炮台通过拉库乃机场直达拉包尔镇；那马努拉路从海岸穿过那马努拉山进入拉包尔镇；最重要的乌尔坎路在拉包尔镇郊外和一条叫“隧道山路”的小路相连，这条小路将乌尔坎路和港湾北岸的公路系统连成一片，乌尔坎路向南经马拉古纳军营，再经科科波，一直延伸到东海岸的普特普特。马拉古纳和乌尔坎间有一条名叫“大北斗”的陡峭小路，连接两地之间的次级道路，先后通过4号和3号路口，从乌纳卡瑙机场北部，经塔里里加普，穿过科科波山路，最后与拉鲁亚纳东面的乌尔坎路延伸段交会。山岭包围的内陆地区大部分地势平坦，覆盖着茂密的丛林，但乌纳卡瑙机场周围是一片高低起伏的茅草地。加泽尔半岛之间错落着无数狭窄的原始小径，连通各个原始村落，这些道路陡峭崎岖，行走不便。半岛水资源丰富，河溪遍布。小溪水浅，一般可以直接涉水通过，水流较大的克拉瓦特河、托留河和瓦兰格伊河等主要河道，必须乘船通行。

1941年3、4月间，霍华德·哈蒙德·卡尔中校的澳大利亚帝国军团第23旅第2/22营奉命进驻拉包尔。J.沃尔斯塔布中校的80名新几内亚志愿兵在当地协防。1941年年底，卡尔营又得到几支小规模部队增援。后来进驻拉包尔的还有J.R.P.克拉克少校的一个岸炮连，带来2门152毫米火炮和一些探照灯。8月16日，D.M.塞尔比中尉率领的一个53人的炮兵分队又带来2门76.2毫米高射炮。9月29日，G.马特森上尉的第17反坦克炮兵连，

地图三 拉包尔及新不列颠岛东北部

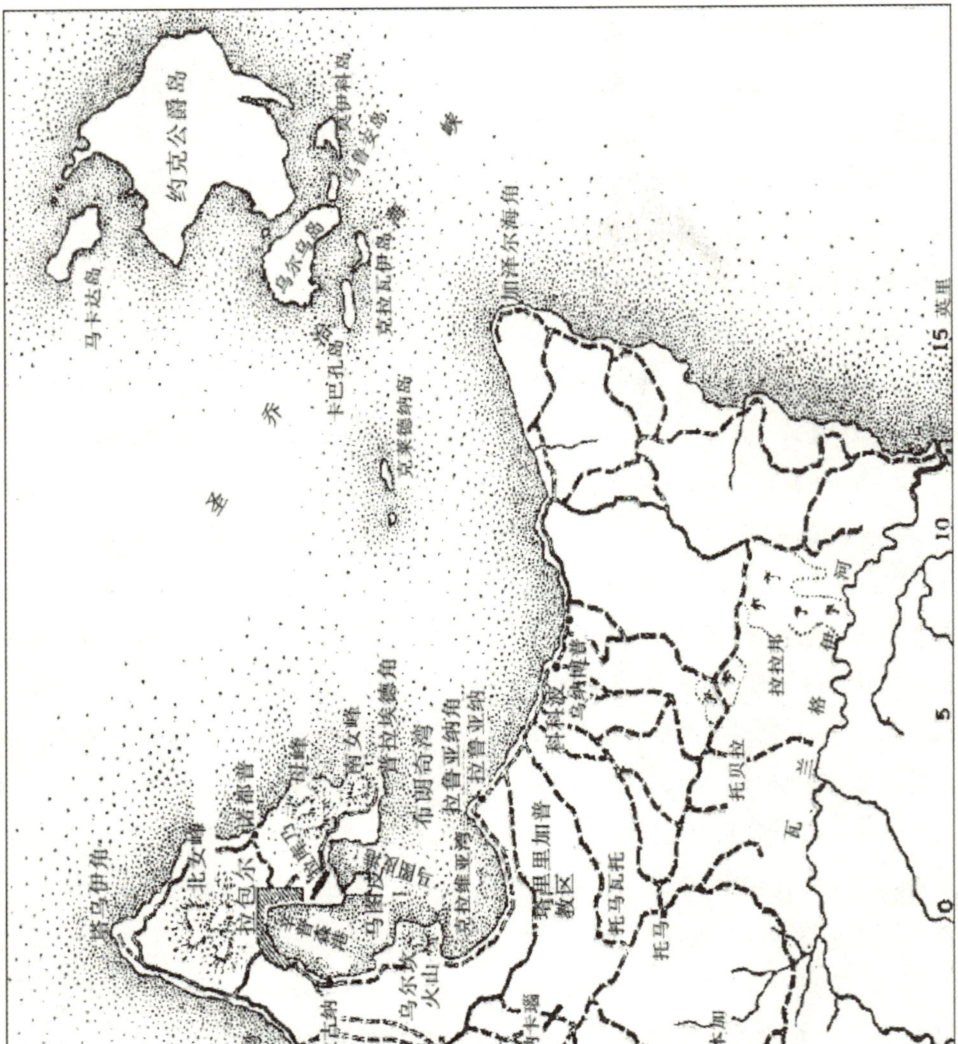

■拉包尔镇和那马努拉山之间的林荫道。

一共110名官兵进驻拉包尔。后来，E.C.帕默少校指挥第2/10野战医务营的一个分队和6名护士也一起来到拉包尔。战争爆发时，卡尔加强营的总兵力达1400人。另有皇家澳大利亚海军的几位军官和陆军一同镇守拉包尔。

新不列颠岛以外的广大地区只有J.埃德蒙斯·威尔逊少校指挥的第1独立连（欠1个排）的300名官兵把守。极其有限的这点兵力还不得不分兵把守，该连各分队分别派驻阿德米勒尔蒂群岛的洛伦加乌，新爱尔兰岛的卡维恩，所罗门群岛的布卡岛和塔南博加岛，还有新赫布里底群岛的维拉岛。只有所罗门群岛有少量皇家澳大利亚空军的卡塔利纳飞艇和航空人员协防。

此外，各岛屿之间的战略要点还有后来被称为“海岸观察哨”的小股澳大利亚侦察人员活动。通常，他们只负责监视当地居民的活动，一旦日军出现，立即用无线电通知澳军。海岸观察哨为执行侦察任务进行过长期准备，很快他们就会在战争中发挥重要作用。

1941年7月到10月间，马图皮火山进入活跃期，拉包尔镇被大量火山灰覆盖，镇上的居民和驻军士兵都不胜其扰，植物大量死亡。9月9日，英属新几内亚总督麦克尼柯尔爵士以躲避地震灾害为名，带领他的少数办公人员，从拉包尔移驻新几内亚本岛的莱

■从科科波山路看到的拉包尔港。

城。拉包尔驻军一时群龙无首，亟待新任军事主官到来。10月8日，参加过第一次世界大战的约翰·约瑟夫·斯坎兰上校来到拉包尔，就任驻军司令，统一指挥当地的武装力量。12月间，勒鲁中校指挥皇家澳大利亚空军的一个分队，将4架“赫德森”式轰炸机和10架“韦拉韦”式战斗机开入拉包尔机场。太平洋战争爆发后，日军的零星侦察机不时会出现在拉包尔周边空域。

■驻拉包尔澳军司令约翰·约瑟夫·斯坎兰上校青年时代的相片。

拉包尔上空的战争气氛愈来愈浓，但1942年1月，澳军本土部队主力根据战时内阁的命令，集中在本土布防，不会向东北外围防线的拉包尔等地增兵，斯坎兰上校只能依靠手中一个加强营的兵力。而日军南海支队已经磨刀霍霍，准备进攻拉包尔。

空袭拉包尔

1941年底，日本海军第4舰队主力在特鲁克，陆军南海支队在关岛，分头为进攻俾斯麦群岛进行准备。

登陆点的选择对登陆战能否顺利进行至关重要。日军一共准备了三个登陆方案：

1.在科科波登陆，占领登陆场，攻入拉包尔镇。

2.在拉包尔西面的新不列颠岛北岸登陆，从后方进攻拉包尔镇。

3.在拉包尔周围进行多点登陆，从几个方向同时进攻。具体而言，直取拉包尔镇和当地机场，在塔乌伊角和普拉埃德角之间的海岸登陆，再进攻通往拉包尔的主要道路。

科科波的登陆条件最好，但一战时期，英联邦军队就是在那里登陆的，澳军肯定会在当地重点设防。

从后方攻打拉包尔的第二方案固然可取，但沿岸的珊瑚礁会给登陆部队带来很大麻烦，而且根据航空侦察报告，澳军很可能在这一带竖立了不少人工障碍物，会使登陆的困难加大。

和前两个方案相比，第三方案的可行性最高。在拉包尔的道路之间，很可能存在塔乌伊和普拉埃德角的岸防炮火都无法射击的死角，日军能找到相对安全的进军路线，但也存在问题，那就是直接进攻拉包尔城镇和机场稍嫌鲁莽。此外，情报显示，拉库乃机场西面的海岸有许多洼地，而且树木茂盛，会给登陆造成困难。

南海支队长堀井少将权衡后，决定采用第三方案，三管齐下，直取城镇、机场和两座炮台之间的海岸。根据情报，堀井少将认定澳大利亚守军兵力严重不足，他的目的就是利用敌军的这个致命弱点，以优势兵力同时发动多路进攻，在澳军来不及组织防御体系之前，就用最快速度攻克机场等主要目标，迫使澳军溃散。

12月23日，南海支队参谋长田中丰成中佐先从关岛飞抵特鲁克，与海军进行初步协商。1942年1月5日，堀井富太郎少将来到特鲁克岛，在军舰“香取”号上，与第4舰队司令长官井上成美中将就“进攻拉包尔的陆海军协定”达成共识。堀井很快就回到关岛，1月10日会见负责护航的海军第19战队司令志摩清英少将，对相关战术细节进行了进一步讨论。

当时日军在东南亚各条战线的进展都十分顺利，于是大本营决定让南海支队按照预定时间，进攻拉包尔。1月4日，大本营向

■太平洋战争初期的日军第4舰队司令长官井上成美中将。

堀井少将发布“须协同海军，大致于1月中旬以后，尽速攻占俾斯麦群岛”的命令。按原定计划，南海支队攻克拉包尔后，如果条件允许，应当将当地防务转交给海军，然后前往帕劳群岛集结待命，但当时南进作战十分顺利，南方军总部有充足的战略预备队可用，无须立即动用南海支队，于是大本营修正原计划，命令南海支队攻占拉包尔后，就地驻防待命。

1月4日起，海军第4舰队下属的特鲁克基地航空兵，开始对拉包尔实施空袭，为南海支队登陆作战进行准备。10点30分，共计22架日军轰炸机对拉包尔的拉库乃机场一带实施空袭，总共投弹超过50枚。3枚炸弹命中机场跑道，17枚落入附近的土著人村落，大约15名土著人丧生，另有多人负伤，另外30枚直接落入大海，没有造成更多破坏。澳军的2架“韦拉韦”式战斗机升空试图截击日机，但一无所获。塞尔比中尉的2门高炮立即反击，但射程不够，没有任何用处。当天晚些时候，日军的11架飞机又对乌纳卡瑙机场进行了两轮空袭，这次效率更低，仅有1枚炸弹命中机场跑道，其他炸弹都落在四周，一名土著居民被炸死。

1月8日，支队长堀井少将在关岛旧政厅的支队司令部，下达拉包尔作战命令：“支队主力负责攻占拉包尔镇及东（拉库乃）机场，有力之支队一部攻占西（乌纳卡瑙）机场，预定登陆日为1月23日。”

与此同时，特鲁克的日军航空兵对拉包尔和卡维恩等地的空袭日渐频繁。1月9日，为了探明日军意图，皇家澳大利亚空军中尉R.A.约沃特驾驶一架“赫德森”式轰炸机，从卡维恩出发，只身飞往拉包尔以北700英里的特鲁克日军基地。日军根本没料到处于绝对劣势的澳大利亚空军居然有人胆敢只身闯入虎穴，没发现约沃特的飞机进入特鲁克上空。特鲁克港口内外都被约沃特看个正着，他发现港内大批日军舰艇和飞机都整装待发，在为南下进攻进行准备。返航后，约沃特向拉包尔驻军司令官斯坎兰上校汇报了侦察结果。日军很可能会在近期大举进犯拉包尔，斯坎兰忧心忡忡，但他已无法从本土得到增援。

1月14日13点30分，日军南海支队分乘9艘军舰，从关岛阿普拉港起航。舰队最初笔直西进，当夜转向东南，直取拉包尔。1月17日上午7点，从特鲁克出发的第6鱼雷战队（欠第30驱逐战队）和第4舰队运输舰一部，在沃勒艾环礁西侧会合。两路舰队组成新的护航队形，浩浩荡荡向拉包尔全速前进。当时日军已经取得西太平洋制海权，南海支队的运输船队没有遇到任何干扰，19日即向南越过赤道，加速逼近拉包尔。

1月20日起，除特鲁克的日军陆基航空兵外，奇袭珍珠港以后，完成休整的第1航空舰队一部，也开始对拉包尔、卡维恩，以及新几内亚岛东北部莱城和萨拉莫阿等地的盟军航空基地发动空袭。

1月20日中午刚过，拉包尔驻军司令部

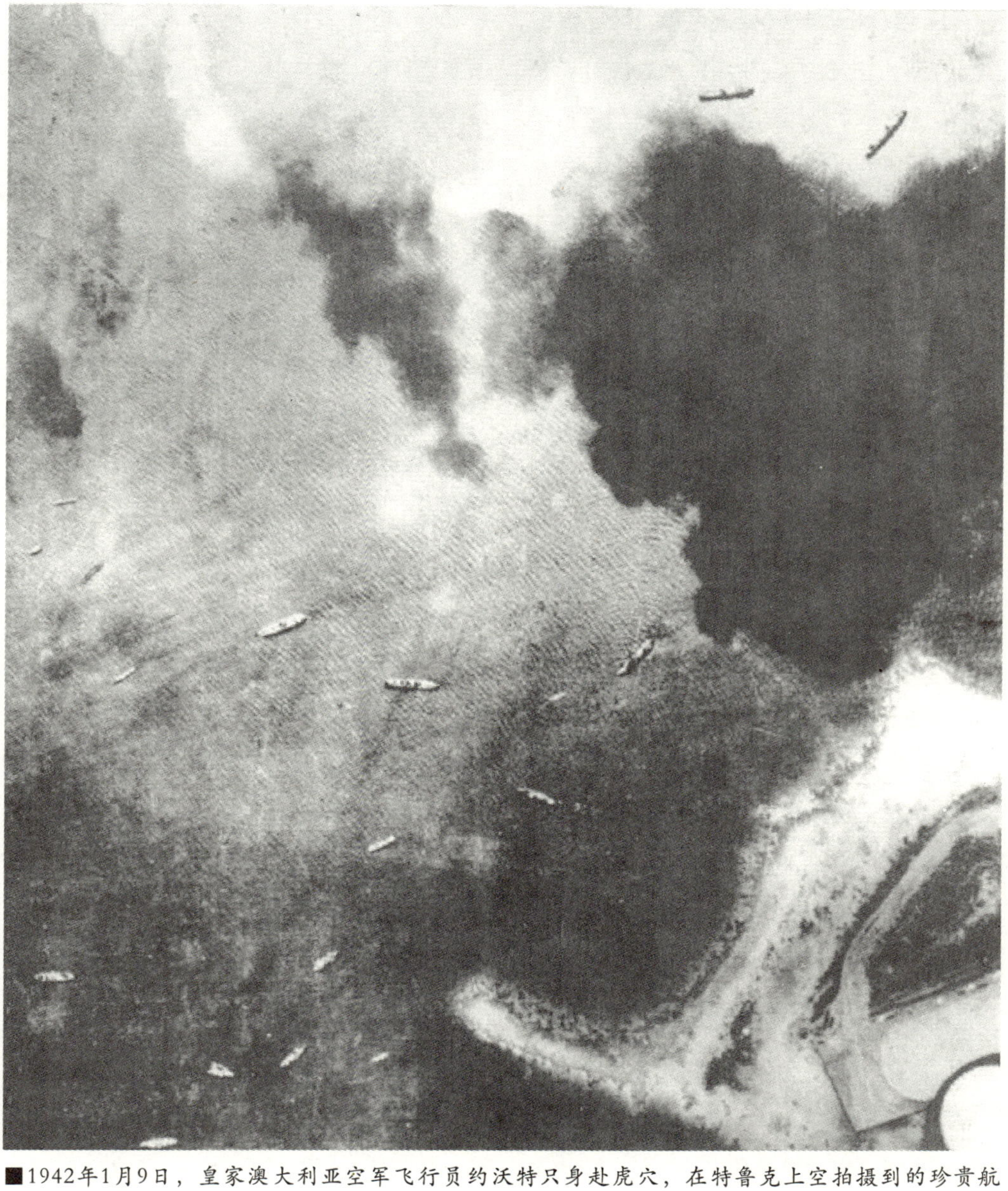

■1942年1月9日，皇家澳大利亚空军飞行员约沃特只身赴虎穴，在特鲁克上空拍摄到的珍贵航空侦察照片。

突然接到新爱尔兰岛东部塔巴岛海岸观察哨佩吉少尉急报——20架敌机正经过塔巴岛飞往拉包尔上空！

“整整20架！”通信员不禁感慨道，“比我们的全部家当多一倍还不止”。一旁斯坎兰上校眉头紧锁：“这20架恐怕只是第1波而已，后面还不知有多少敌机！”不容丝毫犹豫，他立即命令在15000英尺高空巡逻的2架“韦拉韦”式战斗机加强警戒，一旦发现敌踪，立即报告。

第1波日机很快飞抵拉包尔上空，空中巡航的2架“韦拉韦”战斗机赶紧向机场发出警报。拉包尔机场的澳军飞行员们很清楚现在和日军空战几乎等于送死，但他们依然驾驶另外6架“韦拉韦”战斗机，义无返顾地冲上蓝天对抗日军。1架“韦拉韦”战斗机在升空时不幸因故障坠毁，落入乌纳卡瑙机场附近的草丛。空战的其他7架战斗机不过几分钟就全部被迫退出战斗，其中3架被日机击落，2架在战斗中坠毁，1架在迫降时尾翼受损，仅有1架安全降落。飞行分队的6位飞行员和机组成员阵亡，5人负伤。

中午12点40分，斯坎兰上校最担心的事发生了。第1波日机的空袭还在继续，第2波从西方飞来的23架日机已飞抵拉包尔上空。这波日机成功避过澳军的海岸观察哨，在他们到来之前，拉包尔没能得到任何警告。仅存的战斗机分队已无力再战，日机能不受干扰地对拉包尔港口的船舶、码头、机场和其他任何目标实施打击。日军的重型轰炸机，飞艇和水上飞机肆无忌惮地投掷着炸弹。“零”式战斗机呼啸着向港口，码头和军营发射连梭机枪子弹。日军飞行员兴致勃勃，个别日机还在空中要起了飞行特技，向澳军示威。斯坎兰上校和卡尔中校气愤至极，这个时候，海岸观察哨偏偏又送来一个特大坏消息：50架日机已经飞临新不列颠岛加泽尔海角和新爱尔兰岛之间的约克公爵岛上空，马上就会赶到拉包尔。

日军的这次空袭一共动用了约120架作战飞机，前后大约持续45分钟。拉包尔港内的挪威货船“赫斯泰恩”号中弹起火，另一艘废船“维斯特拉利亚”号被击沉。日机仅有1架重型轰炸机在进行低空轰炸时，被澳军高射炮击落。拉包尔机场的澳军飞机只有1架“赫德森”轰炸机和2架“韦拉韦”战斗机还没有被毁。

噩梦般的1月20日终于过去了，第二天日军暂时没有继续空袭，但当天早晨，一架卡塔利纳侦察飞艇发回的警报让拉包尔驻军司令部的所有成员都倒吸一口冷气——卡维恩西南65英里海域，发现4艘日军巡洋舰，正全速向拉包尔行驶。很快卡维恩基地发来急电，他们遭到日军猛烈空袭。下午，斯坎兰上校急召2/22营营长卡尔中校和他的副官史密斯上尉。斯坎兰将敌情简单讲述一遍，告诉他们，他估计日军巡洋舰队大约会在夜间10点左右出现在拉包尔附近海域。

拉包尔的现状你们很清楚，我不希望看到我们的部队被日本人的舰炮屠杀。

斯坎兰上校无奈而痛苦地命令卡尔中校让他的部队全部撤出马拉古纳军营，卡尔点头称是。马拉古纳军营位于拉包尔辛普森港岸边的一片开阔地，很容易遭到日军舰炮攻击，斯坎兰的处置是正确的。F.E.谢尔上尉的一个连将被转移到拉鲁亚纳，其他各连也做好准备，随时转移。斯坎兰嘱咐卡尔等人以“例行训练”的名义传达转移命令。斯坎兰的出发点是为避免战士们产生紧张情绪，尽快转移，但由于太过仓促，导致部分战士进入战斗位置以后，没有带足干粮、奎宁和其他必需品。

情况紧急，为保存拉包尔的最后一点空中力量，勒鲁空军中校开始安排他的部队离开。21日下午，2架“韦拉韦”式战斗机飞往新几内亚东北的莱城机场。22日天亮前，留守的最后1架“赫德森”式轰炸机装载着伤员，离开了乌纳卡瑙机场。随后澳军着手破坏机场，他们在跑道和建筑物里埋藏了100多枚航空炸弹，后来全部引爆。日军即使占领机场，也要花费一番工夫重建，才能使用。

22日上午8点，日军出动45架战斗机和俯冲轰炸机，再度空袭拉包尔。乌纳卡瑙机场遭到日军机载机枪猛烈扫射，俯冲轰炸机肆无忌惮地压低高度投弹。驻守机场的澳军步兵连在连长E.S.阿贝尔上尉带领下，竭力用机枪和轻武器还击。日机袭击乌纳卡瑙机场以后，转向普拉埃德角炮台飞去。炮台施工期间，普拉埃德角一带的所有芭蕉树和其他原生植物都被砍伐一空，通往炮台的宽阔碎石路就像一个大型地标，日军战斗机和轰炸机不费吹灰之力，就在空中锁定目标。激烈的轰炸和机枪扫射将普拉埃德角炮台毫无遮挡的岸防炮阵地炸了个七零八落。大爆炸在普拉埃德角掀起了大片烟尘，高位炮塔被炸得粉碎，大炮落下，砸中了低位的大炮，炮台指挥官也负了伤。炮台守军合计11人阵亡，有些人进入防空洞避难，结果防空洞被日军炸塌，全都窒息而死。

日军的空袭终于结束，普拉埃德角炮台渐渐安静下来，航空分队已经撤离，机场也被日军的炸弹和澳军自己的爆破队破坏殆尽，斯坎兰上校决定抓紧时间撤退。离开之前，他命令将当地的一切设施都尽量破坏，同时疏散拉包尔镇上的居民。

日军登陆

22日上午，日机前所未有的猛烈空袭，主要是为掩护登陆舰队。当天早晨，日军登陆舰队已进入新不列颠和新爱尔兰岛之间海域。这时，天空乌云密布，突然下起阵雨。护航舰队向海岸线逐渐推进，舰队司令官志摩少将不免担心澳军会发觉日军动向，出其不意发动突袭，而他实在多虑了。

16点20分，旗舰“冲之岛”号接到“津轻”号发来的信号：“‘津轻’号和第2支队正按原定计划脱离战斗队形。”夜间8点15分，南海支队长堀井少将下达准备登陆的命令，拉包尔攻略战即将开始。

和日军相比，澳军更为忙碌。15点30分，澳军总算发现日军舰队。斯坎兰上校从高炮阵地得到消息，一支日军护航舰队正在接近拉包尔海岸。斯坎兰不敢大意，赶紧派N.R.麦克劳德少校去确认真伪。麦克劳德回报，他从高炮阵地的望远镜里看到“海平线上一共出现11艘船舶，正在向东南方向行驶”。这支日军护航舰队主要由驱逐舰、巡洋舰和运输舰组成，另外还有一艘水上飞机母舰。随后麦克劳德又观察了半个小时，直到这支护航舰队在他的视野中消失。根据他的估算，这支舰队合计由20艘舰艇组成。

日军随时会在拉包尔登陆，澳军必须抓紧时间破坏本地的军事设施，组织撤退。16点，工兵引爆了镇上的军火库。巨大的爆炸对拉包尔造成了较大破坏，同时产生了巨大的负面作用——驻军司令部的无线电受到严重干扰，已无法正常工作。这样一来，拉包尔仅剩下托马的一部电台可以传输信息，在得到日军舰队抵达的准确消息之前，主要的对外联系方式已经被破坏。

斯坎兰上校将他的司令部转移到3号路口和塔里里加普之间，重新布防。日军可能会在拉包尔港内登陆，为防止他们将拉包尔镇的对外交通线完全切断，斯坎兰决定将部队从拉包尔镇和马图皮一带全面撤往布朗奇湾南岸。拉库乃机场的W.T.欧文少校的一个加强连破坏机场后，已向乌尔坎的预备阵地转移。普拉埃德角炮台的R连向4号路口的预备阵地转移。驻守塔里里湾沿岸的C.L.麦金尼斯上尉的一个连向南转移，通过4号路口后，继续向南前进1英里，进驻3号路口的一个隐蔽阵地，防备日军从乌尔坎或者科科波一带登陆。乌纳卡瑙机场的地形对防御有利，阿贝尔连原地坚守不动。4号路口的R.E.特拉弗斯上尉的一个连，得到R连增援以后，继续坚守4号路口一带阵地，防备日军从塔里里或科科波一带来犯，一旦日军进犯乌纳卡瑙机场，相机增援阿贝尔连。帕默少校的野战医护支队和6名护士早先已在那马努拉山组成一个战地医院，现在携带伤病员一同转移到较为安全的乌纳博普一带。塞尔比中尉的高炮分队奉命炸毁所有无法转移的火炮，随后转移到拉鲁亚纳，和谢尔上尉指挥的一个连一同行动。所有部队根据斯坎兰的命令，全都转移到拉包尔镇西面和南面地区。

塞尔比分队的炮兵得到毁炮的命令，个个心情悲愤。对炮兵来说，大炮不仅是他们的武器，更是他们的伙伴和骄傲，但迫于形势，他们唯有强忍悲痛，亲手将伙伴毁掉。

17点，各部队都已到达新阵地。斯坎兰上校下令，在塔里里湾通往新阵地的三条次级道路上设置路障，还布置了反坦克炮。麦金尼斯上尉负责监督施工，他在每个路障周围划分防区，另外安排人员在塔维罗和科科波山道之间，以及“大北斗”路一带巡逻。

与此同时，欧文少校带领他的加强连在乌尔坎火山西北的预备阵地就位。他让新几内亚志愿兵分队（拥有2挺机枪和一门迫击炮）和A.克拉克中尉第17反坦克炮连的2门反坦克炮在“大北斗”路和乌尔坎路的岔道口布防；W.G.格兰特中尉的第7排在乌尔坎火山地势较低的北坡，镇守全连左翼阵地；第9排在格兰特排西南约1200码的阵地组成全连右翼；第8排位居前线两个排后方约1000码的位置，充当连预备队。欧文为前

■拉包尔通往科科波的道路。

拉鲁亚纳的谢尔连陆续得到一些兵力加强，但谢尔连和增援部队都缺乏必要的施工工具，直到夜间11点，各排的战壕和隐蔽工事才草草完成。不久，各部队还没有从施工的疲劳中缓过劲儿来，谢尔上尉就下令各部按最新指示重组阵地。L.D.亨利中尉的一个排镇守右翼，一个巡逻队警戒乌尔坎至科科波道路的岔道口。A.R.托尔摩中尉的一个排位于全连中央。A.C.米尔尼中尉的一个排驻守全连左翼的一个小水库，他们还得到5名新几内亚志愿兵和一挺机枪支援。

这时，塞尔比中尉率领的高炮兵已经到达3号线的两个排各配备了1挺机枪，3门连属迫击炮布置在连部附近，一旦需要，会立即送往前沿阵地。原岸炮连和工兵在乌尔坎阵地和“大北斗”路之间布防。

各部队紧张地进入新阵地就位，平民乘坐各种交通工具，或者徒步沿着去科科波的道路疏散。远处的拉包尔镇和码头设施正在燃烧，滚滚浓烟直冲天际，令人产生一种不祥的感觉。

路口。他们接到斯坎兰上校的命令，要去拉鲁亚纳加强谢尔连。天早就黑了，没有受过步兵训练的高炮兵夜间行军十分困难。他们爬上两辆卡车，一路跌跌撞撞通过塔里里加普，向拉鲁亚纳驶去。天空落下濛濛细雨，道路变得泥泞湿滑，严重影响行车速度。为避免被日军发现，斯坎兰早已下令不得使用一切照明工具，卡车只能在黑暗、狭窄、泥泞的道路上辗转前进。等他们到达拉鲁亚纳，已经接近午夜。谢尔连见到满脸疲倦的塞尔比分队，赶紧分派给他们每人一杯热汤。塞尔比分队自从午饭以后，就再也没有吃过任何东西，这杯热汤好比久旱逢甘霖，吃相都不免有些难看。随后谢尔上尉带着塞尔比中尉巡视了一遍防御阵地。海滩上没有更多防御工事，只有一道刚挖掘出来的短壕沟。谢尔命令塞尔比将他们带来的一挺“维克斯”重机枪安置在海滩上，他从连里抽调5名步兵保护这个机枪阵地。塞尔比分队主力则进驻山上标高数百码的一个德国人遗留的炮兵阵地，相机支援海滩上的步兵。

时钟指向23日凌晨，澳军士兵上下惴惴不安，不知将有多少日军士兵会出现在他们眼前。日军船队按照预定部署，22日夜间10点30分已经在距离登陆海岸3到5海里的海面就位。当天晚上，拉包尔周围海域风速只有1米/秒，非常适合登陆。天空乌云密布，能见度很低，只有马图皮活火山口的火光能让日军判定方向。

这一夜的新不列颠海域几乎没有月光，好在星斗满天，微弱的星光能够让日军看清海岸轮廓。潮水起落迅猛，船舶在海浪中颠簸起伏。21点48分，拉包尔山脉的火山口先后两次喷出火光，正好给五六公里以外的日军登陆舰队指明方向。火山平息后，护航舰队司令官志摩少将下令“准备进入锚地”。就在这个时候，舰队后方的“中国丸”号运输舰却和主力失去了联系。“中国丸”号上搭载144步兵联队第4中队和山炮大队，负责攻打塔乌伊角炮台，如果不能及时归队，必定会对作战造成消极影响。

22点35分，志摩少将再度下令：“立即前往锚地，准备登陆作战。”海面上一度刮起的强劲西北风逐渐减弱，海浪平息下来，非常适合登陆。指定时间临近，“中国丸”号依然没有就位。登陆部队主力144步兵联队长楠濑正雄大佐决定，不等第4中队和山炮大队就位，率领两个分队先行登陆。大约23点，各运输舰纷纷放下登陆驳船。“津轻”号奉命暂时离开护航舰队，去寻找“中国丸”号。

23点40分，登陆艇已经全部离舰，放入大海。先头部队乘坐的登陆艇穿过水面，逐渐驶向海岸。新不列颠主岛看上去漆黑一

■海军第19战队司令，拉包尔登陆舰队总指挥志摩清英海军少将。

片，正在登陆的日军都很紧张，不时相互高声询问：“你们被攻击了吗？”“你们是不是被攻击了？”很快，他们就发现自己太多虑了。日军没有遭到澳军远程岸防炮火射击，远处喷发的火山口和拉包尔城镇燃烧产生的火光，让夜空呈现出奇异而瑰丽的色彩，成为日军登陆的最佳航标。23日凌晨1点5分，南海支队全体登陆部队都已乘坐登陆艇下海，向拉包尔海岸全速进发。

第一波日军登陆的海岸在日军地图上被标为“最合适的登陆点”，实际上却是个高出海平面大约2米的土坎。幸运的是，澳军并没有派兵在这一带驻守。海滩后方是一片森林，日军先头部队为寻找道路，在森林里摸索了30多分钟，终于发现了一个三岔路口，他们探明了道路，留下标记，随后继续进山搜索。

日军的目标明确，登陆之后，以优势兵力尽快占领和控制拉包尔镇、港口和机场。按照预定计划，支队长堀井少将亲率支队直属队、配属部队和144步兵联队主力（楠濑部队）在拉包尔镇东面，母峰西北的诺都普海岸登陆，直取拉包尔镇；塚本初雄中佐的144步兵联队第1大队在普拉埃德角炮台（日军称为“中岬炮台”）和马图皮港海岸登陆，占领炮台和拉库乃机场；桑田亥四郎中佐的第3大队在乌尔坎火山两侧海岸登陆，占领乌纳卡瑙机场。

根据日军的情报，普拉埃德炮台共有大约10门岸炮，为了保证日军能顺利攻占拉包尔城镇和拉库乃机场，必须尽快拿下这个炮台。护航舰队司令志摩少将向南海支队长堀井少将表示，如果陆军无法在凌晨4点拿下炮台，为了避免军舰遭到澳军岸炮攻击，他必须将整个舰队撤退到离岸5公里海域。

堀井少将给负责占领炮台的第1大队第2中队长上野义鹿中尉下了死命令：“如果你的中队凌晨4点还不能占领炮台，你就直接切腹吧！”接令的上野中尉只觉得后脖子发冷。凌晨1点20分，上野中队的数百名官兵先于大队主力登陆，心中都惴惴不安，就怕遭到澳军岸炮炮击。凌晨2点10分，上野中队按计划推进到普拉埃德角以西1500米的方位。整整50分钟，日军都没有听到哪怕一声炮响，路上虽遇到一些铁丝网之类的障碍物，却没有看见一个澳军。

上野中队跑步前进，很快就抢占普拉埃德炮台，在炮台上发现了2门被摧毁的岸炮，但情报显示澳军在当地一共有10门岸炮，另外8门呢？日军在炮台和普拉埃德角其他地方仔细搜寻，都再没找到1门炮。时间飞速流逝，凌晨4点马上就到了，上野中尉虽然早有为国尽忠的思想准备，但现在还没有遇上一个“鬼畜”，就要为完不成任务切腹，实在不甘心。部下一名军官提醒上野，是否情报有误，实际上澳军在这里只有这两门炮。上野心中一动，然而事关重大，不敢草率结论，万一另有岸炮隐藏在普拉埃德后方的南女峰，对即将在港湾停泊的日本军舰仍是个巨大隐患。为确保万无一失，上野没有急于向支队司令部报告，而是率领中队主力先抢占领南女峰高地。

凌晨0点18分，桑田亥四郎中佐的第3大队已经完成了全部准备工作，开始登陆。按照预定计划，桑田中佐亲率大队主力在乌尔坎火山南侧海岸登陆，直取乌纳卡瑙机场，第3大队第8中队则在拉鲁亚纳（日军称为“南岬”）西侧海岸登陆，建立阵地，保护大队主力的左翼，第9中队则在乌尔坎火山北侧海岸登陆。

桑田大队的登陆点沿岸有几座低矮丘陵，夜间也无法安放登陆标记，对日军在指定地点靠岸十分不利。为避开丘陵，浜田正英中尉的第9中队改在乌尔坎火山北面海岸登陆。可是大队长桑田中佐不明就里，以为第9中队在他率领大队直属队和第7中队在预定的乌尔坎南海岸登陆后，率先向乌纳卡瑙机场推进了。为避免盟军飞机从机场出动，袭击登陆部队，桑田中佐急于向乌纳卡瑙进军。问题是在航空照片和地图上，通往机场的道路都被丛林覆盖，完全无法辨别准确位置。这样一来，日军只能让先遣工兵伐木开道，然后桑田才能率领步兵和其他部队前进。

桑田中佐率大队主力在丛林中蹒跚前进时，第9中队很快就和澳军遭遇。驻守乌尔坎一带的澳军欧文加强连，早在凌晨1点，已能凭借火山口的火光，依稀看见海面上的日军登陆艇，苦于手中没有远程岸防火炮，无法攻击登陆船队。2点25分，欧文连左翼第7排隐约能听见日军在辛普森港沿岸上岸的动静，同时看见日军登陆艇正在向他们的阵地靠近。2点30分，在全连阵地前沿巡逻的J.N.琼斯下士点火发信号给战友们——日军已经在邻近海滩靠岸！

这个时候，7排的士兵们已经能看见日军在拉包尔港口和城镇登陆的火光。排长格兰特中尉马上打电话给连长欧文少校。欧文少校丝毫不敢怠慢，将敌情报告驻军司令。

K.G.海尔中士的一个班打响了阻击日军的第一枪。当时他们依稀能看清正在邻近海滩靠岸的日军登陆艇轮廓。日本兵纷纷跳下船，笑声，说话声都传了过来，有一个日本兵向周围打起手电筒，察看地形。班里的战士们都下意识地举起了枪，嘴巴里却已经没了唾液。绝大部分日本兵都下了船，海尔中士觉得时机已到，一声令下，全班的1挺刘易士轻机枪、1挺汤姆森冲锋枪和8支步枪一齐开火，打了日军一个措手不及。

“日本人登陆了，支援乌尔坎的弟兄！”拉鲁亚纳附近的澳军岸炮阵地听见枪声，打响了维克斯重机枪，尽管天黑命中率不高，但重机枪的声势依然骇人。

海尔中士唯恐火力不足，请求连部迫击炮支援。几分钟后，A.J.柯克兰中士就和他的部下带着一门迫击炮进入阵地就位。日军所在的海岸距离7排阵地不过40码，迫击炮如果射击精度不够，很容易伤到友军。柯克兰中士沉着指挥，澳军的迫击炮弹每次都准确落在海岸线附近。日军接连发动两次冲

地图四　1942年1月23日凌晨拉包尔澳军布防图

■维克斯式重机枪。

地，找到通往乌纳卡瑙的道路。

拉鲁亚纳的谢尔连因为阵地施工仓促，较为简陋，情况比欧文连糟得多。凌晨2点45分，柳濑义卫中尉的日军第8中队在托尔摩排和米尔尼排阵地之间的海滩上岸，很快就突破谢尔连的前沿阵地。为避免全连阵地被日军突破分割，谢尔上尉下令撤退。全连一路撤退，各排逐次等待从科科波山路后撤。3点30分，日军全面渗透谢尔连前沿阵地，他们的子弹已经射入谢尔连后方阵地。3点50分，包括塞尔比中尉的炮兵在内，谢尔连已经全面撤出拉鲁亚纳，运兵卡车装载着溃败的澳军士兵和装备，在夜风中缓缓向塔里里加普驶去。澳军的右翼已完全被突破。柳濑中尉随后派一个小队继续向科科波进军。

锋，都被澳军的强大火力阻止。对欧文加强连的左翼阵地进攻受挫，中队长浜田中尉被迫改变战术，率部向乌尔坎火山南面运动，迂回山间峡谷，企图通过欧文连的阵地。

日军兵力雄厚，欧文连左翼的格兰特排刚刚顶住日军的进攻，右翼的第9排就向连部报告，在克拉维亚湾登陆的日军正向澳军挖掘的壕沟运动。几分钟后，欧文连和营部之间的电话线在乱军中被炸断，通信被迫中止。几个日本兵手擎军旗，一马当先，大队日本兵紧随其后。9排的步枪和机枪响了起来，日军旗手被打个正着，抱着军旗一头栽倒，鲜血很快将军旗染红。当时桑田中佐率领的大队主力正在通过乌尔坎南麓的丛林，听见从北面传来的枪声，误以为那是从拉包尔镇上传来的枪声，没有派部队去接应。天亮后，桑田大队主力才在丛林中的中央高

桑田大队主力在推进途中，先后遇到从拉包尔撤出的小股澳军，被第8中队击溃的澳军谢尔连和另一部澳军，三次都进行了短暂的战斗，不过桑田的目标明确，就是乌纳卡瑙机场，并没有恋战，继续向前推进。

拉包尔沦陷

凌晨4点过去了，南海支队依然没得到上野中队的战报。志摩海军少将下令所有船舶全部向离岸5公里海域转移。南海支队长

堀井少将咕哝一声，只得下令144步兵联队第1大队主力暂不登陆，改让第55骑兵联队第3中队第二波登陆。

上野中队在南女峰前前后后搜索了将近2个小时，没有找到哪怕一枚炮弹壳。凌晨4点25分，各舰还在传达志摩少将的命令，南女峰上空出现3颗白色信号弹，那是上野中队通报攻略炮台成功，部队可以全面登陆的信号。日军司令部上下如释重负，志摩海军少将连忙收回成命。

上野中尉背负着巨大心理压力，仍不愿在确定没有其他岸炮的时候就发信号，因此耽误了25分钟时间。后来日军才知道，他们的情报错了，普拉埃德炮台一共只有2门岸炮，10门岸炮完全是讹传。

看见突击信号的日军运输舰全面进入拉包尔港。塚本初雄中佐率领的第1大队主力在马图皮岛东岸登陆，第3中队在马拉古纳海岸登陆。澳军早已撤走，日军没有遇到抵抗，只有第3中队会遭到乌尔坎火山方向射来的流弹威胁。清晨5点，塚本中佐命令第3中队直取拉包尔镇。

塚本大队主力登陆时，南海支队长堀井少将已经离开“横滨丸”号运输舰，随骑兵中队一起登上驳船。这个时候天气转好，堀井少将认为战况正在向积极方向发展，于是决定让骑兵中队在拉包尔港西岸的2号码头登陆，截断澳军从镇上撤退的路线。

5点30分，堀井少将来到马图皮东岸。在下达了所有后续地面部队继续登陆的命令后，再次登上驳船，向拉包尔港口西岸驶去。几内亚志愿兵很快发现了他们，J.C.阿切尔中尉指挥迫击炮手炮击，给日军制造了不小的麻烦，一颗炮弹还打伤了日军的驳船。日军骑兵中队冒着乌尔坎的澳军迫击炮火，依次在码头登陆。

南海支队主力（144联队长楠濑大佐率领的第2大队和支队直属队一部）在诺都普海岸登陆的时间比塚本大队略迟。凌晨4点左右，一度掉队的“中国丸”号运输舰回到登陆队列，船上的第4中队很快在支队主力登陆的海滩靠岸，随后沿北岸公路扫荡北女峰一带后，占领北岬的塔乌伊炮台。早晨6点20分，冈崎正男中尉的第4中队占领北岬，但根本没有发现任何炮台。日军在一名土著指引下，找到了炮台遗迹，原来这里的旧炮台早已被日军飞机摧毁。冈崎中尉留下必要的少量哨兵警戒，随后率中队主力沿塔里里湾一侧的公路向拉包尔镇靠拢。

清晨5点30分，能势宗吉中尉的第1大队第3中队进入拉包尔镇，发现镇上已空无一人。稍后，堀井支队长率支队司令部部分随员在拉包尔镇西郊和第2大队长堀江正少佐会合。堀江简要汇报了第2大队和骑兵中队目前的态势。堀井随后来到拉包尔的唐人街，见到144联队长楠濑大佐和第1大队长塚本中佐，从他们那里了解更多战况。塚本向堀井报告，他的部队已经占领遭到严重破坏的拉库乃机场。

上午6点，太阳从远处的海平线上升

起，驻守乌尔坎山的欧文加强连左翼阵地7排长格兰特中尉向连长报告，经过三个多小时激战，他们排的弹药已告罄。欧文连长让D.F.菲尔德上尉和J.N.奥尔内二等兵两人设法给7排送一些补充子弹。这点弹药只是杯水车薪，很快欧文少校只得下令撤退。日军浜田中队的后续登陆驳船就在欧文连原先的阵地前靠岸。日本兵下船后，快速向内陆纵深渗透。原先乌尔坎山低坡上的迫击炮火还能对日军造成一些杀伤，但日军先头部队已经推进到迫击炮火射程之外，只有左翼格兰特排的轻武器和机枪还能打击这些侵入澳军阵地的日本兵。浜田中尉及时命令部下在乌尔坎山周围散开队形，日军在人数方面本来就有优势，这样一来，格兰特排的处境更加危险。激战中，澳军损失了一挺机枪，机枪手E.P.萨利加里二等兵也中弹负伤。

欧文连左翼的情况开始恶化，右翼9排稍后给连部的报告让欧文连长更加沮丧。日军一部已经在9排右翼外围迂回，正试图包围他们。不消片刻，急报再次传来：日军正在向乌尔坎山背面前进。一旦日军大部队成功迂回到乌尔坎山西面，抢占4号路口，欧文连将会被彻底孤立。形势越来越不利，驻守4号路口的特拉弗斯连得知欧文连的险情，向乌尔坎山方向发动了一次反击。特拉弗斯连能抽调的兵力有限，加上组织不力，很快就被日军挫败。拉包尔仅有的一些澳军飞机已经撤走，日军飞机肆无忌惮地对欧文连实施低空轰炸，港口里的日军运输舰也在用舰炮打击他们的阵地，欧文连的退路——“大北斗路”随时都有被日军切断的危险。早上7点，欧文连长命令格兰特中尉带领他的排沿公路撤往4号路口，其他各排为他们提供火力掩护。

日军的登陆艇已经在海岸卸载了辎重，很快就架起了反坦克炮，向澳军开火。接到撤退命令的格兰特排正登上卡车的时候，又有四五艘日军登陆艇逼近大北斗路和欧文连连部之间的海岸。留下掩护的8排和9排一直坚持到7点30分，欧文连长得知他们实在无法坚持，终于允许他们撤往4号路口。这时，欧文少校只知道拉鲁亚纳的谢尔连已经撤出阵地，除此之外，对其他各部的情况一无所知。为防万一，欧文决定，一旦4号路口已经失守，全连将撤往科科波南方的托贝拉。8排和9排的战士们在撤往4号路口中途的灌木丛中接到了欧文的后续命令，当时他们正遭受港口停泊的日军舰炮火力打击。欧文和军医西尔维曼上尉带领伤员，最后才撤出阵地。

前文已述，23日凌晨2点30分刚过，由于电话线被破坏，位于3号路口和4号路口之间的指挥部已经和乌尔坎、拉鲁亚纳两地都失去了联系。凌晨3点，斯坎兰上校和卡尔中校带领指挥部转移到塔里里加普。斯坎兰上校命令特拉弗斯连从4号路口转移到塔里里加普，就地构筑阵地，控制科科波山道。澳军在塔里里加普建有一个观察哨，拉库乃和乌纳卡瑙两个机场，以及整个拉包尔港都一览无余。黎明时分，澳军哨兵清楚看见海港入口停靠着整整31艘各式船舶。3艘日军驱逐舰列成一线，耀武扬威，登陆艇和驳船在深水区和海岸之间来回穿梭，将兵员和物资陆续运送上岸。一艘日本商船已经在政府码头停靠，似乎在宣告日本人将成为这里的新主人。这时，斯坎兰和卡尔料到欧文连的处境将变得十分危险，急需撤退。年轻的营情报参谋B.G.道森中尉自告奋勇，带领一名司机和一名助手，乘坐一辆军车沿海岸线去乌尔坎寻找欧文连。按照指挥部的命令，道森小组将穿过陶留亚教堂，找到欧文连，然后带领他们撤退。

昨晚被雨水冲刷的路况相当糟糕，道森小组的车一路蹒跚前进，正要转过最后一个弯角，到达陶留亚教堂时，前方出现了整整一个小队的日军和几个土著人。一名当地的德国传教士正在和为首的日军军官握手。道森记得早些时候，他曾见过这个德国教士，当时这位教士满面春风，似乎预示着会发生什么事情。现在道森终于恍悟，原来德国的盟国日本会占领这里，而日军还能得到教士安排的土著向导带路。道森心头一凉，现在他不能再走这条路去接应欧文连撤退了。他正在叹息，50码外的日军已经发现了他们，抄起家伙就射来一梭子弹。汽车来不及躲避，连中数弹，当场抛锚。道森和其他两名乘员急忙夺路而走。L.W.史密斯二等兵（绰号“卷毛”史密斯）慌不择路，绕过车头时，中弹身亡。道森和肯尼迪运气好，躲进了附近的灌木丛。

营长卡尔中校并不知道情况有变，一直在焦急地等候消息。欧文连的联络员好不容易找到卡尔。卡尔赶紧向斯坎兰上校报告情况，欧文连已经开始撤出阵地。这时已经6点30分了，斯坎兰命令麦金尼连守住3号路口，掩护欧文连撤退。15分钟后，为了安全起见，斯坎兰再度将指挥部撤往托马瓦托。

3点10分，特拉弗斯连奉命进入塔里里加普的预设阵地，守卫科科波山路，进入阵地后，立即抓紧时间挖掘壕沟，布置阵地。特拉弗斯连的阵地大约位于科科波山道前方2000码。O.莫里斯中士的一个排形成全连左翼，位于一处山坡前方约300码，控制住道路；F.J.洛玛斯中尉的一个排驻守科科波山路反方向的一处山坡和山坡前的路口；J.G.唐纳森中尉守护洛玛斯排驻守的山坡路口后方通往乌纳卡瑙机场的道路。特拉弗斯的连部位于莫里斯排阵地后方，统一调配全连的反坦克炮，机枪和迫击炮等重武器。清晨5点，特拉弗斯连长派出一名巡逻兵去查探塔里里加普教区的情况。

5点30分，从拉鲁亚纳一路撤退的谢尔连残部来到特拉弗斯连的阵地。谢尔连在泥泞湿滑的道路上连夜撤退，十分辛苦，路上翻了好几辆车。卡尔中校得到特拉弗斯的报告，命令谢尔连建制相对完整的托尔摩排归特拉弗斯指挥，其他人继续去4号路口和营预备队会合。

特拉弗斯命令托尔摩排在左翼莫里斯排

前方阵地布防。托尔摩排刚就位，日军飞机的机枪子弹和炸弹就从低空直落下来。8点15分，特拉弗斯连和营部之间的电话线被日机炸毁，后来一直没能修复。

当天上午，拉包尔驻军情报官P.E.菲吉斯中尉在托马的通信所向莫尔兹比港守军电告日军来袭："新不列颠岛出现敌登陆舰队，日军已经开始登陆。"然而电文在发报过程中出现故障，莫尔兹比港接到的电文变成了"克雷布恩岛出现敌登陆舰队"。这份电文是拉包尔在失守以前，对外发出的最后信息。

菲吉斯发报时，驻守3号路口的麦金尼斯连和乌纳卡瑙机场的阿贝尔连，以及4号路口的营预备连，都还没有和日军地面部队接触，但日军航空兵对他们的空袭几乎一刻未停。阿贝尔连在乌纳卡瑙机场周围的预备阵地，几乎整个早晨都在承受日军俯冲轰炸机的炸弹和战斗机的机枪扫射。7点20分，营部副官史密斯上尉打电话告诉阿贝尔，营部目前正在诺亚教区附近，即将继续向南运动，转移到马拉本加路口。阿贝尔随即将消息通报司令官斯坎兰上校。

日军指挥官很快得到澳军溃退的情报。已在拉包尔镇建立司令部的南海支队长堀井少将收到第3大队长桑田中佐发来的电报：

上午8点20分电。第3大队主力已经击溃了从（拉库乃）机场撤往3号路口和中央高地一带的敌军。（乌纳卡瑙）机场的情况还不清楚。

堀井支队长认为拉包尔镇一带已完全被日军控制，从桑田中佐的电报来看，第3大队需要更多支援，于是他命令楠濑大佐让第1大队登上港内的船舶，走水路支援第3大队。

援兵到来之前，桑田大队只能依靠本部兵力继续对澳军穷追猛打。8点30分过后，从乌尔坎阵地撤退的格兰特排抵达3号路口。很快，尾随而来的日军桑田大队主力就对3号路口发动攻势。麦金尼斯连长在科科波山道布置了两名机枪手，保护本连和特拉弗斯连的结合部。他们很快就被日军的优势兵力包围。麦金尼斯命令他们在日军合拢包围圈之前赶快撤离。得到连属迫击炮掩护的两名机枪手很快成功跳出日军的包围圈。日军在澳军两个连之间打开了缺口，没有继续追击这两名机枪手，而是抢占了3号路口800码外的一处高地，用步枪和自动武器火力压得澳军无法抬头。

在日军的优势兵力和火力打击下，麦金尼斯连的阵地很快就支持不住。8点45分，阿贝尔连长打来电话，格兰特排已经通过3号路口，正在撤往乌纳卡瑙机场后方的班布路。麦金尼斯告诉阿贝尔，由于日军攻势太猛，他的连很可能被迫撤退。阿贝尔大惊失色，急忙告诉麦金尼斯，尽可能坚守阵地，然后把电话交给营长派来前线，负责重整科科波山路防线的J.C.摩拉德少校。摩拉德刚到的时候，阿贝尔就明确指出，如果麦金尼斯连能够守住当前阵地，堵住他们和特拉弗斯连之间的缺口，澳军的前沿阵地就能够维持正面宽度和纵深，迫使日军不得不从茅草和灌木丛中迂回前进，使澳军能争取更多时间。一旦麦金尼斯连现在就撤退，澳军前沿阵地将会立即崩溃。

摩拉德和麦金尼斯在电话里进行了详细交流，他向阿贝尔指出，麦金尼斯连承受的压力太大，撤退势在必然。随后他命令阿贝尔连掩护麦金尼斯连撤退，同时保护已经退下来的格兰特排，然后全连撤往乌纳卡瑙以南，班布路和塔维罗路的岔道口。

为了解营长的全部意图，阿贝尔派一名通信员骑自行车到马拉本加路口和营部联系。通信员在路口以外500码的格莱德路找到了营部，很快将最新指示带给阿贝尔连长。卡尔营长决定将全营撤往克拉瓦特河，沿河构筑新阵地，为此阿贝尔连在其他各连全部撤下去之前，必须坚守班布路和塔维罗路的岔道口。这是阿贝尔连长最后一次从营部得到消息。

摩拉德少校唯恐R连撤往3号路口的退路被日军迂回切断，命令他们赶紧从4号路口一带的阵地上车，尽快后撤。大约上午9点，R连的军用车辆和临时征调的车辆都已到位，全连上车，向规定集结地点开去。R.K.沃尔斯中士和一名下士，6名士兵同乘一辆出租车，由于车体太小，他本人都被挤在车门边上，完全无法动弹。沃尔斯乘坐的汽车随同全连的车队从4号路口一路行驶了大约400码，到达3号路口附近。

沃尔斯刚想在路边先喘口气，连长风风火火地跑到他面前，心急火燎地说道：“鬼子可能已经通过马拉本加路口，摩拉德少校有令，让我派人立即去路口警戒，带上你的人快去！”

日军通过马拉本加路口，这可不是闹着玩的！沃尔斯也顾不得休息，赶紧带着全班前往路口。但等他们赶到才发现，日军出现只是误传而已。

10点左右，摩拉德命令麦金尼斯连从3号路口撤退。日军的空袭一刻未停，麦金尼斯连只得乘坐卡车，顶着日机的炸弹撤离。

前线的紧张感很快传染到后方。大约8点，卡尔中校就带领营部从诺亚教区撤至格莱德路。从这时开始，尽管卡尔和斯坎兰还能进行电话联系，但他和前方各连队之间，除依靠人力外，已无法使用任何方式通信。9点过后，营部听到传言，成千日军正向格莱德路一线冲来，前线部队已抵挡不住。完全掌握制空权的日军飞机大胆地低空飞行，炸弹和机枪子弹不断落在道路上，乌纳卡瑙机场和营部周围，使卡尔中校和其他营部人员更为不安。仿佛为了证实传言，澳军的军用卡车在火线下，纷纷快速沿格莱德路向托马撤退。营部副官史密斯上尉和穆雷上士尽力试图拦下一些车辆，组织人员在格莱德路附近建立一个防御阵地，但不少撤下来的澳军士兵都说，日军的推进速度很快，现在就地组织防御根本无济于事，有些车辆干脆无视他们的命令，拒绝停车，继续向后方溃退。其他一些车辆，根据史密斯和穆雷的指示就地停车，但他们和早先到达的车辆一起挤在狭窄的道路上，反而造成了严重的交通堵塞，给日机提供了更好的空袭目标。面对更为混乱的情势，卡尔中校只得下令，所有部队继续后撤，赶到托马瓦托的驻军司令部会合。

卡尔打电话向斯坎兰上校报告了情况。早早和前线部队失去联系后，斯坎兰对实际战况更不了解，但他在托马瓦托到托马的道路上发现很多正在开动的卡车。斯坎兰觉得任由混乱继续发展下去，澳军会更为不利，于是他命令卡尔设法将他的整个营撤往克拉瓦特河一线。卡尔指出斯坎兰的计划现在根本行不通，他部下的部分连队已向其他地方转移，一时无法集中。他向斯坎兰建议，让北部各连撤往克拉瓦特河，南部各连撤往瓦兰格伊河，然后尽力就地坚守，争取时间，这样中央各连就能沿马拉本加路后撤。斯坎兰批准了卡尔的计划，又补充道，各部队可以按照实际情况，允许各部战士自行分散成小股撤退。得到司令官指示，卡尔立即派营部所有通信员出动，通知各连按照计划行事。为避免马拉本加路口出现拥堵，卡尔在马拉本加安排了一个岗哨，按照最新计划，安排当地车辆的位置。

8点过后，驻守科科波山道的特拉弗斯连已经和上级失去了联系，他们仍在坚守阵地，控制3号路口，同时提防日军从乌尔坎火山迂回到澳军后方。上午9点，特拉弗斯重新部署部队，应对新出现的威胁，洛玛斯和莫里斯的两个排后撤到原先阵地后方500码的山丘上，控制左翼阵地。H.G.加拉德中尉和连部一起，在洛玛斯和莫里斯的两个排与托尔摩的几内亚志愿兵之间建立阵地。唐纳森的一个排留在面向科科波的原阵地坚守，保护全连侧翼。

上午11点，托尔摩的志愿兵排转移到距离科科波镇400码山路旁的山丘布防。11点30分，托尔摩的哨兵W.霍尔姆斯二等兵发现两个本岛的土著人正在向他们靠近。

“什么人？”霍尔姆斯将枪口对准了那两个土著人。

他们没有回答。

“站住！不然我开枪了！”霍尔姆斯的手指已经扣紧了扳机。

“砰！”一声枪响。霍尔姆斯一愣——他并没有开枪。

托尔摩排长的声音响了起来：“快开枪！这两个土著人后面跟着鬼子兵！”话音未落，霍尔姆斯和其他人也看到了日军，打响了手中的步枪。据托尔摩估计，他的排总共打死了两名土著向导和大约10名日军。在托尔摩排遭到袭击时，日军已向唐纳森排和特拉弗斯的连部逼近。另有一部日军向特拉弗斯连左翼迂回，试图切断他们和交通工具之间的联系。

中午时分，特拉弗斯命令托尔摩排向塔

里里加普撤退。不料日军一部已经渗透到塔里里加普右翼的一座山坡上。12点30分，托尔摩连遭到日军架在山坡上的机枪射击，局面十分被动。12点45分，特拉弗斯命令洛玛斯和托尔摩的两个排撤退到唐纳森排后方，然后一路退往乌纳卡瑙机场，希望能和驻守机场的阿贝尔连取得联系。洛玛斯和托尔摩率部且战且退，机场上空的日军飞机正在投掷炸弹，莫里斯和加拉德两个排的阵地上也一直都传来阵阵枪声，战况对澳军越发不利，机场终告失守。

洛玛斯排的撤退有条不紊，很快就通过唐纳森排的外围阵地，随后一路向乌纳卡瑙有序地撤退。撤退以后，他再也没有见过特拉弗斯。托尔摩排一直遭到日军骚扰，行动较为迟缓，13点15分才退至唐纳森排的阵地，随后他们按照特拉弗斯连长的最新命令，掩护连主力撤退，坚守面朝塔里里加普的右翼阵地。经过一个多小时的激烈战斗，双方迎来了暂时的平静，无声地重新部署自己的部队。

下午，日军塚本第1大队乘船渡过拉包尔港水面，下午在拉鲁亚纳角西南海岸登陆，随后经过拉鲁亚纳，向乌纳卡瑙机场推进。中途，第1大队得报，第3大队已经占领机场，于是第1大队改在机场北面布置阵地，准备继续追击澳军。与此同时，在塔乌伊角和普拉埃德角之间登陆的144联队主力第2大队等部，推进到拉包尔东郊，扫荡城镇和周边地区。上午奉命占领塔乌伊角炮台的第4中队，在对加泽尔半岛西海岸进行迂回扫荡后，没有发现澳军，大约13点，该中队与第2大队主力会合。第3大队占领乌纳卡瑙机场后，开始扫荡机场周边地区，守备任务改由第1大队负责。

桑田第3大队下午的追击战并不顺利。14点，特拉弗斯命令断后的两个排和他一起登上塔里里加普高地。随后唐纳森排接到新命令，沿科科波山路向西运动，设法抢回大约300码外的两辆连属卡车。15点不到，唐纳森排在托尔摩排掩护下，沿科科波山路开始行动。

一路上，日军的子弹不时从耳边擦过，迫击炮弹在周围呼啸而过，唐纳森排的战士们时不时为了避过炮弹，紧急卧倒。突然，道路左面传来动静。唐纳森的神经立即绷紧，好在口令对上了，原来是莫里斯排的友军。

唐纳森和莫里斯见面后，开门见山地说明了自己的任务：“夺车的任务由我的人自己来干，你的人为我们排提供火力掩护。”莫里斯一口答应。

莫里斯排的所有武器全都打响了。唐纳森排的A.B.西姆森下士一马当先，其他人紧随其后。

“干掉他们！”日本兵狂热地嚎叫着。灼热的子弹向西姆森射来，但他巧妙地利用一路上所有能利用的树木和石头，一次次避开了满怀恶意的子弹。

“欢迎你们，死鬼子！‘汤米’（对汤

■被盟军昵称为“汤米枪”的汤姆森冲锋枪。

姆森冲锋枪的昵称）向你们问好！”西姆森自言自语之间，枪口已经对准了摸索过来的日军，射出了一梭子弹，日本兵应声而倒。他的冲锋枪先后放倒了好几个日军。战友们跟随他继续推进，又打退了不少日军。在西姆森带领下，澳军成功地摸到了两辆卡车旁。

F.R.克林顿二等兵和另一位战士冒着日军的弹雨和迫击炮火，将车辆开回澳军阵地。日军对唐纳森排发动了反扑，唐纳森排的另一位冲锋枪手J.K.斯洛恩下士用他的汤姆森冲锋枪和战友们的步枪子弹配合，将嚎叫着冲锋的一群日军打退。根据唐纳森的估计，在这次战斗中，日军大约损失了50人，而他的排无一伤亡。唐纳森排无疑成功完成了任务，但他提供的日军伤亡数字显然不够精确。

15点10分，特拉弗斯命令全连向格莱德路撤退，日军一直在他们身后大约100码尾随。特拉弗斯连用冲锋枪殿后，日军尝过厉害，不敢发动近战，但他们的机枪火力，迫击炮火和空袭一直没有间断。特拉弗斯连且战且走，17点终于来到托马路。托马路有一座桥头堡，但特拉弗斯连唯恐遭到日军空袭，撤到西面一英里的一处深谷，才宿营过了一夜。

23日夜间，澳军虽然在局部战斗中有过不俗表现，但他们的防线已全面崩溃，拉包尔城镇、港口和机场等重要设施全部落入日军手中，新不列颠岛的有组织抵抗已经结束。澳军化整为零，分别撤往北岸西南和南岸东南。

日军的扫荡战

23日夜间，堀井少将下令“对现占领区周围展开全面扫荡”，楠濑分队（144联队主力）负责乌尔坎火山以西高地，桑田分队（第3大队）负责科科波和乌纳卡瑙之间的地带。整个扫荡战从1月24日正式开始。

次日，南海支队司令部汇总各部情报得出结论，斯坎兰上校指挥的新不列颠岛澳大利亚守军由5个步兵连，1个重炮连，1个高炮排和其他一些部队组成，总兵力约1500

人（和实际大致相符）。支队长堀井少将估计，澳军主力已经撤到阿塔里克利昆湾一带，现在正继续向科科波南部溃逃。

日军除了继续扫荡拉包尔和新不列颠岛其他地区外，迫切需要修复拉库乃和乌纳卡瑙机场，尽快让日军航空兵使用。对拉包尔城镇和机场周边的首次扫荡结束后，海军向陆军提出“有必要对陆军即将进驻的其他未知区域进行一次全面扫荡”。南海支队司令部根据海军的建议，经过研究决定，于1月27日起，在全岛进行扫荡，追剿澳军残部。

1月26日，从“圣川丸”号水上飞机母舰出发的日军飞机在奥本湾发现了5艘小船，在怀德湾发现了1艘船。为防止澳军乘船逃遁，日军决定提前追击。144联队主力被派往阿塔里克利昆湾一带，沿海岸线追击澳军残部主力。日军一路用浮桥穿过了几条小河，但在前往伍达尔河的路上，丛林和沼泽地让他们耽搁了不少时间。为加快推进速度，日军改乘小船渡河，继续追击。1月28日，日军追击部队在一艘驱逐舰掩护下，逐步扫荡拉瑟尔湾沿岸的各个要点。1月29日下午，天降大雨，拉瑟尔湾沿岸的珊瑚礁盘水位急升，十分危险，日军被迫停止追击，于当天傍晚返回拉包尔城镇。

1月底，日军完成了加泽尔半岛北半部的扫荡作战，同时接获情报，多数澳军残余仍滞留在怀德湾以北的森林里。根据第3大队大队长桑田中佐的意见，堀井少将派该大队的一个中队沿海岸线向普特普特港追击，大队主力则从海路去怀德湾搜索和扫荡澳军。2月2日，桑田大队离开科科波驻地，此后两天，按照预定计划，追剿目标区域的残余澳军。几天的扫荡战中，日军先后俘虏澳军多位指挥官和前拉包尔政府官员。2月4日，日军已经进入瓦兰戈伊河和克拉瓦特河以北防御阵地。和澳军残部相比，疟疾在扫荡期间给日军造成了更大的损失，在阿塔里克利昆湾执行任务的第1大队疫情最为严重，科科波地区的第3大队次之，留守拉包尔的第2大队受到的影响相对较小。

根据澳大利亚官方战史资料记录，1月22日以后留在新不列颠岛的澳军共有1396人（包括76名军官，6名护士和1314名士兵及其他人员）。其中2名军官和26名士兵在23日的战斗中阵亡，包括2/22营营长卡尔中校在内的大约400人设法逃回澳大利亚本土，160人于2月初，在托尔被日军处决。其余自驻军司令官斯坎兰上校以下约800人先后成为日军的俘虏。日军战史丛书中则记载日军俘虏澳军833人，与澳方记录基本相符，在战斗中歼敌则为约300人。双方对澳军战斗伤亡人数的记载差别较大，除了澳方资料中记载被日军集中处决的160人很可能被日方记入歼灭人数之外，另外100余人的差额，可能是日军虚报战果，也可能是在战斗中负伤，最后设法逃回澳洲本土，仍被日军当作被歼人员统计造成的结果。

日军在进攻拉包尔的战斗中，合计阵亡16人，负伤49人。根据日军战报，他们

■少数托尔大屠杀的幸存者之一，澳军2/10野战救护队的威廉·库克二等兵。

在拉包尔和周边地区合计缴获8架飞机（残骸），2门加农炮，2门高射炮，15门反坦克炮，11门迫击炮，27挺重机枪，7挺轻机枪，548支步枪，12辆装甲车，180辆汽车和17辆摩托车。

1月23日，在陆军南海支队攻占拉包尔，控制新不列颠岛北部时，日本海军第18战队组织的日本海军陆战部队在新爱尔兰岛的卡维恩登陆，经过前后4天的战斗，击溃澳大利亚驻军，在当地设立了航空基地。2月5日，另一支日军部队在新不列颠岛中部南侧海岸要地斯鲁米建立了前进航空基地。

南海支队攻占拉包尔的两个机场后，日军工程人员就对机场进行了仔细勘察。他们认为，乌纳卡瑙机场地质松软，地势偏高，并不适合大型飞机起降，但经过改建后，可供中型以下轰炸机使用。随后，日本海军第7筑城队的1000名劳工和一个陆军工兵支队先后来到拉包尔，重修当地机场。

1月25日，拉库乃机场已能供日军战斗机使用。2月中旬，这个机场又增加了18架中型轰炸机的机位。另外，日军还在拉包尔港修建了可供12架飞机使用的水上机场。

日本海军在拉包尔新设第8特别根据地队。2月1日，司令官金泽正夫海军少将赴任，全面接管当地海军部队指挥权，统筹机场修建事宜。

2月20日，拉包尔及周边各机场已经全面恢复运作机能，日军在当地已拥有18架陆基轰炸机，18架舰载战斗机，9架飞艇，6架水上侦察机，合计51架飞机，海军第24航空战队司令部亦已进驻。

日军攻占拉包尔等战略要地，打开了盟军在澳大利亚外围的东北防线，获得了进犯澳大利亚本土和南太平洋广阔区域的前进基地。拉包尔沦陷后，澳军在本土以外的东北和东方各地仅剩龟缩在莫尔兹比港、阿德米勒尔蒂群岛和所罗门群岛孤立据点的少量兵力。一旦日军进一步占领南所罗门群岛，不仅新几内亚，就连美澳交通线上的三个主要基地——新喀里多尼亚，斐济和萨摩亚都会受到严重威胁。澳大利亚的防务乃至整个南太平洋的局势进一步恶化，澳大利亚和南太平洋诸岛，都被笼罩在黑云压城的阴影之下。

地图五 日军进占拉包尔行军路线图

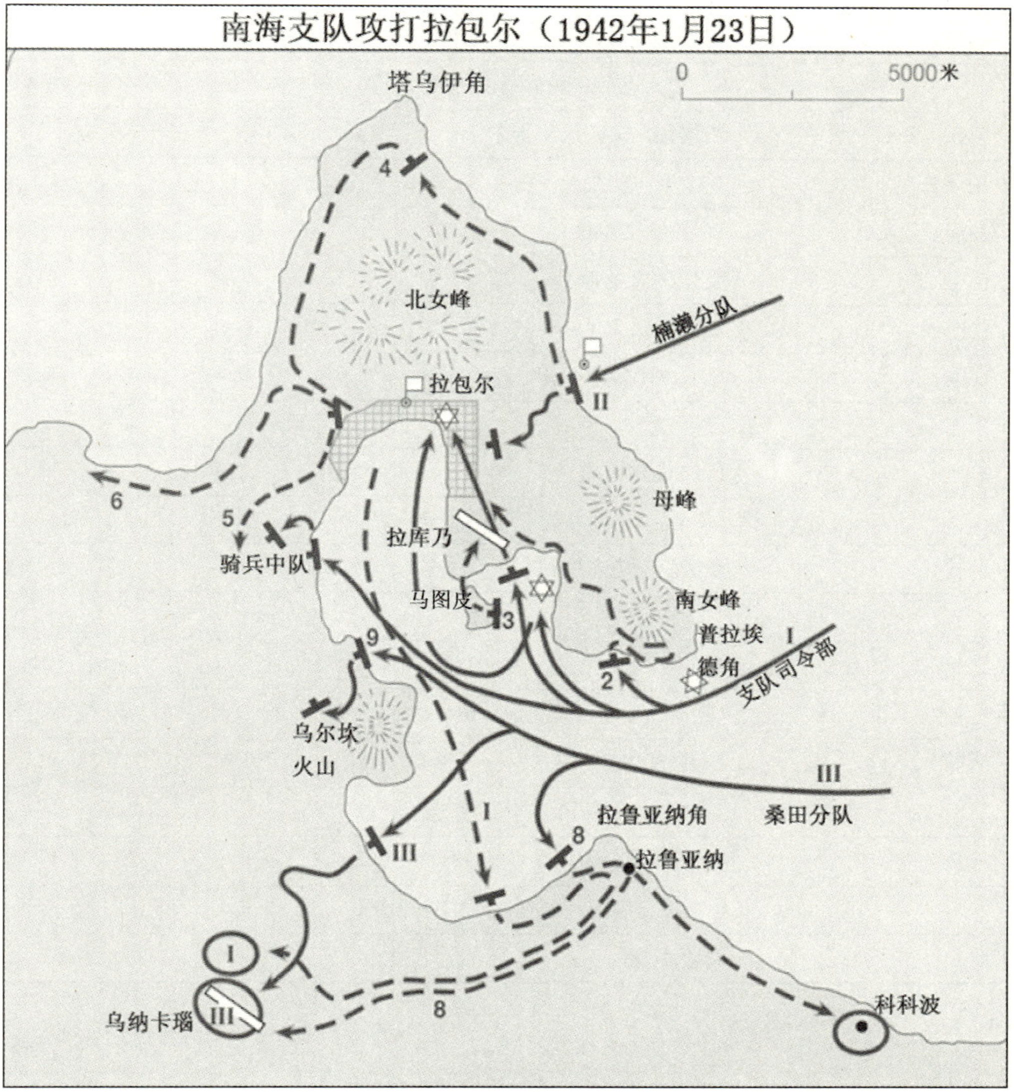

附表一　驻拉包尔澳军战斗序列

驻拉包尔澳军司令部	
司令	约翰·约瑟夫·斯坎兰上校
陆军帝国军团23旅2/22营	
营长	霍华德·哈蒙德·卡尔中校
副营长	J. C. 摩拉德少校
A连	W. T. 欧文少校
B连	C. L. 麦金尼斯上尉
C连	E. S. 阿贝尔上尉
D连	R. E. 特拉弗斯上尉
R连	
Y连	F. E. 谢尔上尉
新几内亚志愿兵分队	
队长	J. 沃尔斯塔布中校
岸炮连	
连长	J. R. P. 克拉克少校
高炮分队	
队长	D. M. 塞尔比中尉
第17反坦克连	
连长	G. 马特森上尉
皇家澳大利亚空军的一个分队	
队长	勒鲁中校

第二章　保卫澳大利亚

门户洞开

拉包尔失守，澳大利亚大陆东北方的门户被日军打开，西北方的局势也在迅速恶化。拉包尔失陷前后，鉴于澳大利亚岌岌可危的现状，盟军参谋长联席会议（Combined Chiefs of Staff，简称CCS）想方设法，力图改善防御体系。1942年1月24日，应澳大利亚总理约翰·科廷要求，CCS将澳大利亚西北重镇达尔文港及其周边区域划入ABDA战区。五天后，拉包尔已失守，他们又强调保卫莫尔兹比港和澳大利亚东海岸为澳大利亚的第一要务。为满足科廷在莫尔兹比港布置战斗机的迫切需要，CCS建议ABDA战区司令韦维尔将军在靠近莫尔兹比的地区安排作战飞机，为当地提供空中保护，或者直接将莫尔兹比纳入他的战区，进行统一部署。随后，为加强莫尔兹比和澳大利亚东海岸的海上力量，CCS新组ANZAC战区，负责澳大利亚东部和东北海域的战略防御。该战区辖一个美澳联合舰队——ANZAC部队，在美国太平洋舰队支持下开展海上军事行动。ANZAC部队辖澳大利亚海军巡洋舰“澳大利亚”号、“堪培拉”号和“霍巴特”号，美国海军巡洋舰“芝加哥”号，4艘驱逐舰和少量护卫舰，由美国海军中将赫伯特·莱利统一指挥，2月7日起正式执行任务。莱利中将从夏威夷来到澳大利亚赴任时，还带来一个B-17轰炸机中队。

2月17至18日，美军B-17轰炸机抵达澳大利亚汤斯维尔机场。几天后，B-17轰炸机对拉包尔进行了首次空袭。有趣的是，一位日军士兵目睹B-17轰炸机飞过云层投弹的情景，不由自主地惊呼：“美国飞机在施放毒气！”听见他示警的日军士兵无不大惊失色，纷纷奔走相告，戴上防毒面具，钻进防空壕隐蔽。空袭结束后，日军才发现虚惊一场，堀井支队长等人无不哑然失笑。

莫尔兹比港的澳大利亚守军迟迟未能得到任何海空力量增援。尽管CCS对韦维尔将军下达了指示，但他既无法安排空中力量，也不能接管当地防务。东南亚战局正在急剧恶化，韦维尔已无暇他顾。

■ANZAC部队司令赫伯特·莱利海军中将。

盟军计划派往东南亚的美军航空兵大部未能如期抵达爪哇岛。计划分配给爪哇的260架战斗机，实到仅36架。49架重型轰炸机姗姗来迟，加上缺乏战斗机护航，当地机场又没有足够的防空火力和维修人员，经过日军的持续空袭，很快就损失大半。到2月的第3个星期，ABDA航空队（在战斗中最多能派15架重型轰炸机升空）的全部可用兵力，仅剩10架重型轰炸机，7架俯冲轰炸机和13架战斗机而已。

山下奉文中将指挥的日军第25军在马来亚势如破竹。2月15日，新加坡要塞司令珀西瓦尔将军宣布投降，超过64000名盟军将士（包括澳军第8师在内的15375名澳大利亚官兵）放下了武器，标志着日军的马来攻略胜利结束。英国首相丘吉尔称新加坡沦陷是“英国历史上最大的灾难和最大规模的一次投降”。

与此同时，日军开始进攻婆罗洲和苏拉威西岛，攻克安汶岛，在苏门答腊岛登陆，进展都相当顺利。这样一来，日军就能放心抽调东印度群岛的兵力，用于进攻澳大利亚本土，破坏美澳交通线的战略要点。2月19日，日军航空兵大举空袭达尔文港，几乎将整个城市化为废墟。第二天，日军在距离达尔文最近的大岛——帝汶岛登陆。除了一个澳军独立连进入葡属帝汶的山区坚持斗争，岛上的绝大多数守军和百姓早在日军登陆伊始，就已全面溃散。澳军独立连的抗日游击战坚持了一年多，对驻岛日军造成了极大困扰，但依靠他们的微弱力量，无法将日军全部赶出帝汶。

盟军的整个东南亚防线已经被日军撕扯得支离破碎。2月25日，ABDA战区司令部黯然解散。韦维尔上将和布雷特中将，分别回到印度和澳大利亚，继续履行英国驻印军总司令和驻澳美军司令的职责。爪哇岛的防务随之下放给当地的荷兰殖民政府。荷兰殖民政府依然竭力组织力量抵抗日军，然而这注定是一场没有希望的战斗，爪哇沦陷已成定局。

日军在东南亚节节胜利，澳大利亚西北部，尤其是达尔文地区，面临着更大威胁。日军大本营在研究澳大利亚攻略方案时发现，如果从西北部入侵澳大利亚，除达尔文港之外，他们只能占领大片沙漠。这里人烟稀少，交通不便，唯一可以通行的公路，距

地图六　日军入侵荷属东印度和拉包尔

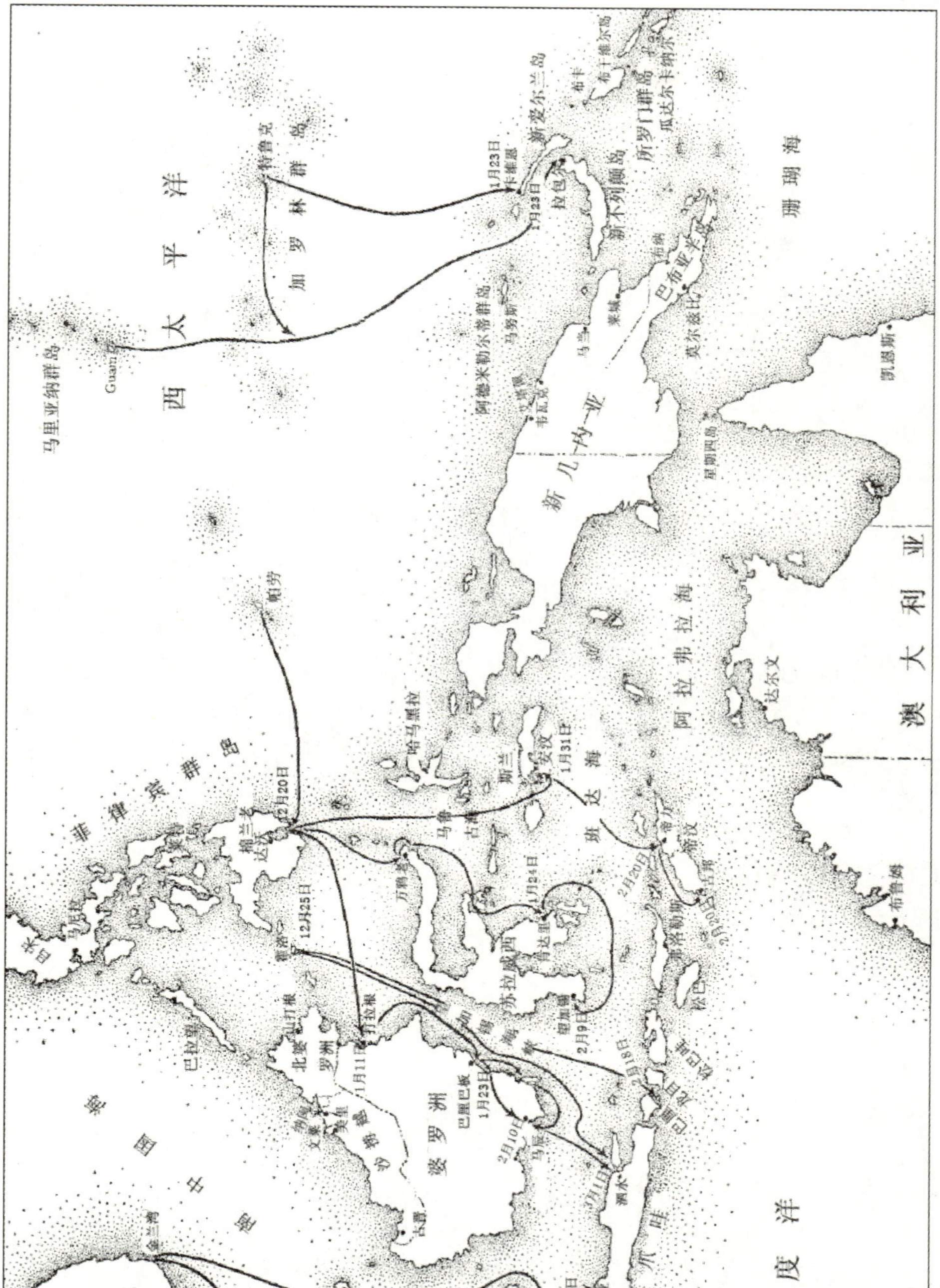

■攻克新加坡后，欢呼胜利的日军41联队官兵。

■1942年2月19日，日军空袭达尔文港。这是澳大利亚本土首次遭到空袭，图中浓烟为邮局被炸毁。

■1942年2月19日，日军空袭达尔文港造成大量建筑损坏，图为港区油库着火后掀起的滚滚浓烟。250人在空袭中死亡，300人负伤。

■1942年2月19日，达尔文港的皇家澳大利亚空军主机库被日军空袭摧毁。

离大陆最发达的东海岸地区超过1000英里。控制了东南亚的日军如果愿意，确实可以直取达尔文港，但是否要在澳大利亚炎热和荒凉的西北地区作战，还需要三思。

叩开澳大利亚西北门的同时，日军进一步冲击盟军在澳洲大陆东北的防线。1月29日，日军大本营海军部发布“大海令第47号”。三天后，大本营陆军部又发布“大陆令第596号”，提出进攻英属新几内亚和所罗门群岛各要地的作战方案，命令陆军南海支队司令在海军配合下，伺机进攻上述要点，稍后陆军参谋本部和海军军令部将会交待相关细节。南海支队和联合舰队很快就达成相关协定，目标直指英属新几内亚北部休恩湾沿岸的莱城和萨拉莫阿，以及所罗门群岛的图拉吉岛，并且计划在适当的时机进取巴布亚半岛东南岸重镇莫尔兹比港。日军对澳大利亚实施连续压迫式攻势在军事上虽有合理之处，但仅以南海支队5000余人试图占领地方广大，地理条件恶劣的整个新几内亚岛，完全不具备可操作性。

2月13日，南海支队参谋长田中丰成中佐来到特鲁克，与第4舰队司令部协商莱城和萨拉莫阿登陆战的相关事务，并且达成共识。三天后，南海支队和第4舰队在共识的基础上，拟定陆海军协定，要点如下：

1.预定3月3日，展开代号“SR行动”的作战。

2.参战部队：

海军以第4舰队为基干：

侵攻部队：第6鱼雷战队，一个特别陆战大队

支援部队：第6战队，第18战队，第23驱逐战队

航空部队：第24航空战队

陆军

南海支队的一个步兵大队和一个山炮中队为基干

3.陆海军分管责任范围：

莱城：海军登陆部队（吴镇守府特别陆战队一部，一个400人的海军工程支队和一个海军基地勤务支队，共约1500人）负责

萨拉莫阿：陆军负责

4.集结地点和出发日期：

在拉包尔集结，于战役预定开始时间三天前出动。

■梶冈定道海军少将。

自从占领拉包尔后，陆军南海支队一直饱受疟疾折磨，疫情日见严重，整个144步兵联队第1大队几乎都已罹患这种折磨人的热带疾病。支队长堀井少将考虑再三，最终决定将萨拉莫阿登陆任务交给第2大队。2月17日，第2大队长堀江正少佐接到支队长的正式作战命令：

1.根据情报，萨拉莫阿和莱城是盟军在英属新几内亚北部的重要航空基地，但只有100名新几内亚志愿兵驻守，兵力严重不足。在登陆之前，日军会继续对该两地进行空中摄像侦察。

2.堀江大队攻略萨拉莫阿时，需要注意和海军第4舰队攻略莱城的特别陆战队协同行动。参战海军部队会提前7天到达拉包尔。全体参战部队将提前3天从拉包尔出发。“横滨丸”号和“中国丸”号运输舰将负责运载登陆部队。

3.梶冈定道海军少将指挥的第6鱼雷战队负责为堀江大队护航。

4.2月20日中午，堀江支队将完成编组，辖：

第144步兵联队第2大队（包括部分联队密码通信员和樱木翻译官）

第55山炮联队第2中队

第55工兵联队第1中队（欠两个小队），及其他补给支援部队。

5.田中参谋长带领一个参谋小组与护航舰队一同行动，在战场负责战役指挥，根据与第4舰队司令达成的“SR作战”陆海军协定，行使自己的职权。

6.南海支队长堀井少将留驻拉包尔。

2月19日，堀江少佐亲自乘坐一架海军飞机，前往萨拉莫阿侦察。2月20日，堀江大队各部队主官齐集南海支队司令部，接受战备，作战部署和运输细节的相关指示。

就在堀江大队集结的同一天，美国海军的“列克星敦”号航母，以及4艘重巡洋舰和10艘驱逐舰组成的航母特混编队，奉命与汤斯维尔的B-17轰炸机一起，突袭拉包尔日军基地。日军侦察机在距离拉包尔350英里海域发现“列克星敦”特混编队。拉包尔日军航空兵赶紧出动，和“列克星敦”舰载机进行了激烈空战。美机虽在空战中先后击落了18架日机，但舰队在海上滞留时间过长，燃油已经不足。鉴于特混编队对拉包尔的袭击已失去突然性，美军指挥官决定撤退。“列克星敦”编队的突袭虽然没能达到预期效果，但打乱了日军进攻英属新几内亚北部的时间表。2月25日，日军决定将莱城和萨拉莫阿的登陆时间推迟到3月8日。

3月5日上午，全部陆海军作战部队和支援舰队都已在拉包尔港口集结完毕。13点，堀江大队的两艘运输舰率先出发。3小时后，各支援部队也相继出发。

3月3日到7日之间，海军第24航空战队每天都对莫尔兹比港、莱城、布罗罗山谷等地进行侦察和空袭，为登陆作战进行准备。

陆海军攻略部队原计划在3月7日夜间9点，分别在莱城和萨拉莫阿两地登陆，然而

■1942年上半年多次执行重要任务的美军“列克星敦”号航母。

日军登陆舰队当天持续遭到热带风暴袭击，近海落锚作业异常困难。22点30分，陆军堀江大队的运输舰进入萨拉莫阿以东海面锚地时，遭遇时速20公里的强劲西南风暴，岸边海浪高达1.8米。日军克服了恶劣的气候，23点放下了登陆驳船。午夜时分，堀江大队已经全部在驳船就位。8日凌晨零点15分，堀江大队开始向萨拉莫阿东南海岸进发。零点55分，日军顺利在目标海岸登陆，没有遇到任何抵抗，只看见夜空中有一架飞机匆匆逃离。大约凌晨3点，日军已成功进占萨拉莫阿机场。

当地的少数新几内亚民兵在7日夜间发现日军有大举登陆迹象，自知不是对手，全部撤往布罗罗山谷。堀江少佐见当地已无人守卫，决定改变原定计划，派出部分兵力进占萨拉莫阿城镇和附近的柯拉地区，主力留守机场和周边地区。

凌晨4点30分，日军顺利占领萨拉莫阿镇和柯拉。根据日军情报部门的报告，当地居民在日军进攻拉包尔时，已经向瓦乌和莫尔兹比港疏散；驻军正在沿圣弗朗西斯河谷向瓦乌撤退。

天亮后，一架盟军B-17轰炸机对日军运输舰连续发动了三次空袭，“横滨丸”号受了轻伤，共有3人阵亡，8人负伤。坐镇“夕张”号军舰的南海支队参谋长田中中佐当即电告上级，请求海军航空部队派飞机保护莱城和萨拉莫阿周边空域，同时更加重视盟军的空袭威胁。

同一天凌晨2点30分，海军吴镇守府特别陆战队一部在莱城南海岸顺利登陆，很快就攻占无人防御的城镇和机场。

从当天早晨开始，日军工程人员从容在萨拉莫阿和莱城机场施工，准备在次日13点，使机场能供战斗机使用。3月9日下午，

■萨拉莫阿一览，图中央颜色较浅部分为机场。

可能大举空袭。”

田中并非杞人忧天。2月底，“列克星敦”号航母编队突袭拉包尔未果后，美国海军很快就组成了一个更大规模的航母特混舰队，辖“列克星敦”号和“约克城”号两艘航母，共有8艘重巡洋舰和14艘驱逐舰护航，计划3月上旬再度攻打拉包尔。3月8日，航母特混舰队得知日军在休恩湾沿岸登陆，当即决定改变计划，先对休恩湾日军实施打击。

3月10日凌晨，“列克星敦”号和“约克城”号航母的104架美军舰载飞机全体出动，从新几内亚岛南面的巴布亚海湾出发，飞过欧文·斯坦利山脉，上午7点40分抵达休恩湾，大举空袭日军舰队和新建基地。9点45分，美军舰载机结束了2个多小时的狂轰滥炸，扬长而去。这时，8架ANZAC部队的B-17轰炸机和6架皇家澳大利亚空军的“赫德森”式轰炸机赶到休恩湾上空，实施第二轮空袭，日军再遭重创。

日军护航舰队的“金刚丸”、“天洋

工程人员已在机场安置了两门高射炮。

就在3月9日这一天，爪哇岛已经彻底沦陷。面对日军步步紧逼的嚣张气焰，ANZAC部队却只能派一架B-17轰炸机从汤斯维尔机场出发，对休恩湾沿岸的日军船舶和莱城新建基地发动空袭。这次空袭不能算成功，日军仅有“朝凪”号驱逐舰受了轻伤。

南海支队参谋长田中中佐向上级报告：“登陆部队进展顺利，不过我担心盟军近期丸”、“第二玉丸”和“横滨丸”号4艘军舰在空袭中被击沉；“圣川丸”、“黄海丸”和“夕凪”号3艘军舰中度受损；“夕张”、“津轻”、“朝凪”和“玉丸”号4艘军舰轻度受损。陆军阵亡6人，伤17人；海军阵亡136人，伤240人。这是开战以来，盟国海军对日本海军取得的首次胜利。

3月11日，5架B-17轰炸机和1架“赫德森”式轰炸机再度空袭萨拉莫阿和莱城日军基地。停驻莱城机场的日军战斗机升空截击，击落了“赫德森”式轰炸机，但机场跑道和码头设施都被美军的炸弹严重破坏。两架日军战斗机在返航降落时，因为糟糕的跑道路况受损。

盟军航空部队在两天的空袭中取得了重大战果，但他们没能够阻止日军在休恩湾沿岸建立新的军事基地。3月12日中午，堀江大队将萨拉莫阿防务移交海军守备队，3月13日凌晨2点，登上“中国丸”号运输舰，和护航舰队主力一同离开休恩湾。两天后，日军已安然回到拉包尔。

3月初开始，盟军一直在预测日军对澳大利亚的下一步行动。驻澳美军司令布雷特中将认为，日军在爪哇等地拥有强大兵力，飞机和舰队，一定会从西北进攻澳大利亚大陆，只要他们作出决定，立刻就能杀到达尔文港。澳军总参谋部的看法正好相反。3月5日，在澳军副总参谋长希德尼·罗威尔少将主持的一次会议上，澳军总参谋部得出结论，日军对澳大利亚的真正威胁并非澳洲西北海岸，而是其他方向。

澳军总参谋部认为，日军夺取达尔文港与其是为夺取进攻澳大利亚腹地的“跳板”，不如说是将它当作威胁澳洲大陆的“敲门砖”。澳军意识到，日军进攻澳大利亚的主要目的是“切断美国和澳大利亚的空中和海上交通线，使盟军无法将澳大利亚建成将来反攻的大后方”。他们认为，日军实现上述目标的最佳选择，是占领南太平洋的新喀里多尼亚和斐济。如果日军要实现上述战略意图，盟军的莫尔兹比港就会严重威胁日军交通线，澳军确信日军向南太平洋继续推进之前，一定会先设法解除这个重要威胁。只要日军做好迎击ANZAC部队和美国太平洋舰队的准备，他们没有理由不尽快进攻莫尔兹比港。如果日军一开始就直接进攻新喀里多尼亚，交通线就会拉得过长，遭到盟军进攻的风险会大大增加，此外，莫尔兹比港只要还在盟军手中，必然会严重威胁日军侧翼。基于上述分析，澳军总参谋部认为莫尔兹比港会成为日军下一阶段的首要目标，而在日军占领莫尔兹比港四到六周后，很可能会继续入侵新喀里多尼亚。

罗威尔少将并不知道日军的确切战略计划，但他的预测非常准确。早在2月2日，日军大本营发布莱城和萨拉莫阿登陆命令时，就已提出在适当时机攻取莫尔兹比港和图拉吉岛的意见，但没有规定具体时间。3月9日，就在日军登陆新几内亚东北的休恩湾沿岸时，第4舰队已派出一支小规模部队占领北所罗门群岛的布卡岛。3月15日，日军大本营陆军部和海军部决定制定具体行动计划，继续进攻澳大利亚。

大本营海军代表指出，盟军在美国和澳大利亚之间的海上和空中活动日益频繁，显然在将澳大利亚建成大后方基地。海军代表进而指出，应当不惜代价，攻占澳大利亚，或至少使澳大利亚无法继续对日军产生威胁。陆军代表认同澳大利亚会成为盟军反攻基地的看法，但他们坚决反对大举入侵。陆军指出，大举进攻和占领澳大利亚，至少需要10个以上的师团，已经深陷中国和东南亚战场的日军当时根本没有足够的人员、弹药或者船舶，发动这种大规模作战。当时海军的主要目标仍是中太平洋的美国太平洋舰队主力，并不是真心希望大举进攻澳大利亚。陆军既然提出问题，海军顺水推舟，和陆军商讨，最终达成了共识。日军改“占领澳大利亚”为“封锁澳大利亚”，除了按原计划夺取莫尔兹比港外，还会占领所罗门群岛南部，进而攻占斐济、萨摩亚和新喀里多尼亚，彻底切断美澳交通线。

根据陆海军大本营的共识，最新作战计划没有提到如何入侵澳大利亚。如果打破美澳交通线的所有作战目标都能够顺利实现，日军就能更加从容地制定入侵澳大利亚本土的计划，届时日军蒙受的损失也会大幅减少。这个计划说明日军并没有放弃入侵澳大利亚的设想，只是先着手创造最有利的战略条件，如果成功，入侵就变得更加容易。当

■1942年的莫尔兹比港。

前日军的作战目标是封锁澳大利亚，相应的作战计划马上就要准备实施。拿下莱城和萨拉莫阿后，日本海军航空兵和莫尔兹比港之间的飞行距离只有270多公里，随时可以发动空袭。海军第4舰队正在快速推进，通过北所罗门群岛，下一步就要拿下南所罗门群岛。最后，只要日军拿下莫尔兹比港，就能攻占新喀里多尼亚、斐济和萨摩亚，从而切断美澳交通线。

这时，日军已经占领新加坡和荷属东印度群岛，麦克阿瑟将军率领的美菲联军主力在巴丹半岛和科雷希多岛困坐愁城，饱受绝望情绪和饥饿折磨，菲律宾全部沦陷也只是时间问题。太平洋战争爆发后，日军取得了巨大战果，仅仅三个月，已经严重威胁盟军在西南太平洋最后的基地——澳大利亚。门户洞开的澳大利亚处境十分危险。盟军高层意识到了威胁，正在积极谋划加强澳大利亚的防御力量。

重整太平洋战场

1942年初，美国仍寄望韦维尔将军的ABDA战区能在东南亚挡住日军，对澳大利亚仅派出航空、防空和后勤部队。然而ABDA战区兵败如山倒，东南亚几乎沦丧殆尽，澳大利亚的形势愈加严峻。为应对新局面，美军终于决定向澳大利亚派遣第一支地面部队——陆军第41步兵师。

第41步兵师由爱达荷、蒙大拿、俄勒冈，北达科他四个州，以及华盛顿特区的国民警卫队组成，一直在华盛顿特区的刘易斯堡训练。2月17日，陆军参谋长乔治·马歇尔上将命令第41步兵师调往澳大利亚驻防。该师主力（欠一个团）即刻开赴澳大利亚，最后一个团将在第二批船舶到位后出发。41师在澳大利亚的使命是保卫重要港口和美军航空基地，并且负责东部和东北海岸的防务。

美军向澳大利亚派遣地面部队时，澳大利亚也在和宗主国英国协商，希望从中东抽调澳大利亚帝国军团的部队保卫家园。英国原计划抽调中东澳军保卫东南亚，但按照战局的发展，即使中东澳军能前往东南亚，时间也来不及了。2月18日，韦维尔将军提出将中东澳军派往缅甸。当时进攻缅甸的日军第15军正在逼近仰光，需要加强守军的力量。罗斯福总统和丘吉尔首相的看法大致相同，驻中东澳军是仅有的可及时进入缅甸助战的盟军部队。

2月20日，罗斯福和丘吉尔建议澳大利亚总理科廷至少将已经在印度洋航行的一个澳军师调往缅甸。科廷总理表示“他的首要义务”是“拯救澳大利亚”，断然拒绝了将澳军派往缅甸的要求。不仅如此，科廷除了要求已经在途的澳军第6和第7师返回澳大利亚之外，还要求滞留在中东的澳军第9师也尽快返回本土。

澳军第6师和第7师在航行途中，局势又发生了新变化。由于当时日军作势进攻锡兰（今斯里兰卡），澳大利亚战时内阁同意让

■1942年2月18日，澳大利亚总理科廷（图左举手站立者）在悉尼马丁广场的集会上发表反法西斯演说。

第6师的两个旅改道保卫锡兰。至于澳军第9师也无法调回本土。英军表示，如果将这个颇具战斗力的澳军师调出中东，将会严重削弱英军的西部沙漠战线，甚至可能会导致灾难性后果。为了同盟国的整体战略利益，美国接受了丘吉尔首相的建议，同意向澳大利亚派遣第二个步兵师，作为澳军第9师留在中东的交换条件。澳大利亚战时内阁认可了这项安排，美军原计划派驻英国本土北爱尔兰的第32步兵师，将立即前往澳大利亚。3月中旬，澳大利亚帝国军团第7师一部率先回到澳大利亚本土，美军第41师和32师也相继在4、5月间到达，澳大利亚终于获得了迫切需要的地面部队。

美国驻澳陆军航空队在东印度群岛战役期间兵力降至谷底，但很快得到补充，并且编制进一步扩大为辖2个重型轰炸机联队，2个中型轰炸机联队，1个轻型轰炸机联队和3个战斗机联队。美军在南太平洋的各岛屿基地也加派了兵力。2月初，巴尔米拉、圣诞岛、坎通岛、波拉波拉、萨摩亚和斐济群岛都已有充足的驻军。2月26日，预定派驻新喀里多尼亚的一支17500人的部队来到澳大利亚。

为进一步完善盟军在南太平洋的军事部署，美军在汤加群岛的汤加塔布和新赫布里底群岛的埃法特岛修建了新基地。这些基地并不单纯用于战略防御。雄心勃勃的美国海军作战部长欧内斯特·金海军上将向罗斯福总统指出，当这些新基地，还有萨摩亚、斐济、新喀里多尼亚和波拉波拉的现有基地“稳固之后，我们不仅能够保证与澳大利亚，新西兰之间的交通线安全，而且能够（利用这些基地）调遣海军，航空兵力和两栖部队，从新赫布里底群岛向西北推进，进入所罗门群岛和俾斯麦群岛，就像日军在南中国海那样，步步紧逼”。

随着ABDA战区的崩溃，盟军除了继续向澳大利亚调集援兵外，迫切需要重组太平洋战场的组织体系。3月9日，罗斯福总统在和英国商谈，得到对方认可后，提出将整个世界划分为若干战略责任区，而太平洋战场应由美国负责。得到英国认可前，美国参谋长联席会议就一直在考虑如何重整太平洋战场的组织体系。3月8日，澳大利亚与新西兰政府，就相关问题与美军进行了沟通。澳大利亚和新西兰总参谋长，政府相关部门的部长，驻澳美军司令布雷特将军已在墨尔本进行了为期4天的会议，澳大利亚和新西兰政府同意在太平洋新设立的战区将由一位来自美军的最高司令指挥；新战区应当包括澳大利亚、新西兰、帝汶、安汶岛、新几内亚，战略上服从盟军参谋长联席会议的决策。美国参谋长联席会议对澳新两国政府的建议提出了不同意见。他们认为新战区最高司令应直接受美国参谋长联席会议领导，而不是盟军参谋长联席会议；而且他们并不认可将澳大利亚和新西兰纳入同一战区的设想。金上将向罗斯福总统具体阐述了参谋长联席会议的意见：

马歇尔和我在细分太平洋战场方面的意见完全一致。我们认为保卫澳大利亚和新西兰是两个不同的战略课题。澳大利亚领土广阔，对海军舰队来说，反而限制了发挥空间。新西兰这个岛国与澳大利亚不同，是太平洋交通线上的枢纽，更适合海军负责。基于两国的不同地理环境，新西兰不应被纳入澳大利亚的防御体系。

3月9日，参谋长联席会议对太平洋战场的组织体系进行了重新规划。ABDA和ANZAC战区不久将被撤销；澳大利亚和新西兰会被分别划入不同战区；太平洋战场将被划为两个主要战区：太平洋战区，包括北太平洋、中太平洋和南太平洋三个次级战区；和西南太平洋战区，包括澳大利亚、菲律宾、荷属东印度的一部分，以及澳大利亚北方及东方的海域和岛屿。

太平洋战区主要被海洋覆盖，全都在美国太平洋舰队总司令切斯特·尼米兹海军上将管辖范围之内，由他就任太平洋战区总司令一职顺理成章。至于西南太平洋战区最高司令的人选也早已确定，这个人正准备离开菲律宾，前往澳大利亚赴任。

早在2月4日，马歇尔将军就致电仍在科雷希多岛苦撑的远东美军司令麦克阿瑟上将，其他地方更加需要他，罗斯福总统不久也会“特地友善地”命令他撤出菲律宾。22日，总统果然亲自向麦克阿瑟下令撤离。马歇尔和罗斯福对麦克阿瑟这位个性将军爱恨交加，他既是一位才能非凡的指挥官，又像个任性的孩子一样不让人省心。出于美国的整体战略需要，政府和军方都已决定放弃菲律宾，但绝不能让前任陆军参谋长麦克阿瑟落入日本人手中，那会对美军的士气造成难以估量的负面影响。马歇尔和罗斯福费尽心思，“连哄带骗”，麦克阿瑟终于同意尽快经棉兰老岛撤往澳大利亚，就任重组后的ABDA战区最高司令（后改为西南太平洋战区）。

3月11日，麦克阿瑟、他的妻子琼、儿子小亚瑟、华裔保姆阿珠，以及参谋长萨瑟兰以下共15名参谋军官和2名海军军官分乘4艘鱼雷快艇，离开科雷希多岛。3月13日，麦克阿瑟一行的3艘快艇一路躲过日本海军的盘查，顺利到达棉兰老岛。3月16日午夜时分，麦克阿瑟一行挤在2架B-17轰炸机的机舱里，离开了棉兰老岛。

棉兰老岛到澳大利亚的飞行时间大约10小时。日出不久，搭载麦克阿瑟的2架B-17轰炸机正准备在达尔文机场着陆，从帝汶出动的日军战斗机已经飞临达尔文港口，空袭停泊的船只。发觉敌情的B-17轰炸机只得继续飞行，在港口南面65公里的巴彻勒机场降落。飞机停稳后，麦克阿瑟不由感慨生死就在一线之间。一下飞机，麦克阿瑟就一门心思盘算率领驻澳美军救援巴丹半岛。

经过短暂休息，麦克阿瑟一行还要继续赶路。小亚瑟一路上都在晕机，一向不爱坐飞机的麦克阿瑟夫人琼要求乘火车，但这里没有火车。达尔文侦听台截获的最新情报称，一个日军战斗机编队正在飞向巴彻勒机场。麦克阿瑟顾不了许多，急忙带上家人和保姆，登上在跑道上加完油，正准备起飞的B-17轰炸机。他们刚离开10分钟，日军飞机就空袭了巴彻勒机场。次日，麦克阿瑟的随员乘坐逃过日军袭击的一架C-47运输机离开了这里。麦克阿瑟一行一直飞到澳大利亚中部的爱利斯温泉小镇才确定已经安全。

得到麦克阿瑟抵达澳大利亚的消息，布雷特着实松了一口气。在麦克阿瑟来到澳洲以前，布雷特必须严格执行上级的封口令，现在他终于能将消息告诉澳大利亚总理科廷了。随后他根据罗斯福总统的指示，建议澳大利亚政府提名麦克阿瑟将军出任西南太平洋战区最高司令。布雷特对科廷说，罗斯福总统很抱歉，在麦克阿瑟还在路上的时候，不能将消息告诉澳大利亚政府，但这是为了保证麦克阿瑟一行能够平安从菲律宾脱险，不得已采取的高度保密措施。尽管科廷事先没料到麦克阿瑟会来到澳大利亚，但他依然非常热情地表示他的政府完全同意罗斯福总统的意见，会选择麦克阿瑟为战区最高司令。

3月17日下午，墨尔本和华盛顿发布联合新闻公报，宣布麦克阿瑟将军抵达澳大利亚，将会出任澳大利亚和菲律宾美军最高司令。为应对轴心国对麦克阿瑟将军离开菲律宾的负面报道，华盛顿的公报宣称（后来由澳大利亚澄清）麦克阿瑟是“应澳大利亚政府邀请”才前往澳洲的。这是一份掺水的公报，但它让所有澳大利亚人都如释重负，因为麦克阿瑟会承担保卫澳大利亚的责任！那个时代最负盛名的战士，第一次世界大战的美军师长，前美国陆军参谋长，菲律宾陆军元帅，美国远东陆军司令，率领孤军保卫菲律宾的英雄——麦克阿瑟传奇而富戏剧色彩的经历，加上盟军宣传机构的刻意渲染，让他被澳大利亚人视为救星。澳大利亚人有理由相信，只要有麦克阿瑟在，他们的家园就不会遭受日本人入侵。

3月18日，麦克阿瑟的多数随员登上帕特里克·杰·赫尔利准将提供的飞机，继续飞往墨尔本。儿子小亚瑟的晕机状况在从巴彻勒机场出发的飞机上更为严重，麦克阿瑟夫妇决定不再坐飞机，在阿德莱德改乘火车。3月20日，火车在特劳伊车站短暂停留，麦克阿瑟面对到访的记者，首次说出他脍炙人口的名言：“我离开了巴丹，而我还要回去。”到了阿德莱德，麦克阿瑟一行换乘另一列火车前往墨尔本。麦克阿瑟的副参谋长理查德·马歇尔准将先前乘坐赫尔利的飞机去墨尔本了解驻澳美军的状况，他在阿德莱德走上麦克阿瑟的火车，告诉他，以驻澳美军现有的兵力，根本不可能在短时间内援救菲律宾，巴丹和科雷希多注定会失守。原先还抱有一丝幻想的麦克阿瑟目瞪口呆，一时失神。当他终于清醒过来时，只能低声祈求上帝怜悯。

3月21日，麦克阿瑟一行抵达墨尔本，大约5000人聚集在车站为他欢呼，360名陆军工兵组成的仪仗队在站台上列队欢迎，60名记者在现场进行采访和报道。麦克阿瑟已经从旅途的疲劳和无法援救菲律宾的伤感中恢复过来，他在车上就整理好仪容，精神抖擞地当众宣读简短声明，他赞扬了澳军士兵，然后明确提出了他的请求：“我对最终胜利完成我们共同的事业信心十足，但现代战争的成功需要的不仅是勇气和视死如归的精神，它还需要精心准备，这意味着要提供能与敌军抗衡的足够的部队和物资。没有哪位将军能够做无米之炊。我的成败将主要取决于有关政府供我支配的人力物力……”

麦克阿瑟的到来使整个澳大利亚为之振奋，美国驻澳大使纳尔逊·约翰逊将美国政府派他到这里来称为“一个天才举措”。

麦克阿瑟很快就投入到工作中去。到达澳大利亚初期，麦克阿瑟的职务依然是远东美国陆军司令，乔治·马歇尔将军告诉他，根据ABDA战区的先例，在他就任战区最高司令一职后，没必要单独指挥一国部队。因此布雷特中将在转任战区航空队司令前，仍会继续担任驻澳美军司令；莱利中将仍是海军司令；一位澳大利亚将军会负责指挥地面部队。

3月21日，澳大利亚政府，美国陆军部和麦克阿瑟经过短暂商谈，正式决定布雷特中将转任西南太平洋战区盟军航空队司令，布雷特原先的副手朱利安·巴恩斯少将继任

■1942年3月21日，麦克阿瑟将军（前排左）来到墨尔本的斯宾塞车站，与他并排穿深色军装的是乔治·布雷特中将。

驻澳美军司令。这项新的人事安排随之引发了一场关于美军地面部队指挥权的争论。麦克阿瑟将军提出，在巴恩斯少将就任驻澳美军司令以后，直接指挥美军地面部队。马歇尔将军强烈反对，他指出，由于西南太平洋战区的地面部队大部分都是澳军，“按照盟军统一指挥权的政策”，美军和澳军地面部队都应该由一名澳大利亚司令官指挥。

根据马歇尔的指示，麦克阿瑟提出了战区地面部队的组织体系，随后很快就被通过。3月24日，麦克阿瑟在交给马歇尔的报告中明确指出，（西南太平洋战区）澳军和美军的所有地面部队，会由“一位合适的澳大利亚将军”指挥。不过，澳军和美军地面部队会继续像以前一样，保留各自独立的后勤体系。现有的澳军后勤组织继续通过澳军自身的渠道发挥作用，仅保留后勤和行政职能的驻澳美军司令部和司令巴恩斯将军会根据麦克阿瑟制定的政策发挥作用。麦克阿瑟认为，这样安排，就能使作战部队从所有的行政管理，后勤供应和政治问题当中解放出来，专心作战。

麦克阿瑟着手确定战区组织体系时，西南太平洋战区还没有正式组建，他也没有被正式任命为战区最高司令，然而形势的发展需要他尽快进行这些工作。在澳大利亚政府的热切期望和大力支持下，麦克阿瑟过渡期的各项工作都十分顺利。3月底，麦克阿瑟在报告中指出，他很享受与澳大利亚当局的亲密关系，他的建议都能够毫无争议地通过，所有能够加强战区安全的措施都在尽力实行。

3月24日，盟军参谋长联席会议正式将太平洋战场划归美国负责。3月31日，罗斯福总统正式任命麦克阿瑟将军出任西南太平洋战区最高司令，尼米兹将军出任太平洋战区总司令的议案正式提出。

麦克阿瑟将军负责的西南太平洋战区，包括澳大利亚、菲律宾、新几内亚、俾斯麦群岛、所罗门群岛和苏门答腊之外的荷属东印度群岛。麦克阿瑟的职责是保卫澳大利亚；支援在菲律宾坚守的美菲联军；援助太平洋战区和印度洋友军的军事行动，以及准备反攻日军。

尼米兹将军指挥的太平洋战区划分为北太平洋、中太平洋和南太平洋三个次级战区。前两个次级区全部由尼米兹直接指挥，南太平洋和西南太平洋战区毗邻，会由一位尼米兹任命的海军高级将领主持，在他的指导下，负责南太平洋的具体军事行动。尼米兹将军的职责是保卫美国和西南太平洋战区之间的一系列岛屿；支援西南太平洋战区的军事行动；保卫太平洋战区的海空交通线，以及准备对日军占领区进行两栖登陆作战，预定最初的攻势会在南太平洋和西南太平洋战区展开。

4月14日，澳大利亚政府在澳大利亚本土以外的澳军部队返程问题，地方军事指挥官和政府的通信联系问题等他们关心的问题得到妥善解决后，终于批准麦克阿瑟将军的

■西南太平洋战区地面部队司令，澳大利亚陆军司令，陆军上将托马斯·布莱梅爵士。

任命。4月18日，来到澳大利亚1个月之后，麦克阿瑟正式就任西南太平洋战区最高司令，澳军的所有海陆空作战部队，都开始听从他的命令。澳军指挥官都被告知，西南太平洋战区最高司令的命令就是“联邦政府”的指示。

麦克阿瑟正式上任当天，就组建了战区盟军地面部队、航空部队和海军部队。刚从中东返回本土的澳大利亚陆军司令托马斯·布莱梅爵士出任战区盟军地面部队司令；布雷特中将出任盟军航空部队司令；莱利海军中将出任盟军海军司令。巴恩斯少将指挥的驻澳美军和乔纳森·温赖特中将指挥的美菲联军（18天后向日军投降）也同时纳入西南太平洋战区序列。

西南太平洋战区司令部参谋人选，马歇尔将军建议麦克阿瑟按照ABDA战区司令部的旧例，吸纳所有盟国军官。几天后，马歇尔再次向麦克阿瑟提议，西南太平洋战区的参谋长，空军和海军司令都可以按照他的心意，由美国人担任，其他高级参谋人员，可以根据总统的愿望，由荷兰和澳大利亚军官担任，尤其应为澳军军官准备一些职位。

4月19日，麦克阿瑟公布了战区总司令部参谋的名单：参谋长理查德·萨瑟兰少将，副参谋长理查德·马歇尔准将，人事处长查尔斯·史蒂夫斯上校，情报处长查尔斯·维洛比上校，作战训练处长史蒂芬·张伯伦准将，后勤处长莱斯特·威特洛克上校，通信处长斯潘塞·阿金准将，工程处长休·凯西准将，防空处长威廉·马卡特准将，副官处长博德特·费奇上校，军营管理及公关处长勒格兰德·迪勒上校。

战区参谋部的所有成员，除张伯伦准将、威特洛克上校和费奇上校是原驻澳美军的参谋军官外，其他成员全是跟随麦克阿瑟一起从菲律宾来澳大利亚的旧部。麦克阿瑟完全无视罗斯福和马歇尔的意愿，参谋部的高级军官全是美国人，荷兰和澳大利亚军官只能在司令部担任中下级参谋人员。

尽管后来马歇尔将军继续向麦克阿瑟提出，为照顾盟友，希望他能为荷兰和澳大利亚军官在司令部安排几个高级参谋的职位，麦克阿瑟依然不为所动。6月，麦克阿瑟向马歇尔解释了他这样做的理由，当地的荷兰军官素质根本达不到要求，而澳军正在大规模扩编，参谋军官首先应充实澳军自身的需要，他断然告诉马歇尔：“要从澳军获得合格的高级参谋人员根本不可能。”麦克阿瑟的理由虽解释得通，但仍然难以摆脱任人唯亲的责难。

修正战略

到达澳大利亚后，麦克阿瑟发现澳军总参谋部对在缺乏海空支援的条件下坚守战略要地莫尔兹比港缺乏信心，澳军的战略重心在于保卫澳大利亚大陆，保卫本土优先于保卫外围要地。他们在几个星期之前讨论过增援莫尔兹比港的问题，最后得出结论，由于必须集中兵力保卫本土东海岸，难以抽出更多兵力，但撤出莫尔兹比等地的守军也不可行，结论就是，澳军必须尽可能长时间守住莫尔兹比港，而一旦日军大举进攻，守军必定伤亡惨重。

澳军总参谋部一再强调本土防御的重要性，他们认为，在没有足够海空支援的条件下，日军掌握西太平洋的制海权，盟军交通线受到严重威胁，要保卫广袤的澳洲大陆困难重重。他们进而指出，在得到足够的海空部队前，至少需要25个师，才能保卫澳大利亚免受敌军入侵，这意味着澳大利亚的盟国需要提供10个齐装满员的师。实际上当时无论美国和英国都不可能从其他战区抽调这么多地面部队。

直到1943年3月，麦克阿瑟将军才公开透露，他刚刚抵达澳大利亚，就意识到保卫澳大利亚的关键不在本土，而在新几内亚。刚到墨尔本时，麦克阿瑟手中还没有足够的兵力，但他坚信，只要能得到足够的海空支援，就一定能成功保卫澳大利亚和周边要地，至于澳军总参谋部会那样想，是因为他们的地面部队在东南亚接连失利，已经让他们手足无措。

麦克阿瑟宣称，在那段日子，他非常渴望能拥有足够的海空力量支援，这样才能保卫广阔的澳洲大陆和周边地区。他告诉科廷总理（科廷了解麦克阿瑟和澳军总参谋部早期战略之间的观点分歧），即使有25个师的地面部队，没有海空支援，也不足以保卫澳洲本土。他认为有理由相信，在拥有足够海空兵力的前提下，将防御重心放在新几内亚，而不是澳洲本土，更有利于实现西南太平洋的防御战略。他认为为成功保卫澳大利亚，当前的战略原则应当是“外围作战优于在本土防御作战”。换言之，为澳大利亚而战，不需要将战火烧到本土，而是在新几内亚战斗。只有这样，防御作战和将来在莫尔兹比港发动的攻势作战才有成功的可能。

麦克阿瑟将军的说法受到澳大利亚人的质疑。科廷总理认为，麦克阿瑟是在经过一段时间以后，才改变他的战略构想，将防线从澳大利亚本土的某处前移到新几内亚岛的欧文·斯坦利山脉。但麦克阿瑟本人坚持他从一开始就持外围防御优先的观点。在麦克

■1942年3月26日，麦克阿瑟和科廷在堪培拉首次见面。

阿瑟1943年11月给科廷总理的信件中，麦克阿瑟称“在澳大利亚本土保卫澳大利亚从来不是我的本意。这是我刚到达（澳大利亚）时的计划，但我从来没有认可过，很快我就改变了计划，保卫澳大利亚的战场就在新几内亚。”根据现存文献，麦克阿瑟是在1942年10月初，明确提出保卫澳大利亚的战斗就在新几内亚的，科廷认为“经过一段时间以后”，在时间上表述得更为准确，但麦克阿瑟从一开始就强调新几内亚等外围要地对保卫澳大利亚的重要意义也有文献可查，而这是澳军总参谋部原先根本没有认识到的。

1942年4月4日，澳军总参谋部和麦克阿瑟的司令部一起，准备了一份联合分析报告。报告指出，日军几乎完全掌握了南太平洋和西南太平洋的制海权和制空权，可以预计他们在不久的将来就会大举进攻澳大利亚的交通线和本土。报告继续指出，澳大利亚东南和东海岸，墨尔本和布里斯班之间的大陆腹地，对战争的成败至关重要。莫尔兹比港是西南太平洋战区最重要的战略要点，日军只要控制莫尔兹比港，就能随时进攻澳洲腹地，而他们已在拉包尔屯集重兵，完全有这个能力。澳大利亚北岸的达尔文和西南岸的弗里曼特尔，远离澳洲腹地，同样容易遭到攻击，但只要能得到适当增援，这两地的安全都能保障，可以成为稳固的前沿阵地。真正的危险就在莫尔兹比港。一旦莫尔兹比港落入日军手中，布里斯班和墨尔本之间的澳洲腹地将立即受到严重威胁。既然莫尔兹比港是保卫澳大利亚的重中之重，就必须尽最大努力为它和其他受到日军威胁的地区提供海空支援。想要建立一个成功的防御体系，需要数艘航空母舰，至少675架陆基飞机（包括70架B-17轰炸机）。只要拥有这样一支强大的海空部队，不仅能成功捍卫澳大利亚，而且还能反攻东北方的拉包尔。

澳军总参谋部和麦克阿瑟司令部成员达成共识后，开始贯彻实施这一战略。3月底，澳军第1军军部和第7步兵师结束长途跋涉，从中东返回澳大利亚的阿德莱德港。4月6日，美军第41步兵师主力来到墨尔本。几天后，美军第32师和41师的后续部队提前启程，开赴澳大利亚。从4月起，航空部队也陆续得到充实，只有一个重型轰炸机联队和一个中型轰炸机联队暂时没有飞机。莱利中将的战区海军也得到增援，很快拥有3艘重巡洋舰、3艘轻巡洋舰、15艘驱逐舰、20艘新型现代化潜艇、11艘老式潜艇和其他一些小型船舶。

除少量军舰之外，荷兰还为战区提供了一个旧式步枪连和一个装备齐全的B-25中型轰炸机中队。荷兰人最大的贡献是提供了一个运输船队。这个船队是荷兰皇家船团（Koninklijke Paktevaart Maatschappij，以下简称K.P.M.）的一部分，开战前，在荷属东印度群岛之间从事远程岛际运输业务。爪哇沦陷后，荷兰皇家船团的大部分船只都逃往澳大利亚和印度。部分到达印度的船只，后来也去了澳大利亚。最后在澳大利亚集中的

■澳大利亚帝国军团第7师的老兵回到本土，保家卫国。

这个船队合计拥有29艘船舶，排水量从500吨到6000吨不等，为西南太平洋战区的兵员和物资运输都发挥了重要作用。

澳军对莫尔兹比和本土的加强从4月初开始。第19旅，以及美军防空和工程部队进驻达尔文，一个美军重型轰炸机中队和一个美军防空团奉命进驻珀斯和弗里曼特尔地区，一个美军防空团和一个澳军加强步兵旅进驻汤斯维尔。其余美国防空部队在布里斯班一带布防，包括澳军第7师和美军41师在内的其他地面部队驻防墨尔本至布里斯班地区。从1月起，汤斯维尔和克朗克里就开始修建机场，4月已可供航空兵的大部分作战飞机使用。海军水面舰队也开始扩大行动范围，潜艇部队开始对日本海军发动反击。

增援莫尔兹比港的困难较大。莫尔兹比澳军的补给线从澳大利亚本土穿过巴布亚湾，一直延伸到日军行动区域，随时可能遭到日军海空骚扰。港口设施不足，现有的两座简易机场施工简陋，地方狭小，在通往汤斯维尔和克朗克里地区的700英里漫长航线上，除了托雷斯海峡的霍恩岛机场，再没有其他航空中转基地。

麦克阿瑟的工程处长凯西对莫尔兹比港进行了一次全面考察，随后着手扩建当地的军事基地。港口和2个现有简易机场将进行改造，莫尔兹比港地区还会再建3个新机场。除了扩建霍恩岛机场外，从汤斯维尔向北，沿澳大利亚东北约克角半岛，在马里巴，库克镇和科恩等地会修建一系列新机场。一旦这些机场完工，各式飞机就能一路飞往莫尔兹比港，不仅能建立一条从汤斯维尔到莫尔兹比港的稳固空中航线，而且战区航空队依托这些基地，进可攻退可守，行动十分便利。

约克角半岛航空基地的工程很快动工。4月下旬，第一批美国工兵部队，包括第43工兵团E连，黑人组成的第96工兵营（欠两个连）和第576工兵连的自卸卡车分队，已奉命进驻莫尔兹比港。第一支美国防空部队第101岸炮营（高炮部队）随后也来到莫尔兹比。澳军也在向巴布亚继续增兵，计划向莫尔兹比港增派一个步兵旅，布罗罗山谷加派一个独立连。

盟军航空队在莫尔兹比港的活动也日益频繁。4月下旬，盟军B-17、B-25和B-26轰炸机以莫尔兹比一带的机场为跳板，对莱城、萨拉莫阿和拉包尔日军基地发动空袭；除澳大利亚空军的P-40战斗机，“卡塔利纳”侦察飞艇和“赫德森”式轰炸机之外，当地又进驻一个美军P-39战斗机联队和1个A-24攻击机联队。

截至1942年4月，澳大利亚和莫尔兹比港取得了一个良好开端，但仅仅是一个开端。麦克阿瑟一直都在强烈要求华盛顿立即给他更多人力和物力支持。然而根据盟军早已确立的“欧洲优先”原则，麦克阿瑟想获得更多支援十分困难。

早在3月18日，马歇尔将军就告诉麦克阿瑟，美国正在继续向英国增兵，准备向德国发动一次早期反攻。由于船舶不足，在满足欧洲急需的增援前提下，西南太平洋只能得到有限支援。除已经进驻澳大利亚和在途的美军野炮和高炮部队外，能够增援澳大利亚的地面部队暂时只有32和41两个步兵师。除此之外，美军只能保证尽力充实驻澳美军航空部队，保障澳大利亚和美国本土交通线的安全。

一个月后，美国陆军航空队的詹姆斯·哈罗德·杜利特上校指挥16架B-25轰炸机从“大黄蜂”号航母起飞，对日本东京实施了著名的“杜利特空袭”，大大振奋了美军和盟国的士气。但麦克阿瑟的心情却变得更加恶劣。早在两个月前，他就强烈要求航母援救菲律宾群岛，从航母派出飞机加强他的航空部队，当时被告知这不可能做到。现在

■盟军首次空袭东京的指挥官詹姆斯·哈罗德·杜利特。由于这次空袭让麦克阿瑟心情恶劣，使他无意之中失去了成为西南太平洋战区航空兵司令的机会。

B-25轰炸机既然从航母飞到东京上空，那完全可以将这些力量派到菲律宾，帮助海军突破日军封锁。对麦克阿瑟来说，将本可用于增援西南太平洋战区的航母和飞机用去搞“宣传意义上的空袭”，实在毫无意义。

4月底，麦克阿瑟再次要求至少派一艘航母增强他的海军，但被告知所有航母现在都有任务在身。两天后，麦克阿瑟和科廷总理会晤时表示，他对华盛顿不能给予他要求的援助“深感失望”，随后又说，现在盟军分配给他的兵力远不能满足任务的要求，希望科廷向英国首相转达他的意见，除了给澳大利亚分配一艘航母和两个原计划派驻印度的英国师外，还需要大幅增加美澳航线上的英国船舶。次日，科廷就向丘吉尔首相转达了麦克阿瑟的全部要求。

丘吉尔首相对麦克阿瑟辗转通过科廷向他提出要求非常惊讶，将这些信息通知罗斯福总统，表示他实在无法相信这是麦克阿瑟提出的要求。丘吉尔又补充道：“我乐于了解这些要求是否得到您的批准，麦克阿瑟将军又是否得到美国政府的允许，通过这种途径和我进行交涉。”

美国政府对麦克阿瑟的这种行为大为不满。事发第二天，马歇尔将军就责备麦克阿瑟不该如此不识大体。5月3日，麦克阿瑟在答复中指出，他不应为借助科廷总理阐述他的意见负责。他认为，他是应科廷之邀，进行纯私人性质的信息沟通。麦克阿瑟指出，他目前的立场微妙。科廷希望他能就澳大利亚的防务向澳大利亚政府提出建议，只要他继续担任西南太平洋战区最高司令，为维持澳大利亚政府抗战的信心，就别无选择，只有采取这种做法。众所周知，澳大利亚政府的当务之急是保卫本土安全。当时无论澳大利亚政府还是民间人士，都非常担心兵力不足，无法保卫自己的国家。他身为军事专家，既然无力改变这种情况，就只有想尽办法争取援兵。他的观点得到了马歇尔将军认同。

这个时候，3月16日参谋长联席会议决定在英国对德国发动早期反攻的预定时间已到，盟军制定了“波莱罗”计划。4月14日，根据马歇尔将军的提议，经过英军总参谋部和英国政府同意，驻英美军会在英军协助下，向西欧发动空中反攻。如果继续向太平洋增派部队，“波莱罗”计划将不得不暂停或者推迟，马歇尔将军请示总统如何决定。罗斯福总统当即回答他不希望“波莱罗”计划推迟，现在继续向太平洋增兵并不明智。

为安抚麦克阿瑟，罗斯福用私人信件向他解释了目前不继续增援西南太平洋战区的原因。罗斯福在信中写道，现在无法否认这个事实——苏联军队“比其他所有25个盟国消灭的轴心国军队都更多，破坏的轴心国物资更多”。因此最合逻辑的做法是继续“尽我们所能”，增强俄国人的力量，“使俄国人在他们的战场更多地牵制德国人的地面和空中力量”。总统向麦克阿瑟保证，尽管欧洲的军事行动是盟军的重中之重，但他的需要不会被忽视，许诺调遣给他的航空兵力都会全部到位。

总统又告诉麦克阿瑟，他在面临困境时的表现值得赞赏，他明白麦克阿瑟“担任最高司令的同时”，不得不“扮演大使的角色”。罗斯福又对麦克阿瑟通过科廷向丘吉尔提出要求一事做了评价，他认为麦克阿瑟和澳大利亚总理讨论军事问题无可非议，但希望他们之间的会谈内容尽可能保密，而不是以此向丘吉尔首相和总统本人进行呼吁。

两天后，麦克阿瑟对总统的来信作了答复。麦克阿瑟强调他现在必须采取一切措施保卫澳大利亚的安全，一旦确定这个国家已经安全，就能在太平洋发动全面反攻。他进而指出，这样的攻势，需要的不仅是“整个美国热情的心理上的支持”，它不仅对保卫澳大利亚和印度至关重要，而且能够开辟反法西斯战争的“第二战场”，对俄国也是一种不可估量的帮助。麦克阿瑟一厢情愿地夸大西南太平洋战区的重要性，提出现在最优先的任务是保卫澳大利亚，要做到这一点，至少需要2艘航母，将澳大利亚的美军飞机从500架增加到1000架，再增派给他3个一等美国陆军师，组建一个能够“承担机动进攻任务”的军。

■麦克阿瑟在科廷总理陪同下，来到悉尼。

回信给总统的同一天，麦克阿瑟告诉科廷总理，他决心寻求确切明白的指挥权，同时要求给予他充足的部队，使他能够履行自己的职责。科廷很快就将谈话内容透露给他的外交部长埃瓦特博士。科廷没有被麦克阿瑟华丽的说辞所惑，他说：“他的提议不会被接受。尽管非常动听，但不可能得到支持。”

丘吉尔没有派航母，也没有派更多运输船队来到西南太平洋战区，科廷要求从印度调到澳大利亚的两个英军师也不可能来。5月4日，丘吉尔在给科廷的信中提到，他确实曾许诺，如果日军动用8到10个师团对澳大利亚本土发动进攻，会将英国驻印军的两个师调往澳大利亚，但现在没有任何迹象证明，日军正试图大举入侵澳大利亚。既然如此，将两个师从印度调往澳大利亚，尤其在印度更可能遭到入侵的情况下，并不明智，况且从海路调动两个师，已经超出了英国在印度洋的航运能力。

4天之后，埃瓦特博士在伦敦与英国当局会晤，他说服丘吉尔首相，相信澳大利亚会在不久的将来遭到入侵。丘吉尔表示他会立即派遣包括一个装甲师在内的至少两个师增援，而且他还会将原先用于保卫印度的一切物资投入保卫澳大利亚的战斗。

科廷总理第一时间将埃瓦特的交涉成果转告麦克阿瑟，但他仍不满意。5月12日，麦克阿瑟向科廷提出了一份分析报告：

我不能过分强调构筑（澳大利亚）防线的迫切需要。要捍卫广大领土的任务是艰巨的，问题是交通条件糟糕，防卫兵力不足，只有一部分接受过训练。另一方面，如果敌人得到舰队主力的支持，就能轻松控制（西南太平洋）航道，可以对任何选定的目标从容发动进攻。我们此时此地面临的最大问题是，从战争一开始，西太平洋的局面就已经糟糕透了。

5月14日，科廷总理以正式的外交途径，通过华盛顿的澳大利亚驻美大使馆，向罗斯福总统提出请求。他重申麦克阿瑟将军关于增派包括航母在内的援军的请求，希望美国政府重新估计西南太平洋战区的事态，至少满足麦克阿瑟将军对兵力的最低要求。

英国驻华盛顿军事代表团团长，陆军元帅约翰·迪尔爵士很快了解了相关情况。5月16日，迪尔和马歇尔将军会晤，就澳大利亚问题进行磋商。两天后，马歇尔将军承诺，美军会提供包括两个步兵师，相当数量的防空和后勤辅助人员，尽快将在澳大利亚的兵力扩充到10万人。马歇尔又补充说明，美军会继续将驻澳美军飞机增加到535架，目前这些飞机和相关人员有的已进驻澳大利亚，其他的也已经在路上。

5月22日，马歇尔将军再度给迪尔写信。他指出，到6月，澳大利亚的全部地面部队将达到40万人，而现在西太平洋制海权还在日军手中，航运条件不利，似乎没有必

■英国驻华盛顿军事代表团团长，陆军元帅约翰·迪尔爵士。

要继续向澳大利亚增派美军地面部队。以澳大利亚的现有地面和航空兵力，足以应付西南太平洋的局面，毕竟澳大利亚还没遭到全面入侵，而且英国已经承诺会在条件允许时，从印度洋抽调海陆兵力增援澳大利亚。

至于麦克阿瑟一再要求的航母，马歇尔同意他的观点，航母在西南太平洋确实有用武之地，但他再度强调现在没有多余的航母可以调到他的战区。最后，马歇尔用以下文字结束了他对形势的分析：

麦克阿瑟将军的使命是为了将来的反攻，（在澳大利亚）积极组织防御。这符合我们的基本战略。为了在任何战场都能采取积极行动，在采取守势的战场维持最低限度兵力是必要的，这样做，就要认识到必须承受某些计算之中的风险。如果我们仅仅在和日本进行战争，麦克阿瑟将军的主张都非常可取。然而在我们看来，太平洋并非（整个世界大战的）主战场。

第二天，罗斯福总统单独对科廷总理作了答复。对马歇尔在报告中没有提到的部分，罗斯福明确告诉科廷，他对日军可能取道新几内亚进攻澳大利亚本土非常关注，同时也意识到如果日军进攻新喀里多尼亚、斐济和萨摩亚，将严重威胁美澳交通线，但必须面对现实，现在澳大利亚无法得到更多支援，要守住美澳交通线，就一定要守住夏威夷，而种种迹象表明，日本海军的战略重心仍在中太平洋，夏威夷的形势依然严峻。罗斯福承认，盟国在太平洋的海空力量不足，现在无法保卫所有可能受到威胁的战略要点，但他向科廷保证，现有资源会“经过通盘考虑和仔细思量，根据战场的潜在需要，在日军出现和最为关注的地方”得到最有效的使用。

经过美、英、澳三方的反复磋商，西南太平洋战区的基本战略终于定案。除非欧洲战场发生突破性进展，麦克阿瑟将军只能依靠现有兵力，尽自己的最大努力，改善澳大利亚和西南太平洋战区的局势。

悲喜交加

1942年四五月间，麦克阿瑟备受煎熬。西南太平洋战区草创之际，诸多事务需要麦克阿瑟劳心劳力，为获得更多增援，要和盟国军政要人反复磋商。盟国坚持欧洲优先战略，无论麦克阿瑟怎样交涉，他提出的要求都无法得到满足，令他十分沮丧。然而对他打击最大的，还是菲律宾的彻底沦陷。

4月初，得到补充的日军第14军向巴丹守军发动新一轮攻势。苦守数月的巴丹守军饱受饥饿和疾病折磨，士气低落，已无力再战。4月9日，守军指挥官爱德华·金少将决定向日军投降。

巴丹失守，科雷希多岛也无法再长久坚持下去。日军在巴丹南部高地用重炮对科雷希多实施了长达27天的持续炮击，5月5日午夜发动总攻。驻守科雷希多的美国海军陆战队第4团打退了第一波日军的进攻，但挡不住日军后续部队的持续入侵。5月6日上午，日军已逼近马林塔隧道。10点30分，美菲联军司令温赖特中将眼看大势已去，为避免日军残杀在隧道避难的数千伤病员，下令打出白旗，科雷希多岛沦陷。

5月7日，温赖特被带到马尼拉。日军以美菲联军战俘的生命胁迫温赖特就范，温赖特含泪在“停止一切抵抗”的投降书上签字，哽咽着宣读了日本人口授的广播稿。

消息传到墨尔本，麦克阿瑟找来了菲律宾英文报纸《马尼拉先驱报》的编辑和发行人卡洛斯·罗摩洛，极度痛苦地告诉他这个噩耗，亲手将自己起草的声明交给了他。报界很快就刊登了声明，声明上说：“科雷希多无需我发表评论，它已在它的枪口上讲述了自己的故事。它已在敌人的牌匾上刻下了自己的墓志铭。但透过那响彻云霄的最后的枪声和血色迷雾，我仿佛总能看到那些坚强不屈、形容憔悴、面色苍白的人们仍然毫无畏惧。”最后麦克阿瑟要求坚守在菲律宾南部的部队要不惜一切代价继续抵抗，开展游击战，并且电告在宿务的迪诺伊斯准将和棉兰老岛的夏普将军“投降的命令无效”。迪诺伊斯和夏普想按照麦克阿瑟将军的命令继续抗战。但几天之后，日军命令温赖特的一位助手飞抵该岛，敦促他们停火，否则就屠杀被关押的战俘。这种情况下，5月10日，驻棉兰老岛美军投降。18日，班乃岛美军投降。5月24日，莱特岛美菲军投降。至此，除少数岛屿外，菲律宾群岛主要岛屿的美菲联军有组织抵抗结束。菲律宾沦陷，在麦克阿瑟心中留下了难以磨灭的伤痕，一直伴随他的余生。

丧师失地的伤痛和屈辱仍萦绕心头，麦克阿瑟还要继续面对西南太平洋战区的危局。对兵力不足、士气低落的莫尔兹比港守军来说，幸运的是，1942年3月初，日军占领新几内亚东北的莱城和萨拉莫阿以后，没有立即进逼莫尔兹比港。应日本陆军要求，日军大本营为间接支援缅甸战场，决定派第1航空舰队主力进入印度洋，突袭英国东方舰队基地锡兰岛。联合舰队司令长官山本大将对印度洋作战并不感兴趣，如果日军不打算在短期内对印度发动全面攻势，让海军主力突袭印度洋，只会给美国太平洋舰队减少压力，争取更多喘息时间。但在陆军的一再坚持下，海军只能妥协。为确保摧毁英国东方舰队主力，海军必须在印度洋动用第1航空舰队的全部航母，这样一来日军对莫尔兹比的进攻不得不推迟。

日军原计划在印度洋海战结束后，派遣大型航母“加贺”号前往特鲁克，为莫尔兹比港登陆战保驾护航，经过连续数月征战的第1航空舰队主力，会回到本土休整。3月10日，日军得知美国航母特混舰队对莱城和萨拉莫阿新建基地实施大规模空袭，意识到只派一艘航母并不保险，决定向特鲁克派遣两艘航母。南云中将变更了原定部署，决定在印度洋海战后，将“加贺”号调回日本本土休整，另派第5航空战队的“翔鹤”号和“瑞鹤”号航母参加莫尔兹比港登陆战。

4月5日和9日，日军机动部队先后袭击英军在锡兰的主要基地科伦坡和亭可马里，对英军造成沉重打击，但没能在港口如愿捕获皇家海军东方舰队主力，反而是日军护航舰队先后在印度洋海域击沉“竞技神”号航母、2艘重巡洋舰、1艘驱逐舰、1艘护卫舰和1艘辅助舰艇。

4月中旬，印度洋海战结束，南云中将率舰队返航。4月20日，南云舰队在台湾分为两部，主力继续回本土，第5航空战队及其护航舰队向东开赴特鲁克。

除第5航空战队外，日军一直都在向拉包尔和莱城等新建航空基地增派陆基航空兵。4月10日，日本海军台南航空队的45架“零”式战斗机和6架陆基侦察机，第4航空队的36架陆基攻击机，元山航空队的27架陆基攻击机，横滨航空队的12架大型飞艇和9架水上飞机已在拉包尔和莱城机场就位，与盟军航空兵展开长期空战。

印度洋海战进行的同时，拉包尔的陆军南海支队仍在待命。莫尔兹比攻略因故推迟，但日军在西南太平洋的军事行动并没有停止。阿德米勒尔蒂群岛由主岛马努斯岛和其他若干小岛组成，位于新不列颠岛西北，新几内亚东北方的俾斯麦海北部海域，战略地位相当重要。马努斯岛东北部的洛伦高建有一个小型机场。马努斯岛和洛斯内格罗斯

■1942年4月，在莫尔兹比港迫降的一架日军零式战斗机被盟军航空技术人员拆解，后来进行了技术对比分析研究。

■日军空袭的炸弹落入莫尔兹比港近海水域。

岛之间的洛伦高港可供大型舰队停泊。洛斯内格罗斯岛北半部地势平坦，只要砍伐掉当地的椰树林，就能建成条件优越的机场。

4月6日，日军攻略部队从拉包尔出发，两天后，占领洛伦高机场和港口。同一天，日军新不列颠西北扫荡部队来到新不列颠中北部维劳梅兹半岛附近海域，在塔拉西沿岸登陆，很快就肃清周边地区，建立了小型军事基地。随后日军从荷属东印度调集大批部队，在荷属新几内亚（新几内亚岛西半部）北部沿岸登陆，但南海支队一直都没有收到进攻莫尔兹比港的命令。

堀井支队长自莱城和萨拉莫阿攻略成功后，一直在等待进攻莫尔兹比港的命令。4月16至17日，特鲁克的第4舰队司令部对进攻莫尔兹比的作战计划进行了讨论，南海支队参谋长田中中佐也参加了会议。海军已经准备了一支大规模护航舰队，只要预定的两艘航母到位，日军有很大把握取得莫尔兹比登陆战的胜利，然而大本营陆军部的命令迟迟未到。等得有些不耐烦的田中参谋长致信大本营，上报特鲁克会议制定的战役规划方案，请求给予指示。

4月18日，大本营致电南海支队长堀井少将：

进攻莫尔兹比港势在必行，具体行动由指挥官根据自己的判断自行决定。这场战役是检验陆海军协同作战能力的一个机会，最晚应于5月10日开始。

■新几内亚岛东部和俾斯麦群岛。

后来大本营又再度下达指示，命令南海支队在攻克莫尔兹比港以后，准备继续进攻新喀里多尼亚、斐济和萨摩亚等地。

4月28日，联合舰队司令长官山本大将向大本营提议，为了彻底解除美国太平洋舰队的威胁，日军将在莫尔兹比港登陆战成功以后，应进攻中途岛和北太平洋的阿留申群岛。

4月29日，日本裕仁天皇生日当天，堀井少将接到进攻莫尔兹比港的第一份正式命令。按照大本营的命令，南海支队将于5月4日在第4舰队护卫下，启程离开拉包尔，5月10日黎明，在吴镇守府第3特别陆战队一部支援下，登陆莫尔兹比港。支队主力会在莫尔兹比港西北12公里外的海滩登陆，144联队第1大队和海军登陆部队会在莫尔兹比城东南的另一处海滩登陆。登陆成功后，日军两路部队分进合击，一举占领港口、城镇和城外的基拉机场等主要军事目标。

第4舰队对登陆战的准备工作十分重视，井上司令长官亲自率队从特鲁克来到拉包尔，指挥整个登陆舰队。

日军预定在进攻莫尔兹比的同时，夺取所罗门群岛南部的图拉吉岛。5月2日，驻守图拉吉岛的一个皇家澳大利亚空军小分队

地图七 莫尔兹比港区图

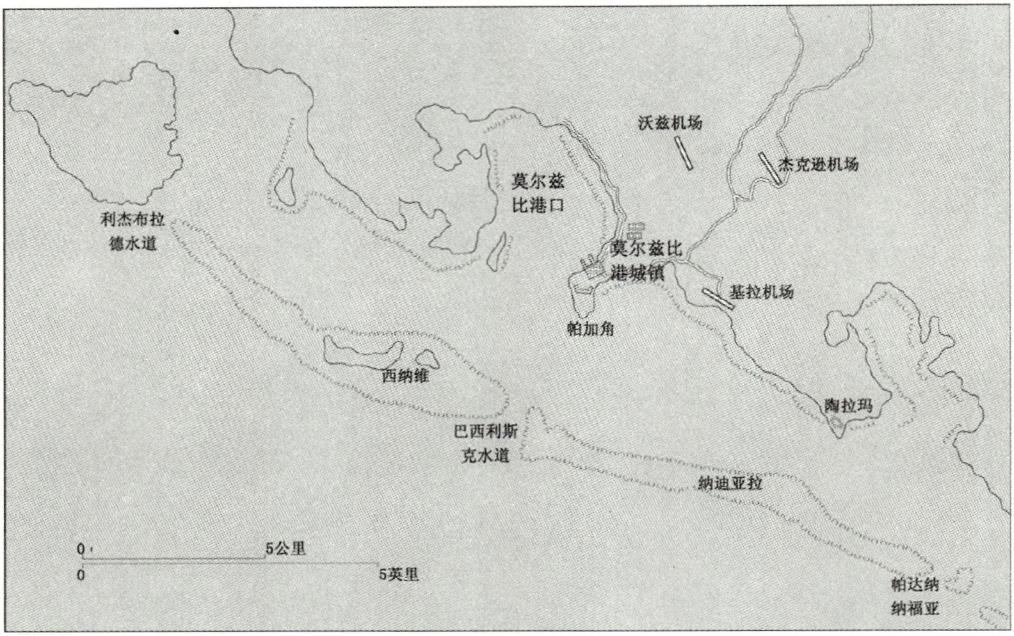

发现日军登陆舰队正在接近。驻岛澳军兵力薄弱，短暂商议后，决定炸毁岛上的军事设施，随后一路撤往新赫布里底群岛的维拉岛，和驻守当地的澳军独立连一部会合。几天后，图拉吉澳军的船只安全抵达维拉岛。就在澳军离开图拉吉的第二天拂晓，日军吴镇守府第3特别陆战队一部就登陆占领该岛。

日军自以为从海路进攻莫尔兹比的作战计划周详，不料美国海军已经破译了日军通信密码，4月底就将日军正在集结兵力进攻澳大利亚东北部或巴布亚的情报报告华盛顿。美国海军立即集结了以“列克星敦”和“约克城”号航母为核心的第17特混舰队，去拦截日军舰队。

日军并不知道从海路进攻莫尔兹比港的意图已经暴露，南海支队如期集结登船。5月4日16点，日军登陆舰队离开了拉包尔港。随后登陆舰队在布干维尔岛的布因海域与“祥凤”轻型航母编队会合，一同向澳大利亚东北的珊瑚海前进。不久以后，原忠一海军少将指挥的第5航空战队的2艘航母，护航的高木武雄中将的第5战队从所罗门群岛南端的圣克里斯托瓦尔岛转向，在运输舰队东面组成远程护航舰队。

5月7日和8日，日美两国舰队进行了著名的“珊瑚海海战”，7日的战斗中，美军击沉了日军的一艘轻型航母，略占上风，但双方都没有发现对方的航母主力。5月8日清晨，双方主力终于展开决战。珊瑚海海战是一场载入世界海战史册的划时代战役，在这第一场“超视距”海军航母对决中，美第17特混舰队的两艘航母“列克星敦”号和“约克城”号均受重创，“列克星敦”号的伤势尤其严重。日军的“翔鹤”号航母被美军舰载机击伤，但并不致命，“瑞鹤”号几乎无损。

负责近程空中支援的“祥凤”号轻型航母昨天已经沉没，“翔鹤”号航母因伤无力再战，舰队的燃料也已所剩无几，井上司令长官决定终止作战，率部向北撤退。弗莱彻少将的问题比井上中将更多，2艘航母都已无力再战，“列克星敦”号急需抢救，还要搜救坠落海中的飞机和飞行员，对日军撤退求之不得。由于“列克星敦”号伤势过重，锅炉房起火，美军被迫弃舰，任其沉没，随后第17特混舰队主力开始向南撤退。

日军的“翔鹤”号航母安全撤回特鲁克基地，南海支队的运输舰也平安返回拉包尔。综合双方战报，日军人员伤亡（约900人）和飞机损失（80架），均多于美军（伤亡543人，飞机损失66架），但主力航母仅有“翔鹤”号航母受到不致命的损伤，而美军的“列克星敦”号重伤沉没，“约克城”号重伤失去战斗力。在这一场以航母对决为主的战役中，日本航母损伤少，取得了战术性胜利。然而美国太平洋舰队的航母损失虽大，却迫使日军放弃了从海路进攻莫尔兹比的企图，达到了战略目的，取得了战略性胜利。

5月9日，日军大本营告知南海支队长堀井少将，由于珊瑚海战役，海军蒙受了不小的损失，莫尔兹比港登陆计划不得不暂时推迟，南海支队将划归新组建的陆军第17军战斗序列，新一轮进攻将在7月开始。

太平洋舰队在珊瑚海战役中取得了战略

■珊瑚海海战迫使日军放弃从海路进攻莫尔兹比港的企图，使盟军获得了战略性胜利。

性胜利，日军对澳洲本土的威胁暂时解除，麦克阿瑟将军的精神也为之一振，但他的做法却会令人大摇其头。前不久，为加强西南太平洋战区的信息管制，麦克阿瑟为自己的司令部争取到战时新闻审查权。出于战争需要，麦克阿瑟这么做无可厚非，但他却滥用了这一权力。他效法心目中的英雄拿破仑，不仅在战斗期间连续发布战争公报，而且还动手亲自撰写公报。这些公报的内容充斥着他个人的主观意见——仅仅是他个人，不代表其他任何人的意见。他撰写的珊瑚海海战的战果公报不但明显夸大日军的损失，而且毫无根据地吹嘘他读到的日本海军电文中出现“我们形势危急”的字眼，甚至公开指责美国海军“错失了一次让日本遭受重创的机会”。

不管麦克阿瑟对海军有多么深的偏见，他和澳大利亚人都必须感激太平洋舰队阻止日军在莫尔兹比登陆的企图，他和西南太平洋战区赢得了更多时间加强澳大利亚和周边要地的防御力量。

重整巴布亚防线

珊瑚海战役让西南太平洋战区得到了短暂的喘息机会，但麦克阿瑟和他的部下还不能安枕无忧。麦克阿瑟坚信，在“6月10日以后的任何时间”，日军都会整顿1个师团的地面部队，大批海空兵力，再度入侵莫尔兹比港。为做好充分准备，麦克阿瑟和他的

■为了将澳大利亚建成盟军在太平洋的坚实后方基地，大量美军士兵赶赴澳大利亚。图为新到的美军士兵正在接受装备检验。

部下立即着手尽最大努力，加强澳洲本土和周边——尤其是巴布亚的防御力量。

5月14日，埃德温·哈丁少将率美军第32步兵师和第41步兵师后续部队抵达澳大利亚，大大充实了地面部队。次日，战区司令部调澳军第14步兵旅（共3400人）和700名澳军防空兵进驻莫尔兹比港。

盟军总结了珊瑚海战役的经验教训，得出结论，要有效掩护莫尔兹比港东面的航道，必须在新几内亚东南角附近建立一个航空基地。这个基地不仅能给盟军飞机提供一个新据点，进攻日军在新几内亚北部和西北部的军事基地，而且能缩短飞越欧文·斯坦利山脉的距离，减少飞行任务的危险，此外，还能提供一个盟军从巴布亚东南海岸发动攻势的立足点。

5月14日，麦克阿瑟在和布莱梅将军沟通以后，决定在巴布亚东南海岸的阿巴乌-穆林斯港的未开发地修建一个1500英尺长，50英尺宽，代号“波士顿”的飞行跑道。新机场的质量要求是“将来能供重型轰炸机起降”。

5月20日，麦克阿瑟又制定了一项增强澳大利亚东北部和新几内亚军事力量的综合计划。战区航空队将全力补足莫尔兹比港各飞行中队的员额；美军驻布里斯班的防空兵力将转赴约克角半岛的汤斯维尔、霍恩岛、马里巴、库克镇和科恩的军事基地。约克角半岛的这些基地，莫尔兹比港和“波士顿”的新基地会存储足够的航空补给和弹药，一旦出现紧急情况，战区航空队就能利用这些基地，阻截从路易赛德群岛沿新几内亚东南海岸来犯的敌军。为此，澳大利亚东北部和巴布亚新机场的施工进度必须尽可能加快，增援兵力和物资的运输任务由驻澳美军司令部负责，盟军各地面部队全力协助。

一旦新机场全部完工，澳大利亚东北和约克角半岛的机场能将盟军轰炸机的战线前推500英里，进可派轰炸机保卫莫尔兹比港，退可保卫澳大利亚领空。莫尔兹比港的新机场建成以后，不仅能为重型和中型轰炸机提供空袭日军在新几内亚东北和新不列颠岛的军事基地，而且能为更多战斗机和轻型轰炸机提供驻留基地。“波士顿”的新机场除了提供更多反攻日军的航空基地外，还能够掩护莫尔兹比港的侧翼，对海上来犯的日军实施打击。

然而“波士顿”的新机场并未动工。5月22日，盟军工作人员对巴布亚东端进行地形侦察时，在米尔恩湾地区，发现了更适合修建机场的场所。6月8日，美军第96工兵营长勒弗雷特·尤德中校，率领一个由3名美国人和9名澳大利亚人组成的工作组，乘坐一架卡塔利纳飞艇，对米尔恩湾进行进一步考察。工作组在米尔恩湾近海地区的一片椰树种植园，发现了足够修建几条飞行跑道的合适地点。这片种植园是英国利华兄弟公司的产业，在战前经过多年开发，已拥有大量建筑物，一个成型的公路网，一个小型登陆场和几个小码头。工作组对当地的良好地形和现有设施留下了深刻印象，第二天，尤德中校就向战区司令部递交了一份详细报告。

尤德报告立即得到战区司令部的充分认可。米尔恩湾的种植园不仅有利于地面部队驻防，而且不必浪费时间进行前期开发。于是"波士顿"修建机场的预案6月11日被否决。次日，战区司令部授权在米尔恩湾修建一个带有必要疏散跑道的机场。为突击飞行准备的降落跑道即刻开工，用于重型轰炸机起降的机场会在稍后继续修建。

6月22日，战区司令部再度授权在荷属新几内亚南岸的马劳奇兴建一个小型机场，用于保护莫尔兹比港左翼。同一天，米尔恩湾的第一批驻军——驻莫尔兹比港澳军第14步兵旅下属的2个连和1个机枪排，乘坐K.P.M.运输船"卡西克"号离开港口，三天后，安全抵达米尔恩湾。4天后，美军第46工兵团E连和一批工程装备，乘坐另一艘 K.P.M.运输船"邦特克"号，抵达米尔恩湾，开始修建新机场。

7月2日，训练质量最高的民兵部队改编的澳军第7步兵旅，奉命从汤斯维尔开赴米尔恩湾。7月底，皇家澳大利亚空军的一个P-40战斗机中队进驻米尔恩湾机场。莫尔兹比港脆弱的右翼得到了及时保护。

从休恩湾通往莫尔兹比港的陆路要道布罗罗山谷也得到了加强。4月下旬，澳军第5独立连进驻布罗罗，与第1独立连会合。5月26日，第5独立连和1个迫击炮排被空运到瓦乌机场。从这一天开始，这支负责游击战的部队就被称为"坎加游击队"（KANGA Force），开始准备对莱城和萨拉莫阿两地发动推迟已久的进攻。这次进攻出于纯粹的防御目的——延缓日军的攻势，将他们关在盟军防线以外。如果坎加游击队能够夺取莱城和萨拉莫阿，盟军计划立即派遣战斗机进入莱城机场，随后增调更多援军进入沿海地区。盟军希望坎加能在莱城和萨拉莫阿坚守两到三个星期，这样就能最大程度延缓日军发动新攻势，拖延他们进攻莫尔兹比港的时间。

这次行动一开始就困难重重。根据土著人的情报，日军当时正计划大举进攻布罗罗山谷，坎加的指挥官不得不抽出部分兵力用于防御。6月底，坎加一部对萨拉莫阿发动首次突击战。据美军战史资料记载，坎加在这次行动中，一共消灭了60名日军，破坏了当地军事设施，但莱城日军迅速出动了200人反攻萨拉莫阿，坎加被迫撤退。几天后，坎加对莱城发动了另一次突袭，一共消灭了40名日军，但面临数量占据压倒优势的日军反扑，仍被迫撤退。

尽管对两地日军造成了一定损害，但由于坎加的兵力有限，无法将日军逐出哪怕几天时间，盟军分散日军注意力的目标未能达成。

在对澳大利亚东北和新几内亚防线进行加强和修正后，莫尔兹比的防务仍存在漏洞。6月的第一周，麦克阿瑟将军在接到一份报告之后，大惊失色："居然还有这样的漏洞！”原来，在巴布亚东北海岸的布纳，有一条鲜为人知、崎岖难行的通道，经科科达山口，穿过欧文·斯坦利山脉，通往莫尔兹比港。科科达是欧文·斯坦利山脉北麓约达山谷中的一片小高地，海拔366米，当地的小型山地机场，是巴布亚半岛北岸和莫尔兹比港之间唯一的机场，这个不起眼的小地方战略地位极其重要。如果敌军在布纳登陆，就可以迅速从科科达通过将近6000英尺高的欧文·斯坦利山脉天险，直取莫尔兹比港，这是盟军防线不应存在的疏失！负责新几内亚防务的澳大利亚第8军区司令巴希尔·莫里斯少将当时人在莫尔兹比港地区，迄今为止都没有加派任何一支部队去保卫这条科科达通道！

麦克阿瑟意识到事态严重，6月9日致信布莱梅将军：

■澳军第8军区司令巴希尔·莫里斯少将。负责巴布亚防务的他忽略了科科达通道。他为此失去了西南太平洋战区高层的信任，在后来的战役中一直未获重用。

越来越多的证据显示，日军可能会从新几内亚东北岸的布纳取道，经科科达进逼东南岸，威胁莫尔兹比港。我的司令部经过研究认为，（日军）只需要一支小规模部队，就能利用这条道路，或直接进犯莫尔兹比，或支援经路易赛德群岛从海路进攻的日军。不管日军是否已有这样的计划，科科达通道，尤其是科科达山口地带，对盟军至关重要。

麦克阿瑟最后要求，布莱梅将军必须敦促新几内亚的第8军区司令尽快提交保卫科科达山口和通往布纳的科科达通道的防卫计划。几天后，莫里斯少将送来了回复。第8军区的几名军官在科科达设有电台；所有的原始村落里都有土著警察；土著人组成的巴布亚民兵营的两个排，一个小型侦察组会在这一带进行巡逻。当地的巴布亚民兵营会得到增援，一个步兵连已经在莫尔兹比港集结，即将开赴科科达。然而由于欧文·斯坦利山脉地形复杂，没有当地官员作向导，想要穿山越岭，到达科科达十分困难。

战区作战训练处长张伯伦准将清楚地表示，他不认为莫里斯少将采取的这些措施能够保障科科达的安全。但他了解到，布莱梅将军的司令部已经电令莫里斯将军“采取一切必要的措施，防备日军沿布纳北岸和南岸登陆，（即使登陆）也要将日军压缩在空旷

■1941年初，巴布亚民兵营的土著战士在莫尔兹比港受训。科科达之战开始后，他们和澳军第39营一起，成为第一批抵抗日军入侵的武装力量。

的草地一带，并且一定要保证我们能够控制科科达通道。”于是决定不去直接干涉。

布莱梅电报明确告诉莫里斯将军，按照目前的情况，一旦日军在布纳登陆，会在莫尔兹比港的援兵到达之前，就赶到科科达通道。科科达地区的驻军全都是土著人，兵力单薄，而且可能并不可靠，莫里斯必须立即采取措施，派澳大利亚步兵部队尽快扼守科科达通道地区，防备敌军从布纳海岸登陆，发动进攻。

5天后，莫里斯将军新组一支“马罗布拉部队”（MAROUBRA Force），负责保卫科科达地区。这支新部队辖澳大利亚第30旅第39步兵营（欠1个连），巴布亚民兵营的280名土著士兵和20名白人官兵。6月26日，39营B连就接到进驻科科达的命令，但直到11天之后，他们才出发。39营余部按照莫里斯将军的命令，仍然留在欧文·斯坦利山脉的莫尔兹比港一侧，继续训练，同时维护科科达通道南段的交通安全。

地图八　布罗罗山谷

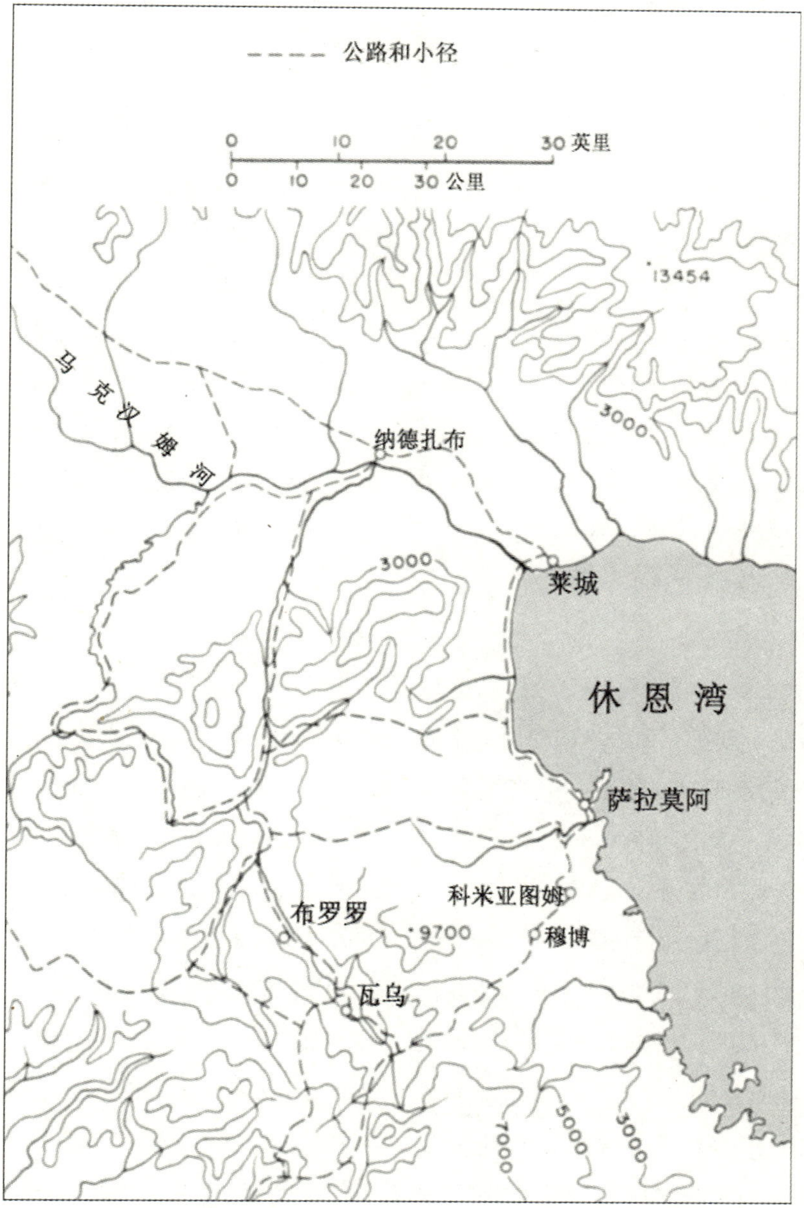

第三章　烽烟骤起

转折来临

盟军西南太平洋战区还在精心布局，太平洋战争的形势已悄然发生剧变。1942年5月5日，日军大本营正式批复山本海军大将夺取中途岛和阿留申群岛的提议。3天后，珊瑚海海战结束，日军被迫推迟莫尔兹比作战，这样联合舰队就能集中全部精力，发动中途岛和阿留申战役。

5月18日，山本大将得到大本营的后续命令，联合舰队夺取中途岛和阿留申群岛后，将配合新组建的陆军第17军发动“F.S”作战，夺取新喀里多尼亚、斐济、萨摩亚和莫尔兹比港。

陆军第17军司令官百武晴吉中将得到的命令和山本相同。F.S作战的目的在于攻占新喀里多尼亚等南太平洋和西南太平洋的战略要地，切断美澳交通线，进而扼杀盟军对日占区的反攻意图。百武第17军下辖拉包尔的南海支队（堀井富太郎少将指挥的第55师团144步兵联队等部），帕劳群岛的川口支队（川口清健少将指挥的第18师团第35旅团直属队及124步兵联队等部），达沃的青叶支队（第2师团步兵指挥官那须弓雄少将指挥的第2师团之第4步兵联队等部）和矢泽支队（矢泽清美大佐指挥的第41步兵联队），第2坦克联队的一个中队，第20独立山炮联队，第21野战重炮大队的一个中队，第45和第47两个高炮大队，第9独立速射炮中队，第15独立工兵联队，第4独立工兵中队和其他若干军部直属部队。南海支队在西南太平洋战场已参加过多次战斗，川口支队参加过婆罗洲登陆战，青叶支队和矢泽支队都参加过马来亚战役，全部具备登陆作战经验。

日军最初的F.S作战方案以斐济为主攻目标：川口支队之124步兵联队的全部兵力和矢泽支队主力第41步兵联队的2个大队，合计5个大队的兵力为基干，夺取斐济群岛；以南海支队的2个步兵大队为基干，夺取新喀里多尼亚；以矢泽支队一部第41步兵联队的1个大队和一个海军特别陆战大队为基干，夺取萨摩亚；以青叶支队之第4加强步兵联队全部兵力登陆莫尔兹比港。各部队即日起积极备战，待中途岛和阿留申战役胜利，便开始F.S作战。

山本大将为中途岛战役准备了包括“加贺”、“赤城”、“飞龙”和“苍龙”4艘航母在内的庞大兵力，“瑞鹤”和“翔鹤”在珊瑚海战役中损耗严重，没有参加这次战役。山本自以为计划周详，能在这场战役中消灭或重创太平洋舰队航母特混舰队主力，但他万万没有想到，早在5月上旬，珊瑚海战役的硝烟未散，美国太平洋舰队密码小组已经成功截获日军行将大举进攻中途岛的情报。

5月27日，南云中将率领机动部队的4艘航母离开日本，驶向中途岛海域。与此同时，登陆部队的运输船队从塞班出发，护航舰队的巡洋舰和驱逐舰也已从关岛出发，山本大将亲自率领联合舰队主力稍后一天出发，一切都在按照原定计划进行。

事先已经得到情报的美国太平洋舰队总司令尼米兹海军上将下令加紧抢修在珊瑚海战役受损的“约克城”号航母，终于让它赶上了中途岛之战。美军利用日军的大意，让“企业”号，“大黄蜂”号和“约克城”号3艘航母和数十艘护航舰艇，在中途岛东北200海里海域伏击日军。6月3日，美军首先发现了日军舰队，决定在次日早晨，与日军航母机动部队决战。

6月4日，经过十多个小时的激烈战斗，美军大获全胜。日军的“赤城”、“加贺”、“飞龙”和“苍龙”4艘航母全都受到致命打击。傍晚7点，“加贺”号和“苍龙”号最先沉没。次日凌晨，“赤城”和“飞龙”先后因抢救无效，被下令用鱼雷击沉。美军付出的代价是“约克城”号航母被击沉。

6月4日22点50分，南云中将向联合舰队旗舰“大和”号报告：“敌人还有空母（日本对航母的称呼）4艘，我方空母全灭。”6月5日凌晨2点55分，山本大将被迫下令：“取消中途岛登陆计划。”联合舰队带着无限遗憾掉头返航。

6月7日，美军舰队停止追击，中途岛战役以美军大获全胜告终。太平洋舰队此役以损失1艘航母、1艘驱逐舰、147架飞机和阵亡307人的代价，击沉日本联合舰队的4艘航母、1艘重巡洋舰，击伤1艘战列舰、1艘重巡洋舰、3艘驱逐舰和1艘油船，击落日机332架，击毙日军3057人，大获全胜。遭到重创的日本海军联合舰队失去了开战初期的锐气，再也无力对中太平洋发动攻势，盟军的太平洋交通线摆脱了最大的危机，战争的天平开始向盟国倾斜，太平洋战场迎来了转折期。

中途岛大捷的消息传到澳大利亚，整个西南太平洋战区都为之欢呼。麦克阿瑟由衷为海军的胜利高兴，他的好胜心也被激起。6月17日，麦克阿瑟会见科廷总理的战时内阁，高度评价中途岛海战的胜利，他说：“珊瑚海海战以前，澳大利亚处于严重的危险当中，然而中途岛海战的胜利保证了

■中途岛大捷是中太平洋战局的转折点，太平洋舰队在中途岛海战的胜利，标志着同盟国迎来了太平洋战争的转折阶段。

澳大利亚的安全。”他认为日军入侵澳大利亚本土的威胁已不存在，随后提出：“从战略角度看，我们应采取主动，而不是等待其他战区的结果。我们的目标应是向北打击日本的岛上基地并把敌人的轰炸线推后700英里。”他希望利用日军在中途岛惨败以后的有利形势，乘胜追击，将日军逐出新几内亚和所罗门群岛，并且占领日本在拉包尔的海空基地。

麦克阿瑟让他的参谋们起草夺取拉包尔的作战计划，很快就将成文方案提交参谋长联席会议。麦克阿瑟恳求马歇尔将军给西南太平洋战区提供两栖作战部队和登陆舰艇。他相信他在陆地能取得与海军中途岛大捷媲美的战绩。在强烈的好胜心驱使下，他设想用14到18天夺取拉包尔。但他对拉包尔日军的兵力一无所知，也不知道他们夺取拉包尔以后，究竟在当地投入了多少物力，将军事基地扩建到多大规模。实际上这个时候，西南太平洋战区的运输能力甚至还不能给驻扎在莫尔兹比港不足万人的美澳联军提供充足的给养。麦克阿瑟对进行长距离大规模两栖登陆战还缺乏认识，完全不了解将要面临的庞大后勤问题，对两栖作战的复杂性一无所知。

海军的金上将和尼米兹将军都不想让麦克阿瑟发动拉包尔作战，因为那里不属于他的战区。金告诉马歇尔，如果要在所罗门群岛发动进攻，理应由海军负责。海军密码员最近又截获了一分重要情报，明确指出日军的下一个目标：攻打所罗门群岛南部，巴布亚以东约680英里的瓜达尔卡纳尔岛（简称瓜岛）。日军想在那儿建造一个航空基地，威胁美国同澳大利亚的海上交通线。金建议海军向图拉吉岛和瓜达尔卡纳尔岛发动进攻，阻止日军的这一行动。他明确告诉马歇尔，如果需要，海军准备单独进行这次战役。如果必须让陆军参加，陆军也只是起辅助作用。

麦克阿瑟得知海军的计划，怒火中烧，给马歇尔发了一封抗议电报："很显然，海军想统管太平洋战场的所有军事行动，让陆军处于从属地位，使陆军部队任由海军和海军陆战队军官调遣和控制。"

马歇尔综合各方面的意见，和金上将达成妥协，采取了折中方案。7月2日，麦克阿瑟接到了参谋长联席会议的通知，关于夺取新不列颠、新爱尔兰和新几内亚的作战任务将分三阶段完成：

1. 第一阶段，攻占圣克鲁斯群岛、图拉吉岛和周围阵地（指瓜岛）。

2. 第二阶段，攻占所罗门群岛的其他岛屿，以及新几内亚东北海岸的莱城和萨拉莫阿。

3. 第三阶段，攻占拉包尔及其周围的新几内亚和新爱尔兰地区。

第一阶段作战由太平洋战区下属的南太平洋部队司令罗伯特·戈姆利海军中将指挥，8月1日正式开始。第二和第三阶段作战则由西南太平洋战区最高司令麦克阿瑟将军指挥。第一阶段进行期间，麦克阿瑟不仅要提供南太平洋部队需要的海军和陆基航空兵支援，而且还要提防日军海空部队在作战区域西方的活动。为保证戈姆利中将统一行使第一阶段的指挥权，参谋长联席会议将西南太平洋战区和南太平洋战区之间的界线从东经160°西移到东经159°，这样图拉吉和瓜岛等地都被划入南太平洋战区。

参谋长联席会议的最新决议将攻打拉包尔和新几内亚的第二和第三阶段任务全都交给西南太平洋战区，麦克阿瑟十分满意，表示服从安排，同时会全力配合南太平洋部队进行第一阶段战役。

1942年7月，麦克阿瑟为即将到来的战斗紧张忙碌，既要为南太平洋部队的第一阶段作战提供最大限度的海空支援，还要为第二和第三阶段本战区的早期战斗进行准备。

麦克阿瑟着手调整战区组织体系和人员班子，首先拿战区航空队开刀。他早就对航空兵指挥官在菲律宾的表现失望，不久前他最信任的一名飞行员哈尔·乔治准将也因为飞机失事殉职。麦克阿瑟对西南太平洋战区航空队司令乔治·布雷特中将也相当不满。他对布雷特的不满带有明显的个人偏见。当初布雷特没有找到一架状况良好、崭新的B-17轰炸机和一位资深重型轰炸机飞行员，去接麦克阿瑟和他的家人离开棉兰老岛，令他一直耿耿于怀。

麦克阿瑟到达墨尔本和布雷特见面，完全是例行公事。布雷特对澳大利亚政客的过分友好令麦克阿瑟十分反感。他告诉马歇尔将军："布雷特工作非常努力，但他的勤奋有时让他把精力都放在了微不足道的细节上……他生来就有点喜欢耍些无害的诡计，也许由于他讨人喜欢的个性，爱好社交娱乐和轻松的生活方式……我认为他在我手下工作的最近3个月表现一般。”在军事报告中“一般”是个带有指责意味的字眼。

布雷特对麦克阿瑟的评价同样带有偏见：“麦克阿瑟将军不太懂空战……他对这方面不能理解透彻，所以他讨厌空军……有些传闻说他拒绝乘坐飞机……麦克阿瑟兴致好时个性惊人，但他唯我独尊。我认为他根本不会去关心任何对他没用的人……”

麦克阿瑟和布雷特之间相互敌视的说法很快传开。马歇尔得知此事后，认为要解决将帅失和的问题，唯有撤换其中一人，而被换下来的人只可能是布雷特。

不久，麦克阿瑟从陆军航空兵司令阿诺德中将那里获悉，正在巴拿马指挥第6航空队的弗兰克·安德鲁斯中将会接替布雷特的消息。麦克阿瑟当即拒绝，理由是安德鲁斯没有战斗经验。阿诺德又建议派杜利特去西南太平洋战区。麦克阿瑟又回答不能接受，但没有说明原因。实际上他仍对杜利特的东京空袭十分恼火。他始终认为陆军航空兵和海军都应该把精力投到保卫菲律宾上，而不是浪费兵力玩弄宣传花招。

阿诺德提出第三个人选——驻旧金山的第4航空队司令乔治·肯尼少将，他最近正要去中东创建第9航空队。肯尼坦率、固执，但不圆滑。他军旅生涯的大部分时间都在为

■西南太平洋战区航空兵司令乔治·肯尼将军。这位矮小精干的实干型军官，一直深得麦克阿瑟器重。

建立独立空军跟陆军总参谋部争论。在麦克阿瑟担任总参谋长期间，他和肯尼为此发生过多次激烈争执。但麦克阿瑟知道，肯尼精明能干，而且有战斗经验。1918年一战期间，当他还是位年轻的战斗机飞行员时，就在西线击落了2架德军飞机。经过深思熟虑，麦克阿瑟答复说他很高兴任用肯尼。

7月13日，肯尼被任命为西南太平洋战区盟军航空队司令，先在华盛顿待了几天，了解西南太平洋战区的概况，同时得到阿诺德给他增派飞机和飞行员的承诺。他在五角大楼听到令人震惊的言论“没有人真正对太平洋战区，特别是西南太平洋战区感兴趣”。不过这丝毫没有降低肯尼的热情。尽

管两人曾发生过激烈争执，但实际上他从一战时起就一直崇拜麦克阿瑟。

肯尼来到澳大利亚之前，布雷特中将会继续履行战区航空队司令的职责。除了航空队司令人选，麦克阿瑟对战区美军后勤部门也进行了彻底重组。原驻澳美军后勤机关——驻澳美军司令部的使命在7月20日终止。麦克阿瑟将军同一天成立西南太平洋战区美军后勤部（The United States Army Services of Supply, Southwest Pacific Area，简称USASOS SWPA），由战区副参谋长理查德·马歇尔准将负责。原驻澳美军司令巴恩斯少将和布雷特中将一样，将会被调回美国本土。

为了更有效率地指挥各项军事行动，7月20日，战区司令部（GHQ）和下属盟军海陆空司令部全部从墨尔本迁往布里斯班。战区最高指挥机构和前线的距离一下缩短了800英里，能够更及时地了解前线的变化，进行针对性调整。

根据形势的发展，驻珀斯的美国防空部队迁往汤斯维尔。第32和41步兵师奉命进驻昆士兰州的新军营，将在那里组成一个新的军级单位，同时进行丛林战训练。7月12日，41师开始从墨尔本附近迁往洛克汉普顿。第二天，32师开始从阿德莱德迁往布里斯班附近的军营。新组的这个军的军长人选本来是小罗伯特·理查森少将。7月初，理查森来到澳大利亚，但他对听从一位澳大利亚地面部队司令官指挥极其反感。马歇尔和麦克阿瑟商议后，决定换人，改由32师师长哈丁和41师师长福勒两人在西点军校的同班同学罗伯特·艾克尔伯格少将出任军长，预定8月下旬赴任。

澳大利亚和新几内亚前方的机场建设十分成功。7月初，约克角半岛和霍恩岛的机场已经竣工，航空部队接管了这些机场，准备将来用于空袭。莫尔兹比港预定建造7处机场，现已完成4处。米尔恩湾的3处机场也在紧张修建，其中一个在7月底就能全面投入使用。

为了加快施工进度，战区司令部决定派遣更多美国工兵部队去新几内亚协助工地上的美澳工兵。7月21日，驻达尔文的美国第808飞行工兵营奉命开赴莫尔兹比港。同一天，第43工兵团2营（欠E连）奉命前往米尔恩湾，协助46工兵团的一个连在当地施工。

7月28日，机场建设工程取得初步成效，新任战区航空队司令肯尼少将抵达澳大利亚。麦克阿瑟很快就安排他住进战区司令部所在地——布里斯班的列农饭店。第二天上午，麦克阿瑟就召见肯尼。麦克阿瑟先对肯尼发了整整一小时牢骚，说陆军航空兵在世界各地一再受挫，特别批评了西南太平洋战区陆军航空兵的拙劣表现，肯尼只是安静地在一旁聆听。最后，麦克阿瑟话锋一转，说道：“我相信航空兵可以有所作为，但直到现在我根本没看见他们取得任何成就。”随后他又开始指责原战区航空队的军官，布雷特对他不够忠实，4名战区航空兵军官在他没有同意的情况下，莫名其妙被阿诺德提升为准将。据他了解，这4人晋升不是因为能力，而是靠在五角大楼的关系。

麦克阿瑟总算停止牢骚，肯尼对他说了第一句话：“如果你发现我不想为你效力，或者不够忠实，我会向你坦白真实想法，而且会自动辞职。”麦克阿瑟笑了，他俯下身子，搂住了矮小的肯尼（肯尼身高只有1米68）的肩膀，说：“乔治，我认为我们能和睦相处。”

两人坐了下来，肯尼和麦克阿瑟先谈了地中海和欧洲的战局。随后肯尼提出了自己心中的疑问，他想知道麦克阿瑟为什么会选他替代布雷特，他们在麦克阿瑟任陆军参谋长期间经常发生冲突。麦克阿瑟的回答简洁明了：“和平时期需要军官和绅士，战争时期就需要造反派和混蛋。”肯尼不假思索地答道：“上帝，我不介意你称我为造反派。”

翌日，肯尼就飞往新几内亚视察。回来后，他直接去麦克阿瑟的办公室，谈了整整两小时。肯尼指出了战区航空队的主要症结。航空兵并不缺乏技术或勇气，而是组织混乱。布雷特有意和麦克阿瑟采取不同的编制原则，尽量满足澳大利亚人的要求，让少数皇家澳大利亚空军军官指挥几乎全都是美国人组成的航空兵部队。更糟糕的是机组人员也多国混编，来自不同国家的机组人员操纵同一架飞机，产生了许多摩擦和隔阂。

肯尼请求麦克阿瑟批准他把不称职的10多名美军航空兵军官送回家。麦克阿瑟当即照办，他早就想遣返那些在菲律宾表现糟糕的航空兵军官，而且乐于见到那些受到批评并被遣返回国的军官被降级。然后，他和肯尼将注意力转到在所罗门群岛南部即将进行的第一阶段作战上。8月7日即将进行瓜达尔卡纳尔岛战役，肯尼的任务是采取措施帮助南太平洋部队的海军和海军陆战队。

按照编制数量，肯尼拥有将近600架飞机，但由于缺乏零备件和定期维护，眼下能投入战斗的飞机还不足100架。他打算妥善而节约地使用轰炸机，只在大型编队中使用。8月6日，他说要派最大数量的B-17轰炸机去空袭拉包尔附近的日军大型机场，与此同时，他的B-25和B-26轰炸机将去攻打日本在莱城、萨拉莫阿等地的机场。当肯尼说他希望派18架B-17轰炸机去空袭拉包尔时，麦克阿瑟又惊又喜。此前重型轰炸机编队只能出动5、6架飞机，而且其中的2、3架起飞后会因故障返航，真正执行空袭任务的往往只有2、3架。能够一次出动18架，是一个不小的进步。

麦克阿瑟的参谋们批评美军航空兵衣冠不整、不注意日常军律，肯尼接受这些批评，努力改善。他要求麦克阿瑟让总司令部参谋停止对他说三道四，这样他才能完全按自己的方式组织空战。他没有点名，实际上萨瑟兰参谋长和麦克阿瑟的专机飞行员戈德曼经常干涉空战任务的实施，甚至具体规定载弹量、飞行高度和瞄准点。麦克阿瑟对提高航空兵的战斗力全力支持。他告诉肯尼：“你打算做任何事都放手去做。你的战斗人员由你来管。我不在乎他们干什么，穿着如何，是否敬礼，只要他们能击落日本鬼子的飞机，击沉鬼子的舰艇就行。至于奖章，我授权你颁发所有奖章，但不含服役优异十字勋章，因为这是我有权颁发的最高奖章，我还想给自己留1枚呢。不过，如果你的年轻人战绩显赫，你想当场给他颁发优异服务十字勋章的话，就尽管颁发，只要你提出申请，我马上批准。”

肯尼回到房间后写下了当天的日记。当提到麦克阿瑟听说可能让18架B-17轰炸机一起出动的表情时，这样写道：“他看上去好像要吻我。”不久，麦克阿瑟就提名肯尼晋升中将。

布纳狼烟

根据美军的作战计划，为空袭莱城和萨拉莫阿，要在布纳地区尽快修建一个前进机场。要解决这个问题遇到了不小的困难，布纳东南部虽有一个小型机场，但位于低洼地带，环境过于潮湿，很难符合战争要求。7月9日，西南太平洋战区司令部下令对布纳地区进行一次全面侦察，确定现有机场是否具备足够利用价值，如果不符合要求，就在当地选择其他适合的地点，修建军用机场。

接下来两天，6名军官组成的侦察小组乘坐卡塔利纳飞艇，从莫尔兹比港出发，去布纳执行侦察任务。侦察小组由莫尔兹比港工程总监博纳德·罗宾逊中校领衔，其他成员包括3名了解布纳情况的澳军军官，莫尔兹比港美军战斗机联队长博伊德·瓦格纳中校和执行过米尔恩湾侦察任务的尤德中校。侦察小组仔细勘察了整个布纳地区的地形，6名军官一致认为，现有机场在军事上的利用价值微乎其微，最适合修建大型军用机场的是布纳以南15英里的多博杜拉的一片草地。

罗宾逊中校提交给战区工程处长凯西准将的特别报告中明确指出，布纳现有的机场不宜扩建，最多只能供战斗机迫降。与此相反，多博杜拉草地在军事上有很大利用价值：当地的排水条件良好，即使雨季也能保证机场运营不受影响；石料和木料资源丰富，施工材料可以就地取材；当地的土著劳工也能投入到机场建设中去。多博杜拉拥有足够的空间，不仅能修建疏散跑道，超过7000英尺长和300英尺宽的大片土地清理后，无论风力多大，飞机都有充足的空间起降。

战区司令部决定以最快速度动工。7月13日，张伯伦准将召集战区地面部队、航空队、防空部队和后勤部队的代表开会，就各部队在多博杜拉新机场工程的职责和任务进行了初步磋商。次日，各部队代表又进行了第二次会议，对相关细节和方案进行了深入讨论。

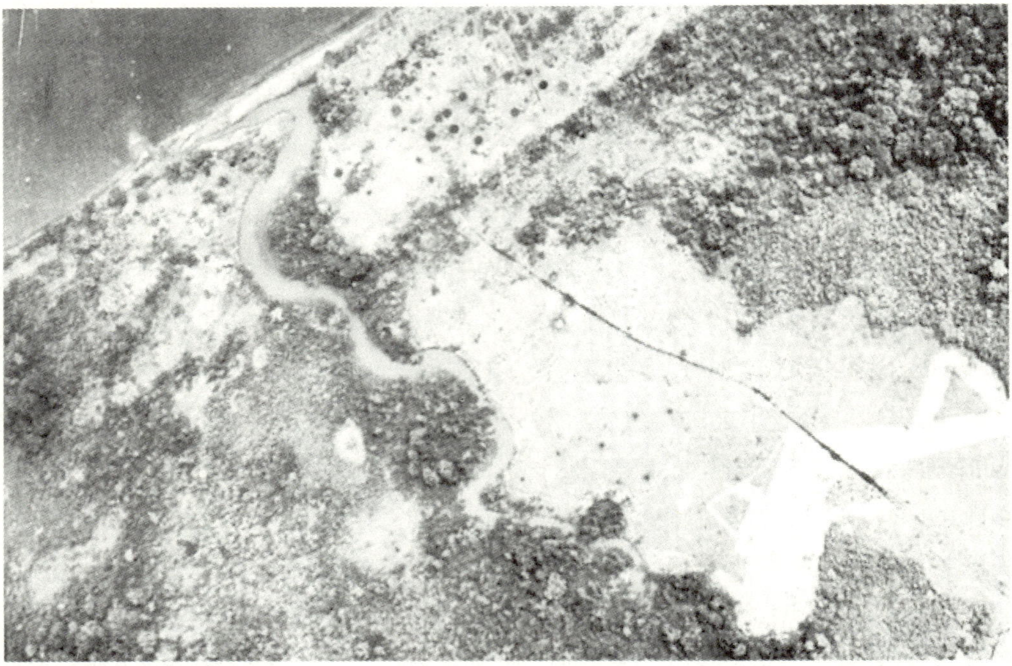

■布纳地区俯瞰。

7月15日，多博杜拉工程计划已经准备妥当，同一天相关指示下达各级负责军官。整个工程代号为“普罗维登斯”行动，专门设立布纳部队负责兴建机场的准备工作和当地防务。一开始新机场仅有一条跑道，供2个战斗机中队使用，最终会扩建为一个能供3个战斗机中队和2个重型轰炸机中队使用的航空基地。

布纳部队进驻布纳地区后，驻莫尔兹比港的美军第40炮兵旅旅长罗伯特·范沃尔肯伯格准将会出任总指挥。一名澳大利亚准将会在布纳地区出任现场指挥官。整个布纳部队会分为四个梯队，在多博杜拉机场破土动工前后分批赶赴目标区域。

为掩护布纳地区的军事行动，坎加游击队和战区航空队会在机场动工前就开始对莱城和萨拉莫阿进行持续袭击，扰乱日军视线。整个工程计划的目的是为了占领布纳地区，迅速在当地建立防空体系，卸载必要的补给物资，及时修建机场，因此在第三梯队到达前，多博杜拉的工程不会开始，以免过早引起敌人注意。

具体负责机场建设工程的罗宾逊中校被上司告诫，在工兵部队和掩护部队到达，船舶卸载物资前，不要在多博杜拉进行任何施工。张伯伦准将的副手大卫·拉尔中校，奉命协助范沃尔肯伯格准将协调整个行动，他明确指出，这次行动能够成功的关键全在于准备工作和行动时要尽可能保密。因此有必要采取一切预防措施掩盖行动的真实目的地和意图，必须尽可能长时间不让日军察觉美军的机场工程。

7月17日，前三个行动梯队已准备就绪，行动时间也作了明确安排。第一梯队将在7月31日离开莫尔兹比港，在8月10日到12日之间，也就是海军陆战队第1师登陆瓜岛（预定为8月7日）以后几天，抵达布纳。

7月18日，范沃尔肯伯格将军和拉尔中校刚开始为第一梯队进行准备工作，就接到了令人不安的情报——日军也出现向布纳调动的迹象。

7月17日，拉包尔港出现包括几艘大型舰船在内的24艘船舶，日军还调集小船去塔拉西海岸接应当地守军。据估计，从拉包尔出发的日军至少有一个联队。所有情报对范沃尔肯伯格和拉尔来说只意味着一件事——日军在向布纳调兵。

拉尔中校连夜赶回汤斯维尔，打电话报告战区参谋长萨瑟兰少将："将军，如果第一梯队7月底再出发，赶到布纳就太迟了。现在得立即让部队乘坐飞艇，尽一切可能抢在日本人之前，占领布纳。我们最晚7月21日就得用飞艇将一个防空连送到布纳，随后调集足够的飞艇在莫尔兹比集中，将第一梯队运往布纳。'普罗维登斯'行动必须立即加速进行，第二和第三梯队需要一同尽快赶去布纳，如果可能的话，地面部队需要全程得到空中支援。"

拉尔继续说道，他知道航空队无法一次准备供超过100人使用的飞艇去布纳，但现在必须立即采取行动，他和范沃尔肯伯格将军都觉得，行动已经失去突然性。最后他强调："只有让我们率先赶到布纳，才可能守住它。"

萨瑟兰少将把事情告知张伯伦准将。张伯伦次日就用无线电答复拉尔，虽然日军在拉包尔和塔拉西集结兵力，但不一定意味着他们会进犯布纳。现在并没有证据证明整个行动已经失去突然性。如果按照拉尔的建议，尽快占领布纳，意味着会因为布纳守军兵力薄弱，导致整个行动计划泡汤。更危险的是，这只会引起日军注意，很可能反而会吸引他们在布纳登陆，而这是盟军最担心出现的情况。根据上述原因，必须继续坚持原定计划。由于范沃尔肯伯格和拉尔的坚持，张伯伦同意第一梯队会提前赶去科科达，同时所有行动都会尽可能提前进行，但只能提前几天而已，整个行动还是要等到瓜岛登陆日以后开始。

与此同时，战区航空队在尽可能频繁地空袭拉包尔，但还没正式卸任的布雷特将军并不值得信赖。B-17轰炸机损耗严重，机组人员的状态与在爪哇和菲律宾时一样疲惫和萎靡不振，轰炸机只能零星出动，结果远不能令人满意。7月18日，布雷特将军为了让人员得到休息，争取时间把所有装备调试到最佳状态，下令停止所有轰炸行动。这样一来，7月18和19日两天，除了一架从汤斯维尔出发的LB-30飞机对布干维尔岛的基埃塔发动了一次骚扰性空袭，战区航空队没有执行任何战斗任务。另外，7月19日，1架“赫德森”式轰炸机从莫尔兹比港出发，对塔拉西和新不列颠岛西北的格罗斯特角进行侦察，以确认范沃尔肯伯格将军和拉尔中校关于日军集结调动的情报，结果没有任何发现。值得引起盟军注意的是，日军第25航空战队就在盟军航空兵几乎无所作为的这段时间里，先后在18日和20日，两次出动27架陆基攻击机，一次由15架，另一次由13架“零式”战斗机护航，空袭莫尔兹比港周边机场。

日军的大规模空袭尽管没有造成很大损害，但盟军隐隐预感到这是一个不祥之兆。7月20日早晨，1架B-17轰炸机再度从莫尔兹比港出发，对新不列颠岛周边海域进行全面侦察，结果就在塔拉西以北75海里水域，发现了2艘军舰和5艘其他舰艇，另外在拉包尔北部海域还发现2艘满载的货船正在向偏西方向移动，看似是为了和塔拉西出发的舰队会合。

之后的情况让盟军更加提心吊胆。20日午后的天气条件相当恶劣，大雾弥漫，能见度几乎下降为零。航空队仍保持高度戒备，克服天气因素，少有地大规模出动，但没能找到昨天发现的日军舰队。直到7月21日上午8点20分，盟军飞机才在萨拉莫阿以东90英里海域，发现正在高速航行的几艘日军运输舰，另有1艘巡洋舰和5艘驱逐舰为它们护航。下午3点15分，盟军飞机再次在布纳西北35英里的安巴西附近海域发现了没有空中

■遭遇日军空袭后，满地狼藉的莫尔兹比港附近的布鲁姆机场。

掩护的日军运输舰队。盟军航空队出动了1架B-17轰炸机和5架B-26轰炸机空袭日军舰队，但收效甚微。天很快就黑了，盟军飞机除了发现日军舰队曾在18点到18点30分之间，炮击戈纳和布纳之外，整个晚上都没能捕捉到日军运输舰队的踪影。

7月22日早晨6点35分，皇家澳大利亚空军的一架“赫德森”式轰炸机在戈纳附近发现了日军运输舰队。盟军很快确定地点是戈纳南方约1.5英里，布纳西北约9英里的巴萨布亚。盟军发现日军舰队时，日军的登陆还在进行当中。日军登陆驳船在从运输舰驶向海岸，已经运上滩头阵地的补给品正迅速向周围的丛林转移。日军已在滩头阵地架起高射炮，不过依然没有飞机出现。这令盟军十分奇怪，日军控制的莱城离这里只有160英里，在这一地区握有空中优势，并不缺乏飞机。实际上日军在20日结束对莫尔兹比港的空袭之后，就让参加空袭的攻击机和战斗机为运输船队护航，只是由于22日上午的天气情况恶劣，没能及时到位而已。22日上午的浓雾为日军横山支队登陆提供了绝佳掩护，从空中很难对他们实施有效打击。盟军航空队在当天上午总共出动了81架次飞机，投下了48吨炸弹，发射了15000多发机枪子弹，但结果令人失望。

日军的一艘“绫户山丸”号运输舰中弹起火，一艘登陆驳船被击沉，一艘从日军巡洋舰起飞的水上飞机被击落，靠岸的登陆驳船、帐篷、补给品和防空设施遭到轰炸和扫射，“卯月”号驱逐舰受伤，但主力安然无恙。9点15分，除被击中的船舶之外，日军运输舰队主力已经安全北上返航。

正在登陆的日军地面部队，很快就搬完他们的补给品。沿岸茂密的丛林和浓雾，为他们迅速登陆创造了良好条件。而从10点45分开始，18架“零式”战斗机及时赶到，在锚地上空一直盘旋到16点15分为止，直到确定登陆部队已经安全，而盟军飞机一直都没有出动迹象，这才离开。日军在布纳地区成功登陆，西南太平洋战区如遇雷击。日军先下手为强，盟军的第二阶段作战还没开始就被全部打乱，巴布亚战役先于瓜岛战役打响了……

剑指科科达

1942年7月21日至22日夜间，日军在布纳地区的巴萨布亚的登陆行动，是日本海军接连在珊瑚海和中途岛受挫的直接产物。珊瑚海海战结束后，为了让海军集中兵力进行中途岛和阿留申战役，日军大本营不得不推迟莫尔兹比攻略计划，准备等到中途岛和阿留申战役胜利以后进行。然而联合舰队在中途岛的惨败，彻底打乱了日军的部署。

6月7日，负责南太平洋和莫尔兹比攻略任务的陆军第17军司令官百武晴吉中将，参谋长二见秋三郎少将和高级参谋松本博中佐从东京飞往福冈，预备次日乘飞机经台北前往马尼拉。当天傍晚，大本营来电：“推

地图九 欧文·斯坦利山脉及布纳沿海要地一览

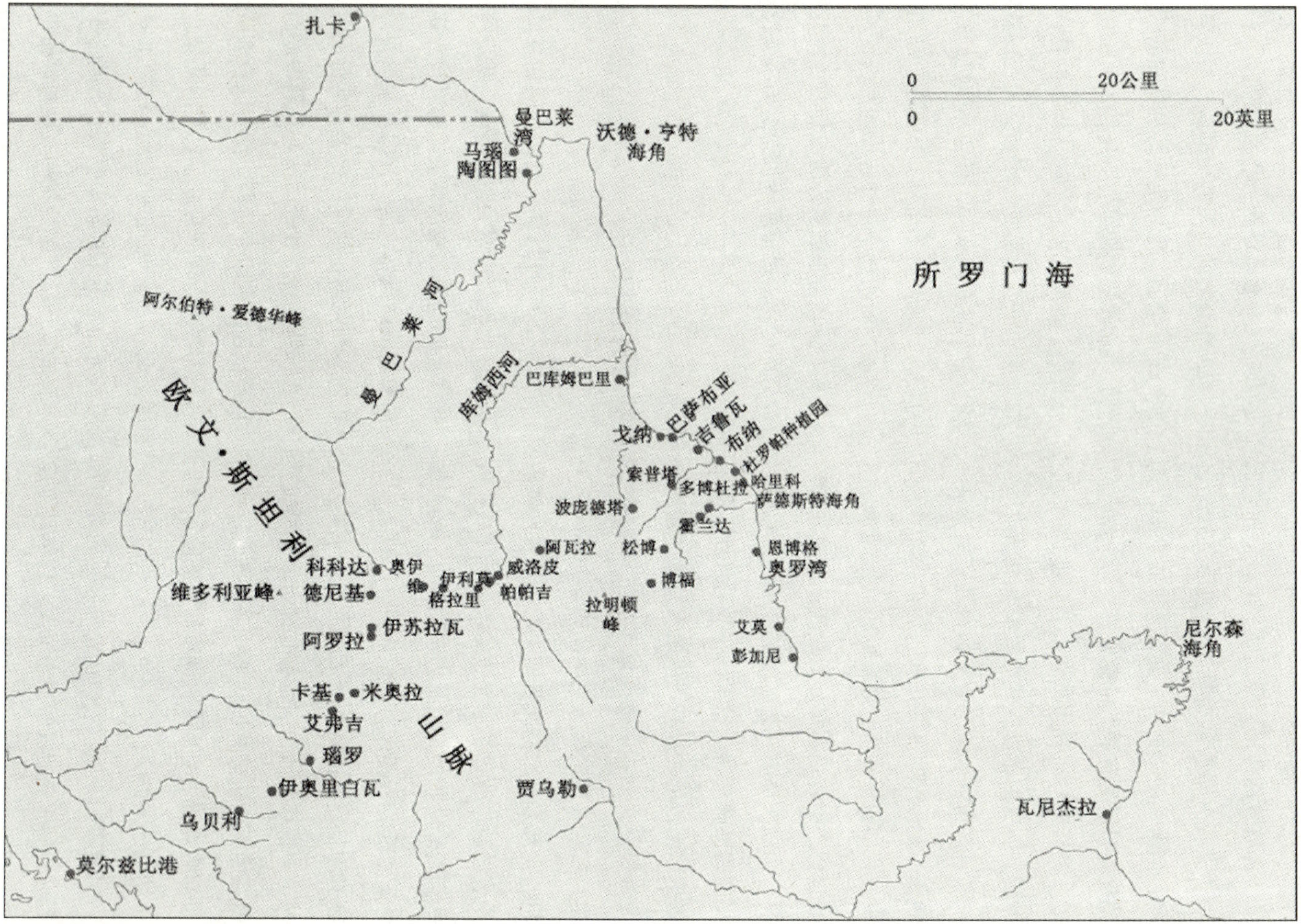

迟出发，等候井本参谋与你们联络。”次日夜间9点，井本参谋在松岛旅馆面见第17军司令部成员，告诉他们，由于中途岛战役失利，原定进攻南太平洋和莫尔兹比港的F.S作战将继续推迟。由于大本营下达了封口令，井本没有将中途岛惨败的全部真相都说出来。随后井本转达了大本营对17军的最新指示，根据海军提供的情报，从陆路进攻莫尔兹比港是可行的。在F.S作战推迟期间，第17军应当收集相关情报，验证从陆路进攻莫尔兹比的可行性。

6月9日，第17军司令部离开福冈，经台北和马尼拉中转，15日到达达沃。6月13日，日军大本营已决定研究代号“Ri”作战的莫尔兹比港陆路进攻计划。百武中将一行在马尼拉中转时，驻马尼拉的大本营陆军参谋竹田宫恒德王向他们传达了最新的第1179号和第1180号“大陆令”。新“大陆令”规定第17军受南方军统一指挥，同时公布了第17军的战斗序列。第17军当前的任务是和海军部队合作，寻找从英属新几内亚东北海岸从陆路进攻莫尔兹比港的通道，有结果之后，立即报告陆军参谋总长。随后，竹田宫向第17军司令部展示了一名英国探险家宣布发现从陆路通往莫尔兹比港道路的文件。百武中将和他的司令部来到达沃，在掌握所属各部队的情况后，立即着手研究“Ri”作战的可行性。

从这一刻起，日军注定会在新几内亚的巴布亚半岛（日本称为东部新几内亚）和美澳盟军大战一场。巴布亚半岛位于新几内亚东南端，绝大部分仍未开发，遍布热带雨林，形状就像新几内亚向东南方伸出的鸟尾，当地的土著居民主要为美拉尼西亚人，但为巴布亚命名的是马来人，据说“巴布亚”原意是指美拉尼西亚土著居民头发“卷曲”。

■日本陆军第17军司令官百武晴吉中将。

巴布亚半岛的许多地方常年多雨，年降雨量能够达到3800到5100毫米，最大甚至能达到约7600毫米，一旦雨季来临，日降雨量200到250毫米十分平常。巴布亚山脉高耸，绝大部分都被热带雨林和高山植被覆盖，疾疫流行。即使海岸地区也遍布丛林，沼泽散落其间，茅草地里都是4到7英寸高的苦无草，草的外缘还特别锋利。沿海地区潮湿闷热得几乎无法忍受，海拔1500米以上的高山地带却寒冷刺骨。山间遍布水流湍急的河流和小溪，只有流入大海时，水势才会变得平缓。溪流沿岸的树木生长尤其茂盛，需要用大刀砍切才可能开路通行。山上的植被繁茂，水蛭几乎到处都是，树木都长满了青苔和爬山虎，阳光几乎都无法透过树冠，照到树下的泥泞小径。

巴布亚半岛中部的欧文·斯坦利山脉地势险要，最高峰维多利亚峰海拔4072米，整个山脉就像米尔恩湾背后的一条巨型脊椎。山脉东北的布纳地区，是地势较为平缓的丘陵地带，一直向大海延伸。西南的莫尔兹比港一侧，地势平缓，土地肥沃，是巴布亚，乃至整个新几内亚最繁华的地区。欧文·斯坦利山脉从西南海岸连接中央山脉的部分陡然上升，形成了一道天然的地理屏障，想要在山间的原始小道通行异常艰苦。总之，这里的自然地理条件极为恶劣，进行军事行动根本就是军人的噩梦，但日军偏偏要在这种地方进行“Ri”作战。

想从东北海岸穿山越岭，到达另一侧的莫尔兹比港，最佳路线是经过科科达山口的一条通道，这里距离布纳50英里，距离莫尔兹比港超过100英里。在布纳西南30英里的威洛皮有一座铁索桥，横跨库姆西河大峡

■坦普尔顿山口附近的欧文·斯坦利山区。

谷，这条河流往往会因为暴雨引发的山洪变得异常危险。布纳和威洛皮之间的土地较易通行，但威洛皮以后的道路就变得陡峭难行。科科达是位于阿朱拉·吉加拉山脉和欧文·斯坦利山脉之间的一个小型台地。这个海拔约366米的台地建有一座小型机场，只适合轻型商用飞机和小型军用运输机使用。

科科达通道，向南一直延伸到名为“艾奥拉溪谷”的大峡谷西边。这条通道一路经过德尼基和伊苏拉瓦之间的原始村落，到达阿罗拉岔道口。从威洛皮西南的伊利莫，经科波拉、费拉、米西马和阿布亚里延伸而来的一条羊肠小道，在这里和科科达通道交会。阿罗拉以后的科科达通道，一路跨越峡谷东面，攀上主岭海拔2134米的一座无名山口（后来被命名为“坦普尔顿”山口）。

从科科达到坦普尔顿山口的道路虽然只有20英里，海拔却达1800米以上，而且要穿过一系列刀削斧凿般的陡峭山峰。这一带山区的主峰普遍都高达2750米左右，山峰和山谷高度差足有300多米。溪流和河床到山岭之间的距离达450到600多米，山谷中的土壤是厚达9米的腐殖质和腐叶土，十分松软。这一带极其潮湿，海拔900米的地区，年降雨量可达5080到7620毫米。

米奥拉和乌贝利之间仍多为悬崖峭壁，峡谷更深，覆盖着更多灌木，难以通行。只有到达科伊塔基后，道路才会真正变得平缓起来。一支全副武装的大规模部队，要完成科科达到科伊塔基之间的艰苦行军，面对敌军的顽强阻击，一路打到莫尔兹比港，即使不是毫无希望，也是个争议极大的课题。然而对日军来说，这是从陆路进攻莫尔兹比港的唯一途径。

最初，日军对强行越过欧文·斯坦利山脉并没有把握。第17军司令官百武中将到达达沃的军司令部之前，就得知要准备从陆路进攻莫尔兹比港，但他知道难度极大，十分慎重。大本营也特别提醒，在对科科达通道全面侦察之前，不能将他的主力派往巴布亚。侦察任务落到南海支队头上，由支队长堀井少将全权负责。在侦察期间，驻达沃的第15独立工兵联队将配属南海支队行动。

6月29日，第15独立工兵联队，以及配属防空部队，通讯部队，医务和后勤人员，奉命开赴拉包尔。次日，南海支队长堀井少将飞赴达沃受命。7月1日，百武中将正式下令。先遣侦察部队将由第15独立工兵联队，南海支队的一个步兵大队，第47野战高炮大队和其他支援部队组成。先遣队由第15独立工兵联队长横山与助大佐指挥，又称横山支队。横山支队的任务是在巴布亚半岛的布纳地区登陆，快速进占科科达山口和“科科达以南的山路”，寻找通往莫尔兹比港的通道。只要横山支队找到通道，就立即向堀井少将报告。堀井会对横山送回的报告进行必要补充，再将情报转呈上级。

7月11日，横山大佐和他的部队正在从达沃赶往拉包尔的路上，大本营陆军部已经向百武下令，执行侦察计划。接到百武命令的堀井立即和驻拉包尔海军达成相关作战协定。7月14日，横山率部到达拉包尔港，上岸才两天，就按计划出动。如果横山支队进展顺利，就先占领欧文·斯坦利山脉布纳－科科达一侧的沿岸地区，随后工兵在崇山峻岭中开山凿路，开辟通往莫尔兹比一侧的通道，即使不能让汽车通过，也得让骡马能够行军。

7月18日傍晚，横山支队正准备出发时，百武中将的第17军司令部就准备了另一份作战计划。原来，就在横山到达拉包尔的第二天，素以行事张狂独断，作风大胆著称的大本营陆军参谋辻政信中佐就来到达沃的第17军司令部。辻和第17军参谋长二见少将在陆军参谋本部时期就已成为好友。这两个行事激进的大胆军人认为，进攻莫尔兹比港的战斗就应该坚决执行，不能瞻前顾后。辻见二见与自己不谋而合，更加坚定了决心，于是在对17军司令部解释7月11日大本营发布的命令时，故意宣称大本营最迟会在24日颁布进攻莫尔兹比港的正式命令，希望第17军能尽快和海军达成协定，开始“进行”（而不是研究）陆路进攻莫尔兹比港的“Ri”号作战。第17军司令部自百武中将以下，认为辻的意见就是大本营的意见，不敢怠慢，立即决定制定一份新的莫尔兹比攻略计划。

■大名鼎鼎的辻政信中佐。他个人的独断专行是导致横山支队对科科达通道的先期侦察行动变成入侵行动的直接原因。

当时无论大本营，还是第17军司令部，都不知道这是辻独断的行为。7月25日，他的老朋友二见少将在收到大本营作战课长服部卓四郎大佐“等待17军研究结果”的电文时，才终于恍然大悟。

新计划不仅要攻占莫尔兹比港，而且还要占领巴布亚东南角的小岛萨马莱岛。萨马莱岛是一个天然良港，战前已经发展成重要的贸易中心。当时日军甚至都不知道美军正在米尔恩湾修建机场，一心想夺取他们认为只有少量盟军守卫的萨马莱岛，在岛上建立水上飞机基地，从侧翼进攻莫尔兹比港。这项作战计划要求第17军的全部作战部队，包括拉包尔的南海支队，达沃的青叶支队和矢泽支队，以及帕劳的川口支队，协同作战。南海支队和矢泽支队将一同翻山越岭，从陆路攻占莫尔兹比港，川口支队在海军协助下，夺取萨马莱岛，青叶支队充当军预备队。

沉醉于海陆两面夹攻莫尔兹比港的美梦，踌躇满志的日军不再满足于仅仅对科科

地图十 科科达和布纳地区

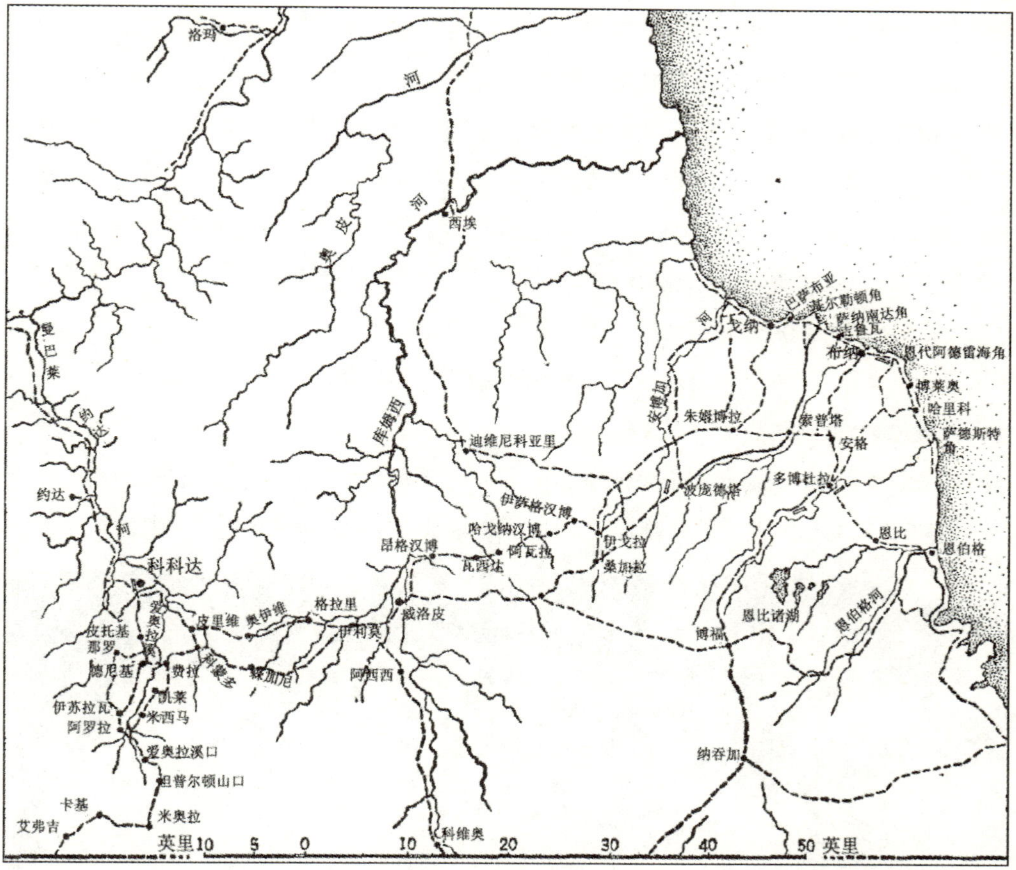

达山路进行一次全面侦察。出发前，横山支队的角色已经改变，他们不再是一个先遣侦察队，变成了一个先遣突击队。他们的任务从原先对布纳－科科达地区进行全面侦察，夺取桥头堡阵地待命，变成在完成侦察和突击任务以后，等候接应主力部队。

肩上的责任加重，横山支队唯有抓紧时间准备。首批出征的横山支队包括第15独立工兵联队主力（欠两个小队），144步兵联队第1大队，第10独立工兵联队的一个分队，第55山炮联队的一个中队（为了便于装运，这个山炮中队只携带了一门山炮），海军佐世保镇守府第5特别陆战队的一个中队，以及其他各补给和运输等辅助部队。除日军之外，横山支队还配属台湾高山族部队（高砂义勇队）500人，朝鲜劳工500人和拉

包尔当地土著劳工2000人。

7月20日，横山支队乘坐3艘重型运输舰，由松山光治海军少将的海军第18战队护航，离开拉包尔港。为策应和掩护横山支队发动布纳登陆战，驻莱城和萨拉莫阿的日本海军部队大举进犯布罗罗山谷坎加游击队的前沿阵地穆博和科米亚图姆。日军潜艇在澳大利亚东部海域的活动更为频繁，在布纳登陆当天，一共击沉了4艘盟国商船。

7月22日，横山支队以一艘运输舰，数十人伤亡的代价，顺利在布纳地区登陆。按照预定计划，日军将在布纳建成一个海军基地，佐世保第5特别陆战队一部登陆后，迅速向布纳港口运动。支队长横山大佐选定港口东面3.5英里的吉鲁瓦为陆军基地，命令支队所有陆军部队在那里集结。傍晚，塚本初雄中佐率领144步兵联队第1大队一部，一个联队信号班和第15独立工兵联队的一个中队组成的先头部队在吉鲁瓦集结整编后，连夜向南急行军，天亮一定要赶到山脉一线。这支900人的先头部队，当夜一直推进到内陆7英里的索普塔才宿营休息。为了进占科科达，日军为作战部队每人准备了10.8升大米，足够维持15天。次日下午，塚本的一个先遣中队已进逼威洛皮。

科科达失守

澳军第8军区司令莫里斯少将优柔寡断，缺乏主动精神，不是个称职的指挥官。

■1942年7月的澳军第30旅各主要指挥官：（左起）49营营长O.A.凯塞尔斯中校；30旅旅长塞尔文·波特准将；坎加游击队司令N.L.弗雷中校；39营营长威廉·欧文中校和副营长J.A.E.范德菜少校。

幸运的是，他能够依靠4月17日才到任的第30旅旅长塞尔文·波特准将。波特历任澳军第2/5营和2/31营营长，在中东战场积累了丰富的实战经验。7月初，为了加强30旅的指挥班子，波特一口气将20名民兵军官全送回澳大利亚本土，从帝国军团增补了30名军官和一批老兵，充实作战部队。在他的坚持下，原帝国军团2/22营营长威廉·欧文中校改任39营营长，参加过一战和西班牙内战的塞缪尔·坦普尔顿上尉接任该营B连连长。

巴布亚半岛糟糕的地理和交通条件，对盟军同样是个巨大的麻烦。7月3日，为解决科科达前线的补给运输问题，H.T.凯恩泽尔中尉奉命来到欧文·斯坦利山脉南麓的伊罗罗，组织当地后勤人员和土著民夫，建设通往科科达的公路。这项工程预期会在8月底完工，但凯恩泽尔对此并不抱多大希望。他服役之前，是约达山谷的一位橡胶种植园主，同时是极少数熟悉和了解伊罗罗和科科达之间地形的人。

凯恩泽尔在伊罗罗指挥600名土著民夫，利用一些畜力施工。被征发从事这项苦差的土著人情绪都很低落。劳工营地的条件相当糟糕，没多久，疾病就开始流行。为提高士气，凯恩泽尔在修路之前，先发动劳工自己动手改建新营地，希望为艰难的工程开个好头。

工程队在伊罗罗遇到坦普尔顿上尉的39营B连。坦普尔顿正在等候能够引领他们通过群山的向导。了解情况后，凯恩泽尔立即组织运输人员和向导向其提供帮助。7月7日，马加军士长带领130名民夫，前往伊奥里白瓦，在当地修筑了临时兵营。7月8日，马加带领坦普尔顿连，从乌贝利出发，开赴前线。他带来的120名民夫为澳军士兵运送补给和其他辎重。坦普尔顿连在伊奥里白瓦安然度过一夜，随后在226名民夫陪同下，前往瑙罗。10日，坦普尔顿连来到瑙罗休整，一个ANGAU（全称为“澳属新几内亚行政机关”(Australian New Guinea Administrative Unit)）的土著警察带领131名民夫运送大米和其他食品去艾弗吉进行先期准备。

12日，坦普尔顿连进入卡基，在那里遇到科科达地区的行政官F.P.布鲁尔中尉。布鲁尔和186名土著民夫早已在当地进行了准备，只等坦普尔顿连进驻。这个时候，一路随行的民夫开始按照原路返回，在沿途建立的兵站储备补给物资。7月15日，坦普尔顿连顺利到达科科达。

凯恩泽尔用自家种植园的土豆和香蕉给民夫充当伙食，同时将约达山谷的私家产业和其他设施全部移交给坦普尔顿上尉使用，然后原路返回莫尔兹比港。经过凯恩泽尔的组织和民夫们的努力配合，从伊罗罗到科科达的山路之间，已经建立了一系列小型兵站，可供澳军小部队在山间行军使用，但依靠人力运送的补给数量到底有限。平均一个民夫能够运送相当于一个人13日份口粮的食品，假定一个民夫为一个士兵运送口粮的话，那每个人只能分到6天半的口粮，至于其他弹药辎重、医疗和通信器材，根本就无法运送。从伊罗罗到科科达，最快也要走8天，没有飞机大规模空运支援的话，补给线很难维持。

日军抢先在布纳大举登陆，威胁科科达，令盟军措手不及。守卫科科达山口和通道的澳军马罗布拉部队，战斗力较强的澳军第39步兵营大部都还留在欧文·斯坦利山脉西南侧，只有39营B连和310人组成的巴布亚民兵营在布纳－科科达地区。

虽然39营B连7月15日已到达科科达，但山路崎岖，没有条件携带重装备。19日，重装备和机枪才从海路运到布纳。21日，B连连长坦普尔顿上尉带领连部赶到布纳接应，才把这些重装备运到科科达。装备刚到科科达，日军横山支队就已在巴萨布亚登陆。坦普尔顿得到消息，立即率部全速返回阿瓦拉，增援当地的巴布亚民兵营。

7月22日，巴布亚民兵营的沃特森少校根本没料到日军会在这个时候登陆。登陆开始时，他部下的105个土著民兵编成了3个排，每个排分配一名澳大利亚军官和士官指挥，分布在伊奥马到瓦里亚一带。史密斯中尉和休伊特中士带领30个民兵驻守在奥皮河口附近的安巴西，沃特中尉的一个排在布纳地区，沃特森和杰瑟上尉指挥的一个排在科科达和阿瓦拉一带驻防。

得知日军登陆，沃特森和杰瑟两人从科科达来到阿瓦拉。当天傍晚和次日早晨，沃特森从当地海岸观察哨负责人格雷厄姆斯洛上尉那里接到了两次报告。22日上午，在沃特森到达阿瓦拉以前，格雷厄姆斯洛就带人赶到了布纳。

格雷厄姆斯洛和同伴麦克肯纳中尉、约曼准尉，还有9名警察一起，在布纳紧急疏散当地居民。布纳地区伊萨加汉博的比特梅德准尉和D.S.巴恩斯准尉冲进了当地医院，当时医院里一共有300位土著病患。格雷厄姆斯洛告诉比特梅德将医院的药品立即运往阿瓦拉，但比特梅德另有打算。比特梅德让巴恩斯将药品送去阿瓦拉，他自己留在医院陪伴患者直到最后一刻。比特梅德告诉格雷厄姆斯洛，他刚刚沿公路到1英里外进行了侦察，日军正在向这里逼近。格雷厄姆斯洛带着他的观察组沿着岸边查看地形，没想到日军行动迅速，已经在向科科达方向集结。

日军登陆后，布纳的巴布亚民兵指挥官钱皮昂中尉和沃特中尉很快发现，凭自己手中的微弱兵力，根本无法阻止日军大部队进逼。17点50分，两名中尉带着他们的人撤往阿瓦拉。

22日9点30分，沃特森从阿瓦拉的沃特那里得到日军行动的相关情报，立即组织了最精干的35名土著士兵，由杰瑟上尉率领，去前方进行巡逻侦察。杰瑟的巡逻队11点15分从阿瓦拉出发，14点前后遇到了比特梅德。比特梅德告诉杰瑟，他曾经组织土著人在圣加拉和布纳之间的小路进行过侦察，而且砍伐树木在公路上设置路障。杰瑟先率部

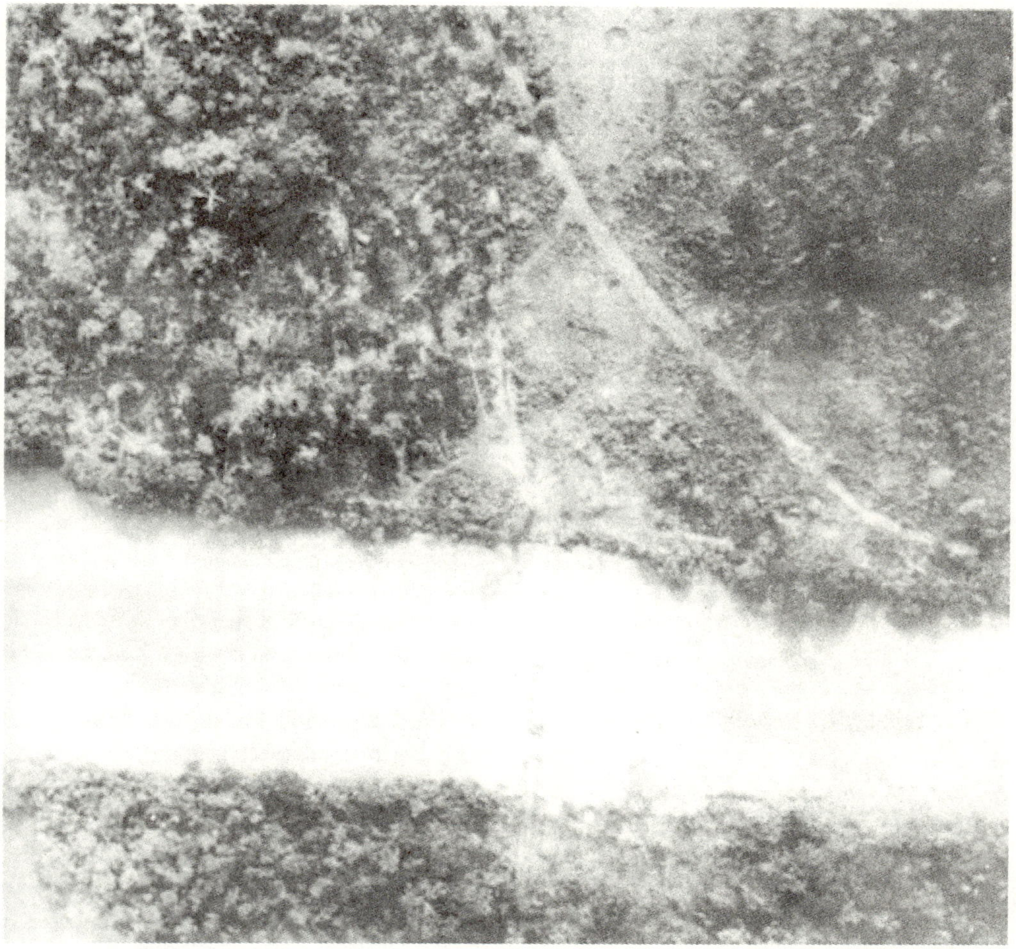

■威洛皮桥的航空照片。

推进到圣加拉，后来见势头不对，在日军到来前，先行撤出当地。他并不知道，格雷厄姆斯洛早些时候已经遭到日军袭击。

晚上，丘克中尉带领4名战士进入圣加拉侦察，确定日军已经在当地安营。杰瑟自知不敌，率部撤往哈格纳汉波。为了阻止日军骑自行车追击，杰瑟的人破坏了路上的一座小木桥，还设置了路障。

大约在次日16点，丘克带着一些人在阿瓦拉东面约1000码的阵地就位。日军驱赶着土著居民追了上来。丘克暗骂一声："这群鬼子真他妈够狠够狡猾！"无奈之下，只得不顾土著百姓，直接开枪。日军先遣队不仅装备了机枪和迫击炮，不久还得到一门野炮支援。丘克勉强支持了一段时间，终于不敌，只得率领他的土著民兵退入灌木丛，寻路撤退。

就在这个危急时刻，39营B连的先头部队终于来了。坦普尔顿上尉在22日就带着连部和在海上接应的装备，赶到阿瓦拉，部署一切。A.H.希坎普中尉的一个排最先奉命赶赴阿瓦拉。坦普尔顿的第2个排在阿瓦拉和科科达之间布防，第3个排就在科科达守卫当地机场。科科达是重中之重，坦普尔顿将一切布置妥当后，立即赶回科科达去见营长欧文中校。

沃特森少校命令生力军希坎普排在阿瓦拉坚守至少30分钟，争取时间让巴布亚民兵营余部在山路后方3到5公里的昂加汉博建立新阵地。

希坎普中尉本以为坚持30分钟不成问题，然而，当漫山遍野的日本兵出现在他眼前时，心不由自主一沉。日军攻势如水银泻地一般，希坎普排的阵形很快就被冲乱，只得撤往威洛皮。沃特森得知阿瓦拉失守，料到昂加汉博也难以持久，索性烧毁当地的仓库和建筑物，率部一同撤往威洛皮。

退到威洛皮的巴布亚民兵营减员严重，大部分民兵都已溃逃进山，只有少数澳籍军官、士官与当地民兵和希坎普排在一起。希坎普望着沃特森，满怀愧疚，别说30分钟，他的排连一刻钟都没能坚持住。希坎普正想开口，沃特森先说道："废话别多说了。鬼子人多，我们这儿一共就几十号人枪。现在该想想下一步怎么办。"希坎普不假思索地答道："我们应该抢在鬼子前面过桥。"

沃特森和希坎普很快达成一致，率部过桥，撤往库姆西河西岸阵地，随后立即将桥梁爆破。次日一早，日军赶到威洛皮，发现桥已被毁，一时只能望河兴叹。

莫尔兹比港的第8军区司令莫里斯将军得知日军正在逼近科科达，眉头锁得更紧。日军登陆当天，他就接到火速将39营全部调往科科达的命令，但这根本不可能。当时39营的营部直属连和3个步兵连都还在山脉莫尔兹比港一侧，其中一个步兵连甚至还留在莫尔兹比港城郊。此外，莫尔兹比港全城只有一门小型高射炮能够在科科达山地机场使用。

39营营长欧文中校奉命乘坐小型飞机立即赶到科科达山口，接管前线的马罗布拉部队；最靠近前线的C连立即火速赶去科科达；该营的其他三个连集结待命，只要集齐能在科科达降落的足够飞机，就立即将他们空运过去。

接到命令的欧文中校心急如焚，他的任务是尽快在科科达东面建立阵地，如果不行，也要在南面构筑防线。

■澳军39营营长欧文中校。

7月24日9点，沃特森和希坎普接到坦普尔顿发来的电报：

根据无线电台报告，大约1500到2000个日本鬼子在戈纳地区登陆。我认为你们正面对的敌人数量非常多，你们不用在那里继续做无用功，那是找死。快回科科达。

10点30分，副连长C.M.史蒂文森上尉来到威洛皮西岸。他告诉希坎普，莫蒂摩尔中尉的一个排就在格拉里附近准备接应，希坎普排撤退时，要做好断后准备，同时在库姆西河西岸留下一个侦察哨。

当天中午，杰瑟上尉来到威洛皮。沃特森少校见他平安无事，十分欣慰。杰瑟浑身湿透，原来他是游过库姆西河的。根据他的报告，日军在阿瓦拉过夜后，直到上午7点，都没有继续前进。他还说，他在路上遇到了从戈纳和圣加拉逃出来的平民，他们现在都在灌木丛里藏身。

杰瑟回到营地两个多小时后，日军就在库姆西河西岸出现——拥有大量工兵的横山支队越过库姆西河并不困难。双方进行了短暂交火，希坎普和沃特森率部撤退到莫蒂摩尔排阵地后方。直到25日14点，欧文营长和坦普尔顿连长才确定他们的准确位置。

24日，欧文首次来到科科达。前线的急报就一直没有间断。欧文决定在格拉里东面800码的位置建立一个阵地，让澳军士兵在山路边埋伏，巴布亚民兵藏身在厚灌木丛中，保护澳军的两翼。随后欧文自己回科科达等待增援。

日军乘胜追击。老练的日本兵悄然穿过灌木丛中的小道，突然出现在澳军阵地附

■1942年7月的科科达山口，图中央白色的长条形地区为科科达简易机场跑道。

近，打了澳军一个措手不及。日军使用迫击炮，机枪和轻型野炮发动攻势。兵力和火力均占绝对优势的日军很快就从两翼对坦普尔顿部形成半包围态势，澳军被迫再度撤往格拉里。日军不放松有利时机，继续在后紧追不舍。澳军被迫再度撤退，来到科科达东面的奥伊维，这里距离科科达只有8英里，2小时就能赶到。一路败逃的澳军疲惫不堪，至少有6人失踪。

前线吃紧，欧文中校手中却没有足够的兵力。当时在科科达和A.C.迪恩上尉的39营C连之间没有任何部队可用。C连23日刚从伊罗罗出发，远水难救近火。欧文中校请求莫里斯将他的另两个连空运到科科达增援。

军情如火，莫里斯少将竭尽一切手段向前线调兵。但他手中只有两架能够在科科达机场起降的小型飞机。7月26日早晨，D.I.H.麦克林中尉的一个排共30人先后乘这两架飞机空降科科达山地机场。

27岁的麦克林带着他的14名战士走出了飞机，营长欧文中校就迎了上来。

我知道你们现在需要休息，但是我们没有时间。麦克林，立即带着你的人给我去奥伊维。

没问题，长官。其实我本来就打算这么做。

麦克林率部马不停蹄赶往奥伊维前线。26日，奥伊维前线一共集中了坦普尔顿连的2个排，麦克林的半个排和一些巴布亚民兵等100多名守军。然而日军横山支队的大部战斗人员都被派到前线，兵力占据压倒优势。

当天15点，日军向奥伊维发动了攻势。澳军前沿阵地的火力挡住了日军的第一波攻势。莫蒂摩尔中尉喘着粗气，正想闭一会儿眼睛，视野当中偏偏又出现了日军军服。“鬼子人真他妈多！”澳军打起精神，应对日军的第二波攻势。这次日军改变了战术，正面进攻虽然不假，但主要目的是从两翼包抄。日军人多势众，澳军被迫撤往奥伊维高地，收缩到直径约50码的环形主阵地坚守。双方的交火持续到傍晚。日军在这里遇到了登陆以后最顽强的抵抗，花费了巨大代价，也只能推进几码而已。

大约17点，B连连长坦普尔顿上尉来到前线，组织后卫阵地，偏偏看不见应该已经到达的麦克林排的后续部队。他以为莫里森下士已经带着他的人赶到前沿阵地去了，于是走进丛林寻找。密林深处传来了一声枪响，澳军战士本想去看个究竟，但日军已经上来了，他们只得赶紧应战。后来坦普尔顿上尉再也没有回到他的部队。

黄昏时分，苦战多时的澳军已被日军包围。日军步步紧逼，试图将这支澳军全歼。前敌指挥官沃特森估计日军已经将最强的部队调往澳军后卫阵地。日军在这次进攻中一共使用了大约20挺轻机枪的自动火力，机枪手近乎疯狂地向澳军阵地扫射，尽管澳军机枪手竭力还击，将日军挡在阵地以外，但不断增加的伤亡令他们很难继续坚持。负责守卫后卫阵地的麦克林中尉和派克下士承受了很大压力。

20点左右，日军向后卫阵地大举突击。麦克林的脸膛都被硝烟熏黑了，听见日军的嚎叫，毫无惧色，和派克一起招呼大家迎头顶到阵地边缘。

近了，近了！麦克林目测日军已经进入有效距离，大喝一声：“投手雷！”派克和战士们一齐投掷手雷。日军虽然凶悍，终究是血肉之躯，几十颗手雷一起飞来，炸了个人仰马翻。澳军紧接着又是一轮密集的步枪子弹齐射，终于将敌人逼退。退敌之后，澳军人人如释重负，却没有半点喜悦。阵地里到处都是痛苦的呻吟和哭喊，他们已经濒临崩溃。

夜幕降临后，日军仍在组织进攻。连续6个多小时的鏖战，令澳军身心疲惫不堪。有些澳军士兵在敌人摸上来的时候，都忍不住要抱着武器睡着了，幸好史蒂文森上尉及时呵斥，才没有造成灾难性后果。22点15分，天空下起了热带常见的豪雨，日军攻势被迫暂告段落。夜色掩护下，一位ANGAU的萨诺帕警官带路，沃特森率全体人员，从日军包围圈最薄弱的高地南方小道突围，计划绕道回到科科达，但很快就发现前方没有路了。夜色很深，雨越下越大。沃特森考虑再三，决定带领大家去寻找更容易行走的，通往德尼基的道路。澳军战士们跳进溪流，一路向山边摸索，路上灌木丛经常会没过头顶。天亮后，他们也不过离开奥伊维2英里而已。

与此同时，科科达的空气也格外紧张。欧文中校和A.G.加兰德中尉焦急地等待奥伊维前线的消息。为防万一，欧文派布鲁尔中尉带人在阵地周围的灌木丛中架好电线，然后去德尼基修建了一个简易补给仓库。27日凌晨2点，莫里森下士的几个部下灰头土脸地回到科科达。欧文中校顾不得让他们休息，直接问起奥伊维的情况。士兵们报告，日军已经包围了奥伊维，他们想方设法都无法突破日军的封锁线。科科达外围阵地尽失，欧文中校考虑再三，终于决定，如果到11点，都没能得到奥伊维的更多情报，科科达剩余的全部澳军，将撤往德尼基。黎明时分，欧文中校告诉大家准备撤退。11点，欧文烧毁了科科达当地的房屋，率部撤往德尼基。

就在欧文的小部队到达德尼基时，发现沃特森和史蒂文森率领的奥伊维突围部队已经先到一个多小时了。劫后重逢，大家百感交集。这个时候，前线部队只有麦克林排一部和主力失散。第二天上午，麦克林中尉也率部来到德尼基。他们报告说，昨晚他们在科科达过了一夜，在他们离开之前，还没有发现日军接近。欧文心里一凉，这次他着实失算了。

在离开科科达时，他电告莫尔兹比港的军区司令部，为避免补给和增援路线断绝，他必须放弃科科达。实际上，莫里斯少将当时正准备再度用两架小型运输机为他运送一批补给。现在日军因为在奥伊维消耗颇大，并没有立即进军科科达，欧文就没有必要急于撤离。

欧文留下麦克林中尉的两个班，率领39营在前线的其他人员和巴布亚民兵营残部（此时仅剩约20名巴布亚民兵），总共约80人，原路返回科科达。地区军医官沃农上尉不顾自己是非战斗人员，一定要随同欧文一起回科科达。欧文考虑到前线没有第二个军医能够照顾伤病员，欣然同意他随行。

28日11点30分，欧文率部回到科科达台地最顶端的原行政办公地一带布置阵地。这一带东西最宽大约200码，南北长大致相等。台地东、北、西部边缘是高出山谷大约70英尺的断崖，山谷间是曼巴亚河，东西走向的河流形成了台地下的一道屏障。阵地南端是一个橡胶园，后方通往山地和德尼基。奥伊维的小路和台地东端相连。

欧文面对着那条随时可能出现日军的山路，神色凝重。他将加兰德排布置在阵地右翼，大多数巴布亚民兵保护加兰德的左翼。希坎普排在台地顶端留守，莫里森班保护他们的左翼。在莫里森班后方的橡胶园北角，欧文设立了临时指挥所。莫蒂摩尔排在橡胶树林和通往德尼基的小路两旁埋伏。

中午时分，澳军士兵发现2架飞机正在科科达台地上空盘旋。欧文惊喜交集，他终于能够得到急需的补给和援兵了。谁知过不多久，这两架飞机并没有降落，直接向莫尔兹比港方向返航了。

“怎么回事？”澳军士兵又是不甘，又是疑惑。原来欧文中校去而复返的消息没能及时到达莫尔兹比港，莫里斯将军根据昨天的电报，很自然地认为他们不在科科达，于是下令飞机原路返回，就这样和欧文错过了。

这天下午，远处的小路上出现了日军的身影，但他们并没有发动进攻。夜幕很快降临，欧文中校丝毫不敢大意，日军随时可能发动夜袭。

29日凌晨2点，日军的迫击炮和机枪打破了寂静，开始进行火力准备。半小时后，日军先头部队凭借月光，向台地北端的陡坡发动了冲锋。希坎普排候个正着。

“让这群狗娘养的尝尝咱们的手雷！”等到日军靠近，希坎普中尉一声大喝，战士们掷出了一连串手雷。

“干得好，伙计们！”欧文中校这时就在阵地最前沿，和战士们一起用手雷将日军炸得人仰马翻。他的位置过于靠前，不幸被一颗日军子弹射中了右眼上方要害，当场血流满面。

沃农军医官正在莫里森班阵地前方的小屋里打盹，只听见屋外传来沃特森少校的吼叫声：“上帝啊，军医官，你在吗？看在上帝分上答应我一声！”沃农赶紧走了出去，一眼就看见沃特森怀中不省人事的欧文中校，赶紧上前察看。情况很不乐观，沃农招

地图十一　科科达—阿罗拉地区

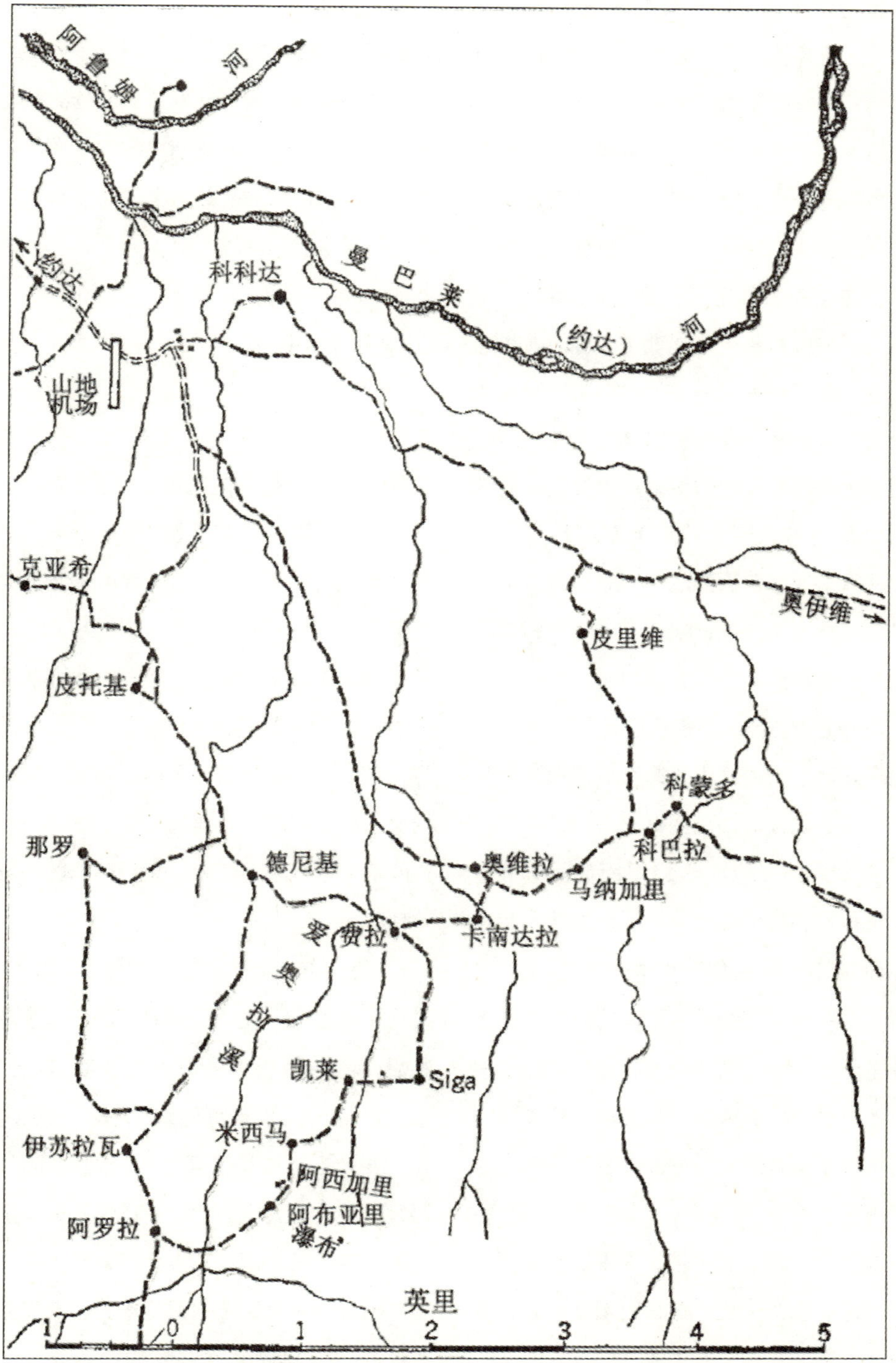

呼沃特森抬着欧文回到战地医疗所。

把身受重伤的欧文交给军医后，沃特森接过了指挥权。这个时候，日军的夜袭仍在继续，前线的压力渐渐增大。营长负伤，澳军的军心已开始动摇，阵形都乱了。沃特森命令莫里森班立即去前方支援希坎普。但莫里森赶到时，希坎普排已经和日军混战成一团，在微弱的月光下，很难分清敌友。3点30分，布鲁尔和史蒂文森两人得知前线危急，马上率部前去增援。他们在路上遇见了一股士兵，史蒂文森向他们寻求帮助，回应他的是一颗迎面飞来的手雷。史蒂文森赶紧卧倒，布鲁尔大叫："正前方不是我们的人，是鬼子！"两翼的战士们立即用十字火力夹击这股日军，但很快就有人从右侧向两位军官投掷炸弹。

日军已经突破了澳军的北部前沿阵地和两翼阵地，大势已去。澳军只得撤退。欧文的枪伤足以致命，已经奄奄一息，迫不得已，澳军只得将他放弃。沃特森、史蒂文森、布鲁尔和莫里森四人和断后部队一起在最后时刻撤退。机枪手W.帕尔二等兵和一名同伴留在最后。在帕尔下坡的时候，20多名日军逼了上来。帕尔毫不犹豫，抄起手中的布朗式轻机枪，就是一顿扫射。跟在他身后的布鲁尔清楚地看见好几个日军中弹，滚下了山坡。

澳军的残部疲惫不堪，失魂落魄地回到了德尼基。沃特森统计伤亡时发现，在科科达战斗中的实际伤亡并不大，连营长欧文中校在内，一共2人阵亡，7到8人负伤，但有一部分人被日军分割包围，下落不明。39营的澳军士兵普遍非常年轻（坦普尔顿连的一个班，平均年龄只有18岁），丛林战对他们来说还十分陌生。刚刚结束的战斗令他们非常沮丧。他们面对的敌人至少在当时，是世界上最优秀的丛林战战士。

德尼基拉锯战

前方节节失利，澳军被迫变更计划，后续增援部队改在德尼基集结。7月30日中午，迪恩上尉的39营C连携带补给和弹药，赶到德尼基。8月1日，39营A连也来到德尼基。A连长N.M.塞明顿上尉曾在2/16营服役，沃特森少校委任他担任自己的副手。几天后，39营的其他2个连都已在德尼基就位，马罗布拉部队兵力大增。30旅副官卡梅伦少校从莫尔兹比港兼程赶到前线，成为阵亡的欧文中校的继任者，指挥前线的马罗布拉部队。

7月下旬到8月上旬，澳军的后方交通线得到明显改善。凯恩泽尔中尉到达乌贝利后，开始组织更多民夫将补给运到前方兵站。瑙罗囤积了可供120人使用4天的给养，艾弗吉也聚积了同等数量的给养。7月24日，他为迪恩连配备了135名民夫运送装备和给养，另有22名民夫专门运送大米。随后，凯恩泽尔赶回莫尔兹比港，向莫里斯少将反映，为保障运输线畅通，需要更多民夫，经过他的考察，可以在艾弗吉和卡基地区建立一个空投场，同时需要在山间架设一条电话线。第二天，他又来到伊罗罗，和塞明顿连的罗德准尉一起，组织500名民夫，继续为前线运输给养和辎重。3天后，澳军组织了第一次空投，运输机在艾弗吉和卡基都空投了一批大米。31日，凯恩泽尔来到伊苏拉瓦，见到沃特森少校。沃特森告诉凯恩泽尔，科科达储备的粮食和弹药已经全部落入敌手，德尼基的储备有限，而伊苏拉瓦根本就没有任何备用给养。事态严重，凯恩泽尔决定在尽可能靠近前线的地点寻找一个空投场，缓解补给危机。

凯恩泽尔记得，他战前多次在科科达飞往莫尔兹比港的途中，注意到伊苏拉瓦附近的山顶附近有一片开阔地，似乎是一个或一片干湖床。8月1日，凯恩泽尔带着4个土著人离开伊苏拉瓦，上山勘察地形。经过将近2天的艰难跋涉，8月3日早晨，凯恩泽尔一行在山顶找到了一个干湖床。这个湖床就像放在山顶上的一个碟子，大约1600米长，800米宽，地势平坦，树木稀少，大部分覆盖着浅浅的一层茅草。爱罗拉溪的一股源头溪流从这片干湖床中间穿过。

“好地方啊，非常适合做空投场地。”凯恩泽尔问土著人这地方叫什么名字，土著人都答不上来。他索性自己给这地方命名米奥拉。凯恩泽尔派人把情况告诉艾弗吉的加莱特中士，让他尽快带人上米奥拉修建大型兵营。8月4日，凯恩泽尔在爱奥拉溪谷后方开辟了另一条小路，这条小路在溪谷岸边和旧路相连。为纪念死去的战友坦普尔顿上尉，凯恩泽尔将这个十字路口命名为“坦普尔顿山口”。这个时候，工兵在山间架设的通往德尼基的电话线也完成了。次日，凯恩泽尔电话通知伊罗罗的军需官，他发现米奥拉很适合充当前方补给基地，请求派飞机尽快进行空投。就在当天，澳军飞机在米奥拉进行了首次试投。

这一时期的飞行空投技术还处于摸索阶段，飞行员无法保证能够将物资准确空投到指定方位。空投物资在落地的时候，也可能会损坏，一旦落入深谷，就彻底报销了。这就意味着，即使盟军想尽办法，前线能得到的补给数量依然十分有限。

米奥拉补给基地的建立，很大程度上缓解了前线的补给问题。但这里距离前线仍有2到3天的路程。盟军飞机空投到这里的粮食、弹药、医疗用品和其他物品，都还需要让土著民夫转运。为保障补给物资的顺利运送和储存，凯恩泽尔在坦普尔顿山口，爱奥拉溪谷，阿罗拉和伊苏拉瓦各地都修建了兵站和补给仓库，供人员休息和物资储藏。

在增加物资补给的同时，前方的医疗条件也得到了改善。7月30日，39营新任军医官谢拉上尉来到德尼基。沃农上尉完成交接后，次日开始在科科达山路沿线积极奔走。8月1日，澳军第14野战救护队的麦克拉伦上尉在路上遇到了沃农。麦克拉伦请沃农在其他医务人员来到之前，帮助他照顾爱罗拉溪谷兵站里的伤病员。沃农一直等到8月6日，另一名军医沃尔曼上尉确定到来之前，才离开这个兵站。沃尔曼带来了10名训练有素的医护人员和一批药品，把医疗队留在爱罗拉兵站，自己继续赶去伊苏拉瓦，在其他更需要他的地方奔走。

沃农一路上一直忙个不停，除伤兵之外，大批民夫也需要他照料。在伊奥里白瓦、瑙罗、艾弗吉和卡基，他和加莱特等人一起，竭力救助饱受疾病困扰的民夫和当地居民。

在大家的不懈努力下，德尼基澳军一度低迷的士气开始回升。澳军士兵们得到了充分的休息，8月4日，随着电话线的接通，他们已不再孤立无援。卡梅伦少校这一天来到德尼基，接管了马罗布拉部队。8月6日下午，M.L.比德斯特鲁普上尉率领39营D连余部来到德尼基。这样，39营的全部兵力都已在德尼基和伊苏拉瓦集中，总兵力为31名军官和433名士兵。另外当地还有巴布亚民兵营的5名澳籍军官和3名士官，35名土著士兵，以及14名ANGAU警察，和39营并肩战斗。根据情报，卡梅伦少校估计科科达山口一共有300－500名日军驻守，和自己的兵力大致相当。为采取主动，卡梅伦决定反攻科科达。

8月7日，澳军对科科达进行最后一次战前预备侦察。塞明顿派出的一个巡逻队在侦察时和日军遭遇，他们回来报告说，一共击毙日军8人，打伤4人，本方仅1人负伤。

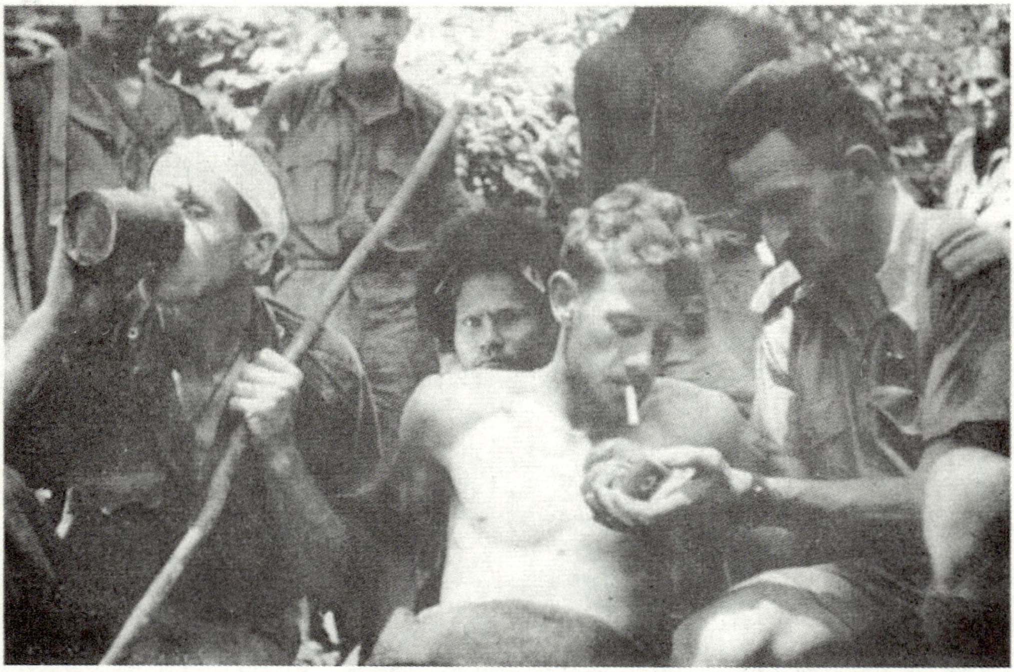

■澳军伤员（前排中）在中途借火抽烟，另一位正在喝水的伤员手持的拐棍是盟军轻伤员在山间常用的重要工具。

■和澳军一起出生入死的巴布亚土著警官萨诺帕的素描像。

谨慎的卡梅伦让H.N.索伦森上尉和布鲁尔中尉，带着萨诺帕和另一名警察，在两名当地土著陪同下，继续进行侦察。萨诺帕挂着手雷，端着步枪，一路上都在这个巡逻队前方领路。巡逻队到达橡胶园南边，从那里发现，台地上根本没有任何日本人。

8月8日清晨，39营出动3个连，反攻科科达。6点30分，比德斯特鲁普连，还有威尔金森准尉和伊文森中士指挥的16个巴布亚民兵，前往皮里维埋伏，防备从奥伊维出动的日军骚扰澳军右翼。半小时后，第二阵塞明顿连也出发了。布鲁尔排由萨诺帕带路，充当塞明顿连的前锋排。塞明顿连将沿布鲁尔和索伦森前些天发现的，通往奥伊维的道路和德尼基到科科达道路之间的另一条小道，充当进攻部队的中央连，主攻科科达。8点，澳军左翼的迪恩连，以及巴布亚民兵营的另4名澳大利亚人和17名巴布亚民兵，

■正在赶回科科达的39营D连士兵。

沿德尼基到科科达的主干道出动。

右翼的比德斯特鲁普连果然在皮里维与日军遭遇，战斗中，2人阵亡，排长H.W.克劳福德中尉和另一人负伤。H.W.马什上士接管了克劳福德排，比德斯特鲁普上尉派一名战士护送两名伤员回德尼基。半路上，克劳福德让人送另一位伤员回德尼基，自己再次转身向前线走去，但是战友们后来再也没见过他。战斗仍在继续，比德斯特鲁普抬腕看表，心里着急，按照预定计划，他的连队应当在11点赶到德尼基和奥伊维道路的岔道口埋伏，但日军人数不少，阻击力量很强，部队能否按时到达已经打上了问号。

比德斯特鲁普连好不容易摆脱了日军小部队的纠缠，到达预定埋伏地点。正从奥伊维接近的一支日军有力部队半途得到从皮里维逃脱的日军士兵警告，得知附近有澳军活动，变得谨慎起来。日军缓慢地接近道路，埋伏在道路南边的澳军右翼麦克林排，发现日军接近，出其不意地发动火力侦察，日军还来不及隐蔽，就被扫倒了一大片。日军虽被打了个措手不及，好在已有准备，知道澳军伏击兵力不过一个连，于是都大胆地扑进灌木丛，和澳军短兵相接。马什的左翼排在战斗中遇到了从科科达一边扑来的另一支日军，被这支突然杀到的生力军一下就干掉2人，另有2人负伤。奥伊维来的日军发觉这一边的澳军火力散乱，知道有友军杀到，大多都主动向这边靠拢。

“真见鬼！”马什只得带领部下收拢队形，龟缩在一个牢固的环形防御阵地里。日军火力太猛，马什排甚至都无法通过火线，和比德斯特鲁普连长取得联系。比德斯特鲁普心里着急，派了两个通信员去寻找马什排，结果都一去不回。16点30分，比德斯特鲁普总算得知，马什已经根据上级的命令，原路返回德尼基，于是比德斯特鲁普命令主力撤退，留下小股部队断后，抵挡日军正面和两翼的攻势。马什撤退时，没有听到科科达方向传来的枪声，他估计卡梅伦少校的反攻计划已经泡汤了。这天夜里，比德斯特鲁普连的余部在科蒙多的村里宿营，清点人数，连主力共有11人阵亡，负伤或失踪，但并不清楚和主力失散的马什排究竟损伤多少。

比德斯特鲁普连苦战的时候，中央的塞明顿连就轻松多了。中午，塞明顿就带着他的人通过橡胶园，继续向北前进。他们得到战区航空队的16架P-39战斗机掩护，一路通过科科达的兵营区，杀到山地机场北角，当晚还缴获了一些日军装备，就地挖掘散兵坑，准备过夜。

左翼的迪恩连沿主干道推进没多久，就遇上了麻烦。他们先是遇到日军的一个巡逻队，发生激烈交火，随后又遭到日军机枪火力点阻击。日军的火力点设在陡峭的沟壑里，正好控制澳军必经的一条溪流。迪恩连陷入苦战。卡梅伦少校得报，派营部直属连的一些人来增援，但依然没有什么进展。普弗尔中士救助一位负伤的同伴时，中弹阵亡。卡梅伦亲临前线，观察日军火力点的地形，和迪恩商量该如何采取行动。为突破日军的狙击火线，迪恩身先士卒，跨入小溪，但很快被日军击中。军医谢拉上尉赶紧上前救助，但他还没赶到，迪恩就已经断了气。受到鼓舞的澳军战士们奋勇向前，终于将日军逐出这个火力点，但他们继续前进时，仍会遭到日军其他阵地阻击。天色渐暗，卡梅伦意识到这个连已经无法继续推进，于是决定中止进攻。

澳军撤退时携带所有伤员，影响了速度。日军见有机可乘，尾随撤退的澳军，直扑德尼基。大约17点50分，回到德尼基的澳军屁股还没坐热，就听见了阵地前日军的枪声。德尼基的初次交火，直到大约21点才停止。

8日到9日夜间，比德斯特鲁普连（欠马什排）在返回德尼基中途的科蒙多村宿营。马什的一个排和连主力失去了联系，孤立在奥伊维到科科达小路南边的坚固环形阵地。这一天晚上，乔·杜瓦尔二等兵出去给伤病员找水，但一直没能回来。塞明顿连独自在科科达过夜；改由K.R.雅各布上尉指挥的C连回到德尼基，和追赶来的日军对峙。

8月9日7点45分，天刚放亮不久，日军就对德尼基发动第二轮进攻，一直持续到13点前后。杰瑟上尉在战斗中发现一个土著人在为日军当向导，毫不犹豫地开了枪，谁知枪炸了膛，反而把自己弄伤了。比德斯特鲁普连主力在科蒙多村睡了个囫囵觉，天亮后就启程回德尼基，13点30分左右，已经开始进入澳军阵地。这个时候，比德斯特鲁普仍然没有马什排的消息。这天黄昏时，马什排趁日军松懈，从阵地里溜了出来，2名伤兵由战友扶持，没有落入日军之手。马什排一路穿过茂密的灌木丛，第二天终于回到德尼基。下午，日军的进攻力度逐渐减弱，晚上，枪声彻底停歇。这个夜晚，德尼基的两军阵地都很平静。

塞明顿连在科科达也很平静，但孤军深入的他们渐渐陷入困境。9日上午，不知疲倦的萨诺帕和另一位警察带着缴获的一些地图，回到德尼基，向卡梅伦汇报了科科达的情况。塞明顿连现在每人只有2天的干粮，大约100发子弹和2颗手雷，急需飞机空投食物和弹药。随后，两个警察原路返回科科达。

9日上午，塞明顿连在澳军阵地旧址挖掘散兵坑。F.R.尼尔中尉的一个排驻扎在旧行政区东南角的橡胶园里。11点30分，他发现脸上涂着泥污的日本兵，正在橡胶树的空隙中间，悄悄地向他的阵地匍匐逼近。

尼尔排和日军的战斗打响了。塞明顿听见枪声，立即派去援兵。尼尔排火力占优，很快打退了这一波日军。下午，小股日军间歇性地不断骚扰尼尔的阵地。傍晚，尼尔排阵地前杀声响成一片，塞明顿估计足有200名日军对尼尔的阵地发起前所未有的猛攻。澳军战士在日军喧嚣的喊叫声中猛烈射击。日军见强攻不成，改变了策略，蹑手蹑脚地摸近澳军阵地，用手雷和刺刀发动近战。

战斗一直持续到深夜。22点20分，日军的一个小队用双手和膝盖，匍匐前进，逐渐靠近澳军阵地。很快，日军发现了橡胶树阴影背后的澳军哨兵。浜田下士一跃而起，用刺刀杀死了一名澳军，然后日军向澳军开火射击。但澳军已经占据了有利地势，集中更强大的火力还击。日军被迫撤退，整个小队的建制都被完全打散，一时无法集结兵力，重新发动冲锋。索伦森中尉后来发现，两名倒在前沿阵地的澳军哨兵，喉管都已经被割开。日军的这次夜袭失败了，但他们不可能就此罢休。

凌晨3点，日军的另一个小队再度发动夜袭，同样以失败告终。尽管日军兵力占优，但澳军十分顽强，日军每天都在蒙受损失。

恼人的夜雨又落了下来，在黑暗的雨夜，双方都很难分辨敌友。日军同样是血肉之躯，同样会在这森冷的雨夜，等待又一个战斗不息的明天。阵地上一直都能听见枪声，第二天清晨，日军的进攻总算告一段落。

10日午前，日军的又一次进攻在澳军阵前受挫，但澳军的粮食和弹药已经所剩无几。连里的伤病员都集中到野战医疗中心，由司务长A.T.史密斯下士照料。除了照顾伤兵，史密斯还得用他能搜集到的所有食物（包括缴获的日本大米）为大家做饭，竭尽全力让连里的战友至少能维持基本的体力和精神状态。但即便史密斯想尽办法，手中可用的给养都实在太少了。连长塞明顿上尉决定，如果在19点之前，航空兵无法空投给养和弹药的话，他会带领全连，沿日军守卫最松懈的约达山谷小路撤退。孤立无援的塞明顿连，已经竭尽全力坚持了两天，没有让日军蚕食他们的一寸阵地。

17点30分，从日军阵地里传出一阵嘹亮的歌声。一曲终了，一个日本兵用英语向澳军士兵喊话：“你们从来没听过这么好听的歌，是吧？”澳军士兵七嘴八舌地回应道：“我们从来没听过比这更糟的歌声！”其实澳军心里都承认歌唱得很好，但他们绝不会在这时候示弱。这是风暴来临前，一次意外而有趣的小插曲。

不久，日军发动了前所未有的猛攻，迎接他们的是澳军最坚决的抵抗，子弹和手雷像雨点般横飞。迫击炮、烟雾弹、轻重机枪和步枪，各种武器的起火和爆炸声此起彼伏。大约19点，塞明顿上尉按照预定计划，让全连逐步从阵地西边撤离。日军的攻势虽然减弱，但尼尔排依然陷入苦斗，日军咬得很紧，他们还无法脱身。15分钟后，连军士长J.P.科威带领4个战士赶到尼尔的阵地支援。科威小组在外围的一个日军哨所干掉三个鬼子，然后冲了进来，接应尼尔排一起撤退。

撤退路上，澳军士兵发现台地下方大约800英尺的一个小村庄里有一个日军营地，如果他们还有余力的话，可以发动一次成功的突袭，但他们实在太疲惫了，已无力进攻。晚上，他们撤退到安全地带，生火做饭，炊烟在潮湿的空气中很快变成了烟雾。没有粮食，他们就把香蕉、南瓜和甘蔗放在行军大锅里一起煮。吃完饭，除了哨兵外，所有人都酣然入梦。

塞明顿连撤退的时候，营里派出的巡逻队正沿着道路来到他们原先在科科达的阵地。8月10日的德尼基一直都很平静，但营长卡梅伦少校对孤军深入科科达的塞明顿连一直放心不下，自从萨诺帕回来报信后，他就再也没有得到科科达的消息。向莫尔兹比请求的空投支援，至今没有回应。巡逻队最终也没能带回任何情报。8月11日，卡梅伦再次派出几个巡逻队去科科达方向搜索，依然没有任何发现。这两天的天气条件已经允许飞机出动， 莫尔兹比港的澳军司令部，也一直以为还有人留守科科达。8月12日，澳军飞机在科科达进行了空投，但这完全是浪费。这天傍晚，一个土著人从德尼基外不远的村庄赶来，交给卡梅伦一封塞明顿的信。卡梅伦这才松了一口气。塞明顿连撤到这座村庄，受到当地土著人善待。为缓解一路累积的疲劳，塞明顿上尉决定全连暂时在村子里休整，同时委托一个可靠的土著人给德尼基的营部送信。

根据塞明顿的报告，整个约达河谷，大约有1000到2000名日军。尽管不出意外，卡梅伦仍觉得背脊发冷。为接应塞明顿，卡梅伦又派出威尔金森准尉带领的一个巴布亚民兵巡逻队。夜晚，巴布亚人离开的时候，天空又下起了雨。在黑夜和大雨掩护下，威尔金森的人顺利通过德尼基前的日军阵地。天非常黑，巡逻队的人甚至都无法互相照应，威尔金森只得让熟悉地形的巴布亚人带路。半夜，威尔金森来到塞明顿连所在的村庄，告诉他日军已经在德尼基附近建立了阵地，随时可能发动进攻。

8月13日，塞明顿带着全连离开村庄，赶到伊苏拉瓦继续休整。前天，尼尔排归建后，塞明顿统计了伤亡人数，全连在科科达合计阵亡10人，伤11人。

8月12日上午，塞明顿离开村庄前，威尔金森准尉和巴布亚民兵营的D.L.埃尔文中士，2名澳军39营的士兵和2个巴布亚民兵，一起去科科达前沿巡逻。威尔金森巡逻队在科科达外围时常遇见零星的日本巡逻兵，埃尔文中士先后用冲锋枪击毙了6人。其他巡逻队都报告说，这天下午，日军频繁从科科达出动，调往德尼基。卡梅伦预感到德尼基的平静即将会被打破，命令W.G.T.梅里特上尉率领已经在伊苏拉瓦待命一个星期的E连立即赶回德尼基，改派减员严重的B连余部驻守伊苏拉瓦。随后卡梅伦报告莫尔兹比的澳军司令部，根据情报，他估计日军将会调集1000－2000人的兵力，对德尼基发动总攻。

13日清晨5点30分，日军的攻势果然开始了。日军指挥官横山大佐为了确保日军完全控制住约达山谷和科科达台地，调集了

■巴布亚民夫抬着澳军伤兵的担架跨过山溪。

1500人的兵力，下达死命令，一定要拿下德尼基。

卡梅伦将比德斯特鲁普连安排在前沿阵地右翼，雅各布上尉的C连位居中央，梅里特的E连负责左翼。开战后，梅里特连承受了日军主力的强大压力，进攻雅各布连阵地的日军力量相对较小。梅里特连在战斗进行的第一个小时就损失了9人。日军四五成群，端着步枪就向澳军据守的山丘冲了上来。D.J.西蒙森中尉的一个排，用手雷和汤姆森冲锋枪将日军的攻势硬生生顶了回去。中午，阵地上出现了短暂的平静。西蒙森听见开罐头的声音，到前线查看，原来日军在他们的前沿阵地吃午饭。即使在战地午餐，仍有日军士兵架着2挺机枪和一堆手雷，防止敌人趁机偷袭。整个白天，日军几乎没有离开前沿阵地，一直在努力尝试向前推进。这天夜里雨大雾大，但潮湿的黑夜并没有让战斗停歇。14日凌晨1点前后，枪声打破了黑夜的寂静，闪亮的火舌无情地宣告，战争依然在继续。

14日东方未明，战斗再度打响，梅里特连的阵地依然承受最大的压力。日军一度迂回到梅里特的阵地后方，迫使他从前沿阵地撤出一个排，分兵保护。日军持续增兵，压缩梅里特的活动空间。几个小时后，梅里特的部队被压缩到大约长250码，宽60码的长方形阵地里。由于活动空间太小，西蒙森排也被迫后撤。苦战多时，梅里特连已经从78人减员到65人，但他们仍在顽强抵抗，如果日军的进攻稍有松懈，还能发动小规模反扑。即使日军志在必得，士兵们的身心终究会感到疲劳，较长的战斗间歇终于来临。卡梅伦考虑再三，终于决定撤退。要在占据压倒优势的日军面前撤退并不容易，39营的撤退组织相当混乱，丢弃了大多数装备，直到主力全部撤离，断后的H.达尔比中尉和W.C.彭特兰中尉的两个排仍在阵地上和日军苦战。

虎口中的澳籍战俘

39营主力退守伊苏拉瓦后，用刺刀、钢盔、空罐头当工具，紧张地挖掘壕沟。卡梅伦少校布置了环形阵地，雅各布连组成右前翼，梅里特连组成左前翼，B连和比德斯特鲁普连的一个排组成左翼，塞明顿连组成右翼。比德斯特鲁普连主力奉命去伊苏拉瓦和德尼基的道路之间埋伏。

15日上午，比德斯特鲁普的2个排刚刚出动半小时，还没有进入预定设伏地点，就发现一个10人组成的日军巡逻队，他们还有2挺轻机枪。连里的神枪手J.W.博兰出其不意地先放倒了两个日军机枪手。趁日军惊魂未定，其他人对准日军巡逻队另外8人一齐射击，一共击毙了6人，只有最后2人仓皇逃走。

经过数日艰苦行军和连续战斗的日军也无意立即追击，就地开始挖掘防御工事，先巩固科科达地区的阵地。

澳军39营正在度过他们最艰难的3个星期的最后时刻，而被孤立在日占区的其他澳大利亚人，面临的将是漫长的苦难。

7月22日，格雷厄姆斯洛上尉的观察组发现日军登陆后，就四散躲入布纳当地的灌木丛。格雷厄姆斯洛很快发现他已经和所有部下失散。他蜷缩在路边的灌木丛里，大气不出，就在那里看着日军大部队依次通过，长达几个小时。他的处境极其危险，又过了些时间，终于趁日军队伍通过的间隙，成功脱身。后来，他又见到了麦克肯纳中尉。他们无法再沿主干道去科科达，只得沿着欧文·斯坦利山脉东南坡绕道去阿巴乌，再设法经科科达，找到去莫尔兹比港的道路。6天后，他们从一个土著人那里得到了比特梅德准尉的笔记。

比特梅德没有他们幸运，被日军俘虏。日军对他进行了多次严刑拷打，在战斗中将他放在正开火的一个班前面，充当肉盾。经历无数折磨的比特梅德侥幸不死，又被关进当作监狱用的临时营房。后来，他和两名被俘的美国飞行员一起逃了出来，几经辗转，终于和格雷厄姆斯洛两人重逢。逃亡途中，一名美国飞行员伤势恶化。无奈之下，格雷厄姆斯洛只得将他独自先留在山中，等候他寻找医疗人员回来救助。比特梅德和另一名飞行员的伤也不轻，过了一段时间，终于再也走不动了。格雷厄姆斯洛留下麦肯纳照顾他俩，自己独自去寻找友军。8月4日，他终于找到阿巴乌附近的一个教区，然后带着人和药品，回去帮助几名一起逃亡的同伴。

从圣加拉和戈纳出逃的人没有这么幸运。圣加拉的1名种植园主，2名圣公会神父，2名修女，1名教工，1名混血种植园员工和他6岁的儿子，还有1名年轻的混血妇女，一起逃入日军行军路线以外的灌木丛。他们后来被土著人捕获。贫穷的土著人为了赏金，将他们送到日本人手里。8月13日或14日，日本人在布纳海滩，将他们全部斩首。

7月21日，从戈纳教区出逃的詹姆斯·本森神父，麦维斯·帕金森小姐和梅·海曼小姐为了避开日军巡逻队，被迫离开道路，在灌木丛里艰难跋涉了2天。后来友好的土著人带他们到库姆西河边的希埃好好休息了一阵子。8月10日，他们遇到了在库姆西河徘徊的5名澳军士兵和5名美国飞行员组成的战斗小组。巴布亚民兵营的史密斯少尉是这个小组的领导人。他原先奉命和一名士官带领3名士兵一起去安巴西架设有线电报。7月底，大约100名日军在安巴西登陆，他被迫率部向内陆撤退，路上陆续遇到了迫降的美国飞行员。5个美国人当中，1个腿部重伤，另1个双手被严重烧伤。史密斯决定带领大家从东南方向穿过日军封锁线，继续向内陆走，然后向南迂回越过欧文·斯坦利山脉相对低矮的地区——去里格，在那里有一条比较容易通行的道路，可以直达莫尔兹比港。

■日军登陆10天后的戈纳航空照片。

8月12日，史密斯和大家已经做好了出发准备。史密斯希望本森神父主持一个宗教仪式，请求上帝的帮助和庇佑，神父回答没有适合的场所，无法进行。然后他们出发了。本森神父的鞋早已破烂不堪，史密斯将自己的一双已经露趾的鞋子给他换上。海曼小姐的鞋子也不能穿了，但士兵们没有多余的鞋给她换，只能光着脚。腿部有伤的美国兵只得希望在拐杖帮助下，走完那即将开始的艰难旅程。几天之后，他们来到了多博杜拉，当地的土著人出卖了他们，日军对他们进行了围剿。4名澳军士兵被日军打死。本森神父在逃难时孤身落入灌木丛中，吃尽苦头以后，还是落入日军手中。2个女孩子一开始被土著人抓获，后来被送给日本人，惨遭杀害。史密斯少尉在寻找他们的时候，也被土著人抓获，不久一同遇害。5个暂时幸免的美国人决定一同继续他们的旅程，土著人用长矛和棍棒袭击了他们，最终全部遇害。这一行13人，最后只有本森神父在日军战俘营，活着看到战争结束的那一天。

剧变

日军登陆二十多天后，已经控制住科科达和布纳－科科达之间的道路，建立起从陆路进攻莫尔兹比港的桥头堡。按照预定计划，堀井少将应当率领南海支队主力前来和横山支队会合，继续向莫尔兹比发动更大规模的攻势。

早在7月24日，第17军司令官百武中将就率军司令部从达沃进抵拉包尔。横山大佐发回的战报显示，前方进展顺利。布纳－戈纳沿岸的道路状况相对较好，从当地到索普塔的合计25英里道路无需修缮，就可供机动车辆通过，而横山的工兵能使海岸直到松博的37英里道路都能供机动车辆通过，但松博以西的道路，最多只能供骡马通过，无法使用机动车辆。

7月25日，辻政信中佐乘驱逐舰离开达沃，想要亲自去布纳，给在马来战役期间结识的老相识横山大佐打气，并且亲自勘察布纳到科科达的道路。27日，辻刚到布纳海岸，就被盟军飞机炸弹的弹片割伤了喉咙。尽管伤势不重，但他的行程就此被迫取消，第二天就返回拉包尔。辻因此对海军航空兵大为不满，立即联系海军第25航空战队司令官，而且向陆军参谋本部致电抱怨：“7月底，敌人在布纳地区占据了空中优势。目前海军航空兵能用于当地的只有20架战斗机和30架轰炸机，无法满足陆军的需要。”

尽管一开始，全面从陆路进攻莫尔兹比港是由于辻的独断，但无论第17军司令部和大本营都没有明确否决他的计划。7月27日，横山大佐在他给军司令部的报告中提及，他可能修好松博和科科达之间的公路，这样每个士兵只要携带总共12天的补给——到科科达需要4天，再到莫尔兹比港需要8天，然后就可以一鼓作气拿下莫尔兹比港。横山的报告令以二见少将为首的第17军参谋人员喜出望外。原先南海支队参谋长田中中佐认为，在科科达的物资储备达到120吨之前，不宜投入支队主力发动全面进攻。二见洋洋得意地把报告递给田中，说道：“怎么样，田中君？我想没有任何人比横山大佐更了解前线的实际情况，看来你是多虑了。”田中无言以对。

大本营得到第17军的最新报告后，对巴布亚前线的进展十分满意，7月28日发电，命令第17军尽快全面进攻莫尔兹比港。

三天后，百武中将和海军第11航空舰队司令塚原二四三海军中将，新建的第8舰队司令三川军一海军中将达成了陆海军联合协定。根据协定，三川的第8舰队接替第4舰队，负责新几内亚、俾斯麦群岛和所罗门群岛周边海域的作战任务，塚原指挥的海军陆基航空兵会提供空中支援。三位司令官对夺取莫尔兹比港和巴布亚的其他要地，夺取珊瑚海制海权的问题达成一致意见，通过了百武十三天前就准备的作战计划。

南海支队司令部对前景并不像军司令部那样乐观。8月1日，支队长堀井少将再度拜访军参谋长二见少将，开门见山地说道：“参谋长阁下，之前我们在审讯战俘时，曾经得到口供，盟军在莫尔兹比港的守军大约有2万之众。”“哦？”二见根本不信，反问道：“那么支队长有没有信心击败这2万敌军？”堀井从容答道：“信心不是问题，整个支队已经进行了全面动员。我担心的是，敌军毕竟有2万之众，目前能用于前线的我军兵力是否足够呢？我不得不指出，我的部队在渡过布纳和科科达之间的库姆西河时，很可能会蒙受一定数量的损失。”

二见根本不相信盟军在莫尔兹比港会有2万守军（当时也确实没有），但他无法完全忽视南海支队长的意见，于是对作战计划进行了全面修正。

根据这份计划，堀井少将统一指挥南海支队和矢泽支队，经科科达，直取莫尔兹比港。川口支队一部在第8舰队一部支援下，攻打萨马莱岛。占领萨马莱后，川口支队和第8舰队一部就地组织莫尔兹比港攻略部队。在海军驻莱城和萨拉莫阿部队对布罗罗山谷发动进攻的同时，川口支队从海路进攻莫尔兹比港，与从陆路进攻的南海支队和矢泽支队遥相呼应。

百武等三人达成的协定规定，参加这次作战的全体部队会在南海支队主力到达布纳的“X日”，全部集结就位。“X日”预定为8月7日，非常巧合的是，日军还不知道这一天和美军计划的瓜岛登陆日相同。

根据日军的作战计划，第8舰队应当在布纳和科科达修建机场，接应南海支队主力登陆。要实现这个意图十分困难。西南太平洋战区盟军航空队新任司令肯尼将军上任后，盟军飞机开始活跃起来。7月29日和31日，盟军航空队的飞机编队在海上捕捉到运载机场建筑设备和其他辎重的日军运输船队。遭到盟军飞机狂轰滥炸的日军舰队损失了一艘运输舰，其他舰船也被迫返回拉包尔。日军又发现，预定在布纳修建机场的地方非常潮湿，再加上盟军飞机的阻挠，8月7日根本不可能做好准备，于是将“X日”延后到8月16日。

日军自以为得计，准备对莫尔兹比港海陆夹攻，他们根本没有想到，盟军在中途岛海战胜利以后，已经转入“攻势防御”阶段，抢在他们之前，在南所罗门群岛发动了第一次反攻。

根据盟军在7月2日制定的作战计划，8月7日早晨，美国海军陆战队第1加强师在南所罗门群岛的瓜岛和图拉吉岛登陆，很快就消灭了兵力薄弱的瓜岛和图拉吉日军。8月8日傍晚，陆战1师已经控制住图拉吉岛，图拉吉周围的格维图岛和塔南博格岛，以及瓜岛的伦加角机场（即后来著名的亨德森机场），完成了登陆战的主要目标。

美军在瓜岛和图拉吉的行动，彻底打乱了日军攻打巴布亚的部署。第8舰队原本一直在准备攻打莫尔兹比港，瓜岛战役打响，司令官三川中将只得率部立即前往所罗门群岛海域打击盟军舰队。8月9日凌晨，三川舰队进入佛罗里达岛和瓜岛之间的水域，一举击沉盟军的4艘重型巡洋舰，包括澳大利亚海军的旗舰“堪培拉”号。西南太平洋战区海军组成的第44特混舰队损失尤为惨重。当天下午，盟国海军为避免更大损失，被迫撤退。这仅仅是瓜岛一系列激战的开始，此后

■美国海军陆战队第1师在瓜岛成功登陆，打乱了日军的莫尔兹比攻略计划。

日军第8舰队和驻拉包尔海军航空兵将主要精力全都放在了瓜岛战场，这样一来，莫尔兹比攻略计划势必大受影响。

日军既不愿放弃莫尔兹比，也不愿在瓜岛对美军示弱，战线铺得太长，拉得太开，兵力不足的问题终于暴露。第8舰队在拉包尔和卡维恩的兵力无法支持两面作战，但在瓜岛还能得到特鲁克的联合舰队主力支援。第17军的情况更为严重，一开始日军并不知道美军在瓜岛和图拉吉已经投入了一个海军陆战队加强师的兵力，将瓜岛作战任务也交给第17军。第17军的全部作战部队不过2万余人，最靠近瓜岛前线的南海支队早已决定用于莫尔兹比，无法改动，其他部队尚在达沃和帕劳。百武中将和东京的大本营经过多次商谈，勉强同意让川口支队转赴瓜岛，但为了不让海陆两面夹攻莫尔兹比的作战方案落空，川口支队仍留下一个大队准备攻打萨马莱岛。瓜岛军情紧急，当时日军却没有足够的运输船只将川口支队立即运往瓜岛，日军只得将已在海上，距离瓜岛更近的一木支队先送往瓜岛。

日军对瓜岛刚刚进行部署，巴布亚就传来平地一声惊雷。他们发现盟军正在米尔恩湾修建机场，当地已有一支地面部队进驻。这是一个惊人的发现，意味着此前日军在这一带的侦察完全错误，米尔恩湾比萨马莱的战略地位更加重要。日军赶紧放弃萨马莱攻略计划，将目标改为米尔恩湾的拉比，参战部队仍为川口支队调出的一个大队和海军第8舰队的一支地面部队。

与此同时，日军在布纳的机场工程正在抓紧进行。瓜岛战事爆发后，布纳的工程也受到了影响，但并不严重。8月6日，搭载日军第14和15海军设营队的3000名工兵大量建筑材料和施工设备和一些军用补给品的日军运输舰队离开拉包尔港后不过一天，就由于瓜岛战役打响，中途返航。不过5天之后，他们还是由作战舰艇护航出发。15日上午，到达布纳海岸的日军工兵已经开始在布纳机场工地和西面的另一处伪装工地动工。

8月17日，南海支队主力乘坐三艘运输舰，离开拉包尔港西进。除一部分后方留守部队，包括南海支队长堀井少将为首的支队司令部；第144步兵联队第2和第3大队，联队炮兵中队，通信中队和辎重部队；第55山炮联队第1大队的其余两个中队；第47野战高炮大队余部；第55骑兵联队第3中队及配属反坦克部队；以及支队其他配属部队，倾巢而出。海军出动了一个地勤支队，佐世保第5特别陆战队的200名陆战队员，配合作战。除此之外，700名拉包尔土著劳工，170匹骡马，大量军需补给物资都随运输舰队一起出航。

8月18日下午5点，运输舰队抵达巴萨布亚海岸。这一次南海支队和运输舰队从出发，到登陆，再到运输舰队返航，一直都没有遇到盟军飞机干扰，异常顺利。

以第41步兵联队为基干的矢泽支队随后行动。第41步兵联队3月脱离驻马来亚的第

5师团建制。这是一支比南海支队战斗力更强，从侵华战争开始就久经沙场，极富侵略性的部队。

8月16日，矢泽支队从达沃乘船抵达拉包尔，转隶南海支队，由堀井少将统一指挥。按照日军的原定计划，第41步兵联队应当和南海支队留守部队一起前往布纳，和南海支队主力会合。但由于前线补给压力较大，矢泽大佐还是留下了部分战斗人员。最初确定在布纳地区登陆的包括第1大队一部343人，第2大队主力755人，第3大队一部424人，连同联队直属队一部合计1883人。在矢泽大佐率部出发前一刻，军司令部又决定增派一支1000人的工兵部队一同前往。为此，矢泽大佐先留下第1大队，和南海留守部队一起延后出发。经过调整，矢泽大佐率领本部第2和第3大队及各直属队；1000名工兵一同出发。随行的还有佐世保第5特别陆战队的100多名陆战队员，200多名拉包尔土著劳工，200多匹骡马，大批弹药和燃油，5吨医疗物资，以及食品和饲料。

8月19日，运输舰队装载矢泽部队离开拉包尔港，21日到达巴萨布亚海岸，在中级风暴中登陆。这次日军仍没有遇到盟军飞机，全部安全登陆。41联队上岸后，小林朝雄少佐指挥第3大队主力（欠第12中队），划归支队参谋富田义信中佐指挥，充当支队司令部护卫队，负责保卫后卫及补给线。他们21日下午就离开巴萨布亚，跟随支队主力，连夜行军，推进到港口东南15英里的波庞德塔宿营。第41联队第1大队和南海支队留守部队的1500人会随下一波运输船队登陆。

南海支队的主力即将在布纳－科科达地区会合，堀井少将的兵力将大大增加，但短时间内，他不可能再得到更多支援。同一时期，日军在瓜岛的形势迅速恶化。8月19日，一木清直大佐率领的一木支队900余人在瓜岛登陆。一木大佐在敌情不明，援兵未至的情况下，贸然率部向美军发动进攻，很快全军覆没。第17军司令官百武中将得报，暗骂一木莽夫，被迫再度更改作战计划，让已经准备登陆米尔恩湾的一个大队回川口支队归建，一起奔赴瓜岛，改派军预备队青叶支队执行米尔恩湾登陆任务，这样一来，第17军已没有整建制的预备兵力可用。

8月下旬，堀井少将在布纳已经聚集了8000名陆军官兵，3000名海军工兵和450名佐世保第5特别陆战队员，兵力已经超过了一个成建制旅团。日军在布纳当地也已经建成了一个可供6架“零式”战斗机使用的航空基地。但这样一支部队想要突破盟军的坚决抵抗，跨越欧文·斯坦利山脉，一路打到莫尔兹比港，将会面临他们难以想象的困难。

一个月前，已经晋升准将的西南太平洋战区情报处长维洛比尽管估计到日军可能试图越过崇山峻岭，但他还是认为巴布亚山区地形对大规模行军极为不利，日军不可能真的这么做。7月底，维洛比根据一般常识判

■1942年的莫尔兹比港港区。

断，日军攻占布纳－戈纳－科科达地区，是为了在多博杜拉平原修建前进机场。他进一步指出，为了进攻莫尔兹比港和澳大利亚东北的约克角半岛，日军需要修建前进机场，同时能够取得向东南海岸渗透的据点，策应将来日军对莫尔兹比港和米尔恩湾的攻势。他承认日军可能会推进到科科达以南的小山口，建立外围阵地，但这个可能性微乎其微，日军如果要推进到那里，将面临几乎难以克服的地形困难。

8月12日，数千日军已经在布纳地区登陆，后续部队也即将到来，维洛比依然坚持认为“在面临巨大的物流，通信难题和复杂的地形条件下，无法进行大规模（跨越山脉的）地面作战行动。”8月18日，日军南海支队在巴萨布亚登陆，维洛比再次强调，他坚信日军的意图应当是在多博杜拉建立航空基地，供日军战斗机和中型轰炸机使用，可以预计科科达－小山口一带会面临巨大压力，但“地形决定了（日军的）陆路进攻是无法进行的”。

8月21日，在日军的机场工程进行一周后，盟军飞机首次发现日军正在以前罗宾逊中校报告过的适合军事用途的地区建造机场。得到日军在布纳地区修建机场的确切情报，维洛比将军据此得出结论，日军的登陆行动就是为了建立航空基地。在他看来，由于地形造成的巨大运输困难，将使得任何试图通过科科达通道进攻莫尔兹比港的企图变为不可能。

就在维洛比得出结论的同一天，堀井少将已在吉鲁瓦准备发动新一轮攻势，日军随时可能从陆路进攻莫尔兹比港。

地图十二　科科达—坦普尔顿山口地区

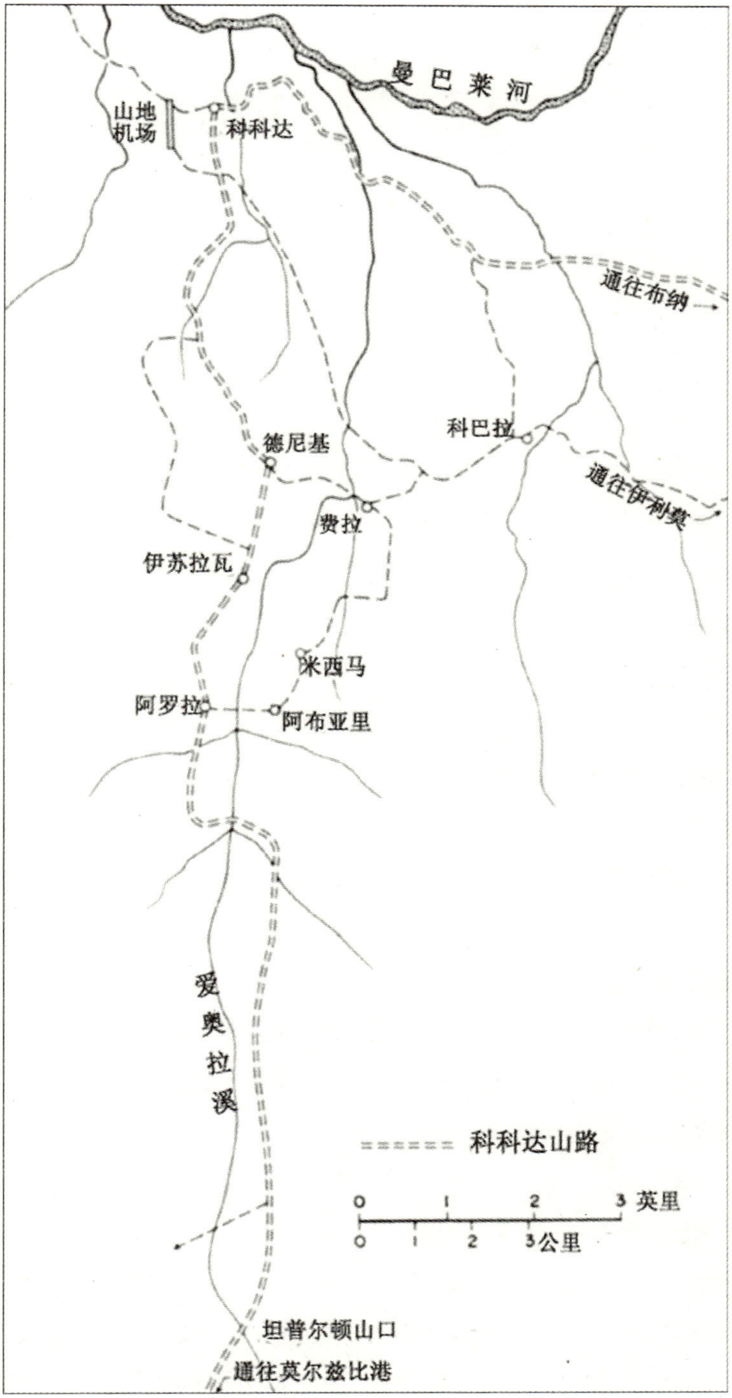

第四章　日军受挫

盟军增兵巴布亚

8月2日，日军横山支队在巴萨布亚登陆后的第十天，美国海军作战部长金上将给陆军参谋长马歇尔上将写了一封信。金在信中坦言他希望麦克阿瑟将军能“在自己的权力范围之内，阻击日军进犯莫尔兹比港”，但他怀疑目前在“欧文·斯坦利山脉东北侧，以空中力量支援少数地面部队”的作战方式能够成功。在金看来，保卫莫尔兹比港和布纳－戈纳地区，对盟军在南太平洋和西南太平洋的军事行动能否成功至关重要。他希望马歇尔能敦促麦克阿瑟尽快拿出“处置新几内亚局势的具体方案和他按照第二阶段作战要求，阻击日军继续进犯的具体计划”。马歇尔将军次日就回了信，他同意金将军要求麦克阿瑟竭尽所能阻击日军进犯的看法，但他认为“目前断言（麦克阿瑟）采取的方式无法成功为时尚早”。马歇尔又告诉金，实际上，就在前一天，他已经致电敦促麦克阿瑟拿出阻击日军进犯的具体计划。

麦克阿瑟雄心勃勃，早已制定了宏大的计划。他已命令澳军第7步兵师全部开赴新几内亚，第18旅进驻米尔恩湾，第21和25旅进驻莫尔兹比港。然而要在新几内亚实施阻击日军进犯的计划，面临很大困难。他指出，为了准备瓜岛战役，西南太平洋战区抽调了大量船舶，目前运输能力，尤其是海运能力欠缺，而且没有足够的海军舰队护航。最后他表示，尽管面临这些困难，保卫西南太平洋战区的工作依然会坚持进行。在调整新几内亚的防御部署前，第一步必须先向澳大利亚北部的汤斯维尔－克朗克里地区增派工兵和地面作战部队，保证当地的一系列机场工程能够顺利完成，进而使战区航空部队能够在澳大利亚北部和莫尔兹比港之间拥有充足的航空基地。随后，莫尔兹比港驻军将增加2个旅；继续向前线增派工兵和防空部队，扩建和保卫当地的机场和疏散设施；约克角半岛的一系列机场马上开工扩建。最后，为确保成功建立莫尔兹比港的防御体系，米尔恩湾和梅劳克已经在修建机场，保护莫尔兹比的东西两翼，地面部队会被派往前方，占领瓦乌和科科达之间的山脉主峰。

几天后，在中东战场历经战火考验的澳军第7步兵师按计划开赴前线，1个旅去米尔恩湾，另2个旅去莫尔兹比港。为保证完成这次大规模运输，需要调7艘远洋轮船到澳大利亚－新几内亚航线。

麦克阿瑟在计划书中又提到，为了最终解决新几内亚的防御问题，在第一阶段作战任务结束之后，理当立即开始第二和第三阶段作战任务。在对后两个阶段作战提出初步计划后，他指出，对第三阶段作战任务进行进一步准备是必要的。而在南太平洋的第一阶段作战任务顺利结束后，只要能得到足够的航母，若干海军陆战队和相应的两栖作战装备，第二阶段作战可以立即开始。

麦克阿瑟的计划听起来非常有吸引力，他和他的西南太平洋战区也确实做了大量有效的工作。这一年3月底，汤斯维尔－克朗克里地区的机场还很少，莫尔兹比港只有两个破旧的机场。到8月初，在地理条件恶劣，工兵人员短缺和补给困难的情况下，西南太平洋战区已经在约克角半岛、米尔恩湾和梅劳克修建了多个条件良好的航空基地。4个多月的精心准备，使得盟军面对意料之外的日军进犯并未自乱阵脚。

8月6日，根据麦克阿瑟将军的命令，澳属新几内亚（巴布亚和东北新几内亚）的所有澳军和美军统一划归“新几内亚部队”。8月9日，澳军第1军军长希德尼·罗威尔少将奉命指挥新几内亚的全部盟军武装力量。9天后，罗威尔晋升中将，正式就任新几内亚部队司令官。

根据8月6日战区最高司令的命令，新几内亚部队将面临一系列复杂艰巨的任务。他们必须阻止日军对澳属新几内亚的入侵，扼守欧文·斯坦利山脉主峰，收复科科达和布纳－戈纳地区，最终夺回莱城和萨拉莫阿。为了完成任务，新几内亚部队需要对整个地区开展积极的侦察活动，“坎加游击队”的规模会继续扩大，在米尔恩湾也会建立一支类似的特殊部队。米尔恩湾的盟军部队在肃清东开普到图费的巴布亚东海岸后，会加入科科达通道的地面部队主力，参加收复布纳－戈纳的战斗。

■新几内亚部队首任司令希德尼·罗威尔中将。

罗威尔接管新几内亚盟军指挥权时，日军已经沿科科达山道推进到伊苏拉瓦。根据坎加游击队的无线电侦听情报和缴获的文件显示，日军打算不久以后在萨马莱岛登陆。形势严峻，但盟军在澳大利亚北部和新几内亚的防御力量在几星期时间里已经大为加强。

8月的第三个星期，约克角半岛的一个战斗机机场和两个重型轰炸机机场已经完工。另有三个重型轰炸机机场预计9月底完工。航空部队，地面部队和基地的补给品在北昆士兰州的各个基地继续囤积，但由于需要向莫尔兹比港和米尔恩湾紧急调运部队，战区运输船舶供不应求，出现短缺，到10月为止，北昆士兰的人员和物资调动都无法完成。

由于美国工兵部队不敷使用，为了加快最重要的工程建设，8月，战区司令部进行了调整。北昆士兰州和澳大利亚本土其他地区的机场建设和维护工程全部转交皇家澳大利亚空军和澳大利亚政府委托的民间建设组织“联合工作委员会”（成员多为因超龄和其他原因无法服兵役的男性）负责。解除澳大利亚本土工程任务的美军工兵部队将立即转赴新几内亚。这样的大规模转变无法一蹴而就，但最迟到年底，西南太平洋战区的所有美军工兵部队都将进入新几内亚。

8月19日，澳军第7步兵师的先遣旅，阿诺德·波兹准将的第21步兵旅率先抵达莫尔兹比港。原定和25旅一起驻守莫尔兹比港的

■21旅旅长阿诺德·波兹准将。

21旅并未在当地久留，很快就开赴伊苏拉瓦前线。在援军到达以前，驻守伊苏拉瓦的马罗布拉部队由澳军第30旅旅长波特准将统一指挥，辖该旅的一个营又两个连。原计划在21旅之后进驻莫尔兹比港的25旅由于船舶短缺，不得不延期至9月初抵达。即使如此，莫尔兹比港驻军也已经增加到包括3个步兵旅、多个美澳航空部队、防空部队、工兵部队和后勤部队，总兵力22000人。一旦澳军第7师25旅和其他师直属队到达，总兵力将达28000人。堀井少将的担忧已经变成现实。

莫尔兹比港的7个机场项目已经接近完工。其中4个机场——2个战斗机机场，1个中型轰炸机机场和1个重型轰炸机机场都已交付使用。未完工的3个机场——1个中型轰

炸机机场和2个重型轰炸机机场，预计9月初能完成。

将莫尔兹比港建成大型补给和交通基地的计划也在有条不紊地进行。8月11日，战区美军后勤部在莫尔兹比港设立了新几内亚美军前进基地。新基地的职责是统筹莫尔兹比港和新几内亚其他港口的交通运输，指挥该地区的所有美军后勤人员，并且负责作战区域所有美军部队的补给供应。

莫尔兹比港水位浅，只能供小型船只停泊，条件还有待改善。现有的港口设施只允许一艘轮船卸货作业，而且速度很慢，为此经常有2到3艘其他船只在港外的海面上等待卸载，很容易成为日军飞机攻击的目标。现有港口无法扩容，战区工程处长凯西将军计划在塔塔纳岛（现有港口西北费尔法克斯港的小岛）兴建一个全新的港口。新港建成后，可供数艘远洋轮船同时卸货，随后再经过一条约800米长的土堤运往莫尔兹比。这项工程会在工兵部队和相关设施到位后立即开始。

欧文·斯坦利山脉和布罗罗山谷的空中补给条件也得到了改善。战区航空队司令肯尼将军为这两个地区的澳军准备了6架A-24攻击机、1架B-17轰炸机和2架运输机，专门用于空投。只要这些飞机能够持续工作10天，就能大幅改善卡基和瓦乌地区补给短缺的现状。

8月21日，乔治·伍滕准将率澳军第18步兵旅的2/9、2/10和2/12三个营全部进驻米尔

■1942年7月，莫尔兹比港的一个高炮防空阵地。

恩湾，和当地守军会合。上个月，约翰·菲尔德准将指挥的澳军第7步兵旅的第9、25和61营已经先行进驻米尔恩湾。8月22日，曾在希腊出任盟军炮兵司令的西里尔·克劳斯少将来到米尔恩湾，就任驻军司令官。除两个主力步兵旅外，美军第46工兵团的一个连在6月底，澳军101反坦克团第4连，第24野炮连和1门25磅炮，第6重型高炮连和第9轻型高炮连在7月初，2个装备P-40战斗机的皇家澳大利亚空军战斗机中队各一部和1个使用“赫德森”式中型轰炸机的侦察中队一部在8月初，已先后进驻米尔恩湾。随后进驻的还有美军第43工兵团的2个连，装备12.7毫米口径机枪的美军第709防空连。除了步枪和机枪外，美军工兵部队还配备了一些37毫米反坦克炮。

■米尔恩部队司令西里尔·克劳斯少将。

克劳斯将军接管米尔恩部队时，这支部队的人员装备状态都相当不错。米尔恩湾澳军地面部队总兵力达7429人，其中战斗人员6394人，后勤补给人员1035人；美军1365人，主要以工兵和高炮兵为主；皇家澳大利亚空军664人，全部兵力达到9458人。

为防止日军从布纳－戈纳地区向米尔恩湾渗透，盟军巡逻队已经在东开普（新几内亚最东端）和“古迪纳夫湾”一带加强戒备，穆林斯港通往米尔恩湾西南的道路巡逻最为频繁。而部队最大的困难是缺乏岸防装备，克劳斯手中没有登陆艇，没有岸炮，也没有探照灯，除此以外，米尔恩湾的防御体系已经在现有条件下组织到最佳状态。

米尔恩湾起战火

新几内亚东南端的米尔恩湾全长约20英里，宽5到10英里不等。从空中很容易注意到这个海湾，日军侦察机早已发现这一带有盟军活动。海湾两岸山峦起伏，海拔足有上千米。在高山和大海之间，是沼泽和密林组成的狭窄的沿岸通道。海湾地区平均年降雨量达5000毫米以上，雨季的沿岸通道几乎无法通行。

海湾内侧是一片和沿岸通道相连的大平原。这片平原是这个地区唯一没有被烂泥包围的地块。战前，利华兄弟公司在这里经营一个大型椰树种植园。种植园原本就建有一个小型公路网，盟军利用这里的设施，集中

■米尔恩湾一览。

力量修建基地设施和机场。

克劳斯将军上任时，平原中央的1号机场已经完工，供皇家澳大利亚空军的P-40战斗机和“赫德森”式轰炸机使用。美军第46工兵团的一个连正在内陆4英里的平原西端修建2号机场。43工兵团的2个连同时在北岸边修建3号机场。

尽管有种植园的基础设施可以利用，当地的施工条件还是很艰苦，美军工兵唯有竭尽所能，继续施工。1号机场虽已投入使用，但唯一可用的跑道实际上修建得很匆忙，仅仅在洼地里打下了开放式网状钢垫，排水条件很差。泥浆不时会渗到钢垫上，飞机会在跑道上打滑，有时还会造成事故。由于没有时间重建，现在能做的，就是用推土机每天在钢垫上刮去泥污，还有夯实机场两边的烂泥。一旦下雨，跑道会立即变成大花脸。这个机场原先准备供轰炸机使用，但雨天只有P-40战斗机能在这里起飞。如果碰上大雨暴雨，所有飞机都无法起飞。

盟军在米尔恩湾的大举调动，很快被日军察觉。8月初，日军第8舰队根据7月31日的陆海军协定，着手控制米尔恩湾通往珊瑚海的切纳海峡，同时为将来在萨马莱岛登陆和建立海军飞机基地进行准备。然而8月4日，海军第25航空战队首次发现盟军在米尔恩湾拉比以西的位置建成了一座机场，距离萨马莱西北角37英里。这不仅对日军在巴布亚东南登陆进攻莫尔兹比港，与南海支队协同作战构成巨大威胁，而且对以拉包尔为中

地图十三　米尔恩湾全图

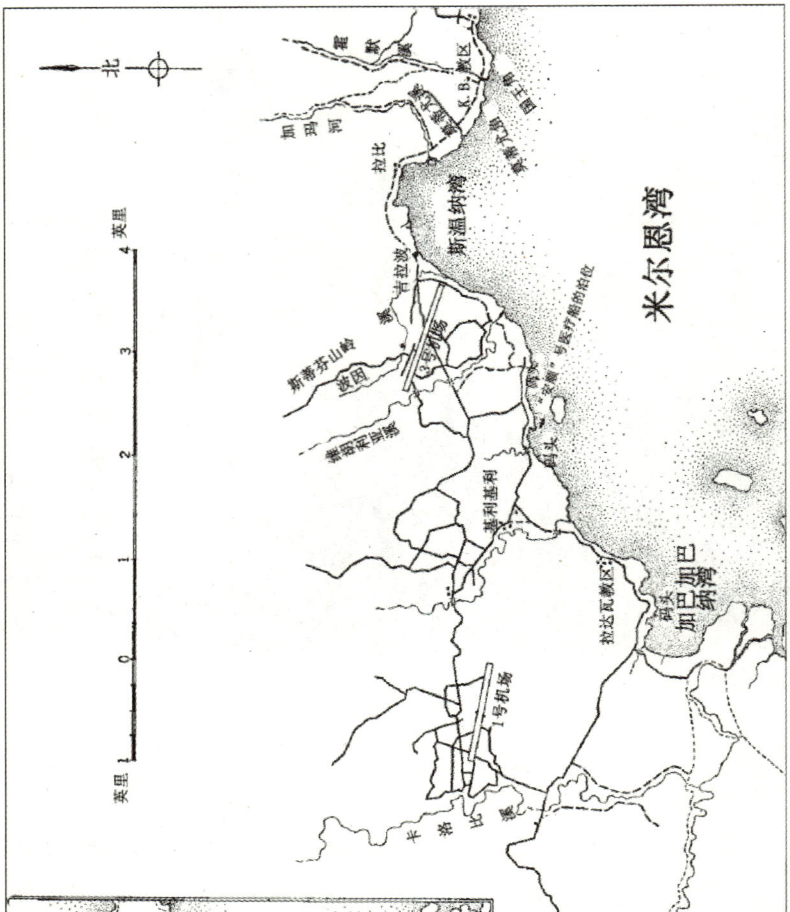
北
英里
米尔恩湾
斯温纳湾
加巴加巴湾
拉比
基利基利
1号机场
2号机场
3号机场
拉达瓦教区
卡洛比溪
马伊瓦拉河
瓦伊加尼
巴拉加
达加玛
加玛河
古迪纳夫湾
东角半岛
陶波塔
阿希奥马
瓦加瓦加
萨马莱
通往维达乌

心的南太平洋战场的战略形势都会产生重要影响，那里距离新几内亚、所罗门群岛，乃至吉尔伯特群岛的日军前沿阵地都不远。日军第8舰队司令部很快决定，将目标从萨马莱岛改为拉比。几天后，日军正式下达出击命令。

根据第17军司令官百武晴吉中将的预定计划，应当在驻达沃的陆军青叶支队来到拉包尔以后，会合海军第8舰队的陆战队，一同登陆米尔恩湾。但8月中旬，第8舰队司令长官三川中将根据日军情报，认为盟军在拉比机场虽有20多架飞机和防空部队，但机场投入运营时间不长，驻军充其量不过2到3个连的规模，事不宜迟，于是决定不等青叶支队到来，让驻卡维恩和布纳海军基地的陆战

■日军第8舰队司令长官三川军一中将。

队立即出动，抢占米尔恩湾。百武中将虽对仅以海军陆战部队发动进攻颇为担忧，但他目前也没有兵力可供支援。

8月20日，驻卡维恩的吴镇守府第5特别陆战队一部612人，海军第16先锋队362人，佐世保第5特别陆战队一部197人，驻布纳的佐世保第5特别陆战队一部353人，合计1524名官兵编成米尔恩湾攻略部队，由吴镇守府第5特别陆战队司令林钲次郎中佐统一指挥。林中佐的任务是率领从卡维恩出发的攻略部队主力在距离海湾内侧基利基利码头约5公里的拉比登陆，从布纳出发的攻略部队一部则在海湾北岸的陶波塔登陆，随后向基利基利挺进。

吴镇守府第5特别陆战队等各部先从卡维恩来到拉包尔集结，8月24日早晨，乘坐两艘运输舰向拉比进发。藤川大尉的佐世保第5特别陆战队一部几乎同时在布纳登上7艘大型摩托登陆驳船，向米尔恩湾驶去，很快就被盟军发现。同一天下午，波洛克港的海岸观察哨捕捉到日军登陆艇的踪迹。次日上午，一架盟军侦察机报告，日军的摩托登陆艇已经接近古迪纳夫岛。

为掩护登陆行动，日军25航空战队8月23日9点15分即出动16架“零式”战斗机突袭拉比。由于天气影响，盟军航空队接到敌情报告后，很长时间都无法出动。8月24日，日军原计划出动第25和第26航空战队的14架轰炸机，由15架战斗机护航，空袭米尔恩湾，但由于天气因素，轰炸机中途撤回，

只有战斗机从14点15分起，和澳军的20架P-39和P-40战斗机，进行了30分钟空战。日军战斗机全部安全返回布纳机场，据称他们击落了9架澳军战斗机。

8月25日上午，日军原计划8点30分出动当时布纳的所有10架战斗机为米尔恩湾登陆部队护航，但被盟军先下手为强。7点10分，4架盟军P-39战斗机对布纳机场跑道进行了低空突袭，10点20分，又1架P-39战斗机冒雨空袭机场。布纳机场的4架“零式”战斗机和1架运输机被击毁，跑道也已受损，可用的战斗机数量只剩6架。这次空袭彻底打乱了日军的空中护航计划。

8月25日中午，盟军的12架P-40战斗机飞往古迪纳夫岛一带搜寻日军，很快就发现停靠在岛屿西南岸的日军登陆艇，日军陆战队员正在伸展腿脚，准备吃饭。盟军飞行员见状，不禁喜出望外，毫不客气地对登陆艇和驳船就是一通铺天盖地的扫射。日军听见头顶飞机的盘旋声，顾不得吃饭，撒开两腿寻找隐蔽所，先保住吃饭家伙要紧。美军战斗机的扫射总算结束了，日军三三两两回到海岸上一看——7艘登陆艇一艘不剩，全被击沉，给养、弹药和通信设备也都完了。这支日军人员伤亡虽不大，但300余人装备尽失，都被困在古迪纳夫岛上，既不能进逼米尔恩湾，也回不了布纳，登陆战还没打响，就已完全失去作用。

与粗心大意的偏师相比，林中佐率领的主力更慎重，海军护航也更得力。8月25日早晨，盟军才在米尔恩湾东北140英里的基里威纳岛附近海域发现多艘巡洋舰和驱逐舰护航的运输船队。战区司令部得到报告，立即命航空队攻击这支船队。肯尼将军派出汤斯维尔基地所有能够出动的B-25和B-26轰炸机，以及约克角半岛马里巴基地的9架B-17轰炸机。这支轰炸机编队预计下午能与米尔恩湾出动的澳大利亚皇家空军的P-40战斗机和“赫德森”式轰炸机在目标海域会合，一齐发动空袭。

面对即将入侵的日军登陆部队，克劳斯将军不敢怠慢，抓紧时间确定和调整地

地图十四 8月25日18点澳军部署

面部队各单位的防区。当天澳军第7旅负责米尔恩湾北岸东部地区，A.梅尔德鲁姆中校的第61营在3号机场周围布防，E.S.米尔斯中校的第25营和第2/5野炮团一部驻守3号机场以西约5公里的地区，H.D.摩根中校的第9营防区在25营南面3.3公里，正好位于米尔恩湾内侧西海岸。J.G.多布斯中校的第18旅第2/10营驻守61营和25营之间的基利基利地区。多布斯营西面，驻守通往瓦伊加尼的道路的依次是2/9营和2/12营。米尔恩部队司令部就在2/9营和2/12营的驻地之间。除此之外，基利基利码头两翼还设置了岸防阵地，第7旅的重机枪，一支25磅重炮部队和美军驻防部队也在岸防阵地周围。

克劳斯凝视着地图，眉头深锁，米尔恩湾的海岸线漫长，日军可以在基利基利种植园两侧的任何地点，也可以在码头所在的防线中央直接登陆，综合考虑的话，日军最可能在北岸的拉比一带登陆，然而其他方向也不能忽略。为稳妥起见，他让没有作战经验的第7旅专职防御，他们的任务就是守住基利基利和其他战略要地，保证通往基利基利道路的安全，守住海滩阵地，25营充当旅预备队，根据需要投入重点防区。战斗力较强的18旅第2/10营负责掩护第7旅61营右翼，一旦3号机场有变，立即增援；其他两个营都会根据战场需要，即刻投入各个要地。当时3号机场工地刚刚完成清场伐木工作，暂时还无法供飞机使用，但足够地面部队布防和作战。

林中佐的这支登陆部队非常幸运。8月25日到26日夜间，莫尔兹比的天气一直十分糟糕，飞机长时间无法起飞。米尔恩湾的天气仅仅在中午短暂好转，盟军飞机中午空袭古迪纳夫岛后，赶在下雨之前，再度出发，总算能和澳大利亚北部出动的轰炸机群一起行动。由于狂风暴雨，阴霾重重，盟军航空兵这一天注定失望而归。临近傍晚，米尔恩湾周边的能见度已下降为零，盟军飞机只能偶尔骚扰日军舰队，无法发动持续有效的空袭。

克劳斯很清楚战斗随时会打响，为加强第7旅的力量，他将第7旅防区内的美军和皇家澳大利亚空军地面部队全都交给旅长菲尔德准将指挥，还将18旅2/10营的1个连配属给第7旅。

■澳军第7旅旅长约翰·菲尔德准将。

菲尔德最担心的是驻守阿希奥马的61营D连距离大部队太远，一旦日军登陆，他们的处境将会非常危险。克劳斯将军也了解这一点，命令菲尔德尽快将这个连调回基利基利，但麻烦的是可用船只不足。米尔恩部队只有三艘带引擎的小艇，这些船实在太小，引擎功率也不足。无奈之下，61营营长梅尔德鲁姆中校只得让副营长H.J.怀尔斯少校带人用两艘老式三桅帆船去接应D连。

8月25日夜间10点，日军在预定登陆点拉比以东5到8英里，米尔恩海湾北岸瓦加瓦加和瓦纳达拉附近的登陆点上岸。23点40分，皇家空军发回侦察报告，4艘日舰正在海湾基利基利以东11英里水面停泊。1小时后，海上传来持续而猛烈的炮声，那是正在开火的日军舰炮。

日军登陆部队很快在瓦加瓦加设立司令部，还在瓦纳达拉地区建立了一系列补给中转站。虽然成功建立了登陆场，但日军搞错了登陆方位，将K.B.教区以东海岸当成了拉比地区。他们一路摸索，建立宿营地和桥头堡，准备第二天一早继续西进。

日军当时并不知道，他们几乎选择了整个米尔恩湾最糟糕的登陆点。日军的目标是海湾内侧的机场和码头，但登陆点距离机场所在的种植园地区还有6英里，不仅覆盖着大片丛林，而且右翼是高山，左翼就是大海，地形相当不利。登陆点附近的山势陡峭，距离岸边非常近，几乎让日军失去回旋余地，在当地的丛林中也不可能找到一块干燥的宿营地。过去几周，米尔恩湾一直阴雨连绵，近期热带暴雨来势更猛。山间溪流水位暴涨，奔腾不绝，沿海道路受到雨水侵润，变得更为泥泞，许多浅滩的水位都被推高了大约3英尺。除了一些废弃的种植园和军事设施，整个海岸通道就是一片丛林和沼泽组成的混乱泥沼，是十足的行军噩梦。

日军严重错估了盟军在米尔恩湾的兵力，而且在目标区域以东将近3英里的泥泞海岸登陆，但顽强的日本兵仍竭力发挥自己的战术优势。护航舰队的第18战队和2个驱逐舰战队共有2艘巡洋舰和5艘驱逐舰的兵力，控制了米尔恩湾的制海权，登陆部队左翼的海面是安全的，但右翼数百码外就是高山，很难通行；莱城和萨拉莫阿都远在数百公里之外，日军能获得的空中支援不足；不过比起只有一些拖网渔船的盟军米尔恩部队，日军有足够的登陆艇，即使缺乏空中掩护，也能在夜色和天气掩护下调运地面部队和给养。

这个夜晚，克劳斯将军注定彻夜难眠。他手中没有海军，没有船舶，没有岸炮，也没有探照灯，对停泊在海湾的日本海军束手无策，而在港湾拥有制海权的日军却能在水中来去自如，把他们的登陆部队送到任何他们想去的地方。盟军的空中优势在黑夜发挥不了作用，克劳斯一筹莫展。正在这时，61营又发回令人揪心的战报——驻守K.B.教区的B连遭到日军袭击。

“真是见鬼！”克劳斯不由脱口咒骂。

■基利基利的栈桥码头。

争夺K. B. 教区

原来25日夜间，61营B连连长C.H.比克斯上尉派出小股部队，前推到卡梅伦山泉一带巡逻。H.D.罗宾逊中尉带领14人在卡梅伦山泉警戒，另一个巡逻队在霍默溪附近的干河床放哨，第三个11人组成的巡逻队在海岸通道沿线进行长距离巡回警戒。

大约午夜时分，比克斯听见阿希奥马方向传来了激烈的开火声，心头不由一紧。早先他已派出一名通讯员去阿希奥马联络D连，但一直没回音，恐怕那里已经陷入苦战。

8月26日凌晨1点，4个日本兵从阿希奥马摸到罗宾逊的阵地。阴雨的深夜里，罗宾逊的这个班都没有发现日本兵。4个日本兵以为能够神不知鬼不觉地偷袭这股澳军，无声地举起了枪，子弹已经上膛……

紧要关头，放哨的W.C.威顿二等兵听见日军拉枪栓的声音，他来不及出声示警，直接用步枪向入侵者开了火……

一声枪响，日军明白他们的意图暴露了，四支步枪同时对准了威顿。威顿阵亡了，但他的枪声引起了战友的警觉，双方展开激烈枪战，4个日本兵全被击毙。

罗宾逊合上了威顿的眼皮，然后大声提醒部下："这只是鬼子的小股先遣队，他们一定会再上来很多人。大家作好准备！”

大约20分钟后，黑暗中远处出现一支大约100人的部队。夜里能见度实在太低，罗宾逊一时无法确定那到底是一度失散的D连溃兵，还是日本鬼子。为探明敌我，罗宾逊只能向对方喊话。那支部队传来一股兴奋嘈杂的对话声，罗宾逊肯定他听到的绝对不是英语！

日军依仗人数优势，散开队形，试图包围罗宾逊班。罗宾逊命令大家集中火力向敌军中央射击。日军人多势众，迅速组织还击，同时分出一部分兵力，企图蹚过澳军右翼的河流，包抄上来。河水足有齐颈深，日军无法轻易蹚过，但罗宾逊的兵力和对方相差悬殊，自忖继续战斗下去，势必会被包围，终于下令后撤200码。撤退途中，一个三人小组与主力失散，再也没能找到他们。后来D.R.莱德利中士指挥的一个小组也走散了。

罗宾逊带领已不到十人的巡逻队试图在新阵地组织抵抗，一辆日军坦克“轰隆隆”开了过来，炮口喷吐着火舌，向道路两旁的灌木丛射击。罗宾逊的心简直快提到嗓子眼了，好在这辆坦克突然后撤，原来是为了给步兵让路。罗宾逊率部且战且退，大约黎明时分，才和连主力会合。日军坦克时进时退，一直尾随罗宾逊巡逻队。当日军坦克准备通过一条小溪上的圆木小桥时，车长站在炮塔上为司机指引方向。150码外的罗宾逊瞅准这个机会，一枪将日军车长击毙。失去车长指引的日军坦克仍倔强地试图过桥，最后还是陷进了溪流，至少这一天它已无法继续追击澳军。

第二天早晨，比克斯带领他的B连沿K.B.教区以东几百码的一条小溪组织防御阵地，适时发动小规模反冲锋，消灭了不少进犯的日军。日军阵形散得太开，经过一夜战斗，也需要休整，于是暂停攻击。为确认日军已撤退，比克斯派出一个巡逻队去前方侦察，结果队长被日军击毙，没能得到任何有价值的信息。B连合计已损伤大约40人，比克斯不愿再冒险派出巡逻队，下令全连坚守阵地。过了一段时间，他才派出另一个巡逻队去东面侦察。

一切布置妥当，比克斯正想合眼打个盹，就听见有人在喊：“北面有人过来了！”比克斯立即跳了起来，睁眼向北方眺望。好在这次来的不是日军，而是61营副营长怀尔斯少校和其他两名澳军士兵。怀尔斯昨晚负责用“布罗泽温”号和“埃尔瓦拉”号两艘三桅帆船和另一艘运载伤兵的小船去接应阿希奥马的D连回基利基利。船少人多，D连的部分士兵只得从陆路步行回营。“布罗泽温”号在水上误闯进日军登陆队列，遭到日军集中火力打击，只得被迫就地靠岸。“埃尔瓦拉”号上的怀尔斯听见密集的枪炮声，知道被迫在日军登陆点靠岸的“布罗泽温”号上的数十名澳军士兵凶多吉少，据他估计，当时日军至少已经用登陆艇将2到3波部队送上登陆点。“埃尔瓦拉”号本想避过日军登陆舰队，完成这次水上撤退，但最终还是决定放弃。怀尔斯下令停船靠岸，随后让船上的澳军化整为零，走山路分头向友军靠拢。怀尔斯带着两名士兵同行，这时才到达比克斯的阵地。他和比克斯进行了简短交流，马上回营部报告。后来又有两名战士，只穿着短裤，带着脚伤经过比克斯的连部。这两名模样狼狈的战士告诉比克斯，他们从“布罗泽温”号死里逃生，其他大多数弟兄都溺水，或者被鬼子杀死了。比克斯原先估计他一共要对付100到150名日军，听过怀尔斯和其他战友们的陈述以后，他将日军兵力修正为大约1000人。

怀尔斯当时还不知道，“布罗泽温”号的另一些幸存者挣扎着一路回到在阿希奥马的原有阵地，然后从陆路经陶波塔翻山越岭，辗转数日，最后成功在基利基利回本营归建。怀尔斯再次见到劫后余生的战友，不胜唏嘘。

8月26日黎明前后，驻守海湾西岸的第9营报告，日军船舶正在海湾停泊。克劳斯将军察觉到这是空袭的良机，马上命令航空兵准备出动。上午7点45分，天气更好，米尔恩湾1号机场的P-40战斗机和经莫尔兹比港机场中转赶来的B-17轰炸机已经能够出动。P-40战斗机上午对日军登陆点的空袭非常成功，摧毁了日军带来的大部分食物和弹药，日军停留在岸边的空置登陆艇也被炸毁。

■停留在米尔恩湾机场跑道上的一架P-40战斗机。

B-17轰炸机同样有所斩获，将一艘正在卸货的日军大型运输舰炸成重伤。整个白天，盟军战斗机的空袭都未停歇，日军忌惮盟军的空中优势，白天没能发动新的攻势。

趁着飞机压制日军的时机，澳军抓紧调动地面部队增援比克斯连。比克斯上尉向上级请求派反坦克炮对付日军坦克，但要经过泥泞潮湿的道路，把反坦克炮运到K.B.教区根本不切实际。克劳斯只能尽力提供其他反坦克武器，他从24野炮连调拨一批反坦克地雷和黏性手雷，让工兵带到前线。比克斯对这些东西并没有什么信心，不过总聊胜于无。旅长菲尔德准将让25营调兵增援前线，该营的P.J.斯蒂尔上尉得到命令，二话不说，抽出自己的两个排送去增援比克斯。R.E.高兰上尉和K.C.坎贝尔上尉率领61营的最后两个步兵连随后赶到。L.M.克林纳中尉率营属迫击炮排，竭力克服糟糕的路况，也在抓紧奔赴前线。

得到援兵的比克斯上尉胆气顿壮，一心想尽快打垮日军，尤其想摧毁昨晚一路撵着他跑的日军坦克，将防御阵地向东推进。菲尔德旅长批准了他的反击计划，并且为他安排炮火和空中支援。16点45分，P-40战斗机对比克斯连阵地前方的海岸通道进行大规模扫射。比克斯连余部和斯蒂尔连的2个排在空中火力掩护下，发起了冲锋。这次反攻一开始相当顺利，将日军向东逼退了约600码，但在进行第二波攻势时，只推进了200码，就遭到日军顽强阻击。比克斯仔细观察了一下战况，才发现自己落入日军的陷阱。澳军正面的日军依托溪流，用凶猛的火力隔水阻击，左翼的日军依托沼泽掩护，向澳军施放冷枪，右翼面临大海，根本无法迂回包抄日军阵地。

天就快黑了，比克斯连两面受敌，而且经过连续战斗已相当疲劳，日军兵力本就不弱，阵地设置又非常巧妙，澳军一时奈何不了他们。更令澳军担心的是，日军坦克还没有出动，而澳军现在不仅没有反坦克炮，甚至连反坦克枪都没有。比克斯决定率部先撤退到K.B.教区西面的莫蒂尤，坎贝尔连已经在那里建立了防御阵地，集合比克斯和坎贝尔两个连的兵力，有望在当地挡住日军。前进时难，撤退也难，比克斯决定自己率本连一部和斯蒂尔连的两个排先撤，留下罗宾逊中尉率领本连一部断后。日军果然跟了上来，罗宾逊率部一面缓缓后退，一面找准时机向冲得过于靠前的日军开火，据他们声称，前后打死了大约12个日本兵。罗宾逊的断后部队归队后，比克斯率部越过高兰、坎贝尔和斯蒂尔连的阵地，让他的连背靠道路布阵。61营的3个连已经会合，斯蒂尔便将他的两个排先行撤回后方，让61营在莫蒂尤溪西岸布防，这次夜间换防，虽然一度引发混乱，好歹总算完成了。

比克斯上尉成了前线总指挥。他意识到莫蒂尤溪水太浅，不能阻止日军坦克，但至少能够减慢坦克的前进速度。冷静下来之后，他灵机一动，仿照刚才的日军阵地组织防线。澳军右翼靠海，左翼是沼泽，日军步兵同样无法从两翼包抄，而澳军的火力网却能够控制住整个K.B.教区西面的一小块开阔地。

太阳收起最后一抹余晖，比克斯和罗宾逊派两个人趁夜回到东面数百码外的旧连部取回连队日志和一部落在那里的车辆。两名澳军士兵干掉两个敌人，成功摸进了旧营地。他们取回了连队日志，但车半路陷进了烂泥抛锚，实在无法开回。他们快归队时，日军的一个巡逻队突然在道路靠海一侧出现，为首的一个高个子日本兵离他们不过6英尺。正在前沿阵地巡查的罗宾逊中尉发现了险情。机警大胆的他不是第一次面对这种情形了，这个有名的神枪手一个单点射就将为首的日本兵放倒。两名澳军士兵趁这个机会，加快脚步，在日军巡逻队和罗宾逊交火的时候，奔回莫蒂尤阵地。

临近傍晚，盟军在诺曼底岛海域发现第2支日军护航舰队正在向米尔恩湾全速前进。时间太晚，盟军航空队无法实施空袭，林中佐的第二梯队安全登陆，与先头部队会合，从卡维恩出动的1170名日军已全部在米尔恩湾登陆。

夜幕降临，米尔恩湾陷入一片黑暗。比克斯让他的连在道路内侧的深壕里，抓紧时间吃饭和休息。这个时候，港湾里的日军舰船开始用舰炮炮击澳军周边阵地，但缺乏准头，没有造成任何伤亡。

夜间10点左右，日军在朦胧的月光下发动了进攻。61营的三个连都是民兵改编部队，除了比克斯连在战斗中学习了战斗，其他两个连还是第一次经历实战。这是一场十足的混战，子弹飞过芭蕉树叶和灌木丛时，发出“噗噗”的怪声。手雷都经常在爆炸前打中茂密的树叶和林木。

“鬼子撑不住了，全都跟我来！”高兰上尉率领他的部队，早早冲过溪流，和日军近战。坎贝尔连的E.W.金中尉见状，带领他的排也冲上去支援。金后方的C.B.汤姆林森中尉已经负伤，但他看见金带人冲了上去，不甘落后，带着他的排也跟了上去，直到他们都被日军压制为止。

金和汤姆林森顶不住日军的攻势，只得在道路两边散开，就地组织抵抗，高兰连的部分战士也加入了他们的行列，守卫阵地。战局很快倒向日军一边，澳军发现日军已经包抄上来，莫蒂尤阵地上的营属迫击炮，还有基利基利附近的25磅重炮都在竭力为步兵提供炮火支援，然而无济于事。

“伙计们，一定要顶住。哦……妈的！”金中尉感觉自己的颈部一热，伸手一摸，原来被日军狙击手的子弹射中，血流不止。“中尉，快上担架，你的脖子血流得就像喷泉！”战友非常着急，已经把担架拉过来了。金用满是血污的手用力将担架推开：“我坐一会儿就没事了，有人比我更需要这玩意儿！”一位战友奔到他身旁，用一块垫子为他止血，但他还是因伤势过重阵亡了。

激战仍在继续，汤姆林森排的“布朗”

式轻机枪因为连续发射，枪管过热，一名战士为了降温，当场解开裤子往上面撒了泡尿。机枪还能继续使用，汤姆林森长出一口气，突然，左边出现了一道眩目的火光。

“妈的，是鬼子的火焰喷射器！”汤姆林森努力让自己镇定下来，等待火光再次出现。第二道火光果然喷射过来，汤姆林森瞬间判断出发射位置，将手雷扔了过去。日军的火焰喷射器再没能发射第三次。然而澳军的前沿阵地已经坚持不住了。澳军被迫退回小溪西岸的主阵地，趁日军还没攻来，赶紧救助伤患。

阵地上出现了短暂的平静。大约27日凌晨4点，日军从正面发动了试探性的零星攻击。这只是佯攻，日军主力从两翼涉过齐颈深的海水和泥沼，试图大规模迂回包抄澳军阵地。日军行动的时候，还大声用英语对澳军鼓噪“撤退”。澳军3个连中约有50人将日军的喊话当成了上级的命令，开始沿海岸向基利基利撤退。4点30分，比克斯的部队已经筋疲力尽，B连的战士们更是将近48小时没合过眼。天就快亮了，比克斯担心日军到时会出动坦克，澳军现在根本就不可能抵挡得住。他召集军官开会，最后得出结论，全体撤退到西面1英里的加玛河，希望加玛河的河水足够让日军坦克无法通行，这样澳军至少可以先避过最大的威胁。

全线撤退前，澳军进行了一次掩护性侦察巡逻。侦察兵报告，日军正在向K.B.教区撤退，看来是在收缩战线，巩固阵地。趁此机会，苦战一夜的澳军全面后撤。路过莫蒂尤时，他们发现迫击炮排排长克林纳中尉已在昨夜的战斗中饮弹身亡。澳军一路退到加玛河，沿着河床两岸暂且驻营休整。比克斯在巡视阵地时发现，相当数量的战士正在遭受外伤、疟疾、疲劳和烂脚的困扰，他不得不先把这些伤病员送往后方。

27日上午，澳军在加玛河到K.B.教区之间巡逻时，没有发现敌人。1号机场的12架战斗机和8架轰炸机对日军进行了空袭，让

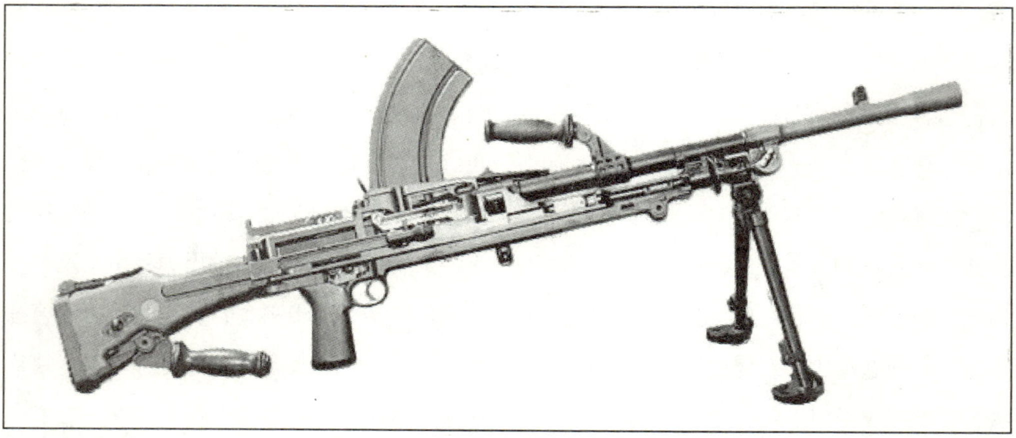

■澳军布朗式轻机枪。

林中佐不敢贸然继续进攻。10点30分，多布斯中校部下的一位士官来到前线。他告诉比克斯，多布斯的第2/10营正在向前线移动。不一会儿，先前驻守阿希奥马的D连连长带领大约40名从陆路撤退的战士从山间走了出来。这位连长被日军登陆的浩大声势唬住了。他告诉比克斯等人，他看见大约5000名日军在利利霍亚一带登陆。一路上，他和部队尽力避开沿岸通道，在北面的山岭间迂回，因此现在才和友军会合。

13点前后，营长梅尔德鲁姆中校打电话给比克斯上尉，告诉他18旅的2/10营会马上去加玛河和他接头。克劳斯将军上午就已命令第2/10营前往加玛河，设法将日军逐出K.B.教区，并且伺机探明日军意图。

14点左右，2/10营先头部队到达加玛河一线，随后根据克劳斯的命令，越过61营的阵地，继续向K.B.教区前进。2/10营长多布斯中校从阿希奥马的溃兵那里听到日军的情况吃了一惊。他不敢怠慢，立即将“日军人数约有5000”的消息报告上级。

傍晚6点，比克斯接到上级的新命令，让他将61营的三个连都撤到基利基利周围地区。比克斯让高兰和坎贝尔的两个连先走，直到21点，他才率领本连最后撤退。这时，B连已经只剩下比克斯和罗宾逊2名军官、32名士兵。澳军士兵一路上大半时间在齐膝深的泥浆中行走，每个人都帮助走在前面的人保护好武器，以免在黑暗中丢失。

到27日夜间为止，澳军61营合计有3名军官和12名战士阵亡，2名军官和14名战士负伤（均不包括阿希奥马D连的损伤）。25营则有3人阵亡，2人负伤。61营另有大量非战斗减员和人员失踪。一度失踪的莱德利中士和他的3名部下最后在27日上午归队，没有计入失踪人员名单。莱德利告诉大伙，他们和罗宾逊中尉失散后，很快被日军包围，为了逃生，他们几个都趴在道路上，忍受满地泥泞装死。要骗过日军并不容易，4个人都挨过日军殴打，莱德利本人就被刺刀刺中过。为了逃生，他们几个只有竭力忍耐，日军信以为真。骗过日军后，他们赶紧逃进附近的山脚下，辗转从山间找回连队归建。

由于对日军的兵力和意图一无所知，克劳斯陷入两难境地，如果他派遣主力进入北岸，日军就能将新到的生力军派往南岸或海湾内侧，如果不派主力，那澳军在北岸就无法对日军形成兵力优势。后来克劳斯如是说：“鬼子的海军占优，在战斗中，他们享有充分的自由，能从海上发动持续登陆行动，在任何他们想登陆的地点登陆，然后向（澳军兵力空虚的方向）内陆挺进。这些因素对（我的）作战部署产生了很大影响。（我）不止一次因为需要确定南岸没有敌情，或是敌军船只在穆林斯港一带的活动（其实并不确定），被迫放缓进攻节奏。”为了确保米尔恩部队的主要补给和辎重所在地基利基利，在摸清日军底牌前，克劳斯将大部分兵力留作预备队，只增派给菲尔德准将一个营的援兵。

■米尔恩湾的澳军高炮兵严阵以待，图左上方是一架完成任务，即将着陆的P-40战斗机。

早先已配属给第7旅的2/10营B连原先在3号机场布防。27日早间，连长G.R.米埃希克少校奉命率部向吉拉波（位于通往拉比道路旁的一个小据点）推进。

多布斯中校和旅长菲尔德准将商议后，决定让他的营轻装上阵，对拉比展开一次“大范围的战斗性巡逻”，先向东北方几公里外的小路推进，最后杀回K.B.教区。为了轻装，多布斯让部队减少“布朗式”机枪的的配备量。J.E.布洛克索普上尉的C连不带机枪，马特森上尉和桑德森上尉的两个连削减到每个排带一挺机枪，只有米埃希克的B连按照编制带足机枪。根据前线比克斯上尉的报告，日军至少有一辆坦克，多布斯决定带上他的全部反坦克枪，另外配备了20枚黏性手雷，觉得这样便足以应付。随后，多布斯在全营精选了500名精干人员，执行这次任务。

路过61营阵地时，多布斯得知可能有多达5000名日军已经登陆，赶紧修改计划，不再迂回前进，以免走小路陷入日军重兵包围，而是直接沿海岸通道推进到K.B.教区。比克斯在撤退以前，告诫多布斯，将2/10营集中在K.B.教区并不明智，当地的地形对防御不利，从海上能看清守军的位置，而地形适合日军坦克活动。然而多布斯坚持己见，天黑前，2/10营在K.B.教区组织了一个松散的环形阵地。

从日军登陆的那一刻起，2/10营几乎一刻不停地在调动，换了好几个阵地，整整两个晚上，他们的睡眠时间都很少，食物粗劣，还无法准时供应。连续七天的大雨，使海岸通道积满了水和泥浆，跋涉异常艰难。来到K.B.教区后，他们没有工具挖掘战壕，只得尽快按照营长的命令，分成三个部分，准备迎接敌军入侵。

布洛克索普连构成环形阵地的右前部，M.J.布朗中尉的一个排侧靠大海，负责该连右翼，C.H.麦凯伊中尉和S.D.莱思布里吉中尉的两个排，以及布洛克索普的连部在环形阵地内侧，充当营预备队。米埃希克连构成环形阵地的左前部，马特森和桑德森连（各欠一个去警戒侧翼道路的排）拱卫环形阵地的后方两翼。

晚上雨又下个不停，19点45分，澳军士兵正竭力驱散疲惫和寒意，随时准备迎接日军的新一轮攻势，耳边传来一阵引擎轰鸣的声音。声音由远及近，越来越清晰，一辆日军坦克正穿过黑夜和风雨，靠近澳军阵地，黑暗中，车头灯无比闪亮。“你们看那——那灯光！”目睹这幅画面的澳军士兵终生难忘。

坦克引擎的轰鸣声之后，是大队日军步兵的脚步声。澳军士兵根本无法估计这次鬼子到底出动了多少人，实际上林中佐投入了所有作战部队。就像比克斯上尉说的那样，尽管当地也是热带雨林区，但茂密的地面植被排水性能良好，相对开阔的地形足以让坦克自由行动。

20点，战斗正式开始，日军的先遣坦克向澳军左前方的米埃希克连进攻，37毫米坦克炮在车头灯的指引下，对澳军阵地进行了有效的炮击。20分钟后，另一辆坦克加入战斗，两辆坦克一前一后，向澳军阵地发起冲锋。与此同时，日军步兵紧随而上。澳军阵地前方的米埃希克和布洛克索普连遭到日军坦克的无情碾压，处境艰难。日军坦克在澳军中间往返冲击，当一辆坦克发动近战时，另一辆坦克会借助灯光，用车载武器掩护。日军坦克的身影和车头来回晃动的灯光在黑暗中晃得米埃希克眼睛生痛，好在他依然能够指挥部下开火还击。战况十分激烈，听见前方的枪声，基利基利的澳军25磅重炮也行动起来，为前方提供急需的炮火支援，枪炮声和喊杀声在大雨中也清晰可辨。日军坦克进了又退，退了又进，将澳军前沿阵地搅得七零八落，直到午夜才暂停。澳军的两个前卫连竭力抵抗，总算没让日军坦克冲进后方阵地。日军坦克改变战术，改用车载机枪射击，然后分头开进，为步兵突破澳军阵地开路。

情况不妙，米埃希克吼了起来：“快用黏性手雷，至少试试这玩意儿管不管用！”A. R.斯科特少尉把黏性手雷扔向一辆坦克，果然黏住了，但是……没爆炸。“他妈的！”斯科特为这不争气的狗屁玩意儿骂了句脏话。布洛克索普连的麦凯伊中尉和斯潘塞中士也用黏性手雷对付坦克，但他们的运气更糟，甚至都没能黏住车身。斯潘塞虽然奈何不了坦克，但依然充满斗志，不断将手雷扔进日军步兵队列，炸得日军鬼哭狼嚎。

战况对澳军不利，好在日军在雨夜中枪法欠准，不是打高就是射偏，很少能直接伤到澳军。澳军因为精简了装备，火力不足，米埃希克少校情急生智，命令机枪手变换位置开火，在一个位置打一梭子弹，然后转到另一处开上几枪，每次都只打几分钟，既能让各单位都得到机枪火力支援，也避免机枪成为日军的集中打击目标。机枪手亚伯拉罕二等兵腿部弹痕累累，仍在坚持战斗。另一位机枪手科茨二等兵接过他的枪，孜孜不倦地从一处阵地转移到另一处阵地，将机枪子弹射向入侵者。有一次，他一口气摸到了一个日军阵地前15码，子弹快打完了，直接用手雷干掉了里面的鬼子。

布洛克索普连同样在顽强战斗。布朗排的麦克莱南二等兵从他正在燃烧的阵地一跃而起，和六七个日本兵拼上了刺刀。

“上帝呀！”同一排的战友借着火光发现麦克莱南陷入苦战，心惊肉跳。想要过去支援，但距离太远，人手也不够。施罗伊特下士灵机一动，招呼一声：“跟我来！”带着他的人跳下海，就在海水里，借助火光，将冲上来的日本兵一一结果。麦克莱南死里逃生，气喘吁吁，连道谢的力气都没有了。

澳军虽顽强英勇，但日军利用兵力优势，不给他们任何喘息机会。经过大约2小时的战斗，日军已成功将2/10营切成两段。午夜，米埃希克虽先后击退了4队从正面喊杀过来的日军，但日军仍从各个方向冲入澳军阵地厮杀，而且人数还在不断增加。澳军的伤亡渐增，包括炮兵观察员拜尔德中尉和吉尔霍利中尉都阵亡了。更糟的是，随着炮兵观察员阵亡，前沿阵地和后方的联系也被迫中断。

布洛克索普连的右前方阵地，布朗中尉因伤被迫退出战斗，一度接替他指挥全排的士官很快阵亡，他们排几乎要绝望了；而左翼的麦凯伊排也在苦战。麦凯伊准备和莱斯布里吉一同反击。但战场的形势太混乱，布洛克索普连和米埃希克连失去了联系，和全营的后方阵地也联系不上。为了全连的命运，布洛克索普上尉需要冷静分析，作出最准确的判断。他的一位同僚形容他是“你能见到过的最冷静的人”，（在战场上）“你会觉得他好像在参加游园会”。布洛克索普感到现在已经没有空间反击，拒绝了麦凯伊的请求。营长多布斯中校命令他退往营后卫阵地后方300码方位的灌木丛。布洛克索普按照命令率部撤退，但发现大部分部下都失去了联系。为了自己的部下，他回到阵地巡弋，但很快被营长召回，命令他率部全面退入灌木丛。很快，布洛克索普发现自己和营主力失去了联系。随他一起行动的营副官施梅杰上尉和他一起收集了余部51人，越过灌木丛，来到加玛河东面几百码的小路上待命。

布洛克索普撤退时，米埃希克在黑夜和大雨中经历着相同的考验。他并没有接到撤退命令，而他的连已被日军冲散，副连长已阵亡，现在每个人只剩下5发子弹。米埃希克自忖难以再战，便集合大约30名部下，陆续撤出阵地，先退向霍默溪一带，随后穿过灌木丛去加玛寻找营主力。

马特森连已先于米埃希克和布洛克索普连撤退。在K.B.教区的战斗中，马特森连在全营后卫阵地，没能参加实战，只能听见前方传来的开火声和喊杀声。后来他发现不少营里的战友都败退下去，如果他继续在阵地上留守，很可能会被日军一锅端，于是就带着身边的部下一起退往霍默溪。在情况不明的混战当中，他也只有这么做，很快他就发现自己的一小队人已经和连主力失散。马特森撤退不久，就遇到布洛克索普和施梅杰带领的另一部残兵。与此同时，马特森连的奥布莱恩下士正带着一支反坦克枪和四箱黏性手雷赶到前线增援，帮助战友们防守通往拉比的道路。营情报参谋蒂斯代尔·史密斯中尉一直在努力安排增援，他告诉前方，两个民兵排已经被送上前线。

布洛克索普和马特森在加玛河西岸重新组织阵地。28日凌晨2点，他们刚布置完毕，日军就气势汹汹地沿着道路杀了过来。又是一辆坦克开路，坦克车身上还搭乘着不少步兵。澳军先下手阻击，奥布莱恩冷静地用反坦克枪连开三枪，但他很快就被日军的手雷炸伤。

在混战的深夜里，澳军很难看清究竟发生了什么，只知道日军坦克的枪炮点燃了灌木丛，迫击炮弹和手雷正落在他们中间爆炸。情况越发不利，眼看日军将从道路和侧翼节节推进，跨过加玛河。布洛克索普根据之前的情报，一直深信日军总兵力达到5000人，2/10营余部与其这样无谓消耗下去，不如退往3号机场重整，在机场保卫战中还能发挥作用，于是他下令撤退。

布洛克索普让其他人先走，他本人和施梅杰留在加玛河附近，希望能多收集些附近掉队的本营官兵。日军陆续沿道路向3号机场前进，他们的队伍就像一条不会中断的洪流。布洛克索普和施梅杰揪心地看着日军队列，大约十分钟后，他们确信全营都已经退过加玛河，这才向西撤退。两人一路上聚集了一些布洛克索普连的士兵，还和米埃希克连，以及营里的其他单位取得联系。为避开日军，这些澳军残兵只能在山岭间艰难行军。天气寒冷，他们身上都早已被雨水湿透，睡眠不足，饥肠辘辘，每两到三人才能分到一小听应急的脱水口粮。在这次艰难行军的最后一天，他们在芭蕉林中得到了补充，土著妇女见他们可怜，好心地拿出自家的芋头和红薯烤熟了给他们充饥。直到8月30日，他们才安全回到友军的主阵地。

布洛克索普率部进入山区时，2/10营的其他各连也在择路退往友军主阵地。和布洛克索普分开后，马特森已经沿岸边的道路向后方撤退。营长多布斯中校命令营主力沿霍默溪北岸集合，就地宿营。28日天亮后，多布斯率部继续后撤，直到退入友军主阵地，才开始重整他一路收集起来的残余部队建制。

多布斯一面重新布置阵地，一面派K.R.E.威尔逊中尉率一个巡逻队回K.B.教区搜寻其他战友。威尔逊先遇到米埃希克连，后来又找到了身负重伤的亚伯拉罕二等兵。亚伯拉罕所在的那个排撤退时，没有发现已经倒地的他。27日夜晚的战斗中，日军坦克先后五次差点从他身上轧过去。他的腿已经无法动弹，只能在地上滚动，才避过厄运。巡逻队找到亚伯拉罕时，他正在一个隐蔽所和4名日军对峙。这伙日军原本有10个人，已经被他干掉6人。威尔逊见状，也不多话，带着他的部下放倒了最后4人。为了把行动不便的亚伯拉罕送回基利基利，巡逻队整整花了三天时间。一路上亚伯拉罕始终兴致勃勃，不时和战友们开玩笑，打发漫长枯燥的行军时光。

尽管有不少亚伯拉罕这样的个人英勇事迹，但2/10营这个由志愿兵组成的，具备丰富作战经验，颇有名声的帝国军团营，在第一次与日军的战斗中，还是被打得全无还手之力。后来他们才知道，日军的兵力并没有他们想象的那样占有绝对优势，而日军在战斗中体现出的勇气和坚定信念，完备的进攻计划，尤其是围绕2辆坦克展开的战术，都让2/10营好好上了一课。2/10营在战斗中一共阵亡43人，伤26人，损失最严重的米埃希克连阵亡23人，伤20人。

日军击溃2/10营之后，继续逼近3号机场。驻守机场的澳军25营和61营，以及美军高炮和工兵部队即将迎来一场硬仗。

保卫3号机场

米尔恩湾3号机场位于吉拉波以西，东距拉比仅数英里。整个机场大致呈东西走向，是一个理想的防御阵地。机场跑道长2000码，宽100码，场地空旷平整，但只有部分刚完工，跑道东部边缘是一个大泥潭，能够阻止坦克通过。机场为防御提供了足够的空间，空旷的跑道便于开火射击，斜向穿过海岸通道的入口，东南角距离海岸水线大约500码，正好位于日军前进的必经之地。机场防御指挥官菲尔德准将将部队沿机场向南摆开，日军要从这里通过，唯有正面强攻。

2/10营败退后，米尔斯中校的25营将面对日军的下一轮攻势。前一天，25营已经接管3号机场的防务，61营重整后，在基利基利的其他地区，充当预备队。米尔斯在机场前沿部署了两个连，B.T.莱恩上尉的一个连驻守拉比，斯蒂尔连在吉拉波周围布防。工兵在吉拉波和机场附近分别布下一个雷区。27日夜晚到28日早晨，莱恩派一个排推进到加玛河一线，一个排和连部留守拉比，E.L.施里德中尉的一个排沿拉比和迪乌拉溪（在拉比和吉拉波中途穿过公路）道路布防。斯蒂尔上尉将J.J.卢德罗上士的一个排布置在迪乌拉溪后方，为施里德充当后盾，另一个排守卫吉拉波村，掩护公路和雷区，斯蒂尔的连部和J.H.帕金森上士指挥的两个防空班也在吉拉波村一带驻守。S.D.斯蒂尔的一个排在波因溪附近，背靠机场布阵。61营大部缓慢退入预备阵地，只有营部和一个拥有5挺维克斯重机枪的分队留在机场。驻守机场的美军工兵和防空兵拥有充足火力，还能得到海边其他守军的协助，相对最为安全。

2/10营败退时，日军紧追不舍。一些澳军溃兵路过莱恩连的前沿阵地，告诉他们日军有两辆坦克，前沿的一个排自知不敌，于是在坦克到来前，先撤回拉比。日军坦克和大队步兵很快追到拉比，莱恩连和日军发生短暂的遭遇战，日军别动队很快抄袭他的后路，莱恩只得将连主力撤入西北的山区。

日军正在逼近3号机场，这意味着他们距离1号机场已经不远。克劳斯唯恐日军趁夜向1号机场渗透破坏，下令让所有P-40战斗机都转移到莫尔兹比港过夜。

日军坦克对澳大利亚步兵的优势明显，菲尔德准将知道前线困难，从101反坦克团抽调了一门反坦克炮覆盖雷区一带，还准备了一辆满载黏性炸弹、燃烧弹和补充弹药的卡车，沿着公路送往拉比。刚下完倾盆大雨的道路完全成了泥塘，这辆卡车很快就陷在淤泥里动弹不得。乘员们无奈之下，只得弃车，将卡车变成吉拉波和拉比之间的一个路障。

莱恩上尉率领连主力撤进山里后，施里德排原本想利用卡车路障组织一个环形阵地，但日军利用兵力优势，试图包围他们。施里德见势不妙，唯有撤回吉拉波，和斯蒂尔连会合。日军追兵很快杀到吉拉波，和澳军展开一场混战。原先负责掩护反坦克炮的卢德洛排被日军逐出了阵地。日军缴获了这门反坦克炮，但炮兵中尉K.A.阿克勒曼在撤离前做了手脚，让日军误以为这门炮已无法使用。斯蒂尔连撤退前，双方展开了短兵相接的肉搏战，帕金森上士端起机枪扫射时，被日军刺刀扎中，受了致命伤。

“真丢脸，被小鬼子一路压着打！”卢德洛恨恨地说道。这个时候，他发现前方有人在向他招手，原来是斯蒂尔上士。

“斯蒂尔，鬼子人很多，你这里未必能守得住。”卢德洛见斯蒂尔一共只有17人，自己身边也只有一个班，不禁很担心。“放心吧。”斯蒂尔非常自信，示意卢德洛看看他的阵地。早些时候，他曾带人在道路到海岸附近的位置伐木，准备修建一个水上机场，材料都是现成的，他已经选择最有利的位置搭建了防御工事，火力足够覆盖日军必经的开阔地。卢德洛笑道：“好家伙，真有你的。”于是带领他的部下，按照斯蒂尔的指示，在阵地里做好了准备。后来还有其他部队的人，也加入斯蒂尔的行列。

这个时候，炮兵终于开火了，从东边枪声和喊杀声的方位判断，日军离这里已经只剩大约400码了。

“鬼子来了。美国人的重火力能压住他们，我们只要守住这里，他们就绝对过不去，给我打！”美军第43工兵团D连和F连用12.7毫米口径机枪和37毫米火炮一直在开火。斯蒂尔和卢德洛在炮火和机枪火力掩护下，不仅守住了阵地，而且将日军逼入开阔地，使美军的重火器能更有效地发挥威力。澳军的这两个排从早晨5点一直拼杀到将近8点，大约干掉了40到50个鬼子。

斯蒂尔和卢德洛的顽强奋战，让连里的其他人能够穿过机场，退往海岸，其中一些人在撤退时，得到E.N.约根森下士、L.G.怀斯下士和R.J.戴维斯二等兵的一个布朗式机枪小组支援。

经历了筋疲力尽的夜晚和惊心动魄的早晨，米尔恩湾迎来了一个平静的白天，但这并不意味着日军放弃战斗。他们在米尔恩湾的基本战术就是白天休息，晚上作战，不仅能发挥日军长于夜战的优势，而且令盟军在战斗中很难弄清他们的真实兵力。

28日上午，P-40战斗机回到米尔恩湾。克劳斯将军再度对阵地进行了调整。早晨，随着形势的变化，菲尔德准将决定将休整后的61营再次调往前线，但运输车辆短缺，雨仍下个不停，路况极为糟糕，61营调动的速度简直慢得像蜗牛。好在日军白天没有任何动作，61营终于在傍晚完成这次行军，来到3号机场西北角布防。机场东南角的25营

■米尔恩湾机场和基利基利码头俯瞰。

将阵地转移到南面，维胡利亚溪右岸和海岸左侧地区。横跨小溪的阵地由25营一部、澳军机场地勤人员和美军一部组成的混合连把守。三支部队一同组成了防御3号机场地区的纵深阵地。

2/10营的大约1个连的兵力，由马特森上尉重整后，现在负责守卫第7旅旅部，该营其他单位重整后，在61营阵地西北约2英里地区布防。2/9营的位置不变，2/12营从瓦伊加尼移驻米尔恩部队司令部西面，准备随18旅旅部在北岸一起行动。第9营的一个连守卫基利基利码头地区，其他部队原地不动。

布里斯班的战区司令部一直在密切关注米尔恩湾。8月26日下午，米尔恩湾的战斗刚打响，麦克阿瑟将军就命令布莱梅将军敦促当地守军将日军立即逐出海湾北岸地区。由于通讯故障，新几内亚部队直到27日晚上才收到战区司令部26日的命令，米尔恩湾的克劳斯将军更是直到28日早晨才了解战区司令部的意图。

新几内亚部队司令罗威尔中将还没机会去米尔恩湾了解情况，但他如实向布莱梅将军反映了克劳斯的困难：

可以肯定，敌人拥有海军优势，能任意在海上调动这一点困扰着克劳斯。他必须保留相当一部分兵力，防备（日军）在海湾南岸的登陆企图。当地车辆短缺，要从某一侧翼阵地调动兵力非常困难，分散兵力在相当程度上是无法避免的。

28日，麦克阿瑟告诉布莱梅，他对米尔恩湾传递的信息量，还有克劳斯取得的进展都无法满意。战区参谋长萨瑟兰少将在给布莱梅的信中这样写道：

最高司令请你指示克劳斯少将立即毫不拖延地肃清米尔恩湾北岸（的日军）。同时你应当要求他在29日上午8点向战区司令部提交一份关于他的军事行动，以及该地区敌军兵力的报告。请进一步要求克劳斯将军提出关于敌军船舶会第二次进入米尔恩湾可能性的具体看法。

同一天，正在战区总司令部的澳军副总参谋长乔治·瓦西少将写给罗威尔中将一封私信。他在信中直言，罗威尔和克劳斯向战区司令部提供的米尔恩湾战况情报不足，使澳军总参谋部和美国人交涉时处境尴尬。战区司令部根据他们得到的零星情报，认为米尔恩部队的澳军作战不积极。总参谋部认为战区司令部了解的情况说明不了什么问题，然而新几内亚方面无法拿出更多证据证明澳军积极作战的条件下，无法反驳战区司令部根据道听途说产生的成见。

就在瓦西写信前两分钟，萨瑟兰刚打电话询问他手中是否有克劳斯关于在米尔恩湾发动进攻的报告。瓦西只能硬着头皮回答没有。萨瑟兰随后强调麦克阿瑟非常关注米尔恩部队为什么至今为止都作战消极。瓦西只能说并非消极，而是缺乏相关情报。战区司令部对战区成立后的第一场战十分关注，所有人都神经紧张，想方设法在收集一切相关信息。麦克阿瑟已决心在新几内亚与日军战斗到底。26日傍晚，战区司令部和澳军总参谋部通过协商，计划派澳军25旅去米尔恩湾助战。当时25旅正在等待船舶到位。瓦西从萨瑟兰早晨说话的语气当中，已经看出麦克阿瑟等人对澳军产生了不好的印象，因此他敦促罗威尔和克劳斯尽可能快地纠正美国人的偏见。

同一天，瓦西又写了另一封亲笔信给罗威尔，在信中他对战区司令部的指责更加严厉和露骨。他指出先前的信中漏提了布莱梅将军。瓦西将前一封写给罗威尔信件的副本交给了布莱梅，他个人认为战区司令部的主要政策已经出现偏差。现在的问题归根结底是陆军指挥权的问题，究竟是麦克阿瑟还是地面部队司令布莱梅在指挥战区陆军。这个问题越早解决越好。随后瓦西提出自己对调25旅去米尔恩湾的观点。在他看来，25旅调动不仅草率，而且为时已晚。说草率是因为没人知道增调这整整一旅人是否必要，而澳军肯定会继续坚持克劳斯的部队会很快肃清米尔恩湾。说时间太晚，是因为如果克劳斯守不住米尔恩湾，那25旅到达之前，事情就很可能发生了。如果日军很快就发动进攻，而且出现盟军预计的最坏结果，调兵计划就必须改变，瓦西用相当粗俗的字眼称调动25旅根本就是个毫无价值的计划（原文为“bum plan”，直译应为“屁股计划”）。他本人在和战区司令部协商时，坚持要求调动充足的军舰为25旅护航，而且25旅必须集中在米尔恩湾或莫尔兹比一个地方登陆（但他此前并没有说战区司令部要让25旅分兵进驻两地），他建议最好在米尔恩湾南岸登陆。而战区司令部只知道唠叨“我们要和日本鬼子战斗”。

瓦西在第二封信中尽情发泄了他对美国人的不满，他提到自己正在等待克劳斯昨天作战的结果。他非常希望去那些杂种（澳军战史资料特地将原文“bastards”中间的字母略去，应指战区司令部的美国军官）面前说“我告诉你们，我们已经杀了很多该死的日本人”。随后他直接抱怨麦克阿瑟犯了错误，而错误之一就是把所有海军舰队都派去

■有澳大利亚“血胆将军”之称的艾伦·瓦西将军。

所罗门群岛后，还指望华盛顿能及时把他们再送回来。最后他难以抑制地抱怨："这真是一场神经病式的战争，为什么不把真相告诉我们的人（澳大利亚公众）？"

澳大利亚学者D.M.霍纳在《指挥危机》一书中大量援引了瓦西的信件原文，包括被官方战史有意略去若干字母的粗俗字眼都如实引用。霍纳在书中彻底否定了麦克阿瑟的战略指导思想，认为他在米尔恩湾和欧文·斯坦利山脉阻击日军的战略必须得到足够的海空力量支援，而如火如荼的瓜岛战役迫使盟军将西南太平洋战区的海军都调往所罗门群岛，新几内亚的澳军根本得不到海军支持，完全陷入被动局面。

霍纳支持同胞的心情可以理解，麦克阿瑟和他的参谋们在不了解前线实际困难的情况下，刁难罗威尔和克劳斯等澳军将领也是事实，但以此否定麦克阿瑟的整个战略思想却过于片面。首先，麦克阿瑟强调守澳洲必守新几内亚，将西南太平洋战区的前沿阵地设定在新几内亚岛，比澳军总参谋部原先将全部澳军龟缩防御本土要地的战略积极得多，使澳大利亚本土最大程度免于战火侵袭，这是铁一般的事实。其次，日军在西南太平洋战场的海军力量虽然占优，但同样由于瓜岛战役的牵制，地面部队兵力却处于劣势，而澳军在地面部队人数占优的情况下，在米尔恩湾打得非常被动，战地指挥官难辞其咎。克劳斯战术保守，应变迟缓，罗威尔的情报工作消极被动，都不是美国人造成的。最后，霍纳本人对后来麦克阿瑟主导的新几内亚反攻战大加赞赏，却忽略了这正是麦克阿瑟坚持守澳洲必守新几内亚的最终结果，更忽略了巴布亚战役对锤炼澳军和美军

地图十五　8月28日18点澳军部署

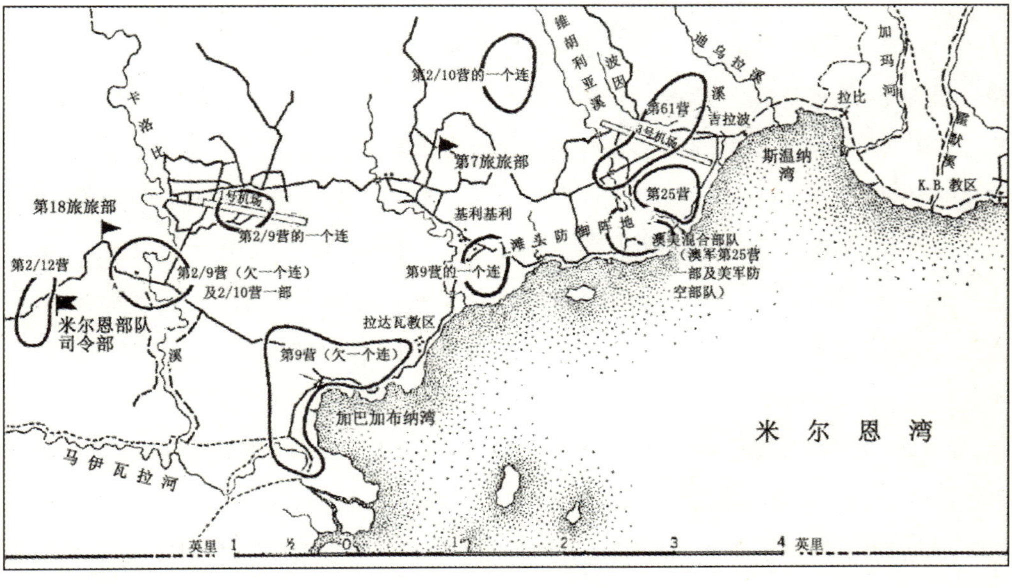

实战能力的意义。

美国和澳大利亚人合作之中出现龃龉在所难免，美军对矛盾的产生也负有不可推卸的责任。麦克阿瑟和他的参谋们大多缺乏战争经验，尤其缺乏丛林战的相关战术知识；几乎完全不了解巴布亚的地理条件，前线的澳军也没能及时提供相关信息，因此战区司令部对米尔恩湾部队的评价显得过于挑剔。

在澳军看来，美国人只关心敌军伤亡人数的详细报告，而这些对实战毫无用处。事实上克劳斯既没有客观条件，也缺乏主观意愿提供米尔恩湾之战的完整情报；澳军在夜战中很难看到日军的真实情况；他们也不知道日军的船只夜间何时进入港湾，具体在做些什么；他们没有地图，通信设备状态不理想，很难保持联系。各营营部缺乏独立指挥经验和处理丛林战复杂状况的经验，信息汇报不及时，对下属单位提供的情报也缺乏核实手段，菲尔德准将和克劳斯少将能从第一线得到的情报也就少之又少。战区司令部通常只能从航空队得到未经地面部队证实的情报，基于这种传闻得出的结论，往往与实情偏差较大，克劳斯发回的例行报告又时常滞后，这才导致美澳双方的分歧公开化。

美澳高级指挥员之间出现了对立情绪，而克劳斯却依然无法了解日军的意图，指挥束手束脚。他始终坚持只把一半部队投入战斗，在日军可能在其他地方登陆的情况下，必须保留一支足够的预备兵力应对非常。不过平安度过28日以后，克劳斯就准备采取更积极的行动，派菲尔德旅在29日黎明时分，再度进入K.B.教区，发动进攻。但后来有迹象表明，日军可能会在28日到29日夜间，对3号机场发动更大规模的进攻。慎重的克劳斯决定取消预定攻势，然而那一晚3号机场一直十分平静。

首挫日军

自从米尔恩湾的战斗打响之后，澳军一路败退到3号机场，但日军的损失也不小。8月27日下午，第8舰队司令三川中将接到林中佐关于前一晚的进攻未果的战报后，就已经决定派兵增援。

这支援兵由吴镇守府第3特别陆战队司令矢野稔中佐的568人和吉冈文治中尉指挥的横须贺第5特别陆战队的200名士兵组成，由矢野中佐统一指挥。因为缺乏运输舰，矢野部队便乘坐“岚”号等3艘驱逐舰和3艘巡逻艇，由第18战队的“天龙”号巡洋舰和第17驱逐战队的2艘驱逐舰护航，于28日15点30分离开拉包尔，前往米尔恩湾。

29日上午，第7旅的个别小股部队采取了一些零星侦察活动，最大的收获是发现曾令澳军十分头痛的两辆日军坦克都陷入加玛河以西的稀松道路，无计可施的日军已将它们遗弃。得知日军失去坦克，克劳斯命令18旅准备沿海湾北岸向K.B.教区运动，随后彻底扫荡整个东角半岛。16点33分，一架盟军飞机报告，1艘巡洋舰和9艘驱逐舰（将3艘

■日军丢弃的2辆报废的“九五”式轻型坦克。

巡逻艇误报为4艘驱逐舰）组成的一支新日军运输舰队正在驶向米尔恩湾。克劳斯又紧张起来，唯恐这支日军会像他一直担心的那样，在海湾西岸或南岸登陆，赶紧取消先前给第18旅的命令，保留了自己手中的这支机动兵力。

29日午夜前后，日军舰炮再度在海湾鸣响，尽管没造成任何伤亡，却考验着米尔恩部队全体将士的神经。

20点40分，矢野部队在拉比东面约4英里的海岸开始登陆，23点30分即全部上岸。矢野部队很快就和林部队会合。林中佐计划暂时让部队采取守势，但最后同意配合矢野中佐在第二天发动一次夜袭。

8月30日，天色刚刚放亮，米尔恩湾一片寂静。米尔恩部队派出巡逻侦察部队搜索敌踪，为已经长时间推迟的主攻进行准备。隐藏在丛林里的日军也正在厉兵秣马，准备再度攻打3号机场。短暂的平静背后，酝酿着规模空前的战斗。

奉命执行大范围侦察任务的又是不知疲倦的比克斯上尉，还有他同样不知疲倦的心腹罗宾逊中尉。9点30分，这两人带着其他四人，包括曾差一点被日军杀死的莱德利中士，一同出发。坎贝尔上尉带着另一支巡逻队跟随。

比克斯巡逻队一路上经常看到道路旁的死尸和日军丢弃的破烂装备，不久便通过那两辆被丢弃的破坦克，摸索到加玛河畔的一所日军医院。在那里，澳军士兵发现了日军残杀伤残同伴的证据。几具日军尸体被排成整齐的一排，他们腿上都绑着绷带，有一人头部还有伤，而在他们心口附近都有最新的枪伤痕迹。

比克斯带领巡逻队继续向前，越过加玛河，来到莫蒂尤据点，一直都没有发现活着的敌人。在莫蒂尤，他们找到第一个被害的土著人。他的双手被电线反绑到背后，明显是被鬼子俘虏后遇害的。鬼子不但对他开了枪，而且还用刺刀捅了几下。中午前后，他们到达K.B.教区，发现不少2/10营战死官兵的尸体和敌人的尸体，另外还找到2名2/5炮兵团前线观察员和一些61营战士的尸体。61营的阵亡官兵可能是B连或者D连的士兵，都只穿着短裤，面目已经无法辨认。日本兵像对待土著人一样，将他们的双手反绑在背后，用子弹打断了他们的双臂，最后用刺刀将他们捅死。比克斯等人满怀悲愤地继续向前走，到达1排先前的宿营地。澳军发现三个鬼子正在走向一间营房，比克斯和罗宾逊毫不犹豫地对40码外的鬼子开了枪，当场放倒两个，但让第三个夺路逃走了。

这一天，麦克阿瑟依然关注米尔恩湾的战局，在他发给华盛顿的电文中，焦虑之情跃然纸上：

……这是我指挥的澳军经历的第一次考验。澳大利亚人认为他们的指挥官是优秀的，澳军第7师的官兵一半水准良好，另一半水准是出色的。日军已经登陆的兵力有多少还不清楚，但根据我的判断，他们的兵力大大少于澳军在米尔恩的部队。除非日军增援部队大举登陆，在（澳军）一流指挥官领导下的优秀部队应该能令局势变得乐观，但根据过去的报告，我无法相信澳军的战斗力，也难以预料结果。

同一天，澳军将领在信件中再次表达了和麦克阿瑟不同的观点。罗威尔在给瓦西的信中写道：

对250英里以外的战地指挥官提出批评很容易，但也很危险。很遗憾我还没有去过米尔恩湾……因此我没有第一手的资料……但必须强调的是，（当地）兵力的调动和集中都十分困难。我们无力击沉日军的船舶，而且缺乏海军支援，这必然会让克劳斯更担心日军将来可能的登陆行动。他第一次使用61营发动的进攻已经停止，当他用2/10营替换61营时，2/10营必须减少装备，轻装上阵，才能前往指定区域。尽管我命令西里尔在8月28日傍晚投入全部兵力，但我相信，在米尔恩湾的那种条件下，无论怎么做都只能出动一支小规模部队。当然，如果他真能集中兵力向东发动攻势，确实可以取得一些优势。

我很遗憾战区司令部会觉得澳军难堪大用。在某些方面这确实是事实，但我更希望张伯伦将军和他的同僚能够去战地看一看，进行实地考察，而不是坐在后方任意批评。

有一点很明显，（米尔恩湾的）日军是最高级别的作战部队，而2/10营的水平也远高于一般水准。

无论美澳高级指挥官之间有多少分歧，他们都必须仰仗第一线的指战员。比克斯的巡逻队尽可能搜索到K.B.教区，但这一带的日军并没有被完全肃清，日军也没有放弃继续进攻的意图。31日凌晨3点，沉重的炮声打破了黑暗的寂静。澳军立即发射照明弹，确定方位。这一次日军矢野部队分成若干冲锋组，向3号机场最靠海岸的东部边缘发动了潮水般的攻势。

菲尔德将军早已作好应战准备，为确保万无一失，他特地将美军709防空连的12.7毫米机枪在机场东西两端重新分配。美军第43工兵团D连和F连的12.7毫米机枪和37毫米反坦克炮仍在防线中央就位，保护25营和61营步兵和迫击炮手的两翼。25磅重炮在主防御阵地背后约800米提供远程炮火支援。

面对成千上百的日军冲锋，前沿阵地的步兵火速联络炮兵，炮兵在接到报告的第一时间就打响炮火，在日军冲锋队形之间炸开了花。

“开炮！”前沿阵地的迫击炮指挥官阿科尔曼中尉命令迫击炮手。

“长官，夜间不容易瞄准。”炮手有些担心地说道。

“我知道。鬼子采取密集队形冲锋，很容易打中，你们只管向前方传来喊声的地方开火。”阿科尔曼十分自信。

失去坦克的日军攻坚战术单调呆板之极，采用多个密集冲锋队形，轮番进攻机场，当他们冲过开阔地时，很容易成为守军炮火捕捉的目标。为了激励自己，日军的喊杀声还非常大，等于给守军炮兵提供了另一个索敌信号。日军连续发动了三次冲锋，都在被炮火彻底撕裂之前被迫撤退，伤亡惨重，指挥官矢野中佐将部队撤到波因溪阵地重新整编，他自忖难以突破盟军严防死守的机场东南角防线，决定改从机场西北角迂回突破澳军防线。

日军避开机场，一路推进到机场西北角以北约200码的斯蒂芬山岭，攻打孤立的梅尔德鲁姆61营。如果日军一开始就采取迂回战术，也许能够收到一定成效，但是在攻打机场受挫后，兵力已被严重削弱，士气更是低落，而梅尔德鲁姆中校早已有备。61营一部扼守斯蒂芬山岭高地，凭借地势完全控制住机场西北角和周边道路，正面防线则由战斗力最强的罗宾逊排负责。日军向罗宾逊排正面进攻时，遭到澳军十字火力阻击，再度受挫。

日军总指挥矢野中佐不甘就此罢休，在天亮前组织了一次最大规模的冲锋，但并没有改变失败的命运。8月31日的黎明终于到来，厮杀一夜的盟军士兵可以松一口气了。日军丢下了160具尸体，黯然结束了这次战斗。

黎明前，暂时平静的阵地上响起了刺

耳的日军军号。澳军赶紧打起精神，准备迎接新一轮攻势。然而天亮后，一切都异常平静，除了偶尔响起的零星狙击枪声，就只能听见机场周围日军伤员的呻吟和哭泣声。大约早上8点，手枪射击的声音盖住了其他声响，伴随手枪声的是一声声短促的痛苦哀嚎。渐渐地，一切都平静下来，连日军伤兵的呻吟和哭泣声都听不见了。“上帝啊！”比克斯和罗宾逊不由打了个冷战，根据他们推断，日军很可能已经射杀了许多自己的伤兵。

8月31日白天，连续进攻3号机场的日军意识到盟军兵力强大，以现有力量根本无法撼动，只得全面撤退。

米尔恩湾的攻防态势这一天全面逆转。昨天夜间，克劳斯少将终于下决心出动澳军第18旅主力。18旅旅长伍滕准将以A.S.W.阿诺德中校的第2/12营为前锋，向3号机场方向运动，准备对日军展开反攻。阿诺德营踩着齐膝深的烂泥，连夜赶路。31日9点左右，R.G.斯文上尉带领阿诺德营的尖刀连率先通过3号机场前沿阵地，继续沿海湾北岸向K.B.教区挺进。稍后，阿诺德的营部，E.M.C.斯特迪中尉的营突击排和其他各连也先后跟上。

■澳军18旅旅长乔治·伍滕准将。

斯文连刚刚通过机场，就遇上了日军断后部队。连长斯文上尉当场负伤，C.H.V.艾维上尉代理连长职责。艾维率部继续推进，阿诺德营长和其他各连先消灭艾维连背后的日军，然后才能跟随他们继续前进。隐藏在树上的日军狙击手不好对付，更危险的是那些趴在死人堆里，内心陷入绝望的日军士兵会突然跳起来向澳军背后开火。阿诺德营行军时经常能看见道路附近有日军活动，通常日本兵都不会离开道路80码以外。他们会3到14人一组，隐藏在道路拐角附近的灌木丛里，伏击澳军。根据先前的教训，澳军只有确定将路上遇到的日军杀死后，才会继续向前走，免得背后挨黑枪。为了不影响行军速度，阿诺德营的战士们都就地锻炼出最快的反应速度确认日军是否已变成尸体。

由于道路难行和日军的伏击，阿诺德营只能缓缓推进。尖刀连13点前后才到达加玛河畔。16点整，阿诺德向上级报告，他本人已到达加玛河，这一天他的营估计消灭了70个日军，自身阵亡1名军官，斯文上尉和其

地图十六 8月31日澳军部署

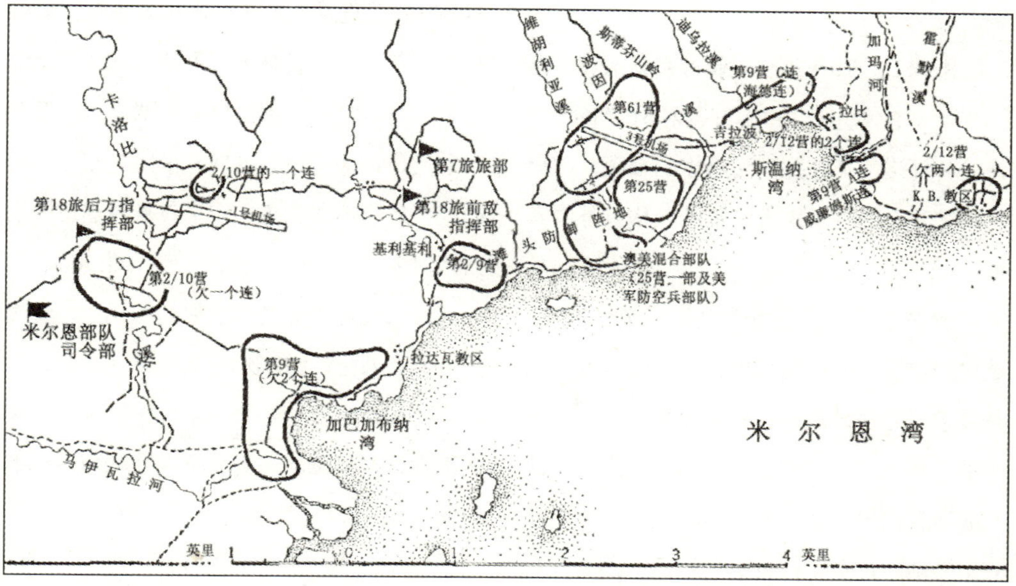

他9人负伤。

17点整，阿诺德的营部已经在K.B.教区设立了指挥所。艾维连刚在这里和日军进行了一场刺刀见红的战斗，毙伤大约60名敌人。A.G.萨泽斯上尉指挥的另一个连一直紧跟在营部后方，他们从加玛河去K.B.教区的路上看到了令人不寒而栗的一幕幕景象。

萨泽斯路上不仅遇到日军轻机枪阻击，还不止一次遇到从死尸堆里爬出来开枪的日军伤兵。在K.B.教区西面的国王角，萨泽斯连首次亲眼目睹日军暴行的遗迹——一名土著男孩被日军虐杀后残忍肢解，他被用电线捆绑，肛门被刺刀捅穿，头部被火焰喷射器烧毁了一半。在他身旁是另一位被害的土著妇女，手脚被电线吊了起来，左乳被日军割去。这两个土著居民大致已遇害6个小时。当地还有两名遇害的澳军士兵，一人的双手不仅被电线绑住，还被一把血淋淋的刺刀钉了个对穿。另一人被绑在树上，双手被绑在前面，刺刀刺穿了他的双臂和腹部。

当晚，萨泽斯连和艾维连，以及营长在K.B.教区会合，其他各连留在加玛河宿营。留在加玛河的是柯克连，盖特古德连和鲍彻尔上尉率领的营部直属连一部。他们当晚得到第9营的2个连增援。9营最先到加玛河的是海德连，他们的任务是控制拉比附近的道路，并截断北方进入该地区的通道。随后赶到的威廉姆斯连负责拉比和K.B.教区之间的道路。

夜幕降临之际，日军发动了最后的凶猛反扑。大约300名日军突然从山谷中的密林走出，扑向沿岸通道，海德连首当其冲。经过大约2小时的残酷战斗，日军丢下大约90具尸体，终于向东逃窜。夜间，威廉姆斯连继续追击，再度对这股日军造成不小的损害。

9月1日，18旅旅长伍滕准将请示克劳斯少将后，让菲尔德第7旅25营和61营各一个连接替阿诺德营在加玛河沿岸的部队。随后阿诺德营全员在K.B.教区集结，构筑外围阵地。

澳军巡逻队已经推进到K.B.教区以东1英里的位置。天气明显好转，憋闷多日的航空兵求战心切，战斗机升空助战，但飞行员并不了解前沿阵地的敌我位置。阿诺德为此在战地日记里挖苦："我们的飞机不但扫射敌军阵地，连自己人也不放过。"白天日军只能被动挨打，一到晚上又活跃起来。日军的战斗小组对澳军外围阵地的夜袭让澳军十分头疼，澳军在夜战中人员损失不小。

9月1日晚上的能见度极低，吉姆·霍塞尔的一个巡逻队从K.B.教区出发不久，就和日军不期而遇。黑暗中，霍塞尔感觉有个人把手甩到他脸上，不由出声咒骂，但他听到回应竟是日语……双方展开了短兵相接的遭遇战，澳军不敢恋战，霍塞尔带领巡逻队退到相对安全的地带，清点人数，发现少了3人，第二天在路上发现了他们的尸体。夜里伸手不见五指，霍塞尔巡逻队差点迷路，当他们路经D连和A连一个排的阵地时，还浑然不觉，直到霍塞尔听见有人在轻声讲标准的澳式英语，才终于肯定已经进入友军阵地。

当天，澳军第2/12营全部进驻K.B.教区。克劳斯司令官命令伍滕准将让C.J.科明斯中校的2/9营在2/12营控制区一带登陆，

■米尔恩湾海滩上被盟军飞机炸毁的日军驳船和滩头仓库。

试图继续增强一线兵力。晚间9点，克劳斯接到麦克阿瑟将军的电文，指示他“预计进攻米尔恩机场的日军地面部队能从港湾的驱逐舰得到火力支援。（现在）坚守现有阵地（即可）。”这份电报直接导致各部队整晚待命，克劳斯只得告诉伍滕，他认为2/9营第二天无法在港湾北岸采取行动。

9月2日，2/12营的柯克连、盖特古德连和鲍彻尔连继续向前推进，斯特迪中尉的突击排在前方和日军发生几次交火，他们将日军从几个小型阵地中驱赶出去，共击毙了9个日本兵。当天夜里，柯克连和盖特古德连已经推进到K.B.教区以东的第4个浅滩，鲍彻尔连位于他们后方，营部和其他连队留守K.B.教区。科明斯中校的2/9营在基利基利耽搁了一个晚上，克劳斯少将让伍滕准将用两艘小船先将科明斯营的两个连运往K.B.教区。当天下午，科明斯的两个前锋连和2/12营营部顺利会合。

9月3日上午，斯特迪突击排和柯克连一起行动，继续沿海岸推进。他们在第4浅滩前方800码，埃尔瓦拉溪谷以西的一条小溪附近，发现了日军的防御阵地。日军察觉澳军逼近，立即开枪，双方就地展开交火。澳军一共消灭了大约20名日军，但自己的伤亡也不小。

2/9营的两个连很快赶到前线支援。A.马歇尔上尉的一个连充当2/9营的前锋，A.J.安德森上尉的一个连打第二阵。马歇尔上尉观察阵地后发现，日军阵地从海岸一直向北延伸到150码外的灌木丛附近，控制住整条通道。日军的一挺机枪和20毫米口径火炮控制了主要通路，火力很强，看上去似乎是一个为延缓澳军攻势，精心构置的防御阵地。

日军在连日战斗中减员严重，除了面对澳军日益增加的压力外，饥饿、热带病、战壕足、丛林腐都在折磨日军士兵，他们的战斗意志在严酷的现实面前终于开始瓦解。在战斗中，林中佐阵亡，负伤的总指挥矢野中佐意识到已无法继续组织进攻，终于向第8舰队司令部建议撤退。三川中将电告矢野，他决定让安田义达大佐指挥的横须贺第5特别陆战队一部130名官兵立即赶去增援。

9月2日16点50分，三川中将收到矢野发出的最后一份电文：“我们已经陷入最为糟糕的境地，但会一同坚守阵地，直到最后。我们祈求帝国的最终胜利，所有帝国军人武运长久！”

第18战队司令松山少将也认为再加派100多名陆战队员根本无济于事，但三川中将不甘失败，在和17军司令部商议后，试图让8月31日抵达拉包尔的陆军青叶支队先头部队一个大队增援米尔恩湾。青叶支队的战斗力很强，三川认为，只要矢野能坚持到青叶支队赶到，米尔恩湾的战局依然会有转机。如果矢野能守住现有阵地，青叶支队将会在9月12日赶到米尔恩湾。

松山向矢野转达了三川的命令，让他在丛林里建立一个安全的阵地，9月12日强援一定会到。考虑到部队伤亡很大，松山决定9月5日傍晚率“天龙”号巡洋舰和2艘巡逻艇去拉比港口，带回陆战队的伤亡人员。

矢野的陆战队即使不为完成上级继续坚守的命令，也要为争取更多撤离的机会，继续硬撑下去。矢野挑选精锐部队殿后，就在埃尔瓦拉溪谷西面的小溪附近建立阵地，延缓澳军的追击步伐。

马歇尔上尉意识到正面进攻这个日军阵地很难奏效，于是采取两翼包抄战术。10点整，C.H.福格中尉的一个排和R.A.海隆中尉的一个排，60名官兵分头从道路左右两侧迂回进攻。仅过了3分钟，先后有34名官兵中弹倒下。小溪水深足有2英尺，澳军在进行最后30码冲锋时，必须涉水过溪，影响了推进速度，被日军火力逮个正着。福格中尉过溪时头部中弹，当先阵亡。福格排的C. W.莱德二等兵以为排长还有救，不顾日军弹雨，将福格从水中拉了出来，他的右臂被一颗子弹射穿。冲在全排最前方的海隆中尉也负了伤，他部下中士以上士官和不少士兵都被日军子弹射中。J.戈登下士接过全排的指挥权，带领士兵们冲过小溪，和东岸的日军展开近战。日军凭借岸边的树木掩护。戈登一马当先，连续用冲锋枪放倒了几个从树后冒头的日本兵，正当他情绪亢奋，心跳急剧加速之际，一位同伴惊呼：“小心！”戈登定睛一看，5码外的一个日军士兵正斜靠着树木，拉动枪栓。他条件反射式地扣动了扳机，抢在那个日本兵之前，打爆了他的头颅。这次战斗中，戈登一共击毙了6个敌人。

激战中，约翰·波尔下士和B.E.艾伦下士与连主力失散。澳军打扫战场时，在东岸25码，日军机枪阵地右翼发现了波尔的尸体。他在越过小溪后，一口气冲进日军机枪阵地，以至于同伴们都没看见他战死的情景。根据尸体的状况判断，波尔向日军阵地投掷了反坦克炸弹，由于距离太近，在爆炸中与日本人同归于尽。艾伦下士就倒在日军的枪口下，他很可能是为了让波尔争取投掷炸弹的时间，舍身吸引日军火力，最后壮烈牺牲。

这个时候，R.C.胡贝尔上尉率2/9营的第三个连赶到前线。他率部从马歇尔连左翼的斜坡前进，迂回到日军阵地后方。日军见势头不妙，断然放弃阵地后撤。胡贝尔连击毙了1名敌人，但没来得及布置好阵地，让其他人都逃走了。伤亡较大的马歇尔连留下原地休整，胡贝尔和安德森的两个连继续前进了800多米，到达桑德森湾，在当地构筑环形阵地过夜。2/9营余部就在两个前锋连后方组织了另一个环形阵地。

9月3日夜间，日军第4驱逐战队的2艘驱逐舰进入拉比港，向北岸开炮，但没造成澳军人员伤亡，他们的目的也不在于杀伤澳军。日军驱逐舰成功找到地面部队，带走了一批伤员，其中包括矢野中佐本人。根据接替矢野职务的吴镇守府第3特别陆战队副官的报告，两位特别陆战队的中佐司令官一死一重伤，所有军官都只剩下三分之一，士官和士兵大约还剩560人，其中仅200人还具备战斗力。如果要完成三川司令部署的任务，安田大佐的部队必须尽快到达，才有希望。

接到报告的第8舰队司令部成员产生了分歧，有人主张现阶段就将所有部队撤出。但第17军司令部依然坚持不能放弃拉比的桥头堡。

9月4日，按照2/9营长科明斯中校的计划，胡贝尔率本连沿公路推进到海岸的一处开阔地，然后向左翼迂回，搜索当地的灌木丛，同时保护E.J.F.皮克少校一个连的侧翼。皮克连越过道路继续追击日军，推进一个多小时后，胡贝尔连在格罗尼遭遇日军防御阵地。胡贝尔尝试从侧翼大范围迂回，但道路太难通行，只得撤退。就在撤退的时候，胡贝尔和D.C.J.斯科特中尉的一个排失去联系。科明斯得知情况，命令胡贝尔带领他还指挥的两个排向北移动600码，随后向东迂回到日军右后方。科明斯预计胡贝尔能在11点到11点30分之间发动进攻。但直到12点30分，他一直都没得到胡贝尔的任何消息。科明斯不能再耽搁，让安德森连顶上前线，计划让皮克和安德森的两个连对日军发动主攻。这个时候，斯科特排终于在道路北方出现，也加入皮克和安德森的行列。

就在2/9营发动主攻以前，胡贝尔率部回到营部。他的部队一度到达日军后方1到2英里的地区，在那里发现了日军的补给仓库，放火焚烧了日军的补给，随后从容撤回。

考虑到胡贝尔连主力刚刚经历长途往返行军，科明斯决定不让他们参与主攻，仍以皮克和安德森的两个连为进攻主力。步兵冲锋前，旅属野炮和营属迫击炮进行了炮火准备。15点15分，步兵开始发动进攻。皮克连跨过公路进攻，而安德森连要越过日军阵地前方的一条河，然后从日军右后方迂回包抄。

皮克连的进展比较顺利，安德森连就不太走运了。安德森连穿过20码宽，5英尺深的河水后，还得在高过头顶的茅草和灌木中摸索。就在他们摸到日军阵地时，J.帕特森中尉抢先开枪，打倒了两个鬼子，随后澳军士兵向日军主阵地发起冲锋。日军守卫严密，澳军的攻势很快被击退，安德森也受了伤。帕特森中尉和W.S.博尔顿准尉接管了全连的指挥权，R.德范蒂尔上士顶上帕特森留下的排长空缺。帕特森让全连后撤100多码重整，然后绕过灌木草丛边缘，来到地势较为开阔的地段，发动第二次进攻。这次他们仍被日军打退。连续两次击退澳军的日军信心倍增，冲出战壕追击，正好遇上澳军援兵赶到，双方展开了一场比刚才火力更为猛烈的遭遇战。

J.A.弗兰奇下士率领一个班赶来支援。帕特森中尉命令他带着他的人压制日军的一组机枪火力点。日军这组火力点一共有3挺机枪，打得澳军几乎抬不起头。

“去他妈的吧！”弗兰奇把心一横，命

令他的人火力掩护，带着手雷就冲了上去。在日军换弹的瞬间，手雷在空中划出一道漂亮的弧线，干掉了日军的第一挺机枪。弗兰奇毫不停顿，打响了手中的汤姆森冲锋枪，第二挺日军机枪来不及反应就哑了火。弗兰奇端着冲锋枪冲向第三挺机枪。同伴的心几乎都要跳出嗓子眼了。弗兰奇中弹了，但他并没有停下脚步。日军的最后一挺机枪也哑火了，同伴们一齐冲了上去。他们发现，日军这组火力点的全部机枪手和换弹手全被击毙，而弗兰奇就倒在日军的第三个机枪壕前，永远停止了呼吸。弗兰奇沉着冷静，不顾个人安危，不仅使全班免受重大伤亡，而且彻底拔掉了日军最顽固的机枪火力点。澳军组织的第三次攻势终于成功了。

这一天，R.B.艾伦下士带领的一个2/12营的巡逻队，在K.B.教区附近的灌木丛中，发现了前些天失踪的一架P-40战斗机，确认第76飞行中队长特恩伯尔已经阵亡。

■9月4日为消灭日军机枪火力点牺牲的弗伦奇下士，后来被追授澳大利亚“维多利亚十字勋章”。

9月4日夜间，日军第30驱逐战队再度从拉比带走了200多名伤病员。在战队司令官发回的报告中，特别提到目前米尔恩湾日军部队可战之兵已降低到不足50人，所有中队指挥官都已阵亡，小队长也仅剩3到4人而已，几乎所有重伤员都选择自戕。因伤无法走动的日军士兵，甚至就坐在前线战斗到最后时刻。他在报告的最后部分指出：“地面部队已经必须全部撤离。即便让安田的部队来增援，也丝毫没有希望（成功支持到青叶支队赶来）。”

9月5日7点10分，松山少将收到这份报告后，仅过了一小时，就向第8舰队司令部发电请求停止让安田大佐的增援部队前往米尔恩湾，而他将会在当天傍晚将那里的陆战队全部撤出。三川自知已无法挽回，在9点40分的回电中，默许松山的处置。

这一天，澳军2/9营营部出动多个巡逻队，去前线寻找部队。斯科特带领的一个巡逻队在灌木丛中找到了负伤的帕特森，他已经在那里躺了整整一夜。

澳军继续向瓦加瓦加追击日军。9点15分，科明斯下令营主力和增援部队一同继续前进。阿诺德中校的第2/12营接管了胡贝尔连的阵地。E.巴恩斯上尉接替胡贝尔的指挥权，率全连和皮克连一同越过公路，继续前进，马歇尔连顺利占领瓦加瓦加。11点20

分，巴恩斯连推进到瓦加瓦加前方800米的一条小溪附近，和日军遭遇。

巴恩斯连的D.J.麦克唐纳中尉排首先渡过小溪，继续前进。在小溪东岸前进80码后，发现自己一头扎进了敌军阵地。日军毫不迟疑，大约80人第一时间就发动了进攻。第一波遭遇战虽然仅持续了大约5分钟，但双方的弹药消耗量惊人。麦克唐纳左翼的D.J.罗伯斯排和右翼的斯科特排都和日军发生了战斗。由于敌情不明，澳军纷纷被躲在暗处的日军放倒。上级得知战况，命令他们后撤400码重整。麦克唐纳排4死15伤，全排只有11人还能继续战斗。斯科特排自排长以下7人负伤。

科明斯中校将休整后的马歇尔连再度派上前线，计划让马歇尔和巴恩斯的两个连下午继续进攻，皮克连进行侧翼大范围迂回，包抄日军右后方。皇家澳大利亚空军的战斗机在14点30分以前，轰炸和扫射了日军阵地。随后澳军的野炮和迫击炮进行了40分钟火力准备。15点10分，2/9营的进攻开始了，但他们的敌人已经先一步撤走了。

当晚，澳军前沿阵地非常平静。所有迹象表明，米尔恩湾北岸的日军已经全面溃退，但克劳斯将军的烦恼并没有结束。21点，布莱梅将军来电告知，根据情报显示，日军当晚会派遣一支小规模部队在米尔恩湾登陆，而日军援兵主力将会在12日抵达，兵力可能会达数千。克劳斯心急如焚，如果日军大举增援，已经十分疲惫的米尔恩湾澳军将穷于应付。才过了一个多小时，克劳斯又接到电报，米尔恩湾日军余部会在今夜撤退，而到了10日，他将会得到2个营的援兵。

克劳斯被这两份前后矛盾的情报搞得摸不着头脑，不知如何是好。夜深了，前线的澳军清楚地听见日军船舶再度进入米尔恩湾的声音，登陆艇在船舶和海岸间往返忙碌。这本是澳军乘胜追击的好机会，但战地最高指挥官迟迟没下命令，前线部队不敢擅自出动。

9月5日夜间，松山少将已将日军地面部队全部运到船上，离开了泊地。日军全都上船后，米尔恩部队缺乏岸防炮和军舰，奈何不了他们，只能眼睁睁看着他们远去。参加米尔恩湾登陆战的1900多名日军官兵，先后约有1300人成功撤回拉包尔，但几乎所有生还者都罹患战壕足、丛林腐、热带溃疡和其他热带疾病。

9月6日，2/9营分头行动，各自为战。日军主力果然全部都已撤退，澳军很快就发现他们已进入原先日军设在格罗尼到利利霍亚之间的主基地。仓库和其他基地设施都已被破坏，澳军巡逻队一路赶到阿希奥马，都没有遇到阻碍。

夜间，日军发动了反击，但不是从陆地，而是从海上。22点左右，日本军舰再度进入港湾，它们的探照灯发现停留在基利基利海面的一艘盟军摩托艇和港湾里的一艘医务船。日军舰炮发泄似地向那艘可怜的摩托

■9月6日夜间在基利基利码头被日军舰炮击沉的“安顺”号摩托艇（左）和受伤的医务船（右）。

艇倾泻炮弹，这艘摩托艇很快就变成了一堆燃烧的废铁，缓缓沉入码头外的水底。医务船也遭到袭击，但经过损管人员紧急抢救，并没有发生火灾。日军探照灯很快发现澳军的前沿阵地，随后舰炮舍弃了医务船，借着探照灯光，向海岸附近的阵地开炮。这次澳军士兵没能像以前那么走运，阿诺德的2/12营2死，12伤，受到的影响最大。

次日，克劳斯少将根据他得到的关于日军的情报，决定将18旅主力陆续调回基利基利地区。他通知前线的阿诺德和科明斯，让他们尽快肃清残留日军，如果不能在短时间内扫荡干净，就尽快回基利基利。晚上，日本军舰再度进入港湾。临近午夜，日军舰炮的炮击一共持续了15分钟，绝大部分都落在基利基利码头和1号机场一带，澳军士兵再次蒙受了一定的人员损失。日军探照灯再度发现了澳军的医务船，但他们对它并没有兴趣，也没有炮轰。

9月8日，2/9营全部从海路回到基利基利。当天晚些时候，2/12营主力被留在K.B.教区，负责打扫战场。阿诺德的部下处理完日军留下的辎重和装备后，连夜出发，四处搜索日军残余。

从9月6日起，澳军就只遇到少数滞留的日军脱队士兵抵抗。到8日晚上，米尔恩湾北岸的日军有组织抵抗已全部结束。今后几周，当地还有日军的小股散兵游勇活动，对

■日军主力撤退后，在米尔恩湾巡逻扫荡的澳军士兵。

澳军巡逻队来说，要捕获这些凶悍的日军散兵并不轻松。

9月7日，2/12营萨泽斯连在K.B.教区就被2/9营的战友告知，当地东北方几公里外的利马蒂山谷有大约250名日军士兵埋伏。萨泽斯上尉率部赶到那里的时候，发现日军只留下了一支小部队。不过这支小部队相当顽强，而且还有两挺机枪。萨泽斯连人数占优，击毙了5名日军，其他日军见势不妙，各自分头逃走了。萨泽斯的一位排长K.R.布朗中尉不幸中弹身亡。同一天，艾维连的J.康顿下士遭到两名带着步枪的日军袭击。当时康顿手中只有一柄弯刀，他机敏地避过了日军的子弹，用原始的冷兵器将他们全部干掉。

2/9营返回基利基利以前，T.E.麦卡锡下士和3名同伴曾结伴去搜索日军残余。他们行动之前，没和其他人打招呼，离开没多久，营地的同伴突然听见附近响起了枪声，全体人员立刻严阵以待，以为日军又会发动新一波攻势。过了不久，麦卡锡小组的4个人才悠哉悠哉地回来报告，他们在搜索时，干掉了5个落单的日本鬼子。

2/9营和2/12营全部回到基利基利集合后，旅长伍滕准将计点人数，两个营合计伤亡约200人，其中2/9营大约30人阵亡，80

到90人负伤；2/12营一共35人阵亡，44人负伤。

12日之前，克劳斯一直都忙于重新部署兵力，迎击布莱梅告知的日军会发动的新一轮攻势。后来他才知道，日军取消了这项新的进攻计划。

日军在米尔恩湾的战斗中，合计阵亡600到700人。澳军合计伤亡373人，包括军官24人。其中共有12名军官和149名士兵阵亡或失踪。协同澳军第7旅守卫3号机场的美军防空和工兵部队仅1人阵亡，2人负伤；另有少数人员在日军空袭中损伤。

战斗结束几天后，第44特混舰队从所罗门群岛返航，西南太平洋战区终于拥有能够护卫米尔恩湾周边海域的水面舰队。米尔恩部队几乎同时得到2门155毫米重炮和探照灯

■战役结束以后的日军登陆点，只剩下满地狼藉和被摧毁的驳船和小船。

部队支援，防御体系趋于完善。

一度被战事打断的基地工程重新开始，进展迅速。工兵在当地修筑了大量条件更好的道路，设施良好的新码头取代了旧码头，1号机场进行了翻新，3号机场很快竣工。这样一来，盟军飞机首次能无须飞跃欧文·斯坦利山脉，轰炸拉包尔和北所罗门群岛的日军机场，而且布纳也在有效作战半径以内。

盟军在米尔恩湾的胜利，粉碎了百武中将两面夹攻莫尔兹比港的意图。但盟军在欧文·斯坦利山区，依然要面对南海支队的巨大威胁。

■澳军在米尔恩湾缴获的一艘日军驳船。

地图十七 日军进攻和撤退米尔恩湾路线

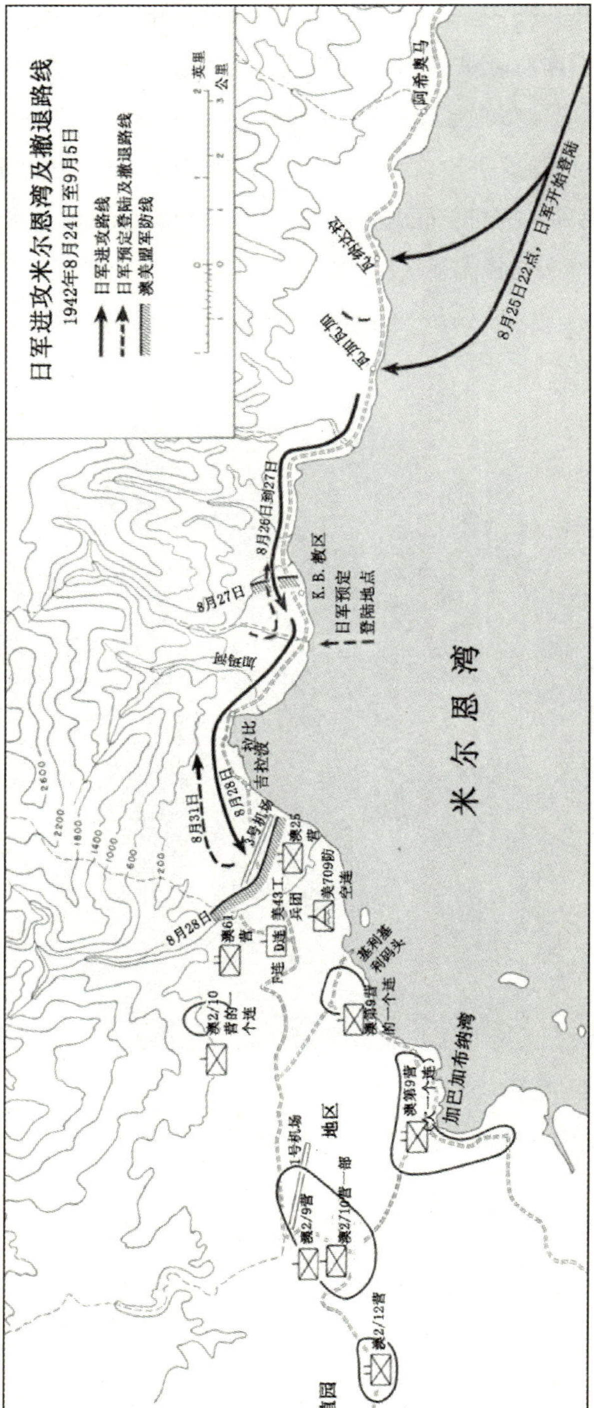

附表二 盟军米尔恩部队(地面部队)战斗序列

米尔恩部队	
司令官	西里尔・克劳斯少将
澳军第 7 旅	
旅长	约翰・菲尔德准将
第 9 营营长	H. D. 摩根中校
25 营营长	E. S. 米尔斯中校
61 营营长	A. 梅尔德鲁姆中校
澳军第 18 旅	
旅长	乔治・伍滕准将
2/9 营营长	C. J. 科明斯中校
2/10 营长	J. G. 多布斯
2/12 营长	A. S. W. 阿诺德中校
澳军炮兵部队	
101 反坦克团第 4 连	
第 24 野炮连	
第 6 重型高炮连	
第 9 轻型高炮连	
美军工兵及炮兵部队	
美军 46 工兵团 1 个连	
美军 43 工兵团 2 个连	
美军第 709 防空连	

附表三 日军米尔恩湾攻略部队一览

米尔恩湾攻略部队		
总指挥	林钲次郎中佐(1942 年 8 月 30 日由矢野稔中佐接替)	
番号	指挥官	兵力
吴镇守府第 5 特别陆战队	林钲次郎中佐	612 人
佐世保第 5 特别陆战队	藤川大尉(仅负责原驻布纳的 353 人)	550 人
海军第 16 先锋队		362 人
吴镇守府第 3 特别陆战队	矢野稔中佐	568 人
横须贺第 5 特别陆战队	吉冈文治中尉	200 人
合计	2292 人(藤川大尉部 353 人误入弗格森岛,被盟军航空队封锁,未能参与米尔恩湾的战斗。)	

第五章　艰难时刻

澳军前线的困境

米尔恩部队和日军陆战队苦战时，澳军在科科达通道正经历整场战役最为艰难的时期，日军南海支队则在困难中走向他们在战争中最辉煌的胜利。

新几内亚糟糕的地理条件同样困扰着澳军。8月初，澳军21旅就接到进驻莫尔兹比港的命令。8月8日，旅长波兹准将和H.B.查伦少校先行赶到莫尔兹比，进行先期准备。刚组建的新几内亚部队对21旅的到来准备不足，波兹和查伦只能依靠有限的人手，在4天时间里，尽量为21旅进驻创造一些条件。波兹很快接到命令，在他部下各营8月13日抵达港口后，就开赴伊迪奇地区。去伊迪奇的路还能行驶车辆，等过了伊罗罗，部队就只能步行通过崎岖的山路，前往遥远的科科达。

8月13日，战区参谋长萨瑟兰少将在工程处长凯西准将建议下，给新几内亚部队司令罗威尔中将写信提出："对通过欧文·斯坦利山脉的道路周边重点地区需要侦察，挑选一些可能通过的地点，准备用爆破的方式堵塞道路（防止日军通过），前方的必要地域应保证实施，同时需要在后方地区准备相应的设施。"

罗威尔不得不回复这种荒谬的建议："大量炸药需要土著民夫至少花费5天时间才能运到欧文·斯坦利山脉顶峰，这只会增加道路运输的困难。而山路的某些路段本来就需要双手和膝盖爬行通过，再使用成吨的炸药爆破，在给敌人的行动造成困难以前，会先使自己受困，对我军造成的困难会远大于给日军制造的麻烦！"

同一天，罗威尔命令30旅旅长波特准将翻过群山，去前线指挥马罗布拉部队。波特部下的53营已先行出发，去前线和39营会合。两天前，53营的先遣连已经离开伊罗罗，过了一天，第二个连也已出发，全营计划在20日抵达前线。澳军同时制定了相应的补给计划，准备每天让土著民夫从乌贝利运送4万磅物资去前线地区，道路沿线会建立大型弹药库。凯恩泽尔中尉会负责卡基前方所有土著民夫的组织工作。

在援兵和物资到位前，澳军再次更换一线指挥官。R.霍纳中校从西澳大利亚飞赴巴布亚，接替卡梅伦少校，出任第39营营长。霍纳曾是一名律师，还当过学校校长，在澳大利亚帝国军团服役时，是2/11营草创时期最初的连长之一，为人沉默寡言，貌不惊人，不爱出风头，但他在利比亚沙漠、希腊本土和克里特岛，证明了自己是一名高水准的指挥官，具备过人的胆识和勇气。8月16日，他赶到伊苏拉瓦，从卡梅伦手中接过指挥权。16日和17日，53营B连、C连先后抵达阿罗拉。霍纳知道波特旅长已在路上，决定按照旅长的意思，在他到达之前，先不让53营投入一线的战斗，同时继续让39营保持

■1942年8月16日，接任39营营长的霍纳中校。

和日军的接触，适时刺探敌情。霍纳将53营先期到达的2个连都留在阿罗拉，让他们和当地的巴布亚民兵一起，负责阿罗拉以东、科科达山路北部路段以西地区，以及阿罗拉和凯莱、米西马、那罗各地岔道口要地的巡逻任务。

霍纳认为，伊苏拉瓦是山路主干道的一个能阻滞日军前进的阵地。伊苏拉瓦前方和后方，爱奥拉溪流的许多小支流向东流入溪谷，形成天然屏障，而且不利于进攻方调动和集中兵力。当地覆盖着茂密的灌木丛，而在灌木丛之间的山路两旁，是平坦的开阔地。伊苏拉瓦村坐落在道路右侧的开阔地上，扼守通往爱奥拉溪谷的阿希加里的道路。左侧的长草地旁，是一片茂密的热带丛林。在溪流前方，通往德尼基的道路左边，是一片杂草丛生的园林，园林中有一条小径从主干道向西直达那罗山岭。如果日军试图沿主干道推进，必须强行通过澳军阵地；如果试图从侧翼包抄，向右要通过地形复杂的爱奥拉溪谷，向左得通过茂密的丛林。如果日军试图通过澳军阵地两翼比较容易通行的道路，必然会遭到澳军伏兵阻击。

经过连日激战，缺少粮食和弹药，连日遭受暴雨洗礼，睡眠不足的39营指战员正在抓紧时间休整。尽管日军还没有入侵伊苏拉瓦，39营的官兵们普遍身心疲惫，但他们依然勉力保持高度戒备，即使夜间也没有放松。相对来说，早晨雨停的时候，他们能在相对干燥的环境里，迎着初升的太阳睡个

觉。最难受的是埋伏在丛林里的梅里特连，茂密的树林里充满湿气，特别闷热，阳光也只能从树叶的空隙间漏下来，休息的时候感觉也一点都不好。

镇守阵地左翼高地的39营B连在过去三周的战斗中，先后失去两位连长。卡梅伦少校认为该连减员严重，已经难以维持一个建制连的战斗力，建议暂时将建制打散，把他们的残存战力分配给其他各连。霍纳考虑再三，还是将这个连安排在可能遭遇日军主攻的左翼高地。要让这个连完成即将到来的艰巨任务并不容易，首先需要一名得力的连长。霍纳让B.J.弗兰奇中尉接任连长，同时明确告诉他，他的人处于全营最危险的阵地，准备接受最严峻的考验。

前任营长欧文中校和其他战士的血没有白流。39营的澳军士兵们已经和横扫拉包尔的日军进行了短兵相接的战斗，知道他们虽然在丛林战中相当强悍，但并非不可战胜。他们首次参加实战，就能有效执行命令，在适当的条件下可以相互支援和配合，并且已经取得局部反攻作战的宝贵经验。先前失散的战友们陆续从德尼基和其他地方来到伊苏拉瓦归队。21日，上级传来消息，新部队到达后，会替换他们。一连串好消息的刺激，使39营的士气逐渐恢复。

过了几天，39营收到两个坏消息，日军援兵正源源不断地在他们前方集结，而后方的补给运输依然困难重重。霍纳中校意识到这个营从前线替换到后方还要经过相当长的时间，而他并没有再次向上级提出请求。霍纳做好了充分的思想准备，就像在希腊和北非一样，他必须带领大家坚守阵地，继续战斗，直到21旅的生力军能克服路途的困难，来到第一线增援为止。

15日，21旅旅长波兹准将首次得到前敌的情报，大约1500名日军已将澳军逼至欧文·斯坦利山脉一线；13日，日军的大约3000名援军，已在戈纳登陆；日军作战部队的准确数字，目前还不清楚，但意图显然是继续向莫尔兹比港推进，同时守住科科达山口，阻止盟军进犯布纳和戈纳的日军滩头阵地；澳军39营和巴布亚民兵已撤往伊苏拉瓦，53营余部正从山路赶赴前线，预计将会在20日抵达伊苏拉瓦一带。

波兹很快接到命令："21旅的任务是收复科科达地区，随后向布纳和戈纳反攻。"波兹本人一到前线，就立即接管马罗布拉部队的指挥权。

这个时候，21旅还在伊迪奇集结。2/27营14日才到达，刚在当地的军营里计划下一步行动。营里的官兵听说了一些前线的战斗经过，知道通往前线的山路行动不易，丝毫不敢大意。波兹准将只能根据仅有的一张航空照片，为全旅划定行军路线。稍后，他得到埃利奥特·史密斯少校提供的一份简易地图。史密斯刚从前线沿山路回到莫尔兹比。没过多久，21旅的官兵很快发现，这份地图错误百出。

16日，A.S.凯伊中校的2/14营从伊迪奇出发，率先前往伊苏拉瓦。2/14营这次一共出动了24名军官和517名士兵，辎重排和多数迫击炮都被留在后方，其他部队也都尽可能轻装，便于在山地行动。21旅的其他各营

■被称为“金色阶梯”的木质山路。

后来也按照这种编制开赴前线。2/14营先乘汽车来到伊罗罗，随后只保留少量车辆，出发前往乌贝利。大多数士兵都携带70磅重的行军包。刚开始的这段山路已是最易通行的路段，但一路上仍是满地泥泞，战士们携带沉重的行军包，只能缓缓而行，泥浆经常会没过他们的膝盖。邻近傍晚，全营总算赶到乌贝利，官兵们都已经相当疲惫。

第二天，他们开始翻越一段被称为“金色阶梯”的起伏山路。最初大约3英里山路一路升高366米，第二段山路逐步下降488米，最后4英里山路又逐级上升609米。整条山路由25厘米到46厘米不等的木质阶梯组成，但行路的时候经常会碰到泥泞、水塘和树木。战士们在路上头撞树木，或者一不留神碰到自己的步枪，都是家常便饭。一路不断有人掉队，或者染病。困境中的澳军战士们互相扶持，一同走过这段艰难之旅。

6天后，2/14营经过艰难行军，抵达米奥拉。2天后，A.E.卡洛中校的2/16营来到米奥拉会合。

旅长波兹准将不断收到部下的报告，感慨这是他人生46年最艰难的时刻。波兹本人直到17日才离开伊罗罗，19日傍晚，在梅纳里赶上2/14营的队伍。一路上，他亲眼目睹战士们的困境，痛切感受到补给艰难。出发

■到达乌贝利的2/14营士兵。

前，波兹得到后勤部门许诺，部队在每天预定停留的兵站——乌贝利、伊奥里白瓦、瑙罗、梅纳里和艾弗吉都会得到1000份口粮，在米奥拉后勤基地，前线会得到40000份口粮。但实际上，部队在每个兵站都到的补给都无法令人满意，兵站的工作人员在部队到达的时候，都漠不关心，甚至都不会给予最低限度的帮助。这样一来，在米奥拉和前线能否得到足够的补给，对21旅就尤为重要。波兹向上级反映了情况，上级调整了兵站人员。部队达到梅纳里之后，情况好了很多，兵站工作人员尽可能给予部队帮助。然而从梅纳里赶到艾弗吉后，部队仅仅得到80箱补给。这次并不是工作人员不得力，而是盟军在当地空投的全部物资只有这些。

21日，部队出发去米奥拉时，波兹非常担心在那里无法得到足够的粮食和弹药补给。他的担心不是没有道理，从8月16日起，尽管天气已经转好，盟军飞机也没有在米奥拉空投物资。波兹决定，在补给解决之前，他的部队只能在米奥拉后方驻守。

8月18日，澳军第7师师部已进驻莫尔兹比港。波兹当天就汇报了前线的补给问题，而后带领他的旅侦察小组从凯恩泽尔小道，穿过坦普尔顿山口，到达阿罗拉，找到马罗布拉部队司令部，会见30旅旅长波特准将。23日，波兹接过前线马罗布拉部队的指挥权，然后立即派卡梅伦少校回师部催促补给，命令2/16营开赴米奥拉，尽可能让他的两个营向前方靠拢。

这时，前线的补给问题愈发尖锐。米奥拉的军需官将压箱底的物资都搬了出来，但他们事先没有接到21旅会来增援的通知，能调集的物资有限。23日，新几内亚部队司令部参谋D.B.法格尔少校来到米奥拉巡视，他很快就向司令部发回急电：“当地的粮食只能维持4天！”波兹重申了这一点，而且补充说明，在米奥拉前线的补给，仅能维持2天而已。随后他提出一项补给计划，要求立即为阿罗拉的2000名士兵和80名土著民夫提供7日份的补给，为在爱奥拉溪谷和坦普尔顿山口的2000名士兵和520名土著民夫提供1日份的补给。波兹的参谋告诉他，除了需要7天的补给外，为了把这些补给运到米奥拉，至少还需要向前线增派800名土著民夫。盟军在欧文·斯坦利山脉附近的历次战斗中，影响最大、持续时间最长的问题就是补给问题。

为了解决补给，凯恩泽尔中尉和埃利奥特·史密斯少校一刻不停地设法组织土著人翻山越岭，将补给送到前线。凯恩泽尔认为，只要有足够的飞机空运，米奥拉很可能解决补给问题，但波兹没有他那么乐观。所有人都明白，仅仅依靠人力无法解决补给问题，只有等飞机到位，这个问题才可能缓解。

这段时间，波兹准将十分难熬。新到莫尔兹比港的第7师师长亚瑟·艾伦少将并不了解这些，新几内亚部队司令部告诉他，补给都已做了安排。新几内亚部队司令罗威尔将军误以为8月16日为止，米奥拉已经准备了可供2000名官兵使用25天的补给和轻武器。收到波兹告急，罗威尔才发现前线的补给面临很大困难。他解释说，日军17日空袭莫尔兹比港，损失了5架运输机，因此16日到22日之间才没有空投。罗威尔无法向上级解释为何在16日之前，没有在前线准备好足够的补给，只能在报告中说："现在我们找不到那些补给品……实际上，当它们被运出莫尔兹比港之后，很可能被空投到了米奥拉以外的某些没有保护好的未知地区。"

实际上，罗威尔安排了一个毫无经验的参谋人员负责这项工作，这些补给物资根本都没能空投到任何地方。新几内亚部队对空投地点和补给站的准确位置完全一无所知。这意味着整整一个星期，新几内亚部队在补给方面都做了无用功。波兹必须在集合他的部队之前，先解决补给问题。这并不是他的责任，他的任务就是在前线组织反击。

8月24日，罗威尔特别关照，在米奥拉储备30日份的补给前，不要发动反击。波兹要求罗威尔为前线增加800名民夫，罗威尔只能凑齐300人。在补给解决之前，21旅的第3个营根本不可能开赴前线，波兹也无法组织攻势。

8月29日，罗威尔中将向布莱梅将军提交了关于补给问题的报告。马罗布拉部队每天需要15000磅补给（同时坎加部队每天需要5000磅）。为了满足前线6到8日份的补给量，按照一个土著民夫最多能运送40磅计

■从左至右：21旅旅长波兹准将；波兹的司机R.辛普森下士；21旅参谋J.K.默多克上尉；30旅联络官A.L.萨隆中尉；2/14营副官C.L.汤普森上尉。

算，至少需要组织3000名民夫才能满足需求，这还是在忽略民夫本身的口粮，以及其他可能发生的损耗前提下的数据。报告同时指出，这是在前线部队不再大幅增兵的前提下，必须供应的基本补给量。而罗威尔将军希望能设法为前线多提供20日份的补给，或者至少额外的20万磅口粮和弹药。如果要提供额外补给，至少需要再增加2000名民夫，这样就无法继续向前线增派哪怕一兵一卒。显然澳军在欧文·斯坦利山脉的整个军事行动能否成功，完全取决于能否有效解决补给问题。

澳军试图依靠空运解决补给问题，但崇山峻岭之间不仅缺乏适合的降落地点，连空投场地都不够，而且当时为支援瓜岛战役，西南太平洋战区的飞机面临短缺。前第8军区司令莫里斯少将就曾饱受空运问题困扰。8月16日，罗威尔无奈地向布莱梅指出，空运不足已经成为困扰新几内亚部队的一大问题。布莱梅立即写信给麦克阿瑟和萨瑟兰，反映情况。23日，罗威尔再度向布莱梅告急，从8月17日起，新几内亚只有一架飞机可用，而且至今只使用了两天而已。24日，麦克阿瑟告诉布莱梅，他已经安排6架A-24攻击机，1艘飞艇和2架运输机进驻莫尔兹比。“据估计，这些飞机每天至少能为卡基和瓦乌空运2万磅补给。现在澳大利亚仅有30架能够使用的运输机。而这些飞机一次最多只能出动50%。空运是一种必要的应急运输手段，但地面部队司令部和新几内亚

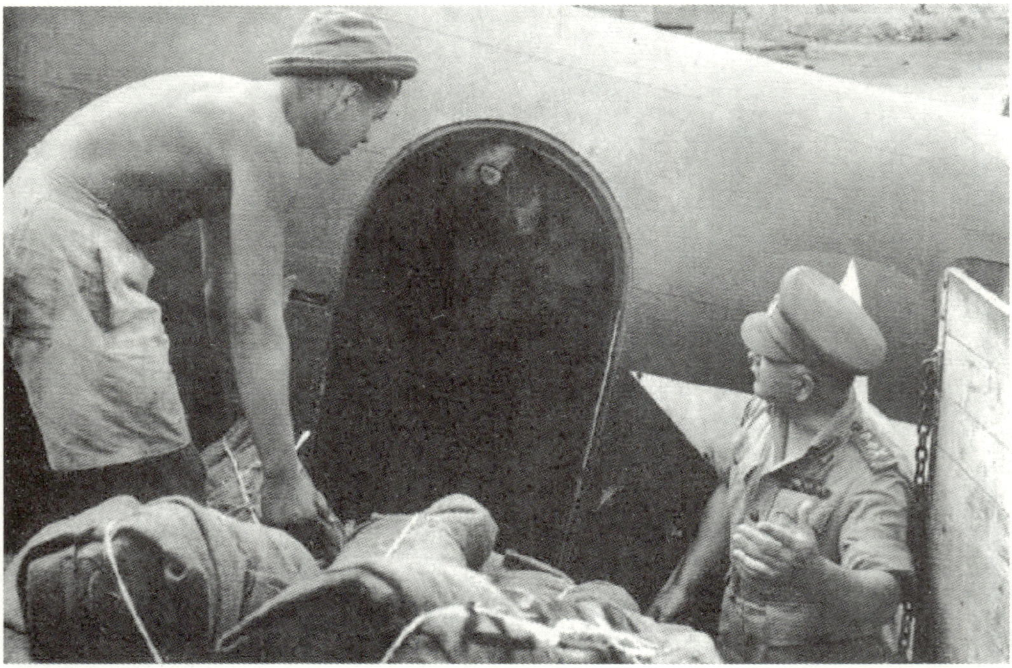

■布莱梅将军（图右）亲自视察一架正在装载补给的美军飞机。

部队也需要尽一切努力，去运用其他运输手段。”

麦克阿瑟能调动的空运力量，最多能解决罗威尔所说的马罗布拉和坎加部队现有兵力的补给。即使将来能得到其他空运力量支持，罗威尔仍需要组织数千名民夫，应付欧文·斯坦利山区增兵，以及准备备用补给的需要。事实上，米奥拉缺乏适合的降落地点和空投场，即使飞机能将补给输送到邻近地区，仍需要通过人力运往当地。也就是说，新几内亚的地理条件决定了空运并非最现实的补给手段。

8月30日，罗威尔在给布莱梅的电报中承认，由于天气和飞行条件的限制，每天只有3架飞机能飞往米奥拉附近，2架飞机飞往坎加。日军飞机会不定期出动，在没有战斗机掩护的情况下，运输机要执行补给飞行任务十分危险。

补给问题束缚了21旅的手脚。波兹在遇见敌人之前，先得解决这个问题。根据前线的情况，他只得改变计划，暂时放弃进攻，专心防御。这样一来他丧失了先机，也不能将2/27营调到前线，甚至2/14营和2/16营都无法进入作战区域。

波兹有三种选择：一、把53营和39营留在阿罗拉和伊苏拉瓦，在补给到位前，将2/14营和2/16营留在米奥拉周围的阵地；二、用21旅的一个营替换伤亡较大的39营，让缺乏经验的53营原地留守，将他手下的另一个营留作预备队；三、仍将39营和53营这两个民兵营留在原阵地，将2/14营和2/16营分别布置在他们东面和西面的高地。如果采用第一方案，已严重减员的39营将面临日军的再一次强大攻势，要采用第三方案，又根本没有足够的补给支持。权衡之后，波兹选择第二方案，让2/14营替换39营，2/16营留作总预备队。波兹的方案经第7师师部，转呈给罗威尔中将。罗威尔顺水推舟，命令艾伦少将从前线撤下第39营，这样也能缓解一下前方的补给压力。

波兹准将抵达阿罗拉时，53营B连位于山路右翼，D连守卫阿罗拉正前方的一座山岭，C连负责阿罗拉左翼高地，A连掩护阿罗拉后方区域，从阿罗拉，经阿布亚里和米西马直到凯莱的支路右侧沿线，39营阵地前方到德尼基的道路；还有德尼基左侧通往那罗的道路，都由53营派遣的巡逻队，不定期巡逻。到23日黄昏为止，53营的巡逻队先后在德尼基的山路和凯莱附近，与日军哨兵发生接触。通往凯莱的道路条件非常差。从阿罗拉开始，地势逐级降低305米，大部分道路都被灌木丛覆盖，在爱奥拉溪谷的溪床附近形成了一个45度斜坡。通过斜坡，需要经过爱奥拉溪上的独木桥，才能继续往前走。溪床另一边，地势又迅速升高，灌木更加茂密，必须向上攀爬才能通过。离溪床约450米是阿布亚里瀑布，瀑布落差接近30米，边缘正好经过一座山丘边，从远处就能听见浩荡的水声。山道恰好经过主瀑布正前方，从巨石边缘能够通过。瀑布另一边，是一片尖锐岩石组成的圆形石壁，地势又逐渐升高。穿过瀑布，就能到达阿布亚里的一座小山村，随后再穿过灌木丛和山边，能够到达米西马和凯莱。

24日上午，53营的N.A.W.麦克唐纳中尉带领20名战士组成的巡逻队，越过39营的阵地，前往德尼基。麦克唐纳巡逻队在山路上蹒跚而行，一小时后，他们遭到一股日军哨兵袭击。日军早就发现了他们，埋伏在道路附近，等澳军巡逻队的一半人员通过埋伏地点，发动突袭，当场打死巡逻队的排头兵麦克格劳二等兵。跟在麦克格劳身后的波斯

地图十八 8月26日，澳军在伊苏拉瓦的部署

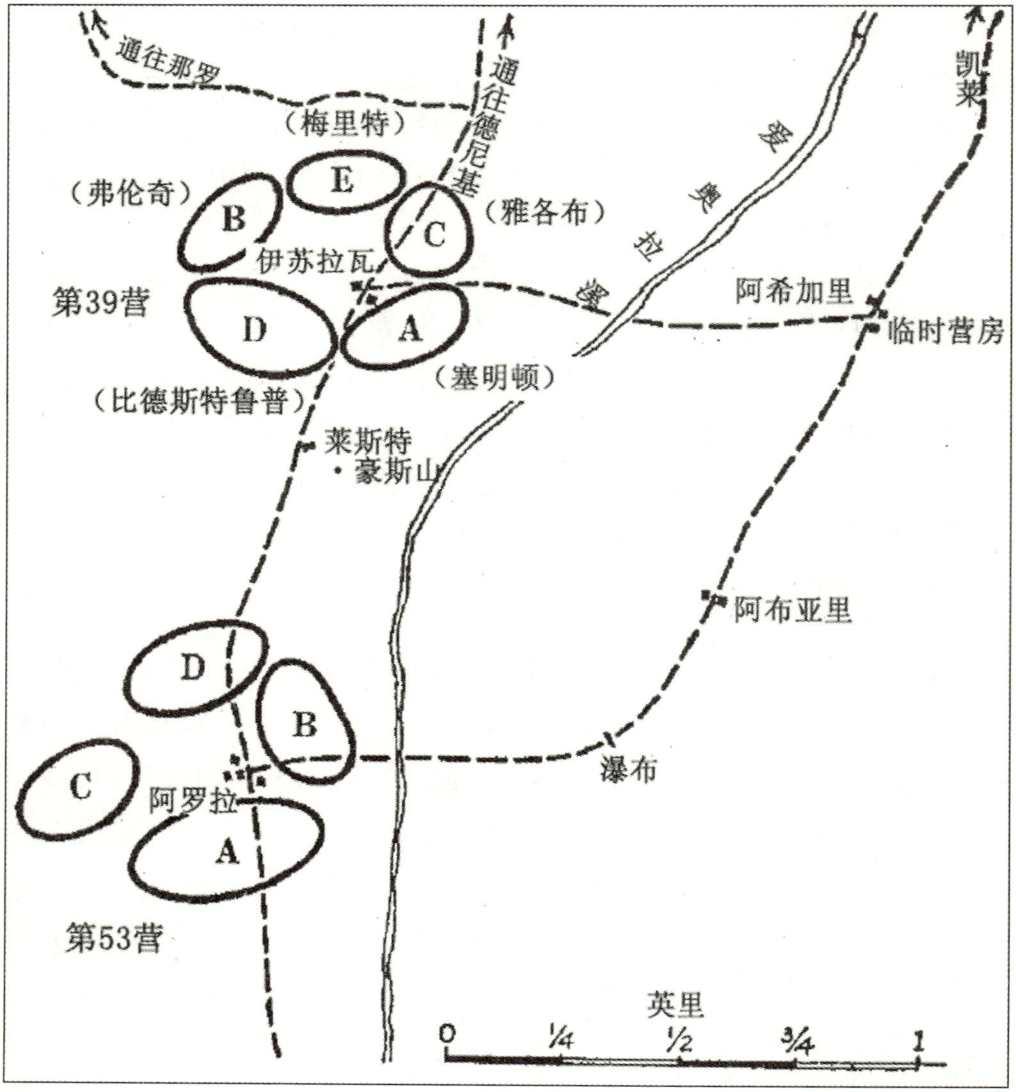

■1942年8月16日，率先到达伊苏拉瓦的214营A连第9排官兵合影留念。

托克二等兵临危不乱，赶紧招呼同伴们卧倒还击。4个日本兵踩着麦克格劳的尸体冲了上来，被波斯托克和同伴们全部放倒。但巡逻队的其他人遭到埋伏在暗处的日军集中射击，处境危险。麦克唐纳唯恐被日军包围，下令全员撤退。

第二天，F.J.阿赫恩上尉和A.伊萨克森中尉带领另一个20人巡逻队去凯莱一带巡逻。当天晚上，53营营部收到电报，日军的两个小队在凯莱袭击了巡逻队，伊萨克森阵亡，另有一人负伤。营长K.H.沃德中校命令巡逻队立即撤往米西马，在当地坚守。但由于米西马的电报线路受损，这则电文没能传递给巡逻队。

同一天，F.W.米尼上士带领的另一个20人巡逻队通过39营阵地，再度去德尼基的山路间执行任务。米尼的巡逻队发现麦克格劳的尸体"移动"到一棵树背后，以为麦克格劳其实重伤未死。等米尼的部下试图探看麦克格劳的情况时，枪声大作。原来日军利用尸体，布置了圈套，果然奏效。米尼的巡逻队顿时被打得七零八落。

最近的种种迹象表明，日军发动全面进攻的日子，已经不远了。

伊苏拉瓦

8月22日，支队长堀井少将亲临前线，24日发布了攻打伊苏拉瓦的作战计划。堀井决定使用144步兵联队主力（欠第2大队），沿科科达到伊苏拉瓦的主要道路发动主攻，第2大队则从曼巴莱河上游迂回进攻澳军阵地右翼。

8月26日黎明，日军的攻势开始了。率先进攻的是144联队第1大队，目标果然是澳军39营的左翼高地。但在他们接近目标之前，就和澳军巡逻队不期而遇，枪响了……

53营的麦克唐纳巡逻队在39营阵地右翼沿凯莱的山路巡逻，傍晚回到营部报告说，米西马的电话线已经被切断，当地无人驻守，他的巡逻队干掉了3个日本兵，这些日本兵正沿着道路向阿布亚里一带渗透。营长沃德中校知道非同小可，命令T.F.凯恩斯上尉的B连连夜去前敌搜索日军的渗透部队。

上午，就在53营调动部队去39营阵地前方活动时，39营西蒙森中尉的一个排已经沿着通往德尼基的道路，进行了40到50分钟巡逻，从上午开始，就遭到日军第1大队一部的进攻。得知西蒙森遇险，R.H.索德中尉的一个排立即前去支援，留下D.R.克拉克中尉的一个排守卫前沿阵地。双方激战了整整5小时，澳军凭借地利，控制住了道路，日军无法强行突破。澳军占领了制高点，而日军的炮弹必须越过密林才能打击澳军阵地，火力并不占优。最后日军只得暂时撤退。

当天下午，克拉克排在例行侦察后，沿山路回前方巡逻阵地，半路上，在德尼基和那罗的岔道口，和日军一部遭遇。克拉克沉着应战，和战士们在丛林中用交叉火力控制道路，伏击日军，他和另一名狙击手一共干掉了8个鬼子。天黑后，日军被迫暂停攻势。

39营的其他部队也不轻松。日军的山炮在对澳军主阵地进行第一轮火力准备时，虽然受到密林干扰，但还是打死了2名守军。在日军步兵冲锋时，澳军一直都能沉住气，不等他们接近到前方20至30米，绝对不会开枪。正面无法突破，炮火支援受到密林干扰，效果大打折扣，日军一时奈何不了澳军阵地。

下午，日军的山炮开始第二轮炮击。这个时候，澳军21旅第2/14营先头部队赶到前线，疲惫的39营指战员精神顿时一振。大约17点，H.E.迪肯森上尉的2/14营C连替换了伊苏拉瓦右翼前沿阵地的39营雅各布连。同一时刻，C.C.P.尼耶上尉率领2/14营的第二个连进入阿罗拉地区宿营。

当天上午，波兹准将电告第7师师长艾伦少将，从这一天开始，2/14营已经替换39营，一直都强撑着疲惫身躯，每晚在露天阵地里经受雨水折磨的39营指战员很快能得到休息。

稍后，波兹再度向师部发报，他认为53营的训练水准还不足以应付残酷的战斗，只能用于防御，因此2/27营需要立刻赶到米奥拉，充当他唯一的“作战”预备队。

18点15分，日军再度炮轰澳军前方和右翼阵地，这次炮火射程已经延伸到阿罗拉。波兹在指挥部能够清醒地听到炮弹炸裂的声音，再度要求让2/27营尽快赶到前方。艾伦回复道，由于日军正在空袭莫尔兹比，而且早些时候，日军陆战队已在米尔恩湾登陆，现在他需要2/27营，权宜之计，波兹可以暂缓让39营返回莫尔兹比港。

澳军的后续增援还无法到位，首日进攻受挫的日军已经开始调整。26日13点，144联队长楠濑大佐命令预备队第3大队离开现有阵地，向前线靠拢：

1.（主力）前方的敌人反击很坚决，抵抗十分顽强。不过第2大队看来已经成功从凯莱附近迂回敌军整个阵地，从他们左翼到达主干道。

2.联队会在第3大队到达主干道西边之后，继续进攻。

3.第3大队（欠第9中队、第8中队的一个小队和炮兵）会合第1大队第1中队，第1机枪中队的一半兵力，第1和第2大队的炮兵一同进攻。第3大队在进攻中将充当先锋，从道路西侧攻打敌军主阵地。

4.其他各部会继续履行原来的职责。第3大队第9中队留在联队本部，充当预备队。

5.我们要穿过道路侧翼的“枯木森林”，到达道路南面。

27日凌晨3点，第3大队离开预备阵地，7小时后，到达“枯木森林”，和第1大队会合。11点，第3大队长桑田中佐下令向枯木森林南边推进：

1.敌人从德尼基撤退后，在伊苏拉瓦依托周围的峡谷固守。他们似乎试图撤下第39营，让一支新近到达的部队换防（这个判断符合实际）。联队力求在伊苏拉瓦北部聚歼敌军。第1大队一部将对高地进行反攻，该大队主力维持现有阵地不变，做好战斗准备。第2大队可能已经在凯莱从侧翼突破了敌军阵地，应该已经到达主干道附近的敌军左翼。我军的山炮需要占据视线较好的阵地，随后用炮火摧毁敌军的3座代号分别为“春”、“夏”和“独楼”的主阵地和前方阵地。

2.第3大队（欠第8中队的一个小队，第9中队和第3大队炮兵，另外配属第1大队炮兵）将从27日13点30分开始移动。主力会从主干道西侧发动进攻，同时该大队另一部将从东面夹击，攻打敌军的“独楼”阵地。

3.第7中队和一个机枪小队，在15点之前，将对敌军主阵地左翼发动进攻，同时准备对河流前方发动攻击，随后直取敌军的“独楼”阵地。

4.第8中队将在敌军主阵地右翼配合第7中队发动攻势，准备包抄敌军左翼，在突破敌军阵地后，直取敌军“独楼”阵地。

5.第1中队将离开现有阵地，充当新攻势的侧翼，从主干道东面进攻敌军的“独楼”阵地。

6.第3机枪中队将占领现有阵地附近地区，准备用火力打击主干道附近出现的敌人，帮助第7中队发动进攻。

7.第1大队炮兵将占领现有阵地附近地区，支援前线各步兵中队。

8.行动口令为“土佐”和“高知”。

9.我将在第7中队后方，向敌军的“独楼”阵地推进。

27日上午，日军重新调度的时候，澳军前敌总指挥波兹准将正在为53营的阵地烦恼。8点，他命令53营营长沃德中校设法收复米西马。沃德派出C.J.T.金上尉的D连执行这项任务。金10点率部出发，14点通过凯恩斯B连右翼，对阿布亚里东南高地发动进攻，试图打破凯恩斯连前方的火力封锁。15点30分，沃德向波兹报告，他的两个连正向米西马推进，随后他和R.L.洛根中尉一同出发，沿着山路去寻找部队。然而B连和D连的表现令人失望，日军的山炮和迫击炮火很猛，这两个连明显缺乏斗志，面对占据地利的日军，毫无办法。

15点45分，一名通信员跑回营部，带回了噩耗：沃德中校和洛根中尉遭到日军伏击，双双阵亡！

澳军53营的2个连行动迟缓，被日军第2大队抢得先机，沃德和洛根都因此而丧命。代营长C.J.T.霍金斯少校赶紧报告旅部，日军已经从阿布亚里附近迂回通过瀑布，目标直指阿布亚里和阿罗拉之间的溪谷岔路口，以及阿罗拉本身。波兹当即命令霍金斯必须设法守住瀑布地区和溪口，直到2/16营赶到为止。这个时候，2/16营正在2/14营后方，竭力向前线靠拢。霍金斯赶紧将另一个连顶上前线，守卫溪口，S. H.巴克勒上尉的2/14营A连接管这个连留下的阵地。

澳军右翼的53营失去营长，左翼的39营压力更大。日军逐渐掌握了主动权，天亮时，已经局部突破澳军防线，并且将澳军前沿阵地的两个排彻底孤立。澳军的一位排长西蒙森中尉在夜战中负伤，被送往后方治疗，索德中尉负责指挥这两个排，即使和主力失去联系，依然奋战不息。39营营长霍纳中校按照波兹准将的指示，准备从雅各布连撤下彭特兰中尉指挥的一个巡逻队，去守卫伊苏拉瓦和那罗之间的道路，防备日军向阿罗拉渗透。与此同时，2/14营迪肯森连的A.J.戴维斯排，由39营情报士官A.V.巴切克尔上士带路，赶到前线。戴维斯排刚就位，就遭遇日军猛攻。戴维斯身负重伤，他勉力独自赶回后方，终于伤重不治，排里另有一人当场阵亡。向导巴切克尔上士也身负重伤，好在厄尔牧师和谢拉上尉不顾自己的安危，冲进危险的灌木丛，把他送回后方，才捡回一条命。尼耶连16点前后到达前线，随后奉命沿阿罗拉－那罗之间的道路向前推进，但日军和茂密的灌木丛让他们很难靠近前方阵地。到了晚上，霍纳决定用尼耶连加强自己防线的薄弱环节。

原来，日军已经抢先在下午发动进攻。他们进攻澳军外围阵地时，发现爱奥拉溪支流水流湍急，附近树木茂盛，行军困难重重。澳军依托陡峭的溪流南岸阵地，用密集的火力，给日军造成了极大杀伤。日军一连几个小时，都无法突破澳军的小溪南岸防线。反而是日军第3大队左翼的一个中队在15点前后，在“独楼”阵地外围打开了缺口。

根据战局的最新发展，楠濑联队长决定调整主攻方向，选择澳军左后方阵地为突破口。16点，他命令第1大队继续对澳军正前方阵地施加压力，同时第3大队从澳军左翼高地向西迂回，从夜间开始，攻打“夏”阵地。

16点前后，日军的迫击炮和机枪火力到达当天的最高点，拉开向39营左前方梅里特和弗兰奇两个连进攻的序幕。

日军强行过溪，迅速斜向突破梅里特E连脆弱单薄的防线，将达尔比中尉的左翼排和右翼排一部与连主力分割，突进到他们阵地后方，达尔比被迫离开阵地，以免被日军围歼。随后日军大举迂回包抄右翼排余部后方，试图彻底冲垮梅里特连的防线。右翼排的“布朗”式机枪和“汤姆森”冲锋枪喷吐着火舌，日军避过澳军的第一轮集中射击，等到澳军换弹间歇，趁火力稀疏的时候，发动了近战冲锋。澳军和日军拼得刺刀见红，日军前赴后继，打退了一波，头戴钢盔的下一波日军又端着步枪冲了上来。战斗异常残酷，刺刀折了，就用拳脚肉搏，杀红眼的士兵们只知道必须消灭眼前的敌人，自己才有生存的可能。

梅里特连的形势已经岌岌可危，阵地行将崩溃。关键时刻，两名士官组织的果断反击稳住了局势。K.R.科尔斯莱克中士带领10多名战士将冲进阵地的敌人一举赶了出去，堵住了缺口。W.穆雷中士带领连里最后一点预备兵力，迂回收复达尔比排的阵地，一举成功。日军被迫向小溪撤退，他们对梅里特连的进攻暂时失败，但战斗并没有停息。梅里特连和一度失散的达尔比排重新取得联系。达尔比排被孤立之后，面对数量占据压倒优势的日军，一直坚持到再度见到友军为止。

这时，日军的进攻重点转向弗兰奇的B连。尽管B连在过去的战斗中消耗最为严重，但仍然在坚决抗击日军，可是终究寡不敌众，前沿阵地被日军打开了一个小缺口。危急时刻，2/14营尼耶连的援兵终于赶到。尼耶的第一个排加强梅里特连的左翼，第二个排增援比德斯特鲁普连右翼，很快就投入反击。虽然弗兰奇连正面的日军仍在进攻，但两翼得到友军保护下，已经相对安全。尼耶连的第三个排到位后，直接配属弗兰奇指挥，得到援兵的B连终于稳定局势，顶住了日军的压力。天黑后，R.W.C.卡梅伦上尉的2/14营D连赶到前线。霍纳中校得到这支援兵，终于有信心挺过这个夜晚，他让卡梅伦带着他的人去充当这一天战斗最激烈，消耗最大的梅里特连的后盾。

39营竭力稳住防线的时候，保护他们右翼的53营情况却有些混乱。27日傍晚，53营的凯恩斯连和金连与营主力还联系不上，第三个连在守卫溪口。除了大约70名仍在外巡逻，还没有与营部联系的官兵外，53营余部和2/14营的巴克勒连都驻守在阿罗拉周围的阵地，定期会派人去阵地左翼巡逻，防备日军渗透。当天53营自营长沃德中校以下，共5人阵亡，2人负伤。53营左翼的39营仍在固守伊苏拉瓦，2/14营主力已经赶到阵地支援霍纳的部队。53营背后，G.M.麦基中尉的2/16营A连已经到达爱奥拉溪，F.H.萨布雷特上尉的B连也在向前方靠拢。

28日凌晨2点，日军第3大队已经在枯木森林重整完毕，随后从西侧高地进攻澳军据守的“夏”阵地。与此同时，日军第2大队，继续从瀑布地区向前方进发。

28日，伊苏拉瓦和阿罗拉的澳军阵地都不平静。53营在阿罗拉右翼的阿布亚里附近，发现日军活动迹象。上午8点，凯恩斯连和金连的67名战士重新和营部取得联系，他们在阿布亚里附近的道路建立了阵地，同时在这个村庄前方巡逻。11点30分，麦基连来到阿罗拉，稍事休息后，14点即向东越过爱奥拉溪，向阿布亚里进发。与此同时，巴克勒连出发，去增援伊苏拉瓦。天黑时分，麦基的先遣巡逻队已经进入阿布亚里，并没有遇见日军，萨布雷特连就在他们身后不远，保护他们的侧背。

天黑前，阿赫恩上尉带着18名战士，从凯莱回到营部报告。自从25日，伊萨克森中尉阵亡以后，阿赫恩一直带着巡逻队，在凯莱坚守了3天。在他们撤退前，先后干掉了14名企图渗透的日军。由于弹药和口粮已经所剩无几，阿赫恩率部先后撤到道路旁的隐蔽阵地，随后寻路通过39营的阵地，辗转回到阿罗拉。这个时候，他们筋疲力尽，饥肠辘辘。霍金斯代营长赶紧安排他们吃饭和休息。

伊苏拉瓦从27日夜间开始就没有平静过。即使暴雨滂沱的夜晚，仍不时会发生刺刀见红的战斗。28日黎明，日军的火力准备一直持续到大约8点。随后，日军主力接连对澳军前沿阵地发动了两次进攻。新到的2/14营迪肯森连估计日军对他的阵地每次投入了大约100人的兵力。迪肯森第一次见到日军冲锋的架势，每一个士兵都精神饱满，端着枪一边冲锋，一边发出狂野的呐喊。他们挡住了日军的连番攻势，估计一共毙伤日军约90人。迪肯森连左翼的卡梅伦连同样和日军交战两个回合，沉重打击了日军。卡梅伦连左翼的尼耶连也见识了日军的凶悍和丛林战的残酷，尤其是承受日军大部分压力的摩尔排。摩尔排最终打退了日军，但排长G.G.摩尔本人阵亡。

持续一上午的战斗暂告一段落，2/14营营长凯伊中校来到伊苏拉瓦阵地，正式从霍纳中校手中接管当地的指挥权。凯伊看着满面风尘，但依然精神饱满的39营官兵，按照原定计划，让霍纳带领他的部队到后方去休息。霍纳却说道：“不，我们不能这个时候离开。我的部队会留下，和你们继续并肩战斗。”凯伊又是惊讶又是感动：“霍纳中校，我很感激你的好意，但旅长的命令是让我们营替换你们下去休整。”霍纳神色从容：“我已经请示过波兹准将，他同意我们继续留在前线。日军这几天攻势很猛，兵力雄厚，对伊苏拉瓦志在必得，多一个人，就多一份力量，我们得留下。”

凯伊不再多说，他没有理由继续反对。虽然仅仅在昨天才亲眼目睹39营的战斗，但这个民兵营的士气和战斗力一点都不比他2/14营的正规军差。凯伊决定维持既定部属不变，迪肯森连仍在伊苏拉瓦－德尼基山路右边，伊苏拉瓦村前方阵地，卡梅伦连继续镇守中央阵地，尼耶继续保护全营左翼。39营已从最初的464人，减员到大约250人。凯伊安排这支疲惫而勇敢的部队，护卫整个2/14营的后方。

大约到15点30分为止，日军的主攻目标一直都是2/14营两翼迪肯森和尼耶的两个连。15点30分以后，日军调整部署，将进攻重心转向澳军中央阵地的卡梅伦连。经过上午开始的连续几个小时轮番进攻，日军终于攻入G.E.皮尔斯排的部分阵地。

“不能让鬼子从这里过去！”皮尔斯中尉一声令下，全排死战不退，和日军短兵相接。皮尔斯排竭力抵挡，但日军人多势众，眼看他们已经渐渐支持不住。这个时候，营预备队巴克勒A连的哈奇森中尉带领一个排及时赶到。澳军士气大振，哈奇森排这支生力军不仅将日军从皮尔斯的阵地里赶了出去，而且还把在阵地里负隅顽抗的日军全部歼灭。

凯伊的部队白天打了个漂亮的阻击战，粉碎了日军的攻势，自己折损了1名军官和2名士兵，另有12人负伤，而日军的伤亡远大于澳军。

第二天，战况发生了新的变化。9点，21旅右翼的2/16营麦基连在阿布亚里和正在迂回包抄澳军的日军第2大队一部遭遇。这支日军大约100人，非常强悍，至少有2挺重机枪，不仅火力充足，而且早已有备，选择的阵地位置对自己有利，能够互相支援。萨布雷特上尉得知敌情，率部和麦基连会合，统一指挥2个连和日军战斗。双方都蒙受了一定损失，但澳军无法动摇日军阵地分毫。

14点15分，萨布雷特请求派出53营的一个连迂回通过瀑布，设法包抄日军后方。53营派出金上尉的D连。与此同时，麦基中尉仍在奋战。金上尉出发后，向上级报告，他会在通过瀑布以后选择一个适合的阵地，预计30日黎明向日军发动进攻。29日黄昏，澳军依然奈何不了日军，萨布雷特和麦基只得撤进阿布亚里后方的环形阵地固守，金连这个时候已穿过瀑布，继续向右运动，R.P.坎贝尔中尉率领2/16营营部连镇守爱奥拉溪口。在白天的战斗中，2/16营的两个连共有7人阵亡，23人负伤，麦基连的伤亡更为严重，估计一共毙伤日军大约40人。

和2/16营相比，21旅左翼的2/14营承受着更大的压力，从早晨开始，日军就对伊苏拉瓦各连的阵地发动了比先前更为猛烈的攻势。

地图十九　8月29日下午伊苏拉瓦的战况

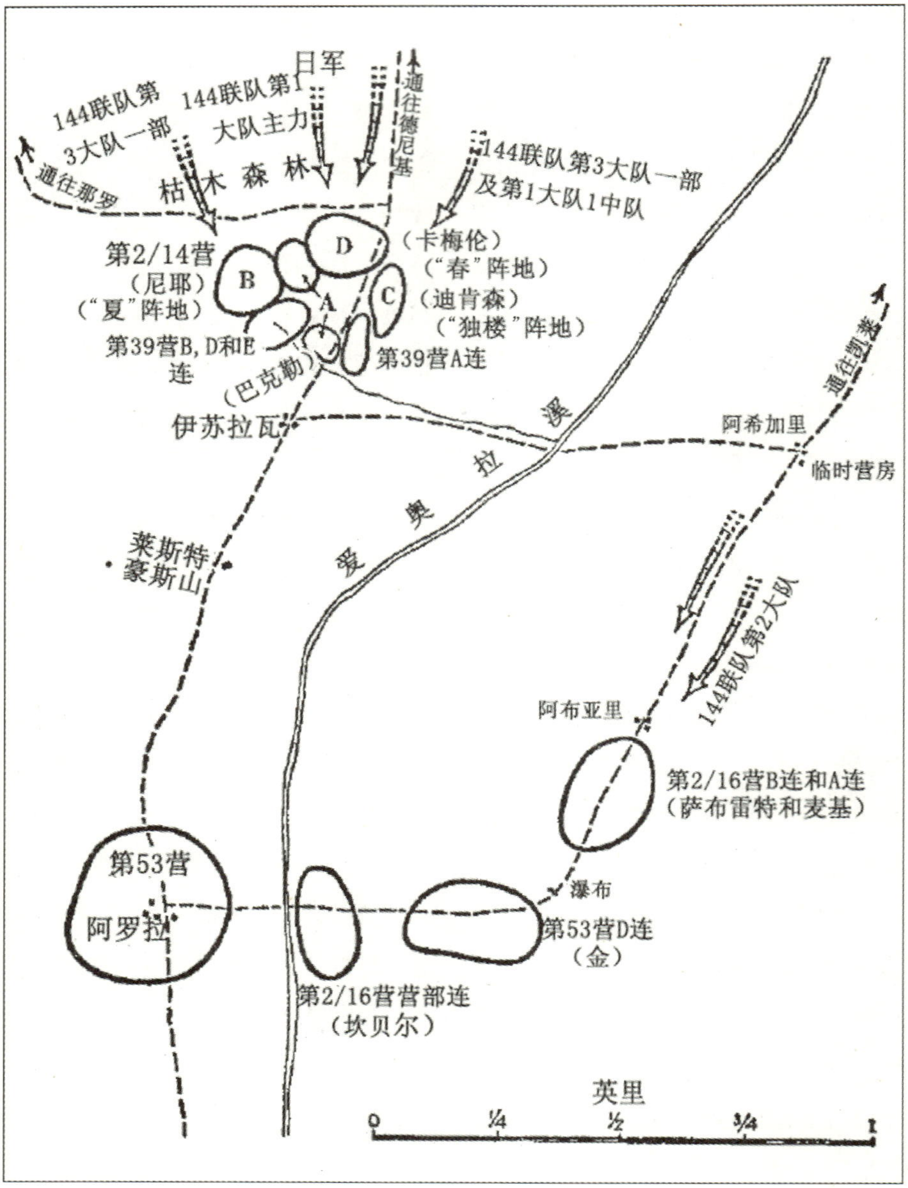

2/14营右翼的迪肯森连刚刚打退日军的一次突击，还没喘上一口气，就发现比前一波更多的日军又冲了上来。营部得知迪肯森的阵地吃紧，将预备队巴克勒连的考克斯排顶了上去。排长W.P.考克斯中尉霉运当头，刚到前线就中弹身亡。失去排长的这个排遭到日军集中打击，伤亡很大。L.A.拜尔下士组织全排余部对日军发动反冲锋，拜尔自己端着一挺“布朗”式机枪，在一个制高点扫倒了一大片日本兵，但仍无法阻止日军继续源源不断地进犯迪肯森连的阵地。W.G.博丁顿中尉和其他4人阵亡，多人负伤。日军突破了博丁顿排和克莱门兹排的阵地。克莱门兹排的A.J.尼尔森二等兵和L.J.鲍文二等兵冷静地坚守岗位，沉着应战，让排主力得到了重整的机会。

前线吃紧，凯伊中校从罗登上尉的营部连抽调人员，让R.V.汤普森上士率领这个战斗小组赶赴前沿阵地。汤普森小组午前赶到迪肯森连阵地，加入战团。考克斯排已经被打散了，拜尔下士，A.R.艾弗里二等兵和B.S.金斯波利二等兵三人见汤普森小组赶到，就加入他们一起战斗。中午时分，迪肯森连阵地的缺口已经危及全营防线。克莱门兹集合本排余部，汤普森战斗组和考克斯排残部，对日军发起了反击。金斯波利举起一挺“布朗式”机枪，就冲在队伍最前方。伴随着机枪子弹和他的怒吼声，日军望风披靡，被他成功杀开了一条血路。澳军士气大振，克莱门兹的这支混合部队成功地将日军从阵地里驱赶出去。同伴们齐声喝彩：“好样的，金斯波利！”话音刚落，金斯波利就被躲藏在一棵树后的日军狙击手击中，饮弹身亡。金斯波利虽阵亡，但他临终前的英勇奋战，将阵地从崩溃边缘挽救回来。后来，他被追授“维多利亚十字勋章”。

守卫2/14营中央阵地的卡梅伦连也经历了整整一上午的苦战。预备队A连连长巴克勒先调来一个排的援兵，得知日军对中央阵地的压力仍在增加，巴克勒索性带领另一个

■在伊苏拉瓦之战阵亡的金斯波利，后来被追授“维多利亚十字勋章”。

排，亲自冲上前线。日军正在中央阵地前和卡梅伦连杀得难解难分，突然眼前飞来成片手雷，顿时乱了阵脚。巴克勒的增援排甩出手雷以后，早已全部上了刺刀，一鼓作气将日军逐出。

左翼阵地的尼耶连也经受了一连串的攻击。T.H.比赛特中尉的一个排位于全连最前方，昨天摩尔中尉就在这里阵亡。比赛特打退了日军的多次进犯。M.A.特里希中尉接管了摩尔留下的那个排，负责比赛特的右后方阵地，同样挫败了日军的每一次冲击。

下午，日军的进攻仍然没有中断。迪肯森连伤亡很大，急需支援。得知前敌战况，波兹命令53营C连立即增援迪肯森，一定要帮他守住阵地。这个时候，从27日起，一

度与主力失散的39营索德排和彭特兰排刚刚回阿罗拉报到。得知前线吃紧，这些饥肠辘辘、身体虚弱的小伙子们，二话不说，直接赶回伊苏拉瓦，加入充当2/14营预备队的39营阵地。2/16营营部的一位士兵说：“当我看见那些可怜的家伙，步履蹒跚，但毅然决然地走上回伊苏拉瓦的道路时，我就明白他们都是好样的。”39营的另一位军官S.B.约翰斯顿中尉带领着一队同样身心疲惫的士兵，甚至没有回阿罗拉，直接通过53营阵地，赶回伊苏拉瓦。他见到营长霍纳中校，只说了一句话：“我们听说营里处境困难，然后就回来了。”

伊苏拉瓦的其他阵地同样危急。在日军的一连串大举压迫之下，卡梅伦连的阵地从15点左右开始出现裂痕。H.C.威克菲尔德一等兵手持布朗式机枪，独自把守一片阵地，数次阻击日军进攻，但他人单势孤，还是被日军冲了过去，迂回到全营左翼的尼耶连阵地后方。特里希排趁日军立足未稳，发动反冲锋，将他们逼退。17点左右，日军又向尼耶连比赛特排和瑟古德排阵地，以及卡梅伦连左翼被孤立的阵地发动猛攻。根据尼耶的粗略计算，这一天他的部队先后遭遇日军11次进攻，每次日军会出动大约1个中队的兵力，他们前后毙伤日军至少200人。

在日军的最后一次进攻中，比赛特中尉被日军机枪子弹直接命中，当场阵亡。与此同时，在比赛特排阵地左后方，梅森排的阵地已经支持不住，被迫后退。梅森排下午先后发动了4次反击，减员严重，最后只得边打边退。C.R.麦卡鲁姆下士表现尤其出色。麦卡鲁姆身强力壮，一手持布朗式机枪，另一手持汤姆森冲锋枪，为全排断后。两支自动武器放倒了很多鬼子，为同伴撤退赢得了时间。子弹打光了，他就直接抄起身边日军死尸的武器，继续阻击。同伴们说他凭一人之力，干掉了40个日本兵，使全排1/3的士兵安全撤退，直到最后关头，才和同伴们会合。

晚上，凯伊发现他的部队处境极为严峻，为继续坚持，不得不进行调整，而他的敌人仍在威胁左翼高地。19点30分，波兹准将决定在留下必要兵力保护全旅右翼的同时，使用现有的全部预备兵力支援凯伊。他告诉凯伊，明天天亮以后，他就能让卡洛中校2/16营的2个连赶到伊苏拉瓦，发动反击。凯伊明确回答，他根本不可能继续坚守一个晚上。20点45分，凯伊请求让他率部撤往伊苏拉瓦和阿罗拉之间的莱斯特·豪斯山岭。得到批准后，凯伊让霍纳的39营先撤，保护2/14营的退路。波兹修正了原定计划，让D.K.高德史密斯上尉的2/16营C连和B.D.N.朗利吉上尉的D连继续向伊苏拉瓦靠拢，掩护凯伊撤退。凯伊连夜组织全营离开伊苏拉瓦，运送大量伤员让原本就狭窄难行的山路更为拥堵，但没有人愿意抛弃负伤的战友。战士们甚至还自发地抬着比赛特中尉的尸体一起撤退，即使已经阵亡，他仍然是全营最受爱戴的军官之一。

29日白天，2/14营确认阵亡12人，负伤48人，另有大量人员被暂时列入失踪名单。卡梅伦连的皮尔斯排和加德纳排早已被敌军孤立，仍在主阵地苦战。营部迟迟联系不上他们，只得都列入失踪名单。尽管最终2/14营被迫弃守伊苏拉瓦，但他们已经对日军144联队造成极大伤害。凯伊中校估计，他们在当天的战斗中至少毙伤日军550人。

前方形势严峻，波兹准将再度电告师长艾伦少将，目前无法让39营离开，让2/14营独自留守前方。根据凯伊和霍纳两人的报告，日军现在能在前线集中的兵力完全压倒澳军。波兹对53营在实战中的表现十分失望，更加坚信他们在前线无法起到多少作用，他再次请求派2/27营来前线，同时请求更多空投和人力支援前线的补给运输，只有在物资供应能得到保障的前提下，他的部队才能尽可能支撑更多时间。临近午夜，艾伦少将终于答复，同意2/27营营长G.D.T.库珀中校次日率领营部和2个连先赶去支援马罗布拉部队，只要米尔恩湾的日军威胁解除，2/27营余部也会立即赶赴前线，和21旅主力会合。艾伦对于组织更多民夫并没有把握，但还是承诺会追加500名民夫，保障前方补给，同时答应从当天开始，尽力组织空投。他又指出，为了缓解前方的补给问题，有必要尽快让39营退驻米奥拉。鉴于53营表现实在不尽如人意，艾伦希望尽快将53营先撤出战斗，让刚刚晋升为中校的前39营代营长卡梅伦再度去前线，接管这支部队，希望有所改观。

随着2/14营和39营被迫撤往莱斯特·豪斯山，21旅在战斗第一阶段暂时失利。米奥拉还没有建成一个可靠而有力的后勤补给基地，只能容纳有限的补给，迫使波兹准将不得不以连为单位投入前线替换39营和53营，无法一开始就集中优势兵力。另一个重要原因是53营作战不利，在阿罗拉左右两翼的侦察和作战表现都令人失望，让日军144联队第2大队轻易夺取两翼高地，使整个局面陷入被动。而波兹的21旅只能以连为单位，赶到前方，无法及时更换这支拖后腿的部队。如果21旅能以整营为单位进入前线，还是有可能守住伊苏拉瓦阵地的。另外，由于补给不到位，澳军缺乏丛林战必需的多种装备。他们没有绿色军服，在丛林中相对容易被日军辨识，而他们要发现身穿绿色军装的日军就相对困难。缺乏工程用具，迫使他们只能用刺刀、钢盔和空罐头挖掘工事，修筑阵地，这样的工程质量在实战当中并不能起到多少掩护作用。

一退再退

伊苏拉瓦已经失守，阿罗拉周围的战斗仍在继续。30日9点30分，日军在阿布亚里周围设立了机枪阵地，火力已经能够威胁到阿罗拉。麦基连和萨布雷特连在G.W.赖特上尉统一指挥下，继续和日军阵地对峙。他们一直在等待53营金上尉的一个连按计划迂回到日军背后进攻，然而中午，金向阿罗拉的2/16营营部报告，他在崎岖的山区无法找到接近日军阵地的道路，已经就地组建了一个防御阵地。萨布雷特发觉当面敌军有蠢动迹象。11点30分，他向阿罗拉报告，日军有威胁瀑布和阿罗拉之间地区的举动。萨布雷特迟迟没有收到金上尉行动的消息，决定不再等待，和麦基一起对日军发动了进攻，但除了损兵折将，一无所获。由于这一时期缺乏药品，在山区伤重死亡的比率非常高。

在这次战斗中，J.吉尔克中尉的一个排发动进攻没多久，就遇到日军伏兵突袭。突如其来的机枪子弹杀死了M.T.克拉克下士。G.麦德蒙特二等兵冷静地从克拉克身上搜取手雷，向日军前沿阵地山坡上的火力点还击。一排子弹向麦德蒙特飞射而来，他躲避不及，胸部中弹，但他依然坚持用手雷打击日军火力点，直到战友们都安全撤退为止。日军追了出来，但负伤的麦德蒙特就用克拉克留下的冲锋枪在道路中央阻击日军前进。麦德蒙特的弹匣打光了，G.E.莫里斯中士接替他，继续阻击日军。他俩沉着应战，让全排摆脱了最危险的境地，然而他们和连主力失散了。

下午晚些时候，阿布亚里的澳军接到命令，全线撤退到阿罗拉周围的主干道，与高德史密斯连（欠一个排）和朗利吉连一起，守卫阿罗拉。但萨布雷特连在撤退时发现非常困难。这一夜，爱奥拉溪右岸能见度很低，沿途的悬崖峭壁和潮湿的灌木丛林都很难通行，爱奥拉溪上只有一条简易的圆木浮桥，归途实在令人挠头。萨布雷特连出发没多久就走散了，有的还没走到爱奥拉溪就迷路，只得再次回到出发地；有的好不容易才回到阿罗拉，就已经弄得满身泥水和擦伤；还有人过溪后又迷了路，只得再回到小溪，寻找正确路线。罗伊·特纳二等兵负责背负一位伤员赶路，路上的艰难就更加可想而知。赖特上尉一开始根本不知道上级已经下令撤退，和他的直属部下仍留在阿布亚里附近，吉尔克排更是一直都没有联系上。

21旅左翼的情况恶化更快。30日上午，凯伊的部队已经在莱斯特·豪斯山的环形阵地就位。尽管39营依然配属凯伊指挥，但伤病员陆续启程去米奥拉后，该营中午仍留在前线的战斗人员仅150人。除了实际上已经缩减为一个加强连的39营，凯伊手中还有本营的几个连，53营C连，安排在左翼前沿阵地的2/16营的一个排。严重的战斗和非战斗减员，凯伊已没有足够兵力掩护左翼高地。13点前后，日军果然从左翼高地发动攻势，成功迫使2/16营的那个排退入环形阵地。

与此同时，日军144联队经过连日激战，损失很大，急需有力支援，南海支队长堀井少将已将支队预备队第41步兵联队调往前线。尽管41联队的第1大队还在海上，第3大队需要留守科科达，还无法赶到前线，但小岩井光夫少佐的第2大队700多名官兵在这个时候加入战局，对日军的短期胜利，起到了决定性作用。

144联队压迫澳军2/14营前方左翼阵地时，小岩井大队一路穿过茂密的灌木丛，从澳军左翼高地一路绕过多数前方阵地，直接迂回到卡梅伦连和霍纳营阵地背后。当天傍晚，小岩井少佐已经找到通往阿罗拉的主干道，随即向上级报告，他正在沿道路两侧部署兵力，而他在附近并没有发现澳军，这条路很可能通往莫尔兹比港。

下午3点，波兹准将尽管还不知道日军小岩井大队已经迂回包抄莱斯特·豪斯山阵地后方道路，但考虑到凯伊的部队无法防守那样的大面积阵地，已经察觉他们有被日军截断后路的危险，于是命令他们向爱奥拉溪方向撤退。迪肯森连和卡梅伦连（后者目前仅有2名军官和32名士兵），以及2/16营的一个排，负责驱赶道路附近出现的日军，确保撤退成功。16点50分，迪肯森和卡梅伦开始行动的时候，日军144联队向已经变作后队的巴克勒连和尼耶连发起进攻，小岩井大队也不理会迪肯森和卡梅伦，率部直扑2/14营营部。凯伊发觉不妙，马上带领营部转移，当他们想沿道路撤退时，日军的交叉火

地图二十　8月30日的伊苏拉瓦—阿罗拉战斗

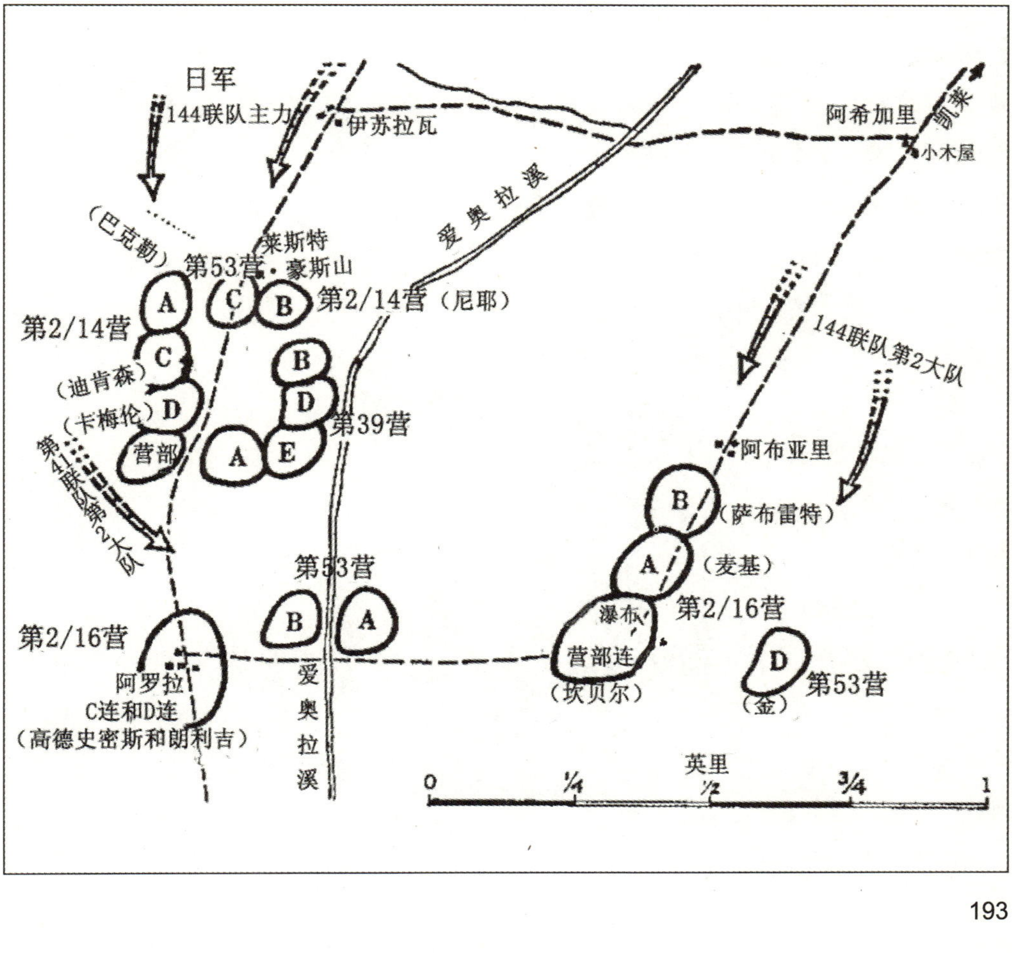

力让他们寸步难行。凯伊审时度势，命令大家放弃道路，向爱奥拉溪陡峭的溪岸方向撤退。

阿罗拉的2/16营高德史密斯连和朗利吉连负责掩护2/14营主力继续南撤。麦基和萨布雷特的两个连仍在阿布亚里的道路两旁寻找归路。由于日军阻挠，凯伊本人，营副官霍尔上尉，情报参谋S.Y.比赛特中尉，军士长L.E.蒂普顿准尉，以及2/14营营部其他成员都没有随作战部队一起撤退。特里希中尉率领的尼耶连一部留在阵地上运送伤病员，巴克勒上尉率领本连一部保护特里希部，并且负责断后，也都没有随主力撤退。尼耶上尉率部撤退近1小时后，巴克勒上尉，特里希中尉和C.G.D.巴特勒中尉才带领41名战士撤退。但日军小岩井大队已经完全控制了道路。J.E.维利姆上士带领一个班在黑暗中为全队开路，遇上了埋伏。3名澳军士兵当场阵亡，维利姆和另外2人负伤。

8月30日对2/14营来说，满是愁云惨雾。这一天他们营共有10人阵亡，18人负伤，对一个营来说并不是特别了不得的数字，但足有172人失踪，其中包括营长、副官、情报参谋、军士长、连长巴克勒上尉、排长特里希中尉、巴特勒中尉、皮尔斯中尉、加德纳中尉和戴维斯中尉。

8月31日，除了大量失踪人员外，2/14营余部在阿罗拉以南大约1英里，旅部在阿罗拉和爱奥拉溪中间预先准备好的阵地里安顿下来。53营被勒令退出战场，返回米奥拉，2/16营营部，高德史密斯连和朗利吉连越过2/14营组成的前沿阵地，暂时在道路两旁驻扎。8点30分，麦基连、萨布雷特连和坎贝尔连沿爱奥拉溪的溪床一路撤往预留阵地。15点左右，2/14营再度后撤，途中穿过39营镇守的爱奥拉溪，大约3小时以后，到达爱奥拉溪右岸，21旅旅部附近的阵地。这个时候，2/16营继续维持爱奥拉溪和阿罗拉中间的阵地，等待从阿布亚里一带回来的本部人马，天黑后，他们向旅部方向移动了大约45分钟。

这个时候，完全占领伊苏拉瓦－阿罗

■1942年8月30日失踪的2/14营营长凯伊中校，不久就被认定在撤退途中阵亡。

拉地区的日军正在休整。自从登陆以后，南海支队一直在向目标前进，但损失也不小。144步兵联队因战斗伤亡和热带疾病造成的非战斗减员，每个中队从170－80人锐减到50－60人，损伤率高达三分之二。占领伊苏拉瓦地区的小岩井大队虽然伤亡较少，但自从他们在巴萨布亚登陆以后的十天以来，获得的补给逐日减少。随着向山区腹地推进，日军的补给问题日益凸显。好在澳军撤退匆忙，没来得及搬走或者毁坏伊苏拉瓦的补给仓库，小岩井大队补充了不少弹药，食物（以面包干和罐头食物为主）和衣物。除了供给41联队外，小岩井少佐还匀出一部分给144联队，缓解燃眉之急。

南海支队为越过欧文·斯坦利山脉已经花了差不多5天时间。先前横山大佐占领德尼基的时候，曾向上级报告，自己已占领山脉最高峰，着实让堀井支队长和军司令官百武中将高兴了一阵子。但是随着战线的推进，南海支队发现，当他们占领伊苏拉瓦的时候，距离山脉最高峰还很遥远。

原先日军一直都想当然地认为，只要占领欧文·斯坦利山脉的最高峰，就可以从山脉南坡找到通往莫尔兹比港的道路。但他们万万没有想到，欧文·斯坦利山脉并不是一座简单的山岭，而是山环山，山套山，即使越过一座山峰，前方还有不知多少山峰要过。

堀井支队长已经意识到打开欧文·斯坦利山脉通往莫尔兹比港的道路难上加难，而军司令部只会发给他诸如：“在到达欧文·斯坦利山脉南坡以后，战局会发生突破性进展。”这类空泛的命令。南海支队至今都只占领山脉起始处的一些山峰，军司令部的命令完全是对山区地形一无所知的空谈。但堀井少将别无选择，要想完成任务，只有早日夺取山脉南坡的高地。

8月31日傍晚，堀井少将命令41步兵联队继续追击阵地前方的澳军，经过连日战斗的144联队则暂且原地休整。

小岩井少佐收到出击命令，心中暗暗叫苦。由于运输困难，日军的长途电话线和其他通信设备都只能留在科科达。从科科达到前线的所有通信都只能依靠通信员的两条腿和短途电话线维持，连德尼基的支队司令部也一样。继续追击的话，补给和通信问题只会更加突出。但军令如山倒，他别无选择，只得下令各部开始着手准备。

澳军尽管不清楚日军的具体行动计划，但从日军士兵驱赶土著人和他们一起拓宽山路，修建兵营的举动，就能判断出日军必然会继续进攻。波兹准将请求上级空袭日军目标，但当时盟军航空兵还无力满足他的要求。波兹退而求其次，希望能够空运伤病员离开前线，这样至少能缓解前线的补给困境，可航空兵连这一点也无法做到。这样一来，波兹就只能仰仗J.R.马加利少校的医疗队了。

8月14日，马加利少校和2/6野战救护医疗队一起来到莫尔兹比港。4天后，他就和

J.M.奥尔登海姆上尉一起，带领31名医疗队员赶赴前方，一路上，他在各个兵站设立了医疗点，组织担架队，收容和治疗了大批伤员。8月31日17点30分，马加利从师军医主任弗兰克·金斯利·诺里斯（后来获得英国爵士头衔）那里得知，从米奥拉空运伤员到大后方已经可以进行，立即命令奥尔德海姆组织尽可能多的伤病员从米奥拉飞往莫尔兹比。

9月1日早晨，波兹准将告诉马加利，他没有把握能守住米奥拉，必须尽快设法疏散还留在当地的伤员。马加利一边着手安排伤员去梅纳里的主医疗站，另一边通知带领2/6野战救护队另一个支队赶来前线的D.W.布鲁米特少校，在艾弗吉设立一个前敌救护站。

与此同时，小岩井大队（欠第7中队）如期离开伊苏拉瓦，向南追击澳军。卡洛中校的2/16营清晨刚刚继续向爱奥拉溪方向靠近，日军追击时，处于前沿阵地的高德史密斯连承担起掩护全营的任务。卡洛营且战且退，在他们通过霍纳把守的爱奥拉左岸高地时，高德史密斯连和朗利吉连一部被小岩井大队的大批追兵紧紧咬住。高德史密斯连的75名战士在霍纳营撤离后，负责断后。朗利吉连负责掩护营部和其他连队进入高地的通

■8月27日的爱奥拉溪原始村落，几天以后，澳军就从这里撤离。

道，D.A.帕特森中尉阵亡，另有几名战士负伤，但他们好歹顺利完成了任务。

中午，2/16营主力到达爱奥拉溪右岸，接管2/14营阵地，2/14营稍向南移，仍然与原阵地相连。2/16营主力在新阵地与8月30日失散的吉尔克排重逢。吉尔克排在归队的路上，消灭了一些日本兵，而且还在野地里遇上了24日在米西马失踪的53营通信员。吉尔克排发现这家伙的时候，他的靴子早磨穿了，没有任何武器，饿得快没力气说话了。

这一天，日军为了通过爱奥拉溪两岸的崎岖高地和湍急的溪流，颇费了一番周折。他们倚仗人多势众，下午就对2/16营的新阵地发起全面进攻。澳军右翼前沿阵地的朗利吉连承受了大部分压力。日军对他们的阵地发动了连番进攻，直到午夜才暂时中止。朗利吉连的A.C.哈迪准尉和W.J.邓肯上士临危受命，组织2个排多次击退日军，在战火中成长为合格的指挥官。全营按照波兹准将的命令，一直坚持到次日早晨6点。

2/16营后方的2/14营，这一夜过得很安稳。营长凯伊中校下落不明，营部连连长罗登上尉暂时代理指挥权。罗登派R.M.麦克伊尔罗伊中尉带领20个人去爱奥拉溪西岸山地到卡基的旧山路一带侦察，防备日军再度迂回包抄。如果没有意外的话，他们会在现有阵地待命三天，然后由其他部队接替。霍纳中校奉命率39营急行军赶去卡基侦察，并且掩护那里的道路。

9月2日，53营到达米奥拉，然后留下所有自动武器、步枪和装备，让一个留守连运送和护卫，主力继续返回莫尔兹比港。

这个阶段，波兹准将认为他的阵地需要重新调整。21旅经过连续消耗，有生力量已所剩无几。他们经过接近1个星期的连续作战，没能喝上一杯茶，吃上一顿热饭。现在，阵地上缺少掩体，山间气候又格外潮湿，雨一直下个不停，即使没有战斗，日子也非常难熬，伤病和运输问题也困扰着部队。波兹觉得在得到大批援兵和物资增援，日军的运输线和补给延伸到临界点以前，根本无法长期守住任何阵地。他向艾伦师长坦言自己的观点，随后提出会将部队撤往坦普尔顿山口。他认为现在必须尽快建立一个可靠的，能够守住的基地，米奥拉和艾弗吉道路正中和卡基道路的岔道口，是现在他能找到的最适合的地点。

9月2日，天刚麻麻亮，澳军就开始撤往坦普尔顿山口。上午8点，2/14营在前，2/16营在后，澳军向坦普尔顿山口以北运动了一个小时。前些天断后的高德史密斯连已经归队，2/16营现在的兵力比昨天宿营时有所增强。10点，2/14营继续向坦普尔顿山口进发，留下2/16营阻击日军。

日军小岩井大队追击以来，在澳军阻击和糟糕道路的双重影响下，苦不堪言，但仍没有放松。11点，日军先头部队和澳军左侧前沿阵地的一个侦察哨遭遇。J.H.A.威利斯下士和6名士兵先后毙伤10名日军，但萨布雷特连的主阵地发现，有日军正在向他们左翼迂回运动。为摆脱日军，卡洛中校决定让萨布雷特连撤出阵地，跟随营主力撤退，澳军准备让出道路给日本人，然后在两旁的山地打个伏击。日军发现澳军撤出阵地，果然中计，兴高采烈地涌进山道。日军军官挥舞着指挥刀，敦促士兵们向前急追。这个时候，澳军怒吼着从路旁的山间杀了出来。邓肯上士的一个排和莫里斯中士的一个班如同饿虎扑羊，杀得日军人仰马翻。这次战斗，澳军共有2人阵亡，1人负伤，估计一共毙伤日军30人。日本战史丛书明确记载，发动追击战以来，他们已经阵亡40人，伤53人，有力地证明了澳军的阻击战果。

日军因伤亡较大，不得不暂停脚步休整，等待后续部队跟进。澳军2/16营经过一段崎岖路程，穿越大片灌木丛后，终于和罗登上尉的2/14营会合。这个时候，澳军人困马乏，疲惫至极，然而艰苦的撤退并没有结束。和前两天一样，2/16营接防后，2/14营继续撤退。9月3日，营情报参谋比赛特中尉、军士长蒂普顿准尉和其他11名营部成员成功归队，但营长凯伊中校再也没有出现，估计已经在山间遇难。这已经是澳军在巴布亚战场折损的第3位营长。

9月2日至3日夜间，包括41步兵联队第1大队一部在内的日军后续增援部队，合计1500人，以及300匹驮马，都在巴萨布亚顺利登陆。

这一天，日军小岩井大队已全部通过爱奥拉溪，随后又沿着山路，穿过好几条小溪，靠近2/16营阵地。2/16营没想到日军来得这么快。这个傍晚难得没有下雨，大约五六个战士趁这个机会，在附近的小溪，清洗他们和乞丐装没什么分别的军服。谁知日军先头部队就在这个时候穿过同一条小溪，借着日落前的最后一缕阳光，发现了五六十米以外的澳军。瞬间错愕后，日军的机枪响了，正在洗衣服的澳军士兵全部倒在溪边的灌木丛中。

“鬼子来了！”阵地上的2/16营战士们立即向枪响的地方还击。新的战场，一样的对手，战斗又开始了。晚上又下起了雨，淅淅沥沥的雨声和子弹的呼啸声同时在山间回响。

9月4日上午，2/16营和日军交火的时候，罗登的2/14营正在米奥拉休整。不知多少天以来，2/14营终于能吃上一顿热饭，换洗上新衣服，但短暂的间歇没能维持多久。旅部传来最新命令，2/16营处境危险，罗登立即带着他的人去米奥拉前方，准备掩护撤下来的友军。

2/16营的处境从这天下午开始恶化。大约14点，G.T.希克斯中尉的巡逻队回来报告，日军正在包抄该营左翼阵地。片刻工夫，前沿阵地的麦基连也报告营部，他们陷入苦战。营长卡洛中校和副营长J.M.希尔曼少校都回米奥拉勘察地形去了，全营暂时由萨布雷特上尉指挥。他决定在被日军包抄之前，将大约还有300人的2/16营撤到一个更有利的阵地重整。撤退时，殿后的高德史密斯连和朗利吉连遭到日军伏击，好在刚从前线退下来的麦基连为他们解了围。日军发现澳军已经撤退，再度组织兵力猛扑，在澳军将要到达新阵地之前，将他们的队形冲散了。日军的压力和黑夜让2/16营各单位之间失去了联系。希尔曼中尉不知不觉变成了全营退往米奥拉的带头人。澳军战士们在夜色中蹒跚而行，尽量让伤兵先撤，每个人都自觉地为前一个人托着行军包或者武器，尽量不让这些重要装备在路上遗失。走了大半夜，实在辨不清方向，他们只得先停下脚步，等待黎明。

9月5日的曙光初现，2/16营陆续赶到米奥拉，有2/14营掩护，让他们放心不少。趁日军还没追来，大家抓紧时间先吃上一顿饭，然后将无法带走的补给和辎重全部焚烧，将营房爆破。雨又下了起来，2/16营顾不得其他，穿过雨幕，继续向艾弗吉撤退。2/14营随后跟随2/16营一起撤退，大约在下午2点，到达艾弗吉。惊魂方定的两个营就在当地宿营休息，他们实在太累了，以至于都忘记在营地周围放哨。

这一天早上，2/16营撤退以后，日军攻占海拔2000米以上的坦普尔顿山口，所有日军官兵都激动得高呼“万岁”，以为离走出山区不远了。这个时候，堀井支队长命令小岩井大队在山口就地休整，让144联队取代他们，继续追击澳军。144联队长楠濑大佐已经患病，仍然躺在担架上，继续指挥部队执行任务。

得知米奥拉不战而弃，波兹准将十分沮丧，他比任何人都清楚这个据点的重要性。尽管他曾对军医说过，没有把握守住那里，但内心仍抱有希望。9月2日，他在给艾伦师长的报告中称，他的部队战斗意志坚强，估计已经毙伤日军超过700人，同时指出，在坦普尔顿山口的所有军需和设施都已转移或者销毁，他正准备将米奥拉的补给转移到艾弗吉。艾伦回复他说，一旦需要，21旅混成连可以派往前线增援，他很清楚守住米奥拉的重要性，现在波兹应当关注如何组织力量发动反击。艾伦的意思很明白，只要21旅的部队全部到位，波兹就要开始发动反击。现在前线的两个营主动放弃米奥拉，波兹只得寄望9月4日赶到卡基的2/27营的两个先遣连能收复这个要地。然而如果这样做的话，卡基的兵力就会严重削弱，即使能守住米奥拉，日军仍能通过卡基的旧山路进逼艾弗

■刚从火线上撤下来的39营下士J.A.坎迪。

地图二十一　8月30日至9月5日，澳军撤退路线

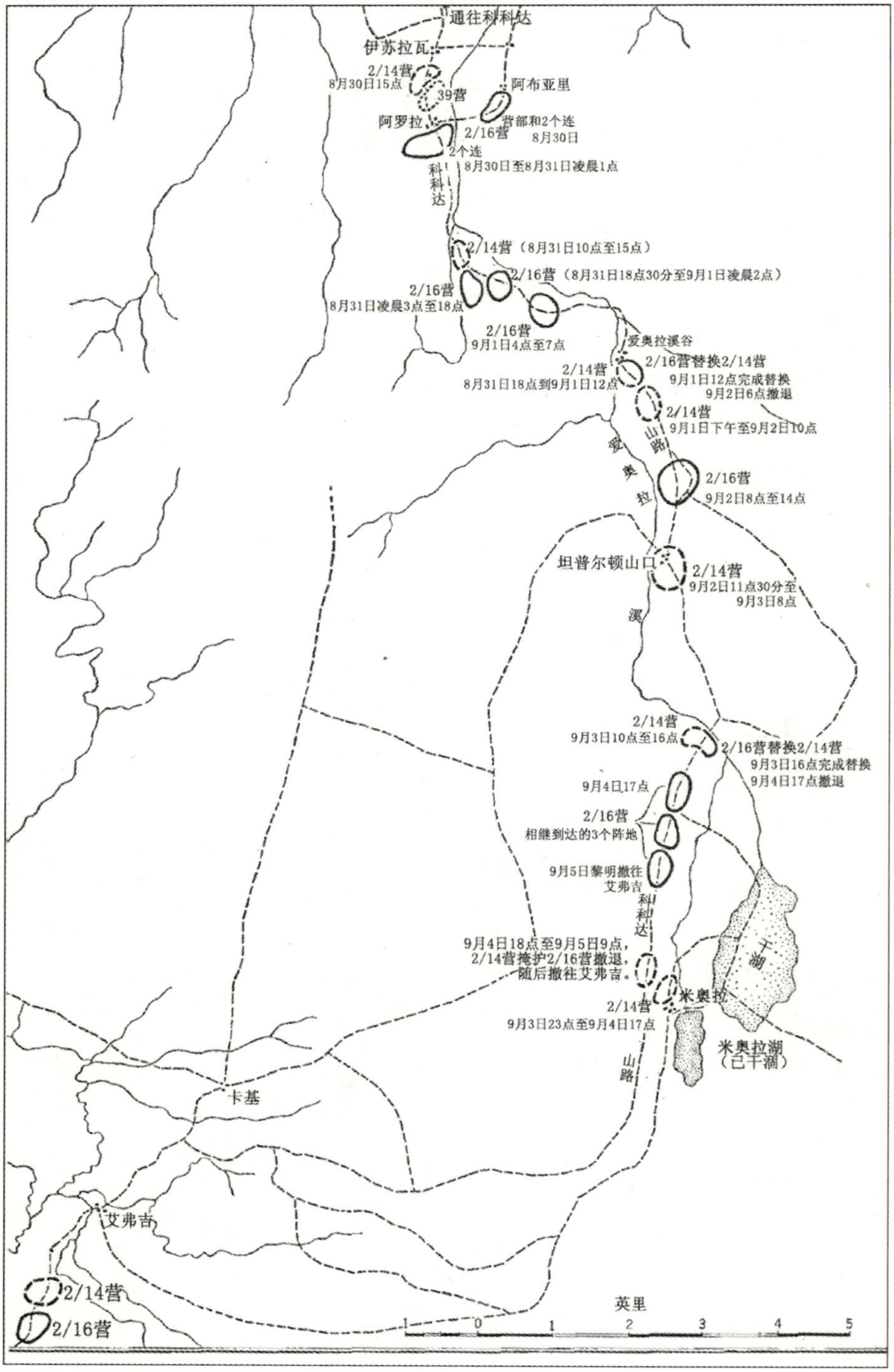

吉。权衡再三，波兹忍痛放弃了收复米奥拉的计划。放弃米奥拉，不仅意味着失去最主要的前线补给点，而且他一直期盼上级给予的各种援助就失去了着落。这个时候，战区航空队已经能够，而且开始组织空中力量支援前线，空运人员和空投物资不再是画饼充饥，实际上盟军战斗机已能飞临山区上空打击日军了。

波兹还能聊以自慰的是，他的部队在前线参加战斗以后，确确实实消耗了日军的有生力量，根据各部战报，已经歼灭了大约1000名日军。

2/14营和2/16营在从米奥拉撤退途中，已经和库珀中校的2/27营先遣队取得了联系。9月4日，库珀率领C.A.W.西姆斯上尉的A连和A.J.李上尉的B连赶到卡基，在那里见到霍纳中校和总共只剩185人的39营。5日，库珀根据波兹旅长的命令，将部队撤到艾弗吉以南高地，和本营另两个连会合。14点前后，2/27营全体官兵，合计588人，都在"布道山"阵地就位。随后，2/27营从39营接收了他们的自动武器和其他有用的装备，然后让霍纳中校带领部队返回莫尔兹比港。

9月6日，卡洛和罗登的残兵败将越过2/27营阵地，在山后宿营，2/14营的阵地位置比2/16营更靠前。这一天，自从伊苏拉瓦

■从日军一侧能看到的布道山，9月8日，澳军227营就在山岭天际线向山腰下落的位置建立阻击阵地。

战斗以后，一直和2/14营失散的皮尔斯排及加德纳排余部终于归队，加德纳中尉还负了伤。根据皮尔斯的报告，他们一路上打退了日军的多次追击。有一次，在遭遇日军重兵追击时，他曾让W.H.埃尔文上士带领这支小分队的主力先走，他自己留下断后，掩护其他人撤退，但埃尔文对他的说法不予置评。

早晨7点，库珀派F.D.贝尔中尉带领一个巡逻队去侦察卡基－米奥拉的岔路口，同时让53营留在当地负责补给任务的一部也承担一些巡逻任务。53营的巡逻队很快就回来了，仍一无所获。贝尔的巡逻队在岔路口附近中了埋伏。贝尔受了伤，好不容易才在15点30分左右赶回营部报告，巡逻队1人确定阵亡，另一人很可能阵亡，另有3人负伤，8人失踪。根据观察，他估计大约有7个小队的日军，正在从米奥拉扑向艾弗吉。稍后，库珀根据波兹的命令，将部队稍微后撤到一个两翼相对安全，不易被迂回的阵地。

退守伊奥里白瓦

从9月5日21点到9月6日5点，日军楠濑联队连过卡基和艾弗吉两个村落，随后留下第9中队主力驻守艾弗吉，主力兵分两路，试图对澳军2/27营发动钳形攻势。7日清晨，日军已经在澳军阵前就位。这个时候，盟军航空队的8架B-26“劫掠者”式轰炸机对日军阵地发动了前后三波空袭。这是盟军航空队在欧文·斯坦利山脉，对南海支队的首次成功打击。

堀井支队长得报，立即向第17军司令部发去电文：

9月7日6点30分至10点，敌机（对前沿阵地）发动了三次进攻。大约10多架敌机（实际为8架）在一次持续空袭当中，造成将近100人伤亡。由于我军战斗机（在这一带）没有行动，敌机完全掌握了制空权。预计敌机会继续空袭。我希望能够得到我军战斗机的支援。

由于通信不畅，日军第25航空战队直到9月10日才收到转达的电文。这个时候，深入山区的日军除了战斗减员，还饱受疟疾和腹泻折磨。

遭到盟军飞机打击的日军用他们的远程火炮对澳军营地还以颜色。澳军派出多个巡逻队搜索日军动向，试探日军实力，多半都铩羽而归，只有R.D.约翰斯中士的一个巡逻队击毙了6个日本兵，缴获了1挺轻机枪和2支掷弹筒，而且无一伤亡，比较争气。17点30分，约翰斯巡逻队归队才不到半小时，日军的远程炮火又响了起来，澳军在这次炮击中一共2死5伤。一个半小时后，日军开始进攻澳军阵地。2/27营总算明白21旅的其他两个营为什么会落到那副凄惨模样了，日军的夜袭几乎彻夜未停，让他们疲于应付。

9月8日黎明前，日军的攻势达到高潮。这次进攻持续了整个上午，2/27营估计日军这次投入了大约5个中队的主力。李和西姆斯的两个连承受了日军的大部分攻势，其中又以西姆斯的压力最重。桑田中佐指挥144联队第3大队的两个步兵中队和机枪中队轮番上阵。西姆斯连用密集的子弹和手雷坚决还击，每次都能将日军的队形打散。但日军十分顽强，退下一波，又来一波。西姆斯连的6挺“布朗”式机枪在战斗中将子弹全部打光了！2/27营各部在就位之前，补足了弹药。西姆斯连一共分配到1200枚手雷，每人配子弹100发。他们不仅用尽了自己的所有弹药，营里给他们预备的弹药，还消耗了许多营预备连队的弹药，终于迫使日军撤退。

尽管2/27营打退了日军的正面进攻，然而他们还是失算了。日军这次主攻虽然投入了大量兵力，但并没有倾尽全部主力。堀江正少佐的第2大队仅以一部进攻2/27营左前方的李连阵地，大队主力再次使出他们屡试不爽的战术——侧翼迂回。就在2/27营前方的两个连陷入苦战时，日军别动队已从他们左翼迂回2000多米，9月8日天亮后，他们开始袭击21旅旅部，以及守卫旅部和补给仓库的2/16营朗利吉连。

听见近在咫尺的枪声，旅长波兹准将不由暗暗叫苦，百密一疏，让日军钻了空子。日军大兵压境，朗利吉连和旅部成员几乎全体上阵，与日军短兵相接。10点前，波兹趁日军还没有截断电话线，给2/16营营长卡洛中校下达指示——万一旅部被日军一锅端，卡洛将接替波兹指挥全旅，率领大家撤往梅纳里，现在卡洛立即率部沿山路返回，如果必要，可以调保护库珀营侧背的2/14营掩护。

接到命令的卡洛连连叫苦，他现在也动弹不得。6点30分开始，日军别动队一部就已从背后向他进攻，现在他自己的营部处境也十分危险。卡洛勉力抽出一个排，想让莫里斯中士带领他们回援旅部，但莫里斯已经在战斗中失踪了。

日军的这次侧翼迂回，令澳军的整个防线完全乱了阵脚，形势每时每刻都在恶化。2/14营接到命令，赶紧撤往2/16营阵地，希望合两个营的兵力，打开退路。2/27营也必须尽快后撤。14点，罗登上尉和库珀中校商议完毕，立即率部回援卡洛营。2/14营和2/16营会合后，计划抽调2/14营的尼耶连，2/16营的萨布雷特连和高德史密斯连，总共3个连的兵力回援旅部。过了45分钟，澳军实际出动4个连反攻日军别动队。尼耶连在山路右侧迂回，萨布雷特连和麦基连一前一后，沿山路就向旅部方向靠拢，高德史密斯连则在山路左翼迂回。右翼的尼耶连遇到的抵抗最强，日军在尼耶连正面挖掘工事阻击，后援部队则从两翼迂回进攻。尼耶连奋不顾身，顶着日军的三面火力，勇往直前。W.A.诺贝尔准尉带领8名战士，率先突破日军阻击线，也顾不得有人带伤，风驰电掣般奔回旅部驻地，就往里冲。连长尼耶上尉，战斗英雄麦卡鲁姆下士等17名官兵在战斗中阵亡。经过2个小时苦战，J.M.马修斯上士和连主力的少数幸存者已经打光了弹药，只得撤退。幸存者共有8人负伤，其中1人第二天就宣告不治。

在山路上行进的萨布雷特连和尼耶连的遭遇相差无几。日军的阻击强点让他们难以突破，双方陷入对峙状态。左翼的高德史密斯连比较顺利，有两个排成功找到了旅部。一度中断的电话线经过抢修，恢复了功能。波兹向卡洛了解战况，卡洛答道：“敌人的援兵实力很强。你是否能设法帮助我们各营前进（向旅部靠拢）？”波兹回答，卡洛必须设法通过日军阻击线，而他直到最后都会竭尽全力设法帮助部队。朗利吉上尉得到旅长的最新命令，带领W.L.格雷登中尉和H.兰伯特中尉的两个排设法打开通道，和卡洛营会合。日军的阻击超出波兹的想象，朗利吉和兰伯特很快先后阵亡，两排的战士伤亡惨重，残余部队都被日军的火力牢牢钉死，半点动弹不得。波兹派出最后两排的警卫预备队，仍没有打通和友军的联系，人员极其单薄的旅部已几乎陷入绝境！

千钧一发之际，他的副官查伦少校带领旅混成连的30名战士赶来了。查伦先前奉命回梅纳里勘察，正好遇上刚刚进驻的混成连。和混成连一起来到前线的师部参谋G.E.莱昂上尉得知前方险情，二话不说，立即和查伦带人前去搭救。天黑后，波兹终于成功脱险，随混成连先遣队返回梅纳里。临走之前，突破日军封锁线来到他身边的卡洛营战士告诉他，如果卡洛等人无法用正面强攻突破日军阻击阵地，将会设法迂回到小路撤往梅纳里。

这个时候，卡洛、库珀和罗登三位营长正在商议怎样突围才能达到最好效果，最后决定，2//16营、2/14营和2/27营依次从灌木丛中的一片狭窄小道向东穿过山岭，然后再迂回到主干道，撤往梅纳里。16点到17点，卡洛从火线成功找到突破口，率部退入那条小路。这条小路虽然隐蔽，但道路条件糟糕透顶。澳军战士们不得不一路披荆斩棘，即使这样，还是经常会被灌木的尖刺划伤，至于衣服被扯破更不在话下。抬着担架照顾伤兵的战士们更惨，在灌木丛中摇摇摆摆，唯恐把伤兵颠下来，体力消耗比在山路上直接行走还要大得多，真恨不得自己负伤，躺在担架上让别人抬。

2/16营和2/14营依次先撤，人员建制较完整的2/27营继续阻击日军，让其他2个营尽快全部撤离。李上尉负责断后的B连一直坚持到最后。17点30分，等到营里的其他连队全部撤离，李出其不意地对日军发起反冲锋，令日军出现了短暂的混乱，趁这个时机，他赶紧带领全连脱离战场。

9月9日上午，退到梅纳里的波兹旅长仍没有得到前方3个营的消息，正在焦急地等待。直到11点30分，2/14营和2/16营终于前来会合。日军步兵虽然没有追上来，但他们的迫击炮、机枪和速射炮一直都在骚扰处于最大射程以内的梅纳里。

波兹集合现有人员，部署梅纳里的防御

地图二十二　9月6日至8日的战况

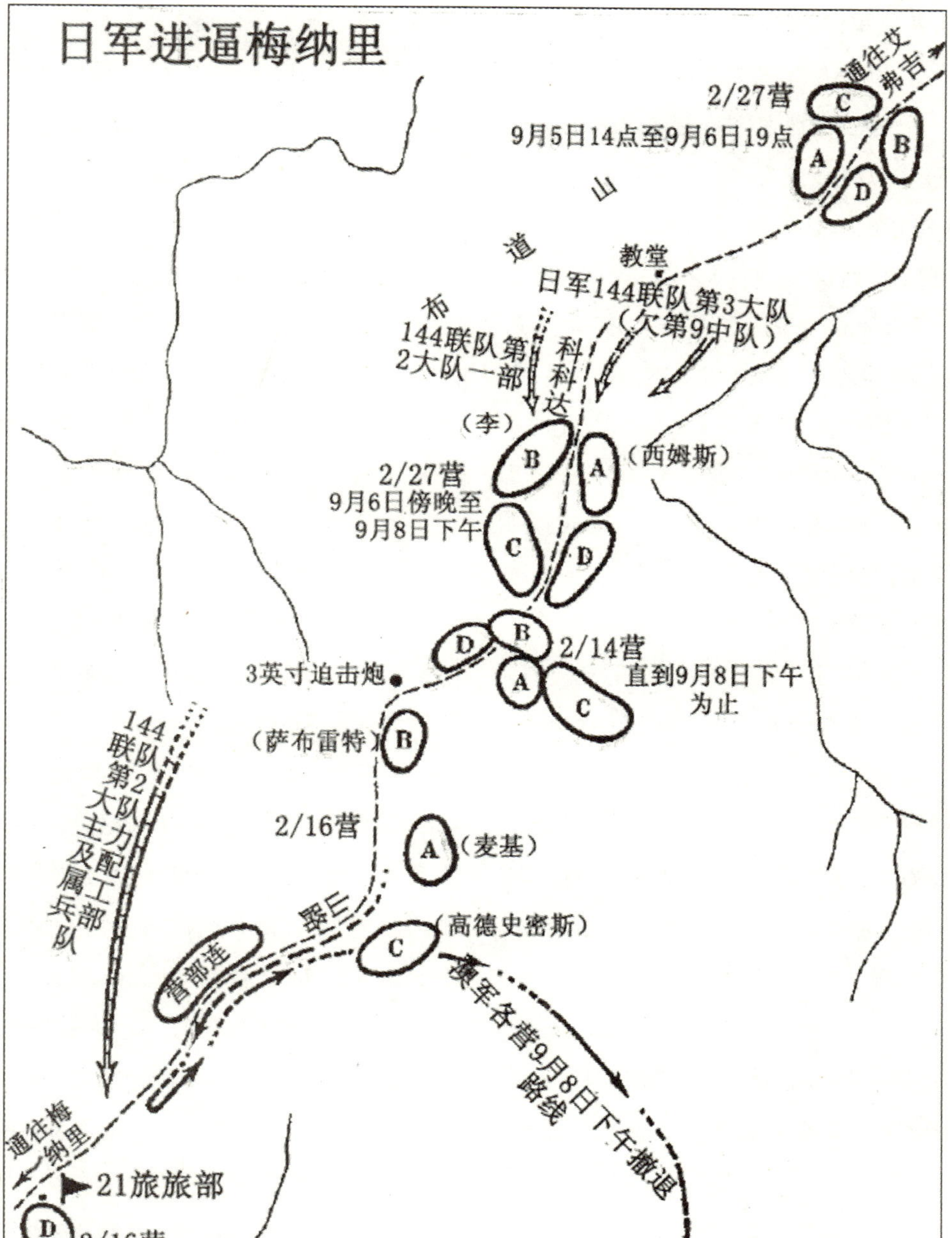

阵地。来到前线不久的混成连连长W.B.拉塞尔和他的部队负责梅纳里北方阵地，麦基连驻守梅纳里村，卡洛2/16营的其他部队守卫村庄以南阵地，罗登的2/14营奉命去驻守瑙罗，一路上他们得蹚过齐膝深的泥浆。罗登营的A.S.D.J.麦戈文中尉，克莱门兹中尉和J.R.格林伍德中尉带领其他两个营的一些人员在后面负责护送伤兵救护队，没有随营主力一起行动。中午，波兹依然没有库珀的消息，于是派出一个当地的警察分队去寻找他们。14点30分，艾弗吉高地的日军有出动迹象，为了安全起见，波兹离开了梅纳里。没多久，拉塞尔根据波兹的指示，开始准备轻装后撤。他们在山路上中了埋伏，损失2名士兵，随后离开主干道，沿小路后撤。

9月10日上午，日军再度进攻卡洛营前沿阵地。卡洛的阵地毫无悬念地再度被攻破，澳军又开始撤退。14点前后，2/16营进入瑙罗和伊奥里白瓦之间的马古利山阵地。改由查伦少校指挥的2/14营在那里接应他们。澳军的这两个营经过连日战斗，全部兵力已仅剩307人，大致相当于2个加强连而已。由于军官减员严重，2个营部已无法继续维持，这支混成部队索性合并指挥班子，由卡洛中校出任正指挥官，查伦为副指挥官。

这一天，旅长波兹准将奉命返回莫尔兹比港述职，波特准将从他手上重新接管前敌“马罗布拉”部队的指挥权。他的任务是掌握乌贝利前方所有部队的情况，阻挡日军的攻势，让澳军阵地能够稳定下来，尽量争取控制他能控制的地方。除了21旅的原有兵力外，波特还得到澳军第3步兵营（欠1个连）、第2/1先锋营（欠1个连）和第2/6独立连的几个正在伊奥里白瓦往北运动的巡逻队。新几内亚部队司令部同时告诉他，25旅会尽快赶到前线，和前方部队一起守卫欧文·斯坦利山脉的阵地。

波特决定将他刚接手的这支部队撤回伊奥里白瓦的主要据点。根据9月8日和9日的体会，他认为，一旦日军迂回到2/14营和2/16营背后，要在山路上消灭日军毫无把握，而且在伊奥里白瓦作战要比在瑙罗山一带具备更多战术优势。

9月11日早晨，当2/16营开始越过第3营阵地后撤时，日军正在对2/14营发动进攻。2/14营坚决顶住日军的三面围攻，诺贝尔准尉和一些战士在血战中阵亡，更多的战士负伤。日军的巨大压力，使得2/14营的不少战士无法及时撤退。年仅24岁的A.L.萨根特中士和其他2人，为了照顾一位伤员，不愿离开，结果和主力失散。

日军见澳军节节败退，又是一路尾追，不料2/16营败中求胜，让他们落入一个伏击圈，损失了十余人。这次伏击，令日军一时不敢再追。下午，2/14营和2/16营组成的混成部队在伊奥里白瓦以北大约30分钟路程外的一座山上重新建立阵地，居高临下，控制住道路，麦基连奉命镇守最前沿。在混成部队右翼和道路后方是第3营。第2/6独立连的

■1942年9月6日，欧文中校（图右）在梅纳里重整39营后，率部先行撤退。随后21旅也没能守住梅纳里一线，继续向伊奥里白瓦退却。

巡逻队在左翼巡弋。

麦基在阵地前方一条小溪穿过道路的地点埋下了伏兵。17点左右，B.W.莫罗内下士带领的这个伏击队发现日本兵正走下小溪溪床，还有人在澳军留在那里的掩体里乱翻。原来随着补给线的延伸，日军的物资供应已明显匮乏，这些日本兵想从澳军宿营地里寻找些粮食衣物。就在他们翻检澳军留下的罐头时，莫罗内指挥伏击队开了枪。日军猝不及防，伤亡过半。

9月12日，原本有些杂乱的混成部队阵地进行了重整，第3营的阵地也做了一番调整，上级给他们的命令是，在新的部队替换混成部队之前，要守住伊奥里白瓦。

随着战线延伸，补给困境和连日作战的疲劳，使日军失去了原先的锐气。9月11日傍晚，堀井支队长亲自赶到梅纳里。他没有立即下令总攻伊奥里白瓦，而是先设法修整梅纳里以南的道路，使日军的行军至少能容易一些。9月12日，日军前锋才逼近伊奥里白瓦北方的澳军阵地，发动了一次试探性进攻，但天黑以后就已停止。双方都被连日战斗折腾得疲惫不堪，急需休息。第二天，日军主要用迫击炮和山炮造成澳军的一些人员伤亡，而澳军巡逻队打了日军小股部队一个伏击，毙伤5到7名日本兵。

早在9月8日，百武中将的第17军司令部就命令南海支队长堀井少将，让第41联队在科科达地区集中，准备将该联队派往日军情况不妙的所罗门群岛，同时让堀井抽调一个大队的兵力在布纳布防，防备盟军在当地登陆。不知是因为通信原因，堀井没有收到军司令部的命令，还是他本人故意无视这则命令，总之他没有调整部署，而是按照他离开科科达时就制定的作战计划，集中手下的两个步兵联队，继续向莫尔兹比港进攻。144联队会在下一阶段正面进攻澳军阵地，而41联队主力在瑙罗河右岸地区集结待命，充当预备队。先前驻扎巴萨布亚的41联队第1大队，按照堀井的命令，也将于9月14日，在前线和联队主力会合。

9月14日白天，澳军25旅的2/31营和2/33营已经赶到伊奥里白瓦南方阵地，2/31营沿着山道继续向前推进，准备在混成部队前方布防。2/33营13日已经来到21旅后方，开始向右翼运动。

美澳将领之争和麦克阿瑟的新计划

1942年8、9月之交，澳军在欧文·斯坦利山脉节节败退。即使这个时候，战区司令部依然认为日军在科科达通道的兵力单薄，不会真的试图穿越群山，进攻莫尔兹比港。尽管新几内亚部队司令罗威尔中将和澳军第7师师长艾伦少将都不认为日军可能从东北方穿过群山，攻下莫尔兹比港，但他们了解前线的真实情况，知道日军在前线的兵力大大超过澳军。

8月的最后几天，麦克阿瑟的心情非常焦急，但他担心的并不是欧文·斯坦利山区前线，而是整个太平洋战场。8月30日，麦克阿瑟致电参谋长联席会议，再度强调太平洋战场的重要性，他试图在不久的将来准备对日军发动反攻，但现在手中几乎没有海军，而日军还能够继续集中地面和空中兵力，形势简直和他在菲律宾时一样糟糕。

日军在米尔恩湾登陆后，战区司令部一直十分关注，欧文·斯坦利山脉被搁在了一边，其实后者的形势远比前者严峻。这段时间，麦克阿瑟和他的司令部都坐立不安，非常情绪化。9月1日，瓦西在写给罗威尔的私信中十分尖锐地挖苦道："GHQ现在就像一个乱转的该死的温度计——每隔两分钟就会上蹿下跳……这帮家伙看上去简直就像民兵（而不是正规军）——他们需要变得有点血性。"

由于不了解前线的实情，麦克阿瑟对澳军的评价明显有失偏颇。9月6日，他在给陆军参谋长马歇尔的电文中说："澳大利亚人证明他们无法在丛林战中击败敌人。他们缺少志在必得的领导能力。"他依然以为澳军在科科达山道的兵力对日军占优，对他们在前线一退再退难以理解，于是他第二天让作战训练处长张伯伦准将要求战区地面部队给出解释，同时向瓦西重申了他的看法，并且让瓦西敦促罗威尔组织一次"积极的攻势"。瓦西忠实地转达了麦克阿瑟的意见，在他给罗威尔的私人信件中，他提到自己和罗威尔一样，对战区司令部传出的不满声音很头疼。他指出，造成这种情况的原因有两个，首先是实际情况的发展和通信电文存在时间差，而第二个原因则是麦克阿瑟将军的个人偏见和擅自作为。他在信中明确写道：

我的消息都来自我们（澳军）的GHQ新闻事务联络官霍华德中校。他说麦克阿瑟不打算承认新几内亚的形势会愈加严峻，而且大概你也知道，所有新闻报道都必须和官方通信统一口径……我不知道麦克阿瑟为什么会有这种看法，霍华德也不知道。

罗威尔看着瓦西的信，只有摇头苦笑。战区司令部只知对罗威尔百般挑剔，尽管他缺乏指挥经验，但已经在尽力履行职责。8月底，他手中一度只有一个民兵改编的第14旅，但53步兵营在前线的表现，让他无法相信民兵的战斗力，不敢动用这支部队。现在他迫切需要帝国军团的精锐部队增援。8月29日，当他得知原定不久调来莫尔兹比的25旅正在前往米尔恩湾时，立即致电布莱梅将军，明确指出他和艾伦少将都认为第14旅年轻的新兵太多，训练时间和水平都达不到实战要求，并且委婉地提出，如果米尔恩湾的形势不那么紧张，希望能尽快调集船只，把25旅先运到莫尔兹比港，然后派往急需增援的科科达前线。

尽管罗威尔提出异议，布莱梅并没有改变将25旅派往米尔恩湾的决定。罗威尔只得清楚地告诉上司，根据53营在前线的表现，他对任何国民军团的民兵部队都没有信心，必须将帝国军团的部队调给他，才有把握守住科科达通道。由于罗威尔的申诉，科科达前线的压力，以及米尔恩湾局势的改观，9月3日，布莱梅终于改口，同意25旅改调莫尔兹比港。罗威尔心头的一块石头落了地，但新问题又来了，盟军目前在澳大利亚的海运能力极其有限，要将25旅送往莫尔兹比相当困难。

9月8日，为催促25旅尽快到来，罗威尔和张伯伦准将取得了联系。张伯伦是麦克阿瑟麾下的高级幕僚当中，少数不是菲律宾旧部的成员，虽然他和澳军也会发生分歧，但澳军将领和他接触后，都认为他的人品可靠，而且对澳军没有偏见，愿意和他交流，希望通过他向战区最高司令转述战场的真实情况。罗威尔直截了当地指出，和战区司令部的判断相反，澳军在科科达前线的兵力完全处于劣势，而日军在那里集结了他们能够维持的最大限度的兵力，现在他急需25旅尽快赶到。罗威尔转述了波兹准将报告的情况："过去一星期，他（波兹）一直在面对压倒数量的日军，2/14营已经减员一半。"

罗威尔在向地面部队司令布莱梅将军报告时，再次陈述了上述事实。战区司令部和布莱梅将军终于开始明白事态的严重性，答应尽快设法将25旅送到莫尔兹比港。布莱梅将军告诉罗威尔，帝国军团第6步兵师的两个旅已经从锡兰返回本土，如果需要，可以派往巴布亚。罗威尔当即表示希望能先把第16旅派往前线。

罗威尔的压力依然很大，援兵已经或者即将到位，他必须设法阻止日军继续逼近莫尔兹比港，但前线的态势令人揪心。罗威尔担心日军会经布朗、高尔代和拉罗吉三条河进逼莫尔兹比地区。一旦日军到达伊奥里白瓦，他们就能够沿高尔代河顺流而下，形势将变得十分凶险。

第7师师长艾伦在为别的问题挠头。他发现自己被置于一个极尴尬的位置。他对山间的实际军事行动几乎插不上手，那里有前敌总指挥，而罗威尔的司令部已经在负责补给事务。他的职责就是负责莫尔兹比港本身的防御，防备日军可能从海路发动的进攻。然而日军进攻米尔恩湾，从巴布亚东南向内陆推进时，他虽然十分关注，却又只能干等克劳斯的消息，这令他无奈而恼火。尽管如此，艾伦对能够帮助波兹的任何事情，依然会尽心尽责。解决了援兵问题后，罗威尔终于将艾伦从防御莫尔兹比港的任务中解脱出来，这样他可以全心全意关注科科达前线的战况了。

尽管罗威尔对澳大利亚军团民兵的战斗力几乎没有信心，但在帝国军团的部队到来之前，他只能让他们增援前线。9月5日，A.T.保罗中校指挥的14旅3营奉命赶赴前线。1889年出生的保罗，时年已53岁，虽然忠诚可靠，但以他的年龄，很难翻越群山。几天后，比他年轻20岁的卡梅伦中校接过了指挥权。卡梅伦经历短暂的53营代营长职务后，再次走上了营长的指挥岗位。同一时期，6日赶到莫尔兹比的2/1先锋营经短暂休整，也被派往伊奥里白瓦。2/6独立连进驻拉罗吉，负责高尔代河到伊奥里白瓦之间，以及布朗河一带卡勒马的巡逻任务。另外澳军从36、49和55营各抽调一个连，连同2/6独立连一部，共约500人，由霍纳中校指挥，负责沿高尔代河沿岸运动，设法切断日军在瑙罗和梅纳里之间的阵地。随着战区航空部队增援逐步到位和日军交通线的不断延长，9月6日起，罗威尔已经能对日军展开一系列有效的空袭。随着14旅和25旅在伊奥里白瓦－乌贝利地区会师，波特准将将前线指挥权正式移交给25旅旅长K.W.艾泽尔准将。

■澳军第7师师长亚瑟·艾伦少将。

9月9日，澳军第16旅接到开赴莫尔兹比港的命令，同时25旅已经动身赶赴前线。麦克阿瑟认为集中了几个旅的澳军已经有可能阻止日军继续推进，开始酝酿将美军地面部队送往巴布亚。早些时候，战区参谋长萨瑟兰少将曾经视察过新几内亚，当时麦克阿瑟就动过这个念头，现在，他认为时机已经成熟。麦克阿瑟决定派一个美军加强团的兵力在欧文·斯坦利山脉寻找一条新通道，迂回到日军背后，在澳军迫使日军撤退以后，夹击日军。

麦克阿瑟主意已定，命令新上任的美军第1军军长罗伯特·艾克尔伯格少将从两个步兵师当中挑选担当重任的一个团。艾克尔伯格1910年代和1930年代先后两次在麦克阿瑟手下工作，前途被马歇尔和麦克阿瑟一致看好。马歇尔原本准备让艾克尔伯格指挥美军在北非的登陆行动，得知麦克阿瑟需要军长，经过协商之后，将艾克尔伯格派往澳大利亚。众所周知，艾克尔伯格的西点军校同班同学巴顿将军接替了北非作战任务。

接到前往澳大利亚的任命，艾克尔伯格相当失望，因为西南太平洋战区在盟军的全球战略中处于次要地位，但他没有任何怨言，8月下旬就带着第1军的参谋们离开华盛顿，前往澳大利亚。8月26日，麦克阿瑟在列农饭店热情欢迎了艾克尔伯格。短暂寒暄后，麦克阿瑟和艾克尔伯格谈起西南太平洋战区的现状，包括种种困难。他解释说，名义上艾克尔伯格的第1军受战区盟军地面部队司令布莱梅将军管辖，但他可以尽量少和澳大利亚人打交道。麦克阿瑟知道艾克尔伯格内心的失望，在谈话最后，试图让他相信

■美军第1军军长罗伯特·艾克尔伯格将军。

他并没有错过任何重要机会，甚至嘲笑北非登陆是一次毫无意义的牵制性作战，同时又大肆宣扬西南太平洋战区可以抓住重大的战略机遇，把新几内亚说得像是全球战场最重要的一环。除了麦克阿瑟自己，没人真会相信，艾克尔伯格当然也不会信以为真。

9月5日，第1军正式成立，32师和41师都划归艾克尔伯格指挥。6天后，艾克尔伯格就接到出击命令。他对这两个师只观察了几天，但现在必须尽快做出决定，麦克阿瑟不愿长期等待，更不能忍受碌碌无为。艾克尔伯格决定从32师抽调部队先去巴布亚，理由是32师驻扎的布里斯班附近的坎贝尔军营条件比41师在洛克汉普顿的军营条件差，32师的官兵更乐意调动。他和32师师长哈丁少将商议后，决定调劳伦斯·奎因上校的126团

执行美国驻澳地面部队的首次战斗任务，这个团的训练水平在32师的3个团当中是最高的。

126团很快就接到调往新几内亚的命令，全团官兵立即开始准备。艾克尔伯格将军命令一家布里斯班的印染服务厂，开始将126团官兵的制服染成迷彩色，以便在热带丛林行动。

麦克阿瑟拟定新计划后，就与布莱梅将军进行了沟通。尽管他不愿和澳大利亚人多打交道，美军第1军名义上隶属战区盟军地面部队，而且运输和补给事务必须和澳大利亚人协商，同时也需要通过布莱梅了解前线澳军的情况。布莱梅告诉他，澳军25旅和16旅都已出发前往莫尔兹比港，澳军有望在前线集中足够的兵力阻止日军继续从欧文·斯坦利山脉向港口推进，甚至可能迫使他们撤退。众所周知，日军对已经占据的阵地绝不会轻易放手，麦克阿瑟认为，仅仅从莫尔兹比－科科达一个方向反攻，即使能迫使日军撤退，进展也肯定非常缓慢，为迫使日军尽快撤退，让美军126步兵团进行大范围迂回，截断日军在威洛皮后方的退路是必要而且可行的方案。战区司令部的参谋们已经划定了一条126团的行军路线，经罗亚纳瀑布、米马尼、伊鲁亚、穆格尼和库姆西河，一路大范围迂回包抄日军。麦克阿瑟坚信美军的行动能和澳军从莫尔兹比方向的攻势遥相呼应。

两天后，麦克阿瑟命令战区司令部后勤处的汉福德·麦克奈德尔准将带领一个考察组去欧文·斯坦利山脉勘察地形。麦克奈德尔和考察组的32师后勤主任约瑟夫·布拉德利中校（几天后返回澳大利亚）、126团副团长邦德·拜特克少校、情报科长威廉·博伊斯上尉和后勤副科长阿尔弗雷德·梅登多普上尉等人，一同乘飞机离开澳大利亚，经莫尔兹比港中转，前往山区考察。考察组圆满

■美军第32和41步兵师最初在西南太平洋的任务是充当澳大利亚驻防部队，图为32师128团的一位士兵正在澳大利亚本土的一座机场值班站岗。

完成了任务，对126团行军路线进行了详细规划。

关于如何将部队运往巴布亚的问题，战区司令部内部又发生了分歧。战区航空队司令乔治·肯尼将军和麦克阿瑟一样富于攻击性。他早已预感到盟军会在巴布亚大举反击，便认真思考如何克服欧文·斯坦利山脉天险对运输和补给造成的困难。肯尼最终得出结论，要穿越山区，就要发挥飞机的空运能力，把部队直接用飞机运过去。

8月下旬，肯尼为证实自己的判断，沿巴布亚东北海岸进行了一次飞行侦察。肯尼大胆地让飞行员在100英尺低空飞行，以便寻找适合修建机场的地点。他留意到布纳以东40英里有一个叫瓦尼杰拉的小村庄，地势平坦，苦无草只长到4英尺高，而其他地方一般能长到10英尺高，是这一带最适合修建机场的地点。肯尼脑海里顿时出现一份成型的计划——用飞机空运地面部队飞越欧文·斯坦利山脉，在瓦尼杰拉降落，然后继续向布纳前进。

回到布里斯班，肯尼兴冲冲地跑去向麦克阿瑟汇报，不料麦克阿瑟一见他就扯开嗓门怒吼："你究竟是怎么回事？想去找死么！"日本人在莱城和萨拉莫阿的航空部队控制了巴布亚北部空域，肯尼居然冒险去那

■1942年8月4日，拉包尔的日本海军第25航空战队台南航空队合影。这一时期日军在拉包尔和莱城等地的航空兵力强大，肯尼冒险亲自飞往巴布亚东北海岸侦察极其冒险。

一带勘察地形，万一有个闪失，无论对西南太平洋战区还是麦克阿瑟本人，都是很大的打击。做麦克阿瑟的下属不容易，想成为他真正信任的部下更不容易，但他信任肯尼，绝不愿意失去他。肯尼知道麦克阿瑟是真情流露，虽然心里有些委屈，口头上还是检讨自己的“鲁莽”行为，保证不再犯，但这就像麦克阿瑟对马歇尔的大多数保证一样，根本没用。

到了9月中旬，巴布亚形势危急，肯尼又一次飞了过去。这一天傍晚，肯尼刚刚回来，就被麦克阿瑟叫去了。这次肯尼先发制人，不等麦克阿瑟开口就提出了自己的想法：“日本人马上就会到达伊奥里白瓦，莫尔兹比港非常危险。既然要派兵去巴布亚，就得尽量争取时间，我建议用飞机把一个团运到那里去。”麦克阿瑟心动了。肯尼说得很对，现在最重要的就是时间，但在当时用飞机空运部队的成功先例还很少见。麦克阿瑟略一思忖，问道：“你和萨瑟兰谈过了吗？”肯尼一脸哂笑：“谈过，我和总司令部所有的参谋都商量过。萨瑟兰说这是最令人讨厌的方式，根本就不愿考虑。”萨瑟兰完全不了解航空作战，只是因为在利文沃斯军校学习进攻课程的时候，就已被教导组织进攻时首先要确保一条安全的撤退路线，以防万一，如果将部队空运到目的地，安全的退路在哪里？万一机场有事怎么办？麦克阿瑟了解萨瑟兰的想法，虽然正确，但过于保守。肯尼的意见虽然冒险，但确有可取之处，但有一个问题令人感到棘手，不得不提。

空运的话，会遭受多大的人员损失？

我们空运过的货物还没有遭到任何损失，对飞机来说，货物和人之间没有区别。

麦克阿瑟信任肯尼的判断和能力，但为谨慎从事，让他先空运一个步兵连试试看再说。

9月15日下午，126团先遣队的一个加强连在布里斯班附近的安伯雷机场登机，成为西南太平洋战区首批空运的地面部队。这个加强连以梅尔文·舒尔茨上尉的126团E连为基干，配属114工兵营A连的一个排，军医约翰·博埃特上尉和一个4人医疗组，合计172人。这一天，美国步兵部队首次踏上新几内亚的土地。

32师师长哈丁少将亲自到安布雷机场为先遣连送行，和战士们进行了一次简短的的谈话。他称E连为“箭头的箭头的箭头部队”。（32师的师徽就是一个红色箭头。）E连非常喜欢这个称呼，简称自己为“三箭头部队”。

32师紧张调动的同时，麦克奈德尔准将的侦察组也回到莫尔兹比港。侦察组发现，战区司令部参谋们划定的通往威洛皮的行军路线并不可行。这条路不仅会和澳军后方交叉，使本就狭窄的山路更难通行，而且还有可能被日军切断，更重要的是，地面部队的补给只能依赖空运。于是盟军将注意力放在另一条备选通道上。这条山路经莫尔兹比－卡帕卡帕－卡里克多布－阿拉帕拉－拉鲁尼－贾乌勒的路线大约全长80英里，然后从贾乌勒有一些更狭小的山路能通往威洛皮和布纳。土著人偶尔还会从这条道路经过，而白人自从1917年起就不再使用这条道路，现在盟军对路况也知之甚少。对地面部队来说，这条道路的最大好处是大约1/3的路程能够从陆路和海路运输人员和补给，但同时有一个非常严峻的不利条件——需要徒步穿越海拔2770米的山路。澳军官兵普遍认为经这样一条路线调动部队根本不切实际。罗威尔将军坚决反对走这条路，提出可以从阿巴乌到贾乌勒之间的一条海拔1520米以下的山路行军。

麦克奈德尔和正在莫尔兹比港的战区工程处长凯西准将商议后，决定对路况再进行一次详细勘察。博伊斯上尉会带领一个小组勘察卡帕卡帕－贾乌勒山道，同时凯西的副手里夫·斯维尔德鲁普上校会勘察阿巴乌一线的山道。

9月17日，两个小组分头出发。博伊斯上尉，博纳德·霍伊斯中尉和6名126团E连的士兵，一名ANGAU警官和40名土著民夫一起离开莫尔兹比港，经卡帕卡帕一路进行侦察。E连主力和配属医疗组及工兵排，稍后也全体出动，协助91工兵团的1个连修建图佩瑟莱到卡帕卡帕的机动车道，随后还会在

■从瑙罗以北高地看到的欧文·斯坦利山脉景象。

卡里克多布附近的科巴勒加里橡胶园修建一个前进基地。一旦图佩瑟莱－卡帕卡帕－卡里克多布之间的道路能够通行，就像麦克奈德尔将军说的那样，这个绰号“卡拉马祖”的前进基地，将在地面部队进山之前，取代空运，从公路和水路为部队提供全部给养。

9月18日，126团主力，没有带火炮，共180名军官和3610名士兵，乘船驶向新几内亚。肯尼在成功将一个加强连空运到莫尔兹比以后，向麦克阿瑟提出，让他再空运一个整团去莫尔兹比港：“把128团给我，我会让他们赶在乘船的126团以前，到达莫尔兹比港。”尽管以萨瑟兰为首的参谋们竭力反对，但麦克阿瑟坚决支持肯尼的行动。

9月19日，麦克阿瑟乘飞机直飞莫尔兹比港，亲自视察空运步兵的情况。当他乘坐的B-17轰炸机在战地附近的上空转弯到达目的地时，感到有点紧张。空运进展顺利，没有发生任何人员伤亡，而且肯尼确实让乘飞机的128团比乘船的126团先到。就连126团团长奎因上校和他的两名参谋，团军医官西蒙·沃蒙霍芬少校和团情报科长奥利弗·迪克森上尉都是在20日乘飞机到达莫尔兹比港的，随后他们立即向罗威尔中将报到。

126团主力的船队直到9月28日才刚刚抵达莫尔兹比，128团已经等候了整整5天，

■32师一部官兵正在准备登机。由于肯尼的决定和麦克阿瑟的支持，空运成为西南太平洋战场重要的运兵手段之一。

不过他们也没有带火炮。32师师长哈丁少将原先极力反对让他的部队不带火炮就投入战斗，但肯尼向他保证，战区航空队的飞机就是“天上的火炮”，哈丁才勉强同意。为了确保两个步兵团能够顺利作战，哈丁给每个团都配属了师属工兵、医疗队，同时澳大利亚也给他们派了通信兵。根据麦克阿瑟和澳军的协议，小J.特雷西·海尔上校的128团将配属澳军第6师，负责莫尔兹比港及其周边防务。126团则按计划归新几内亚部队指挥，准备执行迂回威洛皮的作战任务。

就在麦克阿瑟为自己的新计划踌躇满志时，日军南海支队再度展开他们的攻势。

撤出伊奥里白瓦

澳军25旅在海上航行8天后，于9月9日抵达莫尔兹比港。次日天不亮，A.W.布特罗斯中校的2/33营就派一个先遣连奔赴前线。11日，2/33营主力和C.C.邓巴中校的2/31营就随后出发。第二天，维希中校的2/25营也已经出发。25旅全部身穿最新的迷彩服，成为澳军第一个得到这种装备的建制旅。

在赶往伊奥里白瓦的路上，25旅旅长艾泽尔准将和返回莫尔兹比述职的波兹准将擦肩而过。当时波兹的前线指挥权已移交给波特准将。军情紧急，艾泽尔也顾不上和波兹见面，抓紧时间催促队伍赶往前线。艾泽尔时年41岁，年富力强，战争爆发前，他指挥过多个民兵营，欧战爆发后，被帝国军团征调，出任第6师第2/1营营长，开赴地中海战场。艾伦少将还是16旅旅长时，艾泽尔这个营长给他留下了深刻的印象。经过利比亚战场的锻炼，当时的第6师师长麦凯将军也充分认可艾泽尔的表现。

这次艾泽尔肩负重任——尽可能阻止日军继续向莫尔兹比推进；收复经伊苏拉瓦－德尼基地区，通往科科达的通道，再设法收复科科达。艾泽尔出发前被告知，瑙罗、梅纳里和艾弗吉的空投场对他的旅“绝对重要”，只有控制住那里，他的补给才能得到保障，部队才能在山间长途行军作战。出发时，艾泽尔还了解到21旅正在伊奥里白瓦以北守卫一个防御阵地，霍纳中校的一个混成部队也正从拉罗吉向前线运动，可能在12日左右，按照新几内亚部队司令的命令，设法切断日军的运输线。

9月11日，艾泽尔本人来到乌贝利，随后和波特通了电话。波特告诉他，他正率部退往伊奥里白瓦。艾泽尔和波特商议后，决定让2/33营迂回21旅右翼的第3营，2/25营从21旅后方沿主干道前进，通过伊奥里白瓦，2/31营迂回21旅左翼。3个营的共同任务都是设法靠近瑙罗。

日军144步兵联队从9月13日起，就向伊奥里白瓦的澳军阵地发动进攻。当天夜间，布特罗斯正率部在波特旅后方约500码的位置宿营，就遇到第一次敌袭。2名日军巡逻队员在黑夜中将手雷扔进了2/33营营地，B连的一位排长G.M.巴克莱中尉不幸成为25

旅在新几内亚岛阵亡的第一人。第二天上午，该营离开道路，开始在友军侧翼运动，向瑙罗靠拢。13点以后，他们已到达第3营右翼阵地，伯格上尉的一个连守卫波农村后方的一座山岭。布特罗斯的部队进入伯格连前方山坡的防御阵地，和日军并未发生接触。

2/14营和2/16营混成部队负责守卫横跨主干道的阵地，由于遭到日军炮轰，他们蒙受了一些伤亡。晚上，混成部队依然在坚守阵地，2/25营在他们背后充当后盾，而日军趁着夜色，悄然推进到澳军阵地最前沿。

澳军左翼的2/31营白天就已展开更大范围的迂回行动。他们上午就越过2/16营阵地，从主干道左边向伊奥里白瓦西北方向沿着一道山岭运动。这道山岭顶部平均只有大约20码宽，最窄处不到5码，这样一来要通行非常困难。而日军已经在前方等候澳军自投罗网。营长邓巴中校发现先遣连遭到日军集中火力阻击，立即让其他两个连向侧翼迂回，但山岭两侧陡峭的斜坡无法提供充分的空间，再加上日军狙击手抢占了有利位置，澳军的侧翼迂回很快破产。恼人的大雨又开始落下，交火声持续不绝。大约16点，邓巴召集各连向山顶冲锋。日军紧随澳军而来，整个山岭到处都是枪声。经过激战，澳军终于在山顶建立阵地过夜。

15日14点，一支日军巡逻队楔入2/33营左翼和第3营伯格连之间的阵地。艾泽尔准将得知情况，将卡梅伦营的贝克特连调出来加强中央阵地，同时命令维希的2/25营调两个连进攻右翼高地，布特罗斯2/33营带领一个连向左翼运动，企图将日军楔入的这股部队逐出阵地。但山间岩石突兀的地形阻挠了布特罗斯的行动，15点30分又遭到日军袭击，一直无法将日军逐出高地，人员伤亡也不小。2小时后，布特罗斯又将克劳斯上尉的一个连调上来突击日军阵地，收效依然甚微，1名军官和2名士兵阵亡，另有5人负伤，最后只得撤退。后来，贝克特连的一个排向日军渗透部队发动了进攻，但还是被日军打退。15日结束时，艾泽尔的右翼已被日军成功渗透。

与此同时，澳军中央阵地也在承受日军的压力。日军夜间不仅悄然接近2/16营阵地，而且已经连夜挖掘好工事。天一亮，澳军发现日军已经摸到自己眼皮底下，立刻调动兵力先发制人，耗费了大量时间，只蚕食了一小块阵地。当21旅的攻击部队筋疲力尽时，日军集中机枪、迫击炮和山炮火力向他们的阵地开火，2/14营7死19伤，2/16营4死10伤，损失很大，被迫撤退。2/14营的L.F.兰森二等兵和L.爱德华兹二等兵奉命留守后方，这时发现一股日军正在他们掩体前方50米构筑阵地。爱德华兹操之过急，被日军发觉，中弹阵亡。兰森从隐蔽所狙击了4名日军，直到16点以后才离开自己的阵地，傍晚回到营地，向上级报告情况。根据兰森的情报，2/25营的K.M.杰弗森中尉连夜出去巡逻，用手雷和半自动武器袭击日军阵地。

■9月15日日军控制了伊奥里白瓦山岭的最高峰（图中山峰），一举突破澳军第3营防线。

杰弗森的行动十分成功，全队无一伤亡，据他自己估算，大约毙伤日军15人。

15日这一天，左翼的邓巴营处境更趋艰难。天一亮，他就派出了巡逻队。但日军持续不断的迫击炮和机枪火力始终困扰着他。日军有力部队还凭借树林和灌木丛的掩护，控制了相对开阔的地区，不时狙击澳军战士，加上艰难的地形条件，邓巴营的行动十分缓慢。中午以前，邓巴营攻打一座日军工事时遭到一些人员损失，但这时最大的困难是缺水。日军战斗意志坚决，一直在积极行动，迫击炮火始终都在不断打击澳军阵地，直到夜幕降临，邓巴营的处境都没有改善。

当天晚上，艾泽尔在电话里告诉师长艾伦少将：

> 我认为敌人很可能前两天对波特部队进行过充分侦察，今天的攻势计划周密，将会达到近日来的高潮。我认为我的部队正好及时赶到，他们能稳固现有阵地。波特也同意我的看法。

他同时告知艾伦，他将一支180名民夫组成的担架队一同带到前线，但现在没有其他人向前线输送补给。他表示现有阵地不适合空投，希望至少再派200名民夫立即运输补给。

16日上午，日军对澳军阵地施加了更大压力。布特罗斯营T.E.阿切尔上尉指挥的B连通过伯格连的阵地迂回前进，克劳斯连在另一个地点埋伏，准备在友军迫使日军撤退后，袭击他们。阿切尔在一些地点取得了进展，但损失了2名战士。与此同时，维希营的两个连暂归布特罗斯指挥，加强该营最吃紧的右翼。即使得到援兵，布特罗斯营的处境依然没有明显好转。

澳军中央的混成部队阵地，从8点30分就成为日军的重点打击目标。半小时后，日军发动了一次坚决的攻势，迫使澳军后撤了一段距离。这两个营过去二十多天里一直在进行这种防御战，经历多次严峻战况，减员严重。2/14营作战日志记录如下：

各单位陆续报告正在遭到日军打击，坚守前沿阵地的一些小伙子们曾经干得相当棒，但现在已经开始崩溃。整个上午，敌人的迫击炮，机枪和火炮一直在我们前沿阵地呼啸，我们的伤亡在不断攀升。

澳军左翼2/31营面对日军的坚决抵抗，进展仍然缓慢。C.W.海德曼上尉的尖刀连自从行动开始以后，就承受了全营的大部分压力。上午8点，海德曼连击退了一小股凶悍的日军反扑，一共毙伤14人，自己仅损失2人。即便澳军左翼相对处境较有利，仍难以改变全盘被动局面。

一夜之后，艾泽尔发现他先前实在小看了日军。16日8点15分，为避免被日军包围，艾泽尔仔细分析战况后，决定撤退。他电告艾伦师长：

现在我们的整个前方和侧翼都是敌人。我不认为我们能够在这里阻止他们。一旦有必要，请求允许我们撤往伊米塔山岭。波特也这么认为。

9点30分，艾泽尔又和艾伦师长通了电话，他说现在他并没有日军兵力的确切数字，但显然日军的实力超出他原先的估计，而他也无法提供自己和日军伤亡人数的确切数字。现在日军正在包抄他的侧翼阵地，他不认为自己能在伊奥里白瓦挡住日军，只能勉力支撑而已。随后他再度请示艾伦，如果他确定无法守住伊奥里白瓦，希望能撤到伊米塔山岭。艾伦回答，他必须准备维持进攻态势，一定要尽可能在伊奥里白瓦拖住日军。他再三向艾泽尔强调固守伊奥里白瓦的重要性，但允许艾泽尔自行决定根据战况能否撤退。

艾泽尔很快决定撤退。他认为如果他继续坚守伊奥里白瓦阵地，就只能一直被动防御，会失去反守为攻的机会，即使为继续掩护莫尔兹比港，他也需要确保部队的行动自由，况且一旦被日军成功包抄，连用民夫勉强维持的补给线都会被掐断，而撤往伊米塔山岭一线，能够依山势建立坚固的阵地，同时可以派出巡逻队密切注意日军动向，寻找反攻的机会。

11点，布特罗斯营奉命继续坚守右翼阵地，维希营开始接替2/14营和2/16营混合部队的阵地，让这支极度疲劳的部队先撤。日军察觉澳军意图，试图追击，被断后的2/25营挡住，混成营终于安全撤退。随后邓巴的2/31营也撤了下去。16点30分，2/25营的最后一支部队离开了伊奥里白瓦阵地，2/33营在他们退路两侧负责断后。天黑后下起了大雨，艾泽尔的25旅主力连夜在陡峭的山间小道赶路，2/33营的米勒连成为最后的屏障，严防日军追击渗透。

17点以前，艾伦少将告诉艾泽尔，既然他决定撤往伊米塔山岭，就必须在那里坚决击退日军。随后艾伦转达了罗威尔中将的具体命令：

根据实际情况可以推断，日军已经把能从布纳调来的部队全都用上了。我们现在已经撤退了这么远，往后再也无路可退，艾泽尔必须不惜一切代价击退日军。我会继续争取时间，直到第16步兵旅赶到。

第二天上午，L.米勒上尉仍在山路上埋伏，连眼睛都不敢多眨一下。

鬼子来了！

眼尖的哨兵低声说道。米勒连的战士们等这支日军先头部队扎进口袋，立即开火射击，日军猝不及防，倒下一片。这个时候，澳军步兵后方的迫击炮发出了怒吼，炸得日军人仰马翻。米勒连且战且走，等他们和日军脱离接触时，全连无一伤亡，估计在这次战斗中毙伤日军50人。

17日上午11点，澳军已经在伊米塔山岭的主阵地部署完毕。第3营位于山道右侧阵地，2/25营位居阵地中央，2/31营负责左翼。第2/1先锋营位于阵地左后方，为全旅断后的2/33营全体到齐后，会负责右后方阵地。而疲惫不堪的混成营已只剩下272人，其中原2/14营仅余10名军官和77名士兵，他们被送往乌贝利驻扎和休整。

地图二十三　9月15日中午，伊奥里白瓦的战斗

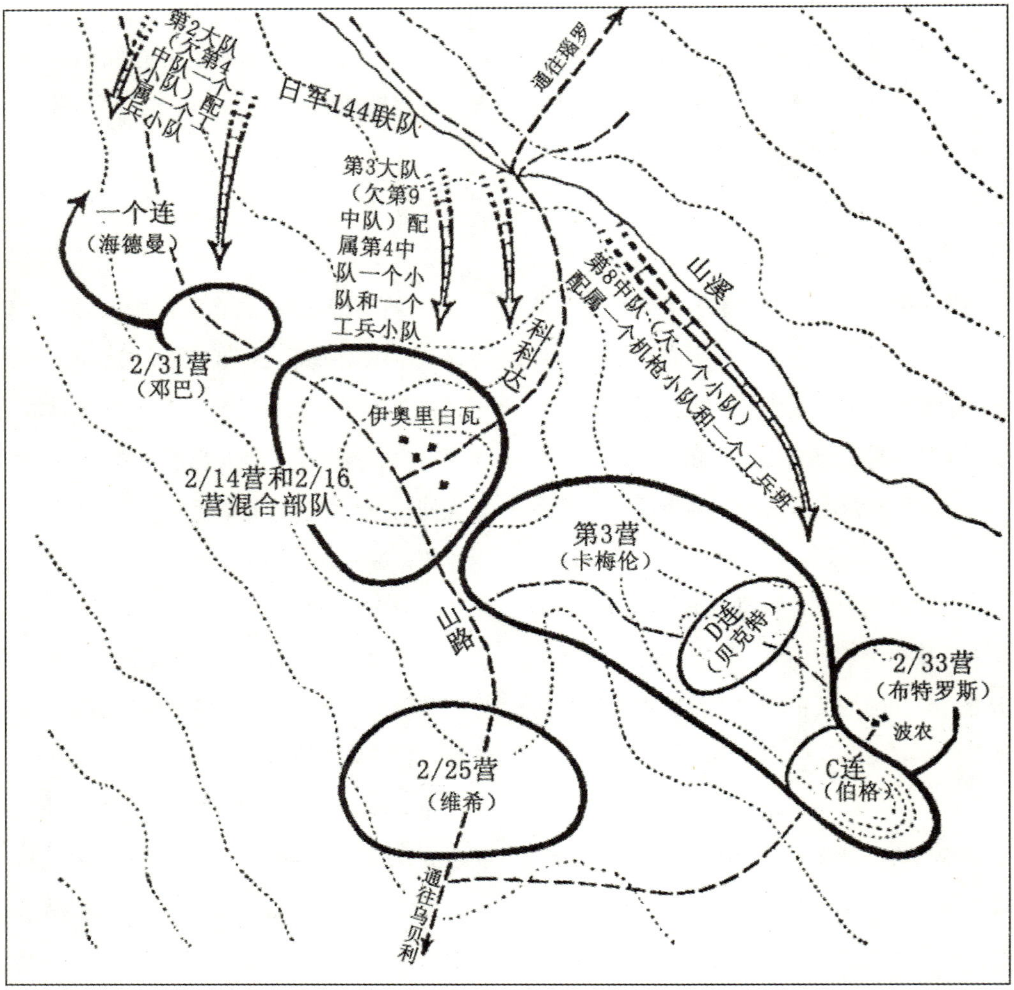

第六章　盟军反攻

指挥权问题

莫尔兹比港受到最大威胁的时候，澳大利亚战时内阁也在密切关注巴布亚的局势。9月9日，澳大利亚陆军部长福特建议布莱梅将军亲自去一趟莫尔兹比港，然后和罗威尔中将一同向战时内阁提交报告。三天后，布莱梅飞抵莫尔兹比港，和罗威尔等当地的高级指挥官进行了详细讨论，14日，返回澳大利亚本土。17日，布莱梅在接受战时内阁询问以前，准备了一份报告。

布莱梅在报告中指出，目前盟军在新几内亚总兵力大约3万人，而日军大约在1万人以上，但日军在欧文·斯坦利山区前线的兵力大大超过澳军，估计大约有2个联队，合计6000人左右；造成这种局面是因为盟军在山区补给困难，无法及时在前线集中兵力。随后布莱梅提出了他的增兵计划，除已经到达前敌的25旅，还有已经在海船上的16旅，另有一个轻型坦克中队会立即被派往莫尔兹比港，计划还会再增派一个坦克中队；此外，3个野炮团、1个山炮连和一个驮马运输队也已出发赶赴前线。随后他又补充说明了麦克阿瑟的计划，除了一个美军步兵团，美军还会尽力解决山区的补给问题。而他最后的结论是：罗威尔中将、艾伦少将和驻新几内亚澳军部队一致认为，日军根本不可能从陆路夺取莫尔兹比港，而他本人也同意他们的观点。

这一天傍晚，布莱梅的报告还没有正式提交，澳大利亚总理科廷先接到了麦克阿瑟将军从布里斯班打来的电话。麦克阿瑟直截了当地表示，他很担心新几内亚的局势，而他认为造成目前这种困境的真正原因是澳军作战不得力。他强调指出，澳军在欧文·斯坦利山区的兵力占优，但从战斗一开始，就节节败退，至今都一直在后撤。说到补给问题，日军同样面临困难，但他们并没有撤退。麦克阿瑟认为，如果日军继续向莫尔兹比突进的话，盟军将会像在马来亚那样，陷入全面被动防御态势，可能会面临灾难性的后果。他又指出，正在翻越群山的日军兵力并不多，在推进到当前阵地的时候，补给已

■布莱梅将军、麦克阿瑟将军和科廷总理（从左到右）。

经到达极限。

麦克阿瑟表示，他对巴布亚战局的看法没有澳军将领那么乐观。为抵挡日军的攻势，麦克阿瑟已决定将美军地面部队通过一切可能的海空运输手段送往巴布亚。这样预计一周之内，新几内亚的盟军总兵力将达到4万人，如果他们积极战斗的话，毫无疑问能守住现在的防线，并且发动反攻。但如果他们没有积极战斗，即使有10万大军也无济于事。麦克阿瑟内心对盟军的战略部署一直有自己的看法，虽然马歇尔曾许诺将来会给他更多的空中力量支援，但现在美国和英国舰队全部离开他的战区，在所罗门群岛和日军打得热火朝天，而在他看来，在所罗门和日军进行消耗战根本毫无必要。因此他格外看重新几内亚的战斗，在瓜岛战役结束前，他能得到的海空支援极为有限，而要从盟军高层争取更多支持，必须先在新几内亚挡住日军的攻势。

为改变新几内亚战局，麦克阿瑟向科廷明确提出了自己的要求——布莱梅将军必须立即赶赴新几内亚，直接接管指挥权，加强当地的指挥班子。在他看来，让布莱梅直接指挥新几内亚部队不仅是出于军事需要，也是澳大利亚政府在局势到最凶险的时候，向澳大利亚公众表明的一种政治姿态。他表示他稍后会和布莱梅商谈这个问题，但由于他没有权力直接决定布莱梅的去向，因此希望在他和布莱梅谈话后，科廷能立即亲自出面说服布莱梅。

科廷被麦克阿瑟说服，当场表示他认为应当让布莱梅去新几内亚接管指挥权。当天他就在电话里和布莱梅进行了沟通，布莱梅也同意这一安排。

战区最高司令和政府总理都提出了要求，布莱梅必须服从，但他认为麦克阿瑟对前线澳军将士的看法有失公允，在他的报告中，没有表达对前线将领的不满，更没有要求撤换任何将领。9月20日，布莱梅在给罗威尔的信中坦言他对“政治家”们不满，而他理解前线的实际情况和困难，但他的职责迫使他必须服从上级的指示。为了不引起新几内亚部队现有司令部成员不满，布莱梅同时告诉罗威尔，他只带少数几名参谋人员去莫尔兹比港，希望罗威尔能和他通力合作。

23日17时，布莱梅飞抵莫尔兹比港，和罗威尔见面，然而很快就感受到罗威尔对他的抵触和不快。在罗威尔看来，布莱梅亲临莫尔兹比港，表面上会让他充当副手，实际上会使他成为一名普通的参谋军官，等于革去他新几内亚部队司令的职务。无论布莱梅一开始只带多少随员，为履行指挥职责，他们肯定会接管澳军在新几内亚的全部指挥权，这样一来罗威尔的处境将变得十分尴尬。

随后的几天时间里，布莱梅和罗威尔之间的意见分歧日益加深。24日傍晚，布莱梅让澳大利亚陆军医务司令S.R.巴斯顿少将劝说罗威尔尽量与他合作，但罗威尔连巴斯顿这个老朋友的话也听不进去，两人的关系丝毫不见缓和。25日，布莱梅没和罗威尔商议，直接带着新几内亚航空兵司令美军的沃克准将去米尔恩湾视察，当场命令克劳斯少将派一支部队进驻瓦尼杰拉，为修建新机场进行准备。

第二天，罗威尔立即给布莱梅写信，大发牢骚，明确表达对布莱梅越级指挥克劳斯的米尔恩部队强烈不满。布莱梅没有直接回复罗威尔，但晚些时候，发去了一份措辞温和，但态度坚决的信件，重申他是奉政府总理和盟军战区司令部的命令履行职责，希望罗威尔以大局为重，能及时向他通报所有相关信息。

9月27日，布莱梅和罗威尔对两人的职责安排进行讨论，发生了激烈争执。布莱梅对罗威尔的不合作态度相当不满，认为他和新几内亚部队司令部无法向他提供相关作战信息，但他当面没有说出来。第二天9点，布莱梅明确告诉罗威尔，他决定撤销他的新几内亚部队司令职务，并且把相关报告递交总理和麦克阿瑟将军。布莱梅对罗威尔彻底失去了耐心，当天就将两份报告递交上去，同时指定埃德蒙·赫林中将接替罗威尔的职务。布莱梅又在给科廷总理的信中指出，罗威尔不仅缺乏合作精神，而且对欧文·斯坦利山区前线的补给支援组织不力，更重要的是在米尔恩湾部队击退日军后，没有充分利用有利形势，对扩大盟军在米尔恩湾周边地区的据点反应消极，尽管罗威尔在和盟军航空兵合作方面态度积极，也做了一定工作，但总的来说，罗威尔缺乏一名优秀指挥官的素质，他必须将他撤换。

罗威尔满腹委屈，他认为自己已经尽力而为。布莱梅指责他一个月之前就应该为山区前线准备一条可供应2000人补给的运输线，而现在前线实战部队达到将近2个旅，早已超过2000人的规模。至于美国人提出的开辟通往前线的新通道的建议，目前还没有任何实际效果。关于米尔恩部队的任务，他坚持认为就应该驻守海湾防区。至于美军提出的在瓦尼杰拉修建机场的问题，那个地方实际上在山脉附近，和海湾根本不沾边。尽管如此，当布莱梅和他讨论这件事时，他应该答应过会照办。

澳大利亚官方战史资料和霍纳的《指挥的危机》一书，都颇为罗威尔抱不平，但他们的矛头并没有指向布莱梅或者澳大利亚政府，而是一股脑儿都归咎于麦克阿瑟，认为他不该提议让布莱梅亲临莫尔兹比港指挥，最终导致澳军将帅失和，使罗威尔成为牺牲品。不可否认，麦克阿瑟对澳军将领始终心存偏见，要求过于苛刻，然而仔细分析之前的战况和罗威尔的辩解可以发现，他自己并非没有责任。盟军在欧文·斯坦利山区的补给困难是事实，罗威尔到任以后，为解决这个问题，耗费了大量精力，取得了一定成果，如果他真的毫无作为，澳军是无法将成建制的旅级作战单位送往前线的，这一点不容抹煞，但他只是一心使用现有的通道，根本就没有想到开辟其他通道输送人员和物资，如果他早一步在这方面多做些工作，也不必等到美军直接插手。至于米尔恩湾的问题，无论怎样辩解，都无法掩盖澳军行动滞后，应变迟缓的事实，这一点无论克劳斯还是罗威尔都难辞其咎。而在瓦尼杰拉的机场问题上，罗威尔本人的辩解都含糊不清，缺乏底气，很难相信他确实愿意执行这个计划。

无论罗威尔多不甘心，他还是在28日黯然离开莫尔兹比港，布莱梅将军承担起指挥新几内亚澳军的全部职责。罗威尔的举动十分不明智，因为就在他和上级发生争执期间，前线已经发生了对盟军十分有利的变化——日军正在组织撤退。

日军撤退

9月16日，日军144步兵联队付出36人阵亡，合计损失106人的代价，终于在澳军撤退以后，占领伊奥里白瓦。从南海支队向莫尔兹比港发动进攻起，他们合计已经减员将近1000人，其中包括不少因伤病致死的官兵。

日军士兵登上伊奥里白瓦高地主峰时，他们第一次，也是最后一次看见了莫尔兹比港。

我能看见大海了！是莫尔兹比港的近海！

经过山间的长途艰苦行军和多次血战，终于能看到目的地了。日军军官和士兵们激动不已，在山顶呼喊号叫，不少人都流下了五味俱全的泪水。前方再没有比脚下的山峰更高的山岭阻挡，透过雾霾能看见远方蓝色的海洋，那就是巴布亚湾。晚上，在山顶上甚至都能看见莫尔兹比港的灯光。日军测绘人员甚至可以清楚地测量出莫尔兹比北方的机场和城市间的距离——7英里。

南海支队长堀井富太郎少将暗自舒了一口气，他的任务终于告一段落。早在8月29日，军司令官百武晴吉中将就曾发电告知，由于日本海军特别陆战队在米尔恩湾登陆，加上日军为突破盟军的海空封锁，增兵瓜岛的行动十分困难，因此无法为南海支队提供更多支援，为避免孤军深入，南海支队在到达欧文·斯坦利山脉南坡后，应当采取守势，等待日军攻占米尔恩湾，以及瓜岛局势能使日军满意后，再会同友军继续进攻莫尔兹比港。日军大本营审核百武的报告后，批准了这项命令。

从9月初开始，盟军航空兵逐渐加强对巴布亚日军的打击力度，每天都会对日军进行2到3波空袭，每波大约10架飞机。这样一来，在日本海军航空兵能抽调足够的飞机护航前，运输船队无法及时将补给和弹药送往巴布亚，支援南海支队。南海支队将第47野战高炮大队调入布纳和吉鲁瓦地区，在缺乏飞机支持的条件下，承担起繁重的防空任务，使盟军航空兵的活动频率略有减弱。

盟军的空袭，令布纳的日军留守部队胆战心惊。9月12日傍晚6点以后，拉包尔日军

■从空中俯瞰的莫尔兹比港远景。

司令部先后接到两份布纳航空基地发来的电报，基地人员畏惧盟军空袭，希望能让南海支队主力撤退回援。

9月13日20点，布纳发来第三份电报：一支盟军部队已经在巴萨布亚登陆，第二天一早很可能还会有大批盟军地面部队在布纳和巴萨布亚地区登陆，由于布纳机场现在无法使用，急需空中支援。20分钟后，第四份电报接踵而来，这次说得更加煞有介事：根据富田响吉中尉的陆军船舶高炮队报告，盟军已经在巴萨布亚建立登陆场，具体兵力未知。

这几封电报一度使第17军和海军第8舰队司令部手忙脚乱。两天后，才确定没有任何事实基础。不过考虑到南海支队主力远离登陆场，布纳留守部队人心惶惶，盟军万一真的登陆，将造成十分不利的后果，日军终于决定派安田义达海军大佐率领横须贺第5特别陆战队一部增援布纳，并且让安田统一指挥当地的海军驻留部队。

瓜岛战局吃紧，日军已没有多余航空部队支援新几内亚。布纳日军只得继续忍受盟军飞机持续不断的空袭。

为了应对不利局面，百武晴吉中将命令堀井支队长尽快向布纳地区派驻一个步兵大队，巩固滩头阵地，同时严防盟军登陆。

因此，堀井少将在9月份一面率部持续向澳军发动进攻，一面在寻找机会转攻为守。原先堀井准备将前沿阵地设在瑙罗，但在对伊奥里白瓦和瑙罗两地进行比较后，他还是决定将主阵地设在伊奥里白瓦。这个时候，堀井和日军上下都以为，只要能够坚持到10月中旬，他们还可以一鼓作气拿下莫尔兹比港。

9月中旬，堀井已经从拉包尔来的海军联络官那里了解到所罗门群岛战局不利。他一面为自己的部队仍在持续压迫盟军骄傲，一面不得不加快准备应对即将到来的转折点。9月14日，在对伊奥里白瓦的澳军阵地发动总攻前，堀井已经决定尽快将部队撤回欧文·斯坦利山脉东北一侧。

9月16日，144联队刚刚占领伊奥里白瓦，堀井就命令第41联队主力开始北撤到科科达山口后方。41联队第3大队将与144联队主力一起先前往艾弗吉，然后再退守吉鲁瓦海岸地区。第2大队（欠第6和第8中队及一个机枪小队）暂归支队司令部直辖，前往马瓦伊附近集结。

不久，堀井就接到上级的最新指示，由于日军在瓜岛战场遭遇惨败，相当长一段时间都无法派兵增援南海支队，因此他必须率部从伊奥里白瓦前线全面撤退。原来8月底到达瓜岛的日军川口支队，在9月13日到14日夜间的“血岭”激战中，几乎全军覆没。同时米尔恩湾的登陆行动也已完全失败。由于这两场惨败，日军大本营被迫再度修改莫尔兹比攻略计划。9月18日，日军大本营颁布南太平洋作战的一系列新命令，规定当前一切以收复瓜岛为中心。这样一来，新几内亚日军的任务就彻底由进攻转为防御，南海支队不必再勉为其难，维持欧文·斯坦利山脉西南坡的阵地。今后南海支队的主要任务是准备布纳－戈纳滩头阵地的防御，在对莫尔兹比港重拾攻势前，这里将成为日军在新几内亚的防御重心。

日军大本营将兵力集中投入瓜岛战场，但仍命令南海支队从欧文·斯坦利山脉西南坡退守相对容易防御的滩头阵地，实际上仍想等到兵力宽裕后，继续在所罗门群岛和新几内亚维持两面作战。一待瓜岛局势缓解，新几内亚的攻势将重新开始。届时日军将以一部兵力再度从海路进攻米尔恩湾，另一路援兵增援南海支队，从滩头阵地出动，越过群山，最终两路齐头并进，一举拿下莫尔兹比港。

接到新命令，堀井少将无奈苦笑。大本营实在是一厢情愿，南海支队在付出重大伤亡代价以后，好不容易推进到伊奥里白瓦一线，如果现在全部退守滩头阵地，即使将来能得到援兵，盟军难道还会让他们以同样的方式再一路杀进莫尔兹比港吗？然而军令如山，堀井只有执行命令，准备组织一次有序的撤退。

这一时期，41联队第3大队长小林朝雄少佐接到调回本土的任命。堀井少将在他临行前郑重嘱托："小林君，你一定要清清楚楚向军司令部如实反映所有的战况。"小林没有辜负他的嘱托。10月6日，小林回到拉包尔的17军司令部时，递交了一份正式报告，指出了南海支队面临的补给困境，而在盟军的持续压力下，战斗和非战斗减员人数都在急剧上升。在报告的最后，他请求派驱逐舰立即为巴布亚运送补给，缓和紧张的形势。

小林9月20日离开山区前线之前，布纳的海军守备部队和机场已统一交安田义达海军大佐指挥。安田大佐9月17日率领横须贺第5特别陆战队的290名官兵刚从拉包尔赶赴新几内亚。在第41 步兵联队长矢泽大佐统一接管布纳、萨纳南达和吉鲁瓦沿岸的指挥权后，会负责在当地修建日军的主要补给仓库和医疗设施。9月23日起，日军已经开始修建各地的岸防阵地。一开始由数千名后勤人员施工，等作战部队撤到指定地点，也会加入施工行列，修筑各种设施。9月22日，41联队主力已经抵达科科达地区，三天后，他们将离开科科达，然后前往布纳等地，进行防御准备。

9月22日，日军情报显示，盟军不仅在瓜岛聚集重兵，而且正计划在巴布亚或所罗门群岛的其他地区登陆。23日，百武中将再度调整南海支队的任务，为配合日军下一阶段在瓜岛的行动，南海支队将战线后撤，重点防御布纳等滩头阵地。南海支队主力驻守伊苏拉瓦和科科达地区，这一带会在攻势重启以后，充当日军基地。41步兵联队主力则立即回到布纳周边海岸地区，保卫机场安全，同时防备任何盟军登陆企图。

对南海支队来说，即便后撤，一直困扰他们的补给问题也无法缓解。9月20日，堀井少将请求17军司令部设法为南海支队空运补给。百武中将了解前线的困难，立刻找第11航空舰队司令部，商谈空投事宜。由于之后两天天气恶劣，直到23日，日机才在科科达地区空投了一批物资。

盟军对布纳机场的空袭一直在继续。9月25日，从6点40分到11点25分，盟军先后出动15架B-17轰炸机和B-26轰炸机，对布纳发动前后5波空袭。日军机场遭受接连空袭，损伤严重，飞行跑道已完全无法使用。

同一时期，南海支队已正式开始撤离伊奥里白瓦。25日中午，144联队第3大队长桑田中佐接到楠濑联队长的撤退命令。桑田大队将遵照预定计划在26日夜间全部撤出伊奥里白瓦，向卡基以东高地转移。按计划，25日18点，第3大队炮兵最先撤离。次日19点，第7中队、机枪中队、第8中队和大队部先后撤离。23点，配属一个机枪班的第9中队最后撤出阵地。第9加强中队在撤退时将负责断后，在主力后方约500米的位置缓缓撤退。整个大队的撤退行动一定要安全隐秘地进行，以防敌军发现。

桑田刚刚接令，初到乌贝利的澳军炮兵就炮轰日军阵地，一支步兵小分队也对第9中队阵地发动了一次试探性进攻。桑田中佐马上命令炮兵还击，向澳军阵地回敬了两波合计160发炮弹。

堀井少将专门组建了次级支队斯坦利支队，控制沿途要道。斯坦利支队以144联队第2大队为基干，大队长堀江正少佐兼任支队长，支队配属一个山炮中队和一个工兵中队。41联队第2大队将负责保护斯坦利支队的后方。

26日22点，日军后卫部队提前一小时离开了阵地。这时，日军已安全完成第一步撤退任务。澳军并没有立即组织追击，但补给和运输问题仍在困扰着日军。41联队第2大队长小岩井少佐说：

> 我们的身体极度疲劳，即使攀登最小的山丘也会耗费很长时间。身体状况好一些的士兵用担架抬着伤员走。我大队的第7中队奉命保护全队后卫，他们和部队有线电台支队还要一起从野战医院带走伤员和死难者的尸体。
>
> 因为没能吃到足够的大米，大家都步履艰难，看上去每走一步就像要耗尽全身力气一样。行军十分缓慢，我们都沿着山阶而行，每一步都气喘吁吁。
>
> 尽管少数勇敢的士兵克服了困难，但大多数人中途都会不由自主停下脚步，眼中满含泪水，而且都没有力气继续走动了。我心中满怀伤感。

尽管南海支队的官兵们都疲惫不堪，步履艰难，但撤退好歹还算顺利。10月4日，支队主力已经在科科达一带集结。

144步兵联队主力和41步兵联队第2大队（欠第6和第8中队及一个机枪小队）在科科达附近的种植园里休整。补给仍然短缺，每人每天的伙食定量只有360毫升。就在这段时间，144联队长楠濑大佐病倒了，被送到后方休养，暂由第1大队长塚本中佐代理联队长职务。

空投补给只能偶尔维持一时。要维持整个南海支队的补给依然困难重重。10月4日傍晚，驻拉包尔日本陆海军达成协定，决议冒险尝试用陆军运输舰“山浦丸”号将大约够10000人维持40天的补给品运往布纳海岸卸载，缓解巴布亚的补给困境。

曙光初现

1942年9月下旬到10月初，日军迫于在所罗门群岛和巴布亚两面作战的压力，为确保大本营提出的瓜岛优先计划，不得不在巴布亚收缩战线。同一时期，盟军西南太平洋战区高层虽然出现争执，但丝毫没有影响他们向巴布亚继续增兵。

9月19日，澳军第6师师部进驻莫尔兹比港，瓦西少将接任师长一职。他留下的澳军副总参谋长一职由F.H.贝利曼少将继任。第6师第16旅21日已在莫尔兹比港登陆，17旅将进驻米尔恩湾，19旅留在本土达尔文地区待命。

9月下旬，艾伦少将的第7师编制内包括25旅（除建制内的几个营之外，还配属第3营和第2/1先锋营）、14旅（辖36、39和55营），以及21旅和暂时配属的16旅。25旅的任务不变，依然肩负在最前线抗击日军的重任，14旅负责守卫伊罗罗和乌贝利之间的交通线，16旅负责保卫埃洛格－霍姆布罗姆悬

■9月5日，悉尼市民夹道欢迎第16旅，8天后，该旅即乘船赶赴巴布亚战场。

崖地区通往莫尔兹比港的道路，久战多时的21旅则等待休整。

第6师在第16旅暂拨第7师建制后，主要负责莫尔兹比港的防务，暂辖30旅（49营、53营和霍纳混成营）、第2/6独立连的一些小分队、美军第128步兵团、新几内亚部队运输队、第13野炮团、2/6野炮团、第14野炮团的一个连和一些反坦克炮部队。稍后回莫尔兹比港休整的21旅和39营，以及即将从本土调来的第7师骑兵部队、第2/1野炮团和第2/5野炮团都会划入第6师序列。

大部队完成反攻组织和准备之前，前线的25旅仍需独自承担和日军作战的重任。退入伊米塔山岭后，艾泽尔旅长就组织大家克服缺乏工具的困难，用刺刀和钢盔挖掘工事，同时派出多个巡逻队，主动对伊奥里白瓦的日军阵地发动攻击性巡逻。每个巡逻队大约由50人组成，出击时携带5天的干粮，一挺布朗式机枪和至少7支自动或半自动步枪，任务是骚扰日军，尤其是打击日军交通线。

9月18日，2/25营的R.W.P.多德上尉率领第一支澳军巡逻队出发。多德将第一个目标锁定为伊米塔山岭和伊奥里白瓦之间的一个日军哨所。19日天亮前，澳军战士们先向哨所投掷了数十枚手雷，然后在自动武器火力掩护下，端着刺刀就冲了进去，占据了这个哨所。天亮后，多德继续率部执行搜索任务，在向伊奥里白瓦推进一段距离以后，就地隐蔽，等待伏击进犯的日军。这一天除了原先为全旅断后的2/33营全部回主阵地归建外，并没有大规模行动。艾泽尔的部队已经全部在伊米塔山岭阵地集中，组成了坚固的防御体系。在2/14和2/16混成营退守乌贝利之后，25旅在前线的总兵力合计2624人，构成如下：

	军官	士兵
25旅旅部	8	70
2/25营	27	520
2/31营	26	502
2/33营	28	490
2/1先锋营	20	540
第3营	22	347
2/6独立连巡逻队	1	23

20日十分平静。天亮后，多德上尉发现日军有撤退迹象，但道路附近仍有大批日军活动。他的巡逻队在伏击地点一直等候到天色将暗，仍不见日军采取进一步行动，于是按计划撤回澳军主阵地。与此同时，3营的阿特金森上尉和杜拉德中尉率领的另一支巡逻队接替执行巡逻任务。后来的几支巡逻队也没送回更多报告。次日，30旅旅长波特准将奉命回到自己的旅部，2/14和2/16营在乌贝利重新归建，就地构筑阵地。

以后三天，澳军第14野炮团在奥尔斯角就位，对日军进行持续炮击。在炮火掩护下，澳军巡逻队继续在前方摸索渗透。22日起，维希中校的2/25营跟随巡逻队缓缓向伊

地图二十四　9月20日，澳军在伊米塔山岭的部署

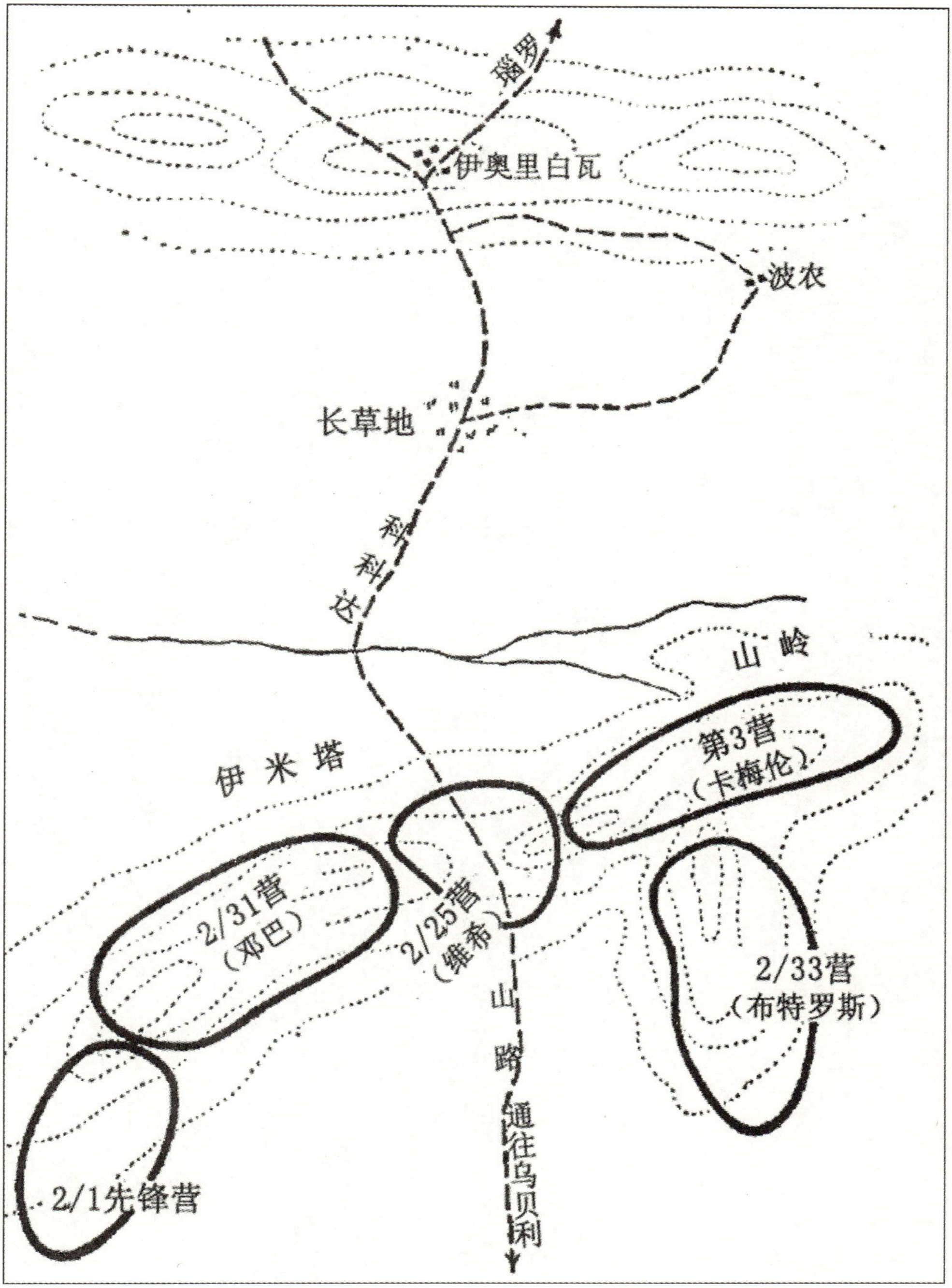

奥里白瓦前进。一路上，维希没有遇到任何抵抗，但阿特金森巡逻队在伊奥里白瓦以西和敌军遭遇，杜拉德中尉和3名士兵阵亡。

23日傍晚，就在布莱梅将军赶到莫尔兹比港时，艾泽尔已经准备继续向敌人施加更大压力。当时他派往伊奥里白瓦以西的各巡逻队合计已将近600人。

24日，第7师师长艾伦少将亲临伊米塔

■第14野炮团的一门25磅炮，1942年9月，澳军炮兵将这门炮送往前线，轰击进犯的日军。

山岭，和艾泽尔准将商谈战局。当时维希中校的两个尖刀排，分别由斯蒂尔中尉和沃克中尉指挥，袭击了正在挖掘壕沟的日军。随后奥布莱恩上尉率领B连赶到前线和尖刀排会合。25日，日军断后的144联队第2和第3大队的部队加强了反骚扰力度，奥布莱恩连的推进遇到困难，只夺取了一小块阵地，缴获了少数装备。维希中校得报，毫不犹豫地将全营阵地前移，调动全营协助B连保持对日军的压力。

艾泽尔旅长趁热打铁，26日，澳军以维希营为中央部队，布特罗斯营和邓巴营分别向他们左右两翼迂回前进，同时和维希营保持联系。27日天黑后，澳军炮火已完全覆盖日军阵地，布特罗斯和邓巴分别从两翼逼近伊奥里白瓦。维希营为排除日军设在山路上的路障和其他防御工事，在中路只能徐徐推进。艾泽尔意识到日军可能已转入守势，当即命令他的部队明天务必进入伊奥里白瓦阵地。

28日，澳军前方攻势进展顺利，没有遇到任何抵抗。日军实际上已主动放弃伊奥里白瓦阵地和大量辎重，退守科科达－布纳一带。这一天傍晚，25旅的3个营全面收复伊奥里白瓦地区。第二天，第3营也加入他们的行列。与此同时，澳军的各前方突击巡逻队都已向瑙罗前进。30日，2/25营C.S.安德鲁上尉指挥的巡逻队到达瑙罗，发现日军同样已主动撤离。

看来澳军终于可以向日军还以颜色，比

■第7师师长艾伦少将（右）和25旅旅长艾泽尔准将（左）商议军情。

起日军在山区战斗的开始阶段，澳军这几天的推进效率甚至更高，但除前方发生过一些零星战斗外，几乎没有和日军交火，更激烈的战斗还在后面等着他们。可以肯定的是，日军从陆路对莫尔兹比港的进攻已暂时中止。在日军进攻暂停期间，战区司令部一直在向澳军首脑抱怨情况危急，现在已经很清楚，这种判断并不正确。

9月17日，麦克阿瑟曾对科廷总理声称，澳军指挥官非常相信他们自己处理事态的能力，但他本人却无法信任他们。9月底，实际战况已经洗清了澳军部分军官遭受的不公责难。艾泽尔准将退守伊米塔山岭是布莱梅将军亲临巴布亚的直接原因，但就在他到达前，艾泽尔已经在转守为攻。澳军认为，日军之所以撤退，是澳军一直坚决抵抗的结果，尤其是波兹旅在科科达地区的苦战，给日军造成了不小的损伤；而艾泽尔旅在关键时刻的出现和表现出来的战斗力，让日军的攻势再也难以为继；罗威尔的作战计划因此实际上取得了成功。基于上述判断，澳军当时和战后都普遍为罗威尔叫屈。然而必须指出，罗威尔虽然一直都坚信日军无法从陆路到达莫尔兹比港，但他从来都没有提过日军的攻势具体会在哪里停止，如果他对自己的计划和调度有十足的信心，在布莱梅到达的时候，成竹在胸，大可据理力争。另外澳大利亚人没有提及日军补给线的困难和瓜岛战场对日军兵力的牵制作用，即便不是有意忽略，这样分析也是不全面的。

和罗威尔相比，21旅旅长波兹准将的遭遇更令人同情。布莱梅将军很快就将他调回达尔文，21旅不久也被调离前线。澳军总司令和战区司令部对波兹在欧文·斯坦利山区前线一个多月一味撤退非常不满。然而即使展开反攻的艾泽尔25旅，首次采取的战术行动同样是撤退。由于日军节节推进，艾泽尔到前线的补给线比起波兹已经大大缩短。艾泽尔幸运，但波兹不幸的一点在于，艾泽尔决定从伊奥里白瓦撤退的时候，日军已经准备收缩战线，转攻为守，而波兹从抵达前线的第一刻起，就一直受到补给问题困扰，长时间无法在火线配备足够的兵力，而解决补给问题并不是前敌指挥官的职责。

由于战区最高司令麦克阿瑟将军对前线澳军将领的表现不满，罗威尔和波兹都遭到撤换，使得澳军上下对他大有怨言。一直以来抨击麦克阿瑟和美军指挥官最激烈的瓦西少将在给罗威尔的信中曾这样写道：“……我现在更加相信，我们的报告都应该用美语来写。他们（美国人）根本看不懂我们质朴的英语。”言下之意，麦克阿瑟和美军军官只想看见词藻华丽的报告，并不关心前线的实际困境。虽然言过其实，但由此可见澳军将领对战区司令部的美军军官确实甚为不满。

8月下半月，21旅的2/14营和2/16营在进入科科达通道时，各有约550人。而在一个多月后的9月19日，2/16营还剩143人，2/14营更是仅剩101人。这天以后，暂无战

地图二十五　9月23日中午的伊米塔山地前线

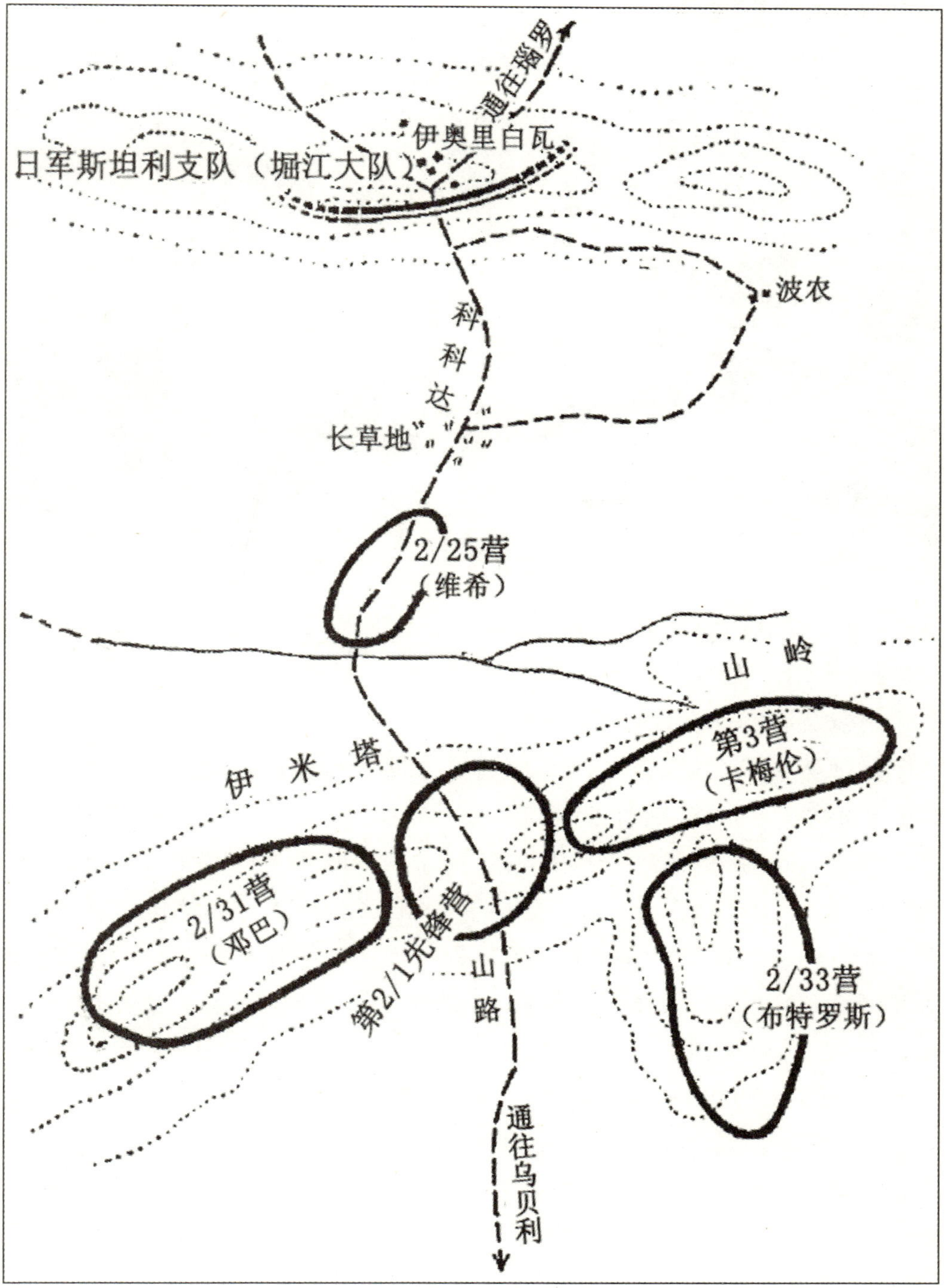

■2/14营的巴特勒中尉（左一）和两名同伴撤退时，在米奥拉附近与主力失散，后来得到友好的土著人帮助，乘坐木筏渡过坎普韦尔奇河，10月在卡里克多布归队。

斗任务的这两个营没有更多伤亡，陆续有小股脱队士兵归建，但都已身心俱疲。9月26日，36营接替了他们的乌贝利阵地，他们终于可以返回莫尔兹比港彻底休整。但因为战区司令部的成见，和澳军高级指挥官在重压之下的偏见，他们在相当长一段时间都不被视为一支有战斗力的部队。

21旅的另一个营2/27营9月8日晚上就与主力失散。他们一路在山间辗转寻找退路，饥寒交迫，步履艰难，直到半个月后，才到达伊奥里白瓦以东大约4英里的加瓦莱莱，在那里找到一条能够通往莫尔兹比港市郊康复军营的捷径。10月初，这个营终于全部回到莫尔兹比港。

在这次行动期间，2/27营一共死亡39人，失踪2人（基本确认死亡），另有46人负伤。和2/27营相比，21旅的另两个营伤亡都多出8成以上。2/14营合计战斗损失244人，其中81人阵亡或伤重不治，31人失踪，132人负伤。另外还有4人因疾病和其他原因死亡。2/16营战斗损失合计163人，其中阵亡或伤重不治69人，94人负伤。热带疾病对战士们的折磨和战斗一样残酷，21旅罹患疾病的人数对战斗损失比例大约为2比1。

尽管21旅在当时并没有得到公正评价，但在那种艰苦的条件下，他们熬过了澳军在新几内亚战场最艰难的一段时间，为盟军在日军主动撤退后，迎来巴布亚战场的曙光，及时实施反攻创造了一定条件，这一点是不容抹煞的。

地图二十六　2/27营撤退路线

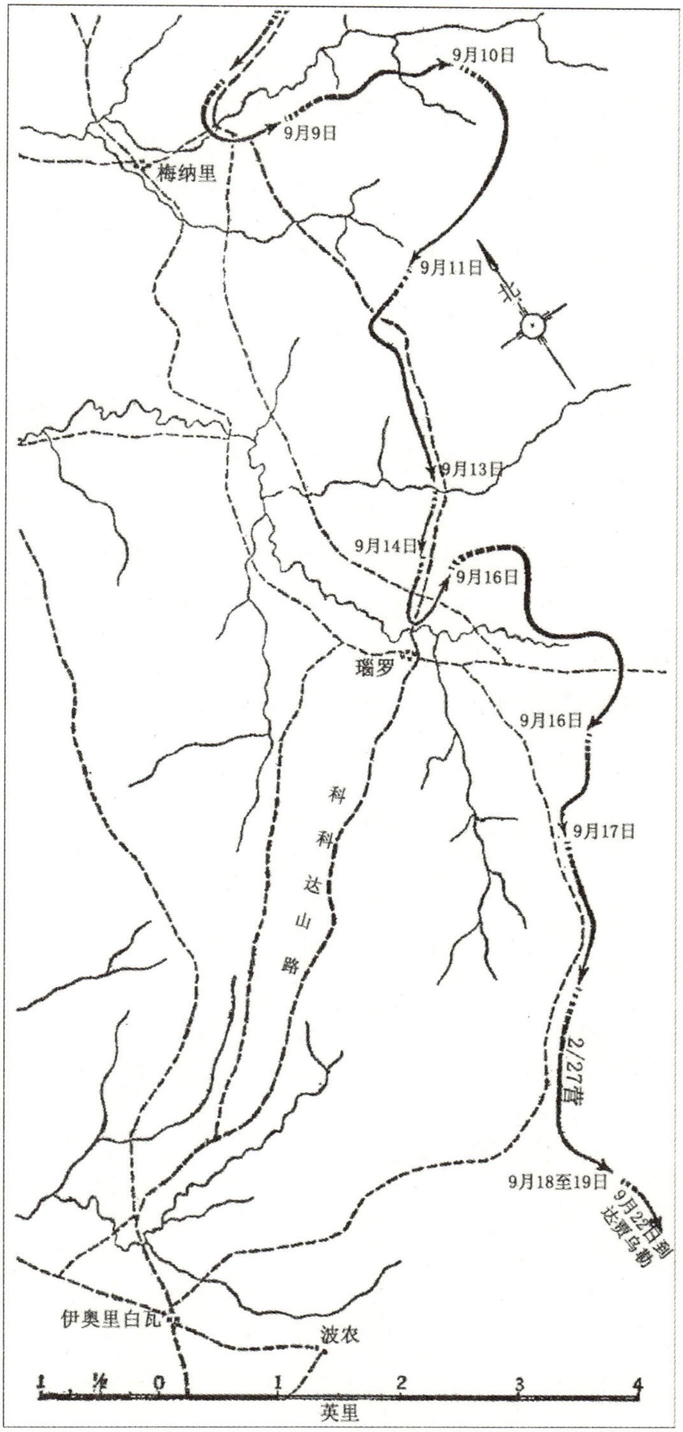

准备反攻

麦克阿瑟将军没有想到巴布亚前线竟会出现剧变，节节胜利的日军在伊奥里白瓦非但停止前进，而且完全转入守势。一直被他大肆抨击的澳军指挥官终于可以暂时缓一口气，不用在对抗日军的同时，继续承受他无休止的挑剔和指责。

9月底，澳军25旅已收复伊奥里白瓦和瑙罗等地。麦克阿瑟并没有为澳军的表现欢欣鼓舞，他这时最担心的是日军会在瓜岛取胜，随后会再度在新几内亚战场投入重兵。麦克阿瑟未免杞人忧天，美军陆战1师登陆瓜岛以后，日军已经失去了瓜岛战场的主动权，虽然双方为所罗门群岛的海空控制权展开了连番较量，一时难解难分，但美军的运输和补给效率始终比日军高过一筹，即便麦克阿瑟对瓜岛战况了解有些滞后，但过于担心未免有些神经质。这恐怕还是因为他一直对美军在所罗门群岛集中重兵心怀不满所致。

无论麦克阿瑟对美军的战略部署如何不满，但盟军在瓜岛和巴布亚战场确实一荣俱荣，一损俱损。所罗门群岛的战局“将对我们的行动产生决定性的生死攸关的影响”。为抢在日军之前发动新一轮进攻，麦克阿瑟10月1日就亲自下令，要求新几内亚部队

地图二十七　10月初，盟军的三路进军计划

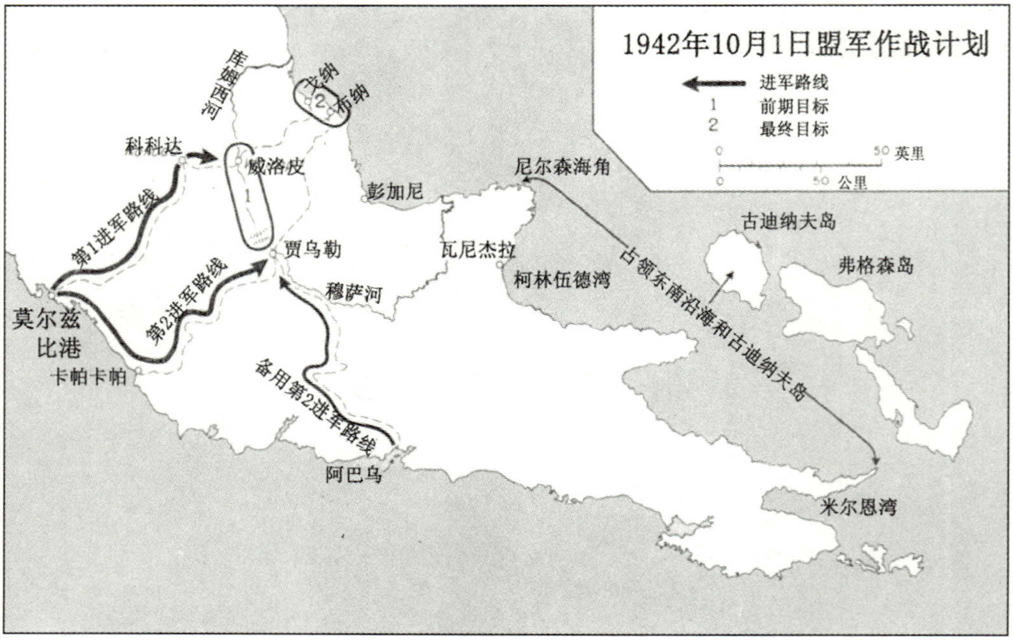

尽快将日军驱赶到库姆西河东面；攻占目前被日军盘踞的古迪纳夫岛等新几内亚东南部北岸地区，确保盟军侧翼的安全；完成上述目标后，准备“根据战区司令部的命令，向巴布亚东北海岸进攻，夺取布纳－戈纳地区”。

10月5日，布莱梅在给麦克阿瑟的信中提到，新几内亚部队如果要执行战区司令部的命令，面临一系列核心难题，最主要的两个问题首先是恶劣的交通条件使澳军无法将必要的兵力派往预定战场，第二就是补给问题。而要解决后一个问题，首先就要克服第一个问题。如果要解决这两个难题，澳军就要占领肯尼选定的前进机场修建地点瓦尼杰拉，这需要一个步兵营的兵力（720人）；如果要攻打科科达前线，除了在前方投入一个满建制步兵旅（4600人）外，还需要准备一个步兵旅的预备队和2000名土著民夫；而坎加游击队也需要加强650名士兵和1300名土著民夫；在澳军能够将相应的兵力派往这三个地方的同时，美军第32步兵师还要沿里格－阿巴乌一线策应，至少需要大约1000人的部队和600名民夫。这样的话，在陆路交通能够满足补给运输的要求之前，盟军航空部队需要为大约7000名官兵和3900名民夫提供补给。而补给和交通面临的难处可能会令三个方向的行动难以及时协调。尽管如此，布莱梅还是进行了部署，除继续在布罗罗山谷和日军前进基地周旋的坎加部队驻守原地外，澳军第7师将向科科达运动；以澳军2/10营为基干，组成瓦尼杰拉挺进部队；美军第32师一部承担别动任务。相对而言，规模最小的瓦尼杰拉挺进部队困难较小，反而是承担别动任务的美军第32师处境可能会最困难。

麦克阿瑟在后来给布莱梅将军的信中写道：

（作战）要想成功进行，必须建立能让在新几内亚北岸登陆的任何数量的部队都能充分依赖的交通线。敌人完全控制了（北岸的）海路，而我们至今没有做到，目前也没有任何可行的预期手段能和日军争夺制海权。以此推论，即使我们能最大限度地组织海运为我们的部队运输补给，这种补给计划仍然会因为日军可以按照他们的愿望，随时掐断我们的补给线，而受到威胁。要做到这一点，他们只需使用为数不多的鱼雷艇即可……

……进攻新几内亚北岸的部队必须周密安排，以确保他们能够准备成功越过群山撤退，而他们的补给只能依靠空投和土著民夫的人力运输解决。（瓜岛的）一次局部胜利，使敌人暂时将他们的注意力都集中在所罗门群岛，但我们不能麻痹大意，实际上我们此前在新几内亚面临的各种限制依然未变，而且目前仍缺乏有效手段维持通往新几内亚北岸的交通线，使得我们仍无法在那里维持大规模部队。进而，我们的计划必须考虑一旦补给线出现问题，行动该如何维持，以及一旦我们遭遇压倒性优势的敌军，该如何撤退到预先准备好的防御阵地。

为了应对上述可能出现的不测状况，斯维尔德鲁普上校已经再度被派往新几内亚勘察地形，并且在阿巴乌以北山区兴建陆路兵站和空投场。

麦克阿瑟的目标明确，由于下一步行动存在多种风险，必须准备一条安全的退路，尽可能抵消这些风险。如果这次机动作战因为任何原因失败，至少应当能使部队容易脱身，以便在条件更有利时再战。他对所罗门战场的偏见依然没有改变，然而正是这种偏见，让他在尽一切可能为反攻部队的补给和安全问题提供保障。

为尽快迎来全面反攻，迫切需要整合美军与澳军在新几内亚的后勤供给效率。10月5日，战区司令部建立了联合作战后勤司令部（Combined Operational Service Command，简称COSC)。这个新部门将隶属新几内亚部队，统管澳属新几内亚盟军交通线的所有事宜。美国陆军后勤部队副司令德怀特·约翰斯准将出任COSC司令，澳军总参谋部的V.C.瑟康贝准将为副司令。前方所有美澳后勤人员，全归COSC统辖。为增加后勤补给手段，新任后勤司令约翰斯准将征集了大量小艇和帆船在米尔恩湾集结，预备在进攻布纳期间使用。

此时米尔恩湾和莫尔兹比港的港口和船坞设施扩建工程都进展顺利。战区工兵部队紧缺，但澳大利亚本土仍竭尽所能调运工兵去支援新几内亚。10月初，米尔恩湾已经建起一个永久性的“T”形码头取代原先的临时码头。莫尔兹比港通往塔塔纳岛的800米堤道在月底也将竣工。随着一系列工程完工，盟军的物流运输效率将大为改善。原先只能供一艘大型货轮卸载的莫尔兹比港码头，将能供几艘货轮同时使用。一个日吞吐量仅为500吨的小型热带码头，功能立即扩大了几倍，不久的将来可能达9倍之多。这个引人瞩目的成就，让战区工程处长凯西将军颇为自豪。

■从10月5日起，统管巴布亚盟军后勤事务的德怀特·约翰斯准将。

机场建设项目也陆续完工。除了少许小型设施，莫尔兹比港和米尔恩湾的各机场都已竣工，或者即将完工，两地均已建成足够

■莫尔兹比港城外的沃兹机场。

囤积120日份给养的补给仓库。巴布亚前线还将兴建更多机场，但估计要在地面部队反攻的时候陆续完工。

布莱梅将军向麦克阿瑟将军提交作战计划和补给需求报告的同时，并没有放松对前线澳军部队的关注。尽管他和罗威尔闹得很不愉快，但他对罗威尔离任前进行的部署并没有进行大幅度变更。布莱梅命令前线的澳军25旅和16旅继续沿科科达山路前进，目标是夺取科科达山口和当地的简易机场，这样不仅能让战线前移，而且能利用机场缓解交通和补给问题，为执行麦克阿瑟的作战计划创造条件。

与此同时，美军126步兵团的一个营将从山路东南方取道贾乌勒，然后进攻威洛皮或布纳（具体目标根据交通线建设情况而定）。另一支部队将开辟通往布纳的第三条路线，沿瓦尼杰拉－彭加尼（在瓦尼杰拉和布纳海岸线之间）－布纳一线推进。这支部队将以美军128团的一个营为基干，先空运到瓦尼杰拉，然后沿海岸推进到彭加尼，与126团的两个营会合。126团的这两个营将直接被空运到彭加尼或邻近地区。盟军的这三路部队，最后将兵合一处，攻打日军在布纳－戈纳的滩头阵地。

■1942年10月2日，澳大利亚陆军部长福特（左）、麦克阿瑟和布莱梅在莫尔兹比港交流意见。

收复坦普尔顿山口

后方制定作战计划和进行工程建设时，一线的澳军作战部队也在继续行动。10月初，沿科科达山路主轴的作战已经开始。澳军巡逻队发现瑙罗没有日军驻守，继续向梅纳里摸索推进。10月1日，25旅主力以第3营为前锋，开始向北运动。次日，2/25营紧随第3营，由顶替前不久负伤的维希中校的R.H.马森少校带领，从伊奥里白瓦出发北上。另两个营随后几天也依次进发。

日军撤退时筋疲力尽，一直缺乏补给，一路人困马乏，前锋营第3营在山路沿途发现不少日军丢弃的死尸和装备。10月2日13点前后，第3营尖刀连已顺利进驻梅纳里，稍事歇息，继续向艾弗吉进发，一路仍未遇抵抗。营长卡梅伦中校报告称，在伊奥里白瓦和瑙罗之间，曾有约2000名日军驻扎的痕迹，他的部队一路共掩埋了12具日军尸体，但没有看见伤兵，从日军营地残留的痕迹来看，他们已经在吃树皮、杂草充饥，而痢疾也正在日军中间流行。卡梅伦还曾发现两具澳大利亚人的尸体，一具被捆在树上，另一具已经身首分离。

除了赶往艾弗吉的伯格连外，第3营余部此后两天都在打扫瑙罗附近的低洼地。这时马森已率部越过3营阵地，到达瑙罗和梅纳里半路的宿营地。10月4日下午，伯格连抵达艾弗吉，当地也空无一人。伯格上尉从曾被迫为日军服务的民夫那里得知，日军大部队已全部撤往科科达。次日，卡梅伦率3营主力进抵梅纳里。6日傍晚，马森营已来到艾弗吉。这两个营的巡逻队在主力前方和侧翼都相当得力，没有让日军得到机会骚扰主力行军。5日，马森派A.巴内特中尉和考克斯中尉带领53名士兵，每人携带5天干粮，先赶赴米奥拉，如果和日军遭遇，尽可能探清虚实。卡梅伦营的巡逻队则在米奥拉－坦普尔顿山口一路搜索，然后越过卡基，搜索山路左侧区域。

25旅第三阵的2/33营打扫了近一个月前曾发生激战的梅纳里和艾弗吉阵地。10月7日和8日两天之内，他总共掩埋了100多具敌我双方的尸体。

10月8日，澳军看似就要追上日军后卫主力。巴内特巡逻队和3营通斯上士指挥的另一支巡逻队在米奥拉和坦普尔顿山口之间终于和日军遭遇。日军大约有一个小队的兵力在道路两侧把守。战斗中巴内特负伤，部下则1死2伤，眼看一时无法取胜，便率部先撤回米奥拉。通斯的巡逻队兵力更少，而且卡梅伦中校给他的任务只是进行侦察，便没有和日军交火，直接撤退。

■1942年10月，澳军收复伊奥里白瓦和瑙罗后，在当地为阵亡的两位无名战友修建的坟墓。

此时，艾泽尔已将全旅4个营的主力都在梅纳里至艾弗吉道路沿线排开。梅纳里会充当一个空投场，卡梅伦第3营会准备在艾弗吉建成另一个空投场。10月9日，布特罗斯中校率2/33营通过艾弗吉，掩护从米奥拉向前延伸的主干道。次日上午，2/25营向卡基左侧迂回，掩护通往这一区域的通道，而2/31营将前往艾弗吉以北的前方区域。

与日军接触后，艾泽尔的4个营似乎放慢了速度。10日天刚黑，接替巴内特指挥巡逻队的考克斯中尉，对日军后卫部队的进攻仍未取得进展。于是第3营和2/33营就先在米奥拉的防御阵地驻守；2/25营则在卡基－米奥拉之间的岔道宿营；全旅的后卫2/31营刚刚抵达艾弗吉。

25旅放慢推进速度不是因为和日军遭遇，而是另两个原因。首先艾泽尔必须照顾好正在与严峻的自然环境搏斗的部下；其次他对补给问题仍十分担心，唯恐推进太快，补给会跟不上。

民夫短缺是补给运输面临的最大难题之一。当25旅在伊米塔山岭－伊奥里白瓦一带行动时，问题还不严重，尽管那里缺乏合适的空投场，但靠近澳军大后方，补给线较短，从莫尔兹比港到伊米塔山岭之间还可以用车辆运输。8月底之后的一段时间，澳军前线补给一度告急，后方及时组织了一个汽车运输连，勤勉工作，这才使情况从9月中旬起开始好转。然而一旦部队重新深入山区，就无法再依靠车辆运输了。

从开始北进的那一刻起，艾泽尔就已打定主意在途经的各个据点修建仓库。但10月初，只有900名土著民夫能在乌贝利前方供他使用，而且由于患病和开小差，数量每天都在减少。

行动早期，25旅旅部留有90名民夫，每个营分配40人。旅部和各营各有一名ANGAU官员随行，负责管理和照料民夫。土著民夫负责为澳军运送辎重；一旦发生战斗，他们会从前方补给仓库为各营运送补给品，这些补给仓库通常离火线半天路程。

作战部队士兵自身的负荷一般比民夫更重。25旅每人都要携带5日份口粮，半张毯子、一张防潮布、肥皂、牙刷、水壶等日用品，还有自己的武器和弹药。每个步兵营通常这样搬运武器弹药：步兵每人一支步枪和100到150发子弹；民夫在适合的地点搬运3英寸迫击炮和15枚炮弹，其他时候，迫击炮手在营部连的其他成员，有时再加上步兵连的士兵协助，搬运迫击炮和炮弹。每挺维克斯式机枪和2到3盘子弹的搬运方式和迫击炮基本相同；一挺布朗式轻机枪和10支弹匣由同一机枪组成员轮流搬运；2挺冲锋枪，5个弹匣和150枚散弹为一组，由冲锋枪手们携带；每个排的迫击炮手负责搬运一门2英寸迫击炮，12枚炮弹由全排人分别负担；另外每人携带两枚手雷。另外每个营会配备固定人员搬运医疗设备、炊事设备、6台电话机和6台108型电台等通信设备。装备和补给一路都要靠澳军士兵和民夫人工搬运，推进速度必然较慢。

进入深山后，如果无法从空中得到补给的话，澳军必然会陷入窘境。巴布亚战役早期，盟军就已发现，空运补给要充分发挥作用，前线地面部队、基地补给组织人员和飞行员三方必须通力合作。地面部队要及时发现适合的空投地点，必要时需要清理出一片空投场，并且引导飞机顺利空投，还要及时通报急需的空投物资品种。基地补给组织人员则需要负责有效管理大后方的仓库，将这些补给物资运往机场装机，保证物资能按时分批送往指定地点。而飞行员的责任就是尽可能保持空投准确度。

空运面临的主要困难除天气因素和日军飞机外，还包括前线通信频率时常超负荷运转，无法及时向新几内亚部队司令部传达补给信息的问题。另外空投时不可避免发生的碰撞也会加大物资损耗率。肉罐头和饼干之类的食品即使变形，只要还能食用，影响倒不大，但轻武器的弹药在空投时就必须小心翼翼校正高度和空投目标，尽量保证落地后变形较小，变形的子弹也能够矫正修复，以免使用时炸膛或卡壳。而炮弹空投危险太大，即使迫击炮弹在空投时都会引发伤亡事故，试投一次后就已停止。而“道格拉斯”式运输机的飞行员在实践中发现，山区最适合的空投高度在离地300到400英尺之间。

10月2日，艾泽尔准将就告诉师长艾伦少将，空投补给必须尽快安排。两天后，盟军在瑙罗组织了一次空投，但这次空投的损

■1942年10月，一架道格拉斯运输机正在欧文斯坦利山脉的瑙罗附近空投物资。

失率很高。10月5日夜间，上级迫于条件限制，修改了艾泽尔收复科科达的任务。艾泽尔的25旅集中掩护卡基和米奥拉两地，待劳伊德准将的16旅赶到后，将会替换他们。劳伊德本人5日当天就已赶到前方，和艾泽尔一同商议相关作战计划。

10月7日，艾伦电告新任新几内亚部队司令赫林中将，前线急需空投支援，但目前的空投系统无法让运输机确保在天气条件允许的条件下，每天空投5万磅补给品。而5万磅的日空投量只能满足前线作战部队的需求，还没有将预备队的需求计算在内。目前空投物资的损失率在30%左右，所以5万磅物资真正能交到部队手中的不过3.5万磅。为顺利实施作战计划，前线需要准备21日份的储备补给和弹药，而前两天的日空投量仅能满足不足50%的需求，要想在现有条件下提供这些额外的补给量，完全不可能。而除非能确保每天空投所需的5万磅补给和追加的储备补给，才能保证前线部队按计划行动，不然大批部队将不得不后撤到伊米塔山岭阵地。澳军推进到卡基－坦普尔顿山口－米奥拉地区追击敌人和攻占科科达山口的意图，会因为上述补给问题而难以实现。

几天后，空中补给的效率明显提高。10月11日，艾泽尔准将命令布特罗斯率领2/33营去夺取坦普尔顿山口。布特罗斯中校先派伊尼斯中尉带领一个排去前方替换考克斯巡逻队。片刻工夫，伊尼斯就回报，日军阵地十分强悍，他仅凭一个排的兵力根本奈何不了。布特罗斯随即将伊尼斯所属的那个连全部派往前方，连长W.D.科普上尉亲自率领连主力，由通斯上士带路，先来到通斯早先和日军接触的地点。同时，3营H.A.海隆中尉的一个排在坦普尔顿山口以南被日军击退，两名士兵阵亡。

这个时候，艾伦少将已将师部前移到梅纳里，布莱梅将军给他发来一份措辞犀利的电文，认为澳军一路都没有遇到有力抵抗，目前补给问题已解决，理应加快推进速度，然而这两天却依然行动迟缓。他命令第7师必须勇于向敌人施加压力，如果艾伦觉得任务过于紧张，他可以派人替换他的师长职务。

接到澳军总司令严命，艾伦不敢怠慢，次日便回电报告，他已经计划以最快速度拿下科科达山口。随后他通报了最新敌情，认为布莱梅误解了战况。前线并未无所作为，他已经向部下的旅长明确布置了任务。目前前线已遭遇日军激烈抵抗，而补给仅仅依靠少量土著民夫难以为继。至于储备补给从10月11日开始就没有再次送到前线。为继续前进，补给无法完全靠空投满足。艾伦本人也希望加快推进速度，但不能忽视实际条件。现在每一位战士需要携带5天的补给品行军，还需要维持前线的空投场。巴布亚的地理条件比澳军过去经历的任何战场都更艰苦，而根据所有报告显示，米奥拉以北地区的地形是整个新几内亚最恶劣的地区。随后他直截了当地表达了心中的不满，他认为第

7师的官兵并不缺乏勇气，但勇气必须建立在充足的体力和补给能力上。他的部队已经在以超人的勇气进行这场艰苦的战斗。至于他个人，丝毫不觉得紧张。尽管他认为自己的表现谈不上多胜任，也认为自己思虑不够周全，但他认为布莱梅昨天的那种说法对前线所有将士都不公平，而他本人必须维护澳军将士的荣誉。

艾伦一面和总司令争辩，一面让艾泽尔继续派巡逻队和日军接触，弄清敌人的虚实；同时指示派一个营进驻爱奥拉溪口，两个营进驻坦普尔顿山口，一个营留守卡基，将爱奥拉溪口－米奥拉－卡基一线地区连成一气；另外尽快派兵占领阿罗拉，充当空投场。新到前线的16旅负责守卫米奥拉，再准备将当地建成一个可供小型飞机起降的机场，同时在作好准备以后，越过25旅阵地，负责夺取科科达山口。

10月12日，2/33营和2/25营已在向坦普尔顿山口一带推进，一个营沿山路主干道前进，另一个营从卡基一路沿山路布防。在这两个营背后，邓巴中校带领2/31营向卡基靠拢，卡梅伦的第3营则留守米奥拉，等待接应16旅。

中午，布特罗斯中校已经到达日军在米奥拉和坦普尔顿山口之间据守的地点。这里的山路正好沿着一条狭窄的山岭半山腰通过，山岭上覆盖着茂密的灌木和竹林，成为日军的天然隐蔽所，守军能从任意一个隐蔽所狙击来犯之敌，地形易守难攻，难怪巡逻

■1942年10月，澳军2/31营在梅纳里南面沿布朗河河岸行军。

■澳军2/33营从瑙罗前往梅纳里的路上，走独木桥过布朗河。

队一直没能将他们解决。

对付日军隐蔽狙击点最有效的办法是用手雷精确打击，但日军狙击点只露出一个大约直径70厘米的射击孔，用手雷攻击的难度非常大。机智的日军还将他们的自动武器在各个狙击点之间轮流使用，让澳军无法摸清哪里是日军最强的火力点。

布特罗斯营的科普连付出3人负伤的代价后，大约将日军逼退了300码。科普连的两个排控制了山路两侧，同时伊尼斯排继续向山路左翼的灌木丛和小片阵地运动。很快伊尼斯就带领他的人回来报告，发现大约20个日本兵正在日军前方阵地后方约300码的位置挖掘战壕，交战中一名澳军士兵阵亡。布特罗斯营长计划让阿切尔上尉的一个连立即赶到前方，进攻正和科普连对峙的日军，克劳斯上尉的一个连从左翼迂回，去夺取背后的日军阻击阵地。然而直到晚上，澳军对日军坚固阵地的进攻都进展甚微。日军抢占了狭窄山岭上的有利地形，迫使澳军每次进攻都只能艰难地爬坡仰攻，难度实在太大。阿切尔连多次进攻未果，天黑后只得先回去和科普连会合。尽管阿切尔报告说他听见日军阵地背后传来枪声，但布特罗斯并没有得到克劳斯连的消息。澳军又付出了4死9伤的代价。这时，2/25营正在卡基和坦普尔顿山口之间宿营。

13日上午，阿切尔连再度发动进攻，而克劳斯连仍没有任何消息。11点前后，K.波尔中尉带领一个排从日军阵地南面的山路神不知鬼不觉的迂回奇袭，令日军猝不及防。波尔排缴获了一挺日军重机枪，大约毙伤日

地图二十八　10月12日下午6点，坦普尔顿山口地区的战况

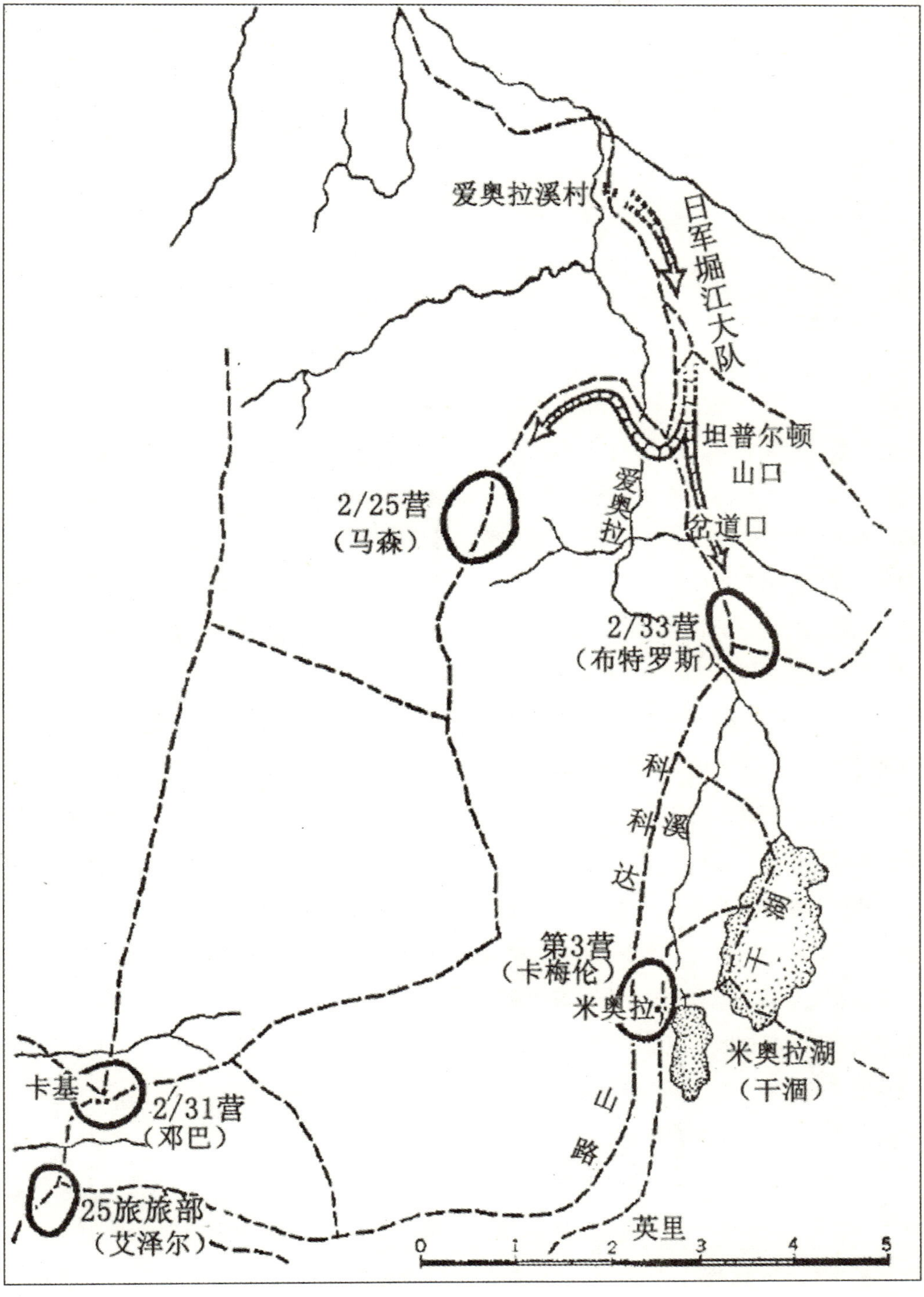

军30人，代价是1死4伤。但正面进攻的阿切尔仍然没有成功。

下午早些时候，克劳斯上尉终于发回报告，他昨天就遇到日军抵抗。13日黎明，他向离坦普尔顿山口大约1英里的一座平缓的山岭发动了一次进攻。

昨晚山间又下了一场冷雨，日间雨水从灌木上滴落下来，使人觉得分外湿冷。布特罗斯计点人数，13日他的营又有1人阵亡，12人负伤，另有1人失踪。即使如此，他依然下决心第二天一定要占领这座山岭。他计划让科普连沿山路继续进攻，同时波尔重施故伎，再演一次迂回突袭的好戏。

布特罗斯的2/33营正竭力将日军逐出藏身处，2/25营也已与日军遭遇。在从卡基向坦普尔顿山口推进的路上，先头侦察部队遭到日军袭击。奥布莱恩连和巴特勒连得报，立即率部去搜寻日军狙击手。日军预设阵地视野上佳，士兵射击精准，两侧的陡峭山岭也使得澳军不便从侧翼包抄。巴特勒连向山路左翼高地强攻，但没能抢占多少阵地。

山区的战斗始终十分残酷。而日军由于撤退时较匆忙，沿途留下不少遗留物，倒让一些澳军士兵得到意外收获。2/25营的侦察兵库克一等兵巡逻时发现了一大块肉，但那股飘进鼻子里的异味让他作呕。他把这块肉带回营部，交给营军医官多南上尉鉴别。

多南先前已经鉴定过一块肉，那是从大体型动物身上切下来的，具体是哪种动物，一时搞不清楚。库克将那一大块还连着皮的肉扔到多南面前，多南发现在肉与皮之间还连带着皮下组织，不禁皱起了眉头。库克问道："这究竟是什么肉啊？"多南犹豫片刻，答道："没你的事了，归队去吧。"库克虽不甘心，但也只好离开。多南在他的报告中写道，这块连带着皮肤和皮下组织的肉其实是从人体切割下来的。

两天后，另一位军医科隆比中尉也在报告中谈到他那令人恐惧和反胃的经历。10月11日，他带人埋葬了3名澳大利亚民兵的尸体，在掩埋前验尸时，发现其中一具尸体的双臂被齐肩切除，而且一条大腿和小腿肚都被人用刀割下一大块肉。另一具尸体两条大腿都被剜去一大块。这两人都是被机枪打死的，致命伤分别是前胸和头部。那些切割痕迹明显都不是子弹和刺刀造成的，而是被人用利刃切割留下的。

布特罗斯中校下决心尽快结束战斗，但14日的进展依然不理想。日军吸取前一天的教训，料到波尔排会再度迂回，预先派兵阻击，这种简单重复的战术奈何不了他们。中午，负责正面进攻的科普上尉回到阿切尔守卫的阵地报告，他在道路右侧的两个排遭到日军顽强阻击，左翼的一个排在向前方山崖边靠近时，就更早遇见敌人，排长沃恩中尉中弹身亡。下午天降大雨，航空队预定的空袭被迫取消。布特罗斯的困难达到极点。这一天2/33营共4人阵亡，19人负伤，而他已经投入全部兵力，力量接近枯竭。好在第3营及时赶到，经过商议，决定让第3营次日

■2/33营C连的五位军官在营房门外的合影（从左到右）：阿莱克·迪萨特中尉、威廉·伊尼斯中尉、连长林德赛·米勒上尉、希尔顿·戴维斯中尉和赫伯特·沃恩中尉。1942年10月14日，沃恩中尉在坦普尔顿山口的战斗中阵亡，时年26岁。

上午从左翼进攻。

2/25营的情况和2/33营也相差无几。他们和日军在一片野生灌木的空地里发生激战，巴特勒连最终不支撤退，新到的奥格拉蒂连替换了他们，但仍没有取得进展。

10月15日，澳军终于看到胜利的曙光。最初3营按照预定计划，在2/33营阵地左翼迂回，结果他们发现在日军阵地上只留下仍余火不熄的战死者骨灰，不由大喜过望——日军已经撤退了。贝克特上尉赶紧率部向坦普尔顿山口前进，随后会从山口向通往卡基的山路迂回，包抄阻击2/25营的日军后方阵地。

下午，2/33营踩着被雨水浸泡大半天的泥泞山路，艰难地迈向坦普尔顿山口。3营主力跟随他们行动，一路上也不时打滑跌倒，弄得满身泥浆。他们在路上遇上一股埋伏的日军，但这次日军未能阻止他们前进，随后一路推进到爱奥拉溪谷的第一个路口，那里山路开始沿溪床的地势下陷。天黑了，空气格外湿冷，战士们就在21旅战死官兵的尸体之间宿营。

沿卡基方向前进的2/25营营长马森少校得知布特罗斯营已经打开通往坦普尔顿山口和爱奥拉溪谷的道路，备受鼓舞。艾泽尔旅长命令他一鼓作气突破日军防线。马森立即让奥布莱恩连率先出发。奥布莱恩出师不利，很快就遭到日军阻击，一时僵持不下。

马森让奥布莱恩先守住现有阵地，随后将巴特勒连调上前线，冲击日军阵地。为压制日军，马森调来一门迫击炮，先后发射了27发炮弹，不过其中8发没有爆炸。这次炮击因为操作失误，大量炮弹刚出膛就在空中爆炸，倒霉的迫击炮手被弹片击中身亡。巴特勒在炮火掩护下，虽然前进了一段距离，但很快遇到日军用木头和电线组成的路障，无奈之下，巴特勒只有带着伤亡的士兵后撤，一无所获。

10月16日，2/33营正准备向坦普尔顿山口推进，友军的飞机已经在他们前方进行火力准备，轰炸机的炸弹在山岭之间炸开了花。火力准备结束后，克劳斯上尉最先率部前进。中午刚过，该连就已到达昨夜的宿营地和坦普尔顿山口道路正中位置，发现一些日军遗留的尸体，从尸体的余温来看，被丢下不过一个小时。布特罗斯得报，率营主力随后跟进。15点前后，布特罗斯在坦普尔顿山口再次见到克劳斯上尉，克劳斯正率部沿山路追赶一小股脱队的日军。16点过后，马森少校率2/25营赶到坦普尔顿山口的预定集结地点会合。上午他率部赶路时发现，日军的抵抗已经冰消瓦解。

在预定集结点，布特罗斯、马森和卡梅伦三位营长商议后，决定让卡梅伦率第3营前出到坦普尔顿山口前方数百码的位置，掩护前方的主要道路。马森和布特罗斯的两个营分别驻守山口的左右两翼。卡梅伦随即行动起来，派贝克特上尉带领他的连充当箭头，在前方巡逻。17点30分，贝克特发现日军就在他们前方大约500码的位置，于是就地挖掘战壕，先和日军对峙。卡梅伦最后率营主力推进到贝克特连阵地后方。就在此时，2/25营阵地遭到日军迫击炮火袭击，马森少校和两名战士被打伤。

前方的第3营度过了一个不平静的夜晚。17日上午，阿特金森连越过几道山岭，穿过碍手碍脚的灌木丛，从贝克特连阵地右翼迂回进攻。13点刚过，他们就摸进了一个日军阵地。

阿特金森连决定先端掉日军的一个机枪阵地，通斯上士承担了这个任务。日军发现澳军靠近，机枪从射击孔喷吐出充满杀机的火舌。通斯的头顶紧挨着日军的机枪火线，匍匐前进，等日军打完一梭子弹的间歇，猛一扬手，将一颗手雷从射击孔右侧扔了进去。一声轰响，里面的两个鬼子被爆炸的气浪掀了出来，一边一个躺倒在地，一动不动，当场毙命。阿特金森连旗开得胜，士气大振，战士们备受鼓舞，大吼着发起了冲锋。

阿特金森在日军的这个防御强点冲开了一条通路，很快将日军全部压制，缴获了不少日军武器装备和文件，而且和贝克特连右翼连成了一体。

在这次战斗中，两人表现异常英勇沉着。排长C.H.理查森中尉在战斗中被一颗日军子弹洞穿前胸，倒在一棵树后。眼看战友倒下的D.D.唐纳斯二等兵狠狠咬了咬一直叼

地图二十九　10月16日下午6点，坦普尔顿山口地区战况

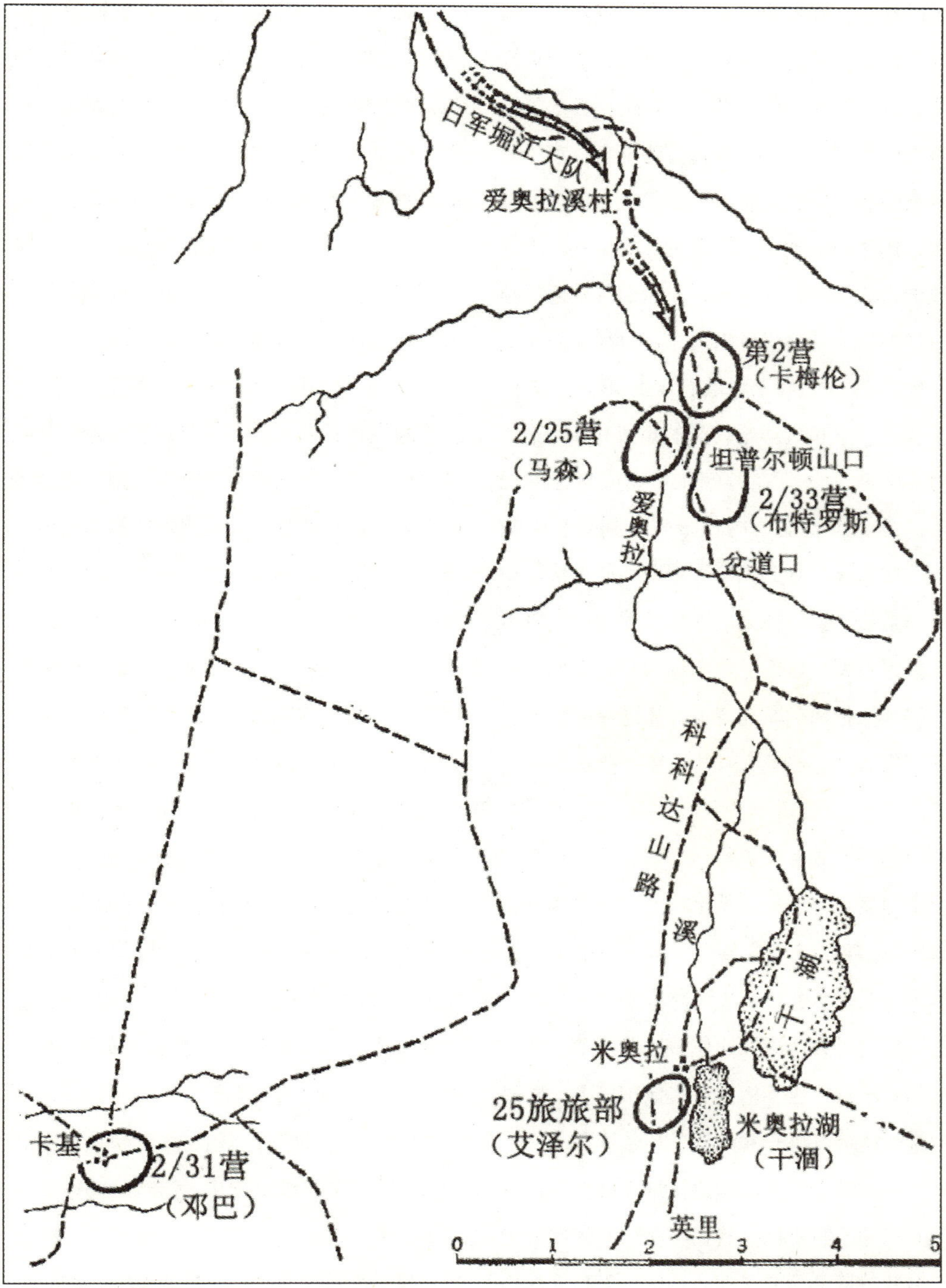

在嘴里的烟斗，决心和那个日军狙击手较量一番。理查森身受重伤，但并不致命，痛苦地呻吟着。阿特金森蹲下为理查森包扎，这时日军狙击手对准他扣动了扳机。子弹正好从他的行军背包和背部之间穿过，打中了他背着的行军锅。阿特金森惊魂未定，在一旁观察的唐纳斯已经看准了日军狙击枪口的位置，迅速移动到一个视野更好的位置，手起枪响，放倒了那个鬼子。随后他沉着地退到一棵树后，从嘴里拿出烟斗，对战友们晃了一圈，说："好了，我已经把那杂种干掉了！"连里负责运送伤员的担架兵G.E.德怀特二等兵，一直在兢兢业业完成自己的任务。他只要把受伤的伤员转移到安全的地方，然后又会赶回火线，帮助那些无法行动的伤员撤下去。他大胆地从日军的一个射击孔外抢救了一位伤员，不顾日军就在他身前几码远，把伤员驮在背上，撒腿往回跑，在日军的火线下狂奔150码，终于把伤员送到安全场所。

阿特金森和贝克特会合后，发现日军的反击力度正在加强。截至18点，两个连合计已有7人阵亡，11人负伤。这时伯格上尉指挥的另两个步兵连正在山路右侧阵地行动。他们进行了大范围迂回包抄，遇上了一个惊呆的日本兵，也不搭话就将他干掉了。据他们说，这天夜里一共消灭了30名日军。

其他两个营在间歇迫击炮火掩护下，白天的战斗波澜不惊。旅长艾泽尔准将在布特罗斯营的阵地建立了旅指挥所。2/25营营长马森少校因伤离岗，由米尔罗伊少校接替他指挥尚有426名战斗人员的部队。

此时，艾伦少将已经在米奥拉设立了前敌指挥所。17日，他接到布莱梅将军的电报。布莱梅在电文中称，麦克阿瑟将军对目前前线部队在伤亡很少的情况下，始终没有取得重大进展不太满意。随后他敦促艾伦更积极地全速突破日军的抵抗据点，尤其要尽快夺取科科达简易机场。最后他强调，目前日军显然在以劣势兵力阻挠澳军前进。

艾伦当即回复，25旅每天都在进攻，而日军现在正在展开反攻。前线的实际情况必须澄清，部队在日军的每个抵抗据点都全力战斗，多次击退敌人。而澳军的行动会继续下去。自从与日军重新接触以来，25旅的战斗损失为阵亡50人，负伤133人，数量确实不多，但战役进展状况不能仅根据战斗损失衡量。从10月18日起，劳伊德准将的16旅会开赴前方，继续向日军保持压力。在更北方的空投场地建立以前，前线无法维持两个旅的兵力，只有先让劳伊德旅接管阿罗拉等前沿阵地，艾泽尔旅暂时退守米奥拉和艾弗吉以北地区。民夫数量短缺，前线只能保证始终有3个营与日军接战。最后艾伦婉转而坚定地指出，布莱梅将军在得到澳军第1军情报处长J.P.米诺格的报告，或者其他会来前线的资深军官的报告之前，不要和他争论前线的形势。最后他又指出，虽然战斗损失并不多，但热带疾疫和糟糕的地形给部队造成的非战斗减员相当严重，25旅共因非战斗伤

■16旅的战士们正在爬上通往坦普尔顿山口的一座山岭的半山腰。

病减员730人，16旅也达到39人，在催促部队加快推进速度的时候，不能不考虑非战斗减员带来的困难。

麦克阿瑟和布莱梅两人与艾伦之间之所以会产生较大分歧，是因为战区司令部得到的情报相对滞后。一开始日军阻击部队确实只有堀江少佐的一个加强大队，但在澳军25旅大举进攻时，撤退中的桑田亥四郎中佐144联队第3大队就奉命与堀江一同阻击澳军。10月13日，日军前沿阵地被澳军攻破之后，塚本初雄中佐又亲率144联队主力来援。10月20日前后，澳军在前线面对的日军已是整整一个联队。

就在接到布莱梅电报的同一天，艾伦已命令16旅去前线接替25旅。埃德加中校的2/2营将替换2/33营，2/33营回米奥拉后，库伦中校的2/1营会移交当地防务，然后向前方开进。两个旅会逐次安排各部交接，维持前线的必要兵力。

然而18日发生的情况，迫使澳军调整原定计划。第3营前方伯格指挥的两个连在一次远距离行军时搞错方向，误入阿特金森连的防区。日军一直在第3营阵地附近活动，搞得卡梅伦营长整天不得安宁。一个日军狙击手用他精准的狙击，让澳军前沿阵地提心吊胆。伯格重新接到命令，让他在营右翼阵地建立稳固的阵地，准备配合布伦德尔上尉带领2/25营的两个连发动一次进攻。但布伦德尔的两个连自己没能调配好，最后这次进攻并没有正式执行。反而是布伦德尔在调遣部队时，有两人不幸身亡。

这一天2/2营已开始替换2/33营。但艾泽尔旅的调动出现了困难，日军对第3营的压力看似是对澳军右翼进攻的先兆。天色刚黑，艾泽尔重新决定，替换2/33营暂缓进行。16旅旅长劳伊德准将命令埃德加中校率领他的2/2营，准备19日天一亮，就向2/33营前沿阵地前方右侧的高地运动。2/33营在现有阵地坚持到19日下午为止，那时2/1营将会抵达，然后该营会接替2/33营阵地。

艾泽尔果然料中。19日，日军加强了对澳军阵地的威胁。阿特金森右翼的伯格部在激烈的小规模冲突中阵亡2人，另有5人负伤。营长卡梅伦中校希望让杰弗雷上尉的一个连从阿特金森连的主阵地发动进攻，让伯格能得到喘息的机会。杰弗雷连在战斗中让日军的一些机枪哑了火，据他们自己估计大约干掉15个敌人，本身4死6伤，然而日军的行动仍没有停止。

这一阶段，埃德加中校正率部向2/33营右方机动，一面延伸和加强布特罗斯的右翼阵地，一面会向前方派出几个兵力较强的巡逻队，保护正遭到日军反攻的3营右翼。显而易见，和日军缠斗多时的卡梅伦营占不到便宜，也无法轻易从阵地脱身。得知情况，劳伊德和艾泽尔商定，在2/2营进攻的同时，让2/1营将卡梅伦第3营替换下来。天黑时，库伦的这个营已到达2/33营阵地，准备实施替换。经过半个多月的行军和战斗，25旅在前方的3个营已筋疲力尽，确实需要立即替换。

20日7点，劳伊德准将正式从艾泽尔手中接过前线指挥权。2/2营会按计划发动猛攻，力争将日军驱逐干净，与此同时，2/1营将接替3营阵地，但到天黑前，2/1营才能完全接管阵地。尽管卡梅伦营的官兵迫切需要好好休息，但撤出第一线后，他们暂时还得在2/1营后方充当预备队，直到目前的紧张形势安定下来为止。相比之下，2/33营和2/25营就幸运多了，尽管2/25营白天有不少人被日军的迫击炮火打伤。17点，史蒂文森中校的2/3营已经接管了这两个营的阵地。2/33营立即撤往爱奥拉溪谷第一个岔路口附近的军需仓库地区，2/25营奉命第二天上午在2/33营之后出发。

以后几天各营的任务多少都有些变化和波折。艾泽尔旅仍在劳伊德旅后方区域留守。第3营最辛苦，还在前线协助16旅。16旅准备夺取阿罗拉后，建立空投场。2/25营留守军需仓库；2/33营虽不用再执行战斗任务，但承担起米奥拉区域的繁重补给；2/31营负责守卫卡基前方阿罗拉和坦普尔顿山口道路间的岔道口，伺机向前推进。25旅的4个营消耗都相当严重，除去配属的第3营，建制内的3个营10月23日尚有1273人。截至10月20日，25旅被16旅替换为止，全旅合计阵亡68人，负伤135人，战斗减员合计203人，但因疾病产生的非战斗减员高达771人。而照料将近一千名伤病员是一项繁重的任务，好在澳军预先已作好安排。

25旅投入战斗的准备阶段，澳军已经在乌贝利附近建立了一个师属医疗基地。钱霍尔中校安排第2/6野战救护队直属队进驻后，又增派了2/9标准军事医院的外科军医莱斯利上尉，使这个医疗站的人员和设施足够200名轻伤员使用。2/6野战救护队的其他各部从乌贝利一直到瑙罗，沿途设立了前进救护站。从瑙罗到米奥拉则计划由霍布森中校的2/4野战救护队负责。霍布森的救护队9月17日从昆士兰州奉命来到巴布亚前线。在准备阶段，2/4救护队在伊罗罗执勤，直到第14野战救护队的一个分队替换他们。曾长期负责前线医疗的马加利少校，早些时候被2/6野战救护队的汉弗莱少校替换，9月25日，2/4救护队的维克利少校又接替了汉弗莱的任务。

从医疗队进入瑙罗开始，霍布森的2/4救护队开始接替钱霍尔的2/6救护队。然而当时25旅尚未产生人员伤亡，沿途的伤病员也很少。钱霍尔发觉自己没必要留在乌贝利空置医疗资源，于是准备让他的野战救护队去前方协助霍布森。

25旅和撤退的日军后卫部队在坦普尔顿山口以南发生激战后，伤兵开始出现，先后被送入霍布森在米奥拉设立的前方急救站。经过工兵部队的辛勤工作，在米奥拉修建起2条飞行跑道，医疗队本希望经过急救处理的伤病员，可以从那里空运回莫尔兹比港，但由于地形限制，跑道太短，不适合大型运输机起降，即使小型飞机想要使用这条跑道也极易发生事故，因而米奥拉急救站的伤病员越来越多。于是已经来到前方的莱斯利上尉和其他军医都纷纷加入这个急救站，充实人力。

尽管面临不少困难，不过澳军在攻入坦普尔顿山口至爱奥拉溪谷区域时，已经达到反攻阶段的第一个高潮。

巩固东部海岸

在三路主力部队向布纳推进以前，盟军必须先确保巴布亚半岛东部米尔恩湾到尼尔森海角沿岸的安全，肃清日军在当地的残余部队。战区暂时没有登陆艇可用，麦克阿瑟将军8月就命令尽可能向米尔恩湾调集小型三角帆船，以备使用。

美国海军陆战队一部一度可能被派往西南太平洋战区，加大了盟军在这一带行动的可能性。海军作战部长金上将主动提出这一建议，而且9月8日就命令尼米兹将军抽调进行过两栖作战训练的陆战团前往西南太平洋战区。尼米兹先选中了陆战第8团。4天后，马歇尔将军通知麦克阿瑟，10月1日前后，陆战8团将从戈姆利海军中将的南太平洋部队调往他的战区。麦克阿瑟随即开始计划用这个陆战团执行海岸军事任务。

然而最终麦克阿瑟空欢喜一场。尼米兹将军和戈姆利中将一致反对抽调陆战8团，他们告诉金上将，这个经过严格高强度训练的陆战团没必要去执行这项任务，麦克阿瑟部下的有力陆军部队，用三角小帆船同样能完成任务。金上将赞同两位海军将领的看法，调动两栖部队去西南太平洋战区的计划就此撤销。麦克阿瑟相当恼火，但木已成舟，他只有最大限度地利用手中的现有资源，完成巩固巴布亚东北海岸的任务。

这个时候，盟军明显感到，用小船将部队送往东部海岸既慢又危险。首先现有的三角帆船不能满足需求。其次在米尔恩湾和尼尔森海角之间，以及尼尔森海角以外的海岸沿途有许多海图上都没标明的礁石，增加了危险性。最后一点，用小船运载部队执行这项任务，不仅会遇到上述困难，而且还可能遭遇困守古迪纳夫岛的一支日军残部骚扰和袭击。

幸运的是，盟军还有另一条更适合的道路可走。看中瓦尼杰拉这块宝地的不止肯尼中将一人。早在7月份，澳大利亚地方当局就在柯林伍德湾附近的这一地区修建了一个简易机场。从瓦尼杰拉通往尼尔森海角的陆路条件比海路好得多，盟军完全可以将地面部队先空运到瓦尼杰拉，再让他们向下一个目标推进。至于收集的小船，尽管不能直接运输部队，但如果能在米尔恩湾到柯林伍德湾之间找到一条能通过暗礁的安全水道，正好可以用小船为前方部队运送补给。而战区航空队经过肯尼将军的整顿，到9、10月间，已经有足够的能力空运部队，与此同时，一个海岸观察组乘坐小型摩托艇“帕鲁玛”号，开始在尼尔森角等地搜寻安全水道。

9月24日，布莱梅将军在米尔恩湾视察时，就已对空运部队去瓦尼杰拉一事进行了一些前期部署，并且充分预计了困难。10月5日和6日，澳军18旅2/10营，一个美军12.7毫米高射机枪连和若干美军工兵部队，由美军第5航空队第21和22运输机中队先后分61架次运抵瓦尼杰拉，组成“哈特部队”，驻守当地军用设施，并且为后续更大规模的空运行动进行准备。与此同时，“帕鲁玛”号摩托艇上的海岸观察组也已经完成了水道勘察任务，小艇装载着各类补给品，开始从米尔恩湾向瓦尼杰拉进发。

布莱梅原计划将驻米尔恩湾的澳军17旅调往瓦尼杰拉，但由于米尔恩湾当地在10月底以前，离不开这个旅的驻军，于是决定改用尚在莫尔兹比港的美军128步兵团顶替17旅，进驻瓦尼杰拉。布莱梅认为这样做不仅可以节省瓦尼杰拉驻军到位的时间，而且能减轻航空队的操作压力，因为莫尔兹比港的机场和其他航空设施条件都比米尔恩湾机场好。

10月8日，按照预定计划，美军第32步兵师正式被纳入盟军新几内亚部队序列。32师师部将负责统筹协调126团和128团的行动，从东南向布纳等地的日军阵地进攻。

32师随即开始勘察和修葺从里格和阿巴乌到贾乌勒的道路，不仅将前两地通往贾乌勒的主要道路进行横向贯通，而且修建了一条从阿巴乌经穆萨河通往瓦尼杰拉的道路。

32师还利用当地的河流溪道，建立了一个能用小船通过阿巴乌的补给系统。根据需要和当地的实际容量，32师计划在贾乌勒布置和维持一支不超过两个营的部队。至于离开贾乌勒，继续向北推进的部署留待以后讨论，32师的第三个团即使现在调到巴布亚，也得留在莫尔兹比港充当生力军，以备将来执行主攻计划。

在此期间，麦克奈德尔准将被任命为瓦尼杰拉部队司令。他的任务是将瓦尼杰拉建成稳固的海空补给基地，同时为使地面部队能从这里顺利经海陆两路向布纳推进，还需要建立和巩固从瓦尼杰拉通往彭加尼的小型船运补给线。

10月13日，先期准备工作告一段落。澳军2/6独立连（欠在科科达山道执行巡逻任务的部分兵力），美军128团第2和第3营接到准备空运前往瓦尼杰拉的命令，这次行动由凯尔西·米勒中校指挥。第二天上午，第一批地面部队已经在莫尔兹比港附近的拉罗吉机场登上运输机。10月18日，航空队运输机已将128团大部和一批澳军运到瓦尼杰拉。这一天起，由于天降暴雨，瓦尼杰拉机场无法正常工作，128团直属反坦克连、勤务连和1营的2个连不得不暂时滞留莫尔兹比港。另有澳军第2/5野炮团一部和4门25磅

■1942年10月，盟军各部队先后抵达瓦尼杰拉。图为各部军官正在开会。前排坐者左起分别为：澳军2/6独立连P.C.本内特中尉；2/6独立连连长H.G.哈考特少校；J.汉福德.麦克奈德尔准将（左三坐在箱子上者）；右一单腿跪坐者是32师参谋切斯特·比弗少校。后排左起第四位开始依次为：澳军2/10营营长J.G.多布斯中校；2/10营J.H.特莱维维安少校；ANGAU的F.W.G.安德森警长；2/10营的T.J.施梅杰上尉。

炮，一个澳军轻型防空支队和6门博福斯式高射炮，以及美军的一个防空排和3挺12.7毫米口径高射机枪组成的重装部队会在运输条件许可时，从海路前往瓦尼杰拉。

地面部队进驻瓦尼杰拉后的第一项任务是对瓦尼杰拉－尼尔森海角区域进行前期侦察。10月14日，澳军2/6独立连刚到瓦尼杰拉，连长哈考特少校就率部风尘仆仆地踏上前往彭加尼的道路。哈考特已经是47岁的中年人，但无论外表还是体格都看不到任何衰老迹象，总是活力十足。彭加尼位于戴克阿克兰湾西岸，距离布纳30英里，而且尚未有日军进驻。澳军的这个独立连曾接受过专门的丛林战训练，足以充当先遣队。128团3营和2营随后依次出发。通行的小路斜穿尼尔森海角半岛颈部，中途在托托勒被穆萨河截断，从瓦尼杰拉出发赶到这条据说当地水况最好的河流，大约需要一天路程。

哈考特独立连很快发现，早先的侦察报告是错的。穆萨河水在大雨后暴涨，瓦尼杰拉－彭加尼地区的大多数小路被淹没。轻装的哈考特独立连尚能勉强过河，然后艰难前进。比他们晚一天出发，携带重装备的美军128团3营行动更为艰难。美军战士们踩着齐膝深的泥沼，走了整整两天才到达穆萨河岸边的托托勒，望着浑浊湍急的河水，指挥官米勒中校自知难以通过，便让大家先去古里古里附近的军营休整。一路上战士们都骂骂咧咧，米勒自己也说这是他在新几内亚见到过的“最肮脏，泥泞，蚊蝇最猖獗的地方。”

美军侦察兵在附近的土著村落找到了一个能用圆木筏子划过的渡口，但经过进一步侦察，发现即使从渡口过河，也只会让3营踏上错误的道路。侦察兵原计划继续到上游寻觅渡口，但估计那里的道路会更加遥远，于是放弃了这个想法。10月18日，航空队在古里古里空投了1500英尺长的缆绳，但没有空投施工工具、钢丝、钳子和螺丝等配套用具。128团M连连长弗兰克·威廉姆斯上尉带领本连和114工兵营C连的一个排，徒手在河流上游操作缆绳，在那里自行建立适合的渡口。

尽管缺乏工具，威廉姆斯上尉仍很快在穆萨河畔建起临时渡口。但这个渡口最后还是没能用上。ANGAU的官员传来消息，原有的小路已经被大水覆盖了7英尺，除非用小船和独木舟，否则根本无法通过，也就是说即使渡过穆萨河，美军在陆路依然无路可走。

10月23日，M连和配属工兵排重新与3营会合。3营得到的最新命令是从古里古里前往波洛克港以西的高贝。3营到达高贝后，等米尔恩湾运送补给品去彭加尼的小船探明尼尔森海角周围的危险水域，会分批将他们送往彭加尼。本已在瓦尼杰拉－托托勒一带集结的2营奉命返回瓦尼杰拉，在船舶和航运条件允许的时候，将从海路前往彭加尼。已到达瓦尼杰拉的1营先遣队会在2营出发后出动，营主力到达瓦尼杰拉后，也会走海路去彭加尼会合。

3营分两批从托托勒走陆路，大约花了4天时间，终于全都赶到高贝。营里的不少战士在穆萨河沿岸，蚊蝇猖獗的沼泽地里，都罹患了疟疾，疾病对该营随后的行动产生了显著的负面影响。

与此同时，尽管当时对瓦尼杰拉水域的实际情况知之甚少，沿海小船队也已开始工作。经查探得知，吃水12英尺的船可以安全通过米尔恩湾和瓦尼杰拉之间的沿岸水域，但只有小号帆船或拖网渔船那样的小船才能通过尼尔森海角沿岸水域，那里的海底遍布礁岩，不少地方水深仅数英尺而已。沿海小船队的船舶都进行了相应安排。排水量100到120吨之间大型渔船能在不小于12英尺的水位航行，可以从米尔恩湾运载补给品前往瓦尼杰拉，8艘排水量20吨左右的小帆船从瓦尼杰拉，经环尼尔森海角沿岸航线，把物资运到彭加尼。大型渔船会交COSC统一安排，小型帆船则由32师师部的劳伦斯·麦肯尼中校负责。

10月17日，第一批两艘帆船到达瓦尼杰拉，然后立即把美军士兵和补给品送往彭加尼。第二天早晨，美军第5航空队的一架B-25轰炸机在彭加尼外海误将这两艘小船当作日军船舶轰炸。COSC负责指挥这两艘小船的A.B.法内斯托克中尉和随32师行动的纽约时报资深战地记者拜伦·达恩顿不幸身亡，另有数人受伤。一艘帆船受损严重，被迫退出运输行动。

尽管发生这样的不幸事故，而且为躲避日军飞机，小帆船都只在夜间行动，瓦尼杰拉－彭加尼运输线在10月下半月仍然成功完成了任务。对麦肯尼中校率领的少数负责人员来说，这段时间相当艰难。无论在瓦尼杰拉还是彭加尼，都没有码头，也没有防波堤，甚至连灯塔和其他照明工具都没有。为了从小帆船卸货，他们不得不将货先从船上装进原始的独木舟和木筏、小划艇，还有带帆布和小型引擎的小艇。随后再用这些最小的船把货带到任何可以停靠的岸边，让土著民夫和战士们把货接走。负责人员都成了最辛勤原始的船工，不仅整晚得在水上度过，而且为行动方便，都索性脱得精光，小心翼翼地通过暗礁和障碍物，卸货，再返回重复作业，整夜无休地进行数十次操作，只为能在天亮前将尽可能多的人员和物资送到目的地。

这种蚂蚁搬家式的小型海路运输发挥了作用。11月2日，128团除了仍留守莫尔兹比港的部队外，全部到达彭加尼和门达洛普两地，而且两个据点的补给仓库都已建成，物资储备量也逐日提高。

11月初，帕鲁玛观察组发现了一条吃水更深的安全水道，COSC的大型渔船已经能安全通过尼尔森海角沿岸。以后大型渔船就先将补给从米尔恩湾转运到波洛克卸货港，小帆船在那里接货，再运往彭加尼，航程大为缩短，运输效率也相应提高。

除建立和巩固新据点和运输线外，盟

■盟军后勤部队用小艇从帆船上卸货后，运往陆地。

■盟军正在让装载人员和物资的驳船靠岸。

军在巴布亚东海岸还有一项重要任务有待完成——收复尚被日军盘踞的古迪纳夫岛。战区司令部早就对新几内亚部队下达了命令。执行这项任务的是当时仍驻扎米尔恩湾的澳军18旅2/12营。10月22日至23日夜间，战区海军的两艘驱逐舰护送这个营在岛屿南端的两侧海岸登陆。2/12营上岸后，迅速向内陆推进。

当时还滞留在岛上的日军佐世保第5特别陆战队分队尚有约290人，大约60人在澳军登陆前，被日军用潜水艇先接走了。潜水艇接走那批人的时候，给岛上输送了一批弹药和食品。留守下来的日军从而有体力和工具挖掘工事固守。23日白天，日军对进犯阵地的澳军进行了抵抗，赢得了时间。当天晚上，日军潜艇再次到来，连夜将大约230名日军转移到附近的弗格森岛上。26日夜间，他们被日军的一艘驱逐舰接走，返回拉包尔。日军主力撤走后，少数留在古迪纳夫岛的日军很快被澳军扫荡干净，随后澳军宣布收复该岛。

■美军128团2营的官兵在瓦尼杰拉准备上船前往彭加尼。

第七章　三箭齐发

重返爱奥拉溪

美军128团在巩固巴布亚盟军右翼阵地，准备进攻布纳地区时，欧文·斯坦利山脉的澳军正在继续前进。

10月下旬，澳军16旅替换25旅，成为欧文·斯坦利山脉的盟军一线作战部队。从10月3日接到出发命令的那一刻起，16旅官兵都热切盼望能早日参加战斗，狠狠打击入侵的日军。16旅路过奥尔斯角时，正好遇上10月2日来巴布亚视察的麦克阿瑟将军。麦

■1942年10月3日，麦克阿瑟将军首次访问奥尔斯角期间，与布莱梅将军和艾伦少将合影。

克阿瑟在对16旅发表演讲时提醒他们："你们要重视对手，日军很多人从小就接受军事训练，是非常强悍的敌人。"不过他同时表示对澳军官兵最终战胜对手充满信心，还特地对旅长劳伊德准将说："劳伊德，上帝选中了你们旅执行这项任务。整个西方世界的眼睛都在看着你们。我完全信任你和你的部队。祝你们好运，加油！"

劳伊德当时49岁，是参加过第一次世界大战的老兵。1940年，他率2/28营在北非的托布鲁克要塞作战，不久晋升为16旅旅长。新几内亚的崇山峻岭对他和部下的身心都是一种严峻考验。为了让大家有信心克服困难，劳伊德悉心了解部下的所有军官，发挥军官的带头作用，通过他们激励所有士兵。为适应丛林战，16旅在之前的驻地锡兰岛就进行了专门的短期训练。

10月3日到6日，16旅2/3营、2/2营和2/1营的1779名官兵先后从奥尔斯角开赴前线。除武器装备外，澳军每人都随身携带三天的急救用品和干粮。行军背包里除了换洗衣服和行军锅外，还放着卫生用具。每个连除了备足常规配备的轻机枪、自动和半自动枪械、步枪等装备外，还携带了大量备用手雷、弹药和砍刀。各营配备一门3英寸迫击炮和24发炮弹，以及一挺维克斯重机枪和3000发机枪子弹。

10月19日，他们在坦普尔顿山口替换25旅，经历在巴布亚的首次实战行动。下午，2/2营的W.P.莱恩中尉带领一个巡逻队去山口以东的山岭侦察，正好遇上日军的一个防御强点。巡逻队伤亡惨重，莱恩本人腹部中弹，好不容易退入最近的澳军阵地。

20日上午，劳伊德按照和艾泽尔昨天傍晚商定的计划，让2/2营从澳军右翼迂回攻打前几天和25旅最前沿的第3营恶战一场的日军，随后库伦中校率领2/1营替换第3营，史蒂文森中校的2/3营替换2/25营和2/33营。

坦普尔顿山口的山路和爱奥拉大溪谷的右岸相连，一个没有任何负担的人，要走过这条路也得经历2个半小时的艰难行程，才能到达爱奥拉溪的村庄。这条路上除了丛生的雨林之外，什么都看不见。山路被几道突出的山岭从右外侧遮断，然后山路就向山间的豁口延伸，地势逐渐降低，直至爱奥拉溪。这时日军正在竭力封锁这条要道，以防澳军通过坦普尔顿山口。

接受这项任务的2/2营营长埃德加中校计划投入全部4个连。其中2个连从第3营右翼大范围迂回，沿与山路平行的主山岭高地行动，随后转向左前进，沿着与第3营阵地前方的山道呈直角的平行支路推进。另两个连直接向前推进到这条山路，在第3营撤退的同时，接替他们的阵地，继续支持侧翼，同时支撑前两个连的后方。

20日上午，山间升起一片寒冷的雾霾，水汽凝结成水珠，从懒洋洋的树木上无声滴落。执行迂回任务的两个连由I.B.弗格森上尉和C.F.W.贝里斯上尉两人指挥，8点就已出发，弗格森连充当前锋。第3营为他们派

■机动车辆和骡马可以通行到奥尔斯角附近，然后就是通往乌贝利的崎岖山路。

■16旅从奥尔斯角赶赴坦普尔顿山口途中，在瑙罗和梅纳里的山路之间休息。

了几名向导，尽可能指引正确方向。很快弗格森就带队攀登一处70度的陡坡，战士们都跟随在他身后，排成一列纵队，在陡坡阴冷潮湿的灌木丛之间艰难前进。热带高山气候的特点是地势越高，空气越是湿冷。澳军在山坡上不断打着哆嗦，按照既定路线向左翼大范围迂回，艰难地向预定集结地迈进。11点，弗格森一马当先，已经到达最前方的支路，贝里斯在弗格森左边的平行支路上伺机而动，他们即将向西面的日军阵地靠拢。很快，这两个连就小心翼翼地走上下坡路，越过茂密的灌木和坎坷的路面。

■澳军第16旅旅长劳伊德准将。

“全体进入攻击状态！”弗格森连长一声令下。完成行军后，大家刚刚舒缓的神经又绷紧了。布莱恩排和霍尔排充当左右前锋。弗格森和一名通信员、一名情报员并肩而行，在两个排中间活动。巴恩斯上士的一个排充当连预备队。巴恩斯排是营部从直属连调拨出来的，顶替弗格森连昨天就失去联系的莱恩排。

贝里斯连的坦纳排和维克汉姆排位居左右两翼，分头行动，P.古德曼排充当连预备队。三个排仍以单列纵队行军，侦察兵在前方开路，一旦和敌军接触，便于组成分散队形。

澳军在环境奇诡的山间小心翼翼地缓缓而行，阴冷的环境寂静得令人毛骨悚然。突然间，一阵尖锐的枪声打破了这片死寂。布莱恩和霍尔的两个排在最前方的山坡大约走了200码下坡路，终于和日军外围阵地遭遇。行军暂告段落，山间顿时杀声四起。澳军的两个前锋排很快突破了日军外围阵地，继续推进了100多码，然后遇上第一个日军主阵地，大约有15个步枪壕和4挺轻机枪组成。这个阵地的位置合理而巧妙，火力范围覆盖了澳军两个连的前进道路。日军的步枪壕十分隐蔽，第一波突然打响的火力声势骇人，弗格森连的小股先头部队多人中弹，瞬间就被扫倒一片。霍尔中尉当场中弹倒地身亡。好在霍尔排的战士们等待日军三板斧过后，稳住阵脚，摸清了位置和火力，反将这个阵地包围起来，用手雷，自动武器和组织更严密的步枪子弹将日军一个个从他们的藏身之处撵了出来。

解决了这个日军阵地，澳军再度缓缓向前推进，随后遇上了多个日军主阵地组成的防线。弗格森吸取了刚才的教训，在弄清日军火力点之后，集中兵力将日军阵地逐个蚕食。等到弗格森将当前敌军全部逐出阵地，他已经推进到这条支路的尽头。然后弗格森率部向左翼迂回，穿过贝里斯连的那条支路，让他的这个连在贝里斯后方支援。这场战斗弗格森连损失不小，另一位前锋排长布莱恩和他的一些部下也阵亡了，就连预备队排排长巴恩斯上士也受了伤。

稍后，贝里斯连和弗格森连同时发动了进攻。一开始他们遇上了日军的一个前沿小部队。这队日军依靠树木掩护，火力稀疏。澳军轻机枪火力和手雷很快将这支日军驱散，当他们通过树林的时候，发现合计只损失了两人，于是胆子就大了起来。

贝里斯连且战且进大约100码，一道日军的重机枪火舌突然挡住了他们的去路，坦纳中尉和他的几名部下当场倒在血泊之中。贝里斯上尉得报，心痛不已，命令古德曼中尉带领他的排交互前进，替下已经失去排长的前锋排。古德曼排的第一个班刚顶上去，就领略到日军重机枪火力的厉害，被这道重金属强风压得卧倒在地上，一时不敢挪动分毫。

“一定得拔掉这颗硬钉子。”古德曼中尉在一棵视野较好的大树后方观察了一阵，已经有了计划。他留下一个班在正面吸引日军，让另两个班悄然从外围向日军防线包抄。G.K.罗伯茨下士跟随他的那个班在丛林里绕了好大一个圈，重机枪的开火声时由远而近，澳军战士们的心脏都快跳出来了。

“就在那边！”同伴压低声音说道。罗伯茨吞下一口吐沫，嘱咐道：“你们都选好位置，掩护我。”随后他把集束手雷夹在肋下，向几十码外的日军阵地摸索过去。山间的野路本就难走，万一脚下有个闪失，肯定

地图三十　10月20日18点，爱奥拉溪谷地区的战况

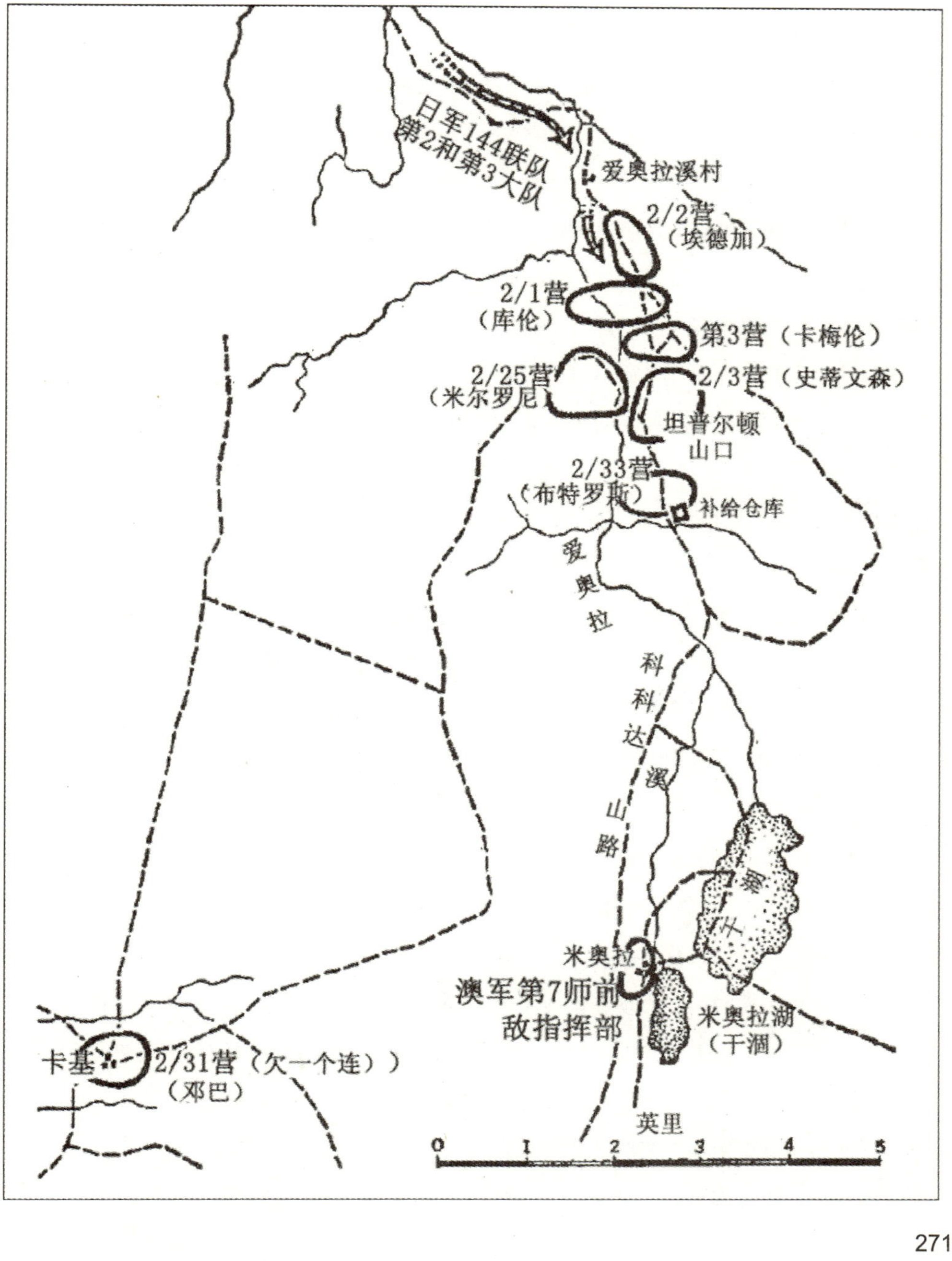

会惊动日军。罗伯茨艺高胆大，半蹲着摸索过去，十码……二十码……视野已经清楚，罗伯茨比划了一下，数到二就甩了过去……

“轰隆”一声巨响，这挺重机枪彻底哑火了！澳军欢呼着突破了这座顽固的阵地。

澳军逐步蚕食日军阵地，但热带的茂密灌木丛给日军提供了天然的掩护屏障，他们只有对一切可疑的树木和其他看似可能隐蔽日军的目标射击，但这样就很容易将自己暴露，进展非常缓慢。好在这片树林中的日军兵力不多，重火力有限，在澳军优势兵力的持续打击下，残余日军终于支持不住，丢下装备和一些步枪，撤离第二处防御强点。然而澳军继续推进150码后，日军的重火力再度出现。澳军这才明白，日军是在有组织有计划地逐次抵抗。贝里斯心知不妙，这样打下去，人员伤亡太大，于是请求营长埃德加中校将迫击炮送来，但迫击炮攻击的收效并不大。

“还真难缠啊！”贝里斯见久战无果，思忖半晌，再度联络埃德加营长：“长官，如果能联系2/1营安排一个连从另一侧发动一次攻势，加上我的这个连，就能把这股日军从阵地里挤出来。”然而埃德加明确回答：“我无权直接调动2/1营的部队，即使报请上级批准，也需要时间，而现在前线不能再等。”埃德加现在能派给他的只有副营长J.M.布莱梅上尉。布莱梅率领坦纳排余部向日军左翼迂回，贝里斯率领另两个排继续在正面打击日军。面对澳军的两面夹攻，日军在天黑后主动撤退。贝里斯估计他们连白天至少击毙日军12人，但自身阵亡5人，10人负伤，没能占到多少便宜。日军目的明确，撤退秩序井然。想到不远处又会遇到阻击，贝里斯不由头皮发麻。

白天的战斗结束后，弗格森连和贝里斯连就地构筑阵地过夜。澳军和日军阵亡官兵的尸体还横七竖八地躺在凌乱的阵地里，满布弹孔的树木和剥落开的树皮在黑夜中如同鬼影般恐怖。澳军士兵们都屏气凝神动手忙活，没有一个人说话。天色一黑，阴冷连绵的大雨又下了起来。在这种环境下，澳军只要完成一个战壕，就会自动就位，枕戈待旦。整个晚上，他们都能听见日军的喧叫和脚步声，几乎没人能睡得着。

白天贝里斯和弗格森连进攻的时候，D.N.费厄布拉泽上尉和C.N.斯文顿上尉的两个连也在行动。费厄布拉泽得到命令时，他的人刚在山里迎来昏暗的黎明。8点30分，第3营派来的向导带着他们从3营阵地右翼，沿主山岭以北，向日军横跨道路两侧的阵地，即位于3营及2/2营另两个连之间的目标前进。费厄布拉泽连大致会在那里，从90度直角方位到达主山路。

10点18分，史密斯尖刀排的先头侦察队遇上日军的阻击火线。侦察队见日军火力稀疏，不知是计，想一鼓作气加速突破这道火线，谁知半路上日军的机枪突然打响，数人中弹，全队被迫卧倒。费厄布拉泽接到报告，敌暗我明，史密斯既不能确定日军位置，也不知道他们的确切兵力。连长随即派霍吉中尉从右翼大范围迂回，设法绕到史密斯排对手的后方。然而霍吉并没能带回好消息，他半路上也被日军截住了。

当时，斯文顿连正在向费厄布拉泽连行动路线两翼和后方移动。得知霍吉有难，他派拉塞上士的一个排向霍吉排右翼迂回，希望能提供一些帮助。但拉塞排不过推进了大约300码，也被日军的重火力截住。斯文顿随后命令G.科伊尔中尉从史密斯排的左翼进行大范围圆弧形迂回，然后进攻那个方向的守军。科伊尔取得了一些进展，而且没有人员伤亡。与此同时，斯文顿再派O.B.埃尔文中尉的一个排去帮助拉塞。但埃尔文排出发后不久，也遭到日军火力阻击。

这天白天，费厄布拉泽和斯文顿的两个连一有动作，都会在不久后遭到日军阻击，夜幕降临时，还是取得了一定进展，随后挖掘环形工事过夜。当天费厄布拉泽连6死10伤，斯文顿连4死4伤。

在16旅先遣营2/2营进攻的同时，2/1营接管了第3营防区，旅部给他们的命令是在2/2营扫清山路一带日军的时候，跟进行动。10点30分以前，2/1营各连已全部在阵地就位。20日，2/1营阵地用迫击炮和轻机枪支援2/2营的攻势。但2/1营阵地前方的日军最近距离不到100码，而且位置十分隐蔽，难以发现，无法用火力搜索寻觅他们的位置，所以这个任务并不容易完成。下午，澳军决定派2/1营卡特恩斯上尉的一个连在21日上午从澳军主阵地右翼发动攻势，并且向主山道推进。

劳伊德准将的3个营都在进入战场。埃德加的2/2营和库伦的2/1营对日军采取行动时，史蒂文森中校正率2/3营从米奥拉赶来。20日15点30分，史蒂文森营到达坦普尔顿山口，按计划顺利接替2/25营和2/33营。

20日天黑之际，劳伊德旅已在坦普尔顿山口集结完毕，与日军交战。在该旅后方支援的是第3营，他们仍留在这一带，在攻下阿罗拉后，会为修整空投场地进行准备。2/33营配属给第3营一个排，加强他们的右翼阵地。

21日上午，卡特恩斯带领他的连一路从弗格森和贝里斯两个连右翼迂回。10点刚过，这3个连已在走下山坡，向山路靠近。但日军已经撤退了。澳军估计日军曾留在当地的兵力至少有一个大队，贝里斯认为前一天他们连好不容易占领的区域就有大约一个中队的日军。

日军撤退时丢弃了不少装备和文件，都被澳军缴获。澳军的三个连扫荡完这一地区，穿过山路，一路赶到溪边时，2/2营的两个连在高一些的坡地重归本营建制，卡特恩斯连则沿着山路继续推进。

其他各连遇到的情况大体相同。费厄布拉泽连和2/3营C.K.布朗上尉的一个连相继发现，日军已放弃了自己的阵地。

上午暂歇片刻，下午16旅继续追击。布朗连沿着一条狭窄湿滑的山路艰难行军。这条山路和主山道平行，位于主山道右侧山坡上方，到处是泥泞不堪的烂泥塘，道路两旁被高大的热带树木和杂七杂八的灌木包围。不久，赫奇森少校带领2/3营的另一个连也加入进来，由军衔较高的他统一指挥这两个连。这时布朗派出的一个巡逻队遭到日军轻机枪阵地阻击。这个机枪阵地就设在行军道路主轴附近的一条小路路口。巡逻队进行了还击，击毙了日军的一名机枪手。除了这个小插曲，澳军的两个连到大约17点时，都一直在辛苦跋涉。17点刚过，他们的前锋排又遇上了日军的阻击火线。布朗连的D.J.费尔南斯二等兵成为2/3营在这场战役中阵亡的第一人，另有两人负伤。

前锋排赶紧停下脚步隐蔽，派人送信给连长。布朗上尉让送信人去通知赫奇森少校，同时下令全连战士都先在道路和周围的灌木丛里隐蔽，让前锋排和另一排的排长小心前进，探明虚实。片刻工夫，这两位排长就听见了枪声。他们从声音的位置判断出，日军狙击手就隐藏在十码外的树根下。好在他们贴地匍匐前进，日军视角受阻，没能击中任何一个。两人翻身到低矮的灌木丛中隐蔽，尽管看不见，但在他们移动的时候，几乎可以听见日军狙击手拉动枪栓的声音。在同伴的掩护下，他们安全返回。天很快就黑了，澳军就在日军狙击阵地前大约6码外宿营，哨兵们在道路四周铺开，防备日军从任何地方进攻。一位排长抓紧时间趁夜将被日军狙击手射中的伤兵救回本方营地。

道路条件本来就困难，还经常会遭到躲在暗处的日军狙击手枪击。为尽量避免人员伤亡，布朗连长决定明天起全连以单列纵队行军。然而有件事令他犯愁，眼下除非日军先开火打伏击，否则几乎无法判断他们的位置，这样一来队列的排头侦察兵就极其危险，很可能非死即伤。但只有这样，排头兵身后的战士才能穿过灌木丛分散包抄，设法拔掉日军潜伏的钉子。

第二天一早，布朗向前锋排排长麦克道尔中尉交待了一声。麦克道尔把排里所有人召集起来，说：“我们现在需要两个排头侦察兵。”他故意顿了一顿，作好了冷场的准备，然后打算按照上帝的旨意随机挑选两个人来完成这项在地狱门口徘徊的任务。但只过了几秒，就有不止一个声音回答：“我去。”“让我去。”“还是我来。”……一共4名战士主动要求执行这项任务。其他人没有说话，并不表示他们不愿意，只是今天没必要争了。麦克道尔的声音不禁有些发颤：“我们……只需要两个。”

那我去。

我去。

我去，你就不用了，昨天你已经去了。

扯淡，昨天我排第4，我前面的三个弟兄都倒下了。

以后这样的场景还会一再上演，参与的人物不同，说词大同小异。往往经过短暂的激烈而平静的争论，最快完成准备的两人就会成为当天的排头侦察兵。澳军的任何一位军官或士官，都从未遇上找不到人执行这种任务的时候。

21日下午，2/2营在主山道上行动时，2/1营也在小路上继续前进。该营的卡特恩斯连现在已成为全旅的先遣连，处于队列最前沿，A.G.桑德森上尉的一个连跟随在卡特恩斯连后面，营长库伦中校和该营余部在后方跟随。14点左右，卡特恩斯连的前方侦察兵在山道的一段上坡路和日军遭遇。卡特恩斯组织力量强攻，2死4伤后，仍未拿下。于是他决定派兵迂回敌人的左翼，但那里的灌木丛太过茂密，这段上坡路又过于陡峭，最终没能成功。卡特恩斯连的进攻一直持续到19点。天黑后，澳军只得先宿营，等待明日天亮再战。

夜间，澳军已经全面通过坦普尔顿山口地带，将战线推进到爱奥拉溪主溪口，但这并不意味着双方的军事对抗告一段落，新的战斗刚刚开始。爱奥拉溪口的这段路径在山区对防御最为有利。爱奥拉溪主流在坦普尔顿山口附近形成一道瀑布，地势急剧下降，形成一道险峻的峡谷，加上从东南方流向这里的一条支流在这里注入主流，使溪口的水势更为湍急艰险。激进的主流和支流奔腾而下，在溪口汇聚，形成了一个巨大的漩涡。溪床满布大块鹅卵石，水流和这些顽石激荡之后，更为湍急，经常水沫四溅。溪口附近的支流水面上有一座小桥（1号桥），在这座小桥略低处，是另一座位于主流两岸的小桥（2号桥）。山路随着地形高低起伏，落差极大，经过的第一个道口位于一座光秃山岭和爱奥拉溪村——一个只有可怜的少数几座原始小屋的村落，再越过几道陡坡，通过支流上的1号桥，穿过峡谷，然后才能向西穿过主流上的2号桥。再向北攀登，经过一段狭窄溪谷，通过几段错杂的小路，还得继续再往前闯过几道突出的断崖，才能重新找到路。这段山路右边是高耸的险阻峭壁，左边和溪流的汇合点令后面的地势断续而突兀，不仅极易跌倒，而且覆盖着浓密的灌木，向上再看，是一片圆弧形的小山，只有一道裂缝直通西北方向，能够到达山路的远方。

溪谷之战

21日，144联队代理联队长塚本中佐退守溪谷后，在得到堀井少将允许后，决定第二天率部退往爱奥拉溪村一线，而减员最严重的桑田第3大队则继续退守爱奥拉溪村后方约1公里的山口。

22日早晨，2/3营的赫奇森部两个连和2/1营卡特恩斯的一个连同时发现日军已经离开。他们都没有迟疑，继续向前推进。赫奇森仍在次级小路上艰难地在溪谷边爬坡，

2/2营也继续沿着主山道前进。卡特恩斯和主山道上的2/1营主力都在2/3营后方跟随。10点30分，赫奇森部的先头连布朗连已经从小路重新踏上主山道，领先2/1营，率先进入爱奥拉溪村。

布朗和他的部下刚想喘口气，前一分钟还格外平静的山村枪炮声就响成了一片。布朗本人和一些战士都被击中。布朗忍着伤痛，仔细观察了一遍地形，骂道："臭鬼子，早就准备好口袋了！大伙儿快撤！"日军确实早有准备，布朗连完全暴露在开阔地带，成了迫击炮和机枪的活靶子，伤亡惨重，急忙后撤隐蔽。白天战友们不敢冒险去救护倒地的士兵，黄昏时分，趁天色昏暗，他们对日军占据的坡地进行了反击，A.L.卡森上士的尖刀班主动充当担架队，将负伤的战友和阵亡者的尸体夺了一些回去。他们在执行这项危险任务时，一人阵亡，一人负伤。

布朗上尉中弹大约1小时后，营长库伦中校来到村落前的山岭前瞭望片刻，派桑德森连穿行到溪流左岸，设法攀上日军阵地左翼上方的山岭，然后居高临下攻打日军阵地。

13点前后，16旅大部都已到达爱奥拉溪村落前，日军控制了俯视村落的光秃山岭要地，一时形成万夫莫开之势，挡住了澳军的去路。日军的隐蔽位置极佳，火力配备组织也很合理。澳军各单位之间缺乏联系，2/3营营部到达的时候，没有人向他们示警，他们也没发觉自己成了日军迫击炮和机枪的靶子。营长史蒂文森中校耳朵中弹，营军医官高德曼上尉身负重伤。

高德曼当时刚刚和2/1营军医官康奈尔上尉一起建成前线临时救护站，一同救治中弹的伤兵。高德曼倒下后，康奈尔一人承担了责任，带着医护人员在敌人的重火力下救助伤兵。仅医护人员就有3人阵亡。J.多兰中士协助康奈尔一起搬运伤员，但在救护站的其他伤员都处理完之前，多兰一脸冷汗的报告，他自己需要救治，原来他的脚受了重伤，之前一直在竭力支撑，现在终于忍不住了。好在射击距离较远，否则澳军伤亡会更大。

黄昏时分，旅长劳伊德准将为突破僵局苦苦思索。根据前线战报，日军在爱奥拉溪谷明显布下重兵把守。位于前敌右翼的是2/3营。库伦2/1营的全部兵力都可以集结在村庄一带的山路上，但目前他手中只有全营兵力的一半可用；根据劳伊德的命令，A.M.辛普森上尉的一个连早些时候从山路旁迂回绕过爱奥拉溪谷，正在试图抵达阿罗拉；而营部直属连跟丢了方向，还没有归队；桑德森连按照库伦的命令，仍在战场左翼执行迂回进攻任务，至今没有回音；卡特恩斯连的一个排也脱离主力，正在执行特别巡逻任务；2/2营现在充当旅预备队，在山路后方旅部附近的位置待命。

劳伊德思忖半晌，痛下决心，即便日军占据了控制爱奥拉溪村庄的险要位置，威胁巨大，他依然会发动进攻，强行通过那两座小桥。除小桥之外，16旅还有其他两个地方可以通过这一地区，一处在1号桥右侧，另一处在左边，就是桑德森连过溪的位置。如果劳伊德从右侧浅滩过溪，进攻部队在推进到2号桥时还会遇上新的瓶颈；如果选择左侧浅滩，他觉得除了可能找到位置不明的桑德森连外，达不到其他目的。劳伊德最终决定，命令史蒂文森营次日早上6点夺下那两座桥梁，库伦营过桥后，集中兵力从日军防线远侧发动攻势。如果史蒂文森营无法强行通过桥头的话，库伦营仍要发动进攻。

史蒂文森和库伦两位营长得到旅长的命令，都不太认同。这两位营长这一年都34岁，库伦只比史蒂文森小四个月。两人都是性格坚定、战术技能娴熟的指挥官，然而现在他们不便反对，尤其在劳伊德准将必须加快推进速度的时候。

劳伊德之所以心急，是因为师长艾伦少将又受到了令人不快的更大压力。10月21日，布莱梅将军发来一份语气阴郁的电报：

过去5天，你们面对弱势敌军实际上几乎毫无进展。尽管敌人并没有显出多少实力，你们的主力还是只能在前沿阵地后方布防。你们大多数时候都只用一个营甚至几个连在狭窄的前方阵地进攻。日军已经没有足够的兵力对我军重复他们曾经的攻势，清楚地证明他们现在缺乏进取心。你应当更加坚定地利用大范围迂回行动消灭敌人，实际上前线整个步兵旅的预备兵力完全能够用于对抗敌人的反击。

你必须认识到现在时间的重要性。美军128团已经在彭加尼就位。夺取科科达简易机场，继续前进，与128团在进攻布纳之前的呼应是整个作战计划的关键部分。

同一天，艾伦又接到另一份更令人难堪的电报：

这份电报转自麦克阿瑟将军。引用如下：作战报告显示（科科达）通道的进展无法令人满意。在我看来，我们部队的战术指挥是失败的。我们的兵力对敌军占据优势，但我们能用于实战的部队仅是可用部队的一小部分，使敌人在实战的某一地点似乎能用同等兵力和我们对抗。任何因为拖延时间和因而造成的问题都将可能比用全部兵力进行一场决定性攻势造成的伤亡更大。我们的补给条件和部队的情况确实比敌人好，而气候条件对双方来说是一样的。为了整个新几内亚作战顺利实施，必须尽快占领科科达机场。全文完。

一连接到两份严令的艾伦第二天就作了答复：

10月21日，收到麦克阿瑟将军的电报，令我格外痛苦。我认为在这一地区作战的困难现在依然没有得到充分认识。这一地区根本不能进行快速的大范围迂回行动，而且由于民夫短缺，我们的推进已经受到限制。就像新几内亚部队司令部也知道的那样，我可用于米奥拉前方的民夫数量远低于实际需求。如果能得到必需数量的民夫，我能够将前线推进到阿罗拉—塞尔吉纳—卡基一线。然而，在现实条件下，这根本不可能。我完全信任我的旅长们和我的部队，而且觉得他们已经无法做得更好。不是我想要让一个旅在前线后方防御，而是由于民夫短缺，补给条件无法满足，迫使我只能这样做。我完全能够领会全盘作战计划，明白必需竭力争取时间。我的全部兵力正在尽他们的最大努力继续前进。我确信在阿罗拉能够用作空投场后，占领通往科科达的爱奥拉溪高地，乃至继续向前推进的行动都不会长时间耽误。需要指出，米奥拉和阿罗拉之间的道路是通道当中最艰难险峻的路段。

盟军高级将领之间争执升级的时候，爱奥拉溪谷前线阴雨连绵，冷峭的山地之间愈加凄清。大雨直到23日凌晨2点30分才停，乌云散开之后，升起一轮苍白黯淡的浊月。2/3营营长史蒂文森中校夜间早些时候就派J.M.戈尔上尉接替负伤的布朗指挥他的那个连，确保全旅的前沿阵地。2/1营营长库伦中校和他的副官G.S.考克斯上尉一起去1号桥附近仔细侦察。

也许是因为天气原因，库伦和考克斯去前线时，并没有遭到日军火力阻击。库伦很快意识到这是个突破僵局的机会，决定雨停后派P.巴克莱上尉带领本连乘着月色，迂回前方尖刀连的阵地，设法进攻日军的主防御阵地，寻机在黎明前后突破溪流一线。他希望这次迂回进攻能得到桑德森连从左翼进行的配合，自从前一天桑德森连出发后，由于地理和天气条件限制，显然没能占据阵地，对日军发动进攻。营部电话线出现故障，也没有备用材料修复，库伦无法确定桑德森连目前究竟处于什么状态，也不能切实部署他和巴克莱两个连配合行动。除桑德森连之外，正在前往阿罗拉的辛普森连也暂时失去了联系。

库伦和考克斯在侦察时，根本就没有看见戈尔连。失望之余，他们也只能接受澳军尚未确保桥头阵地的现实。后来他们才知道是怎么回事。原来戈尔决定用两个排从左翼迂回抵达这两座桥梁，而不是直线行军，以尽可能减少伤亡，该连的第3个排同时从右翼穿过这两座桥。但日军早已高度戒备，火力覆盖非常好，迫使戈尔只能进行较大范围的迂回，从高耸山岭的最左端越过溪流。从右翼迂回的那个排的一个班成功越过溪流，但很快就陷入日军的炽烈火力阻击，被孤立在2号桥右翼，极其危险的日军阵地下方。形势危急，这个班的F.L.理查森二等兵自告奋勇回营部报告，但他刚刚向桥梁推进5码，就被日军子弹放倒了。

戈尔连分散成两部行动时，库伦正在为巴克莱连的进攻进行前期准备。考克斯还在

1号桥前方了解地面情况时，营情报参谋正在用垂直木棒穿透纸片的方式标识山道通往1号桥的路径。眼下能为巴克莱连做的也只有这些权宜手段，武器弹药则尽量配足，希望他们能找到一条可行的安全道路，乘夜通过狭窄不堪、陡峭蜿蜒的山间小道，而且沿途的坡地上还散落着一些沼泽，即使有一些坡地，大雨之后也无比滑溜，十分危险。

凌晨4点，巴克莱开始率部下坡，向溪流前进。日军明显没有料到澳军居然会进行这种大胆得近乎鲁莽的机动，有些放松警惕，考克斯得以引导该连安全通过1号桥。但在通过2号桥时，日军终于如梦初醒。可这个时候，月亮已经沉入地平线，太阳尚未升起，四周又陷入无尽的黑暗，对日军的阻击不利。

巴克莱连的第3个排的排长R.J.H.阿姆斯特朗上士在后方等待两个前锋排尽快过桥，到达溪流对岸，随后催促他的部队穿过日军从高处射落的子弹，安全过溪。黑夜为澳军提供了最好的掩护，巴克莱连成功穿过两座桥，非常幸运，仅有2人负伤。但刚到对岸，巴克莱等人就傻了眼，原来日军在这一地区开辟了很多小路，蛛网似的道路对澳军造成了极大困扰。巴克莱计划以主山道为轴心进行机动，同时派一个排守卫这里，另两个排分居左右行动。但麦克洛伊中尉的先遣排在黑暗中行军位置过于偏左，巴克莱和连部直属队也浑然不知地跟随在他们后面。波里特中尉的一个排应当在山道右侧行动，同样在夜色中偏离太远。全连后方的阿姆斯特朗排和麦克洛伊排一样，方向也向左偏离了很多。

巴克莱连右翼的波里特排成功突破了一个日军前沿阵地，击毙了一些守军。随后，他们继续沿溪岸前进，直到他们发现自己已走进了死胡同。

“上帝呀！这是什么地方……”这时他们右边是吐着泡沫的溪水，左边是陡峭的岩石绝壁。除了先守住他们刚刚占领的阵地，已经不能再采取任何行动。一股日军很快发现了波里特排的困境，子弹如雨点般飞来，澳军伤亡惨重。

日军的子弹飞到岩壁上，跳弹之后仍具备杀伤力，波里特中尉懊恼不已，他的部队有全军覆没的危险。他只有让大家尽量选好位置隐蔽，但这样一来，就只能一味被动挨打。

“鬼子要上来了！”一名战士刚想探出头反击，右肩就中弹倒下。危急时刻，波里特一筹莫展，眼看日本兵在火力掩护下，就要冲上来了。

“砰！”附近的陡坡上传来一声枪响，一个鬼子应声而倒。波里特简直不敢相信正在发生的一切。又一声枪响，这次听得很清楚，是澳军的制式步枪。那边的陡坡上接连放了几枪，弹无虚发，日军全部应声倒地。鬼子虽不愿放过这股澳军，但忌惮对手的狙击手厉害，谁都不敢硬闯。渐渐地，日军的火力也停歇了。过了不久，J.L.亨特下士

地图三十一 10月22日至23日的爱奥拉溪谷

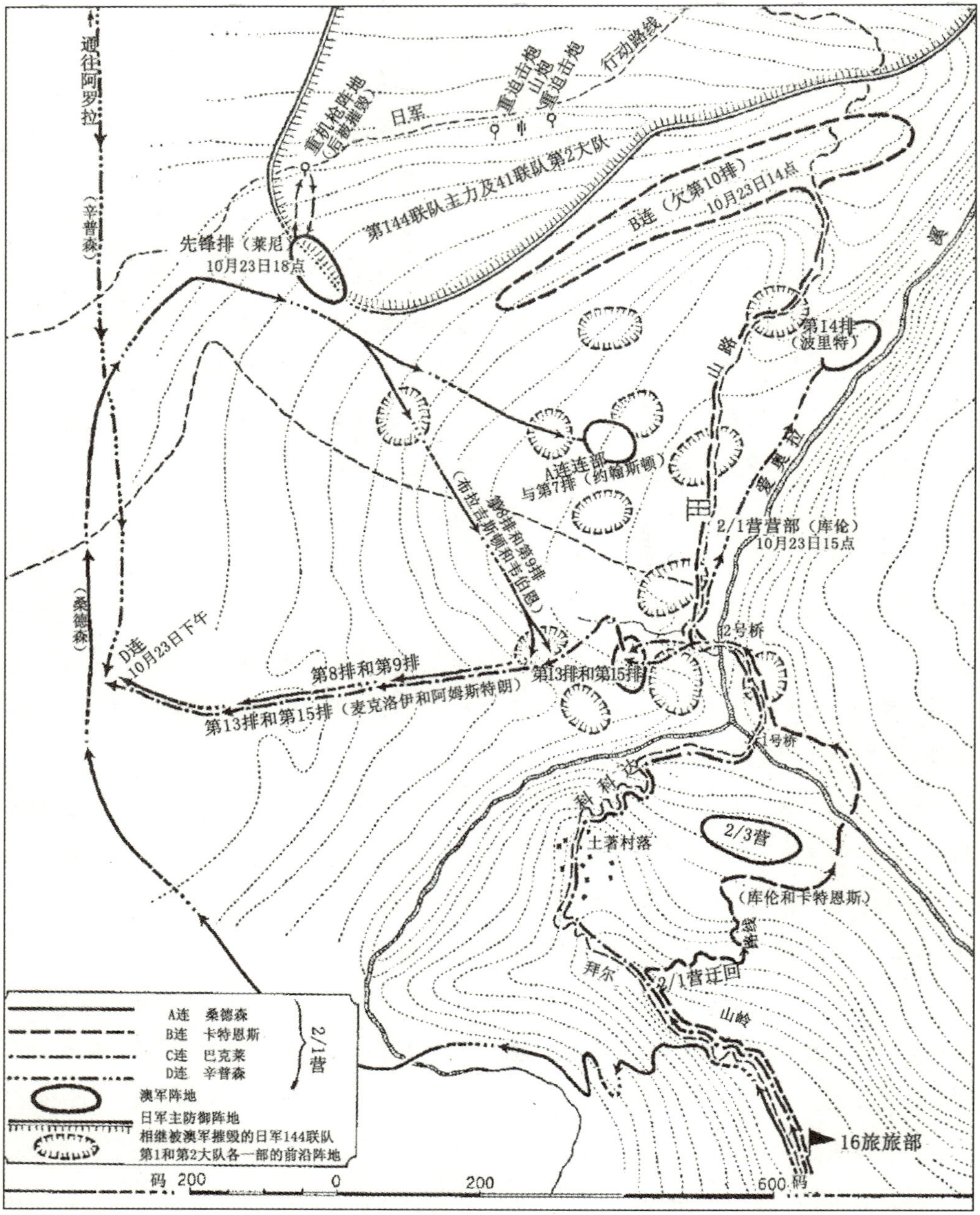

一步三跳地回到战友身边，说道：“我需要更多子弹，把子弹给我。”波里特喜出望外：“我还以为是谁呢？没想到你这个神枪手爬山功夫也是一流。”亨特接过子弹，做了个鬼脸：“打鬼子比在老家打野兽容易多了。”这一天亨特击毙2个日本兵，另外还射伤了好几个，从而挽救了全排。

同一时期，左翼的麦克洛伊排刚开始也顺利粉碎了日军的抵抗，但由于方向错误，他们最后只得继续向西，踏上了一条支路，走向溪流交汇点。不幸的是，跟随在该排后方行动的连长巴克莱上尉就在交汇点附近，被狙击身亡。这时候天已经亮了，阿姆斯特朗排的身影出现在这条支路稍低一点的山坡上。军衔较高的麦克洛伊接管了两个排的指挥权，准备向北进攻，将路线纠正回原先的主山道方向。

通往北方的地面相当开阔平坦，但仍有些地方比较困难。接近溪流东面有一片小洼地，比溪床还略低一些，洼地一侧却是怪石嶙峋的岩壁，另一侧正是刚才波里特排绝处逢生的地方；继续往北，山道又分出一条支路，这条支路向南正好延伸到波里特排坚守的悬崖后方；这条支路向西呈半圆形延伸到一片崎岖路段，地势也逐渐抬高。麦克洛伊带领两个排的澳军在溪谷和主山道之间布防，同时派人保持两条支路之间的联系。和溪谷的大部分地方比起来，这片空间的某些地方，灌木覆盖得相对少一些，在溪流西岸，有一片几百码长，二三百码宽的马蹄形高地，高地两端正好在奔流的溪流北面。波里特排的位置就在马蹄北角，而麦克洛伊正准备走捷径从南端穿过马蹄尽头的开阔地。然而日军在洼地底部设有阵地，一直延伸到高地西面，而在这两处阵地之外，日军主阵地就在环绕洼地的北面高地上。麦克洛伊很快发现，他无法突破这些日军重兵防御的阵地。

天已经大亮，23日上午，麦克洛伊突然听到西北方传来密集的枪声，他很快就判断出那是桑德森连，看来他们虽然耽搁了时间，但总算在这时开始发动进攻，试图从日军据守的道口打开通路。麦克洛伊试图策应桑德森的攻势，但高地和马蹄形拐弯处的茂密灌木丛让初来乍到的澳军无法辨认方向，这样他们也就帮不上什么忙。但不过片刻工夫，就看见桑德森连的两个排从山岭上下来，一直向他们靠拢，那是C.S.布拉吉斯顿中尉和R.J.韦伯恩中尉的两个排。两支澳军部队很快会合，但桑德森上尉和该连其他部队依然没有消息。

原来，22日，在桑德森连越过溪流之后，连长就率部向道口左翼大范围迂回，希望能够直接绕到日军阵地后方，取得最有利的进攻位置，同时保护好自己。但崎岖的道路让澳军饱尝苦头，他们越过一道瀑布，一路扒开纠结的藤蔓，跨过满地的灌木，蹒跚而行。因为道路实在太难行走，直到23日早晨，他们都无法进入进攻位置。当时他们在道口西北方活动，处于日军主阵地右边，从马蹄形高地上看，正好面对南方，能够穿过两座桥前的洼地；同时相对于麦克洛伊的两个排，还有布拉吉斯顿和韦伯恩的两个排后来的行军轨迹，他们正好位于马蹄远端一边。天亮时分，桑德森连正从高地向洼地推进，通向洼地的斜坡非常陡峭，他们不得不攀着陡坡上的树木逐次而下。布拉吉斯顿和韦伯恩在斜坡右侧行动，约翰斯顿排，桑德森上尉和连直属队在斜坡左侧行动。地形使得布拉吉斯顿和韦伯恩的部队和连里的其他部分渐行渐远，当他们顺利到达支路时，和等候在那里的麦克洛伊部成功会合，但已经完全失去了连长的消息。

同一时期，桑德森和约翰斯顿正一路奋战，突破日军阻击，到达洼地，随后试图穿过日军沿溪流西岸设置的前沿阵地。澳军发动了进攻，但日军守住了阵地，将他们击退。澳军不甘示弱，战斗继续进行。这个时候，日军的子弹突然从澳军上下方也同时射来。

“太大意了！”桑德森上尉非常懊恼。原来不少日军悄悄从高地迂回澳军上方和下方的位置。澳军不仅三面受敌，而且位置有利的日军机枪可以将他们的队列撕扯得七零八落。眼看部下纷纷倒在血泊之中，约翰斯顿中尉也当场殒命，桑德森上尉断然下令撤退：“我留下掩护，大家快撤！”桑德森举起他从中东战场带回的德制毛瑟枪，回击日军，掩护部下撤离。这一战约翰斯顿和其他9人阵亡，其他人大部负伤，依靠连长亲自断后，才杀开一条血路，退入山岭之中。为了掩护大部队火线撤离，桑德森战斗到了最后一刻，后来找到他的尸体时，周围环绕着超过300枚弹壳，都是从他的毛瑟枪中射出的。

就在派去进攻的两个连都陷入困境时，营长库伦中校终于按捺不住，命令卡特恩斯上尉率领能够出动的两个排，一定要去前线找到部队。日军控制了通往两座桥的道路，光天化日之下，在日军的酷烈火力面前，卡特恩斯如果直接试图过桥，简直是自寻死路。他决定从右翼大范围迂回，大概11点20分，过溪来到两座桥之间的区域。随后他组织大家过2号桥。刚刚过桥，他们就遇上2/3营戈尔连昨天被迫撤离时掉队的几名战士，其中一人已经身亡，一人负伤，好在还有另2人完好无缺。随后卡特恩斯继续率部进入洼地。日军一度在这里将桑德森、麦克洛伊和其他澳军部队分段，现在已经撤退。波里特中尉和他排里的幸存者与卡特恩斯会合，他们天亮时刚在道路右边和日军苦战一场。波里特本人身负重伤，其他人几乎都搀扶和抬着受伤的战友。

大约12点45分，卡特恩斯的先头排排长E.M.博迪中尉派人回报：“先头侦察兵被击倒了。”博迪的部队顽强地沿着穿过主山岭的陡峭山路继续前进，但很快他们就有8到9人负伤。卡特恩斯试图从侧翼迂回，但受到地形条件限制。面对日军从马蹄高地左边高处射下的轻重机枪，一门山炮和多门迫击炮火力阻击，他无法推进更多距离。绞尽脑汁后，让他的部队穿过山路，在左侧就地散开，然后开始就地挖掘工事组织防御。

库伦营长得报，只得向旅长劳伊德求援。他说如果日军能被调动起来，他就能在日军右翼阵地组织大规模攻势。等待支援的时候，库伦派大约16点刚来向他报到的一个先锋排迂回卡特恩斯阵地左翼，进攻日军右翼阵地。尽管这个排一共只有18人，排长G.L.莱尼中尉依然二话不说，带上他的部队就出发了。

斯图亚特下士的一个班刚前进没多久，就被日军的一挺重机枪锁住了去路，一人当场中弹毙命，另一人负伤。斯图亚特咒骂了一声，观察半晌，等到日军换弹间歇，将手雷扔进了日军阵地。他算准了时间，日军根本来不及反应。一声爆响后，斯图亚特端起冲锋枪冲了进去，一梭子弹全都倾泻到守军身上，战士们随后跟了进去。斯图亚特自己也挂了彩，好在他们班结果了所有的日军机枪手，让这挺机枪彻底哑火。但日军炽烈的火线再次从另一个方向射来，他们继续坚持了大约10分钟，又有一人阵亡，一人负伤。这样一来，这个原本就缺编的班已经只剩两人没有受伤，无奈之下，只得撤退。莱尼排的其他两个班情况也大致相同，等到其他人都撤出战场，莱尼独自一人回到日军仍占据的阵地，寻找滞留在那里的澳军伤员。

这时天已经黑了。莱尼排在这片崎岖地带的进攻耗费了不少时间。澳军决定，将计划的下一波进攻时间延迟到第二天。而负责下一波进攻的2/3营莱萨特连，17点15分刚向库伦中校报到。

10月23日，2/1营在前方苦战时，2/3营仍在他们后方待命，度过了相对平静但揪心的一天。史蒂文森直到下午早些时候，才和他派出去的两个连恢复联系。派往阵地右翼大范围迂回的戈尔连，到黄昏时都没有遇上任何日军抵抗，顺利和2/1营的桑德森连和巴克莱连取得联系。与此同时，莱萨特连去库伦中校的营部报到，准备第二天投入那片让澳军大费周章的战场。

23日到24日夜晚，一切陷入僵局。埃德加中校的2/2营在爱奥拉溪村落上方高地后方待命，只等前方出现能够让他们前进的良机。白天他们因为日军的迫击炮火蒙受了一定损伤。史蒂文森营（欠两个连）仍在埃德加营右翼前方待命，白天也因日军重火力减员不少。穿过溪流，已经到达洼地北面上坡的2/1营部队处境艰难，全营阵地支离破碎，看上去似乎已无力继续前进，甚至这个阵地本身都未必能够坚持得住。2/1营最前方的卡特恩斯连几乎已经摸到日军前方突出部眼皮底下，日军据守的险峻山坡距离他们不超过30码。巴克莱连和桑德森连合计已阵亡20人，负伤26人。尽管他们夜间已经得到营直属连的大部分兵力加强（不包括留在村落上方山岭提供火力支援的迫击炮和机枪部队），而莱萨特连也已配属2/1营，但全营兵力仍嫌单薄，似乎无法完成任何任务。

这一晚根本无法休息。断断续续的枪声和手雷爆炸声，还有澳军趁夜向前方输送食物和弹药的行动，都会打破黑夜的平静。补给任务主要由连夜过溪支援的营部直属连负责。几乎整个晚上，他们都在狭窄、陡峭、尖锐的山路上辛勤奔忙，还时常经受日军的火力考验。他们从前方回到后方时，往往会带回伤员。

师长艾伦少将在上级的一再催促下，终于沉不住气，希望速战速决。他命令25旅旅长艾泽尔准将派他的2/31营经坦普尔顿山口，24日到达爱奥拉溪，配属劳伊德准将指挥。2/25营和2/33营准备第二天动身去前线。艾伦下了最大决心，企图用他手中全部两个旅的兵力直取科科达山口。等16旅攻下爱奥拉溪谷后，将沿溪流右岸前进，25旅则沿左岸前进。届时16旅将在阿罗拉建立和运作一个补给空投场，为攻打奥伊维进行准备。16旅会扫荡阿罗拉和科科达之间的地区，再与25旅会师，然后将旅前沿阵地推过库姆西河一线，直抵威洛皮和阿西西。25旅将占领和守卫科科达地区，在当地机场进行准备，保卫和管理空投场。

但24日上午，前线看不到任何加快战斗进程的希望。库伦中校确信如果他的部队只坚守现有阵地的话，情况会更有利。日军从300码外，150英尺高的地方用迫击炮居高临下地向2/1营的阵地开炮，不过炮弹不足，只能间歇炮击。经过多日战斗，澳军都学乖了，尽量寻找树木茂盛、地势坎坷的地方隐蔽。日军不能直接看到目标，只得将炮口对准那些他们认为澳军可能隐蔽的树冠开火。迫击炮弹经常打中树叶就爆炸，随后像榴霰弹一样飞散。尽管大部分迫击炮弹因此无法造成多少杀伤，但炮弹在高处树枝上的爆炸声，还有被炮弹打落，掉进战壕的树叶，对蜷伏在下面的澳军战士来说，仍是一种令人厌恶的折磨。

黎明时分，J.McI.弗鲁中尉实在忍受不住这种折磨，索性请命出击侦察。他爬上一座山岭，正好被一名日军发现，这个日本兵用步枪从上方向他射击。山岭的地势实在太过陡峭，第一颗子弹擦过他的头皮，射中了他的脚。日军咒骂一声，开了第二枪，打中了他的另一只脚。没等他再开第三枪，弗鲁已经一枪打来，将他撂倒。这次遭遇让弗鲁明白在这种环境下采取行动究竟有多困难，而且他已经受了伤，不能在前方久留，只得退回。

库伦中校综合前敌的情况，得出结论，至少需要两个连的兵力，从左翼进行一次迂回进攻，才能争取一些成功的机会。大约10点，劳伊德回复库伦，莱萨特连和2/3营的另一个连会派给他执行这个计划。上午晚些时候，2/3营营长史蒂文森中校亲率营部和富尔顿上尉的一个连绕过库伦营后方地区赶到前沿阵地。随后，昨天就来报到的莱萨特连开路，2/3营的两个连开始进行这次旨在夺取左翼高地的迂回行动。

莱萨特的先头连并没有长时间和日军的零星抵抗纠缠。14点30分，日军的密集机枪和步枪协同火力挡住了他们的去路。莱萨特从火力状态判断出日军兵力不多，指挥全连一鼓作气，冲破了日军的这道封锁火线，不仅很快歼灭了这股日军，还缴获两挺轻机枪，扫清了周边阵地。大约同一时刻，富尔顿连也击溃了一股哨兵，击毙其中3人，随后继续向左翼进行大纵深迂回。但到了晚上，整个迂回行动不得不放慢，到这时为止，澳军仍未能取得突破性进展。

25日，2/1营的任务是继续坚守阵地，但情况正在恶化。村庄背后的山岭高地是营属机枪排的“维克斯”重机枪阵地。机枪排昨天晚上顶着潮湿的夜风，一直在经受日军的骚扰性火力，好不容易才将枪壕挖掘好。但这一天天刚亮，正对面高地上的一门日军火炮开始发威，准确命中了澳军的维克斯机枪，不仅将机枪掀出了枪壕，而且造成不少人员伤亡——这件事给澳军又一个重要教训，在面对日军的时候，即使在自己的后方阵地也不能掉以轻心。大约11点前后，两架盟军航空兵的飞机对日军进行了空中扫射，虽然能起到一定威慑作用，但难以使地面战况迅速好转。

在2/1营前方阵地，卡特恩斯连用定点狙击和手雷爆破的方式战斗，最大限度地利用他们有限的弹药。左翼的莱尼排在积极行动。莱尼带领少数几名战士突袭了日军的一个前哨据点，击毙3人，还打伤了其他人。将日军驱散之后，莱尼召集排里的其他人前进，扩大了自己的既有阵地。

这一天下午，澳军派出一个观测小组，在溪流东面挑选合适的阵地，架设迫击炮。观测小组选定了位置，其他准备工作随后进行，预计第二天能够将迫击炮从后方阵地运到这里使用。与此同时，日军的迫击炮弹一直在澳军前沿和后方阵地肆虐。

在2/3营阵地，双方的侦察搜索行动和交火白天始终没有停止。该营主力从左翼渐次推进，迂回包抄日军右翼阵地，继续进行戈尔连从23日上午就开始的漫长而又严峻的大范围迂回。

日军在山岭的森林之中寻找水源很有心得，他们会在水源所在的森林当中建立工事。这样一来，澳军在行军时就很难就地找到水源。一连4天，在后方的补给没送来之前，戈尔连都只能用随身携带的各种能够用于储水的容器收集雨水，或者从林间含水量较多的树木根部取水饮用。他们仅有的食物是随身携带的脱水干粮，吃起来又干又冷。每次连里的巡逻队为查明日军外围机枪阵地的位置，总有人非死即伤。战友用鲜血的代价弄清位置后，澳军巡逻队就会分头将日军包围起来，用布朗式机枪、汤姆森冲锋枪和手雷将这个阵地摧毁。然而由于兵力不足，地形复杂，始终无法取得突破性进展。每到晚上，澳军攻击小组都不得不退回自己的防御阵地。这个时候，日军就会在原先的阵地附近重建新阵地，第二天白天继续和澳军周旋。日军的这些狙击兵警惕性都很高，枪法也是一流。一旦澳军巡逻队发现被日军的狙击火力盯上，会尽快隐蔽，但日军这个时候反而很沉得住气，不会胡乱射击，而一旦澳军从掩蔽所露出一只手掌、一条胳膊或者一条腿，很可能就被25码外的日军狙击手一击命中。

25日，在这种慢性失血式的难熬战斗中，2/3营一共4死12伤。

26日上午，对库伦中校来说，和前一天没什么分别。尽管一清早，进入阵地的澳军迫击炮就已投入战斗。迫击炮火对日军主阵地的打击很快见效，但马上就获得日军的热烈“应酬”。日军炮火几乎在澳军迫击炮开火的第一时间就立即还击，一枚炮弹很快直接命中澳军迫击炮阵地。E.S.马蒂根中士赶紧将负伤的迫击炮指挥官送往同样遭受日军重火力威胁的前方医疗站，随后快速带着武器回到阵地，将其他受伤较重的迫击炮手撤下火线，安置到隐蔽所去，然后继续回到前方战斗。

这天上午，23日外出执行迂回任务的巴克莱和桑德森连已经筋疲力尽，只得先回营部归建，而22日奉命前往阿罗拉的辛普森连也回来了。原来辛普森连一度到达阿罗拉上方的一个阵地，和在那里宿营的日军遭遇，澳军用手雷和冲锋枪发动了进攻，日军也毫不示弱地还击。辛普森连损失了2人，他报告说他给日军造成了大量伤亡，其中至少击毙6人。尽管澳军一度占据主动，但由于日军从侧翼组织反击，而且辛普森连粮食短缺，不利久战，只得撤退。尽管辛普森连没能完成预定任务，但他们回来至少为库伦提供了急需的兵力。库伦让辛普森从澳军阵地左角迂回，前插到莱尼先锋排阵地前方。莱尼部当时正在S.G.米勒中士的迫击炮阵地附近。米勒从上午到下午一直在独自用他的那门2英寸口径迫击炮和日军周旋，而日军始终奈何不了他。随辛普森连一起行动的是原巴克莱连。巴克莱上尉已经阵亡，该连归建后，暂时由C.J.普利尔中尉指挥，后来由布莱尔上尉正式接任连长职务。

此时继续承担左翼大范围迂回任务的就只有史蒂文森中校的2/3营。随着部队的持续推进，史蒂文森部的位置继续向左延伸，和2/1营暂时失去了联系。他们依然在寻找包抄和打破日军主阵地的机会。但莱萨特连发动的一次进攻直接撞上了日军的重机枪阵地，无功而返。戈尔和富尔顿的两个连下午绕过莱萨特连现有阵地继续迂回，但没有显著的收获。J.科普曼中士的巡逻队闯进了日军阵地，而且成功切断了日军的一截电话线。日军被澳军巡逻队的这次行动激怒，终于大举出动，在天黑前对莱萨特和戈尔的两个连发动了反击。日军的进攻在莱萨特连一个排的阵地取得了一些小进展，但澳军很快稳住阵脚，抵消了日军的进攻势头。天黑后，2/3营作战区域重新恢复了平静。

尽管前线指挥官们认为自己已经尽力在克服他们面临的严峻困难，但麦克阿瑟将军和布莱梅将军对他们都不满意，也不认同他们的观点。当天布莱梅再度发电申斥艾伦，老调重弹。电文首先指出，艾伦10月22日的电文难以驳斥麦克阿瑟将军10月21日电报的任何质疑。后来的几天，前线的进展微不足道。艾伦继续以小规模部队进攻，以至迟迟没有取得实质性突破。随后布莱梅旗帜鲜明地站在麦克阿瑟一边，指出澳军的困难固然很大，但日军也面临着相同的问题。以艾伦的优势兵力，理应迅速压制日军。然而实际情况却正好相反。对艾伦等人一再提到的困难处境，布莱梅明确指出，最重要的是前线指挥官必须控制住形势，而不能反过来被形势控制。最后他强调迟取科科达山口一天，就意味着可能失去一鼓作气将日军逐出巴布亚的机会。

艾伦少将答复的论调也没有任何改变。他首先强调能用于压制日军的一切措施都已在尽可能快地实行。目前之所以迟迟没能取得进展，是由于布莱梅的整体作战计划和实情有出入。日军尽管困难重重，但极其顽强和善战。日军在爱奥拉溪谷依托地形，设置和挖掘了非常好的阵地和工事，澳军单是为了寻觅这些工事就困难重重。根据这几天的战况，艾伦认为现在必须设法先将日军逐出现有阵地，大范围迂回试了多次都没能取得成效，仅仅行军就被恶劣的地理条件折腾得不轻，只能靠正面硬攻。而日军看来并不会因为有一支澳军从背后威胁他们就撤退。艾伦又指出，他已经安排25旅的2/31营27日协助16旅，但他们还要过36小时才能进入阵地。从坦普尔顿山口到爱奥拉溪谷的险峻山坡行军极端困难，一英里山路往往需要走一整天。艾伦本来指望16旅能在26日当天就将日军逐出爱奥拉溪谷阵地，可实际上没那么容易。随后，艾伦大胆地指出他认为盟军的军情报告使人产生了错误的印象，再次强调以目前的补给状况，能够布置到第一线与日军作战的兵力至多能达到一个旅。而现在不仅日军阵地仍非常坚固，地理条件也让艾伦无法按期完成既定任务。对澳军来说，敌情不明也是一个不利条件，至今艾伦都没有得到日军的准确兵力数据，只有2/3营营长史蒂文森中校报告说他们营独自面对的日军就至少有一个大队。最后他再次强调他和手下的两位旅长已经竭尽全力。

夺取溪谷

当艾伦竭力为部下的表现辩解时，他并不知道，日军已经准备撤退了。25日，南海支队司令部接到第17军司令部电文，原定增援他们的第38师团一部无法如期到达。堀井支队长和支队参谋开会商议后，认为在目前补给不济的情况下，无法长期据守欧文·斯坦利山区阵地，需要尽快撤往库姆西河东岸。

确定撤退时间表后，堀井少将找到41联队第2大队长小岩井光夫少佐，让小岩井率部随他去前线接应144联队。当时小岩井部下一共只有第5和第7中队的92人，而中队长仅第5中队的荒木将德中尉一人。堀井少将本可以发电报或者派参谋去通知前线部队，但责任心很强的他以身作则，亲自去指挥撤退行动。

26日9点，堀井和小岩井的部队一同来到爱奥拉溪谷阵地，命令144联队在“击退敌人对前方阵地的进犯后，在10月28日傍晚撤退到后方。”而小岩井的部队会负责断后。

10月26日下午，艾伦少将回复上级后不久，前线的库伦中校在调整方式进攻未果后，变得更为焦躁，已决定将营部前移。27日，库伦将营部移动到全营左翼阵地布莱尔、辛普森和莱尼的负责区域。布莱尔等人正在承受日军的重压。令人难以置信的是，库伦的营部刚刚迁入，卡特恩斯连就传来喜报——他前方的日军已经撤退了。库伦赶紧嘱咐布莱尔和辛普森继续在左翼奋战，随后立即回到山路岔道口，找到卡特恩斯连，跟随他们一起行军。但很快他就发现，日军并非全面撤退，只是后撤了大约500码，收缩阵地，继续抵抗而已。卡特恩斯再次与日军陷入僵持。而布莱尔和辛普森尽管狠狠打击了日军右翼阵地，给日军造成了大量人员伤亡，但自己也损失不小，并没有取得实质性进展。

溪谷的形势就这样举步维艰，令澳军疲于奔命。27日，当2/2营配属2/1营的一个连进入2/1营作战区域，接管溪流东岸的任务后，2/1营的全部兵力（包括配属部队）首次全部在爱奥拉溪谷集中。同时，这也是原桑德森连在23日以后再次能以一个基本成建制连的状态，投入作战地区。当时该连由H.C.怀斯曼中尉代理连长职务。

夜幕再度降临，库伦中校很清楚他的部队经过连日战斗，身心都几乎已陷入麻木状态。澳军官兵都希望战斗到胜利的一刻，士气依然高涨，但筋疲力尽的身体已无法继续长时间按照上级计划的那样行动，而精神状态的疲乏也显而易见。

卡特恩斯连仍位于全营最突出的阵地，他们无法被替换，只能在崎岖的山坡上进退不得，苦不堪言。这几天他们不仅饱经凄风冷雨和山地的寒夜折磨，连粮食也已出现短缺迹象，即使一顿热饭甚至一杯热茶对他们来说都成了奢望。他们和敌人之间的距离只有40码，如果冒险用轻武器开火的话，硝烟就会飘到掩蔽的树木上面，成为日军迫击炮手的标靶。白天他们只能两人一组蹲在枪壕里，晚上才能走出来活动，还得先从后方补充必需的食品和弹药。黑夜让他们不能冒险向前方移动，那不仅会招来日军火力，甚至可能被自己人误伤。由于持续交火，日军又居高临下，不断向他们投掷手雷，该连减员严重。尽管困难重重，他们依然坚守阵地，多次打退了日军派来骚扰的巡逻队。

与此同时，2/1营遇上的倒霉事也不少，有些还不是战斗直接造成的。26日一早，由于连日大雨，溪床水位暴涨，小桥终于被冲垮了。万幸是桥梁的断木和被冲下溪床的岩石在溪水下固定下来，这样水下的废墟仍能够支撑人员通过。为了继续支撑战斗，所有补给品都优先通过废桥送往前方。阵亡将士的尸体和重伤员在运输补给的间歇，会被运往后方，但寒冷彻骨的山间溪水和夜间呼啸的狂风，还有日军不时射来的子弹，令作业难度大增。27日刚和2/1营一起行动的随军牧师C.W.J.肯宁汉不畏艰险，和士兵们一起帮助伤兵通过危险的溪流，忠实地为死者祈祷，然后将它们妥善埋葬。

这一天，2/6野炮连派来一个班，在步兵协助下，抓紧修复桥梁受损部分，直到黄昏仍在进行。就在这时，厄运再次降临。村落山岭后方的澳军3英寸口径迫击炮已能为前方提供炮火支援，很快连开13炮，但第14发炮弹刚出膛就从空中坠落，炸伤了炮管，而且造成3名炮手死亡。

同一时期，尽管环境恶劣，步履艰难，2/3营仍在对日军据守的高地最左翼进行大范围迂回。27日早晨，一直都受耳朵伤势困扰的营长史蒂文森中校将指挥权转交赫奇森少校代理。赫奇森是个身材矮胖的青年军官，在接过全营指挥权后，经过一番深思熟虑，决定采取一个新的行动计划。

赫奇森决定让2/3营在支路上进行地毯式搜索，连根拔除阻止他们进入日军主阵地的任何障碍，消灭日军主阵地右侧的所有敌人。包括配属给他的2/2营布洛克连和本营在内，赫奇森将自己的兵力统编为三路纵队，命令他们各自保持大约300码间距行动。在他们推进大约1000码后，会暂停前进，然后彼此进行联系，变三路纵队为一条完整的前方战线。

27日8点50分，行动开始了。11点30分，全营右翼的布洛克纵队和敌人遭遇，以一定损失代价，消灭了这股日军，继续前进。中央麦奎因纵队的一个巡逻队和日军的一个战斗小组进行了激战，很快便1死4伤。麦奎因中尉发现，他遇上了比他原先估计的更为坚固的阵地，于是请求支援。赫奇森让富尔顿上尉率部与麦奎因纵队一同作战；但在富尔顿连赶到之前，天已经黑了，攻势只得暂时中止。

28日，天方破晓，战斗已在澳军的整个前线打响，日军小岩井大队出动一个小队反攻。主山道左侧的2/1营卡特恩斯连又饿又乏，只能坚守当前阵地。日军从他们上方扔下手雷了，整个下午造成大约5人伤亡。更左翼的日军巡逻队闯入布莱尔连阵地，切断了他们连的电话线。日军的举动激起布莱尔连的犀利反扑，将这些入侵者再次顶了回去。更左翼的辛普森对日军施加了强大压力，迫使日军一度后退。顽强的日军很快发动反击，战斗中日澳两军都承受了相当程度的伤亡。日军的多股巡逻队进入布莱尔和辛普森连的阵地和周围地区，而且渗透到他们之间的开阔地。地形和茂密的灌木丛使两军士兵的可视距离都不超过10码，而澳军的两个连现在都不清楚友邻部队的位置。这一切都埋下了一场血腥杀戮的种子。日军桑田大队第7和第9中队左翼受到很大压力，但他们最后在14点还是将澳军的这波攻势打退。

堀井支队的撤退命令13点就已经下达，而现在的问题是澳军是否会让日军从容撤退。

澳军2/3营的战前准备直到15点前后才

完成。富尔顿上尉奉命指挥本连和麦奎因部组成的混合部队。17点，澳军在进行一波步枪和手雷齐射后，麦奎因部从左翼向山下冲去。稍候片刻，富尔顿本连也开始从右翼发动冲锋。这样一来，日军右翼阵地就被这两个连穿插分割。尽管日军从自己的坚固阵地中射出一阵冰雹般凶猛激烈的子弹，但杀得性起的澳军气势更为猛烈。

富尔顿连迎着日军的火力线就冲了上去，先头侦察兵倒下了，但其他战士前赴后继，依靠山间的树木，逐棵前进，直到从右翼穿过外围阵地，冲入日军中央阵地。富尔顿连的这次行动终于冲破了日军的心理防线，连日苦战的日军开始崩溃，他们将武器丢弃，不顾脚下拌蒜，就冲进了茂密的灌木丛，往山坡下逃窜，那架势就像一群受惊的野兽。不过一两分钟，阵地上还活着的日军士兵已经逃跑一空，身影隐没在灌木丛之间。澳军士兵隔了一会儿才缓过神来，确信自己真的胜利了，这口气一松，很多人都不由坐倒在地，或者一头趴到树上，只有军官们因为职责所在，必须先布置阵地和安排士兵放哨。第二天早晨，富尔顿连开始掩埋战死的日军尸体，一共有50多具，另外还有一些散落在灌木丛中的尸体一时找不到。在这场战斗之前，澳军士兵都听说日军极度凶悍，任何情况下都不会逃跑，但爱奥拉溪谷的战斗证明，日本人同样是血肉之躯，同样在大势已去的时候会逃跑。

在富尔顿连的最后一次战斗中，L.G.佩特下士一人就摧毁了4个日军机枪阵地，据他战友的日记披露，每次他都要摸到日军阵地5英尺附近爆破。

结束战斗，又休息过一夜的澳军终于能够暂时得闲，研究他们刚刚占领的，日军坚守了整整6天的阵地。日军阵地中轴线纵深大约300码，中央阵地向周围四到五个方向辐射，都建有外围机枪阵地。阵地都设在山岭上仅有的水源地区，让过去几天都无法就地找到水源的澳军极为难受，这对他们很有利，但阵地的位置并不是没有缺点。尽管日军先前的撤退相当有序，但这个阵地不是预先准备好的，而是在16旅进攻时临时选定的，否则日军不会不去占据周边高地。而最后赫奇森能够组织兵力冲锋，一举攻克这个阵地，正是从周边高地迂回进攻的结果。日军所以这样做，除了16旅的追兵来得很快，迫使他们必须在短时间就建立防御阵地外，还有一个原因，就是重型装备和通信设备安置在高地诸多不便。澳军在这个阵地发现了一个储藏大量物资的军需仓库，里面有包括机枪和迫击炮等大量武器装备，还有一台有线电话站装置和电报用纸。澳军随后在战场的新一轮打扫中，发现了69具死尸（其中日军58具），另外还有一些尸首仍未发现，或者没有列入统计。2/3营在10月28日的战斗中则共有11人阵亡，31人负伤。

2/3营在日军右翼阵地的胜利对爱奥拉溪谷的战斗具有决定意义。右翼暴露的日军桑田大队放弃了溪谷阵地，而144联队主力

地图三十二　10月27日至10月28日的爱奥拉溪谷

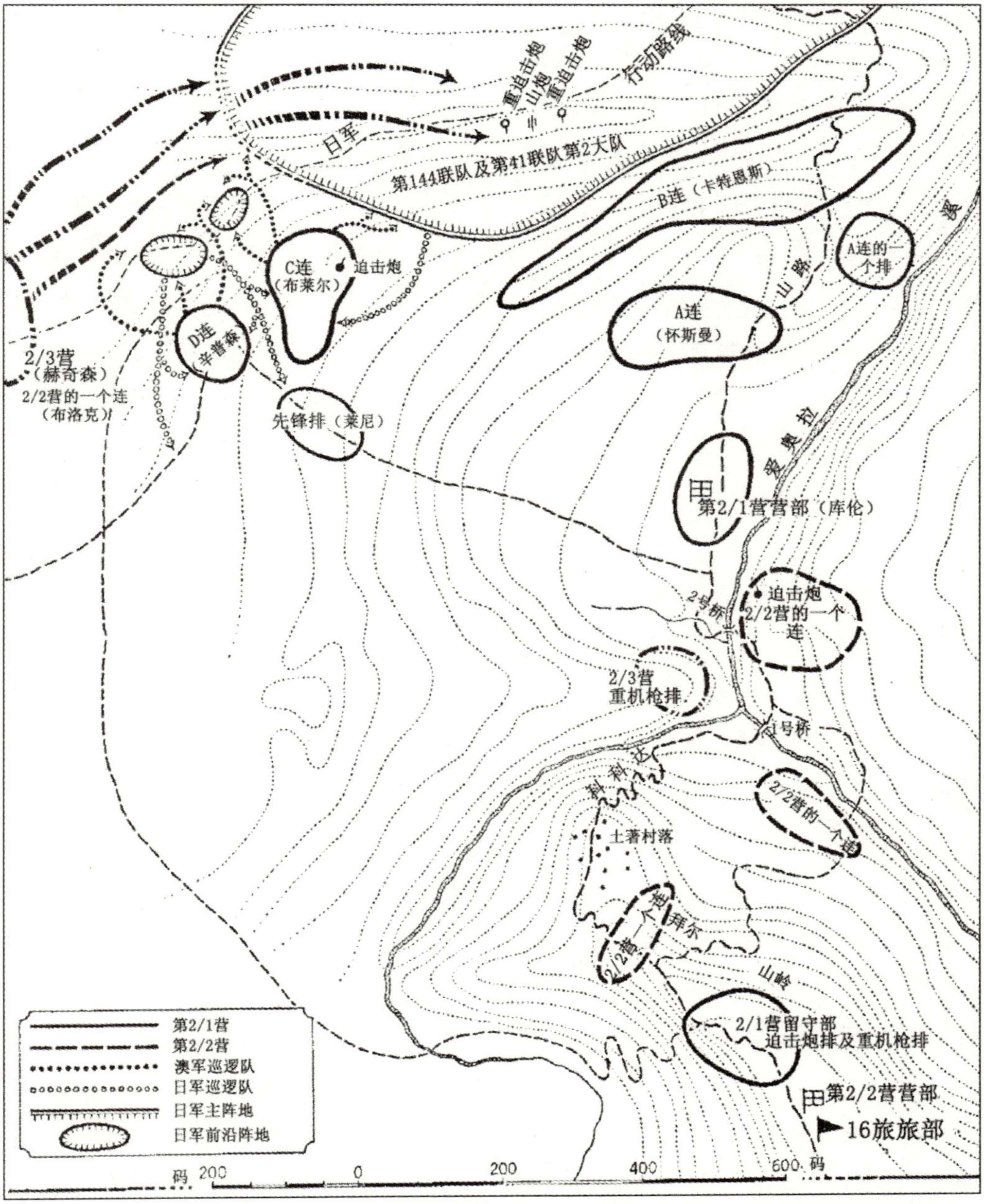

已经先行撤退，41联队小岩井大队唯恐孤军被澳军包围，也只得撤退。29日上午，2/1营的巡逻队发现日军防线已经崩溃，一路未经抵抗，进入日军弃守的阵地，没有兴奋，只有鏖战近一周以后的如释重负。随后2/1营继续沿主山道追击，2/3营在他们左翼齐头并进，2/2营负责殿后。

10月29日，爱奥拉溪的战斗正式结束。据澳军16旅作战日志记载，截至28日16点30分为止的不完全统计，全旅合计阵亡72人，伤154人。而战后澳大利亚中央陆军记录室根据各作战单位记录，综合得出的伤亡数字为，在10月19日到29日之间，第16旅的三个营战斗阵亡或因重伤不治身亡共99人，负伤共192人。

10月27日，就在爱奥拉溪谷战斗的尾声，澳军指挥层再次发生重大变动。布莱梅将军发报给第7师师长艾伦少将：

考虑到你在前方执行任务的时间已经过长，兹决定让瓦西将军28日上午飞赴米奥拉。待瓦西抵达后，你应将指挥权移交给他，随后回莫尔兹比港地区履任新职。如果你方便的话，会在29日午前在米奥拉为你安排运输机。

布莱梅电文的措辞并不激烈，但他和艾伦都很清楚在这个时候让他回莫尔兹比是因为什么。艾伦的答复一如既往显示了他强烈的个性：

在形势已日趋好转的情况下，发现我在这个时候被特意调换，实在令人遗憾。我觉得最糟糕的情况现在正被抛在身后。我必须补充一点，我认为我（当初）离开基地地区（莫尔兹比）的时间是合适的，（现在）我宁愿留在这里，直到我的部队也被替换。

尽管艾伦回电语气强硬，但28日瓦西来到米奥拉之后，艾伦只得于次日返回莫尔兹比港。后来，艾伦在澳大利亚本土，得到机会向麦克阿瑟将军当面解释一切，他告诉麦克阿瑟他的电文对他造成了多大的伤害。麦克阿瑟半真半假地说道：“但我什么都没说，只是表扬你和你的部队。除此之外就是在鞭策你而已。”艾伦故意正色答道：“好啊，但这不是鞭策澳大利亚人的方式。”艾伦在麦克阿瑟面前就像对布莱梅一样桀骜不驯，但麦克阿瑟至少并不厌恶，不仅为他喝彩，而且还暗示他会有更重要的工作等着他做，然而实际上艾伦后来再没有在第一线指挥作战的机会。

艾伦有充足的理由感到委屈，如果说罗威尔行动迟缓，对前敌的情况缺乏了解，报告滞后的话，他不仅亲身赶赴前线，而且一直都及时如实向上级汇报。他参加过两次世界大战，实战经验丰富，经历过排长到师长的所有指挥官岗位。他觉得无论麦克阿瑟、布莱梅，还是赫林，都没有越过奥尔斯角一步，根本就不像他那样了解科科达通道山路险恶的作战环境。而除了22日米诺格中校曾到过他的前敌指挥所之外，他那三位上级的参谋人员也没有一个到过前方，谈不上掌握第一手资料。事实确实如此，麦克阿瑟等人一直认为第7师推进缓慢，却根本不知道在山间凿山开道，又要运输补给辎重，还

■抬着70磅的辎重，在科科达崎岖山路艰难行走的巴布亚土著民夫。

要疏散伤员究竟有多辛苦。艾伦为了确保前线的补给运输任务能够顺畅，曾要求在米奥拉到科科达一线集中3000土著民夫，但直到10月底，一共只到位1250人。7师下属各旅和各营的作战日志也如实反映了前线补给的困境。从10月23日到11月1日，后几天都没有战斗，各营能得到的各类食品百分比如下：肉类10%，饼干43%，牛奶35%，起司75%，食糖40%，茶叶80%，大米45%，干果55%。由于地理条件限制，医护人员到位也不得不滞后。在这种恶劣条件下，澳军的处境不见得比日军好到哪里去，好在战斗总算告一段落。

10月份的最后三天，澳军16旅和25旅都没有再遇上任何战斗，但爱奥拉溪谷激战只是一系列血战的序幕而已。

美军东进

盟军中路的澳军第7师在科科达山路艰难转战时，右路的美军126步兵团也开始向贾乌勒推进。

10月初，126团情报科长博伊斯上尉就带领一个侦察小组，沿着卡帕卡帕小道先行赶赴贾乌勒。副团长拜特克少校率领的工兵部队在小道外大约30英里的卡拉马祖修筑前方补给基地。尽管通往小道的公路还没竣工，不过当时已经可以供军用吉普车开到14英里外的内皮那。剩下16英里山路崎岖陡峭，只能用土著民夫人工运输。在ANGAU澳大利亚官员的监管下，土著民夫背驮军需物资，在山路上艰难行进。

博伊斯上尉的侦察小组，因为一度断粮，预先呼叫的空投又没及时进行，中途只得在贾乌勒约50英里外的拉鲁尼耽误了一些时间。最终他们10月4日到达目的地贾乌勒。次日，博伊斯用无线电报告，卡帕卡帕小道行军虽费力，但仍可通行。32师师长哈丁少将随即率师部迁往卡拉马祖。同时接到报告的新几内亚部队司令部立即向哈丁保证，会派126团的一个挺进梯队先去贾乌勒。除已进驻内皮那的E连外，126团当时都在莫尔兹比港附近的布特莱斯小港安营。挺进梯队以126团2营为基干，加上团反坦克连和炮兵连（都没有携带重装备，实际上相当于步兵），先行赶赴贾乌勒。

改为步兵的反坦克连和炮兵连，以及一个小型医疗分队由团后勤副科长麦登多普上尉统一指挥，10月6日离开卡里克多布，先去内皮那，然后取道前往贾乌勒。到达内皮那后，麦登多普会以E连的45人——詹姆斯·唐纳中尉的一个5人通信小分队和小哈罗德·钱德勒中尉的一个步兵排，充当他的前进护卫队。离开卡里克多布时的美军合计250人，另配属100名土著民夫一同行动。麦登多普的任务是在拉鲁尼和贾乌勒两地建立空投场，修建补给仓库，以备主力部队行动时使用。

美军对巴布亚的丛林还很陌生，辎重过多，部队明显不在最佳状态，向内皮那推进的第一天并不顺利。哈丁少将得知部队进展不利，第二天一早就乘坐吉普车查看，他当场命令部队让车辆轻装，并且少带弹药，因为他们现在还不需要进行战斗，重装行军反而累赘。随后，他又令原定担任护卫队的E连45人“不用理会（麦登多普的）其他两个

■美军32师师长埃德温·哈丁少将。

连的进展”，先行前往贾乌勒。唐纳和钱德勒依次出动，等他们到达贾乌勒后，由博伊斯上尉指挥，以后等待连主力和他们重新会合。

第二天的路径相对好走，基本上没遇到什么困难。但接下去的第三天，在向山脉山脚下行军时，就是另一回事了，尤其是反坦克连和炮兵连，比起唐纳和钱德勒的护卫队来，滞留了更长时间，而且还得帮助工兵一起修筑和加固通往内皮那的公路。

麦登多普率领的这支部队是首次在山间小径行军，即使山脉边上的丘陵，地势也相当陡峭，美军的步履一直都晃悠打颤。蚂蝗和其他虫蚁也让他们厌恶不已。路况糟糕透顶，而且路径相当杂乱，简直就像顽童的铅笔涂鸦。战士们行军时也讲究不了那么多，用过的皮制盥洗用具、肥皂、袜子和多余的内衣都被到处乱扔。

好不容易一路跋涉到山间的溪流。战士们忙不迭地冲上去汲水喝，缓过渴劲儿之后，有人说：“你们有没有发觉这水的味道不对吗？”大家都皱了皱眉，确实不对，但真说不上到底哪里不对。后来他们才知道，原来上游的友军刚刚用溪水洗过脚。还不习惯走山路的士兵们累得都直不起腰，时常一屁股坐在路边，抚着胸大口喘气。随队医疗官殿后，夜间带着他的人到达宿营地。医疗组个个脚步踉跄，神色茫然，看上去情况不比其他人好，甚至更糟。尽管如此，美军也没人掉队，倒不是说他们真有多坚强，而是唯恐一旦掉队会突然冷不丁遇上日军巡逻队，到时连枪都提不起来，没人照应肯定会立即被干掉。

行军的第4天，麦登多普的部队抵达拉鲁尼中途的阿拉帕拉，这是最后一个可以从卡拉马祖获得补给的据点。第二天，大多数土著民夫都已筋疲力尽，同样疲倦的战士们只得自己背负口粮和沉重的补给品。

10月13日，经过一段艰难的上坡路后，麦登多普部终于抵达位于一座山顶的拉鲁尼。唐纳和钱德勒的护卫队比他们早到一天。次日，麦登多普部刚开始在当地兴建空投场，亨利·吉尔德斯中校已率领126团2营离开卡里克多布，前往贾乌勒。随他们一起行动的还有第19战地简易医院和114工兵营的一个排。全体军事人员接近900名，另配属数百土著民夫随同行动。每隔一天，2营所属各连便依次出发，包括舒尔茨上尉指挥的先头连E连和殿后的埃尔文·努默中尉的F连。

麦登多普上尉建成拉鲁尼空投场后，留下42人照应，率主力于10月20日到达贾乌勒。而唐纳和钱德勒早在4天前就已到达。次日，根据新几内亚部队司令部的命令，麦登多普派团属炮兵连的一个50人分队进入东北方向的库姆西河流域。不久，盟军得报，日军可能从威洛皮地区进犯贾乌勒，反坦克连和团属炮兵连主力随即进入库姆西河流域，与先头部队会合，一同戒备。

126团2营离开卡里克多布后，当地和贾乌勒之间的阵雨变为连日大雨，行军比博伊斯和麦登多普两部都更困难。10月15日起的倾盆大雨，使2营整整5天5夜不得安宁，苦不堪言。

欧文·斯坦利山脉在苏威玛拉山（美军称为“幽灵山”）一带被分为两段，虽然距离拉鲁尼只有几天路程，但环境分外阴冷可怕。这座山从断崖高耸起610米，地势比澳军和日军曾发生激战的西北远处地区更为崎岖不平。先遣连连长舒尔茨上尉报告，山间小径十分狭窄：“即使一只长腿大野兔都不能通过。”战士们只能排成单列纵队行军，更痛苦的是，天黑后，经常在这条小径的两旁都找不到能宿营的地方。战士们经过丛林时，常被藤蔓和树根绊得脚步踉跄，避开这些障碍物，脚下又会踩进雨水浸透的烂泥。烂泥有时深及膝盖，战士们必须相互扶持才能脱困。暴涨的山溪使他们不得不蹚过流速超过每小时20英里的溪水，经常有人被湍急的水流冲翻。

尽管溪水寒冷浑浊，咆哮不停，战士们也别无选择，只得继续在山路上跋涉。

■32师官兵围坐在一起，聆听师长讲话。

这条路上连绵起伏的山峰，看上去就像被削尖的利齿。比起科科达山路，这里更为险峻，他们不仅得用双手和膝盖小心移动，还经常要用斧头和砍刀劈山开道。为了通过狭窄倾斜的小道，战士们时常得抓紧山壁上的藤蔓和树根，才能避免从山崖跌落。

部队好不容易翻过这样一道山岭，很快会发现他们面前又出现另一座只有岩壁和陡峭的山坡，同样折磨人的山岭。每天行军就是这样重复翻越四五座山，上山下山不知辗转多少里程，而直线推进距离不过几英里而已。战士们一路上总是跌跌撞撞，下山容易上山难，走一段600多米的下坡路大约需要40分钟，而攀爬一座2700米高峰的最后600多米上坡路，经常手脚并用，都需要耗费将近8小时。

根据博伊斯和麦登多普先遣队的经验，126团2营为了能顺利行军，尽可能轻装上阵。防毒面具、钢盔、餐具和重武器都暂时留在后方，携弹量也控制到较低水平。然而山路如此崎岖，以至于轻装仍步履蹒跚。一路上战士们有意无意丢弃了盥洗用具、雨衣、设营用具、蚊帐等日用品，结果一路上他们都成了蚊蝇等各种热带昆虫的美餐，晚上宿营的时候又寒冷又潮湿，完全是活受罪。

地理条件恶劣，不仅行军缓慢，睡难安枕，吃饭也成了大问题。澳军供应的伙食一般是硬面饼、牛肉罐头、茶叶，外加少量米饭。由于气候潮湿，阴雨不停，战士们几乎不可能生火热饭或者烧开水泡茶，只能啃冷饼冷肉，茶叶就干脆丢掉了。澳大利亚工厂腌制加工的牛肉罐头包装都很大，一听足有4到5磅。这么一大块冷冰冰的牛肉不但无法引起食欲，而且添加的那股鱼油味儿，闻起来就令人恶心，战士们饥饿难忍之下，就算饥不择食想来上那么一口，还是会不由自主捏着鼻子干呕起来。更要命的是，许多听罐头送到战士们手中时已经受过各种污染，有些在空投时，就摔坏开裂，还有些因为开罐后受潮湿空气侵蚀，很快生锈了。罐头受污染和损坏，加上部队携带的餐具也没条件清洗消毒，大听的罐头牛肉往往吃完前就已经腐败变质。食品卫生条件极其糟糕，导致全营大部分都罹患急性腹泻和痢疾，病情严重的人排便已完全失禁，不得不在裤子上切孔开裆。

军医们都在行军纵队后方跟随，以便照顾体力透支、痢疾或者罹患其他疾病的病号，让他们能跟上队伍。饱受折磨的病号接收军医诊治照顾的时候，往往会觉得是不是虚弱到快死了。多年后，2营E连的保罗·卢特金斯上士回忆当年的行军经历，脱口就说道：“贾乌勒根本就是个见鬼的绿色地狱！”

在穿过不知多少峡谷，涉水渡过不止一条没过脖颈的溪流，攀爬无数悬崖峭壁，在泥泞小径间经过不计其数的摸爬滚打后，舒尔茨上尉的E连终于在10月25日到达贾乌勒。全连都已筋疲力尽，个个衣衫褴褛，鞋

■美军士兵从独木桥上过溪。

子磨损严重，破烂不堪，甚至还有霉斑。这段行程太过艰险漫长，营长吉尔德斯中校路上因劳累过度突发心脏病，被紧急送回莫尔兹比港。师部得报，立即让原团后勤科长赫伯特·史密斯少校从卡里克多布赶去代理营长职务。

10月28日，2营余部抵达贾乌勒。稍事休息，营主力开赴当地东北山脉陡坡上的两个据点纳吞加和博福，那里有山路通往布纳地区。最先到贾乌勒的E连和F连先去那两个地方准备空投场。麦登多普上尉带领的团属反坦克连和炮兵连，改称“威洛皮巡逻队”，在贾乌勒西面保护2营的侧背，还负责库姆西河东岸，雷明顿峰山阴一带的巡逻和整备。两天后，他们已经在科维奥建立了兵营和空投场，在威洛皮以南10英里的巴鲁姆比拉设立了前进哨所，前哨巡逻队就能在巴鲁姆比拉前方进行侦察活动了。

在更适合大部队行军的道路开辟前，126团加强2营是美军越过欧文·斯坦利山脉，开赴前线的第一支成建制作战部队。一位长期在阿巴乌地区传教的教士塞西尔·阿贝尔志愿来到莫尔兹比港，告诉盟军，穆萨河流域上游的法萨里附近有个地方非常适合修建机场。麦克奈德尔将军和布拉德利中校心知事关重大，带着阿贝尔教士一路直奔卡拉马祖，面见32师师长哈丁。

126团2营的遭遇已经让哈丁意识到要徒步行军翻越欧文·斯坦利山脉困难重重，阿贝尔教士的消息令他喜出望外。如果法萨里附近真能建造一个颇具规模的机场，32师余部就能尽快穿越群山，战士们不必被艰苦的行军搞得精疲力竭。阿贝尔向哈丁保证，不仅在法萨里附近修建机场，就能将部队直接空运到当地降落，而且当地高地的小路也更适合到达45英里外的彭加尼。

次日，哈丁返回莫尔兹比港，和战区航空队副司令埃尼斯·怀特海德准将商议。怀特海德同样被这个方案打动。阿贝尔立即回到法萨里，和调派来的土著民工一起，用美国陆军第5航空队空投的工具，在当地开工，很快就建成一个适合运输机使用的简易机场。10月19日，战区工程处副处长斯维尔德鲁普上校辛辛苦苦在阿巴乌山区的山路里兜了一大圈考察地形，来到穆萨河上游时，发现美军的C-47运输机已经在使用法萨里机场，惊喜之际，不禁骂道："这么大的事居然没人通知我，真见鬼！"

为纪念提供情报，而且亲自参与机场建设的阿贝尔教士，法萨里的第一座机场被正式命名为"阿贝尔机场"。在同一地区，盟军很快又发现了三处同样适合修建机场的地点。阿贝尔机场以北几英里的恩贝萨适合紧急降落；恩贝萨西北25英里的金加基·巴里

■美军吉普车通过卡帕卡帕小径上的浮桥。

基，条件好得多，可供飞机正常起降使用；另一个合适的地点，就在彭加尼。阿贝尔机场建成后，下一步要做的就在这几个适合修建机场的地点进行清场工作。11月初，斯维尔德鲁普已组织土著民工在恩贝萨和金加基·巴里基，114工兵营C连在彭加尼，分别完成了这项工作。

尽管法萨里等地的机场已完工，但要变更原先卡帕卡帕－贾乌勒一线的行军路线并不容易。10月19日，哈丁得知阿贝尔机场行将正式启用，便请求新几内亚部队司令部准许他将126团1营和3营空运到机场，从那里转往彭加尼。新几内亚部队司令赫林中将先前已经了解情况，赞成这个新计划。但布莱梅将军认为，只有阿贝尔教士一面之词，还没有任何证据证明当地的山路确实能通往彭加尼，不能贸然行事。10月30日，在各地机场都能投入使用后，哈丁再次提出新计划，以目前的条件，完全可以用飞机飞越群山，将1营和3营直接空运到彭加尼和金加基·巴里基。布莱梅终于点头，而且立即上报麦克阿瑟将军批准，同时请求将补给品空运往阿贝尔机场和金加基·巴里基，以备地面部队使用。

一直都希望尽快将美军投入前线反攻的麦克阿瑟没有立即同意这个计划，原来南太平洋的局势又发生了变化。10月18日，威廉·哈尔西海军中将替代迟疑不决的戈姆利中将，出任盟军南太平洋部队司令。在哈尔西上任前后，日军第2师团主力已在瓜岛登陆。10月20日，瓜岛日军地面部队总兵力已达2.2万余人。联合舰队也派出近藤信竹海军中将和南云忠一海军中将指挥的两个舰队，合计4艘航母，300多架舰载机，以及其他数十艘水面战舰的庞大兵力，前往所罗门海域，配合陆军作战。10月23日，日军以第2师团为主力，对美军的瓜岛“亨德森”机场发动总攻。经过数日激战，日军的攻势以惨败告终，然而美军的损失也不小，尤其是海军舰队，当时仅有的两艘航母“大黄蜂”号被击沉，“企业”号严重受损，不得不回珍珠港返修。这样一来，美军短时期之内失去了舰载航空兵力，日军得以摆脱了向瓜岛增兵的最大干扰。

1942年10月底到11月初，也许是麦克阿瑟对整个西南太平洋战区最悲观的时候。他认为美军在所罗门海域的海军兵力已处于劣势，一旦日军利用这个机会占领瓜岛，那么下一步必然会倾尽全力进攻新几内亚。为了应对可能出现的最严峻的局面，麦克阿瑟认为目前不仅不应让部队继续北进，反而应当准备从新几内亚北岸全部撤出，如果有必要，甚至应当撤出整个新几内亚，退守澳大利亚本土。因此麦克阿瑟对布莱梅的回复是，在盟军还没有控制住所罗门群岛的局势前，由于目前日本海军实力占优，有利于他们大举调兵增援新几内亚，海岸地区最容易受到日军冲击，至少在盟军控制住库姆西河一线以前，不宜将2个团（欠一个营）的兵力集中在彭加尼地区。随后麦克阿瑟又强调指出，让32师的部队从贾乌勒东进，配合澳军在科科达山路行动的原定计划仍是最安全的行动路线，如果要修正的话，可以让部队从贾乌勒和彭加尼两地同时向布纳海滩推进，就在布纳附近会合。

布莱梅向麦克阿瑟解释说他从没打算让126团余部在彭加尼集结，与其如此，不如让126团（欠库姆西流域的250人）在博福集结。让部队飞往彭加尼，完全是因为只能在那里的机场空降。空降后，部队不会在沿海地区滞留，会立即深入内陆，在博福和2营会合。彭加尼南面有一条道路通往博福，这条道路有海德罗格拉夫斯山脉掩护，即使日军突然在彭加尼海岸地区登陆，在那里行军的部队也有时间应对。除地理掩护外，驻守彭加尼的澳军2/6独立连会在山脉背面的道路巡逻，一旦有变，能组成第一道阻击线，同时通知大部队应变。库姆西河流域的250名美军会继续留在当地巡弋，伺机骚扰日军交通线，在澳军第7师越过库姆西河后，将配属该师指挥。

布莱梅详细阐述了自己的计划，请麦克阿瑟进一步考虑126团余部2个营左右的兵力空运到北岸的要求，退一步说，即使彭加尼和博福的路都不好走，通行的难度也不会大于科科达通道。

麦克阿瑟了解全部情况后，对布莱梅说："如果有足够的补给能及时空运到前方指定地点，那我相信根据这个计划有利于尽快进攻布纳的日军。"随后他规定，三路盟军在继续前进以前，至少应储备够用10天的口粮，适量的弹药和医疗用品。这就意味着，在126团主力从莫尔兹比港启程前，科科达、博福和彭加尼三地的补给空运必须完成。尽管这会使盟军航空部队面临巨大的工作压力，麦克阿瑟仍告诉布莱梅，在给部队下达前进命令之前，一定要为下一步攻势做好后勤保障。

11月2日，麦克阿瑟选定当月15日为进攻暂定日期。第二天，新几内亚部队命令32师开始巡逻，但行动范围在进攻命令下达之前，不要越过规定的奥罗湾－博福－威洛皮一线。11月6日，莫尔兹比港开设了战区司令部前方指挥所，麦克阿瑟亲临莫尔兹比，直接指挥预定的反攻行动。

奥伊维碰壁

美军第32师东进同时，澳军第7师仍在科科达山路继续前进。10月底，瓦西少将接任师长后发现，前任师长艾伦少将已经对后续作战进行了详细规划，他只要略为补充即可。占领爱奥拉溪谷后，澳军已打开前往科科达山口的通道。

10月28日傍晚，赫奇森少校2/3营在日军右翼阵地突破了日军在爱奥拉溪谷的整条防线，日军全线撤退。29日，库伦中校率领已十分疲惫的2/1营继续追击，埃德加的2/2营紧随其后。

同一天8点，瓦西少将正式接任第7师师

长，卸任师长艾伦少将离开米奥拉返回莫尔兹比港。艾伦离任前，最后的命令是尽可能快地夺取科科达山口。劳伊德准将的16旅继续承担主攻任务，直到占领奥伊维为止，同时还要在库姆西河前方建立一个前进阵地。在16旅占领阿罗拉后，原先配属该旅的2/31营回25旅归建，经过休整的该旅将负责直取科科达山口。第3营前往阿罗拉承担当地卫戍任务，并且负责空投场运作。

10月29日凌晨3点30分，堀井少将率日军144联队主力和小岩井大队退入伊苏拉瓦村。按预定计划，144联队继续向科科达山口撤退，小岩井大队会负责断后。

当时日军因战斗损失，热带疾病和饥饿，伤亡很大，之前就陆续有人掉队。10月30日，小岩井光夫少佐做了一个非常冒险的决定，只留下他自己和其他16名官兵在伊苏拉瓦断后，其他还能行动的官兵将科科达的所有伤病员全送到后方去。由于堀井少将一早就嘱咐过他们，10月31日才能撤入科科达。尽管日军的伊苏拉瓦兵营离科科达不过10公里，但万一澳军大举追来，小岩井的处境就会相当不妙。

万幸的是澳军为确保补给线畅通，暂时没有穷追不舍。小岩井的部队31日安全退入科科达山口。当天堀井少将下令：“南海支

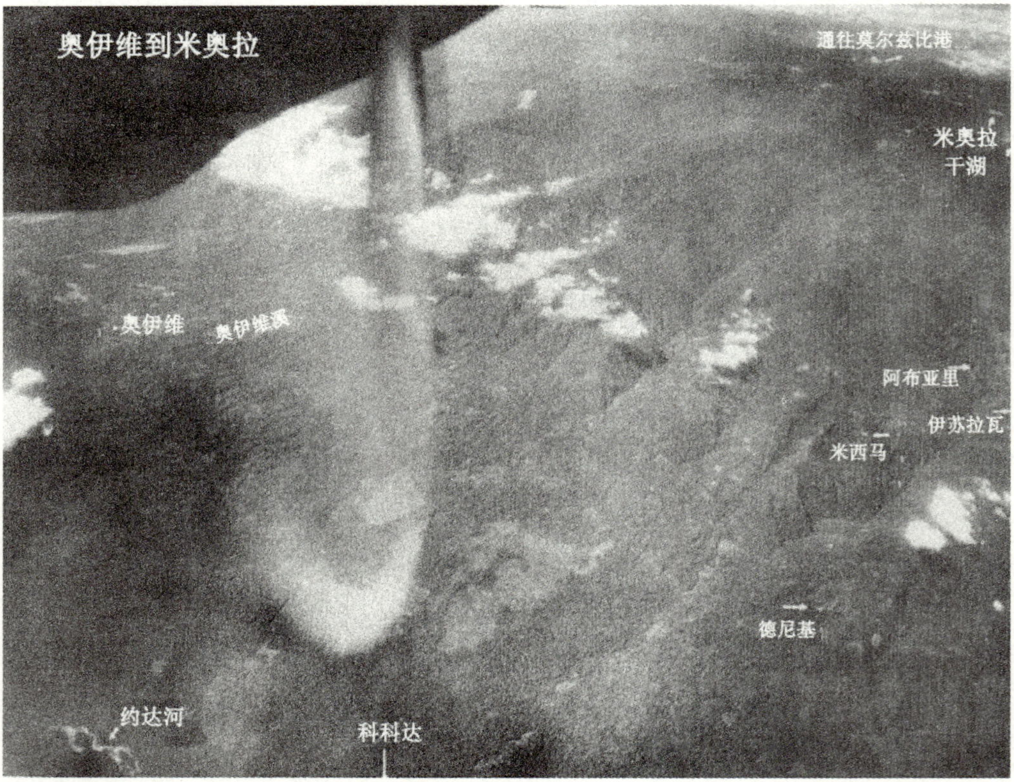

■奥伊维—米奥拉地区的航空照片。

队将占据科科达山口东面8公里的奥伊维高地。41联队主力全面配备在奥伊维阵地，小岩井大队预定守卫右翼的一线阵地。”

小岩井随即率部在14点到达奥伊维阵地，和联队主力会合。堀井少将的支队司令部当时就驻守在奥伊维阵地后方8公里的伊利莫。拉包尔的日军第17军司令部给堀井的命令是让他尽快将部队撤退到库姆西河西岸的帕帕吉地区。10月28日，堀井少将接到新任17军参谋长宫崎周一少将的这份电报，再次陷入两难境地。虽然缺乏更多史料，不能肯定这就是堀井决定在奥伊维打一场阻击战的直接原因，但与其让南海支队的两个主力步兵联队余部都龟缩在库姆西河西岸的狭小地区，还不如凭借奥伊维高地的地利打防御战，对战术造诣相当深厚的堀井来说，是顺理成章的选择。可以肯定的是，堀井早已让第41联队长矢泽清美大佐进行准备。10月下旬开始，矢泽驻扎在索普塔的联队本部，及第6和第8中队，驻守戈纳和巴萨布亚之间的第1大队，就陆续在奥伊维集结。

矢泽大佐以第1和第2大队分别把守前沿阵地左右两翼。重新集结大队全部兵力的小岩井将第7、第5、第6和第8中队，共4个中队从右到左依次排开，而他们的阵地左翼是一片密林。

144联队按照计划应当在库姆西河西岸的帕帕吉集结，问题在于塚本代联队长的联队指挥部有一段时间和支队司令部失去联系，结果他亲自指挥的第1大队位置比41联队还靠前，反而位于日军最前沿。

30日13点前后，确定日军退往远处后，澳军2/1营进入阿罗拉，随后该营先头部队马不停蹄一路前往伊苏拉瓦。同时2/2营先遣连从阿罗拉山路右侧进发，扫荡当地山区的另一侧，以保证控制住越过爱奥拉溪的桥梁（8月30日夜间，澳军21旅败退时，该旅2/16营萨布雷特连就从这里摸黑撤退）。越过这座桥，山路攀上陡峭的深谷东岸，随后经阿布亚里瀑布下方，通往米西马、凯莱、西加、费拉和皮里维等地，再与奥伊维以西和科科达以东的主山道交会，而主山道从科科达山口向东一直延伸到巴布亚东北岸。当晚，2/1营已进入伊苏拉瓦主阵地，在当地前方巡逻。2/2营主力则在阿罗拉地区宿营，澳军士兵都抱怨当地不仅“没有卫生条件可言，而且老鼠肆虐”。2/3营宿营地就在阿罗拉兵营附近；25旅2/31营则在这两个营后方。

25旅的另两个营在溪流西岸远方又经过一番苦难行军。29日，2/25营翻山时遇到了不少被茂密植被覆盖的陡坡，行军第一阶段，花了超过两小时的时间，只推进了600码而已。晚上，他们就只能在寒冷潮湿的山峰上，一堆滴水的苔藓间宿营。跟随他们的2/33营到达坦普尔顿山口后，很快被告知，让他们在爱奥拉溪西边的道路进行大扫荡，以防日军向阿罗拉周围地区渗透。30日傍晚，马森中校的2/25营接到命令，让他们沿日军从爱奥拉溪谷撤退的路线，抄捷径尽快前往阿罗拉。而布特罗斯的2/33营仍在群山之间寻找能继续向东推进的道路。

从31日7点开始，盟军航空兵已能在阿罗拉空投补给。但阿罗拉的小型空投场位于一道山岭上，容量有限，空投的补给分摊下去立即被稀释了，许多饥肠辘辘的士兵望着那点可怜的食品都十分失望。稍后，连饭都没吃饱的16旅又开始全面大举出动，2/2营和2/3营依次沿道路右侧岔路推进。13点前后，25旅2/31营来到伊苏拉瓦替换2/1营，该营遂取道前往米西马。

夜幕降临后，2/31营后续部队仍在阿罗拉到伊苏拉瓦之间的道路上前进。在他们后方的第3营各连接管阿罗拉空投场。前一天晚上，新任师长瓦西少将已经在空投场附近设立了前敌指挥所。

全师左翼的2/25营和2/33营仍在与地形和饥饿苦斗。疾病和疲劳折磨着他们，山间的严寒和潮湿加剧着这种折磨，本就不多的食物无法加热，也补充不了多少能量，至于

■巴布亚土著民夫和澳军官兵在科科达山路的一个休息站稍歇片刻。

腹泻和恙虫病早成了家常便饭。这一切大大影响了速度，晚上宿营时，他们发现从昨天的宿营地只前进了大约1英里。

尽管左翼推进缓慢，瓦西将军仍不愿减慢右翼的速度。11月1日，他命令劳伊德不要理会德尼基地区的阵地，率领他的16旅直接向科科达快速推进。

和25旅的那两个营相比，16旅11月1日过了一天好日子。前一天晚上，他们少有地能在山上吃一顿热饭，身心两方面都备受鼓舞。天公作美，这一天的道路也比以前干爽多了，便于行动。这天行军经过的山谷宽敞平坦，令他们饱受折磨的群山暂时被甩在身后。所有人都心情舒畅，就连土著民夫都有余暇在在路边采摘黄色的野花插在自己头上，战士们看在眼里乐不可支，平添了几许欢快气氛。

补给的跟进速度并没能加快，这天白天，战士们吃到的东西很少，但分到了一些香烟，这可是难得的奢侈品。暖洋洋的阳光洒在背上，居然让他们暂时忘了饥饿。16旅真得非常走运，很快干粮就及时送到，而且他们还在一片原始菜园里发现了大量蔬菜。西葫芦、甘薯、山药和芋头让战士们好好改善了一回，这可是他们进山以来第一次能够吃到新鲜蔬菜。

这天夜里，2/2营就在米西马村附近宿营，科科达山口的台地遥遥在望，这地方开遍野花，和以前的宿营地相比，环境好多了。2/3营越过米西马，各连沿凯莱到费拉之间的道路宿营。

西路25旅也在向16旅靠拢。2/31营仍沿着主山道前进，其他两个营好不容易结束了艰难的环山行军，2/25营到达阿罗拉和德尼基之间的位置，2/33营抵达阿罗拉。

11月2日，东路的16旅2/3营推进到科巴拉，在当地的一片开阔草地准备空投场。该营的一个巡逻队前出到皮里维侦察。不多时，全旅都已在科巴拉地区安营，昨天下肚的热食已经消化殆尽，大家都饥肠辘辘地等候食品给养到位，不过第二天航空兵空投前，他们只能靠身边不多的补给充饥。幸好附近的原始菜园还有不少蔬菜可以挖掘，大家从那里收集甘薯、番木瓜、甜土豆、芋头和黄瓜等等一切可以果腹的东西，和手边少量的干粮一起充当晚餐。好在从西加开始，已进入地势相对平缓的谷地，尽管补给还不能及时到位，战士们仍不免又累又饿，但至少不会像在山里那样苦不堪言。

西路的25旅传来好消息，2/31营这天一大早就派出几个巡逻队出去侦察。布莱克中尉的一个巡逻队小心翼翼进入科科达山口的台地，发现那里空无一人，从营地留下的痕迹来看，日军已经撤走两天了。没有预料中的激战，澳军就这样顺利收复科科达。11点30分，2/31营主力大举进入科科达台地，15点前后已在当地进行了严密部署，确保万无一失。16点，旅长艾泽尔准将带领旅前方指挥所来到科科达台地，另两个营也在向这里靠拢。工兵勘察简易机场后，认为过两天，

■爱奥拉溪一角，右边是一个小瀑布，左边是一座浮桥。

■1942年11月的德尼基村盟军兵站。

机场就能重新供飞机起降，而空投从3日黎明就能开始进行。

瓦西将军的新命令很快下达。劳伊德的16旅准备向威洛皮进发，从4日中午起，负责奥伊维南北轴线以东区域的战斗任务。瓦西注意到16旅行军时兵力稍嫌分散，特别在电文中指出尽管需要抓紧时间，但不要仓促行动。现在16旅旅部和2/1营位置过于落后，希望他们加速向前方靠拢，使16旅能以全旅兵力向奥伊维推进。

瓦西急于让16旅集中兵力行动事出有因，当时盟军的空中侦察报告显示，2艘日军驱逐舰和2艘运输舰出现在布纳外海。

11月3日，劳伊德差点为执行瓦西的命令而付出代价。这天早晨，科巴拉的空投已经开始（物资的补充比例一如往常不能令人满意）。13点整，2/2营携带够食用3天的牛肉罐头和干粮先行出发。他们的先遣连沿主干道大约推进到离皮里维岔路和主干道交叉点1000码的方位，营长埃德加中校下令暂停前进，等待电话线等后续物资到位。瓦西将军为敦促部队严格贯彻执行他的命令，将他的高参克罗尼·斯普利上校也派到16旅前线督战。劳伊德和斯普利两人一同带领一个小组去前方侦察。谁知他们刚到前线，就听见一阵爆豆般的机枪扫射声，紧接着又是一排密集的步枪子弹打来。枪声惊动了埃德加中校，赶紧让费厄布拉泽和弗格森连各调一个排去左右两翼勘察。他们发现，开枪的是日军的小股部队。好在这次只是日军塚本部队

■1942年11月初，澳军收复科科达之后，重新升起澳大利亚国旗。

的火力侦察，没有造成任何伤亡。

天已经快黑了，2/2营和在道路两侧驻防的日军144联队第1大队遭遇，弗格森和费厄布拉泽连的两排巡逻队分居左右，和日军发生接触。弗格森连布莱克威尔上士率领的一个排撞上了日军的防御强点，交火时两人负伤，他们带回了重要情报，能供埃德加中校制定次日的作战计划。

与此同时，进驻科科达台地的25旅正在紧张工作。当地的空投场早上8点已投入使用，但大量补给物资都落在简易机场跑道上，使机场维修工作不得不中断。尽管受到干扰，负责维修的2/6野炮连还是尽可能快地重新开始工作。25旅后续部队当天陆续到位。午后，瓦西将军就在艾泽尔的旅部门外进行了简短仪式，重新升起了澳大利亚国旗。

4日上午，2/2营的战士们小心翼翼地向昨天布莱克威尔曾遭遇日军的地点摸去，但塚本昨晚11点已率部后撤。随后费厄布拉泽上尉继续率部前进了大约1000米，再次发现日军的身影，这次澳军抢先开了枪。继续推进800多米后，13点30分，日军的轻重机枪火力和一门山炮的炮弹如雨点般落在该连周围。布尔克中尉的先头排被这道火线挡住了去路。费厄布拉泽上尉抽调一个加强排的兵力，亲自带队从连主力侧翼迂回，穿插到日军阵地后方。17点，费厄布拉泽的直属加强排成功切断了日军后路，但塚本中佐还是在他们封锁道路前，率部溜之大吉。从日军撤退路径留下的泥印来看，他们确实拖着一门山炮一起行动。

与此同时，2/3营留在2/2营后方支援，2/1营当天上午刚接到一批新空投的补给品，随后将开始一次新的行动。原来空投场附近发现了一条小路，这条小路和奥伊维主干道几乎平行，可以直接通向东方。而在格拉里南面，小路又分出另一条斜路，向北与主干道在格拉里村交会。沿小路继续东进不远，另有两条向北延伸的斜路，在伊利莫地区和格拉里延伸而来的主干道交会。这三条斜路的长度基本在1到2英里之间。

16点前后，库伦中校率领2/1营沿着这条新发现的小路一路东进。但他们一开始走错了方向，两个多小时后，发现自己反而从起点退后了几百码。天色已黑，他们只得先宿营。配属16旅的第3营已经接管了科巴拉的空投场。不过他们被告知，这天以后，航空兵不会继续在这里空投，以后所有部队都会从科科达台地的空投场得到补给。

科科达台地的补给基地正在紧张建设。9点45分，第一架“道格拉斯”式运输机已经在机场着陆，当天另有几架装载食品、衣物和医疗用品的飞机陆续到达。第一批运到科科达的巧克力和面包很快分发到澳军战士们手中。饥肠辘辘的澳军士兵很快把巧克力哄抢一空，就着面包大嚼起来，这是他们多少日子以来第一次能吃到甜食，那种香甜的滋味真是一辈子都忘不了。中午开始，2/4野战医疗队设立的大型急救站已经开始运

■正在赶赴前线的澳军2/4医疗队官兵和巴布亚土著民夫。

作，自从开战以来，澳军在出现伤亡后，总算有条件得到相对完备和舒适的照料，重伤号在这个急救站经过紧急处理，还能乘飞机直接回莫尔兹比港的医院救治。

尽管这个大型急救站将会起到很大作用，但对米奥拉的2/6野战救护队分队几乎毫无帮助。11月1日，钱霍尔中校的这个救护分队合计需要照料438名伤病员，已经严重超负荷，迫切需要减轻负担。10月底，2/6野炮连已经在米奥拉修建了简易机场，以后几天，几架“史汀生”式小型救护飞机陆续在机场降落。11月3日上午，好歹让第4名重伤员飞离米奥拉，今后几天也能安排其他几名重伤员飞往莫尔兹比救治。7日，美军航空兵中尉罗纳德·诺特斯坦驾驶一架运输机成功在米奥拉简易机场降落，令澳军医护人员和伤病员欢欣鼓舞。

尽管如此，一周之内，总共也只能空运40名伤病员离开米奥拉山区。钱霍尔再也无法承受，成天发牢骚。第7师军医主任金斯利·诺里斯上校无奈之下在自己的报告中对盟军高层一直都没有为部队配备足够的专职医疗救护飞机表达了强烈不满。

但新几内亚部队医疗副总监约翰斯顿准将对此另有说法。他认为，新几内亚部队司令部并非不想多安排飞机从前线运送伤病员，但具体操作的实际困难迫使他们不能增加空运量。如米奥拉机场那样的山区简易机场条件十分有限，尽管能同时让两架飞机降落，保证不出事故，但高级航空兵军官，包

■1942年11月，在莫尔兹比港降落的美军医用飞机。

括新几内亚美军航空兵司令怀特海德准将根据飞行员的报告都无法放心，拒绝派更多飞机在山区执行任务。虽然前线医务军官反复强调如果有足够的飞机，伤病员就能尽快离开山区，被送往莫尔兹比港条件良好的医院得到更好的救治，然而盟军现有的飞机如果在山区机场频繁起降，很难保证不出事故。盟军航空队普遍反映，现有的飞机机型在山区起降困难重重。事实上，一架“史汀生”单引擎飞机和一架3引擎“福特”式飞机在米奥拉降落时都发生坠毁事故。另外还有3架飞机在其他地方失事。在这种情况下，盟军航空队对继续派飞机运送伤病员不得不慎之又慎。

而科科达机场和大型急救站对米奥拉和山区其他地方的伤病员运输和处理事宜完全

无能为力，进驻科科达的25旅因为即将来临的战斗，不想也不可能保卫所有的澳军占领区。不出所料，艾泽尔准将很快接到命令，让他部下各营准备7日上午出动，接替16旅继续前进。

从5日开始，16旅才正式进入奥伊维外围日军阵地。7点30分，2/2营营长埃德加中校命令部队继续前进。根据埃德加的部署，一旦前锋连遭遇日军抵抗，即开始构筑前沿阵地，局部包围日军。第二阵的连队得知战况，自动配合前锋连进一步包围日军，抽出一个排，设法迂回到日军背后，将他们的退路截断。

2/2营前锋弗格森连沿主山道向奥伊维前方推进了1200米，宫本菊松少佐的41联队第1大队等候多时，道路两侧的高地同时有日军向澳军开火。弗格森连按原定计划行事，第2阵的布洛克连也开始向右翼纵深机动。然而弗格森的前锋排在日军的破坏性火力打击下，无力前进，只得在道路上固守。布莱克威尔上士的一个排越过前锋排右翼的灌木丛，试图迂回包抄，结果发现他们前方50码已被日军火力线覆盖，布莱克威尔上士本人也在激战中阵亡。副连长麦克·摩尔中尉率领第三个排从左翼迂回进攻，进展甚微。

从弗格森连遭遇的日军火力密度判断，他们正好撞上日军在奥伊维的防御主阵地。坐落在橡胶园中的奥伊维村已经隐约可见，澳军离那里最多不过1英里，但日军据守的

■澳军士兵在奥伊维附近的科科达－威洛皮泥泞山路上行军。

高地完全控制了通往村落的道路，让他们无法接近。澳军东进道路两侧高地有不少岔路可通向西方，半山腰上的树木绵延而下，一直覆盖到山脚。日军从山上的高地很容易观察到东进的澳军，而除非开火，澳军不易发觉日军踪迹。交战不久，澳军就发现日军的防御布置极佳，轻重机枪组成的多道十字火线将澳军的行进路线完全封锁，狙击手镇守防御阵地的各个要点，迫击炮火和一到两门山炮为步兵提供重火力支援。

摩尔中尉向连长告急，他的左右两翼压力很大。营长埃德加中校得知前锋连情况不妙，派费厄布拉泽连去支援。10点30分，旅长将2/3营的戈尔连和沃克连派到前线，配属埃德加指挥。埃德加第一时间就把这两个连全部派到前锋连左翼阵地，支援摩尔的一个排，同时替换弗格森连受损严重的几个作战单位，当然最主要的任务是尽快占领道路两翼高地。

又过了一段时间，第二阵的布洛克连依然没有传回任何消息。布洛克没有通信设备，现在只能依赖通讯员人工传递信息。埃德加派出本营最后一个步兵连布莱梅连进攻日军据守的右翼高地。布莱梅连从一条支路顽强逆势而上，顶住了日军火力，夺取了一些阵地，但随后日军的火力风暴更趋猛烈，布莱梅只得命令他的部下先挖掘壕沟防御。不多时，布洛克上尉率部回到主干道，向营长报告，日军阵地太宽，他无法迂回渗透。埃德加也不多说，索性派他去右翼支援布莱梅连。布莱梅面对日军的凶猛火力反扑，不得不将战线延长，布洛克连赶到后，正好处于一个易受攻击的开阔地。在友军支援下，布洛克的部队迎难而上，试图在日军的重机枪和迫击炮火力打击下，利用自己的火力在日军阵中打开缺口。但面临日军的坚决抵抗，布洛克进展缓慢。后来，埃德加中校命令他先退后和布莱梅连会合，就地固守。

埃德加推进受阻，只得继续抽调赫奇森2/3营余部。傍晚，埃德加让赫奇森把他余下的莱萨特和富尔顿这两个步兵连派往布洛克连右翼，迂回包抄日军阵地，试图从山路后方抄截日军退路。但在日军的重机枪和迫击炮火力打击下，这两个连都很不顺利，损失逐步增大。

天黑后，2/2营和2/3营都挖掘散兵坑和战壕过夜，一线部队距敌人不过50码。第3营天黑前已从科科达赶来，在16旅的两个营后方道路布置环形防御阵地，该营的一个连位置相对靠前，除保护劳伊德的旅部外，同时为16旅的两个营提供纵深保护。

这一晚，双方几乎都无法入睡，尽管连日的疲劳和糟糕的地形使得澳日两军都没有心思发动夜袭，但强敌在侧，提心吊胆，根本睡不着。

第二天一早，道路右侧的2/3营莱萨特连派出的巡逻队出发没多久就损失了7人。同营富尔顿连派出的巡逻队情况也好不了多少。上午的侦察行动没能找出日军的破绽，下午只有继续强攻。富尔顿连上午开始就在两翼行动。14点整，他们连和莱萨特连准时发动进攻。残酷的战斗令莱萨特连举步维艰，完全被日军火力钉在阵地上。富尔顿连虽然也面临极大困难，好歹还是成功推进到半山腰，拔掉了一个日军重机枪阵地。但在他们巩固阵地以前，日军更凶猛的火力直接将他们逼得退下山去。

眼看经过连续战斗，被严重削弱的富尔顿连已无法顶住日军反攻，2/3营的阵地岌岌可危。代营长赫奇森少校心急如焚：吃不掉鬼子，自己的阵地都快撑不住了，我要怎样向旅长交待啊！

危急关头，一队澳军及时赶到。赫奇森定睛一看，原来是从后方顶上来的营防空排。排长霍蒂诺特中尉走到代营长身边，气也没喘上一口，就说道："少校，没有你的命令，我就带着弟兄们冲上来了，该怎么处分都没二话。"赫奇森重重锤了他一拳："看在上帝分儿上，你来得太及时了！"由于防空排的奋战，2/3营主阵地转危为安。

日军对2/2营各连与莱萨特连的反攻力度最猛，战斗进行得异常惨烈。得到前线急报，第3营的阿特金森连和杰弗里连奉命赶到前线，归赫奇森少校统一指挥。赫奇森的阵地本已被日军严重削弱，两个连的生力军及时赶到，着实帮了大忙。得到加强的赫奇森营组成了一道防线，尽管整个下午，日军都嚎叫着对他们发起冲击，终究没能再前进一步。澳军终于将日军的反攻全部顶了回去，趁天还没黑，他们抓紧时间占领了一些阵地，不过总的来说，这一天进展并不大。

16旅左翼各部这天的战斗不如右翼激烈，进展更顺利一些。沃克连固守阵地，与日军保持接触，戈尔连向侧翼迂回搜索敌踪。尽管戈尔能听见日军挖掘防御工事的动静，但无法确定他们最右翼的具体位置。上级得报，让戈尔连先行后退，和沃克连一起保护全旅左翼。

傍晚，旅长劳伊德准将接到当天的伤亡报告，16旅本部两个营合计13死34伤，配属的第3营1死3伤。

6日夜晚平静无事，紧张了两天一夜的两军士兵总算可以睡个囫囵觉。10月7日，为突破奥伊维外围阵地的僵局，澳军发动全面进攻。9点以后，山路右翼的澳军再度对高地发起冲锋。莱萨特连和3营杰弗里连从正面推进，富尔顿连和3营的阿特金森连在右翼组成十字火力线推进，埃德加中校的2/2营部队从左翼冲击日军前沿阵地。

澳军漫山遍野冲杀上来，日军沉着应对，充分发挥地利优势，用交叉火力线迫击炮弹将澳军逼退。澳军的行动并不顺利，莱萨特连一共伤亡了13人，仍毫无所获。

莱萨特上尉虽然心疼自己的部下，但他别无选择，只有督促刚刚死里逃生的一个班继续顶上去："我知道现在没有炮火支援，大家都打得很艰苦，但现在别无选择，记住尽量避开敌人的机枪火力线，继续给我冲！""长官！"班长用已经哑了的嗓子回应道，"没炮弹不要紧，但我们连子弹都快没有了！”莱萨特无言以对，没子弹这仗还怎么打。

就在这个时候，山头高地上突然出现炮弹爆炸引起的硝烟。莱萨特一拍大腿：“是我们的迫击炮，弹药送来了。大家赶快准备。”关键时刻，科科达送来了大批弹药，包括急需的迫击炮弹，澳军终于可以对抗日军的重火力了。但由于日军阵地多被树木和其他植被覆盖，很难看清炮击效果。能肯定的就是在日军阵地爆炸的澳军迫击炮弹一定会引来日军的凶猛报复性火力。攻守双方都在茂密的灌木丛中寻觅对方的踪影，用子弹相互招呼应酬。

迂回格拉里

胶着的战况让新任师长瓦西少将坐立不安，希望能够另想办法，速战速决。日军在奥伊维外围早已有备，16旅主力迟迟无法打破他们的阵地，那么另一路的2/1营是否能从南面打开局面呢？

11月4日，库伦中校的2/1营就沿着与奥伊维山路平行的那条小路推进，目标直指奥伊维东面的南海支队司令部驻地伊利莫，经过开始的艰难路程，从5日开始，取得了进展。2/1营早上7点30分出发，一路穿过村落和土著园地，路过森盖村时，发现了五具数周前丧命的澳军士兵尸体。从遗留的痕迹来看，他们一开始因伤躺在担架上，很可能掉队时遭到日军袭击。下午，澳军在路上发现日军侦察巡逻队的痕迹，除了脚印和香烟壳外，还有一支没有燃尽的火把，看上去这队日军正在返回他们的基地。大约17点，澳军来到一处路口，这里有一条斜路向北延伸，会一直通往格拉里。库伦营长让A连代连长莱尼中尉派他的一个排沿着这条斜路巡逻，搜索日军侦察队的踪迹。这个排在一间旧营房里发现了三名日军士兵，经过激烈的短暂交火，日军不敌逃走。其中两名日军士兵受了重伤，一路鲜血淋漓，逃走时武器装备全被丢弃。经过这个小插曲，2/1营就地安营过夜。

6日早晨，库伦留下莱尼连留守路口（后来这个路口就被澳军称为“莱尼拐角”），确保侧翼和后方的安全，同时在当地修建一个小型补给基地。分别前，库伦告诫莱尼，除非日军大举进犯，否则不要和可能遇上的小股日军多纠缠。营主力的目标仍为伊利莫，但这一天遇上了不少需要跋涉而过的溪流，推进速度慢了下来。12点30分，他们遇上一道湍急的宽阔溪流，无法徒涉而过，只有就地取材，扎木筏过溪。与此同时，还有一些战士在溪流上修建木桥，保障补给线能够畅通。就在溪流另一边，一条向北延伸的斜路，就通往他们的目标伊利莫。但他们从当地土著人获得的情报有误，并不知道这就是通往伊利莫的路。于是库伦继续率部东进，后来补给线越拉越长，事先估计能延伸到伊利莫的电话线居然不够用了，这才明显发现不对。

地图三十三　10月31日至11月8日的奥伊维—格拉里战况

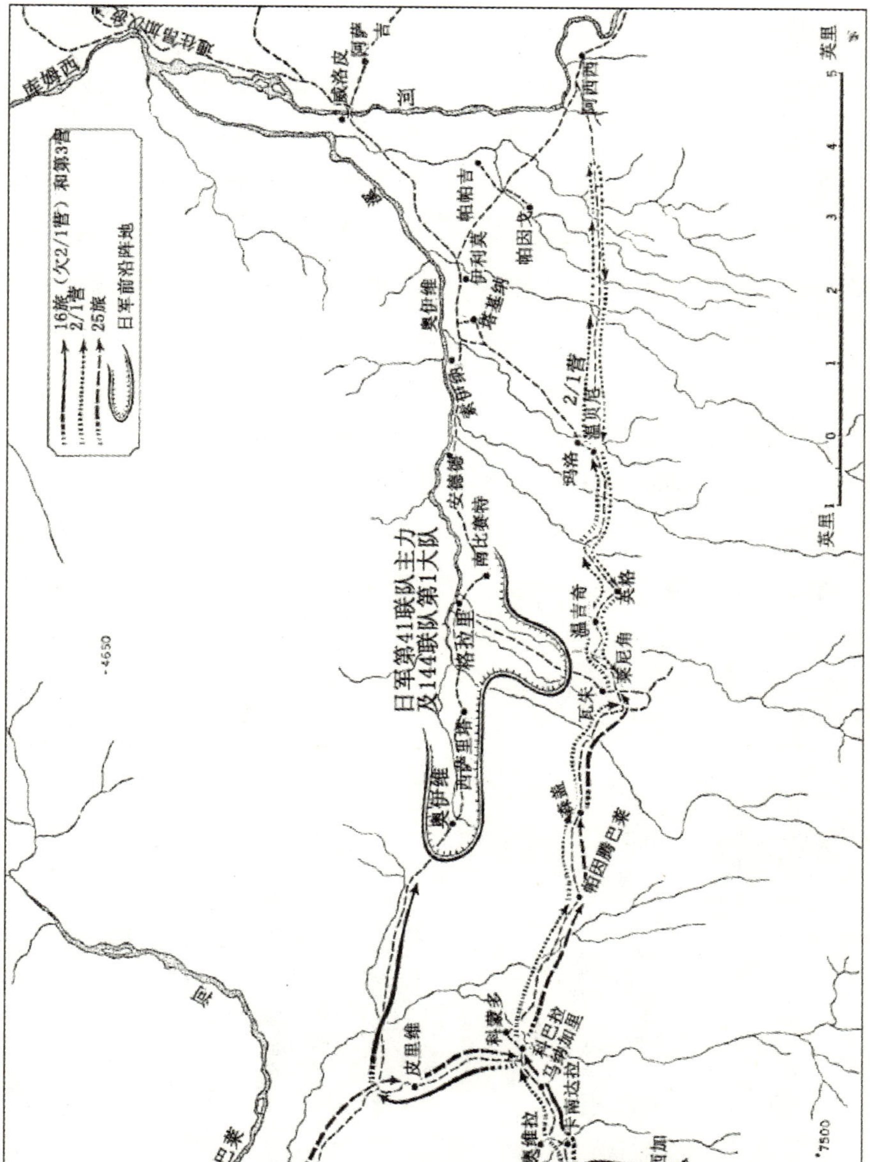

11月7日，2/1营主力转身向莱尼角后退。晚上，主力部队就在莱尼角东边宿营，库伦中校和考克斯上尉一同回到莱尼角，和莱尼中尉见面。莱尼将他刚得知的旅长在奥伊维前线的困境向库伦讲述了一遍。由于不知通往伊利莫的正确路径，库伦中校计划从8日起，由莱尼角进攻格拉里。次日上午，就在部队准备出发时，库伦得知25旅距这里只有不到1小时的路程，连忙先去与艾泽尔准将见面。

澳军在科科达建立了稳固基地后，大批咸牛肉和其他各种食品都能由大型运输机运到那里：干土豆、肉类、菜干、烤豌豆、听装水果、香肠、听装蔬菜、果酱、黄油和糖果等，应有尽有。刚看到这些好东西，澳军士兵急不可待地塞进嘴里，然而他们多日都没吃饱的肠胃一时经受不起，许多人反起胃来，干呕恶心，忙不迭又把这些美食扔到一边。

科科达基地完工后，瓦西少将已无后顾之忧，开始考虑是否采取更大胆的行动，打破日军阻击线。11月6日早晨，劳伊德准将汇报了16旅目前的形势：据估计，日军在奥伊维的阵地已向村落周围延伸了约3英里，也许在格拉里也建立了纵深阵地，可能会和在那个方向行动的2/1营发生接触；奥伊维一带的日军至少有2个大队，也许有3个（如果算上最初遭遇的塚本大队，确实是3个）；2/2营和2/3营已全部投入战斗，第3营的一半兵力也正准备投入战斗；这样一来在奥伊维和科科达之间的16旅预备队只有第3营剩余的约300人而已。

■1942年11月，在科科达机场合影留念的一个盟军后勤小组，后方是一架C47运输机。

瓦西了解情况后，在大约18点决定，愿意冒前线几乎没有预备队可用的风险，将25旅同时投入战斗。16旅的任务是继续对奥伊维日军阵地施压，在形势明朗以前，坚持和日军对峙；25旅的任务是在伊利莫附近取得一个横跨科科达－布纳山路的阵地，进而夺取伊利莫和奥伊维之间的地区，并且建立库姆西河桥头堡。25旅为完成迂回夺取日军后方阵地的任务，将沿2/1营打开的主干道下方的平行道路前进。25旅和2/1营取得联系后，该营暂时配属25旅旅长艾泽尔指挥。

接到命令的艾泽尔命令升任2/31营营长不久的J.米勒中校率部进发，务必在11月8日占领格拉里。与此同时，布特罗斯的2/33营和马森的2/25营也从奥伊维的16旅主阵地后方向科巴拉小路推进。艾泽尔计划用库伦的2/1营拿下伊利莫，在那里准备一个空投场，再派出若干巡逻队在威洛皮以西和格拉里以东地区加强搜索。

11月7日，25旅从科科达快速向科巴拉推进。对患了腹泻的澳军士兵来说，这种急行军的负担可不轻，好在还是挺住了。晚上，他们就在2/1营莱尼角以西不远的地方设立环形阵地宿营。

8日上午，米勒的2/31营继续向莱尼角附近推进，路上正好和来访的库伦中校碰面。米勒告诉库伦，25旅的生力军很快会向北进攻格拉里。随后米勒率部越过莱尼角，一路沿那条斜路向格拉里前进。

11点50分，米勒安排赫莱尔上尉的一个连去右翼大范围包抄。进攻很快开始，2/31营的机枪和迫击炮向格拉里的日军怒吼。40分钟后，比兹利上尉率本连紧靠斜路右侧发起一波冲锋，很快和核心阵地的守军交锋。比兹利缠住了正面的日军，索恩上尉率本连趁势迂回敌军左翼，遭遇的抵抗相对较轻。与此同时，正在右翼大范围包抄的赫莱尔连面前的日军阵地大约300码宽，由于正面过宽，这个连无法照应两翼照应，人员去向也难以把握。在全营左翼，厄普彻上尉的一个连维持着道路轴线。

15点前后，2/25营赶到，随后向右翼迂回，将突破方向选在格拉里村和2/31营面对的日军阵地之间。傍晚，2/25营开始占据他们的预期阵地。9日，随后赶到的2/33营如法泡制，进行和2/25营类似的迂回行动，但范围更宽一些，目标是切断格拉里附近的奥伊维－伊利莫主干道。

天黑后，25旅的大胆攻势收效良好，完成了一次堪称“作战教科书”式的钳形战术运动。但成功的代价并不小，尤其是正面进攻的2/31营，各自为战的几个连合计损失28人，其中7人阵亡。

在这个新阶段，奥伊维前线的战况仍没有显著变化。从开始试图穿过群山到11月7日夜间为止，16旅共118人阵亡，1人失踪和267人负伤，合计战斗减员386人。此外，疾病还造成了很高的非战斗减员。由于战斗人员数量锐减，体力不支，他们已无法对奥伊维的日军坚固阵地发动一次决定性的打击。

8日黎明过后，2/2营的迫击炮打响了。日军对澳军迫击炮火的回应是更猛烈和密集的迫击炮和山炮炮火。2/2营不仅必须承受凶猛的炮火，更郁闷的是，早晨以后，他们无法用更猛烈的炮火回击。瓦西将军的师部很快告诉他们，空运到科科达的迫击炮弹数量一直低于预期，他们只有尽可能控制已配发炮弹的使用量。因此，直到16点30分前后，他们总共只能发射25发迫击炮弹，充其量只能骚扰日军而已。

8点，劳伊德准将就告诉前线各营连指挥官，空中支援正在赶来。两小时后，美军的低空战斗机就到达奥伊维－格拉里山路上空进行机枪扫射，投下80枚20磅炸弹，试图削弱日军防线。在爱奥拉溪谷的战斗中，澳军就曾得到美军的航空支援，当时就不无讽刺地评价道："美军飞机对我们的威胁比对日本人还大。"而这一次，美机实实在在帮了澳军一把，炸弹尽可能准确地轰炸了日军阵地，随后对奥伊维村进行了扫射。但日军阵地挖掘和布置得非常好，澳军不得不怀疑这种空中支援是否有效，但这次至少没有再误伤澳军。

空袭过后，澳军和日军一直处于小规模突击和反突击的拉锯战。在双方相对谨慎的交火阶段，有时澳军会被突然出现的日军狙击手放倒。这些大胆的狙击手昨晚趁夜色匍匐到澳军阵地隐蔽，到天亮，就开始在极近射程内放倒他们能锁定的目标。等澳军发现自己被狙击，也奈何他们不得，几乎被骚扰了一整天。这一天，第3营共7死5伤，几乎都是日军狙击手的杰作。

倾盆大雨几乎又下了一夜。第二天，25旅继续进攻格拉里。经过一番犀利的火力往来，2/31营的赫莱尔连报告，日军已经沿山路向东北方撤退。航空队的飞机大胆低空飞行，对2/31营阵地前方实施轰炸和机枪扫射。在空中火力掩护下，厄普彻上尉率领他的一个连冲进路边的一座小村庄。当天中午，2/31营的这一轮攻势告一段落，赫莱尔连，索恩连和比兹利连在主干道两侧从右到左排开阵势，厄普彻连和E.索恩少校的营直属连充当预备队。在他们前方是道路上日军精心设置的屏障。日军用藤蔓结成了路障，并且用火力点覆盖了在路障周围。2/31营又开始掘壕与日军对峙。这一天，该营9死9伤。

2/31营遭到日军有力阻击，眼见正面难以突破，便开始设法迂回和占据日军的后方阵地，以便2/25营对日军发动进攻。9点30分，2/25营开始对日军施压。奥格拉蒂、巴特勒和科隆比率领各连来到前线，统一行动。尽管他们夺取了被日军纵射机枪火力覆盖，有路障保护，构筑坚固工事的阵地，但日军在当天一共发动了两次激烈反击，双方伤亡惨烈。天黑前，2/25营出动全部4个连再度进攻，但日军顽固的防线又一次顶住了这轮攻击。马森中校的这个营14死23伤，达到开战以来单日伤亡最高峰。

这一天25旅除2/25营和2/31营外，2/33营和2/1营也在进行更大规模的行动。早上7点，布特罗斯中校的2/33营就离开宿营地，很快和2/31营取得联系，随后迂回该营和2/25营两部更北面的日军阵地，切断通往格拉里的主干道。10点20分，布特罗斯营已经在2/25营北方的道路两旁布置完毕。随后，他们开始向北面的格拉里村进发。

克劳斯的先锋连和路旁日军的一个小

型巡逻队遭遇，很快将他们解决。但又走了不多一会儿，就遇到了一个工事坚固，设防严密的阵地，似乎在守护一个临时军火库或者指挥部。澳军认为，这个地区可能控制着格拉里斜路和科科达－奥伊维－格拉里－伊利莫主干道的岔道口，但顽强的日军使他们一时无法控制这个要地。克劳斯上尉随后率本连迂回日军阵地右翼，开始向他认为有一个日军中队驻守的格拉里村外围阵地进攻。克劳斯连一鼓作气，冲破了日军防线，而且打破了日军在附近一座山岭的防御阵地。尽管这只是一个短暂的成功，但克劳斯还是试图将沿途的日军扫荡干净，占领村庄，使布特罗斯能在村子周围安营过夜。时间已到傍晚，2/1营负责的主干道更东面的伊利莫一带也传来了枪声。

库伦中校尾随2/33营行动，等布特罗斯在进入格拉里周边阵地，库伦继续迂回东进，先占领格拉里到伊利莫的主干道路段。大约傍晚17点，2/1营已通过灌木丛继续东进。然而他们马上遇到一条溪流挡住了北面的通道，而他们已经听见2/33营战斗的枪声。17点45分，2/1营都在溪流沿岸集结完毕，布特罗斯中校送来消息，格拉里的部分守军正沿主干道向东转移，可能会在伊利莫沿线进行阻击。库伦命令部队继续向北前进，莱尼连领头通过灌木丛。18点30分，莱尼首次遇到日军抵抗，但这只是日军小股部队，被他们迅速解决。当2/1营推进到格拉里－伊利莫主干道时，发现他们右边的湍急溪流上有一座桥梁。他们过桥时，日军狙击手和迫击炮组成的十字火线对先头部队莱尼连形成严重威胁。

2/1营主力先进入日军防区的设施查看。日军防区有几座临时营房，看上去像一个指挥部，鼻息间漂浮着药味儿，可能还有类似野战医院的设施。进去一看，有袋装小麦和大米，小桶装的盐水腌李子，包括奎宁、吗啡、红汞、绷带等医药用品。这些东西对澳军也非常有用。

9日晚上，艾泽尔旅由南向北构筑了一条战线。当时25旅的3个营依次在通向格拉里的斜路上向北排开。2/31营位于全旅最南面的阵地，与日军的一个坚固袋形阵地对峙。2/25营在日军阵地后方扼守道路两侧，截断他们向北的退路，使这个日军阵地陷入腹背受敌的困境，并且伺机突破。2/25营更北面是2/33营，该营在这条斜路北端控制了格拉里，而奥伊维方向的日军随时可能会来袭击他们。16旅主力两个营仍在格拉里与日军对峙。2/1营在2/33营东面布置了一个阵地，防备日军从桥东威胁澳军，但他们暂时停止向伊利莫进逼。

很明显，随后两天必然会迎来一场激战。绝望中的日军希望努力杀出澳军已经拉紧的绞索，澳军则一心想集中兵力，将日军全面绞杀。关键在于一旦奥伊维的日军发现他们的主阵地已被澳军前后夹击，必然会在格拉里一带疯狂反扑，到时澳军第2/33营是否抵挡得住。

日军果然集中大量兵力反扑，格拉里周边集结的日军兵力在10日达到顶峰。这天一大早，2/33营巡逻队发现日军的两个中队已经到达澳军阵地以西400码。日军的这次渗透被2/33营打退，但该营B连连长P.L.布林克利阵亡。

下午早些时候，澳军最大威胁的是西北方不远处的日军支援炮火和轻武器的密集火力。后来一股兵力不明的日军再度进犯2/33营阵地，但澳军成功将他们击退。不过澳军又遇到新的威胁，这天他们没能得到任何粮食补给，只得被迫暂时后退，获取紧急口粮。

更东面的2/1营很清楚2/33营面临的压力。一大早，库伦中校就派辛普森上尉率领他的连队向西面一处他认为日军可能迂回2/33营阵地向东包抄的高地移动。但辛普森连当时全部兵力不过50多人，很快和日军大部队发生苦战，一下子损失了16人，只得撤退，在库伦营环形阵地的西北角把守。在这场战斗中，辛普森的副连长怀斯曼中尉证明了自己是个出色的指挥官。这个平时连自己都懒得照顾的男人，在激战中至少两次救援他部下的伤兵。在同一场战斗中，连文书兼通信员沃德二等兵同样为救护战友，努力帮助伤兵，在日军的猛烈交叉火力下，也毫无惧色。

2/1营B连连长卡特恩斯上尉积劳成疾，代连长鲍威尔中尉奉命抢在日军从西面反击之前，先发制人。鲍威尔还在待命，莱尼连已经与日军恶战了一整天，日军在越过溪流的道路附近散落的岩石间隐蔽，双方交火异常酷烈。位于桥右侧的布拉吉斯顿排正处日军火力线打击面中央，三名战士在回应日军火力的时候暴露了位置，被日军狙击火力击毙。在莱尼连阵地南面，是全营环形阵地的最南端，布莱尔连在澳军先锋部队帮助下，正努力试图穿过溪流。澳军在溪流最狭窄的

地图三十四　11月9日夜间的格拉里战况

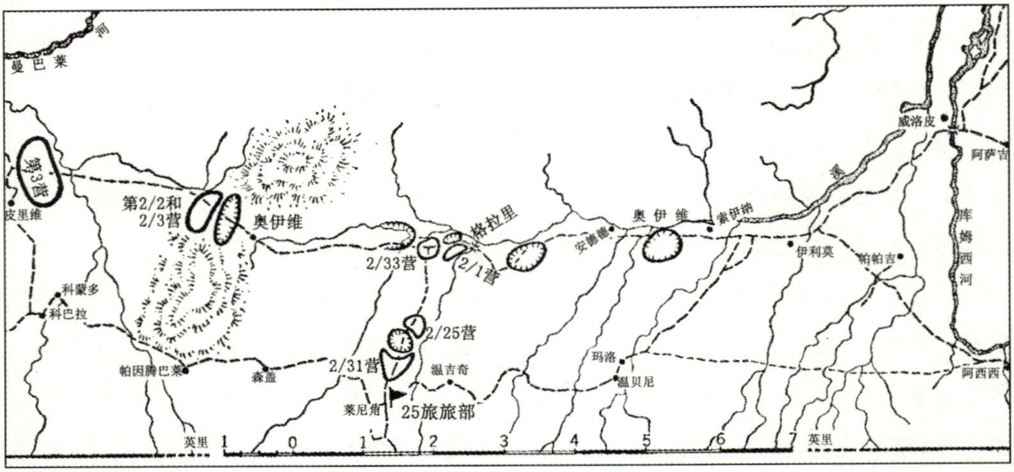

地点架设了三根细圆木，格斯奈尔中尉的一个排一一缓慢地从这座独木浮桥过河。过河后，他们沿溪流北岸运动，大约15点，他们已经击毙了3个日本兵，连里其他两个排正继续从小浮桥过河，为11日的一次进攻作准备。

为准备11日的战斗，2/33营和2/1营以南的2/31营正从那条斜路向北赶来，2/25营也相应向南机动，阻止孤立阵地中的日军妨碍2/31营行动，并且包围这股日军，阻止日军各部取得联系的任何意图。上午，2/25营科隆比连突入道路西面的日军阵地，但日军火力控制了澳军必经的开阔地，一时无法推进。这个时候，2/31营厄普彻连的麦凯中尉带领一个排的兵力从南面来接应科隆比连。厄普彻和科隆比两位连长简短联系后，决定在傍晚协同进攻。但澳军进攻之前，日军就抢先突击。被日军抢得先手，澳军也只有奋力迎战，双方在路边的茅草丛展开一场惨烈的混战。最终，澳军的两个连还是突破了日军外围防线，在日军阻碍他们道路的袋形阵地之间打开了缺口。天黑前，澳军发现他们得在敌军阵地中间宿营了。

艾泽尔准将称这一天他的25旅一共击毙日军150人，而澳军自身的伤亡代价也令他颇为担心。11月8日到10日18点为止，2/25营合计伤亡46人；2/31营战斗减员66人；2/33营伤亡27人；2/1营伤亡27人。

10日，南海支队的防线已经开始崩溃，堀井少将决定全线撤退。41联队将越过库姆西河一条支流的北岸撤退，这样一路上势必都会受到澳军追击，但已经别无选择。当晚10点，和主力失去联系，在格拉里地区陷入苦战的144联队主力决定打破澳军封锁线，随后从伊利莫和帕帕吉之间的地区撤退。这样一来，南海支队的两个联队就将分两路撤退。

10日傍晚，41联队就得到支队长的命令，趁澳军停止进攻的时候，和他们脱离接触，开始撤退。准备撤退时，第55山炮大队第3中队长高木义文中尉接到命令，让他将火炮掩埋，而他的炮兵中队负责协助运送支队司令部的伤员。高木不愿亲手掩埋自己心爱的火炮，亲自跑去支队司令部请求："如果能够送伤员脱险的话，那么就请让我们把火炮也带走。"堀井少将明确拒绝了他的请求，撤退时辎重只会成为累赘。高木没有继续争辩，回到他的中队，召集部下，说明了情况。日本炮兵无声，然而异常心痛地拆散炮车，将火炮掩埋起来。高木脸色惨白，示意大家解散撤退。炮兵们刚走出不远，就听见枪声响起，高木用手枪自戕了。

11日一大早，澳军发现日军正试图突破澳军包围圈逃跑。在格拉里一侧的斜路上，日军144联队竭力突破澳军防线，结果很多人在绝望中被澳军射杀。6点30分，两位营长米勒中校和马森中校再度联合制定行动计划，准备同时从南北两面分别沿斜路攻击，在运动中粉碎这股日军。他们计划尽量避免造成误伤，告诉他们的部下只有在洼地里可以使用自动武器，一旦进入运动战，尽量使用刺刀和手雷，如果开枪不要扫射，而采用单点射。

森林里很快变成杀戮之地。2/31营强行突入他们前方的空地。厄普彻连在左，赫莱尔连在右，另有两个连同时从日军后方猛突。不多时，2/31营已将日军全部歼灭。仅仅在那片小空地上，就横七竖八躺倒了89具日军尸体。澳军缴获日军一门山炮、两挺机枪、大批步枪、文件和大量弹药。这次战斗，澳军代价仅为3死8伤。与此同时，2/25营也从北面向日军发动总攻，一路上共击毙日军54人，代价是4死10伤，缴获了日军的迫击炮、机枪、食物和弹药。澳军终于打破了日军在支路上的这个袋形阵地，米勒和马森的两个营向主干道推进再没有后顾之忧。这一天，2/33营的阵地相对平静，而2/1营正与日军激战。

10日和11日夜间，日军试图闯入2/1营阵地，双方的重火力射击声，手雷的爆炸声几乎一夜未停，拼到了刺刀见红的地步。11日黎明，库伦营长正在等待布莱尔从溪流右岸向东推进，让营里其他各部过溪。11点15分，新晋升少尉的阿姆斯特朗率布莱尔连的尖刀排向日军发起进攻，最终肃清了控制桥梁的这个日军坚固阵地，击毙了19名顽强的日军士兵。布莱尔随后派出两个巡逻队向东在道路南北两侧搜索，一个较大规模的巡逻队由麦克洛伊中尉指挥，另一个由G.麦卡弗·内森中尉和营里的3名突击队员组成。内森走了不到300码，3个部下就损失了2人，只有先回去向连长报告。

麦克洛伊同样遭遇日军有力抵抗。和日军交火后，他也不知道日军虚实，完全倚仗个人勇气，指挥一个排的巡逻队就向日军阵地突击。谢尔文下士带领的一个班试图冲过日军阵地，一路击毙了8个日本兵。谢尔文在战斗中负伤，但依然奋战不退，直到发现他们眼前的日军越来越多，战况越加不利。除了谢尔文本人，他部下已3死2伤，只得怒骂两声，亲自掩护这个班撤退归队。

与此同时，斯托达特下士指挥的另一个班在稍远的左翼也和大队日军发生遭遇战。斯托达特大胆地突击日军右翼，仅以一班不到十人的兵力，一连消灭了18名日军，终于占领了他们的目标阵地。但日军很快就以压倒多数兵力反击，斯托达特一人就三处负伤，只得率部撤退。他们摆脱日军后，发现所有人只有一人安然无恙。

后来麦克洛伊才知道，日军在这一带的兵力足有300人。

13点前后，接到回报的库伦命令他部下各连尽快过桥。鲍威尔连被派往道路北面迂回机动，辛普森上尉带领他的一个连沿道路中轴行动。15点左右，鲍威尔连已经进行了大范围迂回，但仍无法确定日军东面的侧翼阵地位置。而辛普森则在道路上遇到守军顽强阻击。与此同时，2/31营也已到达这一地区。米勒中校和库伦中校商议后，计划在17点30分联合出击。米勒会派2个连的兵力从南面进攻日军防御阵地，库伦则会让鲍威尔和辛普森的两个连分别从北面和西北对日军施压。

于是澳军部队傍晚按计划行动。即便日军已经被包围，他们的防御依然积极顽强。战斗第一阶段，在澳军全力攻击下，日军沿着道路向西，对2/1营的鲍威尔和辛普森连的结合部发动了反击。澳军坚守阵地，与这股反击的日军针锋相对，鲍威尔连的圣乔治－莱德尔下士的一次战斗非常具有代表性。莱德尔在一棵树后向反扑的日军一口气打空了一个冲锋枪弹匣，击毙了3人。在他换弹匣的时候，一个日本军官嚎叫着举起指挥刀劈在他的钢盔上，使他的头部受了重伤。幸好得到钢盔保护，莱德尔受伤虽重，却没有失去意识，也不多想，就和这个日本军官近身肉搏。日本军官刚才这一刀劈得太狠，重心不稳，被莱德尔一头撞倒。莱德尔用双手死死缠住了这个日本军官，另一个澳军士兵赶上来将这个日本人杀死。

澳军的进攻此起彼落，日军寸土不让。2/31营副营长罗布森少校赶到前线，指挥大家用自动武器火力和手雷与日军对战，得知2/1营的两个连正陷入苦战，罗布森派赫莱尔连前去相助，同时派索恩连迂回包抄日军右翼。除少数日军出逃外，这支日军全被澳军两个营合围，他们坚守的阵地附近变成了另一个停尸场。

夜幕降临后，枪声终于停歇。澳军在这场战斗中的伤亡相对较轻——2/31营7人阵亡，7人负伤，而日军尸体在道路和灌木丛中到处都是。米勒营在他们占领的阵地里一共发现了74具日军尸体，而库伦在报告中说，他部下各连在击退日军反击时，至少击

地图三十五　11月10日到11日的格拉里战况

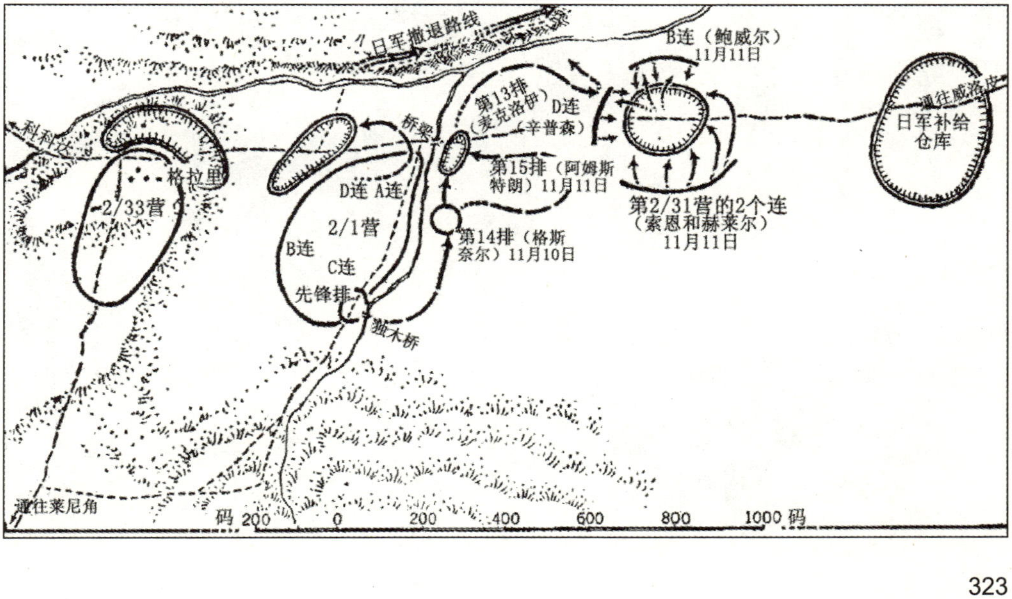

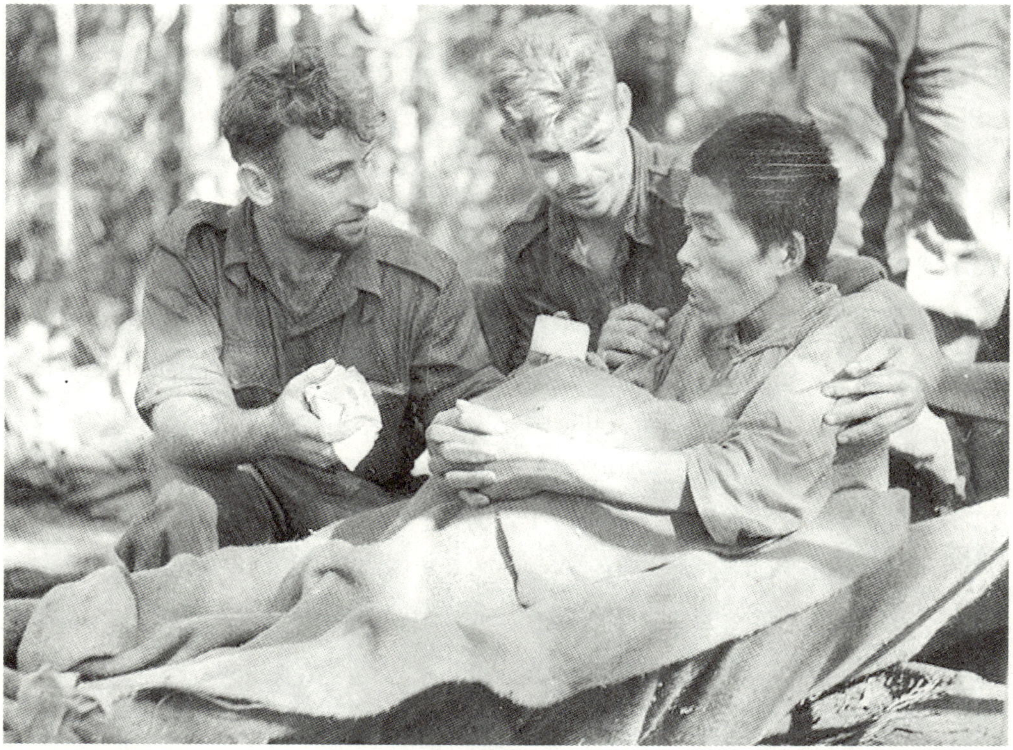

■澳军担架队员悉心照顾一名在瑙罗俘获的身患疟疾、饥饿不堪的日军战俘。

■抬着重伤员担架，在科科达通道的山路蹒跚而行的土著民夫。

毙了40名日军。

很明显，11日的战斗结束后，日军的奥伊维－格拉里防御体系已被彻底粉碎。当25旅11日大举投入战斗之际，16旅发现他们前方的压力骤然减轻，已经能够前进了。一大早，2/2营和2/3营的巡逻队发现日军已经放弃了奥伊维一带的阵地。16旅也不耽搁，2/2营在前，继续沿着山路向前推进。他们很快就发现之前曾经阻挡他们前进的阵地都非常坚固，不仅用厚重的原木和土坯修建，还有许多伪装得很好的发射孔，根据这些工事的数量推测，之前日军曾在奥伊维部署重兵狙击澳军。主干道沿途树木上编结的藤蔓和每隔几码都能见到的丢弃的蜡烛头，留下了日军连夜撤退的痕迹。2/1营和25旅在格拉里10日和昨天夜间的持续进攻，已迫使日军主力全面撤退。

■奥伊维格拉里战斗结束后，澳军的几位战士在掩埋尸体后合影留念。从左至右R.V.图梅下士，R.C.史密斯二等兵，P.塞罗恩二等兵，VW拉塞尔二等兵，A.麦克高德里克二等兵。

■在奥伊维的泥泞山路上，步行赶去救护站的澳军轻伤员。

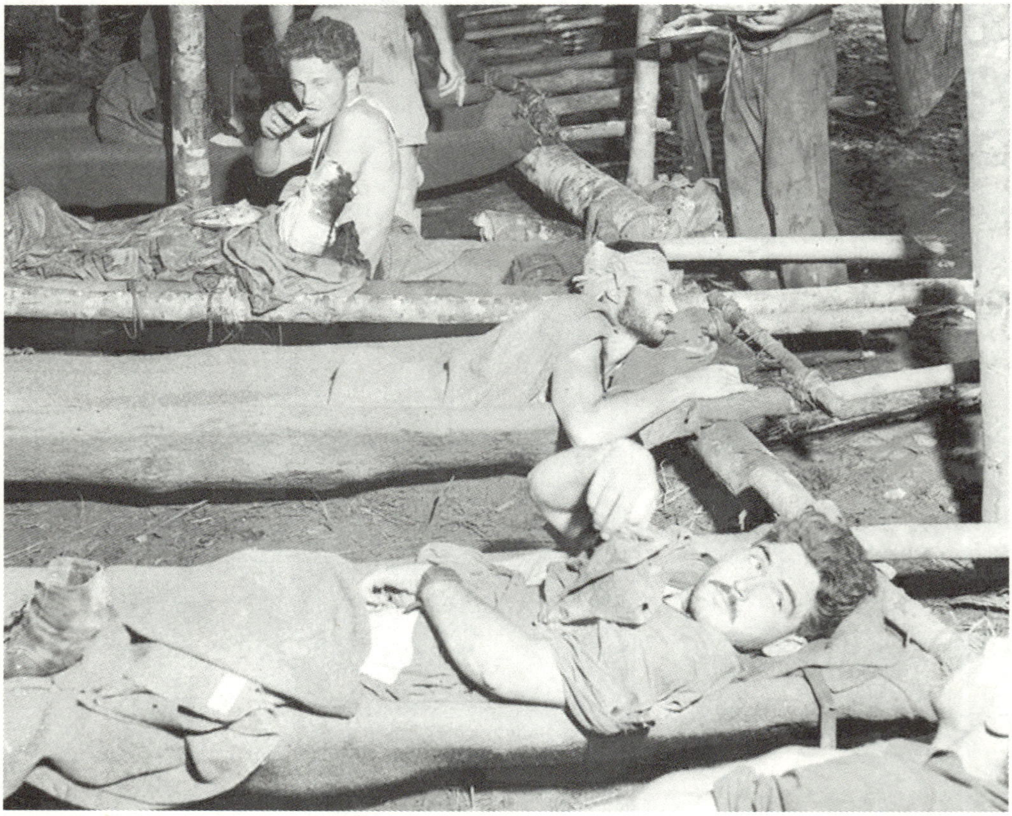

■奥伊维—格拉里战斗期间，被送入科科达医疗站的澳军伤兵。

■史汀生式医用救护飞机在科科达机场等候运送伤员。

■11月，澳军和奥伊维—格拉里激战后被俘的日军战俘合影。

跨越库姆西河

日军兵败奥伊维，小岩井大队再度承担断后任务，和澳军巡逻队发生冲突的就是他的部队。败退的路上，日军只有一刻不停地奔走，穿过人迹罕至的丛林。他们没有粮食，很快身心俱疲。许多人实在没了体力，只得丢弃武器和弹药，最后，连手枪都被扔掉了。很多人鞋穿破了，只有赤着脚继续走。

小岩井在路旁看到一名军官等着他。那是55骑兵联队第3中队长川岛清喜中尉，小岩井见过他，但已经不记得名字了。川岛中尉顾不上通报姓名，开口就说："我已经不知所措，到底该怎么处置这件事，所以我在这里等候你，长官。"小岩井问："遇上什么麻烦了？"

我们一直带着中队的伤员赶路，4个伤员死了3个。剩下的一个已经昏迷。我觉得，他很快也会断气。我们中队的人带着这些伤员在山里的野路赶路，都已经要崩溃了。他们都没有食物，我的部下现在只有一个还能靠自己的腿走路。我觉得我们如果继续带着这个伤员赶路，可能所有人都会因此虚脱而死。我当然希望部队和伤员都能得救，但现在根本不可能。解决这个两难问题的答案，是不是把这个已经无望活下去的伤员丢弃在山里的某个地方？或者我们应该抛开一切，让他彻底从苦难中解脱？然而，我不具备那样采取断然措施的勇气，所以我完全不知所措。

小岩井安静地，或者说麻木地听完了川岛的故事，什么都没说，他同样也无法给出答案。

第二天，越来越多的人不支倒地。即使如此，很多士兵东倒西歪了都没有解下自己身上的手枪。这是他们长期接受综合军事教育的证据。未经允许丢弃武器要受重罚，这一教条已经渗入他们的骨髓。

"丢弃你们的武器！"小岩井再也不忍看下去了，对那些形如梦游的士兵大喊道，"没有武器你们能走得轻松点。扔掉它们，然后才有希望走出这片大山。"

有些士兵脸上现出了"莫名其妙"的表情，甚至有人用非常厌恶的目光投向小岩井。这并不出小岩井意外，仅仅一番话，不会让这些忠实的士兵丢弃武器。

"我是41联队第3大队的小岩井少佐。我会为你们保管你们的手枪。"小岩井不多分说，直接从这些人手里把枪缴下，说道："如果你们的中队长问起枪在什么地方，告诉他，由小岩井少佐保管。"

小岩井采取这种断然措施只有一次，收缴了10名士兵的武器，然后暗地将这些枪都销毁。至于这些人在战争结束后，有几个人还活着，他并不清楚。

11月11日下午，澳军第7师师长瓦西命

令劳伊德准将率16旅留守奥伊维地区，让各营休整，嘱咐25旅在3天后，向东越过库姆西河，继续向布纳海滩推进，而劳伊德旅会在15日随后跟进。澳军的两个旅经过激战已经十分劳累，但他们已经出色地完成了多次战斗任务，而且已到达行军最艰难的山路尽头。25旅旅长艾泽尔准将向他的部下说道：

我向过去这几天由我指挥的所有部队取得的出色战果表示祝贺。能指挥这样一支部队是一种荣誉。请所有指挥官将这个信息传达给各级官兵。在这次行动中表现出来的战斗力将在未来确保我们最终完成战斗任务。

12日上午，澳军两个旅的主力休整之际，25旅2/25营和2/31营先后出发。2/25营披荆斩棘，通过伊利莫前方的溪流两岸时，遇上了日军从桥对岸射来的狙击火力。2/25营留下部分兵力留守西岸，2/31营则充当这支留守部队的后盾，向桥梁靠近。2/25营营长马森中校用两个连的兵力从桥梁另一侧涉水从右翼迂回过溪。这两个连成功切断了日军狙击手的退路，但敌暗我明，天也黑了，日军狙击手让他们吃了苦头。这次机动让他们付出了2死4伤的代价。

13日黎明，澳军发现桥梁附近的日军已经在夜间撤退。这一天改换2/31营带头追击。2/14工兵连连长汤普森少校带领本连，2/5工兵连和第25工兵连各一个分队组成的工程侦察队，随步兵行动。14点前后，他们到达库姆西河上著名的威洛皮铁索桥。2/31营在库姆西河流上下游搜索，尽管在岸边发现了不少小筏子，但日军只要察觉追兵将近，立即会放弃筏子逃窜，澳军一直没有遇到日本兵，只陆续遇见大约200名曾被日军征用的土著民夫。这些民夫见到澳军也不生分，告诉他们，昨天晚上很多日本兵已经用两艘小船连夜过河逃跑了，船上有不少伤号、枪支弹药和补给品。

澳军16旅和25旅经过激战，在奥伊维－格拉里歼灭了大约600名日军，但日军残部还是兵分两路撤走了。18日傍晚，堀井的支队司令部和矢泽的41联队来到平加附近的库姆西河段。晚上天降暴雨，水势暴涨，日军只得在暴风雨夜等待。第二天，堀井少将决定带领他的几位参谋军官先乘筏子回吉鲁瓦，大部队就交给矢泽大佐指挥，直接从平加过河，然后去戈纳地区。矢泽的大部分残部过河后，于11月27日到达戈纳集结。

沿山路主干道撤退的144联队相对顺利些。11月14日，他们接到17军的命令：“南海支队将撤退到吉鲁瓦，接应登陆的增援部队。”三天后的上午，塚本率联队残部到达吉鲁瓦。

堀井支队长19日乘木筏顺流而下才2公里，就被一棵伸出河面的大树把筏子掀翻了。堀井一行只得弃筏上岸，然后继续沿河的右岸行走，结果发现了一条独木舟。支队长的勤务兵原先碰巧是个渔夫，他驾着独木舟，带着支队长和田中参谋长，安全到达库姆西河河口。

支队长听见吉鲁瓦方向的炮声持续了几天，认为那里的日本守军已经与盟军开战，于是他不顾危险，坚持用独木舟出海，以便能尽快回到吉鲁瓦指挥战斗。堀井的鲁莽行事，让他丢掉了性命。

这天下午，遇上了强热带风暴，独木舟被强风吹出海岸足有10公里，在汹涌的海浪中，终于倾覆。田中参谋长不会游泳，挣扎了几下就被大海吞没了。

堀井和勤务兵一起向岸边游去。大约游了4公里，堀井的体力无法再支撑下去了，最后他对勤务兵说道："我已经没体力继续游下去了。你告诉部队，堀井死在这里了。"最后他在水面上高举双臂呼喊："天皇万岁！"然后被一个大浪吞没。勤务兵最后侥幸生还，向上级报告了堀井和田中的死讯。小岩井光夫在自己的回忆录中如实记录了勤务兵所陈述的一切。南海支队首任支队长的死亡，似乎在预示这支部队的最终命运。

澳军追击时，2/25营跟随在2/31营背后。13日一早，营长马森中校派出一个强力巡逻队，向北追击一大股日军溃兵。根据土著人提供的情报，这支日军溃兵人数在150到200人之间，许多人都已带伤，昨天晚上仓皇夺路向北逃窜，很可能已经跨过库姆西河，继续向远处逃亡。而根据上级命令，马

■10月下旬的威洛皮渡口航空照片。11月，日军撤退，澳军追击到渡口时，东岸的日军防御阵地已经撤空。

森要在威洛皮附近寻找和准备一个空投场地。这一天15点左右，他在桥梁以西200码寻找到一片较为适合的平坦草地。航空兵很快就将部分补给品空投到那里。战役开始以来的经验，使新几内亚部队司令部获益良多，除了积极组织空中力量将补给尽可能空投到靠近步兵的地点外，还会尽力组织运送一线部队最需要的物资。

15点刚过，2/33营也已到达库姆西河，立即展开队形，准备占领桥头堡阵地。他们面前的河面足有90多米宽，将近4米深，河水流速8英里/小时（约合3.57米/秒），两边的河岸大约高9米。铁索桥已被破坏，岸边只剩下光秃秃的桥墩，河中的其他桥墩也已被水流冲垮。汤普森工兵少校勘察后，认为在这里架桥困难重重。17点前后，第7师工程主任麦克唐纳中校也来到现场，和他同来的还有2/5工兵连连长布德尔少校带来的一个前线工作组。尽管工兵人员大增，但澳军一时还无法让一整营步兵过河。营长布特罗斯中校尽量挑选了营里的一些游泳好手，直接泳水过河，但人数毕竟有限，大部分人只得在河岸附近过夜。

麦克唐纳在出发前，已经通过地图和航空照片研究了当地的地理条件，预料到在库姆西河架桥面临重重困难，于是事先就请求航空兵空投架桥器材。14日，飞机果然根据要求送来了钢丝绳和架桥工具，但偏偏没有麦克唐纳和工兵们特地要求的50加仑容量的空铁皮桶，原来飞行员觉得在飞机低空滑翔时空投这种大桶太危险，所以没有照办。军情不容拖延，布特罗斯中校选出几名游泳健儿，让他们带着钢丝绳游过河去，为架桥做一些力所能及的帮助。

麦克唐纳的工兵在河上发现了一艘毁弃的带滑轮的日军折叠船，便用吃完的空牛肉罐头进行了修补，利用它运送2/33营的士兵过河。澳军的一个连，每次8人一组乘坐这艘破船，终于全部到达对岸，然后建立了桥头堡——在阵地前方并没有日军抵抗。这艘破船运完一个连后终于支撑不住，再度破漏，顺水往下游流去。工兵眼看船已破得无法再修，也就随它去了。好在澳军用破船渡河时，2/5和2/6工兵连都在努力制作其他渡河工具。下午1点前后，工兵们已经在河面上架起了两条缆索，天黑前，又准备好一座小型悬索桥。尽管黑夜和暴雨让澳军暂时中断过河，但工兵架设好的过河工具，使布特罗斯营主力明天能够顺利过河。

由于缺少过河器材，14日，25旅主力基本只能在河西岸待命，而16旅也只得在他们后方休整。25旅旅长艾泽尔准将当天得到另一支配属部队加强，那就是在10月初的战斗中，原21旅表现最得力的部队组成的“查”（Chaforce）独立支队（以下简称“查支队”）。这个独立支队由查伦中校指挥，原2/16营的萨布雷特少校出任副支队长，支队由21旅各营各抽调出的一个精干步兵连组成（各连实际兵力均为100出头），另配属工兵、信号兵和医疗分队。

■澳军士兵从工兵临时搭建的悬索桥跨过库姆西河。

查支队大部分战士在经过山区早期的艰苦战斗后，休整了不到两周，即于10月11日再度出发，他们的新任务是骚扰日军在布纳和科科达之间的交通线。不过随着澳军在前线节节推进，查支队很快得到新命令，他们的主要任务是保护16旅和25旅后方。这令他们愤怒，因为他们一心想要报先前负于日军的一箭之仇，而现在只能沦为几乎被忽略不计的角色。

11月14日，等候多时的查支队终于重返一线战斗序列。不过原支队长查伦中校已经回2/14营归建，查支队改由萨布雷特少校指挥，而萨布雷特很快也被任命为第7师师长瓦西少将的师部联络官。查支队的三个步兵连分别被配属给25旅的3个营，卡梅伦连随同2/31营一起行动，哈迪连配属2/33营，李的一个连则交给2/25营。

14日，2/31营和2/25营虽然没有明确的战斗任务，但他们也没闲着。这两个澳军营都遇上了日军的溃兵。前一天，2/25营就派一个巡逻队去追击日军。这一天他们回报说已将一支日军溃兵撵到北面，但在当地遇上了一支全副武装，战意高昂，大约200人的日军后卫部队，敌众我寡，于是决定先回营报告。营长米勒中校随即派营主力3个连去对付这群日军后卫队，而2/33营则和工兵一起继续设法渡过库姆西河。

15日，尽管工兵想尽办法，利用日军毁弃的栈桥接岸一段的残存部分架起了桥梁，澳军的渡河速度依然缓慢。这天白天，25旅仍在过河，16旅只好继续在后方待命。两条滑轮吊缆每小时大约能通过80人，同样一小时内，能过桥到对岸桥头堡的澳军不过150人。当天下午，等候多时的16旅终于能随后开始过河。

身着制服的澳军士兵背负着沉重的装备，服装五花八门的土著人则拖着补给品和他们一同过河。吊缆和浮桥都不那么牢固，依靠这样的工具过河没有大胆到近乎缺心眼儿的程度绝不可能进行。吊缆旁的悬索桥摇摇欲坠，到河心时，常会遇到没过桥面的河水冲激，战士们戏称这是在洗浴，有时会停下来和正在吊缆上过河的战士们打趣开玩笑，等摇晃停止后，再缓缓过河。

15日夜，25旅总算全部过河，但16旅只有旅部直属队和2/2营到达对岸。直到16日上午11时前后，16旅余部才全部过河。随后一度取代2/31营追击逃敌的第3营放弃了无谓追击，在17日开始过河。

截至澳军第7师主力渡过库姆西河为止，日军自7月21日在戈纳地区登陆将近4个月间曾取得的战果全部化为乌有。巴布亚战役期间的科科达之战已进入尾声，日军试图越过欧文·斯坦利山脉进攻莫尔兹比港的意图被盟军粉碎，而另一路在米尔恩湾登陆的日军也早已被击退。尽管如此，美澳两国的各种相关战史著作都一致承认日军在这几个月战斗中表现出的坚毅和果敢战斗精神。

日军之所以受挫，是多种因素的结果：首先，日军在米尔恩湾的行动失败，使他们希望保护自己南面侧翼安全的企图落空；其次，始料不及的山间复杂地形，使日军在行军过程中筋疲力尽，即使日军一度能看见莫尔兹比港上空的景象，但他们就像一个游过超长距离的游泳健将一样，无力重新回到岸上；再次，瓜岛战役打响，使日军将西南太平洋战场原本就有限的兵力分散在两个方向使用，由于恋战瓜岛，支援巴布亚的计划只得压后，如果日军能够坚持将兵力投入巴布亚战场，使南海支队得到及时补充和支援的话，至少不必过早采取守势，也有可能延缓盟军反攻的速度；最后，尽管一开始澳军很被动，但在盟军有力的后勤和补给支援下，使他们能尽可能适应巴布亚山区丛林战的条件，而日军却不具备这样的条件。由于以上因素综合作用的结果，使日军从陆路夺取莫尔兹比港的企图最终破灭。

从科科达之战开始直到结束，日军能调往战场的作战兵员至少有6000人，一次能够集中在作战第一线的兵力在2000－3000人。而澳军一线兵力直到奥伊维－格拉里战斗，从未超过一个旅，能集中到第一线的兵力不足2000，战役开始阶段甚至只有一个营。奥伊维之战，澳军集中了澳大利亚帝国军团的2个精锐旅。另外还有第2/1先锋营为预备队，但截至日军在库姆西河溃散为止，并没有参与实战。而在帝国军团3个旅的正规军到达前，澳军在巴布亚前线投入的除了一个澳大利亚人和当地民兵混编的巴布亚民兵营外，就只有三个原先的澳大利亚民兵营——

第39营、第53营和第3营。

澳军在7月22日至11月16日之间，在科科达小径、米尔恩湾和古迪纳夫岛的战斗中，合计伤亡1680人，其中阵亡625人。去除日军对澳军莫尔兹比驻地空中突袭造成的伤亡，以及坎加游击队等独立游击队的伤亡，这基本就是澳军在“科科达之战”中的全部战斗损失。其中尤其值得一提的是，帝国军团最先来到战场，战斗最艰辛的21旅的三个步兵营（2/27营实际参战时间较少）共伤亡496人，几乎占伤亡总数的30%。再加上曾配属21旅的两个民兵营39营和53营的话，那段时期这个加强旅总伤亡达到657人。

更值得注意的是战斗中的热带疾疫问题。科科达之战期间的具体患病人数始终没有统计出来，不过大致每1例战斗伤亡会对应产生2到3例疾疫造成的非战斗减员。以16旅2/1营为例，10月6日他们踏上科科达小径时合计共有608人。11月16日，当该营越过库姆西河时，尚余355人。在41天战斗过程中，他们没有得到任何增援，许多罹患疾疫的战士就在战地急救医院和前线之间往返。

这场战斗的主要经验教训对麦克阿瑟将军和澳军指挥官来说都很清楚。直到11月16日渡过库姆西河为止，澳军地面部队一直在独立对抗日军，和美军地面部队基本没有发生联系。首先要明确的是，山区丛林战对身体耐力、意志品质都提出了最高级别的要求，同样对于个人的适应能力、战斗技能，以及攻防行动中的反应速度，也是一种严峻的考验。这无论对澳军还是日军，或者是即将加入战斗的美军来说，都是一种特殊的作战方式。而且当具体要求落实到士兵头上时，他们要适应和达到山地丛林战的特殊要求，精神和体力都会经历一段极其艰难的消耗，而在这种战斗形式当中，实战人员数量的变化会非常之大。其次，巴布亚的补给问题已成为一个全新课题。在巴布亚的山地丛林之间，必须重新评估补给的困难性，空运在这种条件下尤其重要，只有确保空中交通线，才能保证地面部队的顺利推进和最终胜利。

第八章　布纳初战

磨刀霍霍

11月中旬，澳军第7步兵师跨过库姆西河时，美军第32师主力也已抵达进攻布纳的预备集结区域。126团2营11月2日进入纳吞加，驻扎超过一周，在当地空投场收集了足够的粮食和补给物资，整装出发，11月12日到达戈拉和博福。

博伊斯上尉一直没能在贾乌勒和纳吞加之间找到一个合适的空投场地，许多在两地之间空投的粮食和补给都丢失了，结果部队只得减低粮食配额，不足部分靠吃香蕉和番木瓜等能找到的野生食物补充，即使这样还难免挨饿。126团团长奎因上校闻讯，十分着急，体恤部下的他亲自随运输机飞往前线，希望能在实地摸索一套较好的空投技术，保证他的部下能得到尽可能多的食物。不幸的是，11月5日，奎因搭乘的飞机在纳吞加上空遭遇事故，一个投物伞挂上了机尾，致使飞机失控，机上的所有人员全部在空难中丧生。

32师师长哈丁少将在给军长艾克尔伯格将军的信中称奎因是他部下最优秀的团长，他的牺牲是一个很难弥补的损失。126团3营长克拉伦斯·汤姆林森中校被火线晋升为上校团长，乔治·邦德少校接任3营长职务。

11月8日，肯尼将军的航空兵开始按照预定计划从莫尔兹比港空运126团余部去前线，1营率先出发。但天降大雨，彭加尼机场暂时不适合降落，埃德蒙·卡里尔中校率领的1营主力，包括营部，A、B两个整连，C连的两个排和D连的一个班，共590人，先飞抵阿贝尔机场，随后再从陆路前往彭加尼。

11月9日，彭加尼的一个新的全天候机场已经完工。这个机场覆盖着砾石，有良好的排水设施。航空部队检查这个机场后，认为完全可供大部队降落，得到报告的怀特海德准将决定让126团余部直飞彭加尼。

卡里尔的1营主力到达阿贝尔机场不过几小时，副营长理查德·博莱姆少校率领该营余部D连（欠一个班）和C连（欠两个排）218人乘坐的飞机已到彭加尼，随后马

■美军107医疗营的医护人员在莫尔兹比港附近的沃兹机场等候飞往彭加尼的飞机。

上前往纳吞加。2天后，汤姆林森上校和团部直属队也乘飞机到达彭加尼，同时到达的还有3营。然后3营立即出发，前往纳吞加。14日，博莱姆分队靠近纳吞加的时候，团直属队和3营已经迅速赶到他们后面不远的位置。这时史密斯少校的2营大部都已在博福就位，而卡里尔中校的1营主力从11月9日起，跋涉数日，穿过沼泽地，正在接近彭加尼。

沿海侧翼，麦克奈德尔准将指挥的128团和澳军2/6独立连，当时定代号为“沃伦特遣队”，正在巩固奥罗湾－恩伯格－恩比地区。麦克奈德尔派出的巡逻队在内陆推进到博莱奥，在沿海则到达萨德斯特角。11月8日，128团1营的2个连已经从莫尔兹比港飞抵瓦尼杰拉，再坐小船经海路与主力会合，A连则留在彭加尼护卫当地的补给仓库。11月14日，罗伯特·麦考伊中校的这个营已经到达恩伯格。赫伯特·A.史密斯中校的2营暂住埃洛洛地区，米勒中校的3营驻守恩比附近。哈里·哈考特少校的澳军2/6独立连，在他们派去海德罗格拉夫斯山脉和纳吞加－彭加尼主干道北方小路侦察的巡逻队回来后，正准备去前方和主力会合。恩伯格设有一个前方军需库，麦肯尼中校计划在哈里科再多建一个前进仓库。麦克奈德尔将军计划等船只足够时，就把他的指挥部迁到哈里科。

由于战区参谋长萨瑟兰的建议，32师

没有携带重装备就来到巴布亚，重火力只能仰仗澳军炮兵支援。澳军在恩伯格有2门3.7英寸山炮，另有4门25磅炮也已运抵奥罗湾，这些炮兵都配属美军32师指挥。11月14日，32师最后一个主力团127团（欠炮兵），也已从布里斯班出发，准备空运到莫尔兹比港。

■11月11日，美军128团1营抵达距离布纳17英里的奥罗湾的比亚姆。

就在西南太平洋战区的部队逼近布纳时，盟军在瓜岛已逐步占据主动。在新任南太平洋部队司令哈尔西将军指挥下，美军在11月12日至11月15日的瓜岛以北海战中取得决定性胜利，1.35万日本援军只有2000人登上瓜岛，而盟军的6000援军全部顺利登陆。同时，日军的上万吨物资都和运输舰一起被美军击沉，随部队上岸的物资总共只有5吨，而盟军的重装备和补给几乎全部安全登陆。失去海空控制权后，日军地面部队试图增援瓜岛难上加难，连补给品运输都只能零敲碎打，岛上的日军处境就更为艰难。而美国海军陆战队和陆军部队可以继续源源不断被送上瓜岛增援。

就在瓜岛战役迎来转折点的同时，巴布亚的美澳盟军也已集中兵力，准备彻底消灭据守布纳－戈纳沿海平原的日军南海支队。海洋和欧文·斯坦利山脉东北麓之间的地势非常平坦。布纳沿海地区海拔不超过3英尺。从布纳直到内陆6英里的索普塔，地势也只不过抬高大约几英尺而已。地形以丛林和沼泽地为主。丛林大多在内陆地区，混杂着树木、藤蔓、茂密的灌木丛。沼泽地里也往往生长着茂密的红树和西米树，泥沼一般总有齐肩深，有些地方甚至会没过头顶。

另外这一带还有很多散落的椰树林、矮树丛和苦无长草地。有些椰树高达125英尺，这些椰树林主要分布在恩代阿德雷海角、布纳教区、吉鲁瓦、基尔勒顿角和戈

地图三十六　盟军向布纳－戈纳滩头阵地进军路线图
（9月26日至11月15日）

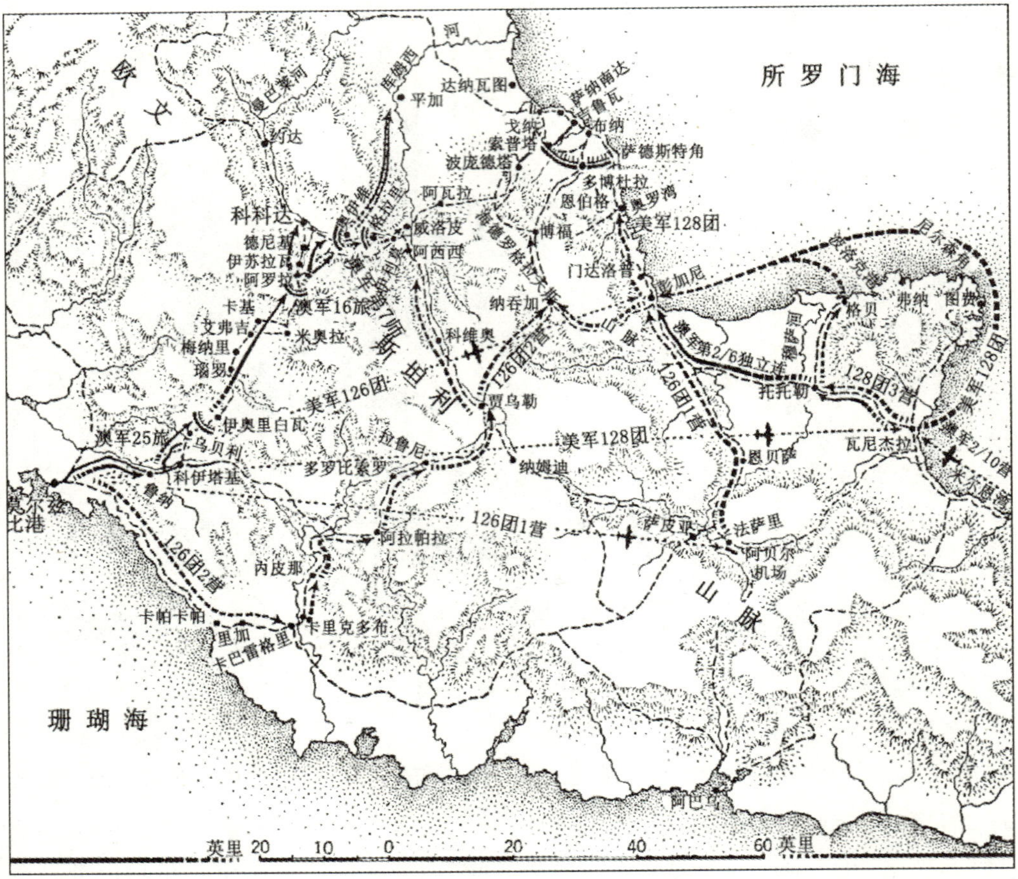

纳，但内陆的大沼泽地周围也能找到一些。长草丛一般齐肩高，外缘如快刀般锋利，一拉就是一道口子，几个平方英尺一丛地散落分布，一直向多博杜拉草原延伸了几平方英里。

巴布亚已进入雨季，吉鲁亚河暴涨的洪水将这一地区一分为二。河水在萨纳南达注入广阔的沼泽三角洲后，延伸到布纳村，然后经多条水道注入大海。其中一条“入口溪”在布纳村和布纳教区之间注入泻湖。在“入口溪”和西梅米溪之间向东延伸，有一片浩荡的沼泽地。这个沼泽是由于河水流出河床，倾泻进布纳教区以南的低地形成的，向内陆一直延伸到西梅米和安格。这片沼泽地形成了一个难以逾越的天然屏障，将河东岸分成了两部分，使部队的调动困难重重。

雨季使沼泽面积扩大，只剩下三条适合的道路能通往日军在吉鲁亚河东面的阵地。

第一条从索普塔和安格起，沿沼泽地西边通往布纳教区以南0.75英里的岔路口，部队把这个路口称为“三角地区”。有一条小路从这个路口延伸到布纳村，另有一条小路通往布纳教区。第二条从多博杜拉和西梅米沿沼泽地东端和机场旧跑道北面通往布纳教区。第三条通路先沿萨德斯特海角到恩代阿德雷海角之间的沿海道路一直走，在道路后段有一条小路斜穿杜罗帕种植园通往新跑道，然后再直达布纳教区。

河西岸情况也一样，只有两条适合的道路通往日军的滩头阵地，而且都要经过沼泽地。一条小路经安博加十字路口和朱姆博拉；另一条是经波庞德塔和索普塔通往萨纳南达的主干道。此外，还有几条支路从索普塔－萨纳南达主干道通往基尔勒顿海角，基尔勒顿有几条通往萨纳南达主干道、萨纳南达海角和吉鲁瓦的沿海小路。

地图三十七　盟军十一月中旬的作战计划示意图

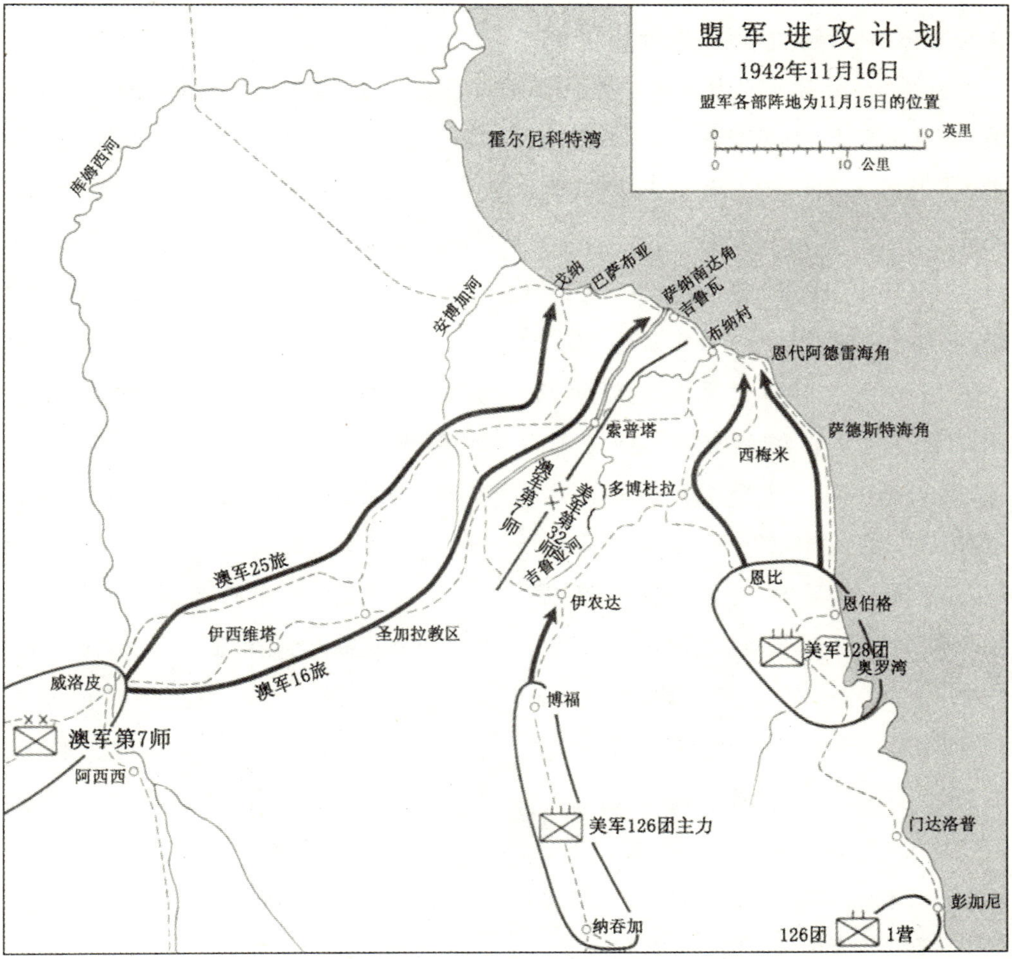

布纳－戈纳地区的气候极度湿热，平均湿度85%，日间气温达到华氏96度（约合36摄氏度）。这里简直是个疾疫中心，几乎已知的全部轻重热带疾病都经常发生。除非布纳－戈纳之战能速战速决，不然部队肯定会饱受疾疫折磨。

11月14日，新几内亚部队司令部公布了布纳－戈纳战役的全部计划，要求澳军第7师和美军32师在库姆西河、萨德斯特角和霍尔尼克特湾三角区域之间聚歼日军。两个师的作战区域以吉鲁亚河口到希洪达，再向西南沿位于伊农达和波庞德塔中间的一条溪流一线为界。澳军第7师负责界线左边，美军第32师负责右边。休整完毕的澳军21旅，从莫尔兹比港飞赴威洛皮附近，充当第7师预备队。

11月16日，盟军将开始向布纳－戈纳推进。美军32师直取布纳，澳军第7师则攻打戈纳和萨纳南达。两个师对界线附近的状况都需特别留意。一旦机会有利，这两个师就准备随时越界打击日军侧翼或后方。由于日机对盟军沿海运输线的空袭，运输船队的帆船大多沉没，盟军补给对空运更加依赖。而美32师除战斗任务外，还需要负责在多博杜拉修建一个简易机场，同时夺取和守住索普塔附近的吉鲁亚河渡口，保护盟军整个右翼的安全，防备日军从海路进攻。

新几内亚司令部一心以为布纳－戈纳之战能速战速决，17日便发布夺取布纳地区后的“利利普特计划”。根据这项防卫计划，在布纳地区的日军被肃清后，美第32师即负责当地的防务。为协助该师履行这一职责，澳军会尽快派炮兵和防空部队进入布纳，配属该师指挥。第一批支援“利利普特计划”的器械，包括几艘K.P.M.运输船，11月18日奉命从澳大利亚出发，先到米尔恩湾待命。

布莱梅将军向麦克阿瑟将军请求调派一些驱逐舰，在“利利普特”所需船只通过尼尔森海角区域和在布纳卸货时护航。然而9月接替莱利将军的新任战区盟军海军司令亚瑟·卡彭德海军中将，强烈反对将驱逐舰派往布纳外海危机四伏的水域。他明确提出，在尼尔森海角和布纳之间的整个水域，遍布礁岩，几乎没有海面供驱逐舰机动。而日军可以利用新不列颠岛南岸外海的小岛加斯玛塔的深水航道，毫不费力地派遣巡洋舰和驱逐舰在新不列颠和布纳之间机动。派遣这样一支小规模水面舰艇部队进入布纳水域，一旦面对日军从拉包尔派来的优势舰队，完全于事无补。按照卡彭德的建议，布莱梅可以得到1到2艘低舷反潜舰为“利利普特”船队护航，但不会得到驱逐舰，而驱逐舰只能用于米尔恩湾以南海域的行动。

布莱梅提出派遣潜艇的建议同样被卡彭德否决，这意味着盟军地面部队在布纳沿海除了一些小船外，无法从海军舰队得到任何支援。而航空部队不仅需要承担近程支援和补给任务，还必须担负米尔恩湾北面保护盟军补给行动，以及阻止日军增援滩头阵地的几乎全部任务。

■亚瑟·卡彭德海军中将。

11月15日，美军32师师长哈丁少将发布师作战计划。32师以128团的1个营沿海岸经恩伯格和萨德斯特海角行军，夺取恩代阿德雷海角。128团的第2个营经西梅米向布纳机场推进。该团的另一个步兵营留作师预备队，去多博杜拉草地地区准备机场。每个营各配属一个工兵排和一支土著民夫运输队。128加强团的出发时间定为11月16日6点。126团（欠彭加尼的1营一部）将向伊农达推进。他们会沿稍后确定的一条道路向布纳方向推进。

汤姆林森的126团在多博杜拉机场投入运作前，只能通过空投得到补给时，靠海的128加强团还能从海路得到一些补给。奥罗湾有个深水港。32师工程主任约翰·卡鲁上校仔细勘察港区后，得到上级许可，建成临时码头。码头完工后，最终将开辟一条道路通往多博杜拉，然后就能供大型船舶锚泊，从这里运送大量物资去将多博杜拉建成一个大型航空基地，这样机场就不仅能供战斗机和运输机使用，还能供各种轰炸机使用，发挥更大作用。

128团出发前，沃伦特遣队司令麦克奈德尔将军特地给他们准备了一份额外的大米。与此同时，汤姆林森的126团团部，3营和博莱姆少校率领的1营一部从纳吞加出发，前往博福。已经在博福的2营也同时开始向伊农达进发。

11月16日一大早，美军出发时，澳军第7师主力已从威洛皮渡口顺利渡过库姆西河。25旅留下一个工兵分队在东岸修葺简易机场后，开始向戈纳进军。16旅的目标则是萨纳南达。澳军第7师前敌指挥部紧随16旅过河。一星期前，美军麦登多普上尉的巡逻队在威洛皮渡口南面几英里的地方曾与敌人遭遇，这一天已来到澳军第7师师长瓦西将军的指挥部报到。

澳军的进攻已经开始，但大部分部队的情况比预期都差一大截。16旅和25旅经过连续战斗，不但减员严重，而且都已疲惫不堪。瓦西将军的预备队21旅虽经过休整和补充，但离人员齐整还远。相对来说，美军32师在前线集结的兵力已接近7000人，还没有经历战阵的他们依然是一个十足的“新丁师”，经过艰难的长途行军以后，很多人已相当疲劳，一部分士兵已经在经受热带疾病的煎熬。

过于乐观的“新丁师”

32步兵师由美国密歇根州和威斯康星州的国民警卫队改编而成，在澳大利亚人眼中，他们和澳军民兵没什么分别。尽管这个师有参加过第一次世界大战的履历，但完全是上一代人的事情。这个师的番号1940年10月15日才重新被列入联邦陆军编制。次年4月，8000名密歇根和威斯康星的应召者才加入这个师的行列。在路易斯安那整训后，这个师按照“三三制”编组为三个步兵团。而师属炮兵编有120、121、126和129四个野炮营。121野炮营装备155毫米重型榴弹炮，其他三个炮兵营训练时还在使用一战时期的75毫米口径老爷炮，在上船前才分配到105毫米新式野炮。

1941年底，美军原本想将这个师用于欧洲战场，最后由于麦克阿瑟等人的一再要求，才将他们派往西南太平洋。师长哈丁少将1942年2月初才接手这个师。2月底，这个师前往马萨诸塞州的德文斯堡，在当地得到的命令是准备开赴北爱尔兰，直到最后一刻才改为前往澳大利亚。于是这个师先得从美国东海岸转移到西海岸的旧金山，然后才渡过重洋，于5月14日到达澳大利亚。在西南太平洋，这个新丁师先在澳大利亚的几个兵营辗转了几个月，后来又早早来到巴布亚经历苦难行军。随之带来的问题就是一直没能

■1941年5月，32师在洛杉矶的兵营接受检阅。

进行系统训练，步兵必须进行的刺杀和步枪射击等各种训练只进行了一部分，而大多数军官到达部队的时间都比师长更晚，很多部下的名字都叫不出，更不用说了解他们了。

除了官不识兵，兵不知官，训练量不足外，还有件麻烦事。原先美军将32师和41师这两个国民警卫师派到澳大利亚来，只是充当本土防御部队，因此主要训练课目都是如何防御本土，对丛林战根本没有概念。

已在夏威夷任职的理查森中将7月初视察这个师时，断言他们的训练水平还处于“初级阶段”，几个月之内根本无法形成战斗力。9月初，第1军军长艾克尔伯格将军到达澳大利亚时发现，这个师还没作好战斗准备，而他对他们训练的评价也只是“勉强令人满意”。他对麦克阿瑟将军说过，他们还需要进行更严格的强化训练，尤其是丛林战训练。

艾克尔伯格竭尽所能，尽快制定了强化训练的课目和步骤，但在这些训练起效前，由于新几内亚的形势始终吃紧，126团和128团已经离开澳大利亚，进入巴布亚战区了。这样一来，在投入战斗时，这两个团体能状况都没有达到最佳，侦察、夜间巡逻和丛林战训练过少。更令人担心的是，他们接受的实弹射击训练非常简单，有些作战单位则压根没进行过相关训练。

在部队正式投入战斗前，哈丁少将回顾这个师的组建和训练情况，语气难掩忐忑：

总的来说，我不认为32师是一支训练有素的部队，尤其对丛林战而言。在我接手这个师之前，克鲁格的第3集团军训练考核团队对这个师进行了一个月的全面考核，发现他们还存在很多问题。我从克鲁格那里得到了一份考核报告的副本，大致上说就是32师的状况非常糟糕……

另一方面，我发现这个师的军纪严明，精神面貌良好，某些基础训练做得还相当不错……当然，我接手的时候评价的比较对象，是当时的其他国民警卫师。

不幸的是，我们没有机会进行系统训练纠正这支部队的缺陷。从2月我接手这个师直到11月投入战斗为止，我们一直在准备调动，调动，或者在完成调动后安营扎寨。在我们想进行系统训练的时候，调动命令就会打断我们。要知道，你无法在一两天之内安排和进行一次真正意义上的实战训练。事实上，现代战争的实战训练要求繁多，需要大量培训工具和设施，没有这些东西，真正的严格训练根本无法进行。对我们来说要得到这些设施完全不切实际，但如果我们能进行一些符合现实条件的简化修改，应该可以进行适合的训练，只要我们有时间进行最需要的那部分训练的话。

32师投入战斗前获得了大量标准化装备，但所有装备并不都适合丛林战。例如，许多无线电设备根本无法操作，他们也没有最适合在丛林和草木茂盛的滩头阵地使用的MIA1长宾枪。虽然已经在其他战场上使用，但此时距离第一批这种长宾枪运抵西南太平洋战区列梵部队还需几个月时间。

和澳军第7师不同，32师既没有适合丛林战的迷彩服等军装，也缺乏其他装备。他们那些临时印染的军装在丛林隐蔽很不便。不仅染料的颜色不适合，而且质量也差，染料残渣堵住了布料纤维的缝隙，穿在身上密不透风，在极端酷热的热带丛林行军可倒了大霉，除了原本就肆虐的热带疾病外，几乎穿这种军装的所有人，皮肤都得了可怕的丛林溃疡。当部队进入长满藤蔓和害虫肆虐的丛林时，他们没有可以劈砍的战斗刀，没有驱虫药剂，也没有领到那种用来盛个人物品和医疗用品的小防水盒。结果在高温的潮湿天气下，香烟和火柴很快就湿透了，抽烟解闷都不成。通常几天供应一次的奎宁丸、维生素片和盐片，一开始只能放在自己的口袋或者布包里，结果不过几天表面就水解了，根本无法食用。

为了在丛林中轻装行军，部队携带的武器最重不过是汤姆森冲锋枪，而包括81毫米迫击炮在内的重武器，都得稍后用小船运往前线。大量医疗和通信设备也没有和部队一起行动，至于野营设施和相应的其他重装备，都被留在莫尔兹比港。

医疗队能使用燃气灶、煤油炉，加热罐头食品和消毒，供应伤病员热食热饮，但32师的一线部队根本没有这些东西。他们只有那些乱七八糟的装备，别无选择，只好用各种各样的锡罐加热口粮，在能喝咖啡的时候，也得用这些玩意儿来调制咖啡，而这些“餐具”清洗十分不便。雨几乎一直不停，部队携带的燃料很少能保持干燥，经常连火都生不起来，也就无法烧热水，给罐头和餐具消毒。这样一来，部队经常吃这些食品，几乎都得了腹泻和痢疾。126团2营在山中行军的时候，几乎全部因此成了病号。

32师进攻前，上级指挥部普遍认为，凭借迫击炮，直接的空中支援，和澳大利亚人配属的火炮，足够美国步兵廓清前进路上的障碍。战区航空队司令肯尼将军对他的飞机更是信心十足，在他10月24日写给陆军航空兵司令阿诺德中将的信中，他认为坦克和重型火炮在丛林战当中得不到用武之地，最后特别补充道：“这个战区的炮兵在天上飞呢。”

哈丁师长和师炮兵指挥官阿尔伯特·沃尔德龙都不信没有足够的炮兵支援，步兵的行动能那么顺利。在哈丁鼎力支持下，沃尔德龙向上级请示将师属炮兵调往前方。战区司令部对调动炮兵去前方，或等炮兵到位后，保障相关补给支援没有采取任何措施。战区司令部很多人不信在布纳滩头的沼泽地的恶劣环境里，重炮兵能有效发挥作用，有人甚至认为连开炮都难，因此对沃尔德龙的请求反应冷淡。

经过协调，沃尔德龙得到了一些澳军火炮，数量并不多，而他自己的炮兵还是没能到位。沃尔德龙只能自我安慰，有总比没有好。

■32师炮兵指挥官沃尔德龙准将（图中面向前方者）正在和炮兵军官们商议炮火使用计划。

如果说32师能得到的炮火支援——2门3.7英寸榴弹炮和澳军许诺的4门25磅炮已经够寒碜了，那么他们得到的工兵支援就更寒碜。日军堀井少将原先指挥的陆军作战工兵部队和海军建设工兵部队，占支队总兵力的相当比例。而哈丁少将正面临巴布亚的雨季，作战地区完全可能需要建造道路、桥梁和机场，但前线的两个加强团总共只配属114工兵营可怜的几个工兵排而已。更令人郁闷的是，这些工兵在抵达前线时，也“轻装到底”，几乎是徒手工兵。工兵们没斧子、铲子和锆，也没有战斗用小艇，只带了很少的绳索，甚至连一个滑轮都没带。理论上这些工程装备都会和重型战斗装备一起用船运到前线，实际何时能到就只有天知道了。目前，这些没有现成工具的工兵排只能做一些最简单的前期工作，这是对他们能力的严峻考验。

“新丁师”的麻烦还不只这些，进攻之前，前方的医疗用品也严重短缺。治疗胃肠功能紊乱的药几乎没有，治疗疟疾的硫酸奎宁也不够，而这本该定期分配到部队。至于“疟疾平”这种药，整场战役中间，美国人和澳大利亚人都没有见到过。

哈丁师长已经安排船只将师里急需的医疗用品运到前线，但最后关头才得知，那

■为了用米尔恩湾缴获的日军摩托艇运送3.7英寸山榴弹炮，澳军炮兵正在拆卸炮车。

些船正忙于运送其他补给。他只得立即联络怀特海德将军，告诉他前线的医疗用品几乎告罄，希望将最急需的东西先空运过来，直到美军能够安排足够的水运船只为止。32师的大多数战士都在忍饥挨饿，而食品仍然短缺。瓦尼杰拉和前线之间的后方军用仓库里，存储了不少食品，但运输问题解决不了，前线还是只有几天的粮食份额。而食品和其他补给短缺必然会造成不利影响。

除了最后到达的126团1营和3营外，32师在前线的部队看上去都没个军人的样子了。他们的军服又皱又破，几乎都没有内衣裤和袜子，很多人的鞋子都已经磨破，有的甚至已不能称为“鞋子”。大多数人胡子拉碴，蓬头垢面，所有人都饥肠辘辘，面有菜色，有些人已明显体力不支。

126团2营在山间的行军路途最长，身心损耗最重，128团的情况也不好。126团2营长说：“麻烦的是，我们从10月中旬以来一直口粮短缺；穿越丛林的时候，饮食只有定量的三分之一，一天只能吃上几勺米饭。很多人都在发烧，染上了痢疾和森林溃疡。”军长艾克尔伯格将军后来写道：“在32师经历战火洗礼前，部队几乎全都染上了森林溃疡和疟疾，登革热和热带痢疾盛行。疾病和疲劳已经夺走了很多人的生命；而一旦战斗打响，情况只会更加严重。”

这个新丁师疲惫不堪，饥肠辘辘，忍受着疾病折磨，然而他们却都对即将发生的战斗盲目乐观。战区司令部早就告诉他们，布纳的日军阵地“一触即溃”，而师里的各级指挥官和士兵们都以为几天就能结束战斗。莫尔兹比港和前线的任何人都相信，他们不用费多大劲就能夺取布纳。巴布亚土著人（后来美国人都觉得这些人根本没有数字概念）在布纳一带探查后回来报告，当地的日本守军很少。航空兵同样报告说一个多月没在滩头阵地发现日军活动了，没有任何证据表明日本人想在那里修建坚固的工事固守。

根据这些报告，32师以为敌人已经虚弱不堪，可以在短期内迅速占领布纳。哈丁少将10月14日这样写道：“我认为很有可能，日军已经抽调了他们在布纳的部分兵力……我们可能会发现（布纳）很容易夺取，（日军）可能只留下一个架子部队在防卫（布纳）。”10月20日，哈丁进一步认为“现在有个好机会，我们11月1日就能拿下布纳。”到了10月底，尽管由于地形因素，哈丁过于乐观的估计眼看就落空了，但他还是认为根据所有情报来看，日军在“布纳－戈纳”的兵力相对薄弱，主动向战区司令部请求在11月5日就发动进攻。他说：“现在

■128团副团长麦克纳布中校（右一）和战士们在路边抽烟休息。

速取布纳的条件已经一应俱全。”

11月初，一位地面部队司令部观察员汉迪上校注意到，32师的很多人都觉得“可以散着步轻松拿下布纳”。另一位观察员哈里·奈特上校发现“当32师11月3日接到命令时，已经跃跃欲试。这道命令让美军在接到进一步指令之前，不要从门达洛普和博福向前推进。理由当然是希望赢得时间为即将来临的行动储备更多补给，但32师不这么看，渴望立即出战，等得已经有些不耐烦了”。

32师的各级军官都对这道命令议论纷纷：实际上命令的唯一理由是出于政治原因，战区司令部唯恐美军有失，而且也怕让他们早早占领布纳会伤害长期在欧文·斯坦利山脉苦战的澳军自尊心，这样应该由谁来占领布纳就成了一个问题；日军并不打算固守布纳，在那里没有驻军；他们用一支小部队拖延澳军的进攻是为了让更多人能撤走；他们也没想过在那里长期保留机场；整整一个月，这一地区没有看见任何日军的“零式”战斗机；盟军航空部队已经能阻止任何日本援军到达了，而且可以防止日军未来的任何登陆行动……

11月6日，32师情报主任霍金斯少校指出，地面和空中侦察报告都表明，布纳、西梅米和萨纳南达三地的日本守军各自不过二三百人，而戈纳的日军兵力更少。他据此推测，盟军大兵压境，敌人为了避免在布纳惨败，可能已经准备全部撤离。霍金斯认为日军最有可能试图让部队沿曼巴莱河撤退，使他们能从河口全身而退。他认为他们会这么做，于是建议为了避免日军在布纳上演一次“敦刻尔克式的撤退”，应当对布纳开放式海滩的所有船舶进行一次大规模空袭。

战区情报处长维洛比将军并不同意霍金斯这种过于乐观的观点，他估计日军不会就此早早撤退。维洛比估计日军在11月10日尚有两个不完整的联队，一个山炮大队，一些工兵和后勤部队，总兵力在4000左右。他觉得至少在瓜岛胜负未决之前，日军绝不会从布纳撤退。情报显示，日军大本营给南海支队长的命令是，在所罗门的战斗胜利结束前，固守布纳。这说明，日军希望在所罗门群岛获胜，那根据美军对日军性格和心态的

■西南太平洋战区情报处长查尔斯·维洛比将军。麦克阿瑟对他的情报处长评价并不高，维洛比在巴布亚战役期间提供的情报准确性一直为人诟病，分析判断也屡次出错，但他对布纳—戈纳滩头阵地日军兵力的分析比起32师的情报人员还是更准确一些。

了解，他们就不可能在这个时候从布纳撤军。

11月14日，维洛比根据最新战况和情报，开始怀疑日军在布纳是否还能拥有两个联队的兵力。他认为日军在奥伊维和格拉里已经受到重创，目前他们的残部大概还剩下一个不完整的联队和一些辅助部队，而所罗门群岛已经出现不利于日军的变化，日军在那里只是苟延残喘。因此，维洛比认为，如果日军在所罗门群岛的努力最终失败，那日军会收缩在布纳机场和滩头的防御阵地，随后全面撤退。至于日军进一步增援布纳的可能性，在维洛比看来很小，因为根据所罗门群岛的情况，日军增兵将面临多种物流运输方面的困难，而且要冒很大风险。

澳军第7师师长瓦西少将根据对日军战俘审讯取得的情报估计，11月14日，日军兵力大约在1500到2000人，和同一天维洛比修正后的估计大致相同。哈丁少将得知瓦西将军估计的数字，还是比他更加乐观。哈丁主要根据土著人提供的情报和霍金斯情报主任的估计，认为“布纳地区的守军不会超过一个防卫大队”。根据这些情报，哈丁在他的第一份布纳战役野战命令的情报附录里写道：

敌军原先在布纳的部队估计有1个加强联队和2个加强步兵大队的兵力。这支部队过去六周已经不断沿科科达小径撤退。日军由于严重的战损和撤退过程中的疾病，已经减员为约3个大队，其中2个大队在科科达—威洛皮地区驻扎，第3个大队则占据布纳和保卫交通线。而在威洛皮的战斗中，敌军2个大队已经减员到大约350人，而这些残兵应当已经沿库姆西河流域向北退却……

这个时候，在32师军营里流传的故事更加夸张，甚至有人说日军在布纳村的守军不超过两个班，而敌人在其他阵地的兵力也可能一样薄弱。军官们都告诉士兵，这次作战会很容易，对手只是一群在欧文·斯坦利山脉漏网的，少得可怜的残兵败将，只等他们过去收拾。美军都相信他们两天之内就能拿下布纳，需要做的只是一次扫荡战而已。

“新丁师”初次上阵需要多给自己打气，然而严重低估敌军兵力和战斗力是一个可悲的错误。当时日军兵力远比32师估计的强大，而且在布纳防御阵地等候他们的日军，和澳军第7师即将进攻的日军阵地一样难啃。

严阵以待的日军

哈丁少将的“新丁师”以为可以轻取布纳的时候，日军已经在他们前线最右翼的戈纳到最左翼的恩代阿德雷海角之间建立了绵延11英里的坚固防御阵地。日军防线沿海滩排开，纵深从几百码到几英里不等，全部覆盖面积约为16平方英里。

日军防线主要围绕三片主阵地构建。第

一个主阵地在戈纳，第二个在萨纳南达，第三个位于布纳地区的吉鲁亚河到恩代阿德雷海角之间。每个都是独立的阵地，而每个阵地的内线侧翼都防御完备，彼此之间的交通线除了被雨水和海潮淹没外的沿岸道路，都维持得很好。戈纳附近有一条沙质小径和巴萨布亚的陆军锚地相连，那里修筑了坚固的堡垒，十分牢固，但位置靠近大海，实在不可能进行纵深防御。萨纳南达道路一带的防御阵地经过精心设计，非常坚固，几条支路的交会点能够直通基尔勒顿角。在吉鲁亚河的另一边，同样坚实强大的阵地覆盖了布纳村、布纳教区和布纳简易机场等地。

日军最主要的基地在吉鲁瓦，最大的补给仓库和第67号野战医院都设在那里。在吉鲁瓦前方，日军的主防御阵地位于萨纳南达角以南，长约3英里，宽约1.5英里，那里有一条道路通往基尔勒顿角，与索普塔通往萨纳南达角的主干道相连。岔道口前方正好有一片稀疏的树林，而在沙堤和相连的干地上布满了碉堡、壁垒、战壕和其他防御工事。从这片岔道口阵地南面2英里起，有几个前方哨卡控制道路。在岔道口后方约800米，有另一条小路从主干道通往基尔勒顿角，那里是另一处戒备森严的坚固阵地，而在它之外，还有第三个这样的阵地。这些阵地往往会修建在当地唯一的干地上，侧翼有齐踝到齐腰深的沼泽地掩护，对进攻方极为不利。

吉鲁亚河东面，日军的防线更为坚固，这里形成了一个连续的前线和轻易无法包抄的侧翼。日军防线西起吉鲁亚河口，一直向东南延伸，穿过一片椰树林后，转而向南通往一个小路口，这个路口一边是索普塔－布纳主干道通向布纳村的路段，另一端通往布纳教区。防线再向北是一个三角形岔道口，随后再从一片狭窄的突出部通往一片被称为“政府花园”的草地。从这片“花园”向南再向东，通过一大片沼泽地才能到达当地旧机场南端的草地。这片环形地带围绕机场继续向南，将两条机场跑道之间的桥梁围了起来。然后呈直角转向新跑道，沿跑道南缘延伸到海岸几百码的位置，这片海岸在东北大幅收窄，最终在恩代阿德雷海角下方约750码到达海面。

这一地区海拔不过3英尺，因此战壕和坑洞不能挖得太深，日军在当地建造了数以百计的椰木掩体，其中大部分可以相互支援，形成纵深保护。一般这些掩体可以分为两种类型：或多或少的开阔地修建了重型加固掩体，在有树木和其他植被掩护的地带，修建了相对较小的掩体。另外，在地形对日军最有利的地方，他们修筑了覆盖土壤的，半地下式的大型碉堡，每个可容纳二三十人。此外，在新机场后方，日军建造了一些钢筋混凝土结构的碉堡。

除了少数例外，整个区域的日军防御工事基本上按照统一样式，用椰木建造。工事的基础是一条大约两英尺深的浅沟。小掩体大约8英尺长，若干英尺宽，大掩体30英尺长，10英尺宽，椰木大约1英尺直径，内部有两根立柱和若干横梁。椰木被切割成四到五英尺长不等，根据地形和植被情况，构筑掩体的不同部分。横梁组成的顶棚用椰木柱和浅沟相连。这些工事通常由交错重叠的立柱和圆木覆盖，而且一般会加装1/4英寸厚的钢板。外墙用日军能收集到的铁轨、工字钢、铁皮、圆木桩和灌满沙子的四十加仑容量铁皮油桶构成。

在工事的框架完成后，外面还会覆盖泥土、岩石和碎木块。椰子和草垫会填进覆盖的泥土里，提高外墙抵御高爆弹的能力，整个外部结构的土层都种下了能够快速生长的植物，既能用来伪装，也能提高防御性能。这些掩体工事通常仅高出地面七到八英尺，经过伪装，和周围环境完全混为一体，隐蔽性一流，难怪盟军的航空侦察都看不出所以然。

为伪装得更彻底，这些工事的射击孔通常都非常小，在它前方几乎都看不见。如果空中轰炸和火炮无法直接命中的话，这些工事几乎坚不可摧。工事的出入口都在背后，有时会开不止一个出入口。出入口的位置都便于他们能得到相邻掩体的火力掩护，同时能保护他们尽量免受敌方手雷袭击。工事或者直接对枪壕敞开，或者用低浅的爬行隧道连接。这种布置能够让日军从枪壕很快向后转移到掩体里，而且不必担心会被几码外的敌人发现。

■布纳地区的杜罗帕种植园里，经过伪装的日军防御工事。

日军在整个布纳阵地巧妙布置了这些强大的防御工事。工事掩体和战壕构筑的防御体系在“政府花园”，“入口”溪岸沿线，溪流另一侧的椰树林里形成了铁三角，拱卫通往布纳村和布纳教区的内陆通道，而通道几乎都被他们的火力覆盖。这一带最主要的沼泽地护卫着旧跑道的南缘，掩体、战壕和铁丝网护卫着旧跑道北缘。跑道间的桥梁前后方都建有掩体和炮兵阵地。在新跑道和杜罗帕种植园后方，有掩体工事、战壕和火力点，而机场的防御火力可以从桥梁、旧跑道和旧跑道东端的Y形疏散区一路延伸过来。这两条跑道为日军火力提供了开阔的射击目标，使他们可以对试图穿过两座跑道间的桥梁地带从侧翼包抄新跑道，或者试图推进到机场北缘的敌军部队集中火力打击。

布纳的日军防御体系堪称杰作，迫使美军第32师进攻日军的最强点——即沿小路通往机场跑道之间的桥梁，机场北缘和杜罗帕种植园前沿的三角地区。盟军部队将要攻入的这些狭窄区域，拥有防御完备的前沿阵地，而日军的内部交通线很短，可以用卡车和登陆艇向他们需要的方向增援，这种机动部署能够在一定时间内弥补他们对盟军的兵力劣势。

前线的堀井少将失去联系后不久，第15独立工兵联队长横山大佐接管了日军在吉鲁亚河西面的指挥权。安田海军大佐负责河东面的防务。

11月16日，盟军发起进攻的当天，日军在滩头区域的防卫部队是一群建制各异的陆海军部队。尽管由于战斗伤亡和减员，这些日军仍有接近5500人的有生力量。陆军包括144步兵联队和第15独立工兵联队余部，第41步兵联队第3大队，第55骑兵联队一部和第47野战高炮大队。此外，还有少量火炮留在后方护卫一部分从未参加过战斗的后方部队。海军部队包括横须贺第5特别陆战队和佐世保第5特别陆战队的500名官兵，另有大约1000名海军劳工。

■安田义达海军大佐。

尽管修筑了完善的工事防御体系，兵力也大大超出美军32师的估计，但日军的处境也不太妙。从伊奥里白瓦的长途撤退以来，尤其在奥伊维和格拉里之战和渡过库姆西河时，日军不但损兵折将，而且丢失了大量无法补充的武器和补给。现在布纳日军最短缺的是轻武器、食品和医疗用品，南海支队补给参谋富田义信中佐不得不绞尽脑汁分配有限的资源。

所有武器都集中在前线或者一线部队需要时就可以得到的地方。除了能够投入战斗的预备队外，后方的大多数人都没有武器。横山大佐不得不命令所有没有武器的人员尽可能配备绑着刺刀的杆棒。如果刺刀不够，就地制作木制长矛。这些冷兵器必须随时随身携带，即使在医院救治的伤病员都得人手一支。

日军缺粮时间已经相当长，而且口粮定量逐日降低。为增加食品，不多的战马都被宰了，好吃马肉充饥。

和盟军一样，日军也有大批人员饱受疾病折磨，情况甚至更严重。几乎所有人都负伤或者患病，需要进医院恢复体力，解除疲劳，但医院缺乏药品和设施。各级官兵都发生了严重的疟疾大爆发，还有大量人员罹患痢疾。

吉鲁瓦基地医院的情况最为严重，药品接近断绝，也没有足够的食品供患者恢复体力。由于气候原因，病房的环境极度潮湿，渗水、大湿度和暴雨使衣服、床具和医疗设备腐烂或生锈。11月初，医务人员就报告食品和药品已短缺到“对患者的恢复绝对会产生消极影响”的地步。而情况正变得越发糟糕。月底，一名日军士兵在日记中写道：“伤病员在医院里已经成了活着的傀儡。医院里没有东西可吃，缺少食物的伤病员都瘦得怕人，甚至让人都不忍多想他们的模样。”

尽管存在上述困难，日军也没有对自己的处境失去希望。他们有充足的弹药，一个坚固的防御阵地，也有足够的人员和武器长时间据守。更重要的是，他们有充分的理由期待拉包尔能迅速发兵增援和补给。他们得到的命令是固守布纳，再从拉包尔得到一些帮助，准备坚持下去。

戈纳是一个掩护巴萨布亚所有重要锚地的关键阵地，横山大佐派了800多人驻守。这支部队以陆军筑路队的700余人为基干，还包括师团给水部队和一些能行动的轻伤员。第十七军筑城要员山本常一少佐指挥这支部队，而筑路队的绝大多数人都是台湾“高砂义勇队”的军夫。11月19日，又得到41联队第11中队宗田二郎中队的69名官兵支援。宫本少佐的41联队第1大队也在戈纳附近集结。守军总兵力合计也达到1000多人。

横山本人亲自负责萨纳南达－吉鲁瓦地区的防御，作战兵力约1800人。这一带的驻军包括41步兵联队第3大队直属队和竹中秀太中尉的第3步兵中队（约300人），归队不久的144步兵联队残部，第15独立工兵联队主力约300人，一队700人的台湾籍海军工兵，以及一些能行走的轻伤员。

日军的一线前沿阵地位于萨纳南达和基尔勒顿海角各条小路的主岔道口，南吉鲁瓦突出部南方。镇守前沿阵地的是144步兵联队残部和竹中中尉的41联队第3中队，部分“台湾高砂义勇队”工兵和少数还能行动的轻伤员，由塚本初雄中佐统一指挥。在塚本部队北面800米的中央部分，是村濑五平少佐的41联队第3大队，在援兵到达后，这个大队兵力达到800人，支队山炮大队主力，横山大佐的第15独立工兵联队主力，渊田贞英中佐的第47野战高炮大队主力。除了战斗任务外，中央部队还要负责保护支队卫生队、野战医院和兵站医院的安全，而这些卫生机关的伤病员大约有2500人之多。后方指挥部设在小路顶端的萨纳南达，那里有南海支队参谋富田义信中佐指挥的兵站部队、支队骑兵队，以及11月28日归队的矢泽清美大佐指挥的41联队主力残部。

驻守布纳的安田海军大佐指挥包括海军特别陆战部队400人，第47野战高炮大队的一个中队（约150人），约400名海军设营队工兵，以及数百名陆军后勤部队。他拥有一些75毫米口径高射炮，相当数量的13毫米口径机枪，一些37毫米对空速射炮和3门三英寸高射炮。陆军工兵、防空部队和后勤部队都负责守卫种植园、新跑道和跑道之间的桥梁。横须贺第5特别陆战队和佐世保第5特别陆战队，以及海军工兵部署在布纳村、布纳教区、橡胶园和三角地区。

巴布亚战局已紧张到不容忽视的地步，布纳－戈纳的滩头防御阵地迫切需要增援。东京的日军大本营意识到尽管目前的重点在于收复瓜岛，但要想保住巴布亚的滩头阵地，就必须派兵增援。16日，拉包尔的第17军司令部命令144联队新任联队长山本重省大佐，率领刚从日本抵达拉包尔的144联队的700名补充兵员，监物平七少佐的第229步兵联队第3大队，椎木一夫中尉的第38山炮联队第2中队，合计1500名战斗人员，分两批前往布纳地区增援。

17日8点，山本大佐率领第一批部队约1000人，乘坐“风云号”等5艘驱逐舰，从拉包尔出发，第二天凌晨2点30分，顺利在布纳海岸登陆。7点40分，稍后出发的第二批部队约500人也顺利登陆，但运载他们的3艘驱逐舰在返航途中，有2艘被盟军飞机炸伤。

日军在滩头阵地的战斗人员数量大增，新到的援兵被驳船转移到吉鲁瓦，随后前往恩代阿德雷海角－杜罗帕种植园－布纳机场地区。布纳的形势为之一变。日军在吉鲁亚河东面的守军已经超过2500人，其中包括山本大佐从拉包尔带来的装备齐整的生力军。

山本大佐的援兵出发同一天，日本陆军新设立第8方面军，统一指挥新几内亚和所罗门群岛的军事行动。今村均中将出任第8方面军司令官，下辖负责所罗门群岛的第17军，和负责新几内亚的第18军。第18军司令官安达二十三中将将于11月25日来到拉包尔，而他面临的第一项任务就是缓解日军在巴布亚的困境，他很快就会发现这将是一个多么艰巨的任务。

美军逼近

11月16日一大早，美军128团就已出动，目标是日军在吉鲁亚河东面的恩代阿德雷海角－机场新跑道区域。麦考伊中校的1营（欠仍在彭加尼的A连）从恩伯格出发，越过桑博加河，天黑前推进到哈里科北面1英里的博莱奥溪口、麦克奈德尔将军的指挥部所在地。米勒中校的3营和史密斯中校的2营也紧随1营出发，从恩伯格以西3英里的瓦里索塔种植园和恩比启程，下午在多博杜拉歼灭了一个日军小型巡逻队后，继续向西梅米前进，随后会在西梅米正式向机场跑道间的桥梁进攻。仍留在彭加尼的128团A连，114工兵营A连，卡里尔中校的126团1营和哈考特少校的澳军2/6独立连会在次日出发。为数不多的炮兵也陆续就位。师炮兵指挥官沃尔德龙准将利用澳军在米尔恩湾缴获的日本驳船，将2门澳军3.7英寸山榴弹炮，炮手和200发炮弹送到指定地点。16日破晓，沃尔德龙自己带人前往奥罗湾运送等候在那里的25磅炮。炮兵副指挥官梅尔文·麦克莱利中校带领炮兵将2门山炮送上哈里科海岸，当天傍晚在博莱奥的前方炮兵阵地就位。

进攻已经开始，战斗随时会打响，但即便对前景乐观过头的32师也很清楚自己最薄

■杰克·马丁上尉、埃米尔·凯尔上尉、米勒中校和麦克纳布中校在瓦里索塔村商议进攻计划。

弱的环节就是补给。现在除了紧急空投外，全部补给都依靠麦肯尼中校在波洛克港仅剩的6艘小帆船和渔船，还有沃尔德龙用来运载火炮的驳船运输。尽管这些小船暂时还没有遭到日军袭击，但日军在莱城的海军航空兵一直都在密切注意盟军在沿海的动向，在盟军开始行动后，日军的海军飞机频繁出动，盟军脆弱的海上补给线面临严峻考验。

11月16日17点前后，麦肯尼中校的三艘小帆船和刚从奥罗湾到达的驳船，一起前往哈里科。三艘小帆船中，“敏捷”号装载弹药，第22急救医院的人员和设备。“邦威”号装运粮食和弹药，吨位最大的“米内姆拉”除了弹药和粮食外，还装载无线电设备、81毫米迫击炮、12.7毫米口径机枪和其他步兵不便携带行军的重装备。驳船也几乎都装满了，2门25磅炮和炮手先上船，其他任何可以利用的空间都塞满了炮弹。沃尔德龙准将和陆军地面部队观察员汉迪上校也在驳船上。32师师长哈丁少将和另一位观察员赫伯特·劳克斯上校同乘“米内姆拉”号，一起前往前线。

这些帆船和驳船仅有的防护武器是甲板上的机枪，没有任何空中掩护。尽管这个时候天空还有些亮光，但盟军的海岸巡逻战斗机为了在天黑前返回莫尔兹比港，已经返航了。船队绕过萨德斯特角时，有一艘小船从岸上靠过来，开始从“敏捷”号卸载弹药，但很快就不得不停止作业。事先没有得到任何警报，日军的18架“零”式战斗机，12架轰炸机和3架地面攻击机从西北方向杀来，空袭这支盟军的小运输船队。敌机对准船只就是一通狂轰滥炸。船上的部队用机枪和步枪开火还击，但完全无用。不消片刻，驳船和三艘帆船全都着火了。弹药开始被引爆，为避免更大损失，美军只得跳水逃生。哈丁少将，沃尔德龙准将和汉迪上校尽管有些狼狈，好歹都游水上岸脱险。劳克斯上校却是旱鸭子，好在临危不乱，依靠一艘拴在“米内姆拉”号船艉的小艇，安全脱险。

三艘帆船，缴获的日军驳船和装载的所有物资几乎全都报销。只有那艘装货的小艇从“敏捷”号上卸载的少量弹药冒着日军弹雨，终于送到岸边。师军械官约翰·哈伯特中尉冒着巨大风险，不顾日军火力，上船将这些弹药卸下。这次空袭造成的人员伤亡很重。麦肯尼中校在内的24人阵亡，多人负伤。本来牺牲会更大，幸亏一些大胆的官兵们不顾个人安危，从岸上跳下水来救人。114工兵营营长卡鲁中校，师直属连的赫伯特·皮博迪中尉带领救援人员，顶着敌军的炸弹，被引爆的弹药和燃烧的船舶碎片，抢救了许多原先可能溺水或被火烧死的战友。

次日上午，盟军航空兵到达之前，日军的4架“零”式战斗机袭击了盟军在恩伯格和门达洛普的两艘帆船，仅最后一艘帆船逃过一劫。恩伯格的“双弗雷迪”号受损严重，只得被拖回米尔恩湾维修；门达洛普的“威尔亚马”号更是千疮百孔，彻底报废。只有最后一艘小船“克尔顿”号还能为吉鲁亚河东面的部队提供补给。

这些船只的损失是一场大灾难。当初为搜集这些船只，后勤部门已经想尽了办法，现在一时根本找不到能够替代的船只，损失的山炮、迫击炮、机枪和其他重要物资将长期无法到位，盟军的整个补给行动已被打乱。前方部队使用的粮食和弹药短缺到了危险的地步，仅剩的最后一艘小船吨位太小，不可能将大量物资准时送往前线,. 麦肯尼中校的继任者拉尔夫·博科尼斯当时正在莫尔兹比港，上任后立即和航空部队联络安排空投最急需的物资。

■128团L连和M连士兵蹚过博莱奥和多博杜拉之间的桑博加河段。

■麦克奈德尔准将（正中面朝外，手持地图者）向各部队军官说明进攻计划。

11月16日和17日的船只和补给损失，迫使哈丁调整作战计划。他命令麦克奈德尔准将的部队停止前进，直到“克尔顿”号小帆船将他们所需的最低限度的补给送到，而原先安排船只运输的驻彭加尼部队只得步行赶去恩伯格。除被派往多博杜拉的工兵连外，这支部队随后将去博莱奥与麦考伊营会合，准备进攻恩代阿德雷角。

11月18日，128团1营和3营分别在博莱奥和西梅米阵地就位，哈丁师长随后下令次日7点发起进攻。128团2营的3个连被选为师预备队，已奉命从多博杜拉去安格掩护索普塔－布纳和安格－多博杜拉道路的岔道口，直到126团到来，开始向布纳村和布纳教区左翼发动进攻为止。2营的另一个连会和从彭加尼赶来的一个工兵连会合，留在多博杜拉协助工兵修建机场。

由于萨纳南达战局的需要，126团次日将转隶澳军第7师师长瓦西将军指挥，而原先他们应在哈丁的左翼从伊农达进攻布纳。左翼兵力在最后关头被调走，哈丁别无他法，只得派史密斯中校的128团2营去完成原先应由一个整团承担的任务。哈丁手中实在没有其他兵力可用，他知道史密斯面临的困难，如今只能祈祷这个营能得到幸运女神眷顾。原先留守多博杜拉的一个连也立即前往安格会合，2营将在20日出发，进攻布纳教区。

11月19日，发动进攻的日子到了，天公依然不作美，暴雨几乎下了一整天。部队被大雨浇得浑身湿透，所有飞机7点就停飞。澳军山炮根本无法观测，随便开了几炮，麦考伊中校的128团1营即从博莱奥出发，米勒中校的3营也走出了西梅米营地。补给已经脱节，战士们身上都只带着一天的口粮，以及仅剩的比一天供应量稍多些的弹药。

麦考伊营以连为单位，C连为前锋，排成纵队行军，越过博莱奥附近的溪口，然后沿着内陆20码灌木丛中狭窄泥泞的通道前进。他们的目标是2英里外的恩代阿德雷海角。

日军指挥官山本大佐已经严阵以待。由于海军飞机的高效行动和天气的帮助，他到达布纳后，有整整两天时间将全副武装的生力军、144联队补充队和229联队第3大队安排到合适的阵地。山本的主防线位于恩代阿德雷海角以南750码到800码之间，从海边穿过杜罗帕种植园，一直延伸到新跑道东端，然后再通过新跑道到达跑道之间的桥梁地带。在直通这些修筑完善的坚固防御阵地的道路上，他安排了一个前沿阵地。这条防线由在杜罗帕种植园南端道路沿线和种植园里

■128团M连路过西梅米村。

巧妙隐蔽的部队和机枪阵地掩护空地。尽管日军主阵地看似不连贯，但因为火力覆盖了整条防线周边区域，实际上非常坚强。

128团1营在博莱奥和种植园的半路上首次和日军遭遇。在道路西面隐蔽的日军用重机枪和步枪向美军开火，美军虽有所准备，还是被打了个措手不及。稳住阵脚后，美军试图进攻，但齐人高的灌木使美军很难发现日军的方位，也不清楚他们从哪里开枪，这样一来就无法有效使用迫击炮火，手雷的用处也受到限制。日军使他们的武器开火时不发出火光，丛林中的嘈杂枪声无法确定他们的方位，巧妙利用地形和自己修筑的工事，在各个不同的阵地往返传递和使用武器开火，使美军那些缺乏实战经验的新兵在看穿这种把戏之前，一直以为自己遭到四面八方的自动武器攻击。

工兵军事观察员大卫·帕克少校当时写道：

在这里遭遇敌人对我们的新丁部队来说是意外和打击。敌人的阵地伪装得非常巧妙，而且似乎在丛林中在我们靠近的各个方位都掌握了非常好的射击位置……到处都是狙击手……他们隐蔽得那样好，我们几乎无法辨别位置。敌人惯于让我们的部队推进到非常接近的距离，有时甚至会放入机枪火力点前四到五英尺的距离才开火；他们还时常放部队完全绕过他们，然后向我们的后卫开枪，还会从后方向我们的前方部队开火。

帕克少校印象最深刻的是“伪装好的阵地里，敌人机枪和步枪火力致命的射击精度”。他又补充道：

我们的部队在各处都被敌人非常有效的火力钉住了。即使我们的人从掩蔽所伸出哪怕一个手指，就会立即引来一梭子弹。根本不可能看到敌人到底从哪儿开的枪，在早期阶段，我们的步枪和机枪火力完全不管用……手雷和迫击炮……很难使用，因为首先，很难找到安全的位置准备投掷手雷；第二，茂密的丛林和长草，使投弹和射击都变得困难起来；还有第三点，因为几乎不可能观察到我们的射击目标。

一旦美军的火力变强，日军掩护部队通常会后撤大约十几码，保持防御弹性。128团1营的口粮已经断了，弹药也消耗大半，这一天结束时，他们的状态非常糟糕。部队战斗开始前还有说有笑，以为能轻松获胜。现在他们领教了日军的强悍，伤亡惨重，心里不由开始茫然。在战场上遇到的并不是少数经过欧文·斯坦利山脉的战斗以后，疲惫不堪，饥肠辘辘，疾病缠身的日本兵，而是一支全副武装，精神饱满的生力军。经过一段时间的震惊后，1营和他们的同伴发现这一战绝非一场能轻易取胜的扫荡战，等待他们的将是一场持久的鏖战。

米勒中校的3营也经历了一个残酷的

早晨。当时3营正逼近新旧机场之间的岔路口，西梅米小道在这里逐渐退化成一条两边都是沼泽地的狭窄堤道。当部队试图进入路口南面大约300码的开阔地时，遭遇日军从新机场西端，两座机场之间的桥梁后面，以及路口前方日军机枪火力的三面交叉酷烈火力打击。在这样密集的火线下，根本不可能取得任何进展。

面对阻击，米勒营长也无法组织重火力摧毁敌人的防线。他没有81毫米迫击炮，掷出的大部分手雷都成了闷弹，7.62毫米口径机枪弹药量很快就消耗到非常危险的低水平。无奈之下，他只得呼叫一次新的空投。一位随3营行动的团部参谋说道：

米勒不得不越过沼泽进攻日军阵地，沼泽有时能达到齐腰，甚至齐胸深。在越过沼泽时，除了轻武器外，根本无法携带任何装备。在这儿澳制手雷因为受潮而全无用处。米勒的一个巡逻队向日军一个10到12人的小组投掷了7枚手雷，结果一枚都没爆炸，而日军回击的手雷让他们蒙受了30%的伤亡。

天黑时，米勒的部队仍滞留在路口南面的边缘地带。全营伤亡惨重，却没能取得更大进展。米勒自己都形容接近傍晚时，情况接近“冰冻”。

3营被日军火力钉在一个狭窄的前沿阵地，粮食已断绝，全部弹药也几乎消耗殆尽，没能取得任何进展。幸运的是日军没有反击。

举步维艰

20日，弹药量相对充足的麦考伊1营继续进攻。由于实在无法校准目标，盟军的火力准备也只能大而化之，山炮没有观测和瞄准就开了炮，一些B-25轰炸机和A-20攻击机对恩代阿德雷海角地区进行了一次简略轰炸，随后1营从海角南方1800码的位置开始进攻。右翼的C连沿海岸行动，左翼的B连在离海岸较近的内陆推进。日军的隐蔽和备战一样出色，而美军这个时候已经缓过气来，想出了更好的办法。在约翰·克罗中尉带领下，C连成功渗透和拔掉了一些日军的机枪火力点，但克罗中尉下午却在战斗中失踪了。麦考伊的战线当天一路推进了几百码，在各营当中进展相对顺利。

这天上午盟军在哈里科和西梅米空投的粮食和弹药，下午就被分配到麦考伊和米勒的两个营手中。傍晚，卡里尔中校的126团1营和哈考特少校的澳军独立连已到达麦考伊128团1营前线，紧挨着麦考伊营后方宿营。这支新到的部队在整装从彭加尼经过25英里的行军后，筋疲力尽地到达前线，次日早晨会加入麦考伊营对恩代阿德雷海角的后续进攻。

21日，美军的攻击兵力增加一倍以上，支援和补给都比两天前更到位。按计划，麦考伊营在右，卡里尔营在左，从300码宽的

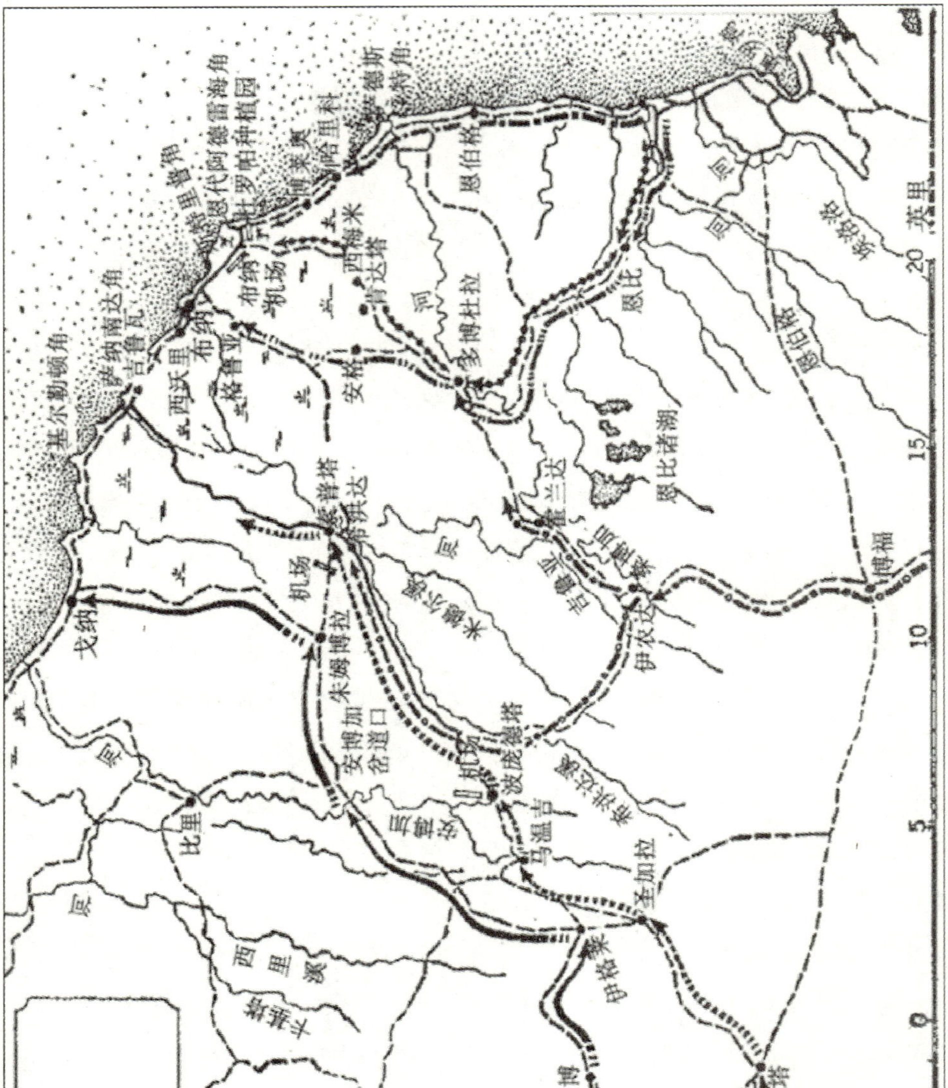

地图三十八　11月中旬，盟军进军布纳一戈纳滩头阵地路线

前沿阵地向海角北进。而澳军2/6独立连会向机场新跑道东端渗透，128团3营则从多博杜拉－西梅米道路两边的阵地一路试图占领机场跑道间的桥梁。

盟军A-20攻击机和B-25轰炸机的空中火力准备准时进行，空袭破坏了一些日军的机枪火力点。但地面进攻却没能在空袭后立即进行。由于协调失误——显然是128团团部的疏忽——麦考伊和米勒事先都不知道会进行空袭，只知到时听命进攻而已。更糟的是，一架飞机误将本该投入日军阵地的炸弹投到米勒营前沿部队头上，造成4死2伤。团部本该命令这两个营8点开始进攻，结果米勒8点40分才接到命令，这时空袭已经停止50分钟了，而麦考伊比他还晚50分钟。

进攻只得被推迟。哈丁师长安排航空兵12点45分再度空袭。空袭后会进行一次重炮和迫击炮火力准备，地面部队13点准时出发。然而这次轮到航空队误事，预定时间到点，根本没有飞机出现。原来航空兵唯恐无法在指定时间内完成空袭的飞机又会误伤友军，不敢冒险，索性让飞机返航了。

哈丁得报，简直哭笑不得。他可不愿意浪费一整天时间，必须发动一次进攻，再次要求航空兵出动。这次飞机好歹在15点57分发动了空袭，但一共就持续了6分钟。大部分飞机没能找到目标，一架A-20攻击机干脆飞到了海滩，把炸弹投进了海里。航空兵担心的误伤事故倒发生了，一架B-25轰炸机在麦考伊营的2个先头连——B连和C连的正中间投下炸弹，好一个中心开花！这次比上午更惨，6人被炸死，12人负伤，还有70人被爆炸掀起的尘土和碎木弄了个灰头土脸，差点就被活埋了。战士们拍打着身上的灰土，无不破口大骂：“这些狗娘养的飞行员，都他妈在空袭谁啊！”

事故使1营大为沮丧。一些人直接从预定出发线后撤，指挥官也不得不下令让他们返回。16点30分，进攻总算开始，山炮和迫击炮进行了短暂的炮火准备。步兵刚开始推进，就发现没有观测瞄准的炮火准备对日军工事很少或者根本就不能造成伤害。步兵不得不再次和几乎没被炮火擦到的敌军交战。

美军的重武器实在太少。大多数81毫米迫击炮和重机枪不是丢失，就是还没运到。而运抵前线的所有迫击炮弹——包括81毫米迫击炮曳光弹，这个时候迫击炮唯一能用得上的炮弹——由于引信起爆太快，炮弹出膛后，很快就爆炸了，几乎伤不了日军掩体。炮兵部队的前线观察员被茂密的丛林，日军的伪装和通信故障搞得苦不堪言。各迫击炮装备的SCR536小型手提电台在丛林里干脆直接罢工。

美军沿海岸通道推进时，只有用步枪、汤姆森冲锋枪、轻机枪和手雷与敌人苦战。这一天，他们拔掉了日军的几个机枪火力点，澳军独立连在机场东角附近也清除了一些日军工事。但进展有限，伤亡却非常大。在三天的战斗中，C连损失了包括全部4名军官在内的63人。21日，两位负责指挥的士

■128团1营的一个机枪阵地。

官也在几个小时之内阵亡。

米勒营向跑道之间的桥梁推进也不成功。姗姗来迟，却一点不靠谱的空袭过后，60毫米迫击炮连发20炮，倒是形成了一串声势颇大的弹幕，然而只能根据地图指示，无法预先观测日军阵地位置的炮击，唯一的好处是不会造成误伤。

16点28分，步兵出发了。尽管他们自己都没对火力准备抱什么希望，但开始的进展却意外非常顺利。他们通过了前两天一度占领过的开阔地，冲过路口，几个尖刀排离桥梁已经不远了。眼看离目标越来越近，然而战士们的心却不由自主提到了嗓子眼，日军的枪果然响了，交叉火力线将美军成片扫倒。全营一个多小时内伤亡和失踪合计达42人，仍然没能推进到预定位置。17点50分，米勒中校咬牙命令部队撤到路口以南一个较隐蔽的阵地。

显然3营根本无法夺取桥梁地区。晚上8点15分，米勒中校接到命令，让他留下一个连，足够的弹药和补给守住现有阵地，然后带营里的其他部队去海岸，从右翼攻打恩代阿德雷海角。这次调动必须趁日军还没发觉，尽快完成。于是卡尔·弗莱迪中尉的I连留下断后，其他部队第二天一大早撤回了西梅米。傍晚6点，米勒的部队已经来到麦考伊营后方宿营。

补给状况稍有好转。11月21日，多博杜拉的简易机场开始运营，但运输量有限。当天米尔恩湾派来5艘新召集的小帆船，不走运的是其中1艘快到达的时候触礁受损，但好歹其他4艘船安全抵达。加上“克尔顿”号，博科尼斯少校现在有5艘小帆船能用于沿岸海运。全师的补给状况虽仍比较混乱，但还能够维持。

炮兵的情况也好转了一些。11月21日，

沃尔德龙准将运来了最后两门25磅炮，澳军炮手和200发炮弹。炮兵碰上点儿小霉运。两门炮刚运来，准备布置阵地的时候，日军的“零式”战斗机正好飞过，打烂了一门炮的瞄准器，使这门炮一连几天无法使用。这样美军能够炮击日军在杜罗帕种植园强大阵地的火炮暂时只剩3门——2门山炮和1门25磅炮。

战斗开始不过几天，哈丁少将已经认识到他正在面对一座设防坚固的日军阵地，要想尽快突破日军防线，唯有使用坦克。根据哈丁的判断，杜罗帕种植园最适合坦克行动。他随即请求米尔恩部队（当时已经得到一些M3“斯图亚特”式轻型坦克）用驳船运3辆轻型坦克来奥罗湾助战。克劳斯少将尽力满足美军的要求，但第一批坦克装上缴获的日军驳船（当时仅有的能运输坦克的船只）后，这些驳船很快带着坦克一起沉没了。哈丁很快得到这个令人沮丧的消息，他只能在缺少装甲兵的情况下，尝试完成削弱日军坚固阵地的任务。

由于对沃伦部队各单位之间的协同不满意，哈丁少将命令经验丰富，充满活力的128团副团长亚历山大·麦克纳布中校，去麦克奈德尔准将那里报到，让他在麦克奈德尔指挥下协调沿岸的军事行动。

麦克纳布11月22日刚到前敌，就开始制定下一步进攻计划。他采取的第一个步骤就是把所有可用的迫击炮，全都集中到前线的炮兵阵地，用一个配备野战电话的中央观测站将他们联系起来。这个观察站就设在一棵能够俯视前沿阵地的高大椰子树上。这不是一个非常理想的观测哨（稍后才发现了一个更好的位置），但至少它能给迫击炮和野炮提供比前几天准确得多的观测信息。

第二天一早，美军的炮弹终于能落到日军修建的阵地里。调整后的炮火打击效果提高显著，麦考伊和卡里尔两个营的先头连队在当天的进攻中，已经能够将日军从他们的主阵地逼退。在机场东端外行动的澳军2/6独立连也取得了一些进展。而弗莱迪中尉的128团I连根据固守阵地的命令，仍在新跑道西南角的阵地待命。

下午，麦克奈德尔准将从他在哈里科的指挥部来到前线观战。18点30分，他遭到日军枪榴弹袭击负伤，随从人员赶快将他撤出战斗。根据哈丁少将的命令，海尔上校继任沃伦部队总指挥。

24和25日，平静无波。美军忙于准备在26日的感恩节，对恩代阿德雷海角和新机场两端发动全面进攻，只有米勒中校的部队到前线接替了麦考伊营。

美军努力调集了8门火炮，其中有6门25磅炮和2门3.7英寸榴弹炮，此外，战区航空队在25日还空运4门25磅炮，安置在安格附近的阵地备用。前线集中了12门81毫米迫击炮和多挺重机枪，此外航空兵一共集中了35架飞机——迄今为止能一次集中的最多数量，准备用于这次进攻。

按计划，这次进攻将从美军飞机对恩代

阿德雷海角－机场新跑道的日军阵地全面空袭开始。待空袭结束，榴弹炮将对恩代阿德雷海角开炮，25磅炮的目标则是机场间的桥梁和新跑道的西端。步兵将会在海角南面约900码的出发线集合。米勒中校的128团3营（欠I连），将直接沿海岸通道和海角向北进攻。卡里尔营会在米勒营左翼行动。麦考伊营会和卡里尔营保持1000码的间隔，在后跟随，准备在卡里尔营需要的时候支援。澳军2/6独立连会继续向新跑道东端进攻，而128团I连会从道路岔口南面的阵地向跑道西端运动。

美军上下都对这次进攻寄予厚望。战斗前夜，哈丁离开了他在恩伯格的师部，亲自乘坐运送弹药去前方弹药库的三角帆船“海伦唐”号去哈里科。大约开了7英里，这艘船在沙滩上搁浅了，哈丁少将被迫换划桨小船走完最后3英里水路。好在“海伦唐”号携带的装备和弹药随后还是送到了前线。哈丁4点45分到达海尔上校在哈里科的前线指挥所，先后察看了麦考伊和卡里尔的指挥所，最后来到米勒的指挥所。

进攻完全按计划开始。皇家澳大利亚空军的“英俊勇士”式战斗机，美军的P-40战斗机、A-20攻击机和B-25轰炸机率先从空中拉开了进攻帷幕。9点30分，在火炮、迫击炮和重机枪进行短暂的地面火力准备后，米勒营从右翼开始前进。15分钟后，左翼卡里尔营也随后出发。

盟军的预备火力命中了目标地区，但对敌军的伤害较小。日军在盟军飞机空袭时，就早早退入他们的工事，一直等到火力准备全部结束，然后几乎毫发无损地进入隐蔽火力点，用各种武器控制了美军步兵的所有前进路线。

米勒营正好一头撞上日军防线最强的部分，十字交叉火力线和密集的子弹挡住了他们的去路。中午，他们已经付出了五十人的伤亡代价，却无法再推进一步。正面攻打日军工事的K连完全被日军火力钉住，无法动弹，原先负责联系卡里尔营的L连和友军也被打散了。莱城的日军飞机发现“海伦唐”号帆船在沙滩上搁浅，一顿狂轰滥炸，将这艘船彻底摧毁。他们发现美军正在向友军阵地进攻，毫不迟疑地空袭美军，正在面对强大地面阻击火力的米勒营更倒霉了，几乎成了被日军装进锅里爆炒的鱼肉。尽管盟军飞机试图拦截日机，但时间点没掐好，难见成效。

卡里尔营的进攻也令人失望。他的先头部队带着指南针穿过齐腰深的沼泽地，可是依然搞错了方向，也没算准距离。一开始向西转得太急，发现错误后，为尽快回到正确方向，又过快地向东折返。14点，卡里尔向上级报告，他的部队已经看见海了。15点3分，他发现部队位置十分尴尬，原来已经从海岸运动到米勒营背后了。卡里尔意识到行军失误，好不容易纠正过来，终于能向杜罗帕种植园发动进攻。他对敌人防御强点的攻击取得了一些收获。第二天早上，卡里尔营和米勒营总算组成了一条连贯的战线。

负责新跑道东西两端的澳军2/6独立连和美军128团I连都没取得任何进展。两个连在各自的道路上刚行动不久，就被迫停了下来。这一天被寄予厚望的进攻彻底受挫。

第二天，盟军飞机沿着新机场，对日军阵地投下了一大堆炸弹，然而误伤事故仍没能避免，一串高爆弹落进机场西南弗莱迪I连的阵地，3人身负重伤。弗莱迪一边痛骂只长屁眼没长眼睛的飞行员，一面赶紧让全连带着伤员退入阵地南面的丛林隐蔽，这下他们正好又回到19日3营发动进攻时的起点。

一路辗转

32师右翼的沃伦部队在感恩节前一周几乎倒霉到极点，伤亡惨重却进展不大，左翼部队同样历尽曲折，但好歹取得了一些进展。11月21日上午，史密斯中校的128团2营从安格出发，开始向布纳推进。他们营的任务是突破覆盖多博杜拉－布纳主干道，分两头通往布纳村和布纳教区岔道口丛林间的三角地区的道路，再向布纳教区推进。

日军安田海军大佐部下以横须贺第5特别陆战队和佐世保第5特别陆战队各一部为主力，辅以海军各支援和工程部队，总兵力在史密斯营之上，已经严阵以待。在山本大佐的生力军到位以后，日军兵力更是雄厚。他们在三角地区南面有一系列隐蔽的机枪阵地，工兵在三角地区内部修筑了复杂的工事系统。三角地区两侧是深厚的沼泽地，防御工事一如其他地方，经过精心构筑，几乎坚不可摧。在三角地区以北的椰树林也布置了坚固的工事防御阵地，三角地区东北的“政府花园”扼守通往村庄和教区的道路，两地都布满了蜂窝状的掩体。

安田的防御阵地十分出色。各阵地和防御工事之间短小而安全的交通沟，使他能够集中自己的全部兵力守卫任何受到威胁的据点，当威胁解除时，他可以选择撤退，或是将同样的部队用于其他受到攻击的据点。

128团2营沿着多博杜拉－布纳道路，向三角地区推进，而他们对这一地区的日军防线几乎一无所知，对地形也知之甚少。13点30分，F连的埃尔文·霍尔中士带领他的一个班摸到日军据点附近。目光敏锐的霍尔发现了50码外的一挺日军机枪。霍尔不动声色，冷静地转身背向日军机枪，用自己的身体遮住了日军机枪手的视线。日军以为霍尔根本没有发现他们，不然不会面对近在咫尺的一挺机枪还敢作出这样的举动，诧异之下，居然没有马上开枪。霍尔用眼色示意他的部下向道路两边散开。战士们根据指示采取了行动。就在日本人还不明白他究竟有什么意图时，霍尔转身，举枪，扣动扳机，动作一气呵成，冲锋枪喷吐出一梭子弹，打得日军工事外壁灰土四溅。“八格牙鲁！”在日军的怒骂和闪电般的密集火线中，一颗子弹从工事枪口飞了进去，将一名日军击毙。他的

■128团2营蹚过通往安博格路上的一条河。

同伴发出痛苦而懊丧的咆哮。等他们抢上前去，想寻找杀死同伴的对手报仇时，美国兵的身影已经消失在道路两侧的丛林之中。

史密斯营官兵机敏的行动让他们避免了重大伤亡，但日军分布四方的有力阵地还是让他们不得不停止在道路上正面推进。营长得报，立即下令进行侧翼迂回。G连在右，F连在左，H连仍留在正面吸引日军火力，E连充当营预备队。

当晚9点30分，史密斯中校报告哈丁少将，他在岔路口遭遇日军抵抗，而在试图侧翼迂回日军阵地时，由于沼泽挡路，行动困难，进展缓慢。哈丁少将立即请求新几内亚部队司令部派当时在吉鲁亚河另一侧行动的126团的一个营增援史密斯。哈丁提出，这个营可以经索普塔－布纳道路，直取布纳。

新几内亚部队司令赫林将军很快同意哈丁的请求，命令赫伯特·M.史密斯少校的126团2营过河支援。11月23日9点30分，赫伯特·史密斯少校抵达史密斯中校的指挥所。从这一刻起，这两个营合称为“厄巴纳部队”，由军衔较高的史密斯中校统一指挥。由于两位史密斯营长姓名完全相同，为便于识别，哈丁师长便规定在通信电文中称史密斯中校为“白史密斯”，史密斯少校为“红史密斯”。

就像史密斯中校曾向哈丁少将报告的那样，厄巴纳部队战区的地形，尤其右翼地形非常恶劣。主干道全是深厚的淤泥，128团G连原先试图从右侧包抄，迎面就看见连绵不绝的沼泽，有时战士们会发现，沼泽的污水深达颈项。128团F连在左翼遇到的地形稍好些，不过很快就发现和三角地区左边平行的入口溪。这条溪流不仅水流湍急绵长，而且看上去日军机枪阵地已经控制住所有可能过河的渡口。

G连在右翼沼泽地特别耗精力。部队21日下午晚些时候进入三角地区右侧的沼泽，当他们继续东进时，天已经黑了。连长西奥多·弗洛里中尉决定继续前进，然而前面的沼泽更难通行。眼看部队在天亮前都不太可能找到一块干地，弗洛里最后在21点决定暂停前进。

G连度过了一个十分痛苦的夜晚。少数战士能够在附近的树根找到一小块栖息地，大多数人只能在泥沼里等候到天亮。天方破晓，皮肤在湿地里浸泡了一夜，一宿都没能睡好的战士们再度出发。经过一番艰难的缓慢行军，中午终于到达一片干地。经过短暂侦察，G连发现他们登上了三角地区东南两片长草地中的一个，而再走200码，就会遇到另一片沼泽，只有越过沼泽，才能到达下一个紧邻目标的长草地。

史密斯中校尽管在阵地上有一个连能发动进攻，但他反复斟酌后，觉得现在进攻未必可行。根据G连弹药供给排和连部通信设施架设组的报告，无论补给运输，还是电线架设都非常困难，这使史密斯意识到这种地形条件下，要供应G连的补给几乎不可能。而从F连的报告来看，情况明显好得多。三角地区左侧的沼泽最多不过齐腰深。于是他决定将G连从不适合展开的右翼阵地调回，集中全营兵力在左翼行动。

11月23日，史密斯向师部发报说明，右翼G连的补给道路泥浆足有齐颈深，行动不便，希望师部允许撤回这个连。14点前后，史密斯始终不见回复，于是独断命令G连撤出沼泽地，回营部待命。根据这道命令，G连开始后撤。这时，师部收到了史密斯的通信。由于电文解码错误，师部看到的电文是通往G连的补给道路布满“齐膝深”的泥浆，而不是“齐颈深”。14点25分，师部回电称现在还没必要撤退，应当继续进攻。

上命难违，史密斯中校只得下令G连停止撤退，回到原先的前方阵地。由于史密斯对日军阵地的了解有限，为慎重起见，他请求师部将进攻时间推迟一到两天，以便进一步侦察，这样也有可能发现一条更适合的路线为G连提供补给。师部没有同意。20点45分，史密斯接到师部的电报，第二天上午8点，盟军会对三角地区发动一次空袭，随后他和“红”史密斯少校的部队就要发动进攻。

23点30分，两位史密斯营长在“白”史

密斯中校位于三角地区以下日军最近阵地以南1200码的指挥所，召开参谋会议。他们制订了一个计划，设想同时从左翼，正面和右翼三个方向发动进攻。三路进攻会在上午8点空袭结束后立即开始。炮兵的4门25磅炮当天已经到达多博杜拉，等它们到达安格，进入射程后，立即会提供地面炮火支援。

第二天一早，按计划航空部队的战斗机应率先空中扫射三角地区。12架P-40战斗机一一掠过目标上空，但地面部队看不懂的是，它们居然没有一架准确锁定目标。战斗机空袭结束后，还没有轰炸机跟进。而P-40战斗机也没有发动第二次攻击，他们认为自己已经完成了任务，但实际上却没有。

“活见鬼！”前线部队把空袭情况报告给指挥部。史密斯中校和上级联络后，达成了共识。这次空袭完全成了无用功，地面进攻暂缓，给航空兵另一次机会。根据航空部队的安排，13点55分，8架P-39和4架P-40战斗机会发动一次空袭。不过由于目前没有轰炸机能飞抵布纳地区上空，这次依然没有轰炸机可用。

下午的预定空袭时间很快到来，结果空中没见到一架P-39战斗机，只有4架P-40。这次空袭总算击中“目标”，但它们的机载机枪没找到三角地区的日军阵地，反而对史密斯中校的指挥所一顿猛扫。万幸这次误击仅造成一人轻伤，但日军阵地甚至没落下哪怕一颗子弹。

等P-40战斗机结束最后一轮对指挥所的

■128团2营在恩伯格地区生火做早餐。进入布纳战场以后，他们就很少能这么悠闲了。

空袭，史密斯中校憋着一肚子火，在掩体里打量空中是否还有其他飞机跟进，总算没有更多不长眼的继续到来。史密斯也不指望更多空中支援了，直接下令进攻。前线部队就地组织迫击炮火进行了一轮短促的，主要以60毫米口径迫击炮为主的火力准备（当时这两个营一共只有2门81毫米口径迫击炮，弹药也很少），随后步兵14点28分正式出发。14点37分，安格的25磅炮校准射程完毕，开始对日军阵地实施远程炮击，加入攻势。

左翼的126团E连开始向入口溪大范围迂回，在他们向北推进约400码后，折向东北进军，继续推进400码后，到达三角地区西北溪面上的一座小桥，遭遇一支日军强力部队准确的机枪火力阻击。该连只得就地掘壕防御，但这里太靠溪水，散兵坑很快就被水渗满了，战士们只得转移。这一天，他们没能取得更大进展。

126团F连尽管很快得到营重武器连H连支援，但在三角地区的进攻只取得了很有限的进展。他们推进了大约300码，只找到横在道路上的厚重铁丝网。而日军用大面积火力覆盖了铁丝网周围。F连没有配备切割材料，也没有爆破装置，只得掘壕和日军对峙，同时请求爆破工兵支援。

128团E连和G连在右翼遇到了最糟糕的局面。E连利用新发现的捷径穿越深厚的沼泽，到达第一片长草地比G连21日消耗的时间短得多。集中两个连后，美军在右翼已有充足的时间和兵力发动进攻。

弗洛里中尉留下重武器排和E连留守草地，带领其他各排越过沼泽从侧翼包抄三角地区。大约200码外，先头排登上了紧贴三角地区的一小片茅草地，结果发现一大股日本兵在那里防御一个高炮阵地，双方都大吃一惊。美军率先开火，但日军远比他们想象中要多，G连蒙受了一些损失后，被迫退入沼泽地。弗洛里中尉一度试图从侧翼绕过日军据守的高炮阵地，但他们的自动武器火力覆盖了阵地四周，阻击了美军的所有迂回企图。黑暗中，G连发现他们已经被日军火力钉在高炮阵地边缘，好在阵地通往沼泽的斜坡地势较高，能给他们提供一些掩护。

G连主力被日军挡在三角地区右翼时，日军一部从“政府花园”方向发动反击，但在进入草地射程范围时，被E连和G连重武器排的火力线截住。入夜后，日军进攻更为大胆，美军阵亡1人，负伤5人，不善夜战的他们十分沮丧，很多人一开始就暴露在日军火力之下。

之前G连重武器排花了两天时间把重装备运过沼泽地，而E连已经到达草地5个多小时，足够他们把本连的重装备运到。然而美军缺乏机油，部分装备在过沼泽时也弄湿了，戒备也可能出现了疏忽。无论出于何种原因，当他们夜间被日军堵在开阔地，耳边听到不远处传来哇哩哇啦，穷凶极恶的喊杀声，试图将眼不能见的日军击退时，偏偏发现他们的重武器关键时刻掉链子。迫击炮弹出膛都没能听见响，原来推进剂已经受潮。

重机枪子弹带在过沼泽时变得又脏又湿，沾满了淤泥，打了几发就卡壳了。冲锋枪和勃朗宁自动步枪更惨，都被淤泥和污水浸泡得只打一发就闷了。缺少弹药，食物几乎全部告罄，无奈之下，美军只得暂时退入沼泽，慌乱之中，丢弃了不少武器装备。

与此同时，史密斯中校一直在试图和E连取得电话联系。得知日军的进攻已经把该连赶进了沼泽地，史密斯严令他们在天亮前收复丢失的草地，然后等待进一步指示。但在这个节骨眼上，电话死机了，这样一来史密斯中校的指示无法及时传达给这两个连。

E连这个时候成一路纵队从草地撤离，G连重武器排就在他们队列正中，一起撤退。队列最远端离营部最近的是副连长奥里恩·罗杰斯中尉，而最靠近草地，带着那台死机的电话的是连长A. T.贝肯上尉。

天黑不久，贝肯的命令一路沿着队列传到罗杰斯耳中，让他带部队撤回营部。罗杰斯行动的时候，贝肯那台一度死机的电话又响了，得到营长的命令，他急忙传话说命令有变。罗杰斯一时摸不着头脑，只得让士兵们传话到队尾，询问连长是否属实。几分钟后，有回报说确实让他撤退，于是罗杰斯开始带领先头部队向营部靠拢。而此时贝肯也从士兵们那里听说了让他撤退到后方的命令。贝肯的电话机已经彻底罢工，他以为有一名营部的信差将撤退命令传给了罗杰斯。为了确认营部的命令，他向罗杰斯询问命令是否来自营部。答案一路传来，说“是的”。就这么错进错出，G连重武器排跟随E连一起撤到了后方。

而弗洛里中尉的G连余部仍在三角地区外面被日军的高炮阵地压制。弗洛里派一名信差去找重武器排，希望得到一些迫击炮火支援。信差很快回报，E连和重武器排已经离开了。弗洛里派一名军官去后方草地确认报告属实，等候上级命令未果之后，G连也开始向后方撤退。

11月25日一大早，128团E连和G连重武器排到达史密斯中校的指挥部，而G连主力除少数掉队士兵外，10点7分也回到营部。史密斯中校欲哭无泪，他昨晚刚报告哈丁师长，已经让这两个连在草地边缘附近坚持到这个上午为止，如今却变成这种结果，他只得硬着头皮告诉上级“由于通信故障”，这两个连违反了自己的命令，已经回到后方。

这两个连已经饥疲不堪，而史密斯中校自己都对右翼的进攻失去信心，于是他决定放弃在右翼采取任何行动，集中兵力进攻日军阵地左翼，而在右翼改派小股巡逻队寻找适合推进的路径。

得到史密斯中校的最新报告后，哈丁少将进行了修正。根据对三角地区通往布纳村和布纳教区道路的仔细评估和研究，哈丁认为如果部队能占据三角地区西北的一大片草地，完全可以迂回三角地区，打开通往布纳的通道，同时夺取布纳村和布纳教区。主意已定，哈丁命令史密斯用一部兵力包抄迂回

地图三十九　厄巴纳部队对三角地区的首次进攻

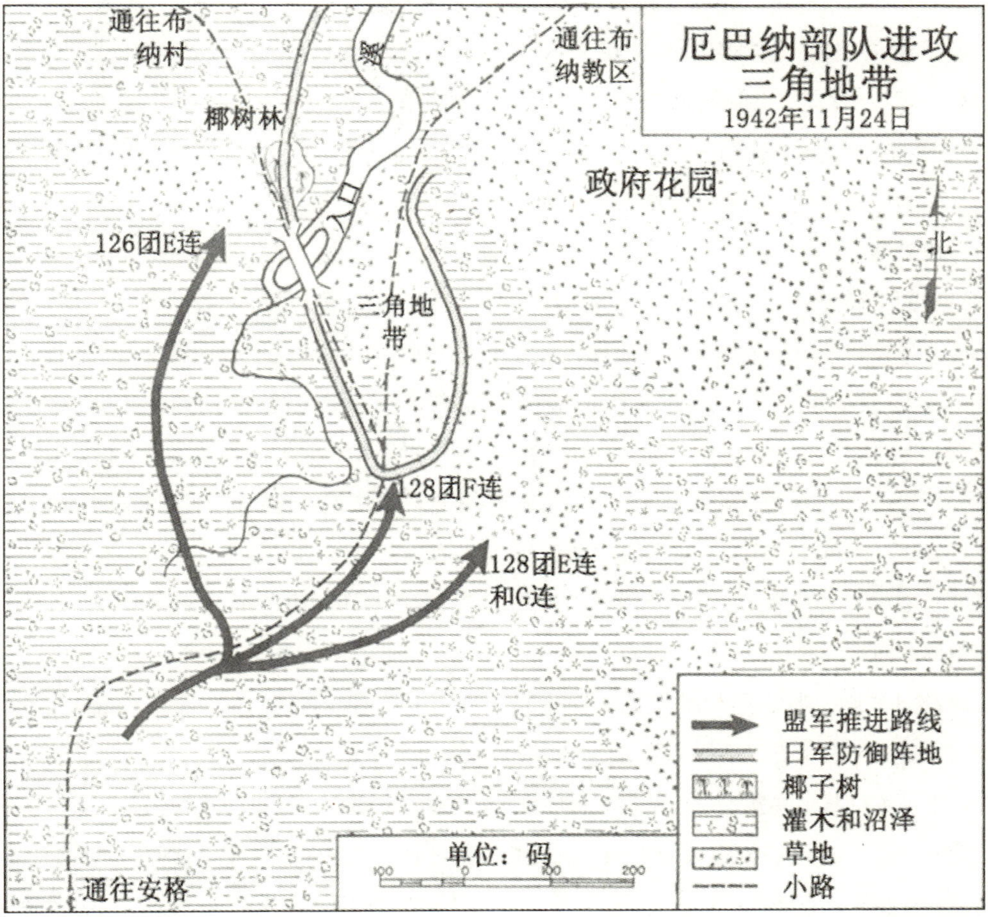

三角地区，留下余部在大草地南面的沼泽待命，准备占领大草地，向西逼近布纳村。

26日一大早，史密斯开始根据这一战术计划进行部署。128团F连和126团G连进入126团E连24日夺取的入口溪桥梁以西地区，伺机出击。

哈丁觉得“厄巴纳”部队的进攻没有足够的活力，决定调整前线指挥班子。史密斯刚开始调动，师参谋长约翰·莫特上校就奉命来前线督战。哈丁指示莫特一定要让“厄巴纳”部队更坚决有力地发动攻势，而一旦前线形势需要，他可以亲自接管这支部队的指挥权。

27日下午，莫特上校来到史密斯中校的指挥所，以最快的速度了解了“厄巴纳”部队这两天的战斗经过，耐住性子没有大骂，根据师长的将令，直接接管了指挥权，随后头一件事就是撤换128团E连和G连的两名连长。莫特对两名卸任连长下令，让他们率巡逻队去先前E连和G连重武器排撤出的草地前方区域巡逻。随后，他命令E连和G连在两名新任连长带领下，去草地上尽可能收集自己丢弃的武器。太阳落山时，这两个连按照命令采取了行动，但E连回来时没能带回一门迫击炮，只得再次回去寻找。

这段时间莫特一直在着手准备下一轮进攻。他采纳了“红”史密斯少校的建议，对布纳村的进攻会从大草地南面紧靠的两片小草地开始，并按照这个计划着手布置。史密斯少校奉命在吉鲁亚河附近集结兵力，准备根据预定时间直趋那两片小草地。128团F连占据了入口溪小桥西方地区。“白”史密斯中校指挥G连和H连负责夺取三角地区以南阵地，吸引日军注意力。E连充当预备队，在指挥部周围待命。

28日傍晚，哈丁师长批准了莫特的部署。稍后赫林将军提议前线部队可以进行夜袭，哈丁本打算当晚就夜袭布纳村，但听取莫特的意见后，决定给部队24小时的准备时间，29日到30日夜间再进行夜袭。

紧咬慢啃

11月28日，“沃伦部队”在前线休整两天后，哈丁少将命令海尔上校准备次日发动进攻。当天傍晚，沃伦部队发来一份报告称，日军将在多博杜拉发动一次地面进攻。哈丁不敢大意，命令海尔严加戒备，并将原定进攻时间推迟到30日上午。

这样一来，几经调整，“厄巴纳部队”和“沃伦部队”都被安排在30日进攻，而沃伦部队会相对早几个小时发动夜袭。这两支部队的最大困难仍是补给严重短缺。21日一度集中的三角帆船要么被日军摧毁，要么搁浅，只有一艘还能发挥作用，但这无异于杯水车薪。

29日夜间，莫特上校经过一番周折，总算为厄巴纳部队做好准备。他们在一棵茂密的大椰树后面建立了一个观察哨，这株大树根深叶茂，对隐蔽非常有利，莫特上校在哨所布置了和安格的炮兵联系的电话。安格的火炮和迫击炮都已对准了目标——厄巴纳部队前方空地前的大草地。莫特的指挥所距离最前线的126团E连不过一百码。后备兵站和一个预备队连都在吉鲁亚河附近待命。

这次进攻的战术细节由红史密斯少校决定。部队过了半夜就向大草地开进。迫击炮和火炮将对草坪进行30分钟炮火准备，步兵紧接着会在黑暗中继续靠近他们的目标。但即使战士们连自己的内裤都捐出来，仍缺乏白色布料制作袖标，为避免误伤，军官们再三叮嘱行动时队列一定要靠紧。126团E连和F连将攻打东北方，负责占据大草坪，而他们的第一目标是入口溪小桥北面的“格罗夫”小椰树园附近。126团G连沿着道路直取布纳村。128团F连在同团E连接管他们的阵地后，会继续沿西沃里溪前进，直到占领溪口的渡口，以及溪流和吉鲁亚河之间的外围阵地为止。128团H连会紧随126团E连和F连，提供重火力支援。128团E连保持在紧贴126团E连右翼的位置行动，消灭格罗夫椰树园外活动的日军。史密斯中校亲自指挥的128团G连会继续在三角地区南面行动，掩护通往安格炮兵阵地的道路和其他各部的后方。

美军的精心部署被先下手为强的日军打乱了。草坪中的日军天黑后就不时向美军阵地开火，而这只是开胃菜。夜里，日军飞机在美军阵地上空盘旋不停，沼泽地的水位也突然上涨。各种混乱使许多美军士兵都在黑暗的沼泽地里难辨方向，进攻时间不得不推迟了几个小时。

美军的火力准备总算开始了。炮火停歇后，126团F连都一个个紧挨前面人的肩膀，缓缓在黑夜中向前挪动脚步。他们仅有的向导装置是从起点一路向前铺设的电话线，一位排长罗伯特·奥德尔中尉很快发现他们只能在最近刚呆过的散兵坑里打转。路径难以辨认，美军摸索了几小时后，大约前进了几百码。枪都已经上了刺刀，在进入进攻位置前，步枪都禁止开火。一路上日军都死一般地沉寂。

凌晨4点，126团的3个步兵连终于发动进攻了。天色依然漆黑，大约在100码外，他们和日军第一次短兵相接——遇上了日军机枪阵地组成的火力线。奥德尔回忆这次遭遇战时如是说：

（那一刻）简直天崩地裂，无数子弹在空中飞舞……机枪曳光弹照亮了整片地区，我们的步枪子弹就像撞上了一片火网。到处有人诅咒，大吼，惊声尖叫。而士兵们的队列依然不乱……勇敢的人主动引领其他人跟随，懦夫都只会蹲在草地上，像筛糠一样浑身发抖。

美军的进攻兵力逐渐聚集起来。126团E连和F连占领了敌人的前哨阵地，到达大草坪东端。他们在那里发现了一支日军，一时看不清虚实，于是先就地巩固阵地。

126团G连奉命打开通往布纳村的道路，天亮前，占领了草地西端，部分完成了任务。在连长克莱代·贝利中尉带领下，G连成功摧毁了日军在草地西端的坚固阵地，激战中他们迷了路，耽搁了向布纳村推进的时间。天亮后，该连发现，他们已经到达草地北边的沼泽地岸边。得知G连没能及时到位，莫特上校立即让126团E连负责占领布纳村。E连从主干道直趋布纳村，6点开始进攻。在村外300码遇上了日军的防御工事群，迫于日军组织完善的十字交叉火力阻击，一时无法继续前进。

根据126团2营营长史密斯少校的命令，哈罗德·汉特尔曼上尉的H连和营部直属队一部跟随F连连长努默中尉一起行动。汉特尔曼在后方组织迫击炮火支援，努默带领步兵在前线推进。史密斯少校倾尽全营兵力，试图一举拿下布纳村。厄巴纳部队在前线集中了前所未有的迫击炮火力，然而步兵前进时也遇到比前一波更坚强的阻击。这波进攻和

■布纳村地区的一座带战壕的日军伪装掩体。

上次一样，在当天下午停止的时候，虽然取得了进展，但推进距离并不大，人员伤亡却相当可观。

负责保护厄巴纳部队左翼，以及切断日军在布纳和萨纳南达地面交通线的128团F连顺利完成了任务。他们占据了西沃里溪的渡口，以及渡口和吉鲁瓦小桥之间小路上的日军外围阵地。西沃里村东面的部队成功阻击和击毙了一些从布纳赶来，试图过桥的日军。

128团2营的其他各连进展不顺。E连从草坪东南角进攻，没能夺取格罗夫椰树园，G连在三角地区南端的进展也很小。莫特上校接到这两个连的战报，命令他们在命令变更前，继续压制当前目标。

在美军的持续压迫下，日军渐渐支持不住。美军对大草坪展开了扫荡战，部队占领了两座较大的日军指挥部。日军撤离时比较匆忙，美军能清楚地看到这里的指挥和医疗设施，还有几座放置武器、弹药、食品和药品的掩体。指挥部和后方的掩体之间有隧道连通。帆布和木材搭建了工事框架，地上覆盖着木制地板。美军在指挥部里缴获了大量军事档案、密码本、作战日志、一部大型电台。战士们将物资搬运一空之后，焚烧了建筑物，掩体也随之崩塌。

厄巴纳部队在眼前的“硬骨头”上好不容易啃下了一些肉末，右翼的沃伦部队还在继续和日军撕咬。沃伦部队得到的支援更多，然而进展却比厄巴纳部队小。

师炮兵指挥官沃尔德龙准将和副指挥官麦克莱利中校在多博杜拉设立了炮兵指挥所，对所有已知炮击目标进行数据校对，力图提高炮击精度。他们将现有的8门25磅炮和2门3.7英寸山榴弹炮编成3个炮兵集群，分别以三位澳军炮兵一线指挥官的姓氏命名。曼宁的第一集群4门25磅炮在安格北面阵地，霍尔的4门25磅炮和奥海尔的2门山榴弹炮都在博莱奥阵地。澳军的一架“韦拉威”战斗机从莫尔兹比港飞来，从空中为炮兵校正射击诸元。而美军第129野炮营A连的一门105毫米榴弹炮及炮手和400发炮弹前一天总算空运到多博杜拉，这也是整个布纳战役期间唯一参战的美军火炮。埃尔默·科布斯上尉指挥的这门火炮30日在安格的阵地就位，但还是错过了沃伦部队的进攻时间。

根据这几天的战斗，哈丁少将越发坚信需要坦克摧毁日军在杜罗帕种植园的防御工事，于是他继续努力争取前线部队急需的装甲兵。11月27日，他用无线电联络COSC后勤部队司令约翰斯将军，请求他尽力将米尔恩湾的坦克运到布纳。他认为约翰斯可以尝试用古迪纳夫岛缴获的日军登陆驳船运送这些坦克。约翰斯不敢怠慢，立即请示新几内亚部队司令部，得到的答复令人失望，当地的任何船舶都无力运输坦克。经过再三磋商，约翰斯决定用“布朗式”装甲车代替坦克，充当哈丁急需的装甲援兵。布朗式装甲车是一种履带式轻装甲侦察车辆，车上安装了布朗式机枪。当天一共有13辆装甲车从米尔恩湾运到波洛克港。约翰斯告诉哈丁，今后两天，将至少有4辆装甲车能送到前线，哈丁立即修改作战计划，准备在30日将这些车辆配属沃伦部队使用。

根据拟定的计划，麦考伊营（重整为2个步兵连和1个重武器连）逐连列成纵队，以A连为先导，沿道路发动攻势。届时麦考伊营将沿350码宽的战线行动，2辆布朗式装甲车充当进攻箭头。卡里尔营也将得到另2辆布朗式装甲车加强，同时澳军2/6独立连会在他们左翼行动。该连会袭击西面紧邻机场新跑道的地区，试图一举打开缺口。除了澳军独立连和装甲车外，卡里尔还会得到128团M连的4门81毫米口径迫击炮支援。米勒营（欠I连）充当预备队，随时准备支援前方的两个营，I连则留在跑道桥梁以南数百码，横跨多博杜拉－西梅米道路的阻击阵地，严防日军异动。

地面部队预定出动时间为30日6点30分。出发前15分钟，25磅火炮会向新机场西南角进行炮火准备，随后将火力延伸到机场东北的丛林中，打击已知日军迫击炮和火炮阵地。3.7英寸山榴弹炮会先对恩代阿德雷海角进行火力准备，随后为麦考伊营提供火力支援。战区航空队会打击日军试图增援布纳的护航船队，同时只要飞机在空中能发现任何日军地面部队，都会毫不迟疑地空袭。

然而波洛克港的船舶短缺严重，布朗式装甲车最终未能如期运抵，于是步兵发动地面进攻时仍缺乏装甲支援。唯一的美军105毫米榴弹炮同样也无缘这次攻击。就连预定好的空中火力准备，也因为航空部队发现日军护航船队的规模大于预期，而无暇进行。

6点15分，盟军的25磅炮，山榴弹炮和迫击炮如期开火，数百发炮弹落入日军阵中。15分钟后，地面部队准时出发。而盟军的轰炸机在成功将日军护航船队逼回拉包尔后，9点加入盟军阵容。9点45分，炮兵提供了第二次火力支援。13点45分和14点48分，盟军飞机先后两度空袭日军阵地。

尽管得到友军的大举火力支援，沃伦部队当天的进展仍难以让人满意。情况和哈丁预想的完全一样，盟军部队面对日军的坚固防御工事，苦于无力突破。他们没有坦克和装甲车，没有能洞穿日军工事外壁的榴弹炮火，只能依赖近距离爆破，必然耗时良久。美军步兵陷入苦战，仍力求突破，但始终奈何不了日军的掩护火力。

在沿岸道路打头阵的128团A连，费尽周折只推进了一百多码，然后就遇到山本大佐设置的圆木路障，而日军就在路障后面守卫这里的道路，自动武器从路障后方和更隐蔽的工事里射向美军左侧。A连被这道火线彻底挡住了去路。博莱奥的支援炮火无力削弱这道路障，而81毫米迫击炮和37毫米火炮就算专门对准路障持续炮击，也丝毫不起作用。中午，A连完全停止前进，开始在酷热的白天掘壕对峙。夜间，B连替换了A连，此时距离海角还有900码。而他们的右翼依然正对着路障，左翼只要稍向后回转，就要回到白天的出发位置了。

麦考伊营左侧的卡里尔营负责向西推进，进展只略好一些。他们奉命从机场新跑道北边向东端渗透，B连试图向北突破，通过岔口，但被日军在机场新跑道和丛林中的防御强点火力截住。左翼的C连和澳军独立连沿跑道南边向西运动，大约推进到跑道中央，随后被日军渐趋激烈的火力挡住，只能先掘壕防御。尽管卡里尔中校取得了一些进展，但整体上并不成功。

美军32师的形势严峻。他们已经反复发动进攻，然而日军的阵地依然完整。32师在布纳鏖战两周，紧咬慢啃，费尽九牛二虎之力，战斗伤亡达492人，始终没有取得突破性进展，无法打开日军防线。

第九章　萨纳南达受阻

草地遭遇

美军32师在布纳陷入苦战的前两个星期，瓦西将军指挥的澳军第7师也在向戈纳－萨纳南达地区推进。

11月16日，澳军第7师主力渡过库姆西河后，面临和科科达山路截然不同的另一种困难。库姆西河和海岸线之间，大小路径和河道纵横交错，密如蛛网，如何选择最适合的道路向滩头阵地前进是澳军面临的第一个问题。师长瓦西少将选定两条大致平行的道路，让他的两个旅从两座桥头堡分别向海岸推进。劳伊德准将的16旅沿伊西维塔、圣加拉、波庞德塔和索普塔一线，从右路向萨纳南达海岸推进。艾泽尔准将的25旅沿阿瓦拉、哈戈纳汉博，经伊戈莱，从安博加渡口过安博加河，再越过朱姆博拉，从左路向戈纳海岸进军。最先越过库姆西河的25旅，很快开始向戈纳进发。

16旅先头部队，埃德加中校的2/2营在11月15日午夜开始，利用工兵已经架好的吊索和一座独木桥过河。这一夜河水暴涨，吊索和独木桥都摇摇晃晃。第二天8点，全营总算安全过河。10点30分，重新集结的埃德加营向波庞德塔进发。劳伊德准将的旅部第二批过河，2/3营和2/1营在后面依次跟随。

2/2营缓步推进了大约6英里。一路通过不少小溪和深涧，经常要蹚过齐腰深的河水，穿过丛林时还必须忍受高温和潮湿空气的煎熬，夜间在穆门村过夜。16旅已经精疲力竭。长达两个月的山地战期间，他们经常食不果腹，连番苦战，在悬崖峭壁间疲于奔命。刚过去的一天，他们先是用整整一晚，使用简陋的工具渡过一条危险湍急的河流，随后又经过一番崎岖行军，还没有得到任何粮食或其他补给。

17日一早，才睡了个囫囵觉的16旅刚睁开眼，便又上了路，眼前是大片丛林和灌木，道路在其中蜿蜒起伏，不知通向何方，绝不比前一天好走。下午一直在下雨，温度却不见降低，整个地区好像变成一个巨大的蒸气浴室，闷热难当。林间溪水暴涨，为安全起见，过溪时不得不再三斟酌。越靠近海

■为盟军提供蔬果食品的巴布亚土著人，盟军一般会回馈他们香烟。

岸，将士们的心里就越没底，补给仍不到位，食物短缺加剧，他们正变得十分虚弱。2/2营就有57名战士筋疲力尽，再也挪不动脚步，坐倒在路旁气喘吁吁。友好的土著人尽力给澳军一些帮助，拿出了自己的水果和甘蔗，战士们顾不上道谢，个个都像难民似的将这些食物塞进自己嘴里。汁水顺着食道流入体内，力气也在一丝丝恢复。他们艰难地穿过原始村落，稍有些力气的人会帮助更虚弱的人穿溪过涧，尽量不让人掉队。

2/2营一直在全旅前方领路，当晚在一个原始村落宿营，这里距圣加拉还有一个半小时的路程。他们不是不想早些赶到那里，但天黑了，大雨又开始落下，实在上不了路了。

这一天，赫林将军从布莱梅将军那里得到了瓜岛海战的消息。美日海军这一战损失都很大，美军虽取得了战略性胜利，但对巴布亚的作用一时还看不出来。布莱梅在给赫林的信中指出，日军正在集结他们的航空部队准备进攻，而且拉包尔日军正集结地面部队和驱逐舰，日军援兵很可能会在布纳登陆，澳军和美军第32师需要以最快的速度从南面逼近布纳地区，占领布纳沿岸阵地，彻底歼灭日军南海支队。

劳伊德得到情报后，敦促所部在18日务

必赶到波庞德塔。雨停了，但溪水水位因为雨水浇灌上升，而粮食短缺已经发展到再也不容忽视的地步。劳伊德传下话去，友军将在波庞德塔空投补给，受到激励的官兵们犹如打了强心针，勉力向前蹒跚前进。不过传到前线的并不都是好消息。昨天夜间，山本重省大佐率领的1000日本援军已经在巴萨布亚登陆，今天正在进入阵地，估计夜间还会有上千日军（实为500人）登陆。

天黑后，2/2营终于赶到波庞德塔。就在他们准备宿营时，大雨再度落下，而劳伊德旅长所说的空投连影子都没见着。埃德加向旅部打听后才知道，当地果然没有进行过空投，不过前方7英里的索普塔倒空投了一些物资。埃德加正不知该如何把消息告诉他那些饿得头晕眼花的部下，劳伊德又说道，在全旅抵达索普塔之后，会用两个营继续向萨纳南达前进，另一个营必须留在索普塔保卫空投场和补给。

埃德加忙不迭地请求将他这个营从前锋的位置上撤下来，让筋疲力尽的部下能够喘口气。劳伊德明白不是万不得已，他不会开这个口，于是从19日早晨开始，让赫奇森少校的2/3营充当前锋。第二天一早，赫奇森打电话问这一天的目标是哪里，身在旅部的劳伊德像拿破仑一样身躯挺得笔直，无比清晰地说道：“大海！”赫奇森再不多问，挥手招呼他的部队前进。

19日一早，2/3营就相继捕获落单的日军掉队士兵。10点30分以后，先后有两个俘虏被送回旅部，第三个俘虏“赤身裸体，已经瘦得不成人形”，赫奇森就派了一个人将他押到道旁看管起来。这是遇见大队全副武装日军的前兆。午前，前锋富尔顿连抓住了他们看见的第一个武装日本兵，同时发现4辆被丢弃在路上的卡车。日军丢弃了这些无法再用的辎重，轻装行军，但澳军前锋距离他们已经在一小时路程以内。午饭过后，赫奇森部终于和日军交了火，灌木丛中突然射来的子弹让他们损失了一个人。赫奇森让戈尔上尉和沃克上尉的两个连，兵分两路，冲进灌木丛搜索，然而日军的这一小股断后部队就像蒸发了一样，一直不见踪影。14点，澳军放弃索敌，继续赶路。两小时后，富尔顿连在索普塔附近遇上了更有力的抵抗。沃克和戈尔的两个连再次分兵大范围搜寻，但昏暗的天色让他们不能长时间行动，于是在树林中掘壕宿营。

20日一早，澳军前锋继续前进，原先预计可能会遭遇日军的地方并没有发生冲突。8点30分，2/3营生起营火，准备早餐时，库伦中校的2/1营越过他们的营地，开始充当前锋。友军的消息也已传来，艾泽尔准将的25旅到达戈纳以南仅一英里的位置，而美军已逼近布纳。一刻钟后，库伦营通过灌木丛覆盖的狭窄路段，进入一片广大开阔的长草坪，道路就在草坪北方延伸。不消片刻，枪声大作，无数火线将2/1营的队列彻底打散。对面射来的准确炮火让库伦很快明白他已撞上了日军的防御强点。由于电话线紧缺，库伦只得将营部直接设在道路上，紧靠草坪旁的树木。日军的炮弹不时落在营部周围，遍地开花，飞沙走石。

库伦亲自去前线寻找布莱尔上尉的前锋连。他迅速了解形势后，让布莱尔继续维持住他在道路沿线的阵地，准备派卡特恩斯连迂回冲击日军左翼。但就像他平时总会审时度势采取最快的应对措施一样，很快又变更计划，决定增加兵力投入。他将卡特恩斯调离本连，让普利尔上尉指挥全营右翼的这个连，而卡特恩斯则指挥剩下的辛普森和莱尼的两个连，大范围从左翼迂回长草坪外围，穿过丛林迂回到日军阵地后方，然后控制住道路两侧，截断日军退路。库伦认为，只要这次大范围迂回行动成功，日军就会像他们在欧文·斯坦利山区遇到这种情形时那样撤退。

9点30分，肩负重任的卡特恩斯率领他的部队出发了。名义上他率领两个连的兵力，实际上这两个减员严重的连一共只剩90人，无论他能否成功，这个年轻的指挥官都将和他的部队一起，让日军大吃一惊。

卡特恩斯的身影消失在长草丛中时，布莱尔正沿着道路缓缓推进。麦克洛伊排在全连最前方。他们的战斗力和决心使反击的日军难以靠近。然而麦克洛伊自己的大意坏了事，300码外有一名敌军士兵逃过他先头侦察部队的阻击。这个日本兵枪法神准，在澳军的机枪和步枪火力线之间找准空隙连发三枪，放倒了三个澳军士兵，但他自己也随着第三个澳军一起倒下了。

卡特恩斯和布莱尔的三个连正在紧张地执行任务，普利尔连也在布莱尔连右翼迂回，对付厚灌木丛中的日军。由于战况激烈，普利尔的行动还是被迫延迟。11点，他才通过布莱尔连的防区，12点30分，终于和日军左翼接上了火。普利尔加快速度，试图突破日军前哨阵地，但最后他发现，自己已经撞上了日军的主阵地，而双方相距还不到30码。

跟随在普利尔身边的是连军士长米勒。一名士兵被日军重火力打成重伤，倒地不起时，米勒赶紧将他拉进自己的战壕。稍后，又有一位下士的胃部被射穿，就躺倒在前方一个危险的位置，那里稍后一点就是日军的交叉火力线。白天几乎无法给这位负伤的下士任何帮助，但耳听他痛苦的惨叫声，战士们都于心不忍。这样下去势必严重影响全连的士气，米勒再也不能袖手旁观，勇敢地冲了上去，给那位下士一些吗啡止痛，包扎伤口。为了抢救战友，米勒回到本方的战壕，抄起一副担架，准备再次出去救人，担架手肯斯利下士二话不说就跟着他一起冲了上去。两人用了整整二十分钟再度爬到那位垂死下士身边，担架也好歹拖了过去，抬起伤员，就在枪林弹雨中奔回本阵。米勒并没有就此停下，17点前后再度冲上前去，抢救另一位伤员。全连都被米勒的无畏精神感动。

14点稍后，库伦中校告知旅长，普利尔和布莱尔正陷入困境，估计2/1营正面的

地图四十　11月20日，澳军2/1营在萨纳南达的部署

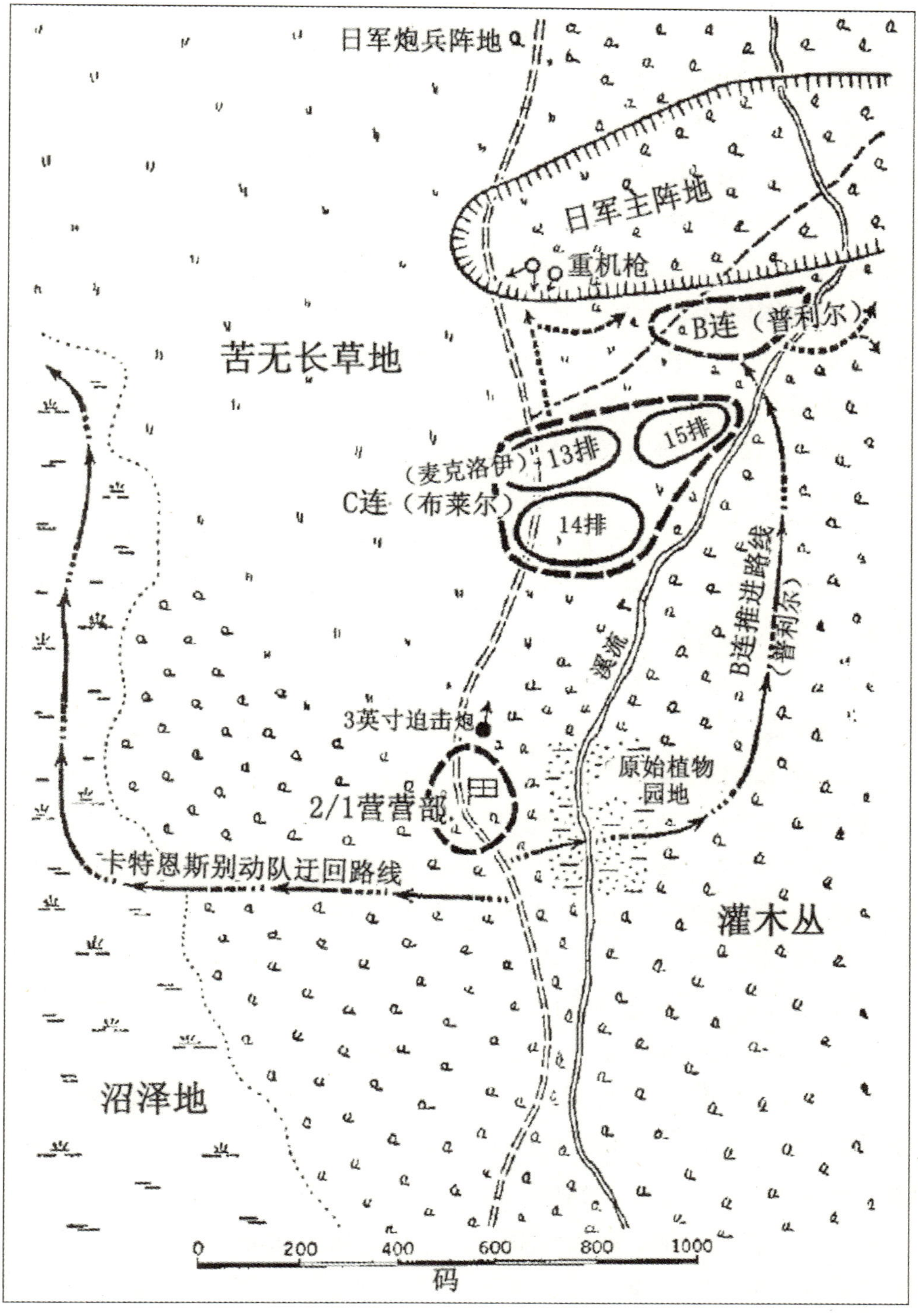

日军配备2门山炮、2挺重机枪、1门重迫击炮和几门轻迫击炮，另外还有无法准确估计的多挺轻机枪，火力非常猛。卡特恩斯迟迟没有回音，库伦十分焦急，请求劳伊德准将提供更多支援。劳伊德答应配属给他一个美军步兵连。汤姆林森上校的美军126团一部当时已经拨给劳伊德指挥，先头部队已到索普塔。援兵到来之前，库伦能够采取的措施就是尽量增强前线的火力。14点15分，他将一门3英寸口径迫击炮送到前线。这门迫击炮连开21炮后，终于端掉了日军在草地前方边缘的重机枪。但日军山炮很快连本带利还给澳军29发炮弹，准确地落到了库伦的营部周围。库伦满脸是土，恨恨咒骂道："活见鬼，鬼子的炮弹怎么这么准哪！"后来澳军才发现，日军在临近的树上有个观察哨。

这个时候，旅里的其他两个营开始向库伦营后方靠拢。赫奇森营原先怎么都想不到，在他们早饭时间才通过营地的库伦营这么快就和日军大部队遭遇。他们吃完饭之后，赶紧就地挖掘战壕，给前锋营提供纵深保护。2/2营则在2/1营后方道路待命至14点，第一批美军接替他们为止。随后2/2营向赫奇森的2/3营后方靠拢。他们刚刚就位，劳伊德旅长就让埃德加中校派两个连去支援2/1营。于是休整不多时的A.K.博斯加德连和布莱梅连16点30分就赶到前线向库伦报到。库伦将他们派往右翼，加强普利尔的侧翼迂回兵力，但天色已晚，他们一时找不到普利尔连的位置。等天彻底变黑后，道路北面传来了密集的枪声。那是澳军熟悉的枪声。普利尔激动不已："那是我们的人，是卡特恩斯的部队！"

别动队建功

卡特恩斯带领的90名澳军完成了大迂回，到达日军前线后方2英里主干道上的一个地点。他们一路上保持安静，以单列纵队强行通过杂乱的灌木丛和沼泽。为躲避日军的枪炮，一开始就选择远离宽阔长草地的路线，深入迂回日军右翼阵地。18点，阿尔巴尼斯下士的尖刀班穿过了一片和主干道平行的低矮洼地。这片洼地很适合充当地标。洼地附近有一条小溪，从溪流沿岸的痕迹来看，日军显然经常在这里饮水。

阿尔巴尼斯在前，卡特恩斯率主力随后，一队人悄无声息地穿过寂静的丛林。当他们发觉一队日军正好就在左侧时，一齐停了下来。日军浑然不觉有变，正挤在篝火旁煮米，准备吃晚饭。附近有一些临时营房，继续穿过前方树林的话，估计到主干道还有好长一段路。而右边的炮声一直不绝于耳，给澳军主力造成极大麻烦的日军炮兵阵地显然就在那个位置。

别动队一共有10名军官和80名士兵，规模太小，力量不便分散。卡特恩斯可以咬牙分一半兵力去搜寻敌人的炮兵阵地，其他人继续向道路方向前进，但这样非常冒险，他们已经深入日军主阵地，一旦被发现，必然会陷入重围，而他们目前和营主力没有任何联系，一旦生变，甚至都无法求援。如果出现伤亡，也不能将伤员和尸体运离战场。显然这种情况下仅有的两种选择是：要么全面撤退，要么集中全部兵力完成一个目标。卡特恩斯和所有官兵都认为要全身而退绝非易事，既然如此，不如放手一搏。如果可以的话，他们很想端掉日军的炮兵阵地，但他们的主要目的是找到日军后方的主干道，并且占据那里。

别动队依然保持安静，目前还没有被敌人发现，卡特恩斯将人员集中起来，两个连仍按各自战斗序列保持秩序，每个人之间的距离保持五步以内。莱尼连在小溪右侧，辛普森连在左侧行动，就以那片洼地为出发线。卡特恩斯打出信号，大家便在寂静的夜晚继续前进。他们缓缓穿过漆黑的灌木丛，逼近毫无防备的敌人，依然全无声息，脚步就像野猫一样缓慢而凝重。别动队逐步靠近主干道，和日军的距离已经不到50码，终于被日军发觉。

日军打响了这场战斗的第一枪，原本一片静寂的丛林如遭平地惊雷，枪声，喊杀声，各部队的报告声此起彼伏。澳军遇袭后，就地卧倒。简短观察地形后，卡特恩斯招呼他的部队：“听我口令，直接向鬼子的主阵地中央冲。一、二、三！”澳军像一群灵活凶悍的野猫一样，整齐划一地冲了上去，突破了藤蔓纠缠的防护栅，跨过交错的日军战壕，发现日军就往死里打。日军弄不清澳军究竟有多少兵力，在自己的主阵地突遇敌袭，十分惊讶，但不少训练有素，久经沙场的日本老兵没有慌乱，或三五成群向澳军发动反冲锋，或在枪壕就位，举枪阻击。无论路障还是日军的反击都没能阻止澳军的攻势，日军纷纷倒在澳军枪下。片刻工夫，两座营房也被点着了，火焰中传出“哔哔啵啵”的脆响。死尸和伤员很快就到处都是。这股日军眼看大势已去，只得夺路逃进灌木丛，有些日本兵吓得失声尖叫，结果成了澳军子弹追杀的目标。

短促而惨烈的激战结束了，卡特恩斯估计他们击毙了至少80名日军，然而别动队自身也损伤惨重，10名军官有5名阵亡，辛普森上尉和莱尼中尉两位连长全部身亡，阵亡的其他3名军官是怀斯曼中尉、欧文少尉和麦克鲁尔少尉。其他牺牲的士兵也都是在山区漫长战斗中历经考验的优秀战士。战斗还没有结束，卡特恩斯无暇悲伤，命令大家分头将战友的遗体和伤病员集中到主干道一边，接替莱尼职务的穆雷中尉在那里就地组织一个防御阵地。伤病员被集中到一棵大树周围，大树有着粗壮的树根，正好可以充当保护他们的矮墙。其他人开始挖掘战壕，很快就建立了一个长椭圆形阵地，辛普森连余部镇守北部，穆雷部驻守南部。

为了在日军到来前尽可能做好准备，别动队连夜赶工，尽可能将壕沟挖得深一些。他们已经能听见东面另一处日军主阵地传来的动静。缓慢向北开动的卡车声说明，日军正在将伤亡官兵撤走。而整个晚上，澳军还发现大约15名日军轻伤员沿着道路在黑暗中后撤。

21日天亮后，日军已经知道卡特恩斯别动队阵地的具体情报，随后迅速开始反击，试图拔掉这颗钉子。其实整个晚上，日军就从三个不同方向骚扰澳军，澳军在昨天傍晚的战斗中消耗了大部分弹药，但他们仍一直坚守阵地，非常聪明地运用他们有限的子弹，尽可能长时间地与进犯的日军周旋。

阿尔巴尼斯下士在前一天晚上的先头侦察行动中，已经表现出将生死置之度外的气概，而在阵地防御战中，他同样出色。莱登下士面对日军来犯，镇定自若，当天的战斗结束后，他确定自己已击毙了8个鬼子，而战友们普遍认为可能更多，因为这一天日军的攻势一直咄咄逼人。弗莱彻下士镇守阵地左翼的一个枪壕。黎明前，天色还不明亮，昏暗中日军逐渐逼近到10到15码的近距离。弗莱彻镇定自若，一枚手雷直接投掷过去，落地开花，随后他的冲锋枪就在人仰马翻的日军中间嘶吼起来。这只是漫长战斗的开始，两小时后，他的战斗小组全部非死即伤，他本人也已负伤，但他依然在高声激励着同伴们努力坚守阵地。

日军遭受沉重打击，但他们仍下定决心拔掉这颗揳入阵地的钉子，进攻持续了一整天。卡特恩斯别动队陷入重围，阵地却岿然

■澳军士兵穿过萨纳南达一带的烂泥塘前进。

不动。战斗间歇，澳军伤兵都会被集中到大树周围，尽可能让他们得到掩护，但实际上面临围攻并不能发挥多少作用。很多在大树下躲避的伤兵都再度被日军的流弹击中，有些人还因此丧命。

前晚，索尔坦二等兵被一颗子弹打穿了腿，和其他伤兵一起被送到大树周围。夜间，日军从右翼突袭，他拖着一条伤腿，向那个方向爬行了15码，勉力帮助同伴们继续战斗。他没有力气开枪，就给同伴们传递信息，补充弹药，告诉他们日军进犯的动向，尽一切可能帮助战友，即使身上又多了两道伤痕也在所不惜。

另一个士兵和索尔坦一样勇敢，表现得甚至更加出色，成为一整片阵地的依靠。瓦纳姆二等兵一度成为30码长阵地当中唯一没有受伤的士兵。一挺日军重机枪就在离他15码的位置喷吐着火舌，几乎都逼到他脸上了。后来他虽然受伤，但他依然用自己的布朗式机枪坚持了整整一个白天。

尽管卡特恩斯别动队长时间孤悬敌后，但他们并没有被兄弟部队忘记。卡特恩斯还不知道，实际上他已经完成了库伦营长交给他的任务，日军发现他的大纵深迂回行动，而且以压倒多数兵力都始终无法消灭他们后，当天晚上已开始准备撤退。2/1营在21日上午8点30分已经准备采取行动，不过旅长这时传来命令，让经过连续战斗的他们就地停止前进，2/2营和2/3营依次通过他们的阵地，继续打击日军。

2/2营营长埃德加中校派博斯加德上尉带领两个连向右翼摸索，同时让费厄布拉泽连在左翼运动。2/3营的戈尔连沿主干道向前推进，希望突破狭窄的正面阵地，尽快找到卡特恩斯。然而很快澳军就发现，日军迎了上来，并不愿就此完全放弃。

右翼的博斯加德上尉带领本连和布莱梅连进行了大范围迂回。尽管距离主干道不过400码，但他们几乎穿越了3000码长的灌木丛和沼泽地。日军对他们进行了坚决回击，但无法阻挡他们闯进日军设在一条小溪前方废弃橡胶园的主要补给区。

“嘿，伙计们，你们看这是什么？”一名澳军士兵望着米袋里流出来的白花花的大米，一脸难以置信的表情。另一人啐道：“谁说鬼子没饭吃了，这大米在我们家乡肯定能卖个好价钱。”博斯加德连发现了2吨干净的优质大米。随后他们就地依托补给区防守，在距离日军仅30到50码的相对开阔地带挖掘战壕。毫无疑问，他们的食品“补给”不成任何问题。

左翼的费厄布拉泽连迂回范围较小，也同样与日军遭遇。据该连卡林中士后来的报告称：

我们一路要穿过丛林，沼泽和齐肩高的长草地，才能到达预定进攻地点。1942年11月21日15点出发，天气非常闷热。我们根据罗盘指引的方向行动，大约100码后就走进了一片沼泽，马上得蹚过齐腰深的泥浆。还算走运，日军没有在这里阻击。

我们一路穿过沼泽地，再度遇到一片矮树丛，向前再走100码后，终于与鬼子遭遇。

日军作了充分的准备，工事的位置很好，机枪火力线切断了我们的前进路线。我们排遇上日军两挺机枪组成的十字火线，不得不停下脚步回击，直到排长决定留下一个班和日军周旋，然后他带领其他两个班包抄日军侧翼。但日军早已有备，排长的侧翼迂回失败，损失了5名战士，这对我们来说几乎难以承受……要知道这个时候，我们全排兵力不过18人而已。然后我们接到了连里的命令，后撤40码，在两个连共同组成的环形阵地就位。这个时候，汤姆·哈维二等兵就在日军眼皮底下接连营救了三名伤员，显示了自己出众的气概……

我们在丛林中后撤了20码，组成了自己的阵地。随后伤兵被送往后方的营指挥所，还在阵地上的人收到了自己的补给包裹。我很幸运，包裹里有一盒香烟，卷烟纸和烟草都有。这在当时比买乐透彩中头奖更令人兴奋，我们都好几个星期没能抽上一口了。

天黑后又下起了雨，这个夜晚够难熬的。所有人都睁大了眼睛不敢睡，倒能保证我们百分之百安全。

与此同时，2/2营已经和正处于困境的卡特恩斯别动队取得短暂的联系，随后戈尔连沿主攻方向推进，终于彻底恢复了别动队和友军的联系。尽管公路地区都被日军的火力覆盖，澳军还是设法将一根电话线从主阵地送进别动队的阵地，随后还送去一部电话机、弹药和小罐装的饼干，解决卡特恩斯的燃眉之急。没多久电话线就被日军切断了，这样一来主力就无法得到别动队的具体情报，好在消息还是能通过人工手段，及时送到卡特恩斯手中，他的部队有望在19点30分撤下火线。

11月21日的夜幕悄然降临，和夜幕几乎形影不离的大雨也如期而至，这一夜还伴随着雷电。此时，2/3营的莱萨特连正在开赴前方，接应别动队撤退。为了万无一失，戈尔连也加入接应行动，而库伦中校还在戈尔的阵地建立了前敌指挥所。天黑没多久，卡特恩斯就亲自走出阵地，先和库伦见面，讨论了形势。两人决定接替他们的连队不必直接进入别动队的阵地，只需要在他们后方就位即可。

随后别动队还能行动的伤兵就开始撤退。麦克洛伊中尉收集了所有能使用的担架，带着十二副担架直接进入别动队固守的阵地。行动中，三名战士为收集分散的伤员，被日军射杀。如果莱萨特连直接接管别动队的阵地，这三名战士也许就不会丧命，但不能因此就去指责库伦和卡特恩斯不愿让更多部队冒险的决定。

当这篇永载澳军战史的卡特恩斯别动队历险记结束的时候，别动队91名官兵中共有5名军官和26名士兵阵亡，2名军官和34名士

地图四十一　11月21日傍晚的萨纳南达前线

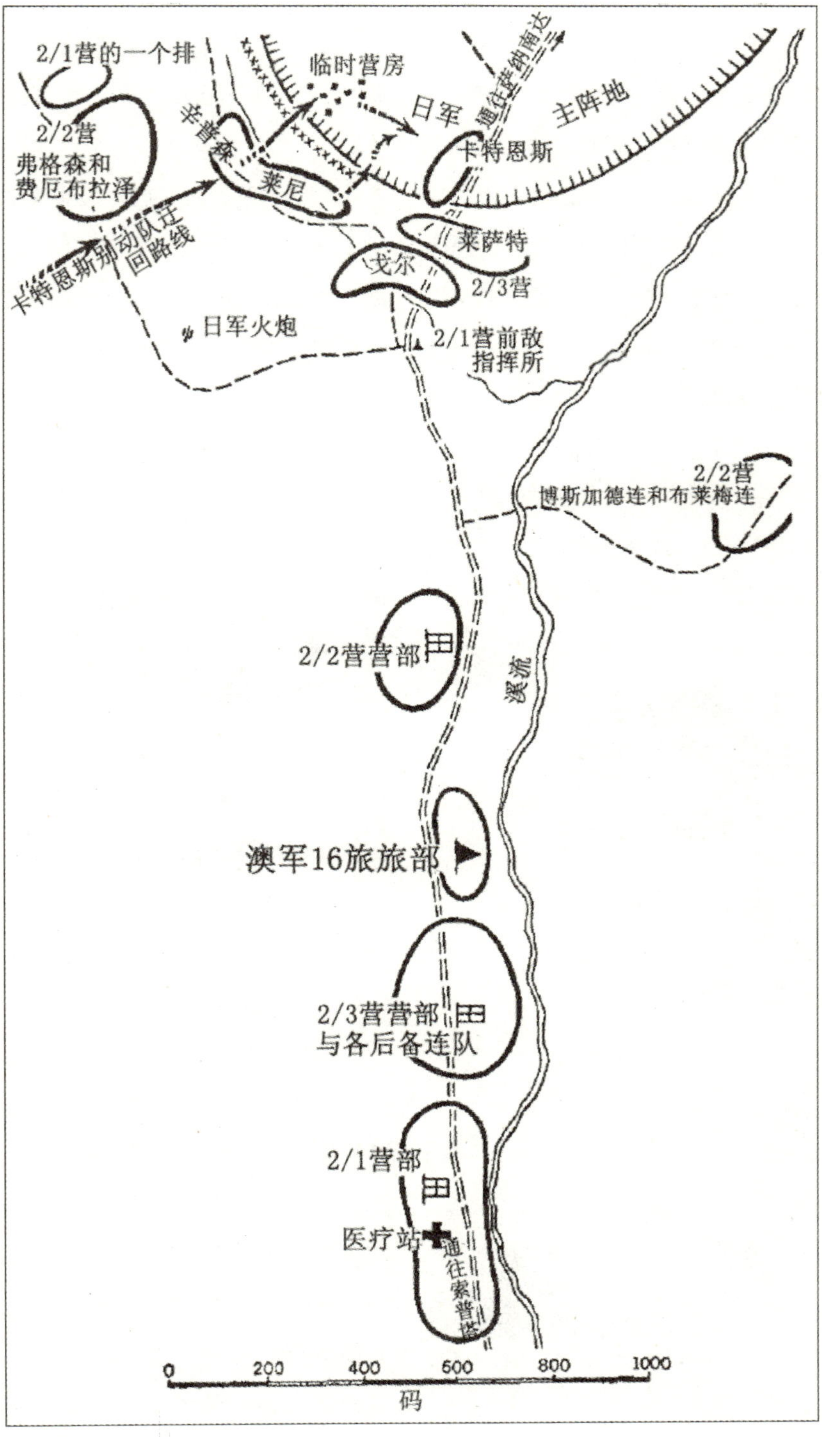

兵负伤，仅有24人安然无恙。但他们不仅迫使日军撤出了20日给澳军主力造成极大麻烦的阵地，而且也放弃了在更北面的一座设施完善的阵地（因为后路已被别动队的阵地切断）。同时别动队间接使澳军占领了大片曾一度困扰他们的阵地。次日，澳军在掩埋尸体时，陆续发现日军撤退时被迫丢弃的弹药和武器。澳军很快就掌握了这些武器的使用方式，就用它们充当后备武装。

11月21日到22日夜间，澳军2/2营的博斯加德和布莱梅两个连在道路右侧布防。而他们的右翼没有友军也没有敌军。数百码外是一片空灌木丛，灌木丛外是2/3营的戈尔连和莱萨特连，这两个连扼守道路轴心路段两旁。继续向左是第二个数百码宽的空当，然后是2/2营费厄布拉泽连和弗格森连的阵地。2/3营余部在主阵地后方形成纵深保护。2/1营位于最后方，全营已减员至219人。

■第2/2步兵营的弗兰克·理查德·阿奇博尔德二等兵，他在二战期间总共获得6枚勋章。

白天，瓦西将军已将师部从波庞德塔迁到索普塔，他还安排配属给他的美军126团团长汤姆林森上校派一个美军前线观察团到16旅观摩和了解澳军官兵是怎样苦战的。

兵合一处

11月21日，麦克阿瑟将军对整个布纳－萨纳南达－戈纳前线进行了统一部署，命令所有部队“不惜一切代价务必向目标推进”。布纳前线的美军32师没能彻底贯彻这一命令，而萨纳南达方向的澳军16旅已经不能作出更多牺牲。自从16旅在欧文·斯坦利山脉参加科科达之战以来，仅战斗减员几乎就达全旅的三分之一，共伤亡561人（其中阵亡171人）。原先这个旅共有1837人，扣除战斗与非战斗减员，现在还有1039人，留在前线的人也身上带病，又饿又乏。

瓦西少将早已请求美军派一支生力军支援。麦克阿瑟决定将126团主力送到萨纳南达前线。126团团长汤姆林森上校在劳伊德准将的前敌指挥部所在地建立了自己的指挥所。根据新计划，在汤姆林森的126团控制索普塔－萨纳南达－基尔勒顿海角道路的岔道口前，16旅将暂停前进。澳军终于能获得喘息时机，观看美国友军的表现。这批美国新丁和他们在布纳前线的同伴一样，没来由地信心爆棚。他们在和澳军官兵交谈时都不由自主地将这种过分的乐观情绪流露出来，告诉澳军“你们现在可以回家了”，而美军“会在这里（萨纳南达）搞定一切”。澳大利亚人嘴上不说什么，心里都是同一种想法：等这些美国佬真打起来就知道辛苦了！

126团团长汤姆林森上校新上任不久，一心早日发动进攻。他告诉劳伊德的联络官D.E.威廉姆斯上尉，准备采取两面夹击战术，将日军彻底赶出阵地。威廉姆斯目瞪口呆，这位美军上校根本就不明白在丛林和沼泽地带进行这种迂回包抄作战会遇到什么样的困难，强悍的日军绝不会甘心就这样被随便“赶出去”。

美军126团正式进入萨纳南达前线之前，由于32师师长哈丁少将的请求，该团2营奉命越过吉鲁亚河，配属美军主力在布纳的战斗。22日9点30分，126团2营离开了索普塔。同一天邦德少校的126团3营进入澳军16旅防区，随后开始向左右两路迂回，走侧翼小路包抄索普塔－萨纳南达－基尔勒顿海角道口。126团1营的理查德·博莱姆少校率领C连和D连（欠一个排）沿主干道向澳军最前沿的莱萨特连外的一个地点进发。

进入前沿阵地的美军才发觉，情况和

■美军32师126团的美军士兵向萨纳南达前进。

他们想象的并不一样。贝文·李上尉的3营L连在右路迂回，而左路的另两个连完全不清楚他的位置。在左翼行动的约翰·谢利上尉的I连和威尔伯·莱特尔中尉的K连也发生了问题。谢利连的迂回宽度比莱特尔连更大，而在他们当天离开主干道行动之后，团长汤姆林森上校等到心急火燎也没有收到任何消息。

汤姆林森已经计划好23日发动进攻，但一开始就乱套了，22日一整天，他完全不知道部下各连的准确位置。右翼的李连报告说他们在前进，但日军的阻击火力和糟糕的地形在一定程度上打乱了他的队形。他最终在澳军右翼博斯加德和布莱梅连阵地附近站稳了脚跟，然而他的一个排在和主力失散后，反而跑进了澳军阵地。

澳军两个连的情况也不乐观。博斯加德报告埃德加营长，他似乎遇到一支比前一天更强的敌军，而日军对澳军阵地的火力打击明显加强。他估计昨晚日军已经在他对面的阵地加派了援兵。日军对澳军的这个阵地发动了一次有力反攻，激战中博斯加德面颊负伤，这让澳军更确信日军已经派来援兵。此外，阵地坑道里蓄积的雨水不易排除，让博斯加德担心部下的身体是否撑得住。令他稍感欣慰的是，日军阵地地势较低，地利仍在他一边。2/2营左翼阵地面临更大的不确定性，费厄布拉泽上尉敏锐地察觉日军正在他的左翼附近频繁活动。然而埃德加营长没有余力支援，费厄布拉泽只得派自己的人员出去巡逻，或在注满雨水的散兵坑里戒备，一旦有日本兵出现，就立即开枪狙击。

从费厄布拉泽阵地继续向左，莱特尔和谢利的两个美军连正在浓密和潮湿的灌木丛中摸索。23日上午，汤姆林森终于得到一些报告，知道他们大致在16旅阵地北面1000码的位置，而且在继续北进。澳军却怀疑他的情报是否属实。后来汤姆林森同意让莱特尔和谢利点燃发光信号确定他们的位置。随后他们就发现，美军围着灌木和沼泽兜了个圈子，又回到了距离16旅旅部400码的方位。汤姆林森原来准备当天15点发动一次进攻，但眼下只有放弃，以便让部队能找到正确的道路，向指定方位包抄。

美军126团并不是唯一进入萨纳南达地区的援兵。23日，澳军第2/1野炮团的由汉森少校指挥的“黑色”分队开始在波庞德塔

■澳军2/1野炮团的汉森少校。

着陆。4天前，澳军2/6独立工兵连就已经在这里着陆，随后在麦克唐纳中校选定的地点修建飞行跑道。一开始，他们没有任何机械设备，完全凭人力在一条至少1400码长，长满6英尺长草的大草坪上动工。后来澳军第7师能干的后勤主任卡内特上校竭力征集所有土著民夫帮助他们。这些民夫和工兵们一同辛勤工作，一天就铲除了所有长草。21日，盟军的第一架“道格拉斯”式运输机在新机场着陆，这样盟军就能用这种运输机为前线运送重炮了。于是23日9点，汉森少校，韦德上尉和芬莱中尉带领23名士兵，2门火炮，2辆吉普车，200发炮弹和其他军需品才能乘坐6架运输机在新机场降落。没过多久，后续部队也已赶到，共有4门火炮的炮兵部队已经集结完毕。

降落后，汉森少校立即动手装配火炮，带领炮兵部队抓紧时间赶路，希望尽快到达10英里外的索普塔地区。17点，他们在索普塔的炮兵阵地打响了试射的第一炮，炮兵们无不跃跃欲试，热切期望参加战斗。澳军步兵从穿越欧文·斯坦利山脉起就缺乏重炮支援，现在看到自己的大炮，无不欢欣鼓舞。他们对这几门25磅炮打响的第一炮鼓掌欢呼，但私下里还是难免会议论这些大炮看上去“真过时了”。

24日伊始，盟军飞机从布纳到萨纳南达再到戈纳，一路空袭。16旅作战日志记录“这轮空袭投下的炸弹震得地动山摇”。但就像布纳的美军32师主力那样，这轮空袭同样也导致了让友军光火的事件。16旅作战日志如实记录“在一轮空袭当中，有一颗炸弹准确地落在我们前线各连阵地后方”。好在不像在布纳那样造成人员误伤。校正目标以后，飞机的炸弹和机枪子弹都准确在目标地区开花。随后汉森的炮兵开始用炮弹骚扰日军。

盟军终于能得到一定的空中和地面火力支援，但最终还要依靠步兵解决地面战斗。右翼产生了一些变化。布莱梅上尉从负伤的博斯加德手中接过了两个澳军连的指挥权。李上尉的美军L连进行了一次犀利的穿插迂回，接管了军需库周围的阵地。左翼的费厄布拉泽连和弗格森连的大部分战士还得待在积水的坑道里，十分不爽。2/1营的一个排奉命前来增援，泡进水坑后也连连叫苦。美军的莱特尔连和谢利连仍在灌木丛和沼泽地附近痛苦挣扎。下午，这两个连总算发回了稍微让人放心的报告，他们彼此取得了联系。按照预定计划，应该能在25日对附近已知的日军阵地发动进攻。但当天晚些时候，日军先发制人，反而将他们给撵进了沼泽地，这些不知深浅的美国新丁可尝到厉害了。

此外，澳军组织了另一路新的机动。前一天晚上，一个从2/3营抽调的混成连由沃克上尉指挥，沿左翼越过灌木丛迂回，任务是先截断主干道向左通往基尔勒顿海角的岔路，然后向右移动，截断基尔勒顿路和萨纳南达主干道岔道口以北一英里的主干道路段。而这个道口是美军的攻击目标。从那个位置，美澳联军有望和攻打戈纳的澳军21旅相互支援，也能给美军的行动提供一些帮助。出于任务需要，这个连级巡逻队将单独行动6到7天。接受任务后，沃克9点45分便带队出发，他部下共有博耶中尉和塞耶斯中尉等93名官兵，每人携带4日份的干粮和3日份的应急食品。

25日没有出现明显的战术机会。第7师师部计划兴建更多飞行跑道，以便将更多人员和物资送到战区。盟军计划在波庞德塔建成这一带的交通枢纽。赫林将军命令瓦西将他的现有工程力量集中到波庞德塔，除扩建现有跑道外，再尽快增建三条飞行跑道。由于索普塔的泥泞地实在无法动工，赫林和瓦西就必须最大限度地利用和扩大波庞德塔机场的吞吐量。

这一天主干道前线右翼阵地发生了一次严重的误伤事故。美军126步兵团的重迫击炮集中火力打击日军中央阵地时，一枚炮弹在空中划出一条诡异的弹道轨迹，正好落进布莱梅上尉的指挥部。这个勇敢的青年指挥官受了致命伤，他的部下也有一人丧命，另外还有5人负伤。伤者包括第16旅副官道森少校，美军L连连长李上尉和其他两名美军军官。

左翼莱特尔和谢利的两个连仍在努力，这两个连现在已经一同行动，向主干道前进。营长邦德少校对这两位连长的指挥很不满意，他甚至连这两个连的动向都经常搞不清楚，于是索性请示汤姆林森上校，直接去前线指挥这支部队，希望能让他们尽快完成任务。

初经历练的126团

26日，美军从22日就准备发动的攻势终于开始了。最初是一轮火炮和迫击炮的炮火齐射，随后美军分别从道路右侧、主干道沿线和道路左侧联合进攻。右翼的L连由代连长伯特·齐夫少校指挥，推进了350码，但伤亡代价很大，日军在他们左翼架起一挺重机枪，切断了他们的去路。15点，齐夫连只得停止前进。博莱姆营的两个连在主干道也遭到日军重机枪火力阻击，无法肃清守军。不仅如此，日军的炮弹也落进了他的后方梯队。而道路左侧邦德的两个连仍在灌木丛和日军右翼部队打击下苦苦挣扎。

对澳军来说，最糟的是连续第二天发生误伤，而这次造成的人员伤亡比前一天更大。一枚美军迫击炮弹落在澳军前方中央一个排的阵地爆炸。整个排5人当场阵亡，8人负伤，全排仅有2人幸免。大难不死的2名澳军士兵不由咒骂："这美国佬是我们的援兵，还是鬼子的援兵！"

17点30分，劳伊德准将终于得到一个好消息。24日派去进行左翼纵深巡逻的2/3营特别巡逻队指挥官博耶中尉（前任指挥官沃克上尉因脚踝严重扭伤，被迫撤回后方）回报，他们11点30分已到达基尔勒顿路，但大

■巴布亚土著民夫抬着受伤的美军士兵走下萨纳南达前线。

然而问题是伤病使大规模行动难以为继”。目前他的16旅在前方总共只有79名军官和942名士兵，其中还包括205名分别在两个兵站接受治疗的伤病号。

当时前方医疗由霍布森中校和他的第2/4野战医疗队负责。霍布森在库姆西河将一批伤病员送往科科达的第14野战医疗队主救护站，然后再将伤病最重的人员从那里空运莫尔兹比港。轻伤员养好后，稍作休整，便会重新归队。霍布森的医护人员从库姆西河开始，在通往索普塔和戈纳的两条道路沿途设置了多个救护站。11月21日，他又在索普塔建立了一个主救护站，同时收治前线两个旅的伤病员。4天内，这些救护站合计救治了638名伤病员。医疗队人手不足，只有通过更有效的管理和大家的努力，才能保证完成任务。23日，波庞德塔的机场能用来空运伤员后，他们的地位就更加重要。飞机将吉普车空运到波庞德塔，再开到医疗站备用，一辆被征用的轿车改装成救护车使用，巴布亚战役期间，机动车终于首次

片沼泽地挡住了他们向东的去路。劳伊德从2/1营再度抽调人员组成第二支巡逻队去同一地区，希望能带回更多情报。师长瓦西少将对这种拖延相当不满，他质疑劳伊德为何不派出一支大规模部队去左翼切断萨纳南达主干道通往基尔勒顿海角周边地区的路段。

劳伊德并不是不想组织大规模行动，但各种疾病在澳军前线太猖獗。疟疾正在扩散，恙虫病也是一个危险的敌人。劳伊德现在“绝对希望最大限度地组织部队前进，

在乌贝利以外的地方被用于前线医疗作业。然而11月27日，医疗队遭到日军的沉重打击。

3天前，日军就对澳军的主救护站和美军野战医院进行了低空飞行侦察，精心策划组织了一次空袭。13架零式战斗机对这两座医疗设施狂轰滥炸。位于索普塔道路旁的主医疗站缺乏有力保护措施，共22名澳军在空袭中丧生，包括患者、医护人员、访客和土著人在内，另有合计50人负伤。阵亡人员包括两位深受爱戴的澳军军医维克利少校和麦克唐纳少校，他们两人从山区的战斗以来，精心救治伤员，挽救了多位澳军官兵的生命。而在美军野战医院，也有6人丧生。

同一天，萨纳南达前线的大部分精力都在用于弄清美军各连的确切位置。据美军战机提供的情报，右翼的齐夫连已推进了约350码，迂回到日军背后。在主干道附近的博莱姆营的两个连回报说，他们位于2/3营莱萨特连阵地前方100码，另有一部位于莱萨特阵地左前方200码。但澳军并不认同博莱姆的说法。早先带领2/3营的一个补充连加强莱萨特部左翼附近阵地的赫尔维格上尉认为美军昨天晚上就在他的阵地以外挖掘了战壕，而天黑的时候也没有告诉他，就直接离开了。汤姆林森接到赫尔维格的报告后，立即派团部的参谋军官去前方的灌木丛，确定这两个连的位置。然而21点赫尔维格再次发回的报告让人更为疑惑不解，这次他称美军实际上没有像他们说的那样行动，而是已经回到他们连阵地的后方。

赫尔维格的报告发回前不久，右翼的盟军已进行了不止一次战斗。天色刚黑，日军的迫击炮和轻武器就向他们开火。汉森少校的炮兵闻讯，用野炮为前线步兵提供火力支援，压制日军火力。日军这次反击的主力落在齐夫连头上，但同时也有一部向澳军阵地右翼施压。布莱梅上尉不幸身亡后，带伤重新接替指挥权的博斯加德上尉在激战中阵亡。临终前，他依然激励前沿阵地各排英勇杀敌。三天之内，这一地区的两位澳军连长全部殉职，对他们营来说是一个巨大损失。

28日20点，新几内亚部队司令赫林中将在波庞德塔建立了前敌指挥部。

前线的步兵还在蹒跚前进，指挥官的作战计划倒开始逐步成型。28日右翼唯一发生的战斗是美军126团3营的美军在路上伏击了一支日军巡逻队，据报一共击毙了8人。上午，博耶中尉带领他的特别巡逻队从基尔勒顿路走了出来。他证实了之前发出的报告，26日他切断基尔勒顿主干道以前，确实在沼泽地里穿行了两天。绵延不绝的沼泽阻碍他前往萨纳南达主干道。于是他率部沿基尔勒顿道路南下，如今才终于走出来。在他们行动区域附近，莱特尔和谢利指挥的美军24日曾和日军发生过冲突，四人被日军的一名狙击手击中。美军带着伤兵走进了沼泽撤退。27日午后，澳军在主干道开始突进，而美军随之在左翼进行大范围迂回，但不久就绕回原地。

■126团士兵走过萨纳南达地区的一座独木桥。

26日，奉瓦西师长的命令，前往相同地区侦察的2/1营巡逻队发回报告，证实了博耶中尉令人沮丧的说法。沼泽地和藤蔓丛生的灌木丛让巡逻队举步维艰，他们虽然已经在回程的路上，但还得等好长一段时间才能报到。瓦西终于明白不可能在美军左翼部队行动区域更外围的地区进行大规模迂回行动。

28日夜晚，萨纳南达前线十分安静。对阵双方就在黑夜中静静沉思，等待他们的仍是充满血色的未来。海岸边蹿升起一道红色的火焰，但不久就自行熄灭。只有远处的布纳前线不时会传来间歇性的机枪开火声。

29日，盟军仍未取得任何决定性进展。随后的30日，美军126团非常努力。这次126团将主攻方向放在道路左翼阵地，主干道沿线和齐夫的L连在右翼协同。

8点30分，澳军的25磅炮开始集中齐射，希望尽量削弱日军防线。日军的一门山炮不甘示弱，怒吼着宣示自己的存在。双方的轻武器也纷纷在灌木丛中对射。澳军和美军迫击炮不久也加入炮击。盟军已经占据了炮火优势，不久日军的枪炮声逐渐低落下去，只剩下间歇性爆发。看上去美军的这次进攻将会成功推过沼泽，摧毁日军阵地。然而，就像澳军16旅日志记录的那样“在这场精心策划的战斗中，我们的（美国）友军和日军作战并没有取得新的经验，也没能获得他们强烈期待的成功”。

随着时间的推移，澳军得知，美军在右

翼推进了一段距离，但没有显著进展；沿主干道推进的博莱姆的两个连几乎原地没动；左翼的主攻部队倒在日军后方取得了一个阵地。

前一天，乔治·邦德营已发觉日军右翼应位于主干道以西约1000码。团长汤姆林森上校将刚从威洛皮赶来的麦登多普上尉的反坦克炮连和团加农炮连（没有重装备，只能充当步兵）都派到了前线。副团长拜特克少校也被派到中路，接管次日沿主干道进军的部队指挥权。

30日9点10分，拜特克如期率部向东进发，配合邦德少校3营I连和K连的主攻。谢利的I连先行出发，罗杰·吉斯特上尉的反坦克连负责支援。K连掩护他们行动，尽力吸引日军重火力，团炮兵连充当预备队。

美军果然最先和日军右翼部队接战。开战不久，邦德少校就身负重伤，但他们仍竭力向主干道方向推进。一系列零星战斗先后打响。17点左右，先头侦察部队报告日军营地就在前方扼守道路两侧。谢利上尉率部直接上刺刀冲杀，企图一举突破日军防线。吉斯特上尉率部近距离支援他们，澳军炮兵前线观察员丹尼尔斯中尉也冲了上去。美军势若疯虎，连一向不惧白刃战的日军都被这股气势压倒了。经过一番惨烈的肉搏战，谢利连消灭了这群日本兵，夺取了这个扼守道路两翼的重要阵地。不过他们自身的伤亡也不小，丹尼尔斯中尉和很多人都阵亡了。

在丛林中经过一周的艰苦跋涉，美军终

■美军126团的士兵走过萨纳南达地区的烂泥地。

于在紧靠基尔勒顿角道路以南的萨纳南达主干道建立了这个后来命名为"休金斯路障"的阵地。这个路障共由两个还不稳固的主阵地构成——一个在盟军主力即将通过的主干道前方，另一个是第一座阵地北面谢利连建立的环形阵地。

建立这个路障的战斗为衡量当时西南太平洋战区的实力提供了一个参考。为取得这一阶段性战果，美军前后投入四个整建制连，花费了九天时间。而之前澳军卡特恩斯别动队名义上虽有两个步兵连，实际只有90余人，不到一个整连的兵力，在一天之内，孤军深入日军腹地。况且和美军相比，经过连续战斗的澳军精神和体力都差了一截，结果人数只及美军四分之一的卡特恩斯别动队偏偏给日军造成了更多伤亡。更重要的是，美军的生力军在道路上面对的日军兵力比当初卡特恩斯遇到的抵抗要少得多。国民警卫队改编的美军32步兵师当时的战斗力终究无法与澳军精锐第7师相提并论。

澳军第7师在太平洋战争爆发前，就在地中海战场的北非和希腊历经战阵，战斗经验丝毫不比日军南海支队逊色。他们彼此信赖，配合默契，战斗意志坚决。而他们的军官也在历次战斗中经受了考验，关键时刻总能作出适当的抉择。

澳军此前在欧文·斯坦利山脉的战斗中，已经获得了热带丛林战的直接经验，知道该如何在灌木丛中行军和战斗。美军战士尽管也相当勇敢，但他们还没有形成真正适

■萨纳南达的2名美军士兵救治一位澳军伤员。

应丛林作战的有机整体，对困难的估计也不足，加上由于各种原因，这次来到巴布亚都没有携带火炮和其他重型装备，表现不尽如人意也情有可原。但这些新丁只要在实战中真正经历过血与火的考验，也完全可能被锻造成一支劲旅。

地图四十二　11月21日夜间至11月30日的萨纳南达

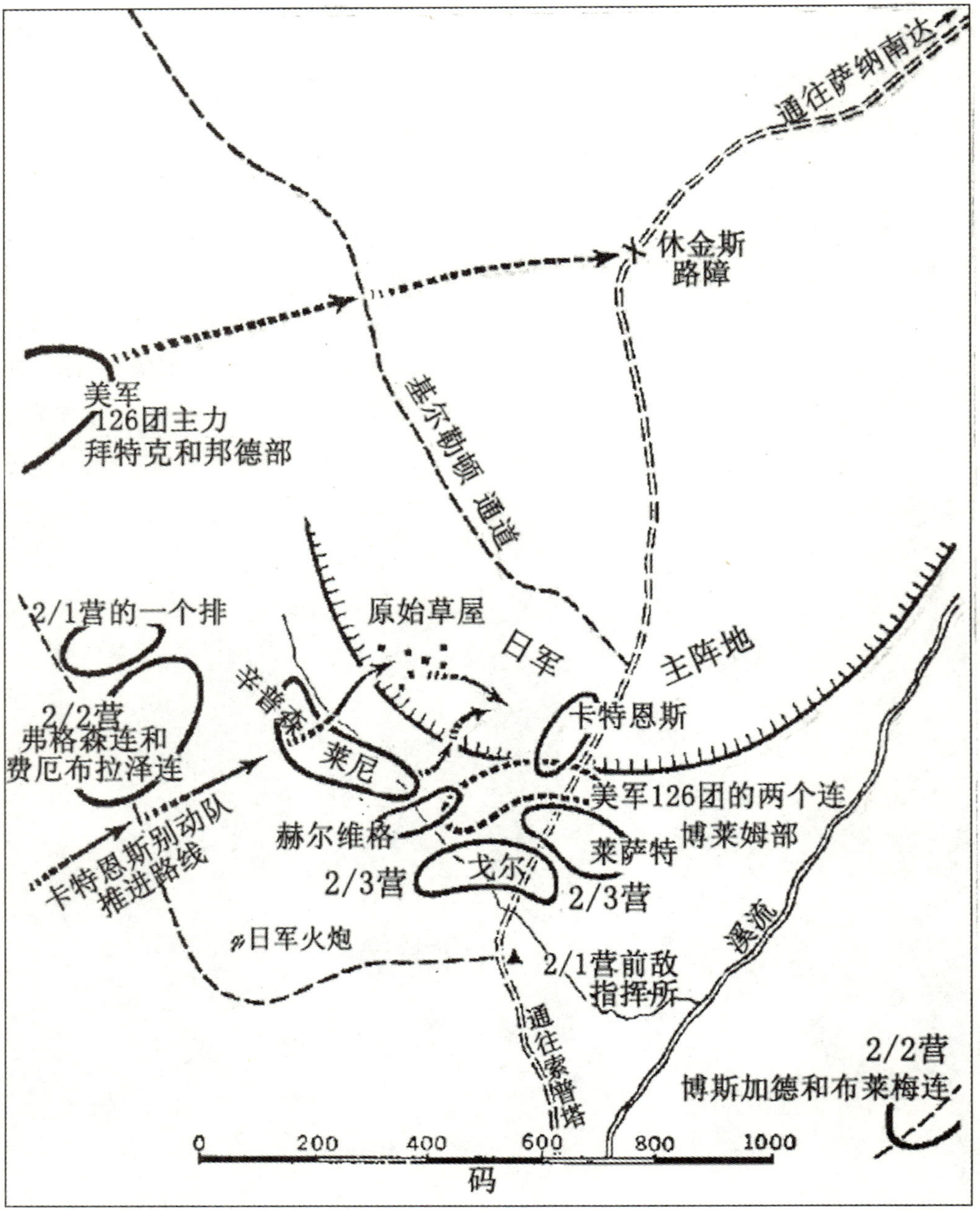

第十章　攻克戈纳

25旅的拉锯战

11月15日，澳军第7师25旅越过库姆西河后，即按照预定计划向戈纳进军。他们前方是大约40英里长的热带低地——一条逐级下落的道路，一路上都是阳光直射的热带植被和长草丛生的平地。

布特罗斯中校的2/33营头前开路，马森中校的2/25营紧随其后。他们一路上看到不少日军撤退丢弃的物品，建成一半才放弃的永久性营房、大马厩，还有装着大米和大麦的简易军需库、排水沟和其他设施。但很快他们就发现没有余力来占领和照看这些东西。蒸人的热气、泥浆、发烧和疼痛的双脚正在折磨着本就在山间饱尝辛劳的澳军。

11月18日15点前后，2/33营到达朱姆博拉，暂停前进，在当地的开阔草坪上，准备建立一个空投场。克劳斯上尉率领60名官兵先急行军赶去戈纳，如果日军已经逃走，则立即占领当地，或者侦察日军的兵力和分布情况。米勒中校的2/31营不久会赶到，准备从布特罗斯营分得一些粮食，随后充当前锋营。艾泽尔准将的旅部则设在当时2/25营进驻的安博加十字路口。

第二天上午，米勒营越过布特罗斯的营地，继续前进时，听到前方传来枪声。

“一定是克劳斯连遇上鬼子了。”米勒立即派索恩连去支援。

克劳斯果然在穿过戈纳正南面的一片大草地时，遇到日军伏击。而前来支援的索恩遇到日军火力齐射时，也完全不清楚克劳斯的位置。米勒随后将其他各连都派了上来，让他们以道路为中心，向两旁呈扇面队形散开。17点之前，米勒营已经在戈纳前方组成了一个半圆形阵地：卡梅伦上尉指挥的第2/14营“查”支队连驻守道路右侧村庄的郊外阵地；比兹利连在道路两旁就位，他们后方是厄普彻连；L.T.赫莱尔连在道路左翼；A.L.赫莱尔连位于更左翼的外侧阵地；索恩连在后方充当预备队。日军设立的一个顽强防御阵地控制了大草地的前方和侧翼，将美军通过的灌木丛和沼泽地路线全部封锁，树后面还安排了狙击手骚扰。

艾泽尔告诉米勒："如果有必要，你可以使用2/33营的巡逻队帮助你一起消灭敌人。旅部和2/25营就在你们后方4英里，条件允许的话，明天上午会向你们靠拢。预计明天空投场就能建成，但在这之前没有弹药供给。"

这样一来，到了夜间，米勒阵地的处境就变得十分困难，食物和弹药都严重短缺，唯一的好消息是克劳斯连终于和他们会合了。在战斗中，索恩阵亡，卡梅伦和"查"支队连的皮尔斯中尉都负了伤，L. T.赫莱尔和厄普彻两人积劳成疾，发起高烧，全病倒了。米勒已经失去了4名连长，另有32人非死即伤，其他人多数也受到迅速蔓延的疟疾折磨。

午夜前，得到报告的艾泽尔准将终于命令米勒营和日军脱离接触，直接撤往2/25营后方。克劳斯连负责掩护米勒营撤退。黎明前的大雨打得热带乔木的树叶沙沙作响，掩盖了澳军撤退时的动静。天亮后，日军察觉澳军动向，从灌木丛中射出了密集的子弹。8点，米勒的2/31营终于成功退入2/25营后方阵地。尽管米勒报告，他们营在撤退时，听见日军追击的动静，不过日本人最后并没有出现在澳军后方阵地。

眼下澳军25旅前方暂时没有任何日军的有组织武装，但同一天2/31营营部报告，有两名战士失踪，其中一人被发现在阿瓦拉附近的道路被人勒死，他的步枪、弹药和干粮都不见了，另一人至今下落不明。这个消息让澳军将士们的心都不由自主一沉，看似平静的道路两旁，很可能隐藏着日军掉队士兵，一不留神就会成为致命威胁。

20日，艾泽尔旅一直在焦急地等待补给到位。在朱姆博拉上空一直没有飞机出现。25旅各单位都已在使用自己最后的紧急备用口粮。21日，澳军正对着空罐头发愁，飞机终于来了。澳军士兵无不对着空中出现的"铁鸟"忘情地欢呼雀跃。飞机不但空投了食品和弹药，还有最受士兵们欢迎的奎宁和香烟。艾泽尔长出一口气，在大家饱餐一顿后宣布，除了留下2/33营的一个连守卫空投场外，次日全旅将向戈纳前进。他准备以2/31营和2/33营进攻戈纳地区，2/25营留在戈纳村以南约2英里的位置充当预备队。

吃完饭后，布特罗斯和他的2/33营先行到达距离戈纳2英里以内的位置，随后派出巡逻队从东西两个方向搜索。16点后，一个巡逻队发现日军正在该营前方一英里的道路旁行动。21点35分，另一路巡逻队报告说他们已经抵达戈纳东面海岸，一路只和日军稍有接触而已。

22日6点30分，克劳斯连开始撤出防御阵地，沿道路撤退半小时，与2/33营主力会合。但没走多久，他就在戈纳南面1000码和日军遭遇。布特罗斯得报，派波尔上尉带领他的连去支援。克劳斯连在不断失血，10点50分，自9月以来就与全旅一同在巴布亚战斗的忠诚青年军官克劳斯上尉阵亡。

正面吃紧，艾泽尔旅长应对极快，让

■正在执行飞行任务的皇家澳大利亚空军“英俊勇士”式战斗机。

2/31营从2/33营右翼迂回，从东面进攻戈纳。（他同时计划派2/25营从西面迂回。而配属2/31营的2/16营“查”支队连在哈迪中尉带领下，已经从那里向日军防御阵地开火，一路越过一条溪流，到达戈纳地区正西海岸，后来这条溪流就被澳军称为“戈纳”溪。）索恩连的继任连长海耶斯中尉带领连队充当全营前锋，通过了日军设置的木栅。他们连后方是菲尔普斯的营部连，然后是比兹利上尉的一个连。在他们到达海滩时，沼泽地里的木栅又挡住了他们的去路，他们迂回海滩和沼泽地之间的一片草地，继续推进。

18点，2/31营已经全部在草地边缘的阵地就位，而日军防御阵地就位于他们前方大约300码。比兹利连、海耶斯连和菲尔普斯连将和2/14营的“查”支队连一起联合进攻，这个“查”支队连由瑟古德上尉接替指挥。由于草地正面的进攻宽度太窄，在海耶斯和菲尔普斯的两个连脱离掩护发动进攻时，不得不向右半区行动，给比兹利和瑟古德连腾出空间。

据2/31营作战日志记载：

（23日）零点，我们开始进攻，正面和右翼的火力最猛。战士们高声叫喊着前进，遭到日军自动火力的猛烈还击。我们推进到日军战壕，但两翼同时遭到日军纵向火力射击，已无力继续前进。菲尔普斯中尉阵亡，比兹利上尉失踪，很可能已经战死，海耶斯中尉也负伤。这次进攻失败了，但日军的还击火力仍在持续。

这次失利使2/31营一共损失了65人（阵亡14人，失踪推定阵亡8人，负伤43人）。随后该营余部重组了一个较小的环形阵地，背靠沼泽，等候日军反击，好在他们并没有追来。澳军开始救护伤兵，收集阵亡同伴的尸体，双方的火力应酬依然挺激烈，这项工作并不比战斗轻松。连里的担架队和营急救站勉力收集和救治伤患，就连营长米勒中校也冲到前方，帮助他们一起通过沼泽地和丛林。午夜时分，米勒再次发觉日军随时可能会试图突破他的阵地，这时艾泽尔旅长发电告知，天一亮，2/25营会来支援。

经过这次战斗，艾泽尔觉得日军的兵力比他原先估计的要强大。他事先太轻敌了，尽管戈纳守军在三支日军当中最弱，但阵地向北达到大海，西至戈纳溪，设施完善，兵力好歹也有1000多人，绝不那么好啃。戈纳溪西岸的哈迪连仍在监视日军，但他们兵力太少，随时可能遭到反扑。布特罗斯的2/33

地图四十三　戈纳的日军防御阵地

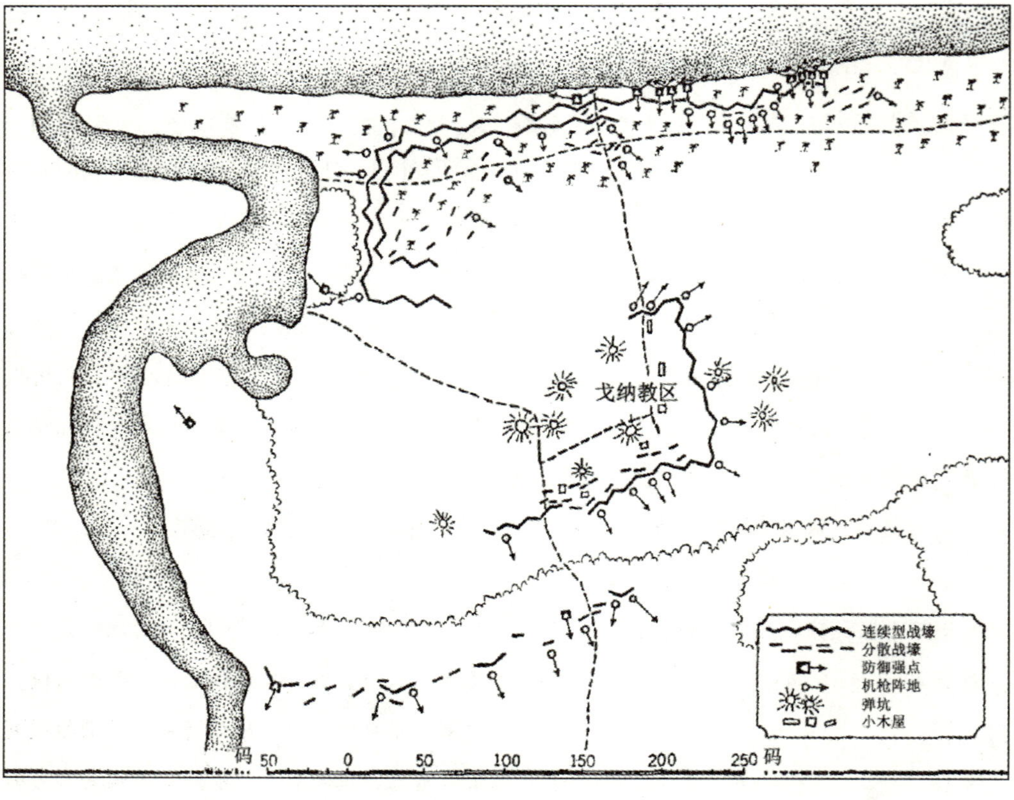

营主力仍在从南方向日军阵地施加压力。分析形势后，艾泽尔计划让2/25营从东面发动一次进攻，让马森将他的部队领入米勒2/31营的北部阵地。23日4点30分，他已派2/25营沿着海岸向西推进，而米勒营会为他们提供火力支援。尽管2/25营占领了一小块阵地，但整体上成效并不比米勒营好到哪儿去。他们在战斗中也损失了64人（阵亡12人，负伤52人），天黑后又重新撤退，准备抵抗日军可能发动的反击。

很明显，日军完善的防御阵地和猛烈的火力能够迅速将澳军逼退。25旅的全部三个营都伤亡较大。从11月19日到23日9点，全旅在战斗中失去17名军官和187名士兵（60人阵亡，3人失踪，141人负伤），其他人很多都染上了疟疾——当他们在长草地顶着南半球的酷暑战斗时，很容易染上这种病。为此艾泽尔准将不得不重新修改作战计划。

23日夜幕降临，艾泽尔在2/31营还没有蒙受更大损失前，先将他们撤了下来。米勒将他的部队从距离日军阵地40码以内的位置撤往主干道的2/33营后方。卡梅伦中校指挥的第3营会进驻米勒营原先的阵地。第3营眼下仅有180人左右，艾泽尔还是准备尝试使用他们进行一次新的战术行动——越过戈纳溪，从西面突破日军防线。为加强打击力度，艾泽尔向上级强烈要求在24日8点到14点之间，在戈纳上空组织最有力的空袭。上级答应了他的请求，告知他届时将部队撤到安全距离之内，以便航空兵尽力发挥。

24日上午，艾泽尔在召集他的各营营长开会时发现，他的三个营已经非常虚弱，2/25营、2/31营和2/33营分别仅剩292人、187人和257人。仅凭这700多人不少还带着伤病的部队，根本没有足够的实力去占领日军在戈纳部署完善的阵地和防御工事。但此时别无选择，只得再尽力一试。他命令巡逻队一刻不停地坚决骚扰日军阵地，旅属迫击炮和维克斯重机枪也要持续提供火力支援，随后等待盟军航空队的空袭结果。上午，巡逻队和重武器部队忠实执行了任务。第一波盟军飞机也很快出现，先对日军防御阵地空中扫射，随后投掷轻型炸弹。第一轮空袭11点30分结束。13点到14点之间，重型轰炸机又进行了一系列空袭。参加这次轰炸的大多数飞机都出色完成了任务，很少有炸弹落到目标区域之外。两轮空袭让日军白天无力进行战斗，也给疲劳的25旅赢得了宝贵的休息时间。

25日下午，艾泽尔将计划稍事修改后，用第3营的180名生力军实施新攻势。16点，在2/25营和2/33营的机枪和迫击炮火，以及2/1野炮团在索普塔炮兵前沿阵地的4门25磅炮火力支援下，卡梅伦中校率部从西南向日军阵地发起冲击。第3营成功突入日军防线，从日军的一个据点向内切入50码，但兵力终究太少，后劲乏力，难以动摇日军纵深防御完善的坚固阵地。17点40分，他们撤了下来，和25旅的三个建制营比起来，伤亡相对较小。

■2/33营的史密斯下士和慕斯格罗夫二等兵在和日军激战两昼夜后，刚随部队从火线撤下休息。

艾泽尔无奈地接受了现实，眼下以他的兵力，最多只能和敌人对峙，而无力解决战斗。短时间内，敌人并不甘愿被动挨打。度过了平静的一天后，26日，澳军迎来了一个漫长而血腥的傍晚。在戈纳南方横跨主干道的澳军前沿阵地，2/33营遭到日军大规模巡逻队的反扑。这支日军在重机枪和迫击炮火掩护下，对2/33营阵地发动了一次白刃战。2/33营拼死抵抗，杀得刺刀上的鲜血都凝固了，也不退缩半步。日军见实在打不开突破口，改变战术，迂回2/33营右翼，但被早有准备的2/25营从旁击退。天黑后，布特罗斯和马森的部队勉力变换部署，以便形成十字火线，防备日军继续进攻。这时从遥远的海面上，传来了日军驳船靠近海岸的声音，至于这些驳船究竟运来了什么，澳军只有猜测，暂时无法得到确切消息。

21旅的苦斗

日军援兵可能已到，而25旅经过持续消耗，名义上的4个营已经凑不足2个整营。不过艾泽尔旅长并不像前两天那样忧心忡忡，原来26日下午，21旅新任旅长多赫蒂准将已经来到他的旅部见面。多赫蒂是一位沉着坚定，经验丰富的指挥官。21旅经过科科达之战，减员严重，回莫尔兹比港休整。其间多赫蒂奉命从达尔文赶到莫尔兹比，接替波兹准将的旅长职务。他告诉艾泽尔，他的21旅这次来戈纳，就是为在科科达之战中牺牲的战友报仇来的。25日，师长瓦西少将在索普塔告诉他，考虑让21旅承担两个任务：在萨纳南达和戈纳之间，向海岸大纵深迂回，帮助16旅占领萨纳南达，然后沿海岸进攻萨纳南达，或者支援据说已经“损耗严重，筋疲力尽，饱受疟疾折磨”的25旅。瓦西后来又说，在21旅尚未全部抵达前线时，多赫蒂应该先去戈纳和艾泽尔讨论一下这两个行动方案，随后他会得到具体命令。

多赫蒂在从索普塔来到戈纳的路上，就已经思考了这个问题。之前他已访问过萨纳南达的16旅前线，也知道美军会竭力在布纳取得决定性战果，然而他根本就想象不到25旅的处境。后来他这样写下了他从索普塔到戈纳的行程：

我在第7师师部的金斯利·诺里斯上校和我的旅副官（莱昂少校）陪同下，由两名土著民夫带路，从索普塔经朱姆博拉步行前往戈纳。这一段路吉普车无法通行。一路上都要经过酷热难当、潮湿不堪的长草地，穿越地面泥泞的丛林。路上遇到许多伤病员，只能用拐杖支撑着回到后方。泥泞地带足有1英里半长，深度从齐踝到齐膝深不等。下雨后湿滑不堪，但要比烘干几天后，变得像橡胶那样好走一些。丛林中有好几条其他小径，但同样满布泥泞。走这些小径不但一步三滑，而且每一步都可能会被树根绊倒，旅程会更加漫长……

我已经考虑过师长说明的两种可能采取的措施。为了消灭一些日军，在某些地方集中兵力是必要的。在那个阶段，我们的部队在戈纳地区、萨纳南达道路和布纳分成了三个部分，而在任何地方我们的兵力看来都不足以击败敌人。如果21旅按照预定计划那样，向萨纳南达推进的话，很可能会遇到无法克服的抵抗，这个旅现在仅有约1000人，比起一个整建制营多不了多少。这么做的话，结果是盟军的兵力从分散3处变为分散4处……

我觉得在进一步推进之前，先消灭一股较大规模的顽敌会好得多，而师长考虑交给我们的备选方案——和25旅协同消灭戈纳的敌人是一个可取的方案。

我和艾泽尔准将讨论了整个事态。他赞同我的观点。当我看见他的旅有多么疲倦时，我更加相信自己的想法是正确的。

11月26日下午，我打电话给师长瓦西少将，报告我和艾泽尔两人的观点。他认同在继续推进之前，先占领戈纳镇是最佳方案，然后我开始考虑进攻计划。

21旅进攻戈纳的时间暂定为29日。由于该旅最后一个营29日晚上才能到达，多赫蒂准将希望能将进攻时间推迟到30日。瓦西一开始同意了，但28日上午打电话说，根据赫林中将得到的一份确切情报，进攻要如期进行。他没有透露情报的具体内容，多赫蒂怀疑是日军正在试图让增援巴布亚的地面部队登陆。

地图四十四　11月27日，25旅在戈纳的部署

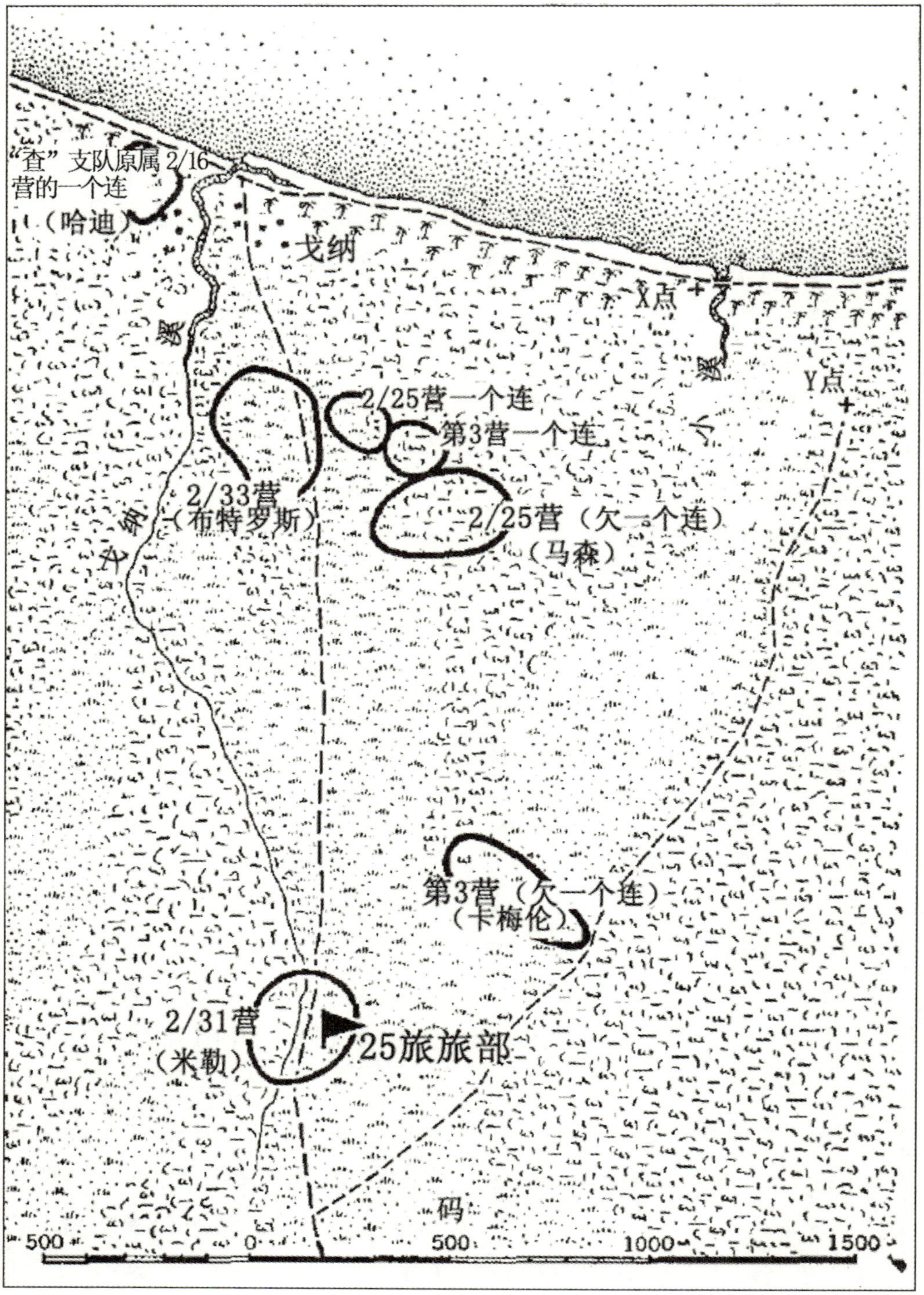

29日9点30分到10点11分，航空部队会集中空袭环绕戈纳镇的一小片矩形地区。第一波12架战斗机会各自投下一枚300磅的炸弹。3架“海神”式轰炸机会接着投下定向炸弹，进行空中扫射。随后6架“空中堡垒”式轰炸机将会投下8颗500磅炸弹，而稍后另3架“海神”式战斗机会跟上投掷炸弹和扫射。经过这几轮空袭后，2/14营会从东面沿着海岸进攻，火炮和25旅会从他们横跨布纳南方道路两侧的阵地为该营提供火力支援，而2/27营在下午2/16营到达前，充当21旅预备队。

21旅主力经过休整后，来到戈纳，援助经过几周战斗，力量接近枯竭的25旅，而9月初在伊奥里白瓦，却是25旅援助精疲力竭的21旅，这真是一个有趣的戏剧性巧合。更戏剧化的是，21旅第一个投入戈纳战斗的是2/14营，而这个应召而来的营正是8月21旅在科科达山道迎击日军的第一个营，他们在整个欧文·斯坦利山地作战期间蒙受了比任何澳军营更大的损失，如今他们将同样在沿海地区打响全旅的第一枪。

11月25日，23天前从“查”支队回到本营的查伦中校率2/14营乘飞机从莫尔兹比出发。由于还有109人仍被留在“查”支队，查伦在莫尔兹比港能集合的兵力合计为469人，而飞赴沿海战场的一共350人。25日夜间，该营抵达波庞德塔后，被编组为三个步枪连、一个警卫排和营部直属连。次日，查伦率部强行军到达索普塔，第二天上午再出发去替换25旅。27日上午，他们两脚一直在泥泞里穿行，进入戈纳以南1到2英里之间的宿营地时，天都快黑了。就在这天傍晚，日军的“零”式战斗机和俯冲轰炸机袭击了暴露在泥地里的他们，而且还对朱姆博拉和索普塔基地实施空袭。

28日中午，查伦告诉他的连长们，他们营会在25旅旅部正北离开道路，向东北方

■盟军轰炸机轰炸以后的戈纳，图中央为轰炸引起的烟雾。

向穿过一片长草地发动进攻（多赫蒂旅长的指示是该营可以在长草地右侧的灌木丛掩护下进攻，而不用直接穿过草地，这样友邻部队能看见他们，相机援助。而他没能及时发现查伦误解了命令，等发现时已经无法纠正了）。在海滩南面几百码的地方还有另一片草地，这片草地又窄又长，逐渐变细，整个形状就像从东方伸出的一支长矛，而矛尖几乎就在澳军行动的小路上。这第二片长草地的西端被称为“Y点”，2/14营的出发点就在那里。该营从那里会派出一个巡逻队向西北推进到位于一条小溪溪口的“X点”，那里大约在戈纳以东近0.75英里。当巡逻队报告称“X点”无异常时，2/14营遂在那里集合，准备29日从东面攻打戈纳，届时将会得到2/27营支援。

根据以上计划，28日15点，2/14营在一片矮树丛后的荫地暂歇，R.H.多赫蒂中尉带领他的排先去“X点”侦察。稍后，营主力在“Y点”等候时，25旅传来消息，“X点”的敌人已经肃清（根据多赫蒂准将后来的报告，他原来的计划并不是向“X点”派一支巡逻队，而是让2/14营在推进到这个点时派出几个分队掩护，这样能够争取时间）。多赫蒂准将因此命令查伦不用再等候多赫蒂排归队，立即出发。于是2/14营穿过300码的灌木丛，向海滩进军。途中，他们列成单列纵队，穿过齐腰深的恶臭沼泽，还要被西米树叶刺扎。该营以麦戈文连为前锋，巴特勒连、营部、D.W.莱尼中尉的警卫排和特雷西连依次跟上。

就在天黑前，行军纵队前方传来了零星的枪声，紧接着枪声密集起来，显然遇到重火力阻击。查伦营长开始收到杂乱的报告，而后他将营里的其他部队都分散到沼泽地的淤泥当中，以免遭受集中火力打击，造成重大伤亡。巴特勒连的殿后排被调到前线支援，随这个排行动的营副官比赛特上尉急忙跟了上去。他们发现麦戈文连的形势相当严峻。

18点45分，麦戈文的尖刀排埃文斯排在“X点”以东约300码遇到海滩方面的袭击。日军的工事深埋在地下，经过精心伪装，埋伏在里面的日本兵突然开火发难，打了澳军一个措手不及。澳军虽竭力还击，但日军工事非常坚固，他们的火力难以形成有效杀伤。连长麦戈文上尉本人不幸中弹身亡。K.A.埃文斯中尉当即接过全连指挥权，指挥他自己的一个排继续打击日本守军，同时向巴特勒求助，让他派一支部队迂回，保护他的左翼，而且告诉本连第二阵的排长E.R.克拉克中尉，在来到前线之前，先等候巴特勒进攻。19点20分，他从来到前线的比赛特那里得知，查伦已经派巴特勒去右翼，而莱尼排正赶到左翼支援。过了片刻，夜幕笼罩在污浊的沼泽地上空，前锋连已经听到巴特勒连进攻的枪声。克拉克随即率本排试图赶到前方，但遭到日军分割阻击，他本人也在战斗中负伤。巴特勒连同样遇到阻击，连长本人身负重伤，克莱门兹中尉阵亡，

■戈纳战壕里的澳军战士。

H.E.R.麦克唐纳中尉失踪，几乎也肯定阵亡，另有16人非死即伤。

黑夜就像挂在灌木丛，沼泽和大海上的幕布，根本就无法确定在日光消失前最后一刻刚刚粗略确定的日军阵地位置。澳军前线许多一线指挥官伤亡，变得更加混乱，好在有意志坚定的比赛特相助。他和接替巴特勒指挥权，也已经负伤的克拉克中尉一起组织了一条防线。J.W.考伊上士一直坚持到他的伤势不允许他继续站立为止。连长麦戈文牺牲时，考伊就在他身边，他当场还击，为连长报了仇，而且用手雷炸毁了日军的两个暗堡，救回了两名负伤的同伴，最后终于体力不支，被比赛特撤下了前线。在四散的伤兵

■澳军士兵在戈纳的长草地里为被迫击炮弹片打伤的战友包扎伤口。

中间奔忙的医护下士V.R.G.托马斯中弹倒下后，J.A.布朗二等兵接替了他的工作，继续在枪林弹雨中救护伤员。当能走动的伤兵和担架队摸索着在黑暗中行走时，信号兵会找到他们，引导他们沿着电话线通过沼泽地，这样灌木丛也能提供掩护，而且还能阻挡海滩上射来的日军子弹。

29日凌晨2点，2/14营通过拉塞尔上尉设置的中间路障，撤到“Y点”。全营损失了32人（11人阵亡，21人负伤），除了证明“X点”安全的侦察情报错误外，一无所获。至于到底是25旅侦察队和2/14营的一个排在上午对“X点”东面侦察时没能发现白天躲在隐蔽阵地里，没有发出丝毫动静的日军，还是侦察队的动向引起日军警觉，重新派人在“X点”地区的预设阵地布防则无法确定。但前一种推测可能更符合事实（营侦察队队长多赫蒂中尉有可能提供另一个追加情报，但他和他的部队向东迂回得太远，以至于到达巴萨布亚，和日军突然遭遇，在战斗中击毙了将近20名日军。但通信员回来报信时错过已经出发的营主力，到达旅部时已经19点15分了，直到30日才回营归队）。

旅长多赫蒂准将对运气不佳的查伦中校下达了29日的新命令：向东沿着从“Y点”延伸的长草地迂回，然后向北面的海滩运动，从那里沿东面的突出部（“Z点”）突破日军左翼。2/27营会越过艾泽尔旅的阵地，推进到“X点”以西，接替2/14营对戈纳发动主攻。

2/27营是21旅到达海岸战场的第2个营。尽管11月26日，大部分在欧文·斯坦利山区战斗期间负伤患病的伤病员已经从医院归队，全营总兵力仍不足300人，好在当天有130名从澳大利亚本土赶来的援兵加入。该营有121名士兵留在“查”支队。25日和26日，先后随营长库珀中校上飞机出发的共有374名官兵，同样先飞抵波庞德塔集合。有一批老兵和新援兵一起被留在莫尔兹比港，从本土新到的援兵在上战场之前，需要跟随老兵骨干们先接受更多强化训练。28日，库珀率领战斗部队从索普塔赶到旅部在戈纳的预备阵地时，已将部队编成一个营部，J.D.李上尉的营直属连和三个步枪连。西姆斯和吉尔上尉的两个连各有82人组成，J.C.科明上尉的一个连有81人。

29日一早，库珀营长告诉他的部队，科明连会打头阵，从“X点”附近的小溪西边向大海方向推进，随后会在预定11点的空袭后，沿着海岸向西面的戈纳运动。在步兵到达海滩，进攻日军阵地前，炮兵会集中炮火打击。多赫蒂准将认为自己的计划加了双保险，库珀营应当能够平安到达海滩。

10点，2/27营开始行动，但由于向导领错了路，使得炮兵观察员汉森少校错过了和库珀中校会合，而不得不推迟。于是库珀只能先派人去寻找汉森。这样一来所有预定时间全被打乱了，直到中午2/27营才一路无阻，到达海滩。但空袭已经按预定时间结束了一个多小时，日军抓住这段时间差，尽可能将被盟军飞机破坏的工事修复，给澳军步兵随后的西进迂回作战蒙上了一层阴影。

12点25分，2/27营右翼在椰树林中穿行的西姆斯连和左翼在长草地间行军的科明连都遭到日军地面重火力阻击，由于他们试图加速推进，结果人员伤亡迅速增加。经过3小时战斗，科明连的位置领先了西姆斯连大约75码，已经越过后者的前线，到达一个靠海边的顽固阵地。科明突破一片灌木丛时，前方的开阔地被日军那令人生畏的火力挡住了。科明眼见别无他法，抄起一支布朗式轻机枪，带头就猛冲了上去，闯进日军依托一棵大树树根建造的隧道式工事。科明的眼中布满了血丝，咆哮着扣动扳机，飞奔上去，他的副连长J.W.斯盖博上尉第一个紧跟上去，随后数十名官兵全都冲了过去。

经过惨烈的战斗，科明连终于成功到达目的地，但伤亡极其惨重，连长和副连长双双战死，后来战友们在大树根下日军的死尸堆里把他们的尸首扒了出来，另两名军官E.M.凯迪中尉和J.S.本尼中尉也都负伤，本尼很快不治身亡。科明连伤亡实在太大，几乎失去所有军官，只得先撤回原阵地待命。

库珀营当天做了所有能做到的事情。除了科明连损失所有军官外，西姆斯连的军官也伤亡3人，J.O.弗莱特中尉阵亡，约翰斯中尉和A.B.谢尔文中尉两人负伤，全营伤亡55人。日军仍在澳军阵前虎视眈眈，只有夜间才能收集阵亡官兵尸体和救治伤员。天黑后，负责这项任务的侦察兵们都二话不说，

■在戈纳阵亡的2/27营查尔斯·哈罗德·奥尔森二等兵。

在这三个营东面，2/14营同样在战斗。查伦中校接到新命令后，率部试图将2/27营后方小溪东面地区扫荡干净。29日9点，查伦营再度出发，埃文斯接管了再度率部打前锋。他们11点30分就直达海岸，随后向东推进，而且在他后方的“Z点”设置了路障，阻止日军可能从东面或南面发动的突袭。前进200码后，他进入一个看似废弃的村落。

“大家保持警惕！”埃文斯率队小心翼翼地向前穿过灌木丛，然后通过村里的前几座房子。气氛诡异得简直令人窒息，有的士兵实在忍耐不住，正要开口，枪声突然响了。

“隐蔽，快找地方隐蔽！”排长大声招呼道。村落中隐藏着日军的纵深阵地，阻击火线从四处飞来。埃文斯好不容易稳住阵脚，再派人出去查探，发现这个阵地沿海岸延伸了足有400码。营部接报，急忙派萨根特中尉赶到前线指挥迫击炮火支援，但还是没能获得实质性进展。

随后查伦命令特雷西连在迫击炮火支援下，穿过埃文斯排的阵地进攻。特雷西显示了不亚于8月末在阿罗拉山间孤军被围时的勇气。他出色的体格和神经使他能够冷静地在敌人组成十字交叉火力的防御阵地前30码之内指挥战斗：“机枪手过来掩护，大家跟

在黑夜中向前方摸索。

2/27营并非当天唯一遭到日军打击的营。21旅的生力军沿着海岸自东向西发动主攻时，25旅第3营和2/33营从他们横跨道路的阵地自南向北，徐徐推进。右翼的第3营损伤12人，最后在日军防御阵地南面的丛林前掘壕固守，他们的一个排曾一度冲进村子，但被日军的重机枪火力逼退。左翼的2/33营也被日军的机枪火力和狙击手阻击。本已减员严重的这两个营以疲惫之师奋战，还是取得了一定战果，但又进一步增加了伤亡。

我冲！”二等兵M.瓦利和G. F.汤普森两人冲上火线，举起两支“布朗”式机枪在20码距离内向最靠近他们的日军强点扫射。这两名士兵不顾生死的大胆扫射，成功压制了日军火力点，澳军终于能够继续前进。

“好样的，跟上我！”特雷西招呼一声，瓦利和汤普森刚要跟上队伍，却被从侧翼射向他们两人的日军子弹击中。就在几乎同一时刻，特雷西上尉本人也阵亡了。

“天杀的小鬼子！伙计们，跟我来，把他们全都宰了！”A.F.法伊夫二等兵咒骂着鬼子，激励战友前进，却被日军子弹一击致命。维克斯下士发现他倒地后，冲了上去，扶起他穿过日军的酷烈火线，将他放到一个安全的地方，但终究晚了一步，他已经断气了。同连的N.H.杨中尉负伤。左翼包抄的莱尼排被日军打得抬不起头。G.L.科布中尉带领16名士兵从莱尼排左翼深入迂回，和日军上刺刀，展开白刃战。但这个战斗小组最终寡不敌众，绝大部分负伤，科布伤势最重，第二天终告不治。

在下午的战斗中，V.C.戴维斯下士中弹倒地。W .H.加斯凯尔赶紧冲过日军飞来的子弹去救他。他上前给戴维斯包扎伤口时，经常停留下来，和附近的日军狙击手交锋。在他将戴维斯送到安全地区后，又救出了另两位伤员，但他很快就受了致命伤，12月13日宣告不治，而戴维斯在被他拉下火线不久就断了气。

16点，查伦中校让他的人略向后撤。1小时后，在迫击炮弹幕掩护下，他派菲茨帕特里克中士和塔夫准尉两人带领部队发动了一次新攻势。尽管他们取得了一些小进展，但还是被日军顶住了。这次进攻未果后，查伦营撤退到“Z点”，就地掘壕过夜。在这一天的战斗中，该营共损失了38人。

天刚黑，瓦西师长就批准了多赫蒂30日的计划。整个21旅现在就地待命，等待2/16营到来。卡洛中校指挥的这个营现有273人，编组为两个步枪连。卡洛刚到时的任务是保护旅部，并且在东面2/14营和西面的2/27营之间设置一个巡逻路障，阻截日军从东面向2/27营后方的任何行动。多赫蒂从2/16营抽出一个连加强给库珀，充当2/27营的预备队，该营从30日早晨起从西面持续发动进攻。

库珀中校计划从30日拂晓开始，再度进攻日军阵地。

30日6点15分，吉尔连赶到前一天西姆斯和科明两个连到达的阵地前方，准备前进。但一开始他们就遭到日军重机枪和步枪子弹阻击，前排战士中弹倒下后，其他人赶紧卧倒。另两个连得报，想要过来支援，但日军早已有备，将他们都控制在距离自己阵地80到100码的距离之内。J.H.奥尼尔上尉带领2/16营的一个连，在澳军最左翼迂回进攻，也遭到阻击。日军严阵以待，整条防线密不透风，双方的进入火力激烈对射的僵持阶段。库珀原先准备了一个在傍晚执行的进攻修正方案，但最终决定到第二天为止，各

地图四十五　11月29日傍晚，澳军在戈纳的部署

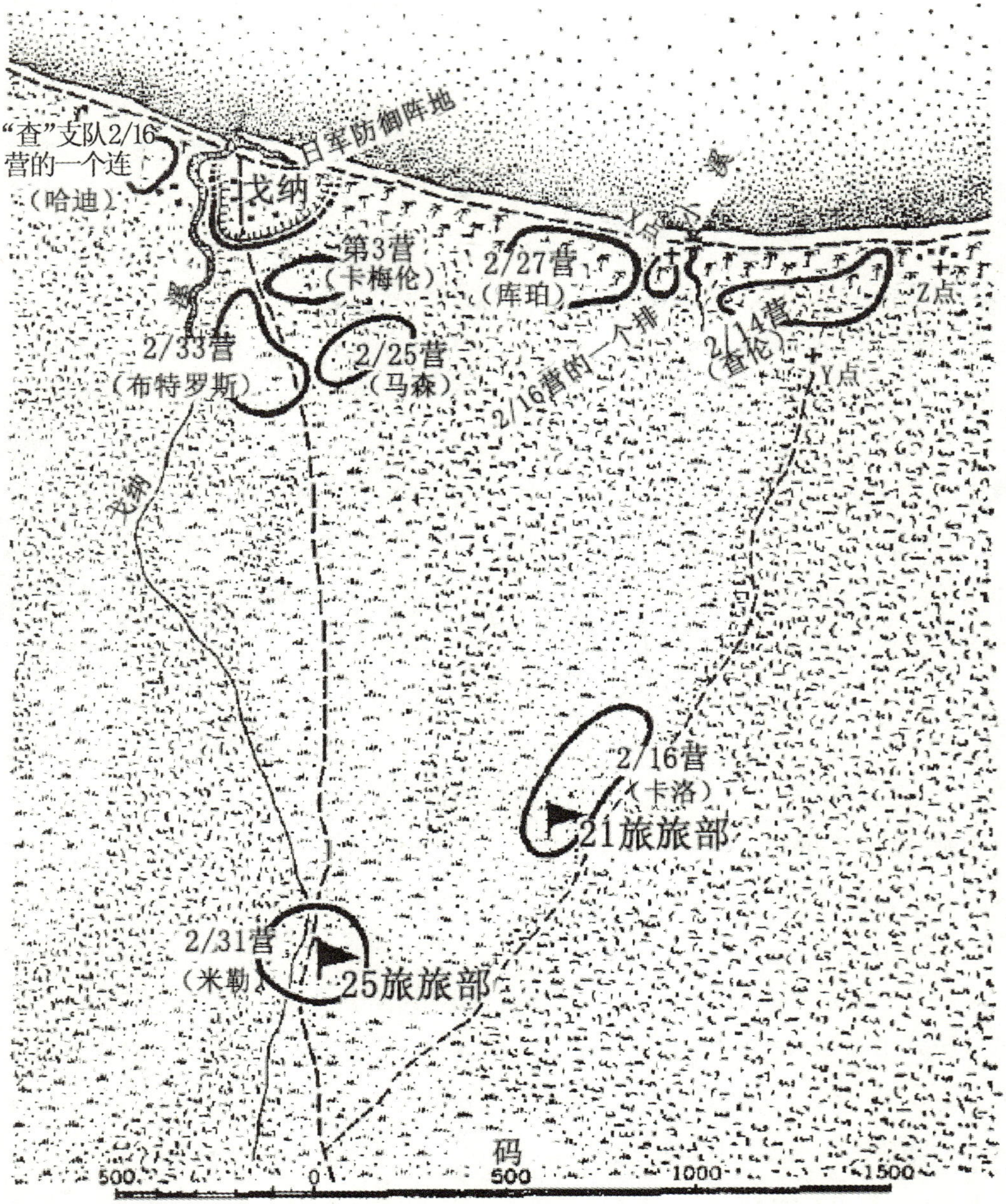

部仍原地坚守。部队伤亡很大，这一天他又损失了45人，包括西姆斯的副连长E.W.贝斯特上尉在内，3名军官阵亡，吉尔上尉和他部下的一名排长负伤，仅仅他这个连队就合计伤亡11人。

东面的2/14营仍在战斗。11月30日天刚黑的时候，查伦派出的一组哨兵就和日军发生冲突。E.T.谢尔顿下士的一个巡逻队试图

从海边蹚水迂回，击毙了守在海边的5名日军，另外还打伤一人。谢尔顿小组的行动给了2/14营很大启发，于是他们派出多个骚扰性的巡逻队（当时该营一线战斗部队仅剩159人），如法炮制。而J.H.特拉斯科特下士带领的一个排从西面沿岸地区发动的扫荡战，将这一轮战斗推向高潮。特拉斯科特之前在山地和戈纳地区的战斗中，因为作风顽强非常出名。年方25岁的他是个安静而个性非常突出的人物，在全营都深受爱戴。勇敢而又有才华的特拉斯科特18点出发，炮兵为他进行了5分钟集中火力准备。他用2英寸迫击炮弹和枪榴弹将残余守军逼出了据守的坑洞，然后在日军沿海岸撤退或者试图从水路游泳逃跑时，将他们击毙。比赛特上尉带领一股澳军更加积极地用这种方式进攻，然后从"X点"穿过小溪，和2/16营、2/27营取得了联系。

■戈纳前线，一位正在去急救站的澳军轻伤员。

经过扫荡战，澳军在萨纳南达和戈纳之间的大片海滩建立了一个坚固的阵地（其中还有一些日军的防御强点）。

傍晚，多赫蒂准将同意2/27营次日继续向西进攻。他让卡洛将2/16营的另一个连，也就是罗宾逊少校指挥的全旅最后一个步枪连在12月1日5点移交给库珀指挥。艾泽尔准将答应让第3营保护21旅的左翼，多赫蒂告诉库珀安排他的各连沿海岸向西进攻，打通和第3营之间的联系，以便两个营协同作战。库珀很快就报告，他已经和第3营营长卡梅伦中校建立了直接联系。

清早5点45分，盟军的炮兵和迫击炮火对日军盘踞的小片区域炮击。6点，澳军全体步兵都上了刺刀，在迫击炮火弹幕掩护下投入进攻。库珀本营的三个残缺连沿着海岸在右翼进攻，奥尼尔2/16营的一个连组成了这一路澳军的左翼，同时和第3营的援兵保持联系，罗宾逊少校的2/16营最后一个连充当预备队。然而很快这波进攻似乎就出了错，而且参战部队的混乱状况可能是出错的原因。

沿海滩行动的2/27营，在控制住最前方阵地后，遭到日军阻击，减员严重，而这一段时间没人知道左翼到底发生了什么。据传，3营在通过他们前线时没在2/27营左翼发现任何人，也没能前进多少距离。但第3营发回报告不久，后续消息就跟了上来，奥尼尔连确实已经扫清了第3营的前线，而且他们连和2/27营W.A.埃杰顿－沃伯顿连（原吉尔连）一部正在攻打戈纳村的日军中央阵地。奥尼尔连L.P.梅贝利中尉的一个排当时也到达了村子中央，他们用布朗式轻机枪和半自动冲锋枪的火力干掉了路上的最后一个敌军工事，全排从一开始的18人减员到只剩排长本人和其他5名士兵。

这一带的战况很混乱，卡梅伦的部队已将自己负责的区域廓清，前来助阵，使澳军能南北夹击，但炮兵不知道这一情况，卡梅伦营得冒着自己人的炮火前进。炮击过后，卡梅伦营和一队日军都试图从混乱的战场先撤回自己的阵地，卡梅伦营损失了二等兵A.G.萨基和L.G.莫雷两人，然后向西越过戈纳溪，和远方“查”支队哈迪中尉的一个连会合。

伤亡数量很快被统计出来。已经冲进村子的大多数人非死即伤，不然就是失踪（只有少量负伤人员和失踪人员会在夜间归队）。奥尼尔上尉本人身负重伤，被留在小溪东岸的阵地上。2/16营营长库珀中校本人也受了伤，由副营长希尔曼少校接替指挥。10点前后，当罗宾逊少校带领预备队连的15名士兵投入战斗后，战斗已渐趋白热化。罗宾逊对海滩上一处给澳军造成了很多麻烦的坚固工事发起了攻击，一度占领了这个阵地，但日军的一波反击又将他们击退。罗宾逊受伤后仍坚持战斗，直到因为再次负伤，不允许他继续坚持为止。

澳军在这天的其他时间里，都忙于在日军主阵地射来的激烈火线和隐蔽的日军狙击手冷枪下，尽力处理战场上的伤亡人员。天黑后，哈迪连的W.T.麦克马洪下士和E.耶因二等兵两人游过戈纳溪，进入日军控制区，趁着夜色，悄悄将已处于垂死状态的奥尼尔上尉带回澳军阵地。同一天晚上，戈纳外海远处闪现移动的灯光，那是夜航中的日军船舶，随后澳军士兵听见重型轰炸机空袭的遥远回声。由于盟军飞机的猛烈空袭，日军舰船没能靠岸，最后中途变向往大海远处去了。

这天白天，仅2/16营就损失59人，而3营的推进，和与西路澳军的联系都遇到了麻烦。在地形复杂的戈纳地区要求保证任何进攻能定时定向准确进行，着实困难。实际情况是，第3营并没有到达艾泽尔准将认为他

■正在向日军阵地开炮的澳军迫击炮手。

们应该到达的位置，也不是营长卡梅伦中校认为他们应当所在的位置，而是落到了更南面。而且，他们并没有按照规定时间出发，而是等到21旅的攻势明朗后才开始行动，那样不可避免地发现不了21旅的动向，也就没有在奥尼尔连预计的地点会合。这是一个制定丛林作战计划必须比在其他地理条件下更仔细的好例子，主要是因为丛林中的观察视野受到很大限制，加上情报缺乏和错误的推断，会增加战斗的困难。具体到戈纳之战的原因在于盟军手中的戈纳地图不全，而且准确性差，尽管航空照片已被用于提供地理信息细节，但仍达不到要求。而这个错误使澳军12月1日对戈纳地区的进攻再次付出了高昂代价。

多赫蒂准将非常焦急。刚到傍晚，瓦西师长就告诉他，澳军在戈纳伤亡太大，因此他考虑留一支部队和当地的日军相持，让其他部队向东威胁萨纳南达日军的侧翼。结果多赫蒂只得让查伦部沿着海岸道路次日一早去萨纳南达，让他在海岸上建立一个坚实的基地，但将他的行动限制在和日军巡逻队交战上。但灌木丛和红树沼泽在巴萨布亚以外挡住了查伦营主力的去路，他12月2日晚上只得被迫在巴萨布亚宿营。

同一天，留在戈纳的澳军尽管已经疲惫不堪，但还得发动另一次进攻，必须保持对敌军的压力。由于前几天的伤亡，加上部分兵力被调走，澳军只得暂时放弃全面进攻。希克斯中尉和2/16营的20名士兵（另有2/27营的一个排在后方为他们巩固阵地），在第3营和2/33营掩护下，攻打前一天罗宾逊少校曾打击过的，已经被削弱的日军阵地。他们直接从东面切入日军的侧翼防线，但日军明显加强了戒备，希克斯本人受了致命伤，另有9名士兵中弹。

哀兵必胜

2日中午，饱受困扰的瓦西师长在戈纳外的25旅旅部召集部下的三名旅长多赫蒂，艾泽尔（他的25旅过去几天除了在戈纳村以南守卫横跨道路的阵地外，做不了更多事情）和波特（他的30旅即将进入海岸地区）。瓦西曾计划用波特旅替换艾泽尔旅，但多赫蒂已经抽出一部分部队前往萨纳南达，只得改口命令艾泽尔继续在戈纳留守。21旅的2/16营和2/27营编成一个混成营，由卡洛中校指挥，配属给25旅。波特旅的先遣队39营在飞抵波庞德塔后，会赶到戈纳，配属多赫蒂的21旅，跟随2/14营沿海岸进攻萨纳南达侧翼阵地。39营如今是澳军名声最响亮的原民兵部队，要知道他们是第一个在科科达和日军血战的澳军营。现在指挥这支部队的仍是沉稳干练的霍纳中校。他们已经进行了休整和补充，充实他们的援兵包括100名原53营的官兵，这些官兵之前曾被编入53营和55营混编的55/53混成营。

瓦西的新计划从12月3日开始执行。这一天，围攻方和被围方之间在主要地区都小心地进行火力应酬。向东行军的查伦还没有遇到敌人抵抗，但地形已给他们制造了足够的麻烦。地图上看不到沿海道路上的灌木丛和沼泽地，2/14营和跟着他们的39营一部在这片荒凉的道路上蹒跚而行。突然之间，机枪子弹在他们头顶呼啸而过。众人都叫嚷着日军空袭，但实际上是一位战斗意志过剩的澳大利亚空军飞行员没看清目标，把他们当成敌人低空扫射。在这样的地方根本就无法建立一条成型的战线。多赫蒂将查伦的报告转交给瓦西。瓦西别无选择，只得修改他的命令。傍晚，他指示多赫蒂重新指挥他本部的三个营，以及配属的39营一部，同时撤下包括第3营在内的25旅全旅。久战之后，已经疲惫不堪的25旅终于可以轮休，21旅接管了整个戈纳地区。之前已经划归艾泽尔指挥的49营重新回到索普塔，回归30旅建制（欠第39营），然后赶赴通往萨纳南达的主干道。

朝令夕改的计划不免令人困惑。仅仅两个星期前，这场战役的最后一轮战事开始时，澳大利亚人尚且自信满满。原先在热情

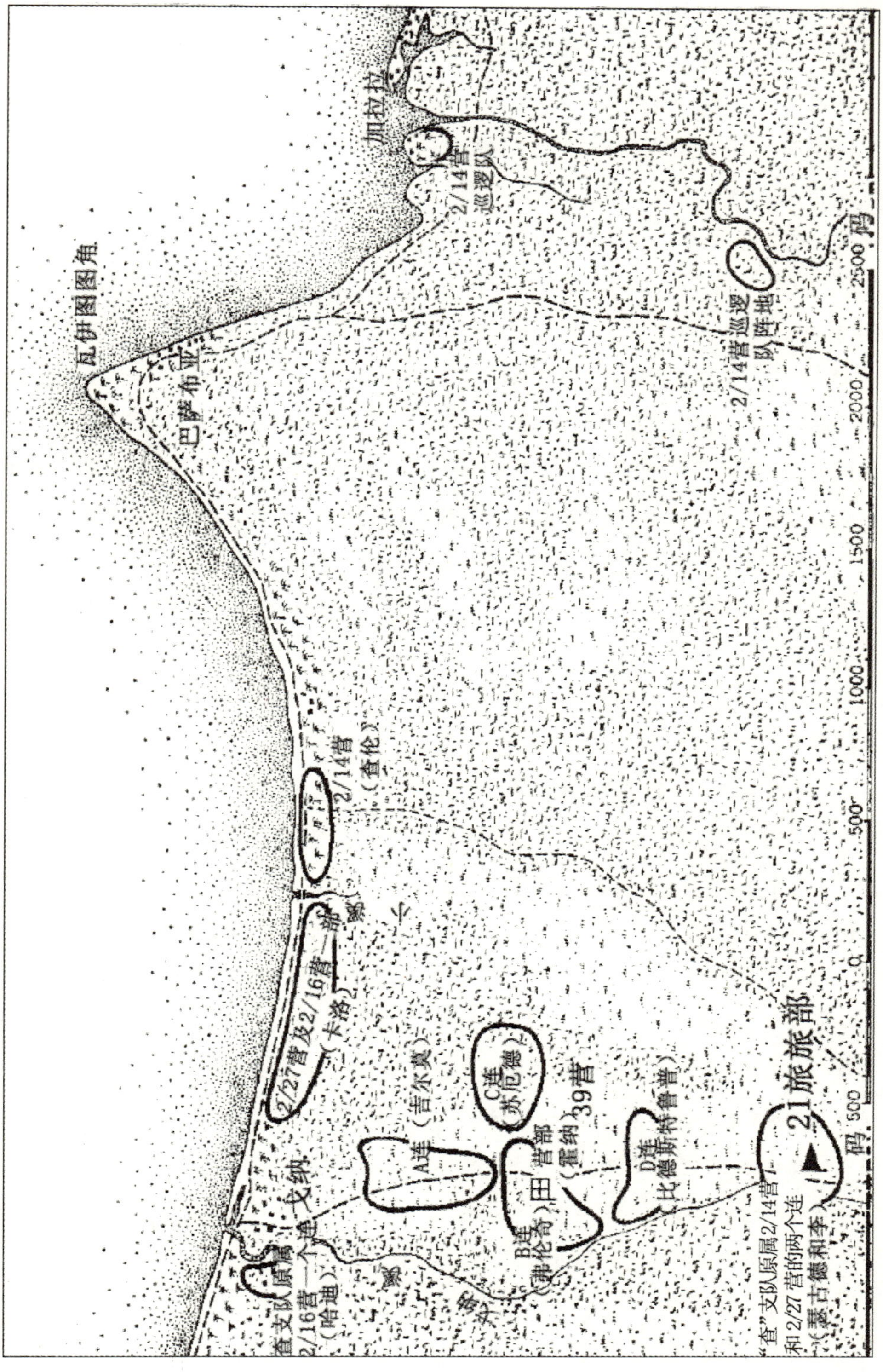

地图四十六　12月4日傍晚的戈纳

高涨地追击日军的25旅已经从兴高采烈变得疲惫不堪，折损超过200人，而成果鲜见，尽管他们已经从巴布亚西南岸几乎打到东北岸，但终究没有亲手结束这场战役。随后急于报仇的21旅满怀希望，试图一鼓作气占领戈纳，结果5天之内，赶到战场的将近1000名官兵仅战斗伤亡就达340人，而戈纳之战的前景仍不明朗。事实证明，尽管他们比美国人更理性，也没料到战斗会这样艰难。

后来一些资深军官批评澳军在这片热带丛林使用的战术仍然类似于早期的堑壕战。称职而经验丰富的陆军军官萨布雷特少校认为在戈纳的战斗中，一个基本战争指导原则——集中兵力被无视了。他认为，尽管日军已经被空袭，火炮和迫击炮火力重创，而且遭到澳军步兵轻武器的打击，几乎不敢在地面现身，但盟军获得的这种优势很大一部分都由于澳军进攻侧重点的偏差而丢失。这些问题已经在不同的前线发生了，在某些情况下，澳军并没有将兵力集中在有限的重点目标上。他写道：

> 我认为，我们如果能集中兵力，得到足够的迫击炮火，火炮火力和轻武器火力支援，在一段时间内拔掉敌人的某一强点，而不是对每个据点都全面开火的话，将会取得更多进展。这样我军的其余部队随后就能完全用于防范敌人增援或逃离戈纳地区了。

12月4日，21旅全面替换25旅。25旅开始撤往索普塔，准备在那里飞回莫尔兹比港休整。9月初，该旅各营约各有550人。9月19日，伊米塔山岭的战斗开始时，各营也平均尚有531人。而12月2日，在他们被替换前两天，全旅三个营一共只剩下647人。16点30分，瓦西的新计划付诸实施。多赫蒂将他的旅部设在戈纳以南约1英里的主干道，由瑟古德上尉和A.J.李上尉带领的“查支队”两个连护卫。霍纳和他的39营各连在旅部前方，戈纳阵地以南的路段周围活动。海岸地带的2/14营在小溪正东的老防御阵地布防。卡洛中校的混成营全部在小溪西岸的沿海和戈纳日军防线东面展开。

天黑后，澳军巡逻队开始向日军阵地最东面进攻。这次夜战，澳军消灭了一些日军，获得了一些有用的情报。

多赫蒂准备第二天对阵地稍事调整，让2/14营和查支队的两个连换防。新几内亚部队司令赫林中将给他送来了令人担忧的消息，日军可能会试图让他们的驱逐舰运载援兵，在库姆西河河口登陆。他决定在6日派混成营和39营两个营再度进攻，预计他们面临的日军总兵力如今约为150人。前哨巡逻队5点30分即出动，卡洛混成营对付最东面的日军强点，霍纳39营攻打西南面的日军军营，随后会集中主力夺取丛林边缘地带，那里的树木直径都达4到5英尺，盘根错节，守护着日军的工事。霍纳的这条行军路线正好和海岸线平行。

澳军的进攻再次陷入困境。尽管卡洛营

■澳军在戈纳地区侦察时，在日军补给物资中发现“澳大利亚帝国军团马来亚驻军”字样的包装壳。

的前锋排到达了他们的目标——沿岸的第一个日军据点10码以内，但包括排长C.M.怀特中尉在内的多名官兵阵亡后，该营还是没有取得任何实质性进展。39营方面，J.W.尼尔森中尉带领他的一个排乘着夜色，沿主干道右侧推进到日军南部防御阵地中央。当遭遇日军重火力射击时，他们排正在齐肩深的沼泽臭水中穿行。尼尔森当场负伤，他们排无法通过沼泽地，只得撤退。

这时霍纳中校的39营正展开主攻，比德斯特鲁普连从道路左侧靠近森林一线推进，但被日军的阻击火力撕扯得支离破碎。硝烟帮了比德斯特鲁普的部队一把，逐渐散去的夜色透出的光亮笼罩着他们的目标，日军的这些工事都隐藏得很好，几乎紧挨着地平线和树根，但也使得在黑暗中等待敌人的日本兵在观察外面的景物时，视野受到影响。澳军一口气夺取了大约50码阵地后，日军的机枪十字交叉火力又将他们挡住。要不是A.J.斯基尔贝克二等兵先后4次冒着日军的酷烈火线穿过开阔地到连部报信，比德斯特鲁普很快就会和他的左翼排失去联系，而斯基尔贝克每次冒着生命危险送信的时候，还不忘救助路上遇见的伤病员。有一次，他奉命带一个预备班去前线，等候这个班时，发现不远处有一位无助的受伤战友，二话不说就冲上去冒着日军的子弹将他救了出来。

莫里森中士是另一位不向环境屈服的澳军勇者。在他的排长负伤后，他仍在穿越日军的火线，呵斥声甚至压倒了喧嚣的周围环境，指挥全排冲锋。但还是受伤了，先是手部，然后是腿部，但他仍然坚守岗位，坐倒在地上，大声发号施令。在友军掩护撤退前，比德斯特鲁普连合计伤亡达58人。

在主攻点右边，澳军取得了一些小胜。小溪保护了比德斯特鲁普的左翼。在他右翼的R.G.埃杰尔下士的一个班奉命在进攻期间，消灭当地的几座日军工事。在主攻方向的喊杀声和混战掩护下，埃杰尔班飞快地通过朦胧的夜色，和日军的一个工事群，冲到目标地区。主力没有跟上来，他们发现只有自己到达了目标，于是反身夺路后退，埃杰尔端着一挺冲锋枪和一名“布朗式”机枪手开道，顶着日军的火力风暴，杀进一座日军工事，一口气干掉10名以上的日军。等P.A.塔基中尉的一个巡逻队接应他们突出日军阵地时，日军在这一带已经只剩最后一座工事。

这时，澳军最左翼，即日军戈纳教区主阵地西面的形势却不容乐观。11月21日以来，“查”支队原属2/16营的一部已经在戈纳溪西岸建立了阵地，一直在骚扰日军，监视澳军左翼的动向。哈迪中尉指挥的这支部队经过连日战斗，已从原先的109人减员到45人，实际规模仅略大于一个排。和“查支队”的其他连队一样，自从8月21旅在山区首次参加战斗以来，他们几乎都没有休息过。仍在坚持的这45名官兵神色憔悴，筋疲力尽，饱受疟疾折磨。他们被暴露在戈纳的一个孤立的澳军侧翼阵地，不但要面对日军，还曾不止一次受到澳军炮火和盟军飞机空中火力的“关照”。哈迪一直都以乐观的情绪和孜孜不倦的勇气鼓舞他的部下，而且他总能在第一时间察觉危险，保护他的部下。这个分队好几次都挫败了日军在他们附近登陆增援的企图。无论攻守，哈迪都经常能将他们携带的2英寸迫击炮威力发挥到最大。

11月的最后一天，哈迪和“查”支队的一个巡逻队在一个小村庄替换了2/14营格林伍德中尉一部，这个村庄位于哈迪建立的“查”支队坚固阵地以西1到2英里之间，在安博加河东面不远处，后来澳军都管它叫“哈迪村”。哈迪在这个阵地挫败了日军向东渗透到澳军中央的意图。其间他的两名部下阵亡，但杀伤了不少日军。根据报告和侦察，他认为在安博加河西面有150到200名日军，根据落到澳军手中的土著民夫供认，这些人是冒着盟军飞机空袭在当地强行登陆的日军援兵。12月4日，L.T.赫莱尔上尉率领一个2/31营的加强侦察巡逻队进入同一地区，但赫莱尔和他的三名部下在这些危险的日军发动的一次犀利突击中阵亡。紧接着，在完成其他一些巡逻机动后，哈迪在12月5日带领20名志愿跟随他的士兵回到这个村庄的阵地。而他们都在发烧，身体虚弱。

就在5日和6日午夜的大雨前，日军向他们逼近。察觉到日军兵力众多，哈迪立即派C.A.布鲁姆费尔德二等兵回自己的基地搬救兵。布鲁姆费尔德尽管正在发烧，仍在黑夜中和其他三名伤员一起执行任务，一路上他几乎一直背着伤势最重的一名战友。他赶到基地将消息报告给基地留守指挥官R.E.A.琼斯上士，琼斯立即带领全部还能战斗的士兵出动，而他们全员不过15人。琼斯很快就遇上4名出来搜索的日军，向他们开了枪，但在这些日军全被消灭之前，第4名日军的刺刀扎中了他的要害。G.B.J.墨菲下士接替琼斯指挥，激励和带领战士们挡住了日军的进攻，一直坚持到7日援兵到来。

来支援的是2/14营的一个巡逻队，共有50人，由多赫蒂中尉指挥。旅长多赫蒂准将得到哈迪告急，赶紧让查伦抽调这支部队火速救援。多赫蒂中尉在哈迪村以东约800米的位置和日军大部队遭遇。狭路相逢，多赫蒂无暇多想，发动了猛烈的冲锋。这一战澳军伤亡相当大，但敌人损失更多。下午，他意识到一支强大得多的日军正试图包围他，只得抢在日军包围圈合拢之前，后撤了500码。旅长得报，随即命令查伦中校带领他剩下的所有战斗人员出发，去接应多赫蒂中尉，在当地组织反击。查伦接到命令时已经天黑了，而他手中可用的部队一共不过40人，于是他先在戈纳镇以西约1英里的位置组建了一个环形阵地，以备夜战。

18点30分，哈迪部下的两个人从村子跑回旅部报告情况，他们还说，在路上的灌木丛中，还有他们的6名同伴正在赶来。指挥这支小分队的埃里克·威廉姆斯中士在第二天到达旅部时说，他估计大约有400到500名日军正在向东移动。小分队没有带回哈迪中尉的消息，后来才知道他已经英勇战死。

在哈迪派出布鲁姆费尔德求救以后不久，他决定让剩下的人一起突围。幸存的战士们后来一起在2/16营的作战日志中写道：

他下令撤退，但他自己会留守到最后一刻。所有的人都知道，哈迪总是会这样只身犯险，而让他的部下能够摆脱险境……从那时起，直到2/14营找到哈迪中尉和S.A.斯蒂芬斯二等兵两人的尸体前，他们都被列入失踪名单。斯蒂芬斯的尸体是在充当哈迪指挥部的临时营房下面被发现的。当时日军袭击了他，用一颗手雷将他打倒。哈迪的尸体就倒在营房的地上，从营房周围的情况来看，哈迪战斗到他生命的最后一刻，在日本人最终击毙他之前，杀死了很多日本兵……哈迪总是自愿承担任务，而且主动担负那些最后可能会让他为部下送命的工作。每次巡逻，他总是坚持指挥第一线的侦察部队。

哈迪牺牲了，但他的努力挽救了最后一批成功撤回主阵地的战友。澳军各巡逻队对日军阵地进行了多次骚扰性突击。度过这个忙碌的夜晚后，7日的局势相对平静。多赫蒂旅长为39营的另一次进攻联系空中火力准备。但空袭又一次帮了倒忙，炸弹和子弹没有落到日军阵地附近，反而落入澳军后方地区。39营营长霍纳好气又好笑，他不准备让他刚刚被自家飞机搞得头昏脑涨的部队去攻打没有遭到打击、严阵以待的敌军，立即取消了这次地面进攻，而多赫蒂旅长也认同了他的处置。当晚瓦西师长认可了多赫蒂8日的作战方案，而且保证炮兵会给予他250发炮弹的火力支援，同意第二天上午在戈纳上空投放传单，希望能在21旅的攻势全面展开之前，打击日军的士气。

多赫蒂决心毕其功于一役。经过多日苦战，即便得到30旅一部补充，他现在的作战部队合计也仅剩792名官兵，其中2/14营139人，2/16营104人，2/27营146人，配属的39营403人，全部兵力只比一个整建制营略多。8日上午，师参谋长波拉德上校打电话给多赫蒂，告诉他可能有必要将39营撤出戈纳前线，调回30旅归建，投入萨纳南达方向；师长认同多赫蒂扫清戈纳日军的决心，同时也赞同对明显在安博加河盘踞的日军进行侦察，但如果这次即将开始的进攻还不成功，那么就不会再进行这种代价不成比例的后续攻势，而戈纳地区只能留到盟军能够集中大规模兵力一鼓作气将西路日军全粉碎时再解决。

因此多赫蒂准将的作战方案成功与否的关键就在于他现有的最强的一个营——39营的表现。炮火准备结束后，39营将进行三阶段作战：先向北进入日军南部防线的丛林边缘，然后向西北攻入戈纳村，最后扫荡戈纳溪东边的丛林地区。

12月8日11点30分，澳军的迫击炮和火炮打响，开始进行火力骚扰。1小时后，持续15分钟的密集炮火准备开始。炮手们使用了延时引信，这样炮弹能够穿过工事外壁，在2英尺深的地下爆炸，杀伤力较大。12点45分，39营发动了进攻，J.C.S.吉尔莫上尉的一个连在道路右侧，M.S.苏厄德上尉的一个连在道路左侧。吉尔莫连和炮火弹幕靠得太近，不免有些担心，尽管炮弹能打击守军，但开战以来接二连三的误伤事故还是让他们不免胆战心惊，而集中精神的最好方式就是和敌阵飞来的子弹对抗。连右翼凯利中尉指挥的一个排损失了一些人，但成功冲入目标戈纳教区。R.E.G.威尔金森二等兵没有被飞射的日军子弹吓住，冲进了开阔地，将他的“布朗式”机枪架在一个大约4英尺高的日军工事上，就站在日本兵能看清楚的地方，对着他们就是一阵扫射。日本兵几乎都吓傻了，来不及举枪就纷纷中弹倒地。连左翼的达尔比中尉排快速推进到一座日军工事前。这座工事里有一名重机枪手和7名其他士兵，敌不住澳军一个整排的优势兵力。达尔比排占领了这座大型工事，俘获了残余守军，缴获了1挺重机枪和3挺轻机枪。随后S.J.埃利斯下士率先冲锋，带领他的部下一口气拔掉后面的4座单人工事。

道路左侧的苏厄德连稍微倒霉一些。他们在比德斯特鲁普连6日被阻击的阵地前，遭到日军火力的猛烈阻击，伤亡很大。霍纳营长赶快救出他们连的幸存者，留下弗伦奇中尉的一个连维持那里的前沿阵地。霍纳采取了当时能采用的最可靠的战术，在下午的行动中，派比德斯特鲁普和苏厄德的两个连继续扩大吉尔莫连在右翼打开的缺口。经过一个下午的战斗，一直杀到天黑，39营占据了日军的半个环形防御阵地和守军的中央阵地。

从这天上午起接管混成营指挥权的萨布雷特少校很想有一番作为，他的部队进展虽曲折，但有效蚕食了日军的阵地。萨布雷特以2/27营一部沿海滩发动攻势，而W.M.阿特金森上尉带领原先罗宾逊少校指挥的一个连从营指挥所向西北运动。但他们路上遇到了风暴般的日军机枪火力阻击，没能穿越密集的火线推进更远。关键时刻，梅贝利中尉再次显示突出的勇气，带领6名战士一鼓作气向日军的一处关键阵地冲了上去。他的头部和右臂先后负重伤，但依然坚持战斗，敦促他的人前进。他那被打折的右臂已经失去了功能，吃力地拉出手雷的撞针，试图用左手掷出去，但他的左臂也已经弱得乏力了，不得不用牙齿将撞针塞回去，但就在他得救前，仍暴露在日军火力下，坚持了几个小时。除了他之外，另两位排长也都倒下了，其中L.G.J.英克潘中尉受了致命伤。

天快黑的时候，“查”支队的瑟古德连和李连从东面为混成营提供掩护，而萨布雷特让他的部队在他们取得的小块阵地里挖掘散兵坑休息。

这时日军残部已被澳军合围在大大缩小的阵地里。萨布雷特营在日军右边，霍纳营在日军左边，只给他们留下了大约200码宽的狭小空间。尽管这一带泥泞潮湿，但也无法阻止日军趁夜突围。在夜幕掩护下，日军不断试图夺路冲出这条狭窄的走廊，逃离绝境，或者直接从萨布雷特和霍纳两部的包围圈打开缺口。日军的这种反扑正是澳军期待的，这个晚上至少有100名日军在突围时被击毙，大部分都被萨布雷特部消灭，一部分被霍纳部歼灭，少数在向东逃窜时被“查”支队的人扫荡干净。

夜战令战场毛骨悚然的恐怖氛围达到顶点。日军绞尽脑汁试图逃脱。一队日军试图偷偷沿海岸逃跑，被2/27营战士们的机枪火力直接放倒。侥幸没有被击毙的日本兵慌不择路，直接跳到水里，向外海游去，在幽暗的热带海水磷光作用和澳军无情的机枪子弹火线映照下，就像是在水中浮游的幽灵。一名日军指挥官突然挥舞着指挥刀冲进2/27营的一个连部，嚎叫着砍翻了一个澳军战士，然后又向另一名士兵逼了过来。这一幕厮杀不能称之为战斗，而是两人一对一在黑暗中的性命相搏。金属撞击声，枪声，两人的呼呼气喘声此起彼落。外面的澳军战士谁都不敢在这个时候冲进连部。突然之间，里面的声音停止了，随后外面的澳军士兵只能听见自己急速的心跳声。时间仿佛在这一刻停止了，一个身穿澳军军装的战士终于从里面走了出来，浑身是血，一步三晃，目光呆滞，也不说话，同伴们也都没想到和他打招呼。他就这样痴痴地向前走了十几步，然后双膝一软，瘫倒在地。同伴们如梦方醒，连忙冲

■戈纳战场的澳军兄弟兵，2/27营来自南澳大利亚州的查普曼三兄弟，从左到右为麦克斯韦尔、德斯蒙德和雷蒙德。

上去救护。幸运的是，这名士兵虽然身受几处刀伤，依然还活着。当澳军士兵走进连部发现那名日本军官的尸体时，他手里仍紧握着已经砍卷刃的指挥刀刀柄。

9日一早，混成营和39营各自出动巡逻队进入那片可怕的露天坟场，清剿残留的日军阵地，最多曾驻扎800－900名日军的戈纳，已经变成了尸横遍野的地狱。在扫荡战中，从8月起就不知疲倦，英勇战斗的索德中尉阵亡。扫荡战持续到下午2点左右，这时日军已仅剩个别人还在负隅顽抗，虽然零星战斗偶有发生，但戈纳战场基本已经定局。日军戈纳守备队自山本常一少佐以下，绝大部分都已被歼灭。

后来澳军就在戈纳教区埋葬尸体，打扫战场。戈纳村和海滩上横七竖八地混杂着日军和澳军的尸体。日军显然一心只顾着战斗，从没想过掩埋尸体，有些死尸已经死了好几天了，散发着阵阵恶臭。日军在这里打算进行持久战，建立了坚固的防线，直到他们被歼灭时，仍有充足的弹药、医疗用品和大米，但大量大米已经耐不住高温闷热的天气，遍布绿色霉斑。在澳军发现的一条独木舟里，发现大米被堆放在死尸上，而大米上还有更多被击毙的日军尸体。仅仅这天下午，澳军就埋葬了638具日军的尸体。

戈纳教区的战斗落幕时，霍纳中校就向多赫蒂准将发了一条简报："戈纳之战结束！"

攻占戈纳

霍纳的报告只是整个戈纳战斗的一个反高潮，或者一次暂停。2/14营向西穿过了戈纳溪，在戈纳教区西面一英里建立一个环形阵地后，度过了一段难忘的时光。比赛特、R.多赫蒂和埃文斯三名不知疲倦的军官8日就在那里和日军遭遇。同样不知疲倦的特鲁斯科特（已经晋升为中士）也带领他的一个班攻打另一座日军工事。第二天白天和夜间，查伦的部队仍在继续和一系列规模较小，但抵抗坚决，具备一定实力的敌军交战。

了解到西面的部队遭遇威胁后，多赫蒂准将已经看得很清楚了，他的任务还没有完成。从情报来看，西面的日军残部应当是刚从山间逃到戈纳地区的日军41联队宫本大队，还有少数新到的日军援兵一部构成。9日晚上，他命令霍纳的39营西移。霍纳随后率部先进入预备阵地休息一晚，准备10日去西边执行新任务。

10日上午，多赫蒂准将计点人数时发现，他21旅建制内的3个营合计战损已达409人，还有很多人罹患疾疫。配属作战的39营也已经减员121人。全旅损失已占总兵力的41%以上，而任务还没有完成。澳军就像在面对一个已经被自己击倒，但在读秒的最后时刻又爬起来的拳手那样。现在，这场戈纳生死竞赛的最后一个回合开始了。

澳军在戈纳曾犯过一些严重的错误，但他们一直都在顽强地战斗。戈纳教区最后一天的扫荡战当中，2/16营的巡逻队在日军主阵地以外搜索，很快就遇到日军地面火力。各巡逻队闻声一起赶来，将这座日军阵地解决。但他们继续沿海滩没走多久，又遭遇第二个日军阵地，那里一共有12名日军，其中至少9人是伤兵，但每个人都用步枪和手雷拼到最后。澳军用手雷还击，毙杀了7名日军。通信员被派回旅部送信，2/27营的巡逻队被送了上来，随后这个日军据点也被扫荡干净。

日军缺乏逃生工具，但他们没有投降的概念，只有战斗到死是他们可以接受的解脱方式。

9日，2/14营的L.C.J.施温德中尉和R.F.伊斯科夫中士先率一支巡逻队在安博加河地区进行了一次漫长而危险的巡逻。10日，他们引导39营向西沿着和海岸平行的路线，穿过灌木丛和沼泽运动。这次行动持续到次日，在越过一条戈纳教区以西2英里，2/14营以西1英里，注入大海的小溪后，霍纳营改变方向，由弗伦奇连充当先锋，向北面的大海前进。

13到14点之间，先头侦察部队和伊斯科夫击毙了日军第21独立混成旅团参谋青柳澄治少佐和其他两名军官，从他们的尸体上搜出了一些档案文件。随后澳军向前进入沼泽地，艰难地向海岸上哈迪村的日军阵地南部防线推进。年轻而经历过多次战斗考验的尖刀班班长埃杰尔下士，当先冲向日军的最前沿工事，被一颗机枪子弹打穿了右臂。他不及细想，将冲锋枪换到左手，打出一梭子弹干掉了3名鬼子的机枪手，随后又帮助两名和他一样受了伤的伤员回归本队。

生气勃勃的年轻军官R.S.普拉特中尉，是澳大利亚本土最高军事学府邓特鲁姆军事学院的毕业生，指挥他的部队继续在道路沿线攻击，向日军投掷手雷，用机枪火力压制住他们，随后亲自带队冲锋，一次又一次打倒多名日军军官和士兵。黄昏前，普拉特部下的一名班长就在他身边负了伤。他亲自为他包扎伤口，而自己的肩胛骨也中弹了。即使负伤，普拉特仍然在最前沿坚持战斗，直到消灭下一个日军工事，他才被抬离战场。

普拉特排在道路上和日军激战时，莫蒂默中尉和P.E.加特纳中尉的两个排分别在道路右翼和左翼迂回前进。加特纳是营里出名的神枪手，通过灌木丛和沼泽时，率部激战4小时后，他已经能看到哈迪村里那些非常靠近海岸的小屋。然而这个时候，他的一个排已经减员到只剩下接近一个班的兵力。随后在加特纳奉命接管普拉特排后，由米尼上士接替他指挥排里剩下的10名士兵，监视莫蒂默排的右翼。

苏厄德上尉试图带领他的连在左翼大范围迂回，这时全连已只剩25名战斗人员，结果被日军火力线截住。于是39营全营就地挖掘散兵坑过夜。夜间大雨如注，洪水漫过了道路、枪壕和便坑。日军阵地的地势较高，而澳军被动地占据了泥沼地，受大雨影响更大。日军趁着有利的雨夜，对苏厄德的前沿阵地发动了一次决定性的攻击。第二天上午，苏厄德连已经被冲得七零八落，只能收陇受伤的残兵，无力再战。

这些日子里，2/14营的部队正在戈纳教区和哈迪村之间的半路执行任务。11日傍晚，多赫蒂中尉试图从南面对日军盘踞的，正处于2/14营阵地西面的临时营房发动进攻。日军不愿屈服，仍在顽抗，无畏的多赫蒂在这次战斗中献出了自己的生命。

12日傍晚，霍纳营自从执行戈纳地区西部的战斗任务以来，已经付出了10死37伤的代价，但他也更加了解自己面对的是怎样

■澳军在戈纳缴获的日军弹药和物资。

的局面。根据对最近发现的日军死尸和装备的检查来推断，他的对手显然是一支新的登陆部队，补给充足，装备精良，而他自己推测，认为这支日军的数量和自己的兵力不相上下。不久，伊斯科夫中士送来了他11日在道路上击毙的那些军官身上缴获的文件，霍纳得到了更精确详细的信息。这支日军隶属日军第21独立混成旅团第170步兵联队第3大队，兵力约500人（据日本战史资料记载，实际应为400人），12月初在库姆西河和安博加河之间的海岸登陆，护送他们的就是盟军飞机在12月1日至2日夜间空袭的4艘日军驱逐舰。根据这些可靠的数据和近日战斗中的伤亡情况可以估计，新到的日本援军，加上从山地逃入库姆西河，在河口聚集的日军残部，12月13日在库姆西－安博加地区的总兵力约为600人。

12日到15日之间，霍纳一路从哈迪村西面向大海推进，封锁日本援军。39营一路和日军发生小规模战斗和冲突，缓慢向沿海推进。15日黄昏，该营不仅在南面从极近距离压迫日本守军，而且比德斯特鲁普连也从西面向日军逼近，该连得到一个澳军先锋排支援，实力大增，很快就推进到能俯瞰海滩的位置。

这一阶段，2/14营一直沿着海岸，尾追一支日军，勉力进入对抗39营的日军主阵地。但对澳军来说不幸的是，特鲁斯科特中士在这次进攻中阵亡。澳军的包围圈正在缓缓合拢，为保证各部协调一致，多赫蒂准将

地图四十七　12月15日的戈纳

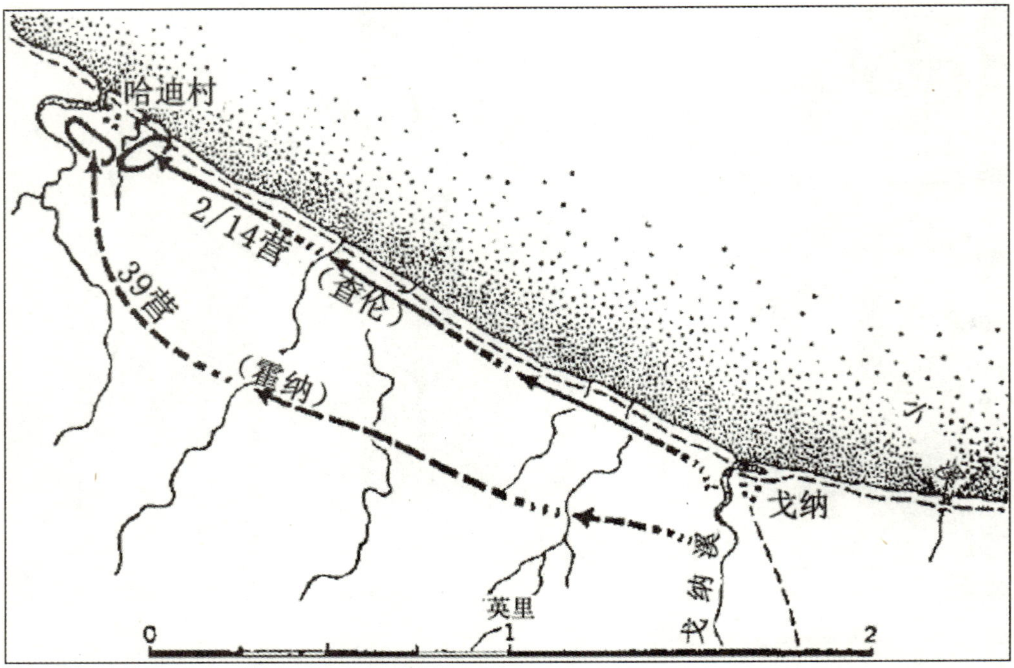

将2/14营的部队划给霍纳中校统一指挥。

16日，澳军开始收紧包围圈。在主干道以南，加特纳中尉自从5天前接管普拉特排的指挥权开始，就没有给日军一点喘息的时间，当然他自己的部队也连续战斗不息。在所有进攻手段当中，他最关注的是自己调来的2英寸迫击炮。迫击炮在一个较浅的位置开火，加特纳一直担心他的对手会注意位置。当他在使用这门自己手中杀伤力最大的武器时，会成为日军所有武器的射击目标。日军终于在16日9点找到了加特纳的位置，一颗机枪子弹打穿了他的髋关节。以后的6个小时里，他仍然指挥他的排穿过厚密的灌木丛且战且进了大约40码。15点，他的伤势再也支撑不住，只得被送回后方治疗。在他的排苦战夺取的小片阵地当中，已经躺倒了

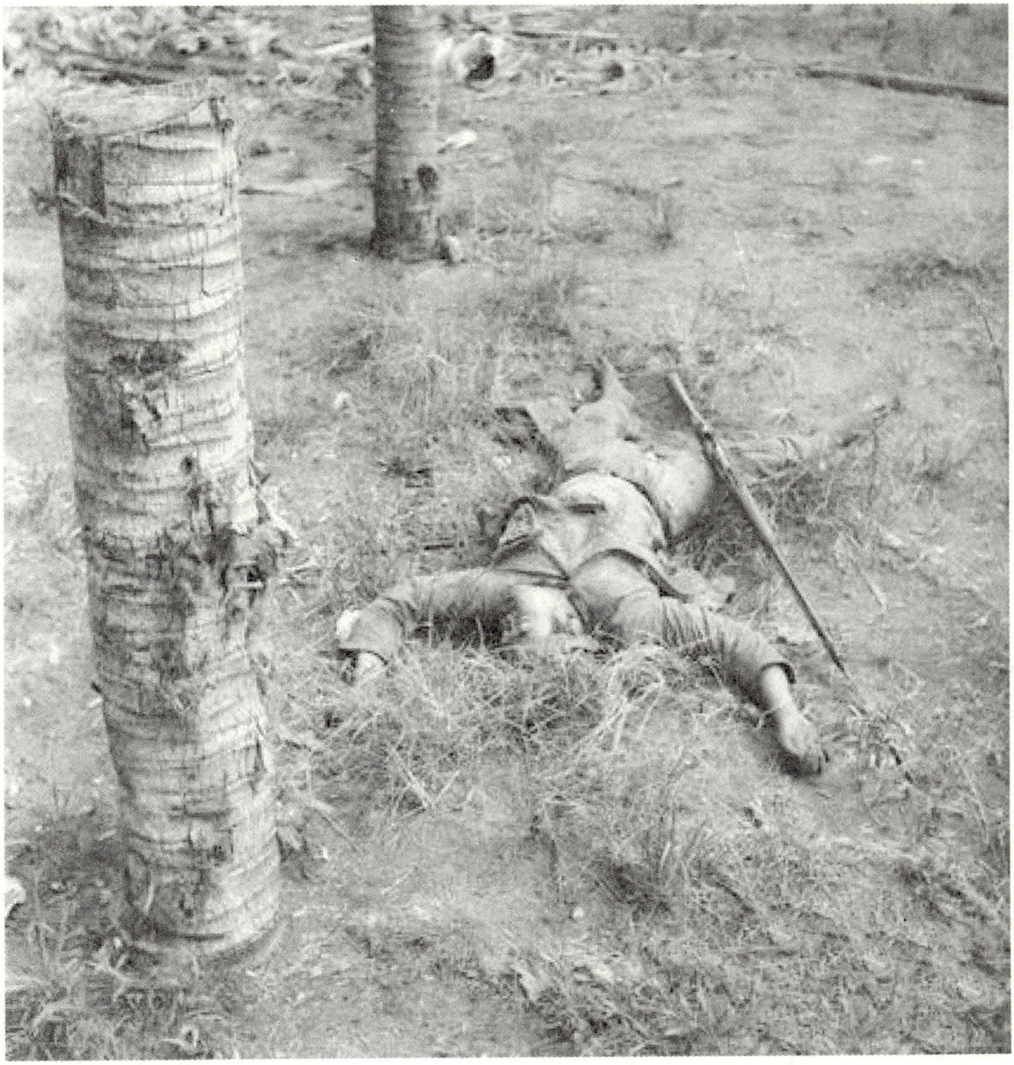

■在戈纳被击毙的日军士兵。

35具日军的尸体。

加特纳排右边，莫蒂默排同样在艰难地一寸一寸向前推进，天黑后，夺取了村庄东南角的一些营房。同一个晚上，约30名日军试图从西面增援村庄，但他们的突击正好落入比德斯特鲁普早已准备好的口袋当中。

白天，2/14营派出的侦察队分散守候在村庄东边的小溪右岸，等待39营的友军来接应。天刚黑的时候，他们和带领39营小分队，跨过小溪的谢尔顿中士和R.C.拉塞尔下士会合，但P.C.拉塞尔下士在战斗中阵亡。

17日，澳军继续向日军逼近。在海洋边缘的最左翼，麦克林中尉捣毁了另一个日军据点。2/14营的2个加强班在一次激烈的小规模战斗中越过了这条溪流，谢尔顿中士本人就在战斗中拔掉两个日军据点。那天下午，查伦中校回旅部向多赫蒂准将述职，拉塞尔上尉代理2/14营的指挥权。谢尔顿中士和L.A.沃尔特斯二等兵用枪榴弹摧毁了一个日军机枪阵地，一举摧毁了日军的1挺重机枪和2挺轻机枪，消灭了25个鬼子。

18日凌晨2点的阴暗黑夜中，吉尔莫连的埃利斯下士从南面，慢慢匍匐前进到日军的一个重机枪阵地10码以内的位置，用一枚手雷干掉了日军的机枪手。从此他在以后三天时间里，就像一头孤狼那样战斗，为了搜索日军据点，黑暗中，他在无人注意的地方爬行，白天则寻找地方躲藏，找到他确定有日军据点和工事的地方，就投掷手雷，如果正好有日军路过他的藏身之处，立即一枪结果。这几天时间他一共击毙了12到20名日军。完成最后一次单独行动后，他回到自己的班里，参加澳军最后的总攻。

吉尔莫和苏厄德的两个连进入这一周艰苦战斗的最后阶段。18日黎明后不久，他们顶着日军的猛烈火线冲进了村庄。达尔比中尉就像在戈纳教区那样，一马当先，冲锋在前，一口气击毙了一名日军重机枪阵地的机枪手和其他6名守军。两个连的其他人随即压制住日军防线，占领了日军阵地。

他们在哈迪村总共埋葬了170名日军，缴获的文件表明，前些天战斗中的日军兵力要超过澳军最后埋葬的数字。日军伤兵已经沿着溪口的沙堤向西逃窜，或者连夜乘驳船逃走。

澳军从而得知他们已经歼灭了一支对澳军构成相当威胁的日军援兵一部。山县栗花生少将率领的第21独立混成旅团旅部及170步兵联队第3大队一部实际上12月2日凌晨在库姆西河河口登陆，但由于日军在海上一直遭到盟军飞机袭击，登陆成功的先期部队不过400人。大约1周以后第170联队主力的登陆企图失败，使得山县少将处于非常困难的境地。登陆后的山县就地成为日军新组的布纳支队长，但他的部队加上宫本少佐41联队第1大队残部，也只有500人左右，兵力并不多。除了澳军21旅的地面进攻外，他的部队还受到盟军飞机的频繁空袭。12月10日，在增援戈纳未果后，他直接指挥的兵力已经锐减到280人。因此，在更多援兵到来之前，

■澳军占领戈纳。

他除了维持住自己的防线之外，不能尝试更多战术行动。直到14日，170联队第1大队主力和新任南海支队长小田健作少将等一行约600多人（澳军战史记载为约800人，本书以日军战史记录为准），才在远离主战场50公里开外的曼巴莱河口成功登陆。

西南太平洋战区过去将近一年的战斗经验到了收获的时候，日军第18军费尽心机，山县和小田总共只能率1000人出头的援军登上巴布亚海岸。小田部队登陆后，就地建立新的滩头阵地，他并不知道自己已经处于改组后的巴布亚民兵营观察哨的监视之下。

早在1942年6月，盟军就已经重组了一个协调间谍、敌后破袭、游击战和其他敌后组织活动的新部门——盟军情报处（Allied Intelligence Bureau，简称A.I.B.），由麦克阿瑟将军的战区司令部情报处长维洛比准将直接负责，澳军的C.G.罗伯斯上校主持具体工作。整个西南太平洋战区的海岸观察哨都并入这个部门。L.C.诺克斯中尉和他的联络员L.T.W.卡尔森中士和其他情报人员一起被送到新几内亚从事敌后谍报和破坏工作，到达任地后，隶属菲尔德特海军中校，充当海岸观察哨。菲尔德特就让他们两人负责曼巴莱河口的侦察和情报任务，这步棋现在收到了预期效果。诺克斯和卡尔森几乎从日军登陆的第一刻起，就将相关情报源源不断地送到上级手中。

诺克斯和卡尔森的电报引来了大批盟军飞机，空袭极大干扰了日军曼巴莱登陆场的运作。部分由于空袭，部分由于曼巴莱登陆场的条件逊于日军预期，尽管从拉包尔来到这里的日军潜艇一直都将补给品用小艇往岸上运送，但真正能送到的数量很少。

由于路途遥远，小田的部队只能分批乘坐登陆艇向东南方向运动，向山县靠拢。到25日为止，小田部队的主力才到达戈纳西北3公里的那波帕和山县会合。根据第18军的安排，新任南海支队长小田需听从布纳支队长山县指挥。18日，小田乘小艇率先头部队先到那波帕和山县会师。山县命令小田尽快去吉鲁瓦，掌握萨纳南达和布纳地区的南海支队各部。小田次日出发，并且于22日到达吉鲁瓦。

19日，澳军第2/16和2/27营余部组成的混成营接管了哈迪村。山县兵力不多，暂时没有再攻戈纳的意图，没有和澳军发生大规模冲突。至此在戈纳西部最后阶段的

■12月17日，戈纳的澳军医疗站，烟雾为炊烟。

战斗中，澳军共伤亡129人，其中39营损失107人，另外2/14营损失13人，查支队损失9人。

12月3日到18日，39营在整个戈纳地区的16天战斗中合计损失228人。这个营实际上是澳大利亚军团的一个民兵营。现任营长霍纳中校不仅是澳大利亚帝国军团的一位资深军官，而且是一位出色的领导者。但另一方面，他的连排级干部，如弗伦奇和加特纳等人都一直在民兵部队服役，即使从邓特鲁姆军事学院毕业的普拉特也一直在民兵服役。这个营的几乎所有官兵在到达新几内亚之前都是没有任何战斗经验的民兵。这支民兵部队能够不到半年时间，就成为一支能打硬仗的劲旅，在整个澳大利亚军事史上都是空前的。血与火的考验，让39营的官兵格外珍惜这支部队的荣誉，他们当中的很多人在任何情况下都坚决拒绝加入其他帝国军团的正规军部队，至少有两名士兵由于勇敢善战，被火线提拔为士官。

39营在戈纳表现出的坚强战斗力，证明了他们之前在欧文·斯坦利山间的艰苦历练

■戈纳村右侧的一个积水弹坑，建筑物是当地的日军指挥部。

没有白费，在经过早期的挫折后，他们已经成为一支优秀的部队。值得一提的是，来到戈纳的39营当中，有大约100人来自原先实战表现不佳的53营，而这些人在戈纳之战以后，得到了原39营老兵们的一致赞扬。真正在战争中用心学习战争的人，最终都能成为优秀的战士，这也许是澳大利亚民兵给世人最大的鼓舞。

39营这么一个澳军民兵营给戈纳之战画上休止符可能只是偶然现象，然而他们给盟军日后进行丛林战提供了一个生动的教材。

经过一个月的艰苦战斗，付出相当沉重的伤亡代价，澳军21旅和25旅都几乎耗尽精力后，1942年圣诞节之前已经摧毁了日军在戈纳－库姆西地区的主要抵抗力量。但盟军在萨纳南达和布纳等地仍在与日军鏖战。

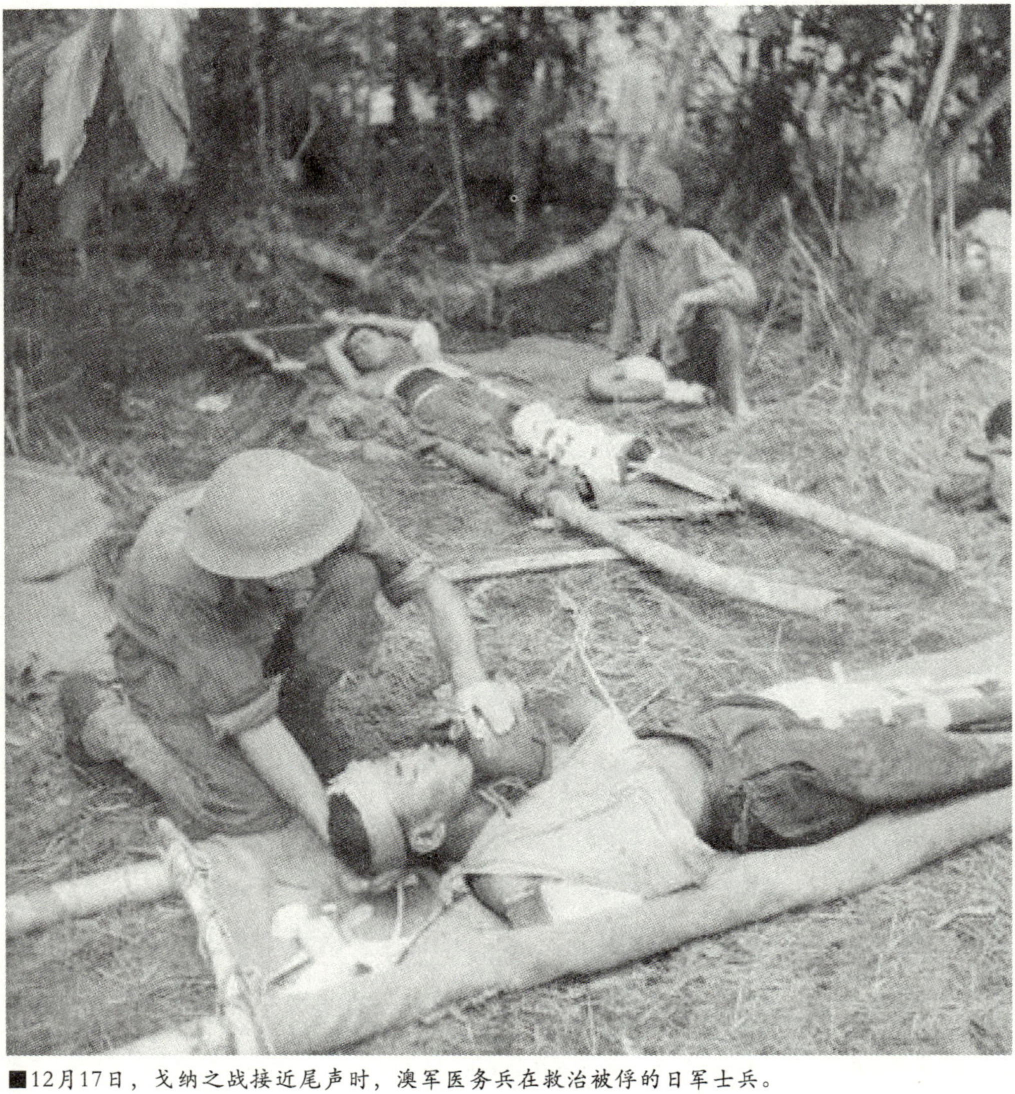

■12月17日，戈纳之战接近尾声时，澳军医务兵在救治被俘的日军士兵。

第十一章　布纳鏖战

布纳前线的困境

11月底，美军32步兵师在布纳受挫的消息，在莫尔兹比港引起了强烈反响。有人因此质疑师长哈丁少将和其他一线指挥官的能力。这对处境不妙的一线美军官兵来说绝不是福音。

布纳前线的“厄巴纳部队”和“沃伦部队”都已疲惫不堪，无精打采。这些刚从国民警卫队改编为正规军的美军官兵无论身心两方面都没有坚强到能适应丛林战的要求，除少数人，绝大部分部队经过艰苦行军，到达战区的时候，就已消耗了大半体力，而战斗正式打响后，他们更得不到休息。由于萨纳南达前线的需要，11月19日，126团被配属给澳军第7师，这样一来哈丁少将手中已没有预备队可用。23日，由于战斗需要，哈丁及时将尚未走远的126团2营调回布纳，将他们编入“厄巴纳”部队，稳定了一度不稳的前线，然而这个师在前线仍没有预备队可用。哈丁向赫林中将的人解释了布纳前线的处境，特别是作战部队在战斗打响后的5天时间里，根本就没有得到休息，已经竭尽全力希望能够达到作战意图和目标。

由于补给不足，部队处于半饥饿状态。大多数人伙食减量已几个星期了。战斗开始以来，平均每人每天只能得到大约1/3的C型口粮配额，仅够维持生存而已。头发蓬乱，

■赫林中将画像。

胡子拉碴，衣衫褴褛。很多人脚部浮肿，有些人还出现溃烂。他们的鞋子曾因长期受潮而缩水，很多人都得把鞋剪个口子，才能把脚塞进去。

美国大兵们只有很小的帐篷用来遮挡暴雨。即便这样，很多人在行军赶赴布纳的途中还是把帐篷给丢了，于是只能露天宿营。硫酸奎宁片、盐片、维生素等等药品短缺，疟疾、丛林腐、登革热和痢疾等疾病蔓延，非战斗减员剧增。已经苦战多时的澳军也时常为此叫苦连天，就更不用说这些初涉丛林战的美国新丁了。

痢疾是蔓延最广的疾病。部队长期食品短缺，消毒设备更加跟不上，口粮污染严重。有些人对饮用水也不太小心，但直接因为饮水问题感染痢疾的人还是少数。实际上大多数人已极其小心，不希望染病。麦克纳布中校有段时间由于没有氯化剂用来净水，强忍不喝，结果还是和其他人一样染上了痢疾。

部队的武器也有问题，部分原因是他们没有在潮湿环境保养武器的经验，但更主要是物资不足，他们长期缺乏润滑油和清洁剂。而地形和运输条件无法保证前线能及时得到这些保养物资，结果他们的武器，尤其是勃朗宁自动步枪和机枪故障频发。其他补给物资也短缺严重，枪械配件不足，部队还经常缺乏弹药，尤其是迫击炮弹。

原先美军过于乐观地估计敌人只是几百名饿病交加的日军，但实际上面对的是据守近乎坚不可摧的阵地，体力充沛，精神饱满，装备精良的日军，经过连续两周的战斗以后，都没能取得哪怕一个像样的成果，美军战士们的士气已经急转直下。

最令人沮丧的是，他们发现自己没有适合的武器摧毁阻挡他们的那些坚固碉堡工事。他们没有坦克，没有榴弹发射器、火焰喷射器。迫击炮和火炮看上去用处不大。澳军的火炮威力不足，而布纳的碉堡工事在日军滩头阵地当中最为坚固，要打开这些碉堡，需要105毫米口径以上的榴弹炮，能用155毫米榴弹炮最好。

缺乏重炮令哈丁有苦说不出。他的这个师是最新式的“三三制编制”（基于各辖3个营的3个步兵团编制的步兵师），按照最初的指导思想，师建制内有强大的炮兵部队支援机动能力强的轻步兵，这是现代化步兵师的标准建制和装备。哈丁曾在步兵学院任教，了解只有在师属炮兵支援下，步兵才能发挥最大的威力。他的师建制内拥有48门榴弹炮，但战区参谋长萨瑟兰少将认定用船将重型火炮和弹药运到新几内亚难度太大，战区司令部也认为在布纳沿海的沼泽地里，不利于重炮运输，一直没有将重炮送到前线。西南太平洋战区海运能力有限，新几内亚的陆路运输条件限制更多，这的确是事实，但战区司令部甚至都不愿意稍作尝试。

战区航空队司令肯尼中将曾夸口说他的飞机能替代炮兵，从天上为32师提供火力支援，然而第5航空队这个时候还没有足够数

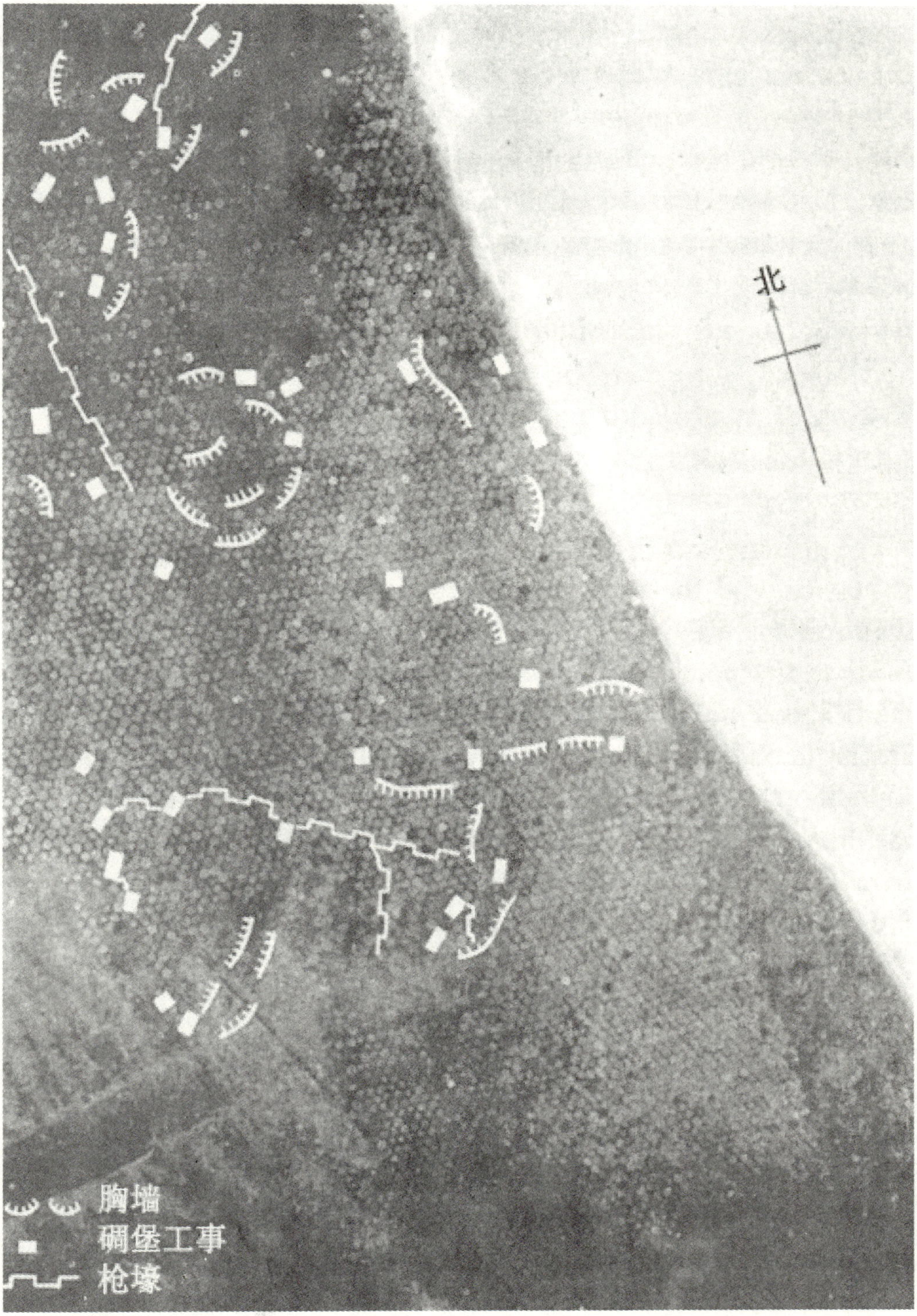

■杜罗帕种植园的日军防御工事示意图。

量的飞机、技术、技巧和经验来提供有效的直接火力支援。撇开饱受地面部队官兵诟病的误伤不说，最初所有飞机的投弹量加在一起都不如师属炮兵理论上一天能提供的弹药基数当量。等新几内亚的机场能提供足够的轻型和中型轰炸机时，飞行员愕然发现哈丁的部队距离日军太近，如果强行空袭，双方的人员伤亡会大致相当。

步兵仅剩的唯一能对付碉堡的手段是推进到足够距离以内，将手雷直接投进工事的射击孔。这是现在前线能采用的唯一有效手段，尽管失败的例子比成功的更多，会付出很大的伤亡代价，但除此以外，已别无他法。直到11月底，第一门105毫米榴弹炮才到达前线，但这只是杯水车薪。

充足的补给供应是维持士气的基础，对一支新兵部队来说尤其如此。但11月下旬和12月初，由于日军的空袭切断了盟军的海上补给线，使美军在布纳前线根本无法保障补给供应。32师11月21日还有6艘三角小帆船可用，但一周后已只剩1艘还能工作，其他不是在礁盘里撞破，就是被日军炸弹摧毁。这段时间所有补给只能依靠空投，然而空投量对32师来说只是杯水车薪。到11月底，盟军飞机大约一共空投了60吨物资，而这只相当于一艘三角帆船两次的运输量。

■从布里斯班出发以后，在船上接受检阅的美军127团士兵。

空运物资量受到严格限制，引发前线各部哄抢补给优先权，32师为得到足够的食物和弹药，使战斗能继续进行，不得不让后勤部门尽量争取补给配额。师后勤主任约瑟夫·布拉德利上校在写给留守莫尔兹比港的后勤参谋博科尼斯少校的信中说道："医药，防空，工兵和其他兵种的物资需求得优先供应，而战斗人员的弹药补给也必须保证。"末尾要求博科尼斯少校抓紧时间，不要让前线的弟兄们注意到补给已面临困难。

11月28日，哈丁少将向赫林中将简要汇报了32师的处境："一切在11月16日之前都进行得很顺利，但就在那一天，我们失去了4艘满载补给和弹药的船只。"然后前线"粮食只能勉强糊口，补给再也无法保障"。21日新的船只到位以后，很快就因为事故和战斗损失，几乎消耗殆尽，也无法能改善补给条件。

这段时间，32师的几乎所有补给都只能从多博杜拉机场运送，而机场和前线之间根本没有适合机动车通行的道路，运输困难重重。工兵们正在多博杜拉和西梅米之间修建吉普车道，希望能加快将物资运往前线的速度，但无论工兵的人员还是工程用具都不能保证施工速度。在道路建成之前，只能依靠数量极少的土著民夫用人力将补给从多博杜拉运往前线。由于这些民夫不愿冒着生命危险进入火线，就必须使用一定数量的作战部队完成最后的物资交接和运送任务。

哈丁师长一直在向上级请求增援，但运气实在不好。他要求坦克支援时，得到的答复是会给他"布朗式"装甲车，但连这些装甲车都没能在11月30日前如期到位。他请求希望增加10门火炮时，答复更绝——会在12月份的"某个时候"得到4门。在他要求得到属于32师建制内的127团全部或者部分兵力时（这个团11月28日感恩节那天才到达莫尔兹比港），赫林中将一口回绝："我看不出你真的需要这个团，看上去你有足够的预备队。"哈丁简直欲哭无泪。

11月29日，哈丁将他的师部从恩伯格迁到多博杜拉。第二天，不仅赫林中将会来他的师部访问，萨瑟兰少将也会从莫尔兹比港飞来。他决定借机重新请求支援。

赫林早前已在波庞德塔开设了司令部，30日一大早就先于萨瑟兰抵达多博杜拉，寒暄之后，两位将军就坐在一些空弹药箱上讨论哈丁对127团的要求。

哈丁表达了自己对将汤姆林森的126团主力调给瓦西将军的不满，而在赫林告诉他无法保证该团何时归建后，重提需要至少将127团一部调给他的要求。哈丁在自己的日志中详细记录了这次争论：

> 我们讨论的主要话题是127团全部或者一部的调动问题。在赫林将军给我的一封信中，他已经指出，在我拥有充足预备队的基础上，他不赞成我之前提出的将127团调给我的要求。我有些生气地解释道，现在我并没有预备队，而且我强调我已经尽全力要求

增兵，否则不仅无法替换前线的部队下来休整，也不能在其他方向发动进攻。尽管如此，赫林将军仍然固执己见，无视我的抗议，根本就不认同我对127团兵力的迫切需要。

无论赫林是真不了解32师的实际情况，还是有意想将127团留作澳军的预备兵力，哈丁都不得不继续据理力争，他在日志中又写道：

我试图通过书信，无线电让赫林了解情况，最后和他面对面商谈，但看上去一点用处都没有。他是一位绅士……一位学者，此外还是个非常好的人，但我确信他的心在澳大利亚人一边。他看上去将我那全由美国人组成的部队遭受的困难，都看作别人的事情。我从各方面都感到他独立决策的权限很小。

直到萨瑟兰来到32师师部，哈丁和赫林仍在争论不休。萨瑟兰同样反对现在使用127团。他的理由是，前线部队的补给运输任务已将航空部队的运输能力调动到了极限，在多博杜拉建成一个大型仓库以前，在前线集中更多部队只会加重补给困难，是不明智的。哈丁只得退一步，请求至少给他派127团的一个营，这样他能从一个新方向发动进攻，但萨瑟兰还是坚决拒绝。他说，在补给水平无法提升前，这样的调动不能考

地图四十八　11月30日傍晚的布纳阵地

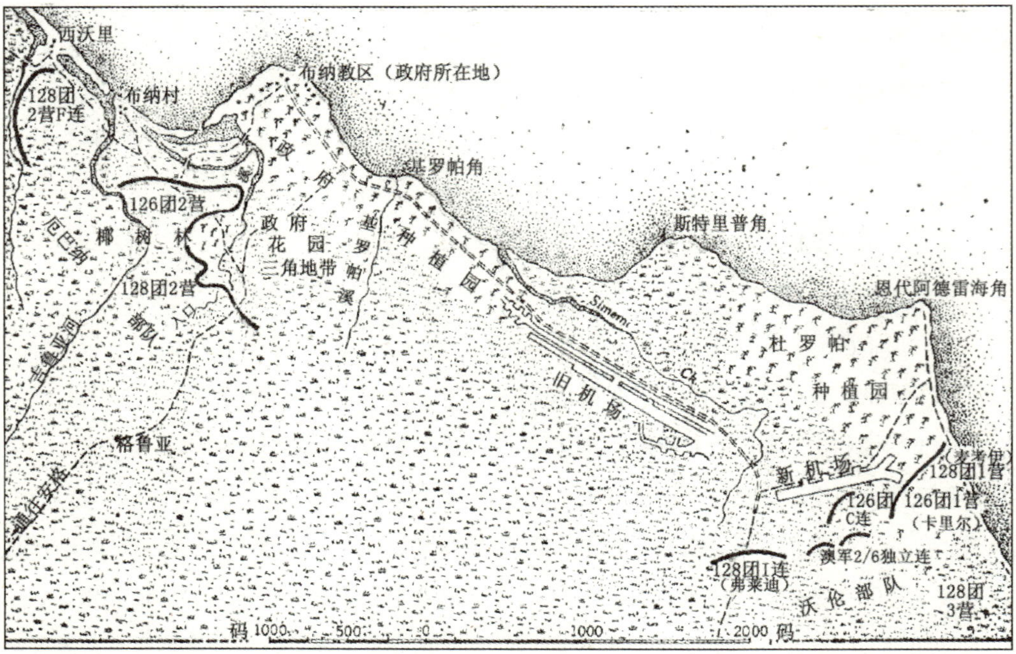

虑。哈丁只得退而求其次，希望能将汤姆林森的126团主力调回来，但连这个都被一口回绝。哈丁对这样接二连三的一口回绝感觉非常糟糕，觉得自己好像已被撤职一样。

讨论结束后，赫林将军飞回波庞德塔，而萨瑟兰还有更多话要说，留下和哈丁一起吃午餐。吃饭的时候，哈丁再度提到了127团。

我问起澳大利亚人是不是会在（吉鲁亚）河的另一边使用127团。他的回答令人吃惊。他说这个问题已经讨论过了，而布莱梅对美军的战斗素质评价相当低，并且告诉麦克阿瑟他宁愿在那里使用他的澳大利亚民兵旅。他也有一到两次提到美军没有显示出他们应当显示的战斗力。我告诉他无论谁这么评价美军的战斗力都没有认识到这样的事实，我们是没能取得足够多的进展，但这不是因为我们没有战斗，而且我提醒他我们的人员伤亡可以证明我们已经进行了持续的艰苦战斗。

飞调艾克尔伯格

对哈丁少将和32师的美军官兵来说，比起地理条件恶劣，补给不敷使用的艰苦战斗来说，无法得到自己人的理解更令人难受。11月6日，麦克阿瑟将军就在莫尔兹比港开设了前线指挥所，进驻新几内亚政府大厦，然而战区最高司令在布纳－戈纳战役期间没有去过前线，他手下的绝大部分参谋也没有到过前线。

布莱梅将军确实曾很轻蔑地向麦克阿瑟评价过32师的表现，尽管部分是为了回击麦克阿瑟等美军军官对澳军将士的酷评。这次谈话发生在11月25日。当时布莱梅就在麦克阿瑟莫尔兹比港的前敌指挥所。肯尼中将当时也在场，而且作了记录。他觉得布莱梅让“麦克阿瑟将军吞下了苦果”。就是从这个时候开始，麦克阿瑟将军“开始担心起他的步兵部队的战斗水平”。

后方在流传很多故事，说美军打得非常糟糕，有些人甚至在敌人接近他们的指挥部时，丢弃武器逃跑。观察员报告中的这些说法对美军非常不利。他们指出32师的部队和军官们看上去缺乏进取心，很多下级军官看来根本不了解自己的任务，而且太多的指挥官都在自己的指挥所里指挥战斗，而不是亲临前线。至少一名观察员似乎在说32师将无法再战了。有意思的是这些观察员大多都没上过前线。

最高司令部作战训练处副处长拉尔中校11月27日和28日在前线视察后，回到莫尔兹比港，向总部提交了一份严厉批评32师的报告。拉尔并没有亲临火线观察战斗实况，没有看见日军的暗堡，也不知道指战员们怎样用手雷去对那些暗堡，进行希望渺茫的攻击，只看到伤痕累累、士气低落的残兵败将，只看到撤下火线的战士们眼中的惶惑。

拉尔在报告中写着“他们缺乏战斗精

■麦克阿瑟、布莱梅和肯尼三位将军在莫尔兹比港。

神”。萨瑟兰正是由于得到拉尔的报告，才风风火火地赶到前线视察，而他最远只到达距离第一线10英里的哈丁的师部而已。他在吃午餐时向哈丁提起了拉尔的报告，这份报告对32师很不利，麦克阿瑟将军已派人去调第1军军长艾克尔伯格来巴布亚，而且很可能会命令他到前线主持战局。然后萨瑟兰告诉哈丁，他是否考虑过撤换他的两位前敌指挥官（最高司令部和第1军对两位战地指挥官莫特和海尔都很不满意）。

哈丁知道莫特很容易和上下级，以及同僚闹翻，而且对海尔上校的指挥能力印象并不深刻，但在这次会谈中，他对否定了萨瑟兰的说法。他指出莫特看来在厄巴纳部队的前线表现很出色，而他同时不明白为何会质疑海尔领导一个团的能力，他已经在仅有的表现机会当中做得很好了。

萨瑟兰显然觉得哈丁的回答足够了。他下午就跑回莫尔兹比港向麦克阿瑟报告。这位参谋长在报告时说部队面对的仅仅是日军仓促建造的工事——一条狭长的堑壕。他没有看到日军的坚固立体工事，没有看到交叉火力，没有看到位置极佳的隐蔽所，甚至连战场上有多少条溪流，多少片沼泽都没有概念。萨瑟兰并非一个无能的参谋长，但他从来都不是一个敢于深入险境，亲自考察实地的勇敢的指挥官，这种说法不仅罔顾事实，而且对32师的广大指战员也极不公平。

萨瑟兰尖刻地批评32师指挥不力，组织混乱，缺乏战斗精神。他向麦克阿瑟提出哈丁少将继续坚持任用两位已受到公开质疑的前敌指挥官，就应当将哈丁立即解职。他的用意很明显，就是希望麦克阿瑟把32师的指挥权交给他。麦克阿瑟很久以后才真正了解萨瑟兰两面三刀的一面，但他对这位参谋长的能耐心里有数。第1军军长艾克尔伯格中将马上就到，他和萨瑟兰也有矛盾，这两个人绝不能在同一支部队成为直接的上下级。

艾克尔伯格和萨瑟兰接触不多，但他清楚这位战区参谋长的性情。早在9月中旬，麦克阿瑟试图说服他去前线指挥时，就对他说："鲍勃，只要能夺取日军的滩头阵地，我就推荐他晋升中将。"但艾克尔伯格在10月底上交的作战计划中，还是将他的第1军军部留在距离前线800英里的澳大利亚本土。麦克阿瑟怒气冲冲地否决他的建议时，艾克尔伯格辩解说他这样部署不是担心个人安危，而是害怕萨瑟兰在背后搞小动作。萨瑟兰曾强烈反对艾克尔伯格去新几内亚。他确信萨瑟兰会不断贬损他，在他被撤职后夺取第1军的指挥权。随后他近乎讹诈地向麦克阿瑟提出，唯一能迫使萨瑟兰放弃这些小九九的办法，就是现在就让他晋升中将，比萨瑟兰军衔更高。麦克阿瑟当即作出抉择，同意推荐他晋升中将。

陆军参谋长马歇尔上将得到麦克阿瑟同时推荐肯尼和艾克尔伯格晋升中将的报告时，非常惊讶地问艾克尔伯格究竟以什么业绩能这么快得到晋升。麦克阿瑟狡猾地辩称纯粹是因为按照美军编制，军长应当拥有中将军衔，然后他不动声色地说道："肯尼将军表现出了高超的领导素质和工作能力。"换言之，肯尼以实绩获得了晋升的机会，而艾克尔伯格没有为自己的第三颗将星作出任何贡献，他必须靠自己在前线的战绩证明自己配得上晋升。

11月，艾克尔伯格还留在罗克军营对第41步兵师进行丛林战训练。11月29日，艾克尔伯格度过这一年最后一个安静的星期天后，很快接到让他去莫尔兹比港报到的命令。艾克尔伯格本人，军参谋长克洛维斯·拜尔斯，6名参谋人员和9名士兵（普通办事员）都已整理好行装。第二天一早，他们乘坐2架C-47运输机出发，傍晚在"七英里简易机场"着陆。拉尔中校到机场迎接他们一行。他告诉艾克尔伯格，他会得到4到5天时间了解布纳的形势，然后再和他的参谋们翻山越岭赶去前线。

艾克尔伯格和拜尔斯刚安顿下来，就收到命令，立即去向麦克阿瑟将军报到。11月30日晚上，艾克尔伯格和他的参谋长一起来到同一座建筑中的最高司令部前敌指挥所。他们发现麦克阿瑟、肯尼和萨瑟兰都在屋子前的长廊上等候。肯尼对他们微笑致意。而萨瑟兰神情严肃，坐在一张书桌旁一声不吭。得知萨瑟兰刚从多博杜拉赶回来，原本对麦克阿瑟急于召见有些诧异的艾克尔伯格立即明白过来。显然，正是萨瑟兰的报告促成了这次见面。

布纳的新一轮进攻又陷入困境。麦克阿

瑟极其渴望在哈尔西在瓜岛获胜之前，取得巴布亚战役的胜利。海军在瓜岛已经取得制海权，大局已定。

麦克阿瑟在阳台上踱着步，像个舞台剧演员那样高谈阔论。他必须在布纳取胜，而且越快越好。

鲍伯，那里部署的兵力不能说明我对这次行动的重视程度……我派人叫你来，让你这种级别的人来，说明我认为攻占布纳有多重要……我从来都认为我不会看到美军后退。我不能相信那些后退的部队能代表这场战争中的美军。如果我这么想就会泄气。我相信他们需要有力的领导激励……他们无精打采，但是，鲍伯，一位有力的领导能率领同样的军队攻占布纳……如果你不能解除那些指挥官的职务，让我来……哈丁已经惨败。让他回美国或者由我来替你这么做……所有的营长都必须走人！……时间紧迫，日本人每天晚上都可能派兵增援。如果你拿不下布纳，我希望听说你和拜尔斯都战死疆场……我的参谋告诉我，他们认为你需要四五天时间来研究问题的症结，但我不会给你那么多时间。军情紧急，明天一早就得出发！

麦克阿瑟又告诉艾克尔伯格这是他建功立业的好机会，如果他能拿下布纳，他会授予他服役优异十字勋章，而且会让他的名字见报。末了，麦克阿瑟黯然回忆起他在菲律宾受挫的经历，当初罗斯福和陆军部没有给他足够支持的委屈涌上心头，不禁自怜自艾地大声说道：“为什么我总是要孤注一掷呢？”

艾克尔伯格来到前线

11月30日晚上的会见一直持续到深夜。稍稍冷静下来的麦克阿瑟觉得自己对艾克尔伯格下达这种斯巴达式命令有些不妥。第二天吃早饭时，他一只手搂住艾克尔伯格的肩膀说：“不要战死，鲍博，你死了对我没有好处。”他重复了前一天的许诺，郑重其事地说，到时候美国和澳大利亚的报纸都会称他为布纳的征服者，他将会誉满全球。

有心建功立业的艾克尔伯格受到前线进展不利和麦克阿瑟诱人许诺的双重刺激，吃完早饭就带着第1军军部成员出发。12月1日9点58分，他们已经飞抵多博杜拉。13点，艾克尔伯格以第1军军长的名义，正式接过布纳地区所有美军地面部队指挥权。

艾克尔伯格并不急于将哈丁免职，他们两人在西点军校时是同班同学，他不想向老友开刀。他在向哈丁解释麦克阿瑟对布纳形势的看法以后，告诉哈丁，为了使战局有所突破，他准备撤换他32师的一些指挥官。哈丁辩解说，他不打算撤换任何指挥官，而且他的绝大多数指挥官是称职的，撤换他们不公平。两人不欢而散。艾克尔伯格决定先在多博杜拉待一天，找出他能在这里干些什么，然后第二天去前线视察。他安排他的两名幕僚，作战训练处长克拉伦斯·马丁上校和情报处长戈登·罗杰斯上校去沃伦部队前线视察，他自己去厄巴纳部队前线视察。

晚上艾克尔伯格在给萨瑟兰的信中写道，根据白天了解的情况来看，布纳的形势看上去并没有战区司令部想象的那样糟糕。例如，根据莫特上校的进度报告，他的部队已经推进到布纳村一百码以内的距离。随后他说，白天他和赫林中将的参谋长R.N.L.霍普金斯准将进行了会谈。霍普金斯指出赫林中将希望拿下布纳教区，而对夺取布纳村并不那么在意。艾克尔伯格随后写道："我告诉他，在见到他之前，我就会指挥部队在今天晚上拿下布纳村，同时我也渴望能拿下布纳教区，但我不愿意将布纳村的日军留着威胁我们的前线和后方。"

艾克尔伯格就像32师的新丁们刚到前线时一样，自信满满，他继续写道："我明天上午就会去前线，获取战局的第一手资料。"尽管他没有公开认定任何事情，但他还是说，在他亲自调查得知进展顺利以前，还是觉得应当建议"至少应当调来127团的一个哪怕欠2个连的营，因为我们需要采取一次新的行动，攻入布纳村"。

艾克尔伯格来到布纳前线的前一个晚上，即11月30日到12月1日夜间，厄巴纳部队的前线进展并不顺利。25磅炮和迫击炮已经断断续续炮击布纳村，一些失去武装的日军在试图回到他们指挥部所在的大草坪，去获取一些留在那里的食物和武器时，被炮火打死。夜间美军很少直接行动，但疲惫不堪的部队以为日军随时可能反击，神经紧张，并没有得到真正的休息。

12月1日上午，厄巴纳部队进行了另一次夺取布纳村的尝试。莫特从126团和128团两个营的营部连抽调了一些人力，再从126团的H连抽调了一个机枪班，送到前线增援126团2营E连。这次的计划是经过吉鲁亚河桥梁附近的相对开阔地，而不是直接通过主干道向布纳村推进。进攻开始前，安格的25磅炮和H连连长汉特尔曼上尉指挥的所有可用60毫米和81毫米迫击炮都会进行火力准备。进攻开始阶段，一切顺利，拔掉几座碉堡。然后，就在部队看上去可以通过这个据点时，E连没有继续前进，反而撤退了。这究竟是因为信号的混乱，还是士兵们裹足不前，莫特上校也无法给出明确的说法。

莫特的前线距离布纳村已经不足300码，但他还是决定当天不继续进攻，准备次日上午在128团炮兵连到位后再行动。哈丁师长已经亲口承诺会将这个炮兵连派给他。

夜间双方仍发生间歇性交火，大部分是日军的迫击炮和机枪在射击。一些日军再度试图到达大草坪，结果仍未成功。除此以外，这个夜晚是平静的，战士们终于能得到一些休息时间。

次日上午，莫特上校已经聚集了126团E连和H连、128团炮兵连，以及从吉鲁亚河对岸调回的128团F连的一个排，能够对布纳村发动进攻。而哈丁少将遵照自己的承诺，增派给他8门迫击炮。

9点50分，澳军火炮对美军前进道路沿途的工事集中炮火齐射。随后是汉特尔曼上尉指挥迫击炮集中齐射。炮击相当准确，而迫击炮弹幕也非常猛，打击位置恰到好处。美军步兵试图前进，然而，当他们接近每个重要路口时，又遭到日军的重火力阻击。莫特上校被迫再次停止进攻，决定给他损耗严重的部队一天的休息时间，然后再发动进攻。和经过几个月战斗考验的澳军相比，美国新丁对酷热、饥饿和疲劳的耐受性差一些。据哈丁少将说，从米尔恩湾来到当地访问的医务少校罗杰·艾格伯格12月1日在见到这支部队后，在给艾克尔伯格将军的报告中称这些人看上去就像是“被钉在十字架上”那样憔悴。

根据莫特上校观察，他的部队正饱受持续战斗、缺乏食物、睡眠不足之苦，而这一切从他们长途行军翻山越岭来到战区的时候就已开始。根据126团2营的行军记录，E连第五次进攻被日军阻击后，“还剩下的部队病弱不堪，急需休整和增援”。显然，如果不能得到休整和增援，他们不可能夺取通往布纳村的最后一段道路。

沃伦部队的情况也好不到哪里去。哈丁少将早已认定向恩代阿德雷海角和新跑道同时进攻在战术上根本不可靠，从新跑道东端

■布纳机场新跑道以西地区的地形。

进攻会分散兵力。因此他决定将主攻方向切换到新跑道本身。12月1日，他命令海尔上校停止进攻恩代阿德雷海角，给进攻新跑道的卡里尔中校提供一切可能的支援。麦考伊中校的一个连被留在沿海道路一带的一个地方守卫阵地，其他两个连都被调来支援卡里尔对机场新跑道的行动。

这次作战计划预定会得到空中和炮火支援，128团B连会在恩代阿德雷海角以南约900码的阵地留守，而且会进行一系列佯动牵制，使敌人误以为盟军主攻方向仍在海角。而实际进攻目标会是新跑道。这次进攻的目的主要是查明敌情，希望能在敌军防线上找到一个能够“一点突破，全线打开”的弱点。

128团A连和126团B连，以及左翼的128团C连将从海岸侧翼的跑道东端的疏散区向西发动进攻。在跑道另一端，126团A连会和128团I连一起进攻对两条跑道间的桥梁。澳军2/6独立连将在面对机场跑道的地带巡逻，同时试图和跑道另一端攻来的美军保持联系。从东向西的进攻会由麦考伊中校指挥，自南向北的攻势则由卡里尔中校负责。

对布纳村、新跑道以及桥梁地带的空中扫射和轰炸在8点到8点15分之间进行，大部分炸弹都命中目标地区。然而，航空兵最后一次飞行忘记投掷发光信号弹提示空袭结束，结果地面炮火与空袭的间隔时间变得过长。地面部队只得暂时退后，避免被友军火力误伤，8点30分才出击，但进展难以让人满意。山本重省大佐的部队没有被128团B连对恩代阿德雷海角的佯动骗过。空袭开始时，他们都躲藏在碉堡工事里，结束后才从掩体里出来，用各种轻重武器向美军开火。美军的前进很快受阻，没过多久就完全停止。

战斗结果难以鼓舞士气。炎热的天气令人不堪忍受，酷热造成的非战斗减员几乎和日军火力造成的战斗减员相当。麦考伊中校的部队在被敌军完全阻止以前，只消灭了几座工事。而卡里尔中校的部队收获更小，被机场跑道之间的日军防御重点西部阵地的侧翼机枪火力阻击。沃伦部队的进攻再度失败。

哈丁师长被免职

12月2日，第1军军长艾克尔伯格中将在他的副官丹尼尔·爱德华兹上尉、32师师长哈丁少将、师炮兵指挥官沃尔德龙准将，以及其他人员陪同下，离开多博杜拉，9点30分来到厄巴纳部队前沿阵地。半小时后，马丁上校和罗杰斯上校也如期赶赴沃伦部队前线。两个观察小组都只能在开始一小段路乘坐吉普车，大部分路程只能步行。

艾克尔伯格的小组率先到达目的地。就在到前线之前，艾克尔伯格在厄巴纳部队的医疗站停留了片刻。他在那里找到了一些没有受伤但被送到后方养病，希望从登革热和疲劳过度中恢复的战士。其中有些人在战斗中已经尽了全力。艾克尔伯格对这一点感到疑惑，问几个病号为什么不呆在前线。普遍的回答是他们被送到后方休息，而另有2到3名士兵在更靠近前线的位置，或是趴在树根上，或是在去医疗站的路上，给了他同样的答案。

11点40分，军长一行走进莫特上校的指挥所。炮兵仍在开火，美军希望这波炮火能将前几次进攻当中一直没能干掉的日军碉堡摧毁。但很快前方就传来进攻失败的消息，艾克尔伯格面色铁青："我得到更靠前的位置，亲眼看看到底发生了什么！"他命令沃尔德龙准将留在指挥所后，动身去了前方。哈丁师长拒绝留在后方，坚决和军长一起上前线。日军击退美军的全部进攻后，没有继续开火，于是两位将军可以不必冒着敌人的枪林弹雨在前线视察。

哈丁师长认为，艾克尔伯格已经先入为主在吹毛求疵，而他的这次前线之行获得了大量令其光火的理由。他和新几内亚部队司令部一早就听说前线的日军在坚决反击。而在质问史密斯少校时，他发现并没有反击发生，只是少数日军试图进入布纳村东南的机场而已。他注意到美军的轻重机枪直接放在开阔地，没有挖掘战壕，也没有东西隐蔽这些重要的武器。他后来才知道战士们已经知道如果用潮湿的丛林灌木生火，烟雾会非常大，但他发现前线的战士们尽管饥肠辘辘，为了不吸引敌人的火力，也不被允许用缴获的日军大米做饭时，仍非常生气。他似乎认为部队在敌人的火力面前缺乏进取心。当他征求志愿人员去侦察他们前方的地形时，战士们都没有回应。

艾克尔伯格和三名前线的机枪手进行了交流。他们在回答问题时告诉他，他们知道正前方有日军的机枪阵地，几小时前，当部队试图从这条路前进时，就遭到日军机枪火力阻击。艾克尔伯格问进攻结束后，是否有人去小路上查看日军的机枪是否还在。战士们都说没有。军长随后提议谁能前进50码看个究竟。机枪手和其他人都肯定日军的武器还在，没人愿意冒险。军长的副官爱德华兹上尉走一条不同的路线，匍匐爬行，去布纳村郊外侦察。结果爱德华兹回报说，那里现在没有日军开火，进一步点燃了军长的怒火："部队应当克服他们的失败情绪才行！"

莫特上校的指挥所里发生了恼人的一幕。艾克尔伯格军长在那里尖刻地评价了他在前线看到的一切，毫不客气地指出，根本没有伤的士兵会待在救护站里，机枪的位置暴露，明显容易招引敌人袭击，而他只想在前线征召几位志愿侦察人员，都没人响应。正在气头上的艾克尔伯格说道："到目前为止，我甚至都不能确定这些人是不是真的进行过战斗。"莫特上校的脾气本来就出名的糟糕，怒火一下被这句话点燃了。他为他的部队辩护，称他们已经历非常艰苦而激烈的战斗，哈丁少将也明确同意他的观点。莫特后来回忆道：

> 他（艾克尔伯格将军）提高声音说："你们被打败了。"而且以各种不同的方式表示部队干得相当糟糕，很多人都是胆小鬼。了解艾克尔伯格将军的态度以后，我强行克制自己没有继续为我和部下的士兵们争辩，不久以后，艾克尔伯格将军……离开了我的指挥所。

视察沃伦部队前线的情况也不好。马丁上校和罗杰斯上校大约中午到达哈里科的海尔上校的指挥所，后来在15点28分到达麦考伊中校的指挥所。进行短暂视察后，他们和麦克纳布中校一起去前方机场新跑道东端以外地区查看。在他们来之前，战斗非常激烈，每个能投入战斗的人都顶了上去。但他们到达时，一切都死一般沉寂，好像什么都没发生过。

马丁和罗杰斯到达时，那里没人开火，马丁形容"就像一个空旷的教堂一般安静"。日军击退美军的进攻后，肯定会抓紧时间休息。他们甚至都不会射击很容易观察到的目标。也没有美国兵急于挑动日军火力。美军攻打日军阵地碰了一鼻子灰后，宁愿先得过且过，挖掘战壕喘息，搜罗补给品，准备第二天的进攻。尽管马丁承认以前线目前的条件不可能持续一整天进行最大胆激烈的战斗，但偏偏观察小组到达前线的时候完全没有发生战斗，使得他们怀疑这一天是否真的进行过任何战斗。

观察小组印象最深的是部队糟糕的身体状态。罗杰斯上校形容战士们的健康状态"是可悲的"，尤其注意到他们的拉碴胡须，褴褛衣衫和破旧的鞋子，而事实上他们都得不到足够的食物果腹。马丁上校注意到部队士气低落，战士们都有一种"顾影自怜"的情绪，而他们除了希望被替换休整外，对其他事情都不感兴趣。罗杰斯尖锐地指出海尔上校的位置距离前线太远，而且认为观察组到来的时候，很明显前方几乎没有采取任何行动。马丁对前线的糟糕卫生状态感到震惊，大量不必要的垃圾和应当丢弃的物资都没及时处理，乱堆一气的空罐头周围苍蝇成群。

两位上校大约22点回到多博杜拉，发现艾克尔伯格已经将哈丁少将免职，现在由沃尔德龙准将指挥32师。

11月30日，麦克阿瑟将军在和艾克尔伯格谈话时，就暗示他应该撤换哈丁。艾克尔伯格原先不想拿老同学开刀，如果他觉得没必要，也绝不愿采取这种措施。但前线视察的失望结果，和哈丁坚决不肯替换手下主要指挥官的态度，使他不得不下定决心。那天晚上，在他从前线回来后不久，就召集参谋长拜尔斯准将和其他现在能立即召集的军参谋人员，告诉他们现在战局的突破口就在左翼。他把莫特上校指挥所里发生的一切讲述了一遍，告诉所有人，哈丁对莫特完全持同情和支持态度，而且问他们如果他们处于他的境地应该怎么做。参谋人员众口一词地说，他只有一个选择，执行麦克阿瑟将军的指示，并且将哈丁免职。

军参谋会议结束不久，哈丁少将来到艾克尔伯格的帐篷，讨论夺取布纳的新方案。他还不知道等待他的是什么，只是陈述了自己的计划，设想在空袭和炮火准备以后，让步兵分阶段协同进攻。当时沃尔德龙也在场。艾克尔伯格聆听了哈丁的讲述，但显得没有兴致，在考虑其他事情。等哈丁说完，艾克尔伯格开始谈论他这一天发现的问题。哈丁在某些问题上进行了争辩，最后说：“看来你被派到这里来是要撤销一些指挥官的职务，可能我就是其中之一。如果是这样，我就变成了你的障碍。”艾克尔伯格答道：“你是对的。”然后指着沃尔德龙说，“现在这个人将接替师长的职务。”哈丁并不意外，答道：“那我在交接以后就回莫尔兹比港吧。”艾克尔伯格最后只说了一个字：“好。”哈丁立正敬礼，然后离开了帐篷。

哈丁刚刚离开，艾克尔伯格就对32师的人事进行了大幅调整。他推荐马丁上校取代海尔上校。沃尔德龙二话不说地照办。过了一会儿，沃尔德龙还没离开，马丁和罗杰斯就回来向军长报告。在回来的路上，马丁就向罗杰斯提起，艾克尔伯格将军把罗杰斯送

■土著民夫抬着美军伤兵撤下布纳前线。

到沃伦部队前线视察，可能就是为了让他接管那里的指挥权。而他怎么都没想到艾克尔伯格心中的人选居然是资历较浅的他。

马丁和罗杰斯刚进帐篷，艾克尔伯格看了他一眼，就对沃尔德龙说："我现在告诉他吧。"也不等他答话，就转过头对马丁说："克拉伦斯，伙计，你一直都说你希望去指挥一个团。我会给你一个。你将接任128步兵团团长和沃伦部队指挥官的职务。"马丁几乎不敢相信自己的耳朵，在和罗杰斯确认后，他立即回答："是，长官，我是想指挥一个团，但我从没想过会是在这种情况下。"他顿了一顿，随后补充道："由于我将会指挥128步兵团，那我希望由罗杰斯上校来做视察报告。"他们刚回来，天已经黑了，没有时间写书面报告，罗杰斯便接过马丁的话头，直接口头报告。

第二天，哈丁、海尔和莫特的免职命令正式公布。马丁取代海尔的同时，麦克莱利中校暂时接替莫特的厄巴纳部队指挥官一职。12月4日，军军法处长约翰·格罗斯上校取代了麦克莱利的职务，而麦克莱利则接替沃尔德龙留下的师炮兵指挥官一职。

积极备战

艾克尔伯格中将接管布纳前线的指挥权，撤换了32师师长哈丁少将等一批美军指挥官。然而布纳前线的处境，尤其是32师的补给，并不是撤换几名军官就能解决的。原先的空投和海上紧急运输都无法保障补给，哈丁前师长的紧急措施只能暂时缓解最迫切的补给需求。随着多博杜拉和波庞德塔的多条飞行跑道和机场投入使用，多博杜拉－西梅米吉普车道和其他一些道路的开通，以及一个新的小帆船运输队到来，艾克尔伯格拨出专职后勤人员，在多博杜拉设立了专门的后勤部门"ALMA"，由乔治·德格拉夫上校负责。在这个部门和32师的后勤军官们共同努力下，布纳之战开始以来，盟军的运输线路第一次能顺畅运作。这对即将开始新一轮攻势的美军来说，是一个好兆头。

后勤开始得到改善，艾克尔伯格就能着手重整布纳前线的部队了。12月2日对前线的视察结束后，他就非常不满意，形容他们简直就像"一盆乱炒的鸡蛋"。命令两支部队进行重整。沃伦部队在机场西南角配属卡里尔中校指挥的128团I连被还给3营长米勒中校，机场新跑道东南角配属麦考伊中校的126团A连则回126团1营归建。米勒中校的128团3营被部署在新机场右翼，从机场东端的小型疏散区一直延伸到大海，阵地成弧形分布。麦考伊的128团1营被调到米勒营左翼的新跑道南面，哈考特少校的澳军第2/6独立连掩护麦考伊和卡里尔两个营之间的缺口。沃伦部队没有统一的预备队，但每个营还有一些没有投入前线的小股预备兵力。

厄巴纳部队曾被调到入口溪以北椰树林的126团2营一部回到布纳村前线，和本营主力及128团炮兵连会合。128团2营接管入口溪以西地区，F连仍扼守吉鲁亚河与西沃里溪之间的阵地。

过去一周，沃伦和厄巴纳部队每天人均口粮只有维持基本生活需要的一听肉罐头和一块浓缩巧克力。12月3日，尽管口粮储备仍不足，但大家还是吃到了最近第一份足量全餐，为预备第二天的新一轮进攻先填饱肚子。

12月3日一早，马丁上校去沃伦部队前线接管指挥权。他最先发现的问题是，部队没有做好武器装备的保护工作，没有把这些重要物资储存在能避免日军火力打击的隐蔽地下工事里。指挥所的工作条件也过于简陋，他的前敌指挥所是一个高出地面5英尺的半地下掩体，掩体上方就是一片圆木排，里边就一部电话机。随行的团作训科长米尔顿·齐贝尔少校记得那里还有一份印刷地图，但一点都不准确，无法给炮火指示正确的射击位置，另外还有廉价商店出售的那种10美分一块的半拉小写字板和一支铅笔。马丁问起这支部队的文件档案时，副官拍了拍他那已经被污泥染黑的牛仔夹克的口袋说，所有保存下来的文件都在里面。

马丁决心尽力改变这种条件，即便现在还缺乏几乎所有必要物资。他上任的第一件事是召集一个军官会议，告诉他的军官们，所有官兵都要尽力改善现状，从他们的个人仪表到装备维护，统统要有崭新的面貌。卫生状况需要更加注意，物资装备的维护必须更加仔细，所有官兵都应为自己原先漫不经心的态度羞愧。

马丁将命令传达给所有军官，然后告诉他们："除非拿下布纳，否则没人来替换你们。"马丁顿了一顿，从军官们的神色看，这个消息对他们是一个打击。他继续说道："我肯定的是，在经过这次打击后，部队应该明白他们的任务就是必须比以往更加努力地战斗，而不是指望立即有人能来替换他们。"

接管厄巴纳部队的格罗斯上校和马丁上校不同，在他接过指挥权前，都没机会视察部队。他12月3日上午刚从澳大利亚飞来，下午才匆匆到前线视察部队。第二天，当他正式接过指挥权时，发现麦克莱利中校之前已经重新部署过，但还没有达到要求，于是向艾克尔伯格中将提出将进攻推迟一天。艾克尔伯格尽管不太满意，还是答应将新一轮进攻时间定在12月5日。

颇具讽刺意味的是，哈丁师长一再催促，却一直没到位的"布朗"式装甲车，在他被撤职后的12月3日傍晚，终于来到布纳前线。第一批5辆装甲车从波洛克港用船运抵前线。船上还装载着40吨食品和弹药。这批物资对当天已经要断顿的沃伦部队来说，真是太及时了。后勤部门火速将装甲车从船上卸下，移交给马丁上校，用于5日对杜罗帕地区的新一轮作战。

马丁上校和他的副手麦克纳布中校，尽可能及时地让装甲车队的指挥官T. St. D.弗格森中尉了解杜罗帕的地形。他们的报告重点指出装甲车可能在种植园区遇到的树桩和其他障碍物。第二天，麦克纳布派弗格森和团侦察排长大卫·安德森中尉一起进行日间侦察。尽管地形条件显示进攻将会遇到风险，但弗格森相信他的装甲车能成功越过这片地区。为防止意外，他要求给他的装甲车提供自动武器，还要求提供所有他需要的各种装备。

布朗式装甲车车板很薄，顶部敞开，车下部还没有装甲，用它们通过植被茂盛的种植园地区，对付强大的敌军阵地完全是不得已的办法。美军能做的就是给打头阵的澳军装甲车组成员提供所有他们能用的武器。

12月4日，布纳前线部队完成整编。美军进行了急需的休整和补充，部队得到了所需的口粮和弹药，准备在他们的新任指挥官带领下，重新投入战斗。

日军山本大佐的陆军和安田海军大佐的海军地面部队也已经准备就绪。山本大佐在种植园一带部署了战斗力较强的144联队一部，在机场新跑道东北角部署了229联队一部。其他人和第15独立工兵联队，还有第47野战高炮大队一部一同守卫机场跑道间的桥梁地带。安田大佐的横须贺第5特别陆战队和佐世保第5特别陆战队各一部在布纳村的海军工兵部队（大多是台湾“高砂义勇队”）支援下，守卫丛林三角地区，布纳村和布纳教区。日军已经打退了盟军的多次进攻，他们认为自己还会挫败盟军。

12月5日，盟军的进攻会按照前一天沃尔德龙准将的部署进行。8点30分，沃伦部队和5辆布朗式装甲车，会在美军第5航空队和炮兵部队的火力支援下，进攻杜罗帕种植园和布纳机场地区。他们的目标包括从斯特里普角西南海岸延伸到内陆旧跑道一线整个东部地区。厄巴纳部队也会在地面炮火和空中火力支援下，从10点开始出发夺取布纳村。两支部队都必须全力以赴。

12月5日的进攻

沃伦部队前线的米勒营将在最靠近大海的右翼行动，麦考伊营居中，卡里尔营位居左翼，而澳军2/6独立连处于麦考伊和卡里尔两个营之间。米勒营的L连会和“布朗式”装甲车一起在200码宽的前线向海岸推进。I连在L连左后方跟进，M连的机枪手会部署在出发线沿线一带，及时在米勒营后方跟进，负责扫荡丛林中隐蔽的日军狙击手，为前线提供机枪火力支援。麦考伊营的先头部队128团A连会在L连左侧行动，试图穿过新跑道东端。卡里尔中校的126团1营会向北进攻两条跑道之间的桥梁。澳军独立连的巡逻队将占领卡里尔和麦考伊两个营之间任何需要占领的目标。

5日早上8点20到35分，航空队的6架A-20地面攻击机对机场旧跑道和恩代阿德雷海角间的地区进行了轰炸和空中扫射。炮兵8点30分开火。8点42分，L连和布朗式装甲车组在迫击炮和机枪近程火力支援下，开始进攻。他们出发后，很快闯进靠海岸的日军阵地重火力编织的火网之中，在他们的左前方和左翼，也遭到日军隐蔽火力点阻击。正像先前担心的那样，布朗式装甲车在不平整的地面上行动十分吃力，推进很慢。当车组成员站起来清除障碍物时，很容易变成日军的机枪射击目标。为阻止装甲车前进，日军的手雷左右开弓，在装甲车身上引爆他们的粘性炸弹，还用一门反坦克炮直接射了几发炮弹。不过20分钟，5辆装甲车已经全部报销，3辆就躺在盟军战线外一点儿，只有2辆好歹在冲进日军防线后才被干掉。车组人员损失惨重。弗格森中尉负伤，20名车组成员一共损失了14人。

“上帝呀！”弗格森的副手伊恩·沃克少尉很快就发现车组。他立即从后方的装甲排后勤指挥所，带领他唯一的部下，飞也似地跑去前线。在128团L连的火力掩护下，这两个装甲兵有条不紊地将靠近盟军阵地的3辆装甲车的车载武器弹药都卸下来。然后沃克命令他的部下带着武器弹药先回去，自己抄起一挺冲锋枪独自走向前方的那2辆装甲车，打算回收它们的车载武器。但在他努力靠近这两辆车的时候，受了致命伤。当晚，日军在沃伦部队的巡逻队回收这两辆装甲车的武器以前，成功地先下手为强。

■12月5日，进攻杜罗帕种植园时，被日军摧毁的“布朗”式装甲车。

为支援受到灾难性打击的“布朗式”装甲车组，128团L连连长赛缪尔·霍顿上尉也陷入苦战。L连中央排在战斗的前半个小时减员严重，霍顿必须从左翼排抽调人手支援，而左翼排自己也遭到日军重火力阻击。I连不得不先派一个排把左边暴露出来的缺口先堵上。

128团3营试图继续前进但实在有心无力，米勒营长大发牢骚：“路线被封死了，鬼子在海边的工事和种植园的隐蔽火力点打得部队抬不起头来。连上帝也恨我们，布纳的太阳把我的人一个一个都烤得要虚脱了！”10点10分，他们营一共就夺取了40多码的阵地，而且当天看来无望推进得更远。

比3营晚几分钟，128团1营也开始前进。8点55分，赛缪尔·斯科特中尉指挥A连的83名官兵向机场东端的“Y形”疏散区进发，B连在斯科特连左后方待命跟进，D连在出发线一带进行火力支援。斯科特连缓慢而小心地穿过高高的长草丛。尽管天气很热，敌军火力造成的伤亡也不小，但他们还是获得了一定进展，11点，全连大部分人员已越过“Y形”疏散区的下臂部分。但他们马上遭到日军掷弹筒，迫击炮和机枪火力的三面打击。中午，A连在日军抵抗和高温的双重煎熬下伤亡严重，麦考伊中校不得不派米兰·布罗切尔中尉的B连从A连左翼跟进，缓解他们的压力。

B连2小时后到达A连夺取的疏散区西面，机场新跑道东南角的一个地点。安排轻机枪从左边对机场进行火力打击后，布罗切尔试图率部突破日军火力线，但没能成功。“这群鬼子太狡猾了！”布罗切尔看着倒在血泊中的部下，咬牙切齿。部队离开长草掩蔽的草地，进入日光直射的机场跑道时，敌人就会从附近的碉堡和隐蔽火力点向他们开火，这些火力点位置很好，能够锁定进犯的美军，一旦美军在机场跑道推进到半路，就会被立体火网封堵，进退不得。继续前进已经不可能，B连只有先着手巩固跑道东端的阵地。

与此同时，A连的处境比上午更艰难。在“Y形”疏散带中央，三个方向射来的火力线在无情地撕咬他们。“头儿，这仗不能这么打呀！”带队士官顾不得满脸血污，眼含热泪对连长说道。所有试图穿过“Y”字上岔道的行动都失败了，美军被日军的十字交叉火力逮个正着，非死即伤。下午晚些时候，形势仍没有好转。沃伦部队指挥官马丁上校得知伤亡惨重，命令A连尽快先撤退。傍晚，他们终于撤了下来。

机场西端卡里尔中校的126团1营战果略好一些。8点50分，他的两个主攻连A连和C连一右一左，齐头并进，向机场跑道间的桥梁出击。在迫击炮火和37毫米火炮支援下，他们在最初2小时内，成功拔掉7座日军碉堡，顶着日军碉堡阵地的压迫性火力，开始逼近桥梁。

“还有最后150码。”卡里尔能感觉到自己的心跳急剧加快，前几次进攻就是在这个距离功亏一篑的。但日军的枪声还是响了起来，前方和左翼的日军火力，将美军再次截住。步兵进展不顺，卡里尔赶紧呼叫炮火支援，但没有用处，日军的阻击火力有增无减。

卡里尔的部队和右翼的友军一样，都受到高温的严酷考验。战士们顶着烈日多次尝试进攻，但敌人火力实在太猛。卡里尔只得放弃正面进攻，用B连替下A连，然后尝试穿过西梅米溪，希望从侧翼迂回桥梁。但还没开始就被迫放弃。原来侦察兵回来报告："路上要经过流沙区，溪水太深，根本过不去。"战斗结束时，日军仍然据守桥梁地带，卡里尔的部队就在大约南面200码的位置掘壕过夜。

沃伦部队的新一轮进攻全线不利，山本大佐的阵地仍没有被动摇。马丁上校在给军参谋长拜尔斯准将的电话中如是说："我们出手揍日本人，但被他们给弹开了。"

由于兵力调度的时间较长，厄巴纳部队开始进攻的时间比沃伦部队晚。前一天，汤姆林森上校和126团团部奉命从萨纳南达前线越过吉鲁亚河，进入厄巴纳部队的作战区域，将会配属厄巴纳部队的127团先遣队正在抵达多博杜拉。这时厄巴纳部队包括126团2营、128团2营和炮兵连，而128团的部队正在抓紧时间休息。他们马上有机会完成2日没能完成的战斗任务。

厄巴纳部队的计划是以128团炮兵连和126团2营进攻布纳村环形工事的一系列指定

地图四十九　12月5日，沃伦部队的进攻

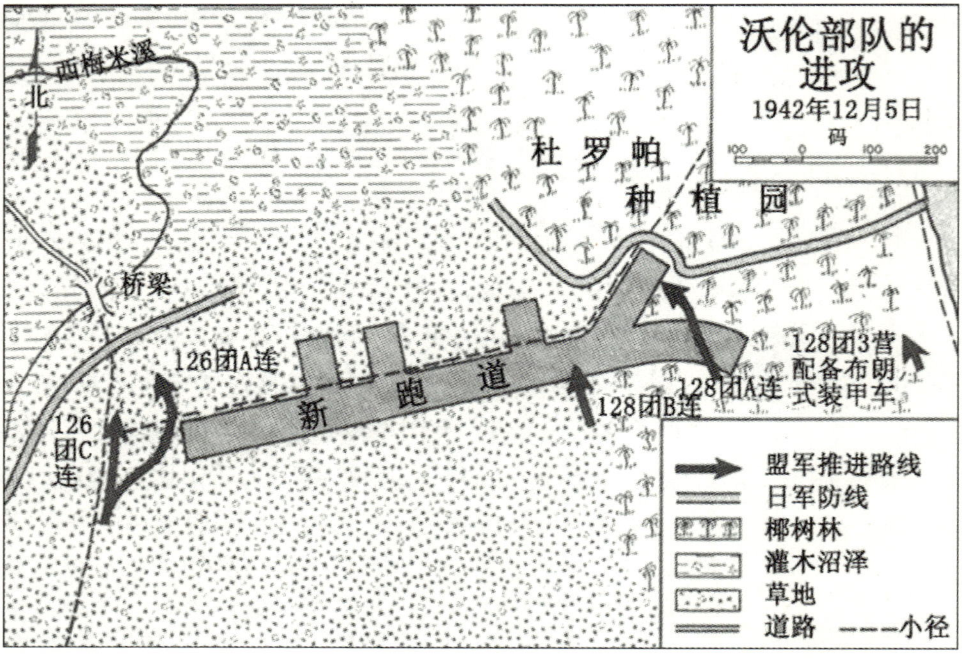

据点。126团2营F连在先前的进攻当中损伤很重，将转为预备队。炮兵连仍会从126团2营左翼和以往一样提供支援。史密斯中校的128团2营将在126团2营右翼，完成入口溪左岸地区的战斗任务。航空兵和炮兵会提供火力准备支援。81毫米迫击炮会从入口溪西面的大草地后方炮击布纳村。128团F连将从他们在吉鲁亚河西面的阵地发动进攻，2门81毫米迫击炮，1门37毫米火炮和各式轻重机枪将会提供近距离火力支援。

12月5日一早，厄巴纳部队指挥官格罗斯上校就赶到前线。完成临战检查后，他10点15分回到指挥所，发现军长艾克尔伯格中将和代师长沃尔德龙准将都在那里。包括德格拉夫上校、罗杰斯上校、麦克莱利上校（刚刚晋升）、师作训主任梅尔·豪中校，以及艾克尔伯格的副官爱德华兹上尉等军官都在场。艾克尔伯格将哈丁撤职后，迫切希望自己亲临前线的第一炮能博个满堂彩，而他对厄巴纳部队抱有更大期望。厄巴纳部队的进攻会以航空队的9架B-25轰炸机10点对布纳教区的空袭开始。艾克尔伯格和他的观察组大致了解了作战计划，稍后会上前方观战。

空袭结束后，火炮和迫击炮开始向布纳村炮击。10点30分，火力准备停止，步兵

■美军士兵正在越过沼泽地前进。

开始前进。128团炮兵连沿吉鲁亚河东岸进攻。在他们右翼是126团E连和G连，重武器连H连会提供火力支援。出发不久，美军就进入日军环形阵地外围，而中央的E连和G连直取布纳村。

布纳村等地的日军指挥官是安田海军大佐，他在布纳村部署了几百人，足以守住这个村庄，加上工事，路障和战壕的帮助，即便这是他防守最弱的阵地，也足够坚守一段时间。

美军的进攻遭到强烈抵抗。最左翼的128团炮兵连出现在布纳村南面开阔地时，遭到重火力阻击。该连派出巡逻队去侧翼包抄日军，吉鲁亚河西面的美军迫击炮手见势不妙，对村子开火，缓解该连的压力。保罗·施瓦茨中尉带领126团F连的一个排上来支援。但无论迫击炮火还是步兵的支援都没用，日军的阻击火力一直在持续，炮兵连始终无法推进分毫。

下午晚些时候，师参谋部的切斯特·比弗少校接替炮兵连的指挥权，施瓦茨中尉成为他的副手。他让施瓦茨组织一次巡逻，希望能扫清前方的日军外围阵地，随后突破村外的淤泥地，将巡逻队送到村外较近的一个地点。天黑的时候，比弗和施瓦茨不得不先行撤退，但第二天上午，炮兵连和F连的一个排已经顺利抵达计划中村郊的某个地点。

舒尔茨上尉的E连也遭到敌人顽强阻击。舒尔茨将突击的重任交给他一直非常信任的两位排长托马斯·科诺德中尉和保罗·吕特晏斯上士。在连长火力掩护下，科诺德和吕特晏斯带头冲锋，顶着日军的正面火力，一路推进了几百码。

“离村子不到一百码了，给我……”科诺德正要招呼部下继续冲锋，就被子弹击中，受了重伤。吕特晏斯很快也倒下了。两个排的美军被日军火力点压得抬不起头来。两位排长都不在，吕特晏斯排的哈罗德·格拉波中士略作观察，大喝一声：“我来拔掉这颗钉子。你们看好了，等它被压住立即往前冲！”格拉波纵身一跃，像猎豹一样三两步跃到日军火力点右侧死角的土埂上，居高临下用他的轻机枪将里面的日军杀了个干净，扫除了部队前进路上的拦路虎，但他本人在战斗中阵亡。

经过苦战，E连的战线缓缓向前移动，直到日军主阵地前，村外约50码的位置为止。这时再也无力前进，不得不先掘壕防守。

贝利上尉的G连同样发现，战斗中要想前进哪怕一步都困难重重。美军对布纳村的进攻就到村郊为止，艾克尔伯格中将失望之下，直接插手前敌指挥。他将格罗斯上校叫到前线的观察所，将汤姆林森上校送回前敌指挥所。随后他命令F连通过E连的阵地夺取布纳村。格罗斯上校立即提出异议：“F连现在是我在中央战线可用的最后一支预备兵力，完全可以等到更有利的时机在左翼使用这个连。急于求成不会取得任何好结果，布纳的进攻不是一天两天就能完成的。”但艾克尔伯格将军被麦克阿瑟曾说过的“成为布纳征服者”的华丽辞藻所惑，无视他的抗议，决心尽快夺取布纳村。

几天前刚接任F连连长的罗伯特·奥德尔中尉被召唤到观察所。奥德尔没想到观察所里竟然聚集着包括一位三星中将在内的两位将军和许多校官，不由大吃一惊。奥德尔简短报告后，艾克尔伯格中将向他说道：“我希望你的连能够拿下布纳村。”

奥德尔不敢怠慢，回到自己的部队就进行了部署。经过短暂推迟，他就带着F连出发。该连兵分两路，奥德尔和乔治·普拉维达上士在小路两侧分别指挥。正式进攻前，他们有十分钟时间侦察，能从他们将通过的最前线部队那里收集情报。军长一心希望他们能顺利完成任务，肩上的担子实在不轻，而他们却没有那么强大的实力。奥德尔排竭力向前冲锋，但几分钟就被日军的火力线完全击退。仅奥德尔这一路的40名官兵就有4人阵亡，18人负伤。他们竭力冲到离村庄只有几码的地方，但再也无法前进哪怕一步。另一路的普拉维达部伤亡大约相当，普拉维达上士本人也受了伤。

艾克尔伯格一意孤行，除了损兵折将之外，没能取得更多实效。几乎在F连的中央强攻失利的同时，右翼的贝利连传来了令人振奋的好消息。贝利在初战不利的情况下，没有继续强攻布纳村。早先赫尔曼·波切尔中士指挥的H连的一个排被调给他的G连，贝利让波切尔排从布纳村日军阵地右翼远侧向北迂回。波切尔一路端掉几座日军碉堡后，成功地在敌人火力下越过一条小溪，下午晚些时候已经和18名士兵，带着1挺机枪到达海滩。

“真是块宝地啊！”波切尔曾参加过几年前的西班牙内战，战斗经验丰富。他让大家立即在海滩边缘挖掘战壕和工事，构筑阵地。日军很快就从布纳村和布纳教区两个方向反扑，波切尔亲手端着机枪，和他的部下向日军还击。他们及时抢占了有利位置，这回轮到日军品尝无法在敌人坚强防御阵地前推进的苦果了。后来得名为“波切尔角”的海滩阵地两侧很快就堆满了日军的尸体，多到无论他们的友军还是敌人都无法立即埋葬。

波切尔的成功迂回分断，使布纳村被彻底孤立，128团炮兵连和126团2营（欠波切尔排）现在对布纳村的日军内线阵地形成强大压力，而“波切尔角”阵地使布纳教区日军要增援布纳村极端困难。

与此同时，史密斯中校的128团2营已经完成入口溪西岸除椰树林外的所有战斗任务。现在他们营正在向椰树林进发。只要入口溪西岸完全落入美军手中，布纳村日军的水路对外联系也将被完全切断。尽管日军这一天挡住了美军的进攻，但没能击退他们，尤其是波切尔排成功楔入他们和布纳教区之间的位置，使日军在布纳村的处境趋于恶化。

代师长沃尔德龙准将和作训主任豪中校

一同到中央战线右翼督战。F连进攻时，沃尔德龙肩部中了流弹，不得不退出第一线。艾克尔伯格随即命令军参谋长拜尔斯准将接替沃尔德龙出任布纳前敌总指挥。刚被沃尔德龙火线提拔为师参谋长的布拉德利上校现在就成了拜尔斯的参谋长。两天前一度指挥厄巴纳部队，后来继任师炮兵总指挥的麦克莱利上校负责指挥厄巴纳前线的所有火炮和迫击炮。

下午6点，艾克尔伯格带领他的观察组离开前线。格罗斯上校留在前线重整部队。尽管他顶撞军长的命令，使艾克尔伯格有些不快，但12月5日，他的厄巴纳部队表现相当不错。格罗斯对他的部队除了赞扬没有说别的。他当晚在日记中写道："这个营（126团2营）的人很勇敢，充满斗志，而他们已经承受了超过常人界限的压力。他们是出色的勇者。所有人都最大限度地配合我的

地图五十　厄巴纳部队攻破日军布纳村防线

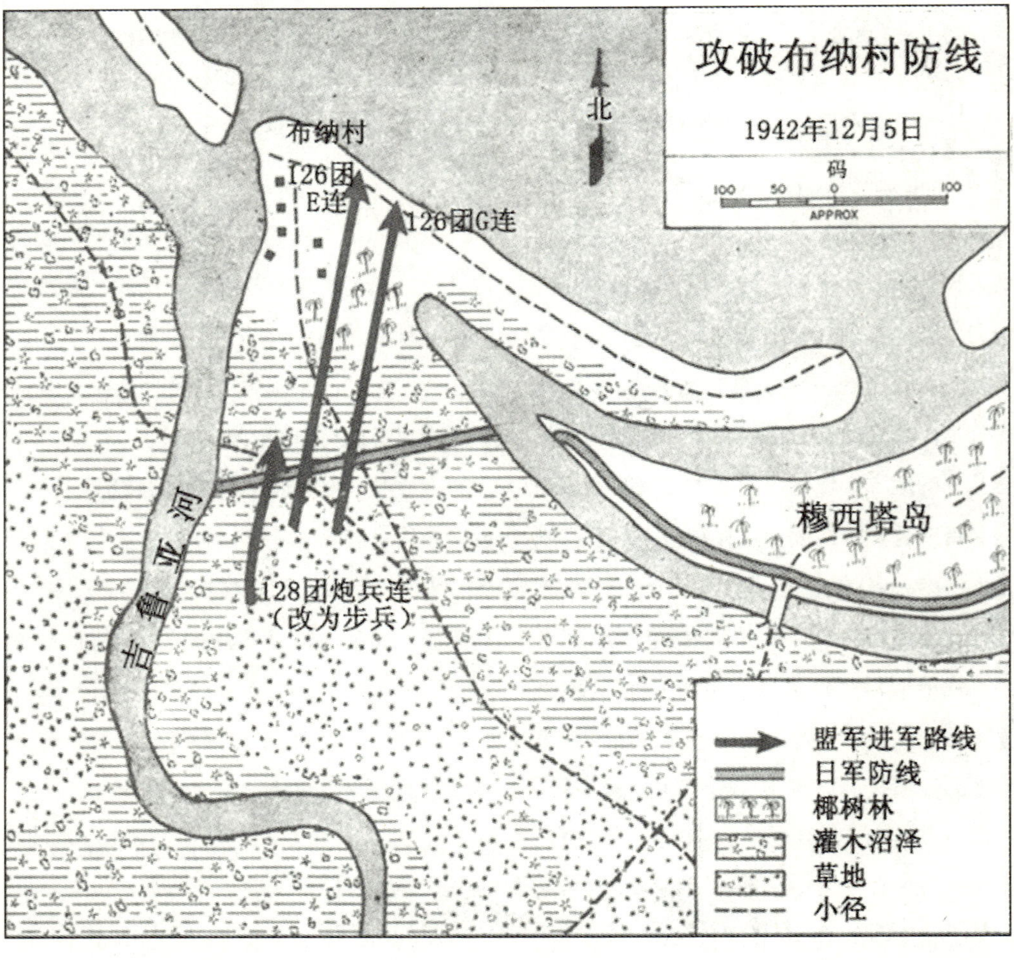

指挥。”

虽然还没有占领布纳村，但艾克尔伯格和他的幕僚已经掌握了战局。尽管有物资补充到位的激励因素在内，但他和第1军军部的到来，确实改变了32师无法持久作战的面貌。第二天，艾克尔伯格在给萨瑟兰的信中指出，部队在12月5日的战斗中竭尽全力，士气高昂“今天的战斗足以令我们骄傲”。他还说，澳军的赫林中将今天也高度赞扬了32师的英勇表现，就他个人的感觉而言，麦克阿瑟将军完全不必再担心了。

得来不易的进展

沃伦部队的失利和厄巴纳部队的相对成功使艾克尔伯格明白，敌人的防线确实非常强大，只靠正面进攻难以奏效。两天前，他在多博杜拉和赫林中将会谈期间，已经得知澳军生力军和坦克部队可能很快就到达布纳。斟酌再三，决定在沃伦部队得到坦克和援兵前不再发动全线正面进攻，但同时要尽一切可能削弱敌军防线。

艾克尔伯格试图让沃伦部队改变战术，集中兵力先破坏道路上的个别碉堡工事和机枪阵地，为将来的全面进攻打好基础。次日，艾克尔伯格报告莫尔兹比港的最高司令部，他决定改变战术。

艾克尔伯格命令马丁上校安排他的部队进行定点积极巡逻，查明日军个别阵地的情况。只要他们确定一个日军防御强点的位置，就去将它摧毁。他的部队不用再正面强攻，但也不能消极避战，而是要渗透式地向日军阵地推进。12月7日，马丁向各营营长交待了新战术。各营会派出多个机动巡逻队分散持续出击。炮火压制日军炮兵阵地后，巡逻队会用迫击炮、手雷和步枪打击和清除一座特定的日军工事，尽可能在敌军阵地持续搜索，不再急于一口将敌军吃掉，改为逐步蚕食。同时后勤部门会保证让部队尽可能舒服地战斗，会给他们提供热餐，而且允许他们轮休。

沃伦部队就在前线开始机动巡逻作战。火力搜索确定日军掩体位置后，37毫米炮和迫击炮近距离集中炮火打击，澳军炮兵会根据韦拉威战斗机的空中定位指示，进行远程炮火打击。多博杜拉机场扩建后，韦拉威战斗机已经在巴布亚东北海岸拥有固定基地，这种老式教练机几乎不能直接参战，但执行这种辅助侦察任务绰绰有余。但37毫米炮和迫击炮对日军工事的打击力度非常有限，而澳军的3.7英寸口径山榴弹炮和25磅炮使用快速引信引爆的高爆弹，击中目标后缺乏穿透力，效果更不明显。真正能破坏日军工事的还是美军的105毫米榴弹炮。它的射角更大，而且炮弹都使用延时引信引爆，更适合这种定点打击任务，很快成为前线专门打击日军工事的火炮。相比之下，澳军25磅炮的弹道轨迹太平，用处有限。这种炮不仅无法清除热带树木，也无法像105毫米榴弹炮一样准确命中日军工事。沃尔德龙准将对这种老爷炮的评价是："25磅炮就是用炮声来骚扰日军的，它只能干这种事。"

如果能得到足够的炮弹，105毫米榴弹炮还能发挥更大作用，但弹药输送到前线的速度十分缓慢。在第一批送到前线的炮弹打光后，105毫米榴弹炮不得不暂停射击。美军步兵只能在25磅炮雷声大雨点小的炮声中，继续绞尽脑汁对付日军工事。12月6日，莫尔兹比港的第1军军械官给前线写了一封信："从12月2日起，我已经火急空运了800发105毫米榴弹炮弹送去前线。这些炮弹12月3日晚上已经到了布里斯班机场……军长要求从12月5日起的10天内，每天供应100发炮弹，而莫尔兹比现在他妈的连一发炮弹都没有。"

第二批105毫米炮弹在12月第二周终于开始到达前线，但数量不多。105毫米榴弹炮对日军工事的打击效果显著，但巧妇难为无米之炊，炮弹匮乏使它很多时候只能"一言不发"。

马丁上校想调少数火炮推进到更近距离对日军工事直接开炮，但沃伦部队的火炮本来就少，不能冒险。12月8日，盟军从海路运来2门25磅炮，使马丁有条件实施自己的构想。这2门25磅炮的阵地设在哈里科正北，原先哈里科的澳军第1山炮连的3门3.7英寸山榴弹炮搬到离布纳机场跑道间桥梁大约1英里的新阵地。12月11日，一切部署停当。尽管这几门山榴弹炮位置前移后，对机场后方的日军阵地打击力度比过去大，但作用有限，那里仍被日军牢牢盘踞。

整个战役期间，日军的掷弹筒对美军的杀伤力很大。沃伦部队前几天吃够了苦，这段时期的消耗战当中，也开始注意使用枪榴弹以毒攻毒。由于32师并没有适合的美制枪榴弹可用，只能使用澳制枪榴弹。但使用澳制枪榴弹的美军士兵经常会觉得不是很管用。而等到有限的枪榴弹用完，他们在这场战役中，就再也得不到更多枪榴弹可用。

这一时期，126团1营的前线比较困难。卡里尔中校的这个营，白天要忍受热带直射阳光的炙烤，长草不仅遮蔽天空，而且还把热量都保留在地面附近。日军会在白天派出搜索队在该营前沿阵地一带行动，无论是否发生战斗，都会使本已令人难受的温度更高。白天的酷热让士兵筋疲力尽，一些连级指挥官都强烈要求营长能允许部队白天撤退300码，到稍微荫凉一些的地方去，然后夜间再重新占据现在的阵地。马丁拒绝了卡里尔营的请求。如果允许部队在白天撤退，对骚扰和削弱敌人起不到任何作用，而且会对部队的心理产生不利影响，损害好不容易才修复的积极进攻精神。

尽管马丁意志坚定，但沃伦部队在前线的任何地方都收效很小。卡里尔营反复试图穿过跑道间的桥梁，都没能成功，米勒营和麦考伊营的进展也很有限。沃伦部队的战斗已变成一场对日军的围困战。

12月中旬，澳军逐渐控制住戈纳地区，日军的滩头驻军已不能再像过去那样通过海

■美军炮兵填弹手和炮弹，12月初，由于炮弹供应脱节，他们有一段时间无法正常工作。

路得到补给和增援，但他们仍可以利用空运。12月10日，20架海军飞机从拉包尔飞抵布纳旧机场，空投食品和弹药。这是拉包尔的日军司令部第二次，也是最后一次对布纳－戈纳进行空中补给，瓜岛战局的恶化，让他们没有更多精力放在巴布亚战场。

同样在12月10日，沃伦部队的前线也发生了一些变动。哈考特少校的澳军2/6独立连奉命回第7师归建，而马丁手下三个营长的身体也开始支撑不住。卡里尔中校被查出患有心绞痛，被迫于12月13日退出前线。艾克尔伯格决定就此更换三位营长。比弗少校接任126团1营营长。第1军军部参谋戈登·克拉克森少校接任128团1营长，让原营长麦考伊回师部报到。此前一直担任沃伦部队指挥官副手的麦克纳布中校和128团3营长米勒中校调换职务。

沃伦部队战术和作战方式的改变没能将战线向前推移多少，但尽可能持续的炮击和步兵的不断定点攻击及渗透，确实达到了艾克尔伯格预期的效果，即在身心两方面消耗敌人，削弱他们的防线，等候盟军总攻的到来。

沃伦部队的前线相对安静，厄巴纳部队与日军的激战几乎持续不断。布纳村的日军被包围了。布纳村正面和跨过布纳溪的火力对日军形成夹击态势，但日军依托阵地，顽强防御。看来要将他们逐出，只有像澳军在戈纳那样硬啃。

12月6日，126团2营进行了重整。总指挥格罗斯上校确定会得到正赶来前线的127团，于是将重整任务交给126团团长汤姆林森上校和2营营长史密斯少校。他本人先抽身参与后勤事务，调整右翼的128团2营阵地。格罗斯觉得前线同时有两名上校团长没有什么用处，请示代师长拜尔斯准将后，将厄巴纳部队交给汤姆林森指挥。

厄巴纳部队的新攻势会得到比过去更好的炮火支援，吉鲁亚河东的全部火炮都预定会参加这次战斗，而迫击炮火打击效率也会大大提高。原来麦克莱利上校发现步兵在丛林里不会控制迫击炮火力，于是专门根据使用火炮的实践经验，摸索出迫击炮的最新使用方法。他将前线可用的全部17门81毫米口径迫击炮集中起来，通过侦察和数学计算，确定迫击炮群和日军阵地位置，实施垂直打击。麦克莱利重编了81毫米重迫击炮部队的建制，编成3个连，每个连各有5到6门迫击炮。调整编制和训练炮手后，他花了两天时间，以距离日军前沿阵地200码出头的一棵60英尺高的大树为参照物，让3个迫击炮连对日军的防御强点进行连续的集中迫击炮火打击，这种大范围高强度火力侦察，几乎覆盖了整个布纳村。

这次进攻的主力是126团2营（欠波切尔角分队）。G连和E连在左右两翼分别进攻，重武器连H连在G连右翼阵地提供火力支援。波切尔角小分队扼守现有阵地，保证布纳村的日军无法得到外援，F连为营预备队。128炮兵连充当团预备队，在穆西塔岛正下方的阵地留守，而128团2营将继续在126团右翼守卫。

对布纳村的进攻预定12月7日午后进行，但日军抢先了一步。凌晨4点，他们从布纳村和布纳教区两路夹击波切尔角的美军小分队。美军早已有备，事先已派出H连的一个排增援波切尔。波切尔先对从布纳教区冲过来的日军部队头阵开火，挡住了他们的进攻。

前一天随H连的一个排加入波切尔小分队的哈罗德·米切尔下士原本奉命率一个班为波切尔角建立一个外围前哨阵地。日军从布纳村出击的时候，米切尔已发现他们正在灌木丛掩护下向美军阵地匍匐前进。米切尔毫不犹豫，立即带着他的人上了刺刀，就向日军高喊着冲杀过去，打了日军一个措手不及。日军犹豫了一下，暂时撤退。米切尔班的大喊声给波切尔角的美军及时示警，最后在日军终于对波切尔角主阵地发起进攻时，他们的队形已经支离破碎。而米切尔班没有一人负伤，成功地在日军组织反扑之前撤回了本方阵地。刚打退布纳教区日军进攻的波切尔分队，掉转枪口对准从布纳村冲来的日军，将他们也一并打退。战斗中，波切尔手部中弹，经过短暂的紧急处理，他仍然在用那支机枪捍卫他的阵地。波切尔角仍岿然不动。

13点35分，126团2营在15分钟的火炮和迫击炮火准备完毕后，准时出发。他们果然遇到敌人的强烈反抗，进展甚微。为鼓励部队继续前进，营长史密斯少校亲自来到位置最暴露的前沿阵地督战。进攻开始还不到一小时，史密斯就受了重伤。团情报科长博伊斯上尉随即接替他的营长职务。

美军的攻势迟迟未能取得进展。14点30分，F连投入战场，支援E连和G连，而奥德尔中尉的一个排则奉命增援波切尔角。只要美军有足够的兵力守住波切尔角，布纳村日军的对外交通线就无法打开，失陷只是时间问题，即便美军在布纳村前线仍举步维艰。

奥德尔得到的命令是继续巩固波切尔角周围的滩头阵地，清除当地的两座日军外围阵地：一座位于波切尔角西北，另一座就靠近布纳村。奥德尔排占领第一座阵地需要做的只是收尸，里面的日军即使没死也只剩下最后一口气了。但靠近布纳村的第二座阵地可是不好啃的硬骨头。奥德尔排打到靠近这座阵地时，已经减员到12人，这时他们发现自己面对的是藏身在一条草草挖掘的战壕的15名日军。奥德尔排徐徐靠近时，一个日本兵突然用英语说一旦美军抢在他们前面突袭，他和他的同伴们就会投降。奥德尔排在这个时候无暇分辨真伪，也不敢冒险，一鼓作气冲进战壕，将这股日军杀了个干净。布纳村的日军发现美军已经摸到村边，立即集中重火力反扑，最终奥德尔排只得先撤回波切尔角。

日军仍在试图拔掉波切尔角这颗钉子，打通教区和村子之间的交通线。安田大佐傍晚试图从他在布纳教区的指挥部将小船送进布纳村，但被波切尔发现了领头船，遭到他机枪火力的狙击。这艘船被打成了一堆炽热的残骸，只得退回布纳教区。这次以后，日军再没有尝试将小船送进布纳村。

12月8日，126团2营再度进攻。14点，美军的火炮、迫击炮和机枪火力全开。15分钟后，步兵开始推进，而麦克莱利的81毫米重迫击炮弹准确地落在步兵先头部队前方50码位置开道，但日军仍守住了他们的防线，再度打退美军。

美军向布纳村南边的一座日军主阵地发动了连串徒劳的攻势，但夺下它还要多花几天时间。这座日军工事建在一座长草坪的一角，后方有低矮的灌木丛和沼泽，正面强攻或侧翼迂回一时都奈何不了它。美军这一天调来两支比较原始的火焰喷射器，其中一支立即被调上前线。在20名士兵的步枪火力掩护下，手持喷射器的化学兵没有侦察就推进到距离日军工事30英尺以内。他冲到日军工事出口，开动了火焰喷射器，但这种喷射器的火焰只能射10到15英尺远，一下将草地上的很多长草都点燃了，还是够不到日军工事。尽管2名步兵就在他身边掩护，这名化学兵还是当场阵亡。当晚第1军军部发给莫尔兹比港的报告中称，第一次使用火焰喷射器的战斗完全“失败”！

同一天傍晚，安田大佐为被困在布纳村的日军进行了最后一次牵制性作战。当布纳村的日军组织40人从左翼反击时，另一支75到100人之间的日军队伍从布纳教区出击，经过穆西塔岛攻打126团2营右翼。布纳教区的这支日军一路气势汹汹、杀气腾腾，但2营的迫击炮和机枪很快就把他们的队伍打散，几番密集的火力阻击，使日军很快彻底安静下来。

第二天，麦克莱利上校继续对布纳村进行“重锤式”炮击，5点30分起在三十分钟内打出了2000发各式炮弹，轰塌了130名日军陆战队员据守的一个阵地，其中大多数人都被活埋，但尽管处境极度艰难，其余日军依然据守阵地。下午，E连继任连长詹姆斯·唐纳中尉带领一个巡逻队再度进攻昨天火焰喷射器失败的那座日军工事。在巡逻队其他人火力掩护下，唐纳独自一人冲了上去，就在他行将冲入安全死角前，被日军隐蔽的狙击手射杀。两名战友不假思索地冲了上去，抢回唐纳的尸体，而对这座工事的战斗还在继续。傍晚，日军很可能因为连日战斗，子弹消耗太大，火力有所减弱，美军在付出巨大伤亡代价和几天努力后，终于拿下了这座顽固的工事。

126团2营已经前后对布纳村发动了12次未果的进攻。2营各连在这样的连续战斗中减员严重，除据守现有的阵地外，已无能为力。E连和F连的残存战力都只剩50人出头，全营合计也不过250人左右。他们已经到达极限，亟待替换，于是对布纳村的最后一击只能由127团3营的生力军完成。12月9日，127团团部和这个营全部乘飞机到达前线。

格罗斯上校按照前几天的安排，在127团到达前线的同一天接任团长职务，原代团长埃德温·施密特中校留任副团长一职。12月11日，127团3营I连和K连替下126团E连和G连。I连阵地位于布纳村和布纳教区间的波切尔角，126团2营撤退到补给小路沿线的后方预备阵地。

I连和K连刚刚就位，就开始冲击日军阵地，但12日的收获并不大。13日，安格的澳军25磅炮和前方的重迫击炮群对布纳村进行了一次集中炮火准备。这一天盟军的炮声一直没停，只为完成对布纳村的最后一击。外援断绝的布纳村日军已减员到将近100人，美军阵地步兵的调动迹象和一整天连续不停的炮击，令他们感觉到次日将会迎来什么。日军不会集体投降，但也没有必要和布

■127团3营官兵在一座日军工事入口处合影。

纳村阵地共存亡。当晚他们从村庄退往吉鲁瓦，大多数人都成功逃了出去。

第二天上午，25磅炮和迫击炮火对布纳村进行了二十多个小时以来最后也是最猛烈的一阵倾泻。7点整，127团K连主力向布纳村前进。I连则在K连左翼支援，他们的一个排会掩护K连的左后方。

127团的行动坚定而谨慎。他们本以为会遇到一场激战，但几乎没有遇到抵抗。10点整，整个布纳村地区都被占领。如果不是唯恐日军设下陷阱，127团的行动也不必那样慎重，但美军战士们逐渐发现布纳村已经没有日军活动迹象。他们里外搜了个遍，再也看不到一个日本人。尽管村郊不时还传来激烈的枪声，但布纳村在最后一次进攻当中，已经不费美军一枪一弹，就落到了他们手中。

村里满地狼藉。原始村落的小屋几乎全部倒塌，椰子树都被炮弹打倒、炸碎、遍地都是弹坑。许多日军工事和暗堡都有被盟军炮火击中的痕迹，但不少工事仍保存较好。日军在村里没有留下多少装备和食物，只留下少量枪炮、一些乱七八糟的衣服、少量罐头食品和一箱药品。

艾克尔伯格接管布纳前线指挥权后，经过近半个月的努力，终于在厄巴纳部队的前线夺取了美军的第一个目标——布纳村，但厄巴纳部队还丝毫不能松懈。入口溪左岸的椰树林仍在日军手中，那里的战壕和工事是他们的下一个目标。

攻下布纳村的几天前，32师代师长拜尔斯准将就告诉128团2营营长赫伯特·史密斯中校，美军攻占布纳村后，他的营就要夺取入口溪左岸的椰树林。随后，史密斯和他的副营长罗伊·金瑟少校没有浪费一点时间，一直在准备作战计划。椰树林前的树丛被一片开阔的草地隔开，史密斯中校准备率一个连进攻草地右边的阵地，金瑟少校率另一个连进攻左边的阵地，而他会承担主攻任务。

12月15日13点，拜尔斯将军来到史密斯中校在树林西面的指挥所，命令他立即发动进攻。当时史密斯营的兵力大约还有350人，但原先被分散在三角地区，入口溪左岸沿线到穆西塔岛下方的一个地点，共1750码宽度的前线上。不算128团H连送来的一个提供火力支援的重机枪排，史密斯能立即进攻的兵力只有100人不到：其中E连约40人，F连的一个排约20人，营部直属连约15

■正在向日军阵地开炮的美军迫击炮。

到20人，再加上刚好在这一地区的团属炮兵连的大约15人而已。史密斯提出他需要更多部队才能进攻，特别提到需要在西沃里村保护全营左翼的F连。但拜尔斯将军认为现在不可能让史密斯等兵力全部到位发动进攻，命令他必须从15点开始，以现有的兵力进攻。

史密斯只得从命，将100人左右的兵力一分为二。他将F连的那个排，营部直属连的大部分兵力，以及团属炮兵连分队的一些人交给金瑟，自己指挥E连和其他各部组成的另一队。15点10分，这两支部队很快就离开了各自的出发点。5分钟前，就在部队集结完毕，准备出发时，麦克莱利上校的迫击炮火已在向这座树林开炮。

迫击炮发射的约100发炮弹，尽管都命中目标区域，但在茂密的树林里几乎没有任何效果。一位美军士兵称这迫击炮火大概"能帮助日军阵地吹掉一些灰尘"。15点20分，迫击炮火停止，H连的一个排为部队继续提供自动火力支援。

日军借助树林掩护，以重火力阻击美军。128团2营推进非常缓慢，但史密斯中校的两支部队黄昏时已经压制住他们的目标。晚上，又下起一场倾盆大雨，不管是谁家部队都又当了一回落汤鸡，散兵坑很快就变成了泥水坑。

金瑟部队第二天上午主动进攻。他们推进到一座非常难啃的日军碉堡前，一周前在布纳村失败过的同型号火焰喷射器这次表现也糟糕透顶，结果还是一样，手持火焰喷射器的化学兵"挂了，日本鬼子的子弹继续横飞"。

■在战斗中毙伤日军多人的奥林·萨顿一等兵负伤从火线回到后方，接受治疗。

金瑟费尽九牛二虎之力，终于用手雷和轻武器将这个阵地削弱后，又发现一座控制树林通道的巨大日军碉堡。这个日军的防御强点正好挡住美军左右两路人马的推进路线，两支部队都开始在他周围聚集，尽力清除这座障碍。金瑟少校在战斗中表现出突出的领导能力，而直接将这座碉堡拔掉的是E连的两名战士——丹尼尔·里尼下士和贝纳迪诺·埃斯特拉达二等兵。当时里尼和埃斯特拉达就在右翼分队的尖刀班。里尼在埃斯特拉达的勃朗宁自动步枪火力掩护下，走近日军的碉堡，跳到顶上，把自己的全部手雷都从射击孔扔了进去。

那个上午，史密斯中校亲眼看到里尼和埃斯特拉达从他们前方30到40码的位置靠近那座碉堡，偶尔会给他们提供火力支援。当里尼冲到碉堡时，史密斯正在25码外的后方用电话向汤姆林森上校报告。他几乎刚拿起听筒，就听见那座大碉堡方向传来的怒吼声。史密斯本能地感觉到他的部下终于把这座碉堡干掉了，于是他说必须去前面看看到底发生了什么。他到前方的时候，正好看到里尼登上那座大碉堡顶部，班里的其他人都冲了上去。里尼手雷的一阵猛轰将它彻底打开了。

史密斯意识到这座碉堡拔掉之后，他将会迎来椰树林战斗的转折点，于是下令全面进攻敌军残余阵地。史密斯亲自带领一个班冲锋，拔掉日军阵地中央的一座工事，E连连长约瑟夫·斯特林上尉在他右翼的进攻同样有效。日军工事相继很快陷落，但这次战斗的两位最大功臣里尼下士和埃斯特拉达二等兵都在后续的扫荡战中阵亡。里尼打算救治一位日军伤员时被打死，而埃斯特拉达不久在消灭日军树林中的最后一座阵地时身亡。

12月16日中午，战斗全部结束。第二天，美军一共埋葬了37具日军尸体，后来还相继发现和埋葬了更多尸体，而128团2营在树林中，合计4死13伤。

美军在椰树林得到的战利品比布纳村丰富得多，包括2000磅大米和燕麦，一批麦芽和大麦，大量轻武器，几挺轻机枪，一座简易弹药库，还俘获了一名受伤的日军士官。

占领椰树林后，史密斯中校立即派巡逻队去占领日军在入口溪建造的浮桥和安格－布纳道路上的旱桥。巡逻队没有遇到任何抵抗，在通往两座桥梁的路口布置了2挺重机枪。下午晚些时候，工兵维修旱桥时，敌人在“政府花园”试图聚集大批部队，可能想对美军新占领的入口溪以东滩头阵地发动进攻，结果被两岸的美军重机枪火力驱散。

当天晚上，艾克尔伯格在给萨瑟兰的信中提到，他对史密斯营在这一天的战斗中采取的方式“很满意”。这个营已经提高到新的水准，史密斯中校成为一个优秀的战士，全营士气高昂。最后他又补充道：“整条战线的伙计们都变得生气勃勃。”即便他这样说是为了自我吹嘘，但大体符合事实。进入12月中旬，布纳前线的美军在付出艰辛努力之后，终于开始取得成果。

澳军18旅来援

12月中旬，澳军基本占领整个戈纳地区时，布纳前线的美军形势也有所好转。美军在战斗中蒙受了相当数量的人员损失，疾疫大范围流行，消耗巨大的官兵们体力状态也不佳，但随着战局的推进，他们的士气明显好转。12月11日，投入战斗21天后，吉鲁亚河以东的美军部队已有667人伤亡和失踪，1260人因病退出战斗。部队的士气在12月的第一个星期曾跌到底谷，但月中，情况已经乐观起来。12月13日，128团3营递交给马丁上校的一份报告中指出，营里的战士们很疲劳，饱受发烧和高温困扰，体力状态都不好，对食物和夜间无法得到休息都有怨言，但同时明确指出，比起前几天来，他们精神上明显恢复了生气。

士气提高有几个原因，首先经过三周战斗，这些新丁已在实战中了解他们应该如何战斗，在战火中获得了最直观有用的作战经验。尽管他们还会抱怨，但12月中旬，前线的食物补给和休息安排已有所好转，127团的生力军及时到达，厄巴纳前线的节节胜利，战斗期间收到的第一批信件，还有坦克和澳军生力军即将到来的消息，都是提振士气的有利因素。

补给条件一直都在改善。更多三角帆船到来，COSC补给司令部已决定让大型货船进入奥罗湾。空运量也开始大幅提高，12月14日，航空部队在莫尔兹比港和多博杜拉以及波庞德塔机场之间，合计飞行74架次，运送178吨急需物资。这是开战以来前所未有的水平，天公作美，航空部队的努力，对空运的改善缺一不可。

迅速增长的空运量，多博杜拉机场4号跑道的启用，更多三角帆船的夜间定期航行，在工兵努力下，建成大量通往前线的吉普车道，都在缓解曾让32师饱受煎熬的补给短缺问题。这些工程使巴布亚战场第一次可以储存武器和弹药，为进行持续攻势作战进行物资储备。

其他方面也有所改进。火力控制能使用音质较好的电话机，2英里范围内的效率很高，最新的4英寸比1英里（1:15840比例尺）布纳地图已在使用。得到更精确的地图后，前方观察员的交通和通信条件明显好转，空中侦察和地面侦察都能给炮兵提供更准确的数据，使炮兵对日军前线和后方的骚扰性炮击效果更明显。更多炮弹能直接命中日军的碉堡工事，但炮弹的老问题仍存在，除了使用延时引信炮弹的105毫米榴弹炮外，对日军工事的破坏力并不大。

沃伦部队面对日军更坚固的防御阵地，不仅需要更有效的炮火支援，还需要能破坏日军碉堡掩体的特殊装备。这些装备当时还没到达布纳，预计坦克到前线后，能弥补这些缺陷。

12月7日一早，赫林中将就和他的参谋

地图五十一　12月1日至16日，美军对布纳村的进攻

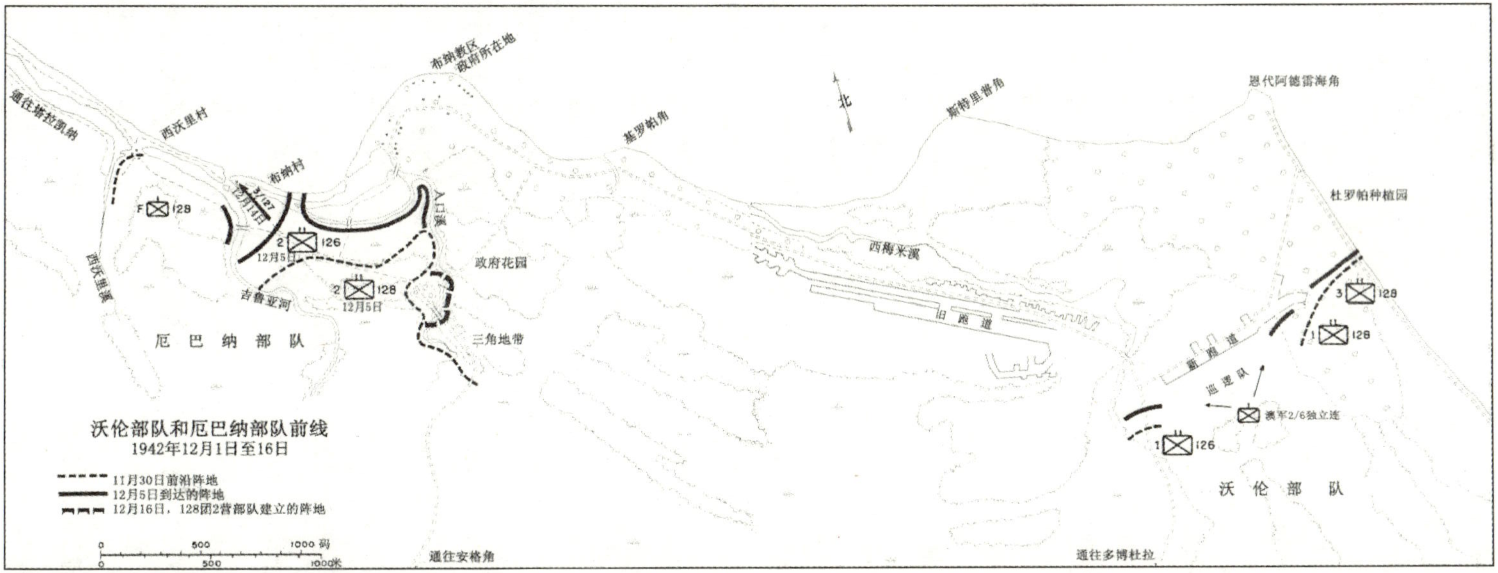

■多博杜拉机场4号跑道。

长霍普金斯准将来到艾克尔伯格在海纳汉布里的军部，商谈第1军接收澳军部队和坦克事宜。布莱梅将军早在12月3日就和艾克尔伯格说定，调到布纳前线的澳军会由当时仍在米尔恩湾的18旅旅长乔治·伍滕准将指挥。艾克尔伯格表示可以任命伍滕为沃伦部队总指挥，让马丁出任他的副手。

美军和澳军是抵抗日军入侵的盟友，也都是英语国家，但终究不免因为各种原因产生龃龉。在美军没到达巴布亚战场以前，战区最高司令麦克阿瑟为首的美军军官一直对澳军的表现颇多挑剔，前新几内亚部队司令官罗威尔中将和第7师师长艾伦少将先后因故被撤职，而艾伦少将被撤几乎没有正当理由。就连麦克阿瑟本人除了虚言安抚艾伦几句之外，也无法拿出让瓦西少将接替他的合理解释。得到第7师指挥权的瓦西少将也不念麦克阿瑟的情。这位前澳军副总参谋长人称澳大利亚的“血胆将军”，脾气耿直火爆，先后不止一次在他的私信中对美军军官大爆粗口，连澳军的公开战史资料引用时都要进行“和谐”处理。等美军32步兵师来到前线，实战表现差强人意，不见得比澳军国民军团的民兵部队好到哪儿去，更不及澳军帝国军团的历战老兵，澳大利亚人终于有了反唇相讥的机会，和当初战区最高司令部同样挑剔的眼光评价他们的美国同行。哈丁少将颇为冤枉地被免职，也没有激起澳大利亚人的些许同情。不过私底下的意见是一回事，该处理的军务不会因此受到影响。

12月6日，布莱梅就和麦克阿瑟讨论过这个问题。两位将军一致认为布纳的战况至少需要从米尔恩湾抽调一个营的步兵，同时需要从莫尔兹比港调集适当数量的坦克。由于布莱梅手中没有足够数量的小船运送一个澳军营，他请求麦克阿瑟将军说服至今都不愿将船舶派到布纳周边水域的海军能提供海防舰或者驱逐舰将部队送到前方。

12月7日，布莱梅在给澳军总参谋长诺斯科特中将信中写道："我们现在的痛苦是大量超过后勤供应能力的陆军部队已经到达前线，因此，使得龟缩在东北沿海地区的有限数量的日军能挡住我们的进攻。除萨纳南达外，日军前沿阵地在任何地方离海岸都不超过半英里，但他们的前沿阵地得到了复杂地形和非常坚固的防御工事掩护……我们的补给大部分不得不通过空运和地面运输，进展不佳，有时会因为天气因素无法进行。虽然我们拥有空中优势，但在山脉的另一边（东北侧）无法充分利用这点，因为我们在那里还没有得到足够的可供战斗机使用的机场跑道，结果当我们自己的空中力量返回山脉另一侧时，消息就会从布纳飞快地传到莱城，那里的敌机就会来扫射和轰炸我们的地面部队。我们在前线无法继续提升强大的火力优势，因为重炮无法运到前线，而且弹药供应也很困难。"

随后布莱梅提起他最近提出的在北昆士兰的阿瑟顿高原进行一次考察的计划，以确定当地是否适合充当大规模训练区。他说他想尽快送16、21和25旅去阿瑟顿，如果可能的话还想连18旅也派去，这几个旅可以在那里逐步恢复。同时他打算从澳大利亚本土派第5师的一个旅去米尔恩湾，再从同一个民兵师抽调第二个旅出来组建沿岸防卫队。但他强调这些计划要"依环境而定"，实际上第二天他就作了修改。

布莱梅显然很快就已知道仅凭美军32师和澳军在巴布亚东北岸沿海的部队不足以解决问题，于是他决定尽快增派澳军援兵，从而实现一个他早已构思过的计划。在最终决定之前，他对现在的澳军实力作出的评价是"平平"，早在12月4日的一封信中，他就和总理谈过，由于现有部队实力不足，有必要将中东的第9师调回本土。他像从前麦克阿瑟和萨瑟兰贬低澳军那样，着实贬损了在布纳表现不佳的美军一番。信中写道：

我曾经希望我们的战略计划会在战术层面取得完整而迅速的成功。我们将一个美军师送到布纳，同时将一个澳军师送到戈纳和萨纳南达的战略行动是完全成功的。但在战术层面，我们在通过最难行军的欧文·斯坦利山脉，完成无与伦比的出色兵力调动后，上演的是一幕悲剧。

布纳的战斗揭示了一个事实，美军（32师）的部队不能充当攻击部队。他们肯定还不能与澳大利亚民兵相提并论，在他们遇到抵抗时，会就地坐倒，几乎很难向前推进哪怕一码。他们在战斗中暴露出薄弱的参谋系统和战争心态。麦克阿瑟将军已经解除了（哈丁）师长的职务，让第1军军长艾克尔伯格将军去指挥。他告诉我，他打算撤换前线的两名团长（相当于我军建制内的旅长），以及6名营长中的5人，而这些人正在前线和敌人作战。尽管美军32师在布纳前线的兵力比澳军多得多，但我恐怕今后那里的主要战斗任务会落到我们头上。

那些已经走过山路的旅现在已筋疲力尽，正在被撤回，而我在莫尔兹比港只有一个帝国军团的旅和一个在这里集中训练的民兵旅，我认为最好将他们全都派上前线。

美国人说他们留在澳大利亚的另一个师比他们派到这里的那个好得多，尽管他们夸得天花乱坠，我还是相信他们的观点只是一厢情愿。我觉得我个人相信在战争的第一个年头，美军已经比我军扩充得还要迅速，但这样他们不会获得任何高水平训练，在即将来临的几个月时间里，战斗精神也不会很好。

这似乎是个题外话，但这让我确定作为将澳军第9师留在中东的交换条件，而得到的美军的这两个师不堪大用，他们的战斗素质如此之低，我不觉得他们会对保卫澳大利亚作出很大贡献。当然，美军高级将领会拒不承认这一点，坚持他们一厢情愿的态度。所以你们将会看到，如果澳军第9师不回来的话，我们将来在这一地区（新几内亚）的军事行动会变得非常困难。事实上，我觉得我们的形势肯定会陷入相当大的风险和危机之中。

澳军第6师和第7师在布纳的军事行动全部结束之后，肯定需要退出战斗，休养很长一段时间。这两个师同时要吸收一批数量庞大的补充兵力，也有一群数量庞大的病号需要归队。这意味着巴布亚的防御将在一段时

■正在施工架桥的盟军工兵。

间以内主要依靠民兵和美军部队。我对民兵的信心在增长，但对美军的信心已经降到了零。如果澳军第9师不回来，我会非常担心我们将不得不在很长一段时间里，在巴布亚地区被动防御，主要得依靠空中行动，使日军舰队远离我们。

这位澳大利亚陆军总司令在信中有意贬低美军的战斗力事出有因，既然麦克阿瑟和艾克尔伯格都对32师的表现不满意，严厉批评，撤换了不少指挥官，那也怪不得布莱梅借题发挥，尤其在要求从海外调回一个澳军帝国军团主力师时，这是可以理解的一种花招。

在他写这封信的时候，巴布亚海岸的阵地大致分为三个部分，除了布纳的美军之外，布莱梅的2个澳军帝国军团旅的老兵和2个战斗经历最丰富的民兵营在戈纳和被他们赶到海边，准备奋战到最后的日军缠斗。与此同时，萨纳南达主干道的1个帝国旅老兵已经筋疲力尽，一个民兵旅的主力为进入沿海地区和日军进行了一场血腥战斗，一个帝国军团的骑兵团很快会到达那里。但还留在米尔恩湾的帝国军团17旅和18旅以及民兵第7旅正在休整，能够用他们来对付布纳－戈纳沿海的顽敌。布莱梅肯定不会忽略他留在米尔恩湾的这支重要兵力。他需要在三者之间维持平衡——防备新几内亚东南沿海和邻近岛屿地区可能会受到来自海上的进攻；解决布纳－戈纳沿海僵局的迫切需要；在巴布亚战役结束后，补充有经验的生力军，对日占区进行进一步战斗的需要。现在综合所有事态来看，第二点的需求最为迫切，急需他调遣拥有战斗经验的部队进入布纳－戈纳战场。

12月8日，布莱梅命令18旅旅长伍滕准将立即准备率一个步兵营赶赴布纳战场。当时伍滕正在视察古迪纳夫岛的2/12营，而这个旅的核心部队2/10营已被空运到瓦尼杰拉，随后分别驻守那里和波洛克港，还留在米尔恩湾的只有2/9营。

同一天，战区海军同意派3艘海防舰协助陆军完成调兵任务，新几内亚部队司令部发出了第二天行动的第一份命令。莫尔兹比港的澳军第2/6装甲团的一支拥有4辆坦克的分队，将和米尔恩湾的澳军第2/9营一起被送到布纳。坦克将由K.P.M.船队的荷兰四舱货轮“卡西克”号运载，澳大利亚海防舰“克拉克”号、“巴拉瑞特”号和“布鲁姆”号会运载步兵部队。预定12月11日到12日夜晚，在奥罗湾卸载物资之前，“卡西克”号会先去米尔恩湾装运补给品和弹药。而3艘澳军海防舰会12日赶到米尔恩湾，装载18旅旅部和2/9营以后，将迅速向北航行，同一天晚上在萨德斯特海角正下方的索埃纳种植园外海和波洛克港派来的登陆艇会合，让登陆艇运送部队和他们的装备上岸。

12月10日，伍滕来到莫尔兹比港报到，接受相关指示。布莱梅已经决定再加派一个步兵营和另一队坦克去布纳。他告诉伍滕，让他率领本旅的2/9营和当时在米尔恩湾的第7旅的一个民兵营，和2/6装甲团的2队坦克兵一起前往布纳。伍滕的任务是指挥澳军和美军部队消灭恩代阿德雷海角、新旧机场跑道和布纳教区的日军。伍滕觉得18旅的帝国军团老部队战斗力更强，指挥起来更得心应手，于是提出希望能用2/10营的老部队代替第7旅的一个营。这意味着要以最快的速度调第7旅的一个营去替换分处两地的2/10营。布莱梅接受了他的提议，前提是2/10营能够在12月17日至18日夜间到达布纳。

第二天天方破晓，伍滕准将就飞赴波庞德塔。他和赫林中将、霍普金斯准将简短会晤后，就与霍普金斯一起飞往多博杜拉，面见艾克尔伯格。艾克尔伯格按照事先约定，宣布只要澳军部队一到，伍滕就能接管包括当地美军在内的沃伦部队指挥权。下午，伍滕走访了前线，18旅旅部的参谋班子核心，2/6装甲团团长C.R.霍吉森中校和2/4工兵连的一位工兵军官也来到前线和旅长会合。当晚，忙碌一天的伍滕就在美军第1军军部休息，而“卡西克”号货轮也已进入奥罗湾。

满载4辆美制“斯图亚特”式M3轻型坦克和2/9营7日份补给的“卡西克”号，由COSC司令部的一名美国军官卡洛尔·莫菲特少校指挥，在奥罗湾外卸货。莫菲特手中有6艘刚从米尔恩湾来到奥罗湾的LCVP“希金斯”式登陆艇和两艘澳大利亚驳船。实际负责卸货的是搭乘这艘货轮的美军第287港务营，他们动作很快，货轮在天亮前就卸完货，安全离开。坦克用特别建造的驳船拖运上岸，卸下后先隐藏在丛林当中。他们第二天会由驳船重新装运，然后用三角帆船一路拖运到博莱奥，然后在那里着陆，开进丛林，隐藏在博莱奥村以北几百码的一个坦克停留站。

12日一早，18旅旅部、第2/9营和2/10营登上3艘澳军海防舰，一路高速驶向目的地。当晚，三艘军舰抵达萨德斯特角外海的集结地，找到等候他们的莫菲特少校和8艘登陆艇。卸载立即开始，但包括两位营长在内的75名士兵刚被送进2艘LCVP登陆艇，“巴拉瑞特”号的舰长，这支小船队的指挥官接到海军的情报，“有一支日军大型海军部队正从拉包尔赶往布纳”。他立即中止卸载，带领这3艘海防舰和船上的其他人员返回波洛克港。

2艘登陆艇先让75名官兵在博莱奥上岸，随后全部8艘登陆艇一起赶去奥罗湾地区的预定地点隐藏。在它们到达之前，遭到巡航的澳大利亚飞机误炸。对从来都不知道盟军登陆艇存在的这位澳军飞行员来说是个可以理解的错误，但对盟军来说是个短时间内无法弥补的损失。一艘LCVP被击沉，其他登陆艇都被迫搁浅，全报销了。9名船员受了伤，而一名船员尤其不幸，在被送到一家战地医院前就先断了气。第二天晚上3艘海防舰又回来了，但按计划应当与他们在萨德斯特角外海会合的登陆艇全都来不了了。这些海防舰只得又航行了一整天，才在14至

15日夜间，让船上的官兵在奥罗湾登陆。当时那支日军海军部队仍在这一地区，好在澳军的这3艘海防舰一直没遇到他们。

14日晚上，澳军第一批坦克部队已经抵达哈里科。第二天上午，他们进入位于内陆400米、博莱奥以北约1英里的宿营地。晚上，“卡西克”号将第二批坦克部队和100吨物资运到奥罗湾，由驳船拖到岸上，再去坦克停留站集结。这几天先后到达的10辆澳军坦克将组成一支混编部队——第2/6装甲团“X”中队。

12月16日，新几内亚部队前敌指挥部从波庞德塔转移到多博杜拉。32师代师长拜尔斯准将在进攻椰树林期间负伤，艾克尔伯格中将成为美军在前线的唯一将官，接过所有前敌美军的指挥权。第二天，请示艾克尔伯格后，伍滕准将正式接管沃伦部队。

麦克阿瑟早先就敦促艾克尔伯格尽快完成准备工作，开始新一轮进攻，而艾克尔伯格已尽力遵守他的命令。现在一切已准备就绪。18日起，沃伦部队将在坦克支援下出发，目标从杜罗帕种植园和恩代阿德雷海角（包括越过西梅米溪口的桥头堡），一直到机场新旧跑道。厄巴纳部队将在19日发动进攻。这次他们将席卷三角地区，从那里一路直切到海岸，占领布纳教区和基罗帕角之间的岔道口，将两地分断，使日军暴露在澳军的内线进攻下。安田大佐和山本大佐届时将各自面对双重包围，而且都会面临盟军的钳形攻势，插翅难逃。

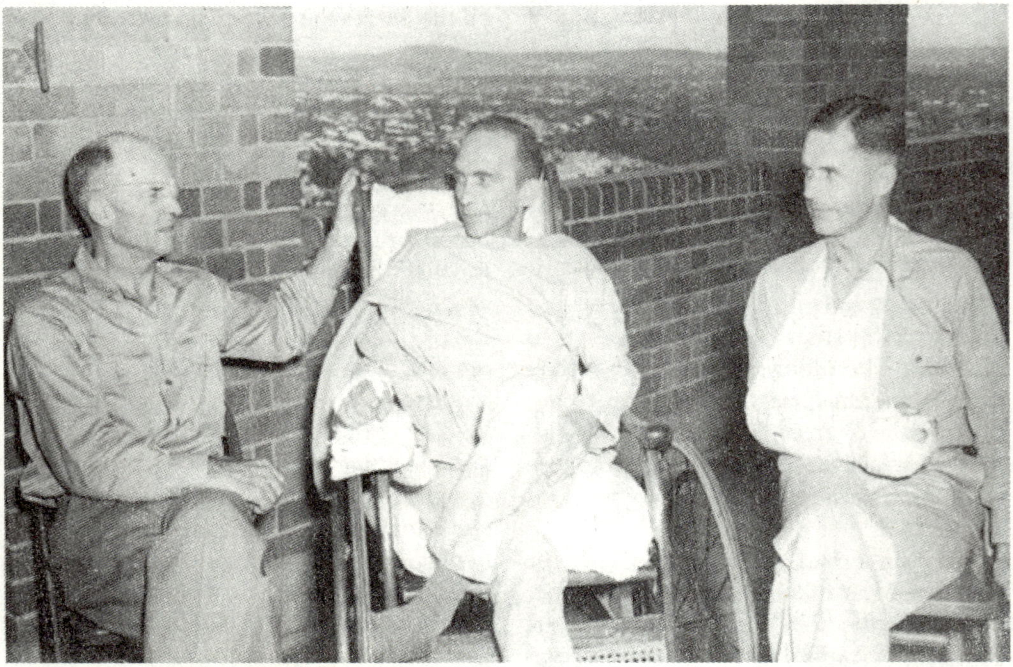

■1942年12月，三位负伤的美军准将麦克奈德尔、沃尔德龙和拜尔斯（从左至右）在一家澳军医院聊天。

第十二章　萨纳南达的僵局

美军难负重任

布纳前线的人事变动对美军32步兵师的整体影响很大，但在萨纳南达作战的126团主力受到的影响相对较小。11月30日，谢利上尉指挥的一支美军部队已经迂回日军塚本部队在基尔勒顿路和索普塔－萨纳南达主干道的前方阵地，建立了“休金斯路障”。这是萨纳南达开战以来，美军唯一可以称道的战果。然而，这个路障阵地还面临不少困难。

谢利指挥的“休金斯路障”驻军由126团I连、团反坦克连、M连的2个机枪班、3营营部的一个通信分队组成。这个阵地孤悬敌后，敌人几乎从任何方向都能发动进攻，补给线完全暴露在敌占区，十分脆弱，而日军可能调动的兵力比谢利的部队多好几倍。阵地位于丛林中间，一片相对开阔的泥泞地带，只比周围的沼泽地高出几英尺，而且除了一些小矮树和缠绕它们的藤蔓，没有任何天然屏障，并不容易防卫。沼泽地外的丛林中，倒是有25到100英尺的高大热带树木，给日军狙击和突袭提供了充分便利。

尽管澳军对初经战阵的美军126团评价不高，但这不妨碍他们用心执行自己的任务。在刚占领“休金斯路障”一带的时候，谢利和他的部下们就开始挖掘工事布防。M连的两个机枪班分别在环形工事南北两端就位。I连在道路西部阵地驻防，反坦克连负责东部，I连的西部阵地还有2门60毫米口径迫击炮。兵力合计约250人，面临的最大问题是补给线必须经过日军势力范围。

11月30日晚，美军路障阵地已经全部部署完毕。当晚，日军分别从东北和西北发动了试探性进攻，一点都没让美军“失望”。

12月开始，尽管萨纳南达的澳军16旅得到美军126团主力的支援，但萨纳南达前线的僵局仍不见突破。盟军主阵地近似一个指向北面的马蹄印。最右是齐夫少校的美军126团L连，左后更靠近道路的位置是澳军2/2营两个连的余部，他们前方的主干道是博莱姆少校的美军126团1营一部，澳军2/3营各连在附近支援（该营还有300人的战力）。马蹄印左边是2/2营的两个连，尽管减员不少，但仍能维持战斗水准。他们的左前方是2/1营的一个排。再稍向北一线就是马蹄印的另一端，路障就设在那里。拜特克少校的K连和团炮兵连仍在路障以西1400码的灌木丛里，构成了道路上马蹄印的弧形部分。盟军的这些阵地位于日军阵地南面，尽管位置还算紧密，但仍有不少破绽。

12月1日上午，镇守路障右翼阵地的反坦克连连长吉斯特上尉和一支有力巡逻队试图从环形阵地西南角发动一次试探性进攻，澳军前线观察员丹尼尔斯中尉随同行动。他们遭到日军伏击，吉斯特和丹尼尔斯阵亡，另有9人负伤。巡逻队赶紧以最快的速度退回。I连的阿尔弗雷德·温茨洛夫和连里的5名战士见势不妙，赶紧为友军提供火力支援，总算让他们成功撤了回来。这天傍晚到午夜过后，日军从西南、北面、西北和东北各个方向发动了至少5次反击。美军戒备森严，将他们一一击退，损失较小。

美军前敌指挥官拜特克少校本想带领他的K连和团炮兵连尽快去路障阵地和谢利会合。如果博莱姆少校率领的1营2个连在11月30日的进攻当中，能成功突破日军在主干道岔路口一带的阵地，而且能到达路障的话，美军在萨纳南达的主力就能在对日军威胁最大的地区集结。但博莱姆没能成功，计划只能变为在12月1日想尽一切办法送K连和炮兵连进入路障，希望集中4个连的兵力，能在日军巩固防线之前，进攻日军后方阵地。但如果执行这个计划，路障守卫队原先就困难重重的补给问题将更加突出，到时他们与后方的所有交通线都可能被日军切断，也许会全军覆没。拜特克权衡之后，认为风险太大，放弃了这个方案。让K连和炮兵连仍坚守路障以西阵地，保护谢利部脆弱的交通线。

12月1日，补给从后方运到前线。第二天上午，拜特克派3营作训股长休金斯上尉带领一个补给小组将弹药和口粮送往前方。他们在路上与日军发生零星战斗，但依然成功在11点到达路障阵地。休金斯的屁股还没坐热，日军就发动了至今最大规模的一次反击，成功从环形阵地东北角吃掉50码阵地。12点40分，谢利上尉阵亡，休金斯上尉当即接管路障地区指挥权，这个路障就此正式用他的名字命名。

日军这一天反复进攻路障阵地，直到第二天也没有停止，但都被击退。团长汤姆林森上校希望能堵住126团主力和休金斯部队之间的缺口，但没能成功。奉命从主干道右路推进的齐夫连损失多名人员后，还是被日军挡住。汤姆林森只得召回齐夫连。而博莱姆少校的部队沿主干道进攻也无法打通前往路障的道路。

萨纳南达主干道的战斗已经变成一场纯粹为维持路障进行的战斗，不需要汤姆林森和他的团部在前线指挥。因此，12月3日，艾克尔伯格将军提出让汤姆林森和他的团部转移到吉鲁亚河东岸时，赫林中将很爽快地

■美军在向前方运送弹药和补给。

答应了。第二天，汤姆林森带着2名团部参谋和团部直属连来到河东岸，西岸的美军由拜特克少校接替指挥，齐夫少校出任他的副手。这支美军暂归澳军16旅旅长劳伊德准将统一指挥。

瓦西师长来到劳伊德的旅部，讨论5日美军进一步进攻的计划。盟军高层对次日的战斗普遍非常重视，美军第1军军长艾克尔伯格中将，盟军新几内亚部队司令赫林中将，战区司令部情报处长维洛比准将都列席会议。最终决定，博莱姆部将再度努力肃清主干道中轴和右翼的日军。同时拜特克将试图突破日军右翼阵地，向主干道靠拢，随后向北迂回，和休金斯部会合。澳军2/1营布莱尔上尉和2/3营麦克道尔中尉会以顾问和联络员的身份和美军一起行动。所有能调用的火炮和迫击炮将会掩护这次进攻。劳伊德会为美军提供3天的干粮和2天的紧急备用口粮。尽管目前澳军自己的补给供应都不足以支持这样的战斗，但事在人为。

拜特克少校早早接到命令，决定第二天使用K连的80人在左翼进攻，博莱姆的C连和配属他的齐夫L连攻打右翼。

12月5日7点15分，萨纳南达前线的盟军火炮和迫击炮全面开火。15分钟炮火准备结束后，步兵出发进攻。拜特克留下麦登多普上尉指挥炮兵连留守阵地，亲率80人的队伍向南进攻日军岔道口阵地，很快进入一片长草地，长草之间视野只能达到前方几英尺。他们一路推进了300码，遇到日军的重机枪和迫击炮火阻击后，不得不停止前进。

美澳联军之间的通信这一天仍不顺畅，劳伊德准将直到9点40分才收到博莱姆的报告，他的正面进攻已经到达炮火集中射击线后方，但由于部分部队在硝烟中秩序混乱，分散在茂密的丛林当中，需要一些时间重整。这个时候，他们刚通过日军阵地的一个缺口，一架轻机枪就从丛林中伸出火舌，封住了他们的去路，而他们前方和右翼还各有一个轻机枪阵地。尽管博莱姆有220人，但遭到日军机枪火力点的激烈阻击，当天仅向前推进了100码左右，进展远不及拜特克。

这一天美军投入进攻的300人共损失了90人，其中2人确定战死，63人负伤，另有25人失踪。萨纳南达日军前沿阵地的指挥官塚本中佐确实不是易与之辈。

这样一来，休金斯路障的美军仍然孤立，而他们一直在承受日军的更大压力。日军在3日和4日两天又发动了多次进攻。5日，休金斯本人也在战斗中负伤。

4日，日军试图渗透路障以西的美军K连阵地。5日上午，德尔庞中尉带领一支60人的补给输送队支援休金斯路障，在路障西面300码，正好一头撞进日军包围圈。

“别慌，大家听我指挥。找地方隐蔽，身上的物资也可以拿来当屏障。”运输队主要由炊事员、办事员和迫击炮手组成，每人身上背负着40磅的物资。在德尔庞的从容调度下，大家表现很好，日军的子弹多数被周围的灌木和箱子挡住，而运输队依托屏障，从容用步枪反击。日军的伏击失败，没能吃掉这支运输队。

“就差一点了，大家加把劲儿，冲过去，把物资送进路障。”德尔庞自己刚想起身背上箱子行动，好几颗子弹打在箱子上，直冒青烟。情况不妙，日军的火力在加强。有人说道：“头儿，鬼子好像在向我们包抄。”德尔庞虽不甘心，但日军显然在增兵，趁包围圈还没合拢，必须先撤出去。德尔庞运输队且战且退，成功跳出包围圈，合计损失6人，其中2人阵亡。

经过这次战斗，美军高级指挥官对32师的战斗力有了更直观的了解，部分官兵明显缺乏决定战局的能力。在前线视察的维洛比准将在返回途中，和当天随同美军行动的澳军前线观察员麦克道尔中尉进行了交谈。麦克道尔不仅是个经验丰富的勇敢军官，而且非常坦率，直言美军缺乏战斗素质。维洛比在澳大利亚人中间的名声并不好，经常和他们发生争执，但这次他不仅没有反驳，而且还很欣赏麦克道尔的直率。

12月6日，另一支向休金斯路障输送物资的部队也没能成功。休金斯部队已经只剩最后一天的粮食，而且很快弹药都要消耗殆尽。盟军只有再次尝试运送补给。

疟疾在更多美国兵中间肆虐。一开始直接由于疾疫减员的数量并不多，但12月的第一周结束时，20%的美军军官都染上了疟疾，而且这个比例还在逐步增加。12月7日，拜特克和齐夫都已染病，必须撤离。于是博莱姆少校接过萨纳南达美军部队的指挥权，此时大约还有800人。

萨纳南达主干道沿线的战斗即将进入新阶段，波特准将的澳军30旅到达前线，继澳军16旅和美军126团主力之后，准备与日军展开第三回合角逐。12月4日，O.A.凯塞尔斯中校的第49营505人已经到达索普塔。次日，55/53混成营乘坐的运输机，分别在多博杜拉和波庞德塔降落。6日上午，30旅的两个营在索普塔集结，而39营则被派往戈纳完成最后一击。12月7日，30旅正式替换16旅，旅长波特准将接管萨纳南达地区的盟军前敌指挥权。

筋疲力尽的16旅

30旅的第49营和55/53混成营即将迎来他们的初次战斗。49营是莫尔兹比港最早的驻军，从日军发动战争，入侵新几内亚以来，还没和他们交过手。他们一直在莫尔兹比港驻防，曾连续几个月从事单调的工程工作，修筑各种工事，还曾参与码头建设和其他不同军事设施的维护任务，因此战斗训练是零星而不完整的。

8月28日，澳军原打算从战斗力较强的帝国军团调12名军官和138名士兵给这个营，同时从这个营调出210名民兵去帝国军团。但这次调动还没公布，就受到49营民兵抵制，只能无果而终。民兵之所以不愿调动，是因为他们在帝国军团的编号里会被加入代表他们原先出身民兵的字母“M”。由于上述原因，这个营的人员始终无法得到帝国军团官兵的有力补充。满建制达到855人的这个营，直到开往战区以前，实际人员比例都没超过60%。营长凯塞尔斯中校拥有长期的民兵训练经验。他从1922年开始服役，绝大部分时间都在这个营度过。过去一年，一批有经验的帝国军团军官被派到这个营加强指挥班子。其中包括2/9营调来的副营长E.W.弗莱明少校、D连连长W.H.诺耶斯上尉，C连长R.W.福斯特上尉、W.K.吉雷斯佩中尉和I.W.希尔中尉；2/12营调来的S.E.A.皮克斯利上尉、S.W.费南中尉；2/25营调来的B连长J.W.索恩上尉和营副官H.F.肖上尉；2/33营调来的A连长J.K.布莱斯上尉。

55/53混成营的建制和构成比49营更复杂。这个营10月26日由原55营和53营混编组成。55营5月底随14旅调到莫尔兹比港后，一直没有参加过战斗，对枯燥乏味的营地生活已经腻味了。混成营另一部是曾在欧文·斯坦利山地战斗进行到关键时刻，被波兹准将派往前线的53营。战斗任务结束，回到后方后，该营就充当一个承担工程任务的独立工兵营，共有官兵610人。整编时，部分官兵进入55/53营，其他人从原单位调往其他步兵部队，或者被编入当时在新几内亚的其他军事单位，其中约100人早先就被编入39营。

这个营由D.J.H.罗弗尔中校指挥。罗弗尔还不满31岁，从1935年开始成为一名民

■正在过河赶赴萨纳南达前线的55/53营。

达156人，加上疾病，合计减员高达362人。澳军按照严格的战斗标准，发烧如果没达到华氏103度（摄氏39.5度），不准下火线，很多人其实都还带着高烧执行任务。即便烧到可以脱离火线，也得步行一整天回到波庞德塔机场才能被空运送回莫尔兹比港。

根据2/2营参谋J.W.邓禄普上尉记录，前线几乎每位官兵无一例外会染上一种以上的疾病，主要是疟疾，

兵军官。他曾在帝国军团的2/1营服役，几周前刚接手55营，不久就成为这个混成营的营长。他部下的所有连长都没有海外服役经验。实际上，这个55/53混成营在执行第一次战斗任务以前，都还缺乏一个作战单位的凝聚力和训练。

瓦西将军11月底就打算让这两个营替换消耗巨大的16旅。16旅在11月30日已经只剩862人。在越过库姆西河后，该旅战斗损失

而战斗中的身体疲劳，会因长时间缺乏食物加剧。即使在安全的营部周围走上一圈对体力要求也不低，在作战连队的阵地长期坚持，就需要极高的精神力量支撑。

2/3营的T.B.希尔克上尉曾在急救站门口遇到一个一脸病容的人，军医官L.H.约瑟夫上尉问他：“你感觉怎么样？”那人答道：“没我昨天晚上感觉那样热。”约瑟夫给他量了体温——华氏106.2度（摄氏41.2度）。

后来他们才知道，这个人为了赶到医疗站，整整走了一个半小时。

邓禄普上尉在他的笔记中留下了2/2营日常战斗生活的珍贵记录，使读者能够了解澳军后勤支援部门是如何竭力克服困难，支援作战单位的：

天气在烈日暴晒和暴雨倾盆之间交错。两种天气都令人很难受，前线部队要么被烈日烘烤，要么得站在一英尺深的雨水里，简直就像置身地狱。

要维持补给线困难重重。弹药在想方设法运到前线，各连努力建起备用基地；后方能够烹制好热餐送给前方的各作战连队；常规的口粮也能分配到每个人手中；担架队一直在紧张忙碌，不仅可以运送伤兵，还能让前线很多已经因病虚脱到几乎无法走路，但仍拒绝下火线的人在他们实在坚持不住时，能够撤下来……

值得一提的是全旅的团队精神。不仅各连部和营部比以往任何时候都给予各作战连队帮助，而且旅部，2/1营和2/2营营部也很乐意派出足够的支援人员。

尤其应当一提的是执行“Q”补给计划的W.J.麦克弗森上尉和S.R.理查兹中尉的作用。他俩都病得无法行走了，但仍分别在补给线的两端指导工作。这项补给计划安排M.H.阿舍尔中士在后方支起行军灶加热饭菜，而F.M.麦克唐纳中士，A.D.海恩中士和C.B.布鲁尔下士负责物资的补给调运，指挥土著民夫运输。供给前线食物行动的最后阶段则由Q计划前方小组用双手完成，L.奥唐奈中士和W.R.布莱特上士不知疲倦地两头奔忙。布莱特上士因为靴子太硌脚，索性赤着脚工作。

全旅都不会忘记50个床位的野战医院——这个医疗队设在我们营部后方的医院，它不仅照料了我们本营的伤病员，而且还曾先后容纳过数以百计的其他澳军和美军部队的伤病员。这座医院能起到这么大的作用完全归功于A.E.麦奎尼斯上尉和尼古拉斯中士一流的组织工作。

澳大利亚救世军的J.F.麦卡布先生在我们后方一英里的地方开设了一个救世军咖啡摊，这位救世军的官员在整个战役期间一直在进行这项出色的工作，使得疲惫之极的士兵们有机会在战场中享受到咖啡和热点心。

第16旅已竭尽所能，干得非常出色，不能再要求他们在萨纳南达道路沿线做更多了。从10月3日到12月6日30旅开始接替他们为止，他们的战斗减员已达605人，疾病造成的非战斗减员更是高达978人。合计减员数量已接近全旅参战总兵力的85%。

12月6日傍晚，55/53混成营开始替换2/3营，但该营在前线还是留下了赫奇森少校指挥的一个35人的战斗组。2/1营这个时候仍待在一个由火炮在周围保护的阵地，2/2营的大部分官兵也依然留在前方。16旅的这些部队和当地的美军从这天晚上开始都

■自科科达通道之战后，再度在萨纳南达出任一线前敌指挥官的塞尔文·波特准将。

配属30旅旅长波特准将指挥。但16旅的这些部队在30旅两个民兵营的生力军在7日开始进攻时，都已无力再战，只能原地留守，于是波特让他的2个营进入主干道前敌位置待命。

30旅受挫

前几天赫林中将曾答应艾克尔伯格，让波特的部队替换岔道口前线的美军126团C、D、L三个连，让他们去后方休整，或回32师归建，但波特认为自己的兵力不过2个营而已，而且每次实际上只能将一个营投入进攻，前线还离不开美军部队，所以没有执行赫林的指示。他准备以55/53营和49营在主干道左右两翼，消灭“休金斯路障”南面的日军，将盟军主阵地与路障连成一气，博莱姆少校以他除路障和路障西面据点以外的全部兵力确保澳军两个营后方阵地的安全。

12月7日，初升旭日照亮了昨天被豪雨浇灌一夜的沼泽地和灌木，49营在晨曦之中沿主干道退开足够的距离，为炮火射击留出空间。他们每人身背5份口粮、2颗手雷和100发子弹及一块防水布。每个班有两人配备“欧文”式冲锋枪，这是该营首次使用这种武器。

炮火试射完成后，凯塞尔斯中校率49营回到预备阵地。澳军炮火准备的弹幕还未消散，步兵正准备前进，日军的子弹就向他们飞来。有些澳军士兵还没起步走就倒下了。9点45分，49营才穿过灌木丛向前推进。福斯特上尉的C连在右翼突前，布莱斯上尉的A连在左翼当先。诺耶斯上尉的D连和索姆上尉的B连分别在C连和A连后方跟进。

福斯特连一路推进了几百码，占领了一些日军阵地，但福斯特本人在战斗中负伤，由A.R.托尔摩中尉接替指挥。托尔摩在前一天下午就已经受了轻伤，但他当天的表现丝毫没有受到伤势影响。他的一个排一路推进了700多码，和2/2营摩尔中尉的部队取得了联系，到达萨纳南达盟军马蹄形阵地前方最右翼。

49营的左前锋布莱斯连在主干道左侧遇到的日军阵地火力更猛，布莱斯很快就受了伤。副连长G.G.昂斯沃斯中尉接替了指挥权，继续率部推进。昂斯沃斯运气更糟，很

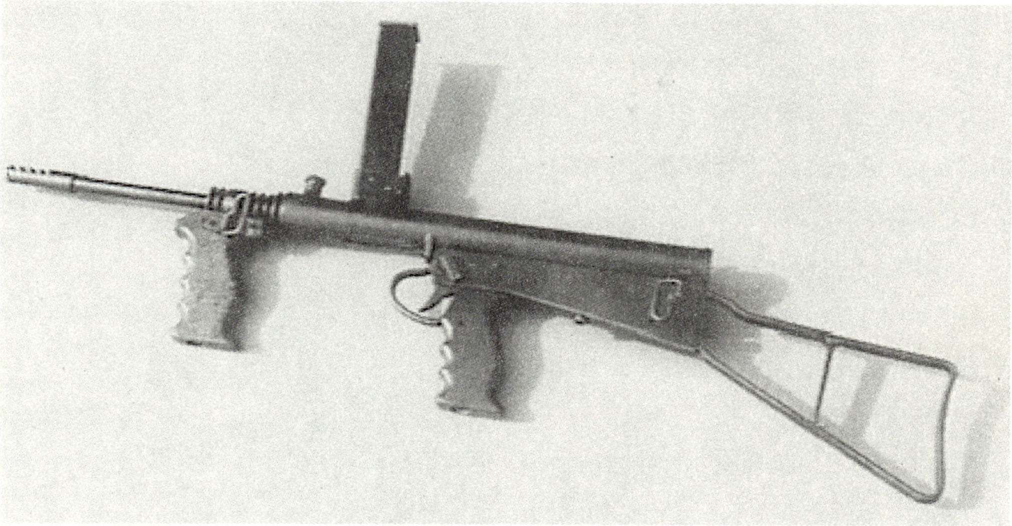

■欧文式冲锋枪。

快就受了重伤，但直到他阵亡以前，一直在坚持战斗。A连尖刀排排长F.W.休斯阵亡。而A连的问题是，在这次进攻达到极限之前，似乎偏离预定路线很远了。

在两个先头连和第二攻击波次的两个连之间，是凯塞尔斯中校的直属队，和他一起行动的是D.R.威利中尉的营属防空排。凯塞尔斯的直属队是全营的指挥中枢，但这个中枢没能起到作用。他和他部下的几个连只能用人力传递信息。本来他们应各自用一部108无线电台联络。然而进攻开始前5分钟，电台还没到位，于是各连连长被告知带上电话机和电话线，用有线通信代替无线通信。可到最后，尽管他们都有电话机，但至少有三个连上前线的时候根本没有电话线。通信器材缺乏，茂密的丛林和混乱的战况，使各连几乎都无法按预定计划行动。福斯特和布莱斯两个前锋连之间出现很大缺口，第二波跟进的诺耶斯和索恩两个连和前锋之间的距离不可避免地比原计划的200码拉得更开。最后两波部队的间距居然达到500码，使日军在澳军的第一攻击波通过后，能赢得一定时间准备，来对付第二攻击波。

右后方的诺耶斯连比左后方的索恩连更早陷入混乱。这两个连都遭到日军阻击，而且被分断。诺耶斯连主力被他们左翼的大片日军火力挡住去路，日军阵地太过隐蔽，他们几乎看不到日军的踪影，一筹莫展。出发时全连共有98人，现在分散在800码阵地范围以内，还跟随在连长周围的仅35人，所有排长非死即伤。诺耶斯在他的新阵地里坚持了5个小时，直到天色快黑，才不得不先撤退。

左后方的索恩连一开始在主干道附近非常坚决地推进。不久，充满杀机的火线就从日军阵地向他们射来。这个阵地在澳军第一波部队通过时未发一弹，打了索恩一个措手不及，同时主干道左侧的其他日军阵地也在射击。澳军在十字交叉火力的集中齐射下伤亡惨重，索恩连长、C.E.D.福斯特中尉和L.A.莫里森中尉，还有很多士兵阵亡。

49营的攻势被日军的火力网瓦解，但波特的第二步作战计划并不会受到第一步成败的影响，一心扳回一城的他，还是让第55/53营发动进攻。

大约14点，49营余部仍在跌跌撞撞，各自为战，波特准将命令凯塞尔斯营长先率部撤退。凯塞尔斯正准备和他营部的40名官兵在出发线前方约600码的位置挖掘战壕，而且仍在尝试和各连建立联系。他的营部直属队损失也不小，防空排排长威利中尉头部受伤，一度失踪（10天后，他归队报告说，他那段时间一直都在日军后方，处于半昏迷状态，是N.巴特勒下士救了他）。接到命令后，凯塞尔斯撤了下来。49营各连则原地坚持战斗，等候55/53营在别处助他们一臂之力。

罗弗尔中校决定让J.R.吉尔兰上尉的一个连在主干道左面发动牵制性攻势，呼应49营。吉尔兰大约推进了80码后，罗弗尔命令W.C.莱德上尉和G.F.斯普林少校的两个连发动主攻。他对日军的部署了解不多，命令非常简单：“55/53营将会进攻道路两旁的敌军阵地。”他怀疑日军的三个机枪阵地就设在道路右边，前方的一棵“大白树”附近。而他相信在树后还有其他工事。他告诉莱德，为避开日军的这些工事，他的连将向日军阵地右翼20度方向迂回到“大白树”后，再沿主干道推进。斯普林在莱德穿过主干道后，从左翼通过日军阵地。

■12月7日在萨纳南达阵亡的49营戈登·本杰明·杨二等兵。

15点15分，罗弗尔的这两个连走入茂密的丛林。他们很快遭到日军隐蔽阵地的重火力打击。丛林间茂密的植被让部队很难保持队形，加上除了原53营的部分官兵外，他们普遍缺乏战斗经验，遇到攻击时，本能地分散成多个小集群，变成日军各个击破的目标。日军狙击手将他们纷纷放倒。斯普林连的队形很快大乱，而且向右偏离了预定进攻路线，有些人一路跑进49营索恩连余部的阵地。结果他们全连只有一个班成功穿过主干道，而且在道路另一侧也被日军挡住。

斯普林连的失利使莱德连无法获得机动空间，暴露在日军的阻击火力下，伤亡惨重，莱德本人也受了伤。副连长N.C.德拉卡中尉跑回营部，向罗弗尔营长告急。为解救危局，罗弗尔命令吉尔兰派他的人斜穿主干道，向“大白树”方向推进。吉尔兰之前在道路左边的牵制行动比较顺利，目前还较完整。哈恩中尉和50名美军16点15分先将它们替换下来。

天黑时，55/53营开始巩固他们取得的将近100码阵地。罗弗尔对三个连进行了重整，由吉尔兰统一指挥。他们和49营一样未能成功，而且付出的代价很大。12月7日，罗弗尔营130人被列入伤亡和失踪名单，仅士官损失就达28人。

澳军30旅伤亡惨重，能做的就是尽量将他们从混战中解救出来。49营且战且退，慢慢撤回。没人能立即计算出他们损失多大，但肯定已被打残了。这些人被重编成一个连，由诺耶斯上尉指挥，就在“大白树”右边的阵地组织防御。第二天上午，诺耶斯终于能报告他现在这支部队的情况，总共118人，其中11人原属福斯特连，9人原属布莱斯连，60人属于诺耶斯本连，38人原属索恩连。已知还有托尔摩带领的大约40人与主力失去联系。这4个连战斗刚开始时，各自投入90到100人左右，后来公布的最终伤亡报告显示，准确损伤数字为229人，占实际进攻兵力的55%－60%，接近全营的48%。

一直受到批评的美军126团总算不用再顶着萨纳南达战斗力最差部队的帽子了，30旅仅49营在7日的伤亡人数就比5日博莱姆部队的总伤亡更大。塚本中佐的日军前方阵地依然完整。在盟军组织下一次全面攻势前，只有先采取巡逻骚扰行动。

8日上午，罗弗尔中校将他的第4个步枪连调到前线，这支生力军就在主干道两侧保护诺耶斯的左翼，而他们的左翼一直延伸到哈恩中尉那支美军小部队的阵地。罗弗尔将莱德和斯普林的残部撤到后方休息，留下吉尔兰连护卫营部。当时盟军在萨纳南达地区的其他部队分布如下：留在战场的2/2营组成盟军新月形阵地的两个角，“休金斯路障”依然孤悬敌后，路障以西的两个美军连仍留守在道路侧翼的灌木丛充当给路障输送补给的中间站；主干道的前沿阵地后方，美军尚有一部分兵力。

萨纳南达的困境

萨纳南达第三回合什么都没改变。16旅在战斗伊始就与日军僵持，美军126团没能解决问题，而澳军民兵组成的30旅也没能取得任何突破。30旅的两个营在12月7日的战斗损失惊人，萨纳南达之战依然看不到终点。根据波特准将估计，这次进攻未果后，大约还要过12天才能再次全面进攻。赫林中将和瓦西少将得到战报后，同意他先在萨纳南达保持攻击性巡逻状态。

澳军30旅的失利，影响最大的是“休

金斯路障”的美军，他们仍被孤立在主力之外。白天澳军进攻失利，傍晚美军补给小组也无功而返。道路仍被日军封锁，盟军无法为路障阵地提供任何帮助。

7日晚上，回到后方的德尔庞中尉，再度自告奋勇运送补给突破日军封锁线。第二天一早，德尔庞就带领昨天的同一支部队出发。就在三天前日军曾经阻击美军补给队的同一地点，他们又被日军小路两侧的隐蔽机枪火力点挡住了。

“又是老一套，没一点长进。”德尔庞脸上露出了狡黠的微笑。他早已想好对策，故意暴露自己吸引敌人火力，确定敌人的第一座火力点位置后，便如法炮制，找到另一座火力点的位置，然后亲自带领几个突击小组，消灭日军火力点，或者迫使他们撤退。在300码道路上，经过多次进攻，补给队终于成功杀开一条通道，进入路障阵地。

“休金斯上尉，我们来了！”德尔庞中尉急于见到给美军争了一口气的休金斯，却发现休金斯已经负伤，便亲自接过了路障部队的指挥权。补给队的几个人抬着负伤坚持多时的休金斯，连夜退回后方，其他人都回到路障西面K连和炮兵连据守的阵地。

回到后方的休金斯上尉向上级做了报告，路障阵地的情况不能令人放心。那里大约200平方码，中央有一个指挥所和一座急救站，呈椭圆形。现在高烧肆虐，食品、弹药，还有药品都几乎用完了。所有人不得不生活在坑洞里，废弃物也很难处理。留守在那里的225人当中，他估计还能参加战斗的不过125人。

接替休金斯的德尔庞放眼望去，路障阵地里真是惨不忍睹。饮水平时从一个大约3英尺深的洞里汲取，氯化净水片得单片分配使用。另一个水源是昨天晚上那场大雨，战士们将能用的袋子全都注满了水。废弃物和死尸都只能在这片阵地里就地掩埋。补给队带来的给养主要是弹药，口粮仍然数量微薄。这一点大家都能理解，毕竟在战场上只要还支撑得下去，最重要的还是弹药，不过饿肚子的滋味总不好受。现在大家能得到的主要食物是高热量的巧克力棒和牛肉罐头。天气一如既往，白天阳光暴晒，晚上阴雨连绵。

德尔庞正摇头叹气，一名士兵递给他一杯热咖啡。德尔庞很诧异：“嘿，伙计，你们上哪儿搞到烧热水的燃料的？”“你送来的补给品里有一点儿，我们在沙子里保存了点儿干柴，最重要的是我们撬掉了缴获的日军卡车的汽油桶。”这名士兵不无得意地说道。即溶咖啡的味道并不好，但能喝上热咖啡总是件好事。

12月10日，为支援仍孤立的休金斯路障，齐纳·卡特中尉的补给队开始尝试突破日军封锁线，这次也成功了。卡特捎回了德尔庞的口信，休金斯路障里，高烧、战壕足和皮癣病每天都在增加，战士们的精神状态很好，但身体已经撑不住了，迫切需要其他部队替换。

路障里的生活非常艰难。尽管战士们又

累又饿，很多人在发烧，急需睡眠，但孤军深入敌境迫使他们必须时刻保持警惕。如果一直蹲在被雨水冲泡的泥泞散兵坑里，他们的脚很容易泡烂。即便在这种条件下，战士们还是打退了日军的多次进攻。有时日军会非常靠近他们的壕沟，双脚陷在泥水里的美军战士就利用这个机会，直接拉住日本兵的脚踝，把他们拽进壕沟杀死，用这个办法还除掉了几名日本军官。

沼泽地西面的126团K连和炮兵连，情况只比休金斯路障略好一点。11月30日，路障刚建立的时候，K连日志里就写道："我们已经在这里的散兵坑待了6天。蚊子，鬼子，热天，污水，粮食短缺，就像一个真正的地狱。"4天后，另一条记录写道："在这个阵地里，很多人由于缺少食物，烈日烘烤，正变得更加虚弱。"随后两天晚上，大雨连绵，日志的记录是："我们都湿透了，见鬼的是，自从来到新几内亚，几乎一直都在被雨水浇湿。"12月9日，情况变得更糟。K连日志这样记录："连里还剩下什么呢？一群可怜的疾病缠身的伙计。昨天晚上又下了一夜雨，所有人都湿透了，只能在泥泞和雨水里睡觉。"10日，事情看上去好转了一些。战士们遇到了些高兴事，他们可以喝上热咖啡了。这天的日志上写道："我们一个月没洗过澡了，也没有任何干衣服，但我们总算能得到一些罐装燃料，喝上一杯热咖啡了。这肯定对我们有很大帮助。伙计，这真的太好了！"

盟军补给基地和西面，以及路障阵地的通信状况很糟。SCR-195和SCR-288型无线电很不可靠。日军不仅经常会切断通往路障的电线，而且还在尝试监听。为了防患于未然，32师这些来自密歇根州的士兵们经常使用老家熟悉的荷兰方言，即使日军听见，也不明白他们说什么。

主干道岔路口南面的美军情况要好一些。但尽管C、D、L连的士兵们每人都得到了双倍剂量的奎宁，仍有很多人被疟疾击倒。超过1/4的指挥官病倒了，或者由于高烧不能出勤，而这个比率还在上升，非战斗减员数量惊人。12月10日，博莱姆的美军还有635人能出勤，但两天后，这个数字就递减到551人，而且人数还在持续减少。

12月12日，几次尝试打通和路障阵地间的道路未果后，博莱姆少校请求波特准将替换路障守备队和西面的K连以及炮兵连，波特没有同意。尽管美军和澳军之间时有龃龉，但波特准将一直不答应让美军的两支部队撤下来，倒并非有意刁难，而是因为他现在没有兵力完成这项调动。13日，大雨和敌人的犀利反击，使所有向路障输送补给的行动都失败了，建立无线和有线通信的努力也都不成功，即使派通信员人工送信也没达到目的。

14日的情况有些好转。一支55人的补给队一大早携带口粮、弹药和医疗用品，一鼓作气杀进了路障。这次增援非常及时，守备队的食物已经极度短缺，弹药也快用完了。

博莱姆向波特准将请求替换未果后，索性在14日上午直接找到瓦西少将请示。这次他终于得到了一些好消息。同一天下午，K连和炮兵连先收拾行装，撤退到后方休整，他们的防区由澳军接手。

12月8日开始，萨纳南达的盟军就结束全面攻势，转为警戒巡逻状态，萨纳南达陷入类似一战时期的堑壕战状态。

为摧毁日军工事，澳军将第2/1反坦克团的6磅炮运到前线，希望这种轻型火炮能在近距离打击日军的坚固工事，弥补空袭，25磅炮和迫击炮远程打击的不足，但收效不大。

这一阶段，萨纳南达道路沿线的盟军意图照波特准将的话来说，就是以最少数量的兵力维持和保障前沿阵地的安全，将最大数量的部队用于机动攻势和恢复身心。他称这是一种以盟军现有阵地强点为柱石，通过相互支援维持现有战线的战术。从根本上来说，这是萨纳南达的美军和澳军经历“一鼓作气，再而衰，三而竭”三阶段以后，暂时无法在这个方向集中更多兵力，不得不采取的应急措施。

盟军航空兵虽然还能空袭日本守军，但对地面部队前沿阵地的帮助非常有限，有时还会帮倒忙。巴布亚地区糟糕的天气，加上地面覆盖大面积丛林，经常让飞行员都不知道确切的打击目标在哪里。9日，航空兵原本准备进行一次大规模空袭，但第一枚炸弹几乎把澳军前沿阵地后方约1英里的救世军咖啡摊给炸了，只得紧急叫停。

13日，波庞德塔机场的1号和2号跑道合拢，组成“波庞德塔主跑道”，这看上去颇令人鼓舞，但和一线地面部队没有实际关系，除非后方能够调更多地面部队上前线。萨纳南达一线战斗部队的很多战士都非常虚弱，难以再战，身体没那么弱的人，也已表现出厌战情绪。

16旅的可战兵力已锐减至538人。9日，营军医官已经向师长瓦西将军指出2/3营不适合再执行战斗任务，但他们的全部130名可战官兵，还是奉命再度去前方替换2/2营。瓦西这样安排也是不得已，还留在道路另一侧的2/2营状态更糟，全营可用兵力不足百人，必须替换。10日，筋疲力尽的2/2

■12月12日在萨纳南达遭遇日军巡逻队袭击阵亡的2/3营二等兵杰拉德·约瑟夫·伍德。

营战士步履蹒跚，一步三晃地撤回后方时，已经虚弱得都提不动自动武器了。不久前刚回到2/3营的营长史蒂文森中校将全营的残存战力编成两个暂编连。赫奇森少校的一个连共46人，负责道路右侧阵地。道路左侧阵地的赫尔维格上尉兵力略多，有59人。

减员严重的另一个营55/53营，哪怕13日上午试图组织两个排规模的进攻时，都无精打采，犹豫不决。他们营的军官要在浓密的灌木丛中维持部队的前进方向，有效组织部队非常困难。从上次的经验来看，这样的部队极易被动挨打，好在这次运气没上次那么糟。

稍后，上午担任前锋排的那个排又被派去攻打一个麻烦的日军防御强点。不到半个小时他们就到达极限，被迫撤退，这次进攻只得中途叫停。

至于美军在前沿阵地的两支部队处境更

■从萨纳南达火线撤下来的55/53营的三名士兵，威廉·亨利·沃克二等兵、凯思·爱德华·贝克曼二等兵和B.R.查德维克二等兵（从左到右）。

为窘迫，但澳军暂时没有其他部队可以替换他们。12月12日，接任师参谋长才半个月的波拉德上校为实地考察休金斯路障的情况，亲自随一个补给队去了前线。他在后来的报告中指出，这个补给队在向目标推进的时候，遭到日军轻重机枪和步枪火力大约20分钟射击，只得无功而返，而现在没有真正的有效的办法，突破或者摧毁阻挠盟军从主阵地通往休金斯路障的日军阵地。

先后得到参谋长和博莱姆少校报告的瓦西少将愁眉不展，但在援兵到达之前，他也无计可施。

援兵到来

瓦西少将从来不是一个做事瞻前顾后，拖泥带水的人，尽管他几乎对战区最高司令部的美军军官都没有好感，对美军32师的评价也不高，但他明白他们确实已经尽力战斗，如果不是达到极限，不会向他开口，然而他指挥的萨纳南达澳军也已到达极限，没有余力为美军解围，好在援兵很快就要到了。

12月中旬，盟军在戈纳已经控制了局面，在布纳也正转入积极进攻阶段，而对萨纳南达的困境也不会坐视不理。新几内亚部队还有一些兵力可调。在莫尔兹比港有澳军第2/1先锋营、36步兵营和2/7骑兵团（保留骑兵番号，实际上已改为步兵）；在米尔恩湾有第17旅。先锋部队在大多数时候实际上都在充当工兵。布莱梅将军认为为防范日军再度进攻米尔恩湾，有必要在当地留下第17旅。这样赫林中将只有着手把36营和第2/7骑兵团空运到前线，准备对萨纳南达发动一次决定性攻势。前线的战况迫使赫林把新几内亚澳军压箱底的兵力全拿出来了。

36营是一个来自新南威尔士州的民兵营，隶属第14旅，5月底就来到莫尔兹比港。2/7骑兵团则隶属第7师建制，1940年组建。这个团在成立的同一年就离开澳大利亚本土，但到目前为止都没有机会参加实战。他们在巴勒斯坦和埃及接受实战训练，1941年5月，在塞浦路斯岛受到空降入侵威胁时，英军曾一度试图将他们派驻该岛，但终于没能成行，后来在叙利亚和第7师主力会合。1942年初，该团和澳军第6师与第7师其他各部一同回到澳大利亚本土。随后这个骑兵团就改编为步兵部队，在南昆士兰接受了步兵战术训练，9月才被派到新几内亚，在莫尔兹比港继续训练和执行其他勤务，直到12月，终于接到开赴前线的命令。当时这个团士气高涨，先头部队共350人，第一批飞越群山，赶赴萨纳南达战场。

12月15日，36营和2/7骑兵团在索普塔集结前，30旅旅长波特准将对萨纳南达道路沿线的形势进行了统计和评估。不包括后勤、迫击炮兵和信号兵，他的49营和55/53营一共还有527人；2/3营还有119人；美军126团在当地还有545名官兵。波特特别指出，后两支部队现在只能守卫现有阵地而已。2/3营的总兵力已只相当于一个连，而且非常疲劳，大多身体有病，美军也一样。波特对他面对的日军评估如下：

敌军兵力的确切数字很难统计，但大致状态是这样的。敌人用所有能战斗的人员进行局部防御，这样就无需维持一支机动部队。他们的全部兵力似乎都是为占领固定的阵地，其中相当数量的阵地并非消极防御，而是尽可能地阻碍我们前进。根据我们巡逻队的报告，他们的阵地纵深可达2500码，也许遍布我军现有阵地到萨纳南达角的每一个角落。敌军在前方地区作战的人员约1500到2000人之间……一种策略将使得我们能够继续向北占领更多地方，甚至占领通往萨纳南达的道路，那就是以现有兵力保护我军的进攻主轴等地。我准备去夺取更多阵地，但这不会比悄悄接近和让他们陷入饥饿，这种见效较慢的策略更有利。要攻打他们，必须投入更多人力……自从我们首次进攻以来，已经采用了一种“追踪与巩固”相结合的战术，同时对我们发现的敌军阵地集中火力打击。我们已经对各开阔地进行了深入而广泛的巡逻。几次袭击有效地消灭了一些敌人，但他们构建了出色的机枪阵地，对抗我们的火力，而且在我们部队所到之处筑起火力屏障。我们试图找到那些火力较弱的地方，但这些机枪火力点数量众多，只有用更强大的兵力进攻才能解决。

针对波特提出的情况，瓦西少将决定以新到的骑兵部队和30旅的兵力在19日发动一次进攻。17日，他在总结日军形势的基础上，发布了命令：

自从11月21日至22日夜晚以来，我们当前的敌人都没有获得任何人员，物资和其他补给援助。这一时期，敌人不断受到我航空兵、重炮和迫击炮火骚扰，而且一直受到步兵进攻和攻击性巡逻压制。根据战俘和曾被日军俘获的土著人提供的情报，目前日军补给已经短缺。

因此，尽管现在仍在当前阵地据守的日军配备了足够数量的自动武器，并没有被大量歼灭，但他们已被大大削弱。尽管日军非常顽强，但过去的经验告诉我们，现在正处于即将突破僵局的关键时刻。地形条件对我们不利，而他们现在仍然可能获得增援，所以我们必须尽早消灭萨纳南达地区的敌人。

即使是为缓解“休金斯路障”孤立多时的德尔庞部美军的压力，瓦西也必须采取行动。12月15日，2/7骑兵团团长埃德加·洛根中校率领350名先头部队陆续到达索普塔。两天后，瓦西就决定出动这支一心求战，士气高涨的生力军。2/7骑兵团将从日军阵地最前沿迂回前进，再从休金斯路障附近，沿主干道快速向萨纳南达角推进，占领滩头阵地；30旅起初会跟随在骑兵团背后行动，消灭他们和路障之间的敌军，然后去对付当时

■12月17日，在萨纳南达地区同乘一辆吉普车的澳军士兵。

还留在吉鲁瓦和加拉拉之间的所有日军。

16日，洛根中校率领2/7骑兵团A中队E.D.巴罗中尉指挥的一个分队出发，从基尔勒顿道路左翼进行了大范围迂回，越过这条道路，然后会在休金斯路障附近登上萨纳南达主干道。洛根开辟的这条通道会成为路障的新补给线，还有可能在骑兵团余部到来以后，从这里避过仍在30旅和休金斯路障之间阻隔的日军阵地。在预定19日发动的主攻开始后，洛根的骑兵团会以休金斯路障为坚实的基地，直取萨纳南达角。

顺利完成这次机动任务后，洛根将巴罗留在路障附近收集情报，自己先返回旅部。17日傍晚，A中队中队长M.R.斯特朗少校率领他的另2个分队，试图沿着洛根开辟的小径在基尔勒顿道路附近占领了一片危险的长草地，从而使主力能在18日尽快到达路障。然而，他没能成功。斯特朗在到达长草地时，遭到从侧翼控制草地的日军环形阵地袭击，双方进行了战斗。尽管他们击毙了8名日军，自己只阵亡2人，但还是没能在主力到达之前，突破日军封锁。

18日，骑兵团主力和斯特朗会合后，顺利突破日军封锁线，没有再损失任何人员，就在天黑的时候在路障地区集合。德尔庞中尉的美军对他们的到来由衷欣慰，尽管还不能被直接替换下去休息，但他们至少不再孤立。雾霭沉沉的黑夜中，洛根告诉他的部队，第二天6点就要出发沿主干道尽可能以最快的速度向萨纳南达角推进，大家要做好心理准备，有一段时间他们可能会和澳军主力失去联系；斯特朗的A中队在19日的战斗中，将充当前锋，洛根的战斗指挥部，J.A.詹姆斯上尉的B中队，H.W.A.科布上尉的D中队，副团长W.J.R.威尔逊少校的后方指挥部和C中队依序跟进。

同样接到师长命令的波特准将，让O.C.伊萨克森中校的36营18日接管道路两侧其他两个营的阵地。同时凯塞尔斯中校率49营主力向右迂回，而罗弗尔中校的55/53营则在左路活动。19日，波特计划让凯塞尔斯营从赫奇森少校2/3营一部守卫的阵地附近，向西北打开一条道路，随后在基尔勒顿道路和萨纳南达主干道之间的岔道口北方约

■三名盟军士兵正推着一辆满载装备的手推车在萨纳南达附近的道路前进。

地图五十二　12月19日，澳军新一轮进攻前的萨纳南达前线

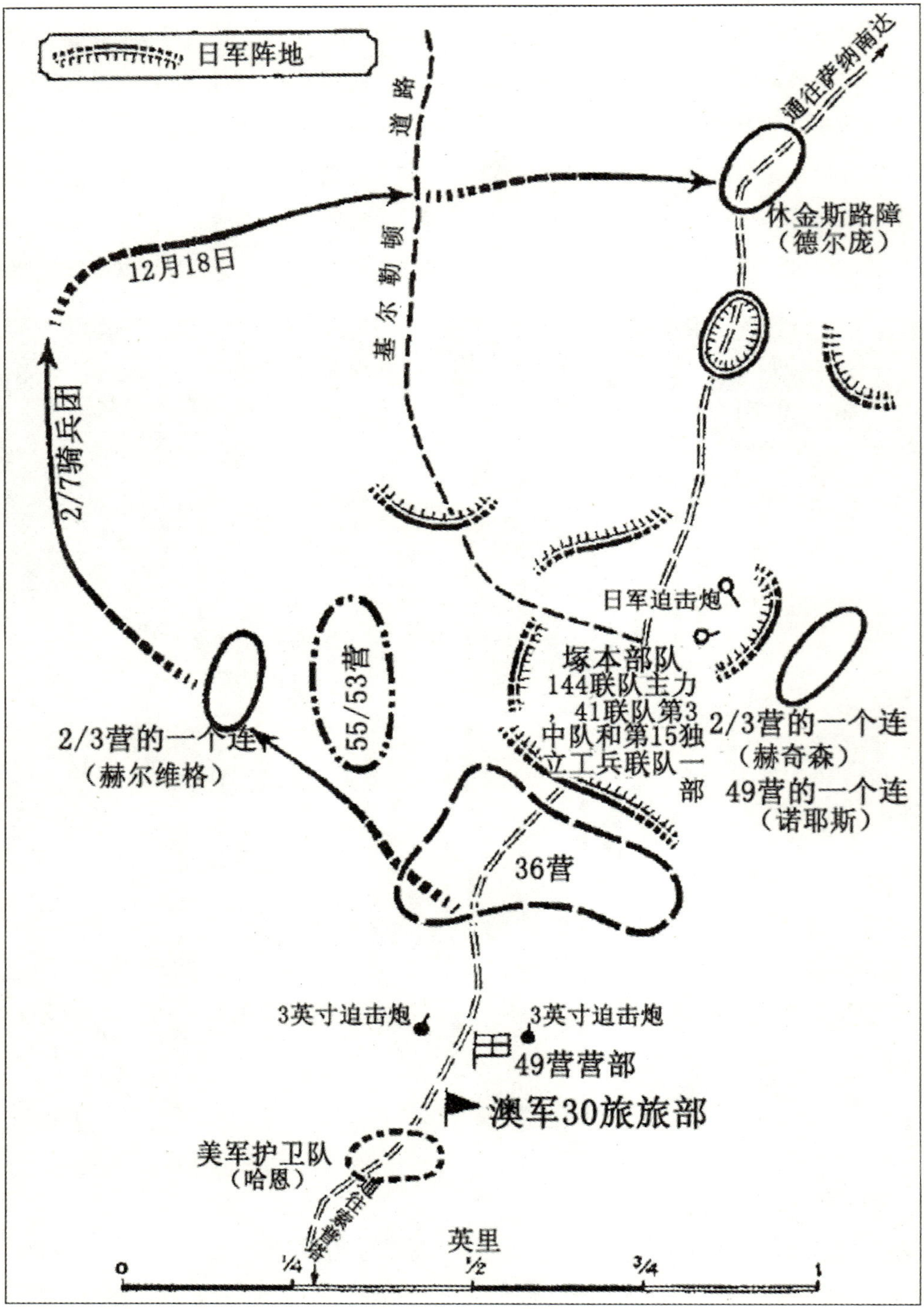

500码建立一个据点；55/53营会在赫尔维格上尉指挥的2/3营另一部驻守的阵地正东推进，和赫尔维格的部队一同肃清基尔勒顿道路和主干道之间的敌军阵地；旅预备队36营在任何一个营成功突破后，负责扩大战果。澳军的迫击炮和汉森少校2/1炮兵团的4门25磅炮会提供炮火支援。

重拾攻势

12月19日7点22分，天还没亮，盟军的重炮已开始炮火准备，迫击炮火在4分钟后加入。7点30分，30旅的2个营开始在主干道两翼推进。道路右侧是诺耶斯上尉指挥的49营攻击部队，目前由四个战斗队组成，每队约相当于一个排。他们进展顺利，以轻微的损失代价，铲除了2个试图阻止他们的日军机枪阵地。为迅速扩大战果，波特旅长派36营C.D.道格拉斯少校的一个连支援49营。午前，道格拉斯在岔道口东北350码的位置和诺耶斯的部队会合。当时诺耶斯正在和日军的一座阵地缠斗，道格拉斯连的出现，让他们能及时脱身。诺耶斯随即率部继续穿过灌木丛前进，已经成功迂回日军防御阵地，打通和休金斯路障的联系了。随后，他根据波特旅长的指示，在路障东南几百码的位置建立了一个阵地。

30旅左翼55/53混成营的行动却令人失望。该营右翼吉尔兰上尉指挥的一个连早早就遇到麻烦，撞上了日军的一个防御强点，两挺机枪组成的十字交叉火力封锁了道路口，与机枪共同作战的步枪火力线也配合默契，不给澳军留下任何空隙。尽管吉尔兰连费尽九牛二虎之力，端掉一座机枪阵地，但另一座机枪阵地和其他日军仍在顽强阻击。直到19日晚上，吉尔兰仍在和这座阵地苦苦缠斗。

左翼库特上尉指挥的一个连刚推进100码，就遇到日军重兵阻击，库特本人运气极差，开战不久就受了致命伤，副连长更惨，直接在他身边被一枪夺命。上级和该连就此失去联系，尽管博伊纳中士守护在负伤的连长身边，竭力维持全连的建制完整，但该连还是分散成几股小的战斗组。3位排长损失了2人，大量士官阵亡，必然引发全连的混乱，博伊纳一人实在无力回天。上午，得到消息的罗弗尔中校派出了他的第三个连，命令他们去支援库特连右翼。但推进很慢。13点前后，连长汉德森上尉赶到队伍前面，催促他们加快速度，但有些人态度始终很消极。汉德森为鼓舞士气，身先士卒，用手雷炸毁了日军的一个轻机枪阵地，但他自己也阵亡了。而战斗组的其他成员就在一边袖手旁观。旅长波特准将得知此事后，心中也是悲愤难平。

事情已变得非常清楚，55/53营全部陷入混乱，他们的进攻任务被取消。根据该营的统计，他们一共损失了6名军官和69名士兵（包括18名士官），战果却寥寥无几。波特告诉罗弗尔接管2/3营赫尔维格连的阵地，以及赫尔维格阵地南面36营的S.W.鲍尔斯中尉指挥的一个连的阵地。鲍尔斯连则奉命前往49营取得的阵地，他们越过灌木丛，向西到达道格拉斯连右翼，然后向南运动，一路肃清公路到岔道口之间的残敌，从这里打通和澳军主阵地的联系。然而天黑的时候，他一路行军也只能赶到岔道口附近，于是就在那里先建立了阵地。

20日，当少数49营余部替换2/3营的残存战力后，划归凯塞尔斯中校指挥的鲍尔斯和道格拉斯的两个连继续战斗。鲍尔斯天亮后不久，即率部南下，但不久就被日军横跨道路两侧的阵地截住。当他陷入苦战时，道格拉斯连也赶来助战，但效果并不比鲍尔斯连更好。从不拖拉的波特准将，当即指示美军接管36营余部的阵地，命令36营余部次日进攻阻挡道格拉斯和鲍尔斯的日军阵地。傍晚，36营营长伊萨克森赶到凯塞尔斯的营部，商议作战计划。他准备让鲍尔斯和道格拉斯的2个连归建，让鲍尔斯回到他的营部附近，让他们次日上午和从后方赶来的另两个连会合。

■12月19日，在萨纳南达阵亡的5553营克莱德·亨利·艾根二等兵，当时他服役还不满一年，时年29岁。

21日9点40分左右，伊萨克森召集的3个连在赫奇森部阵地西北集结，然后就接到从北面进攻日军岔道口阵地的命令。新到的G.E.莫耶斯上尉和A.M.鲍尔斯上尉的两个连分居左右两翼，刚从火线回来的S. W. 鲍尔斯中尉的一个连为预备队。15点，莫耶斯和A.鲍尔斯的两个连在炮火掩护下奔赴前线。莫耶斯在炮火准备以后，向前推进了250码，而A.鲍尔斯还没有发回任何报告。伊萨克森非常焦急地等待着A.鲍尔斯的回音，他走出指挥所时，听见右翼传来重机枪“哒哒”的开火声，那是日式机枪的声音，很快A.鲍尔斯连有人回报，他们有一个排迷了路，和连主力分离，其他人被日军的重机枪和其他武器组成的火线挡住，连长本人已失踪，凶多吉少。很快鲍尔斯连就撤了回来；而莫耶斯上尉认为他的连也有必要重整；36营掘壕过夜前，合计战斗伤亡和失踪已达55人。

这一次波特旅长再也按捺不住，尖锐批评了36营和55/53营的表现。他毫不客气地数落道："任何成功都是那些在极端条件下还能够勇敢战斗的人员取得的。而这就是你们笨拙无能的攻势的战果！"他还非常刻薄地认为，他们缺乏训练水平和士气。然而，首次参战的其他澳军民兵部队初战如果蒙受了同等损失的话，未必能做到更好。澳军民兵部队的表现尽管不尽如人意，实战表现难以和帝国军团的老兵相比，但仅在萨纳南达一地，所有澳军民兵部队的损失超过盟军总损失的三分之一，不可谓不努力。

无论波特对这两个营的评价是否正确，他都对他们失去了信心。好在戈纳地区的战斗已进入尾声，第7师师长瓦西少将19日就准备将21旅旅长多赫蒂准将和整个巴布亚战场表现最出色的民兵营39营调往萨纳南达。当天澳军2/16营和2/27营已经接管了39营在纳帕博－达纳瓦图地区的阵地。

22日，21旅旅长多赫蒂准将和39营一同来到萨纳南达，瓦西师长当即将49营也划归他指挥，同时负责"休金斯路障"及其前方第2/7骑兵团的阵地。波特准将负责后方区域、55/53营、第36营，以及博莱姆少校指挥的美军部队。

后方的两个步兵营表现不佳，但2/7骑兵团在休金斯路障前方的战斗也是一波三折。19日早晨，天还没亮，索普塔的澳军火炮炮弹，在休金斯路障前的日军阵地开花时，第2/7骑兵团先头部队斯特朗中队就已经出发。

昨天茫然度过一夜的日军一大早就遭到澳军炮火的凶猛炮击，一时无暇应付，使斯特朗中队畅通无阻地前进了约450码。路上澳军在一个日军军用仓库地区中央遇到6个仓皇逃走的日本兵，击毙了其中2人。耳听友军的隆隆炮声，斯特朗中队只觉热血沸腾，一路疾进，结果一头撞进日军主阵地，这才发现自己太过深入，遇到了麻烦。斯特朗本人受了致命伤，他的尖刀班中了埋伏，全部阵亡。L.M.奥克斯莱德上士在P.W.胡克一等兵协助下，竭力指挥先头小队，当时先头小队已经阵亡4人，伤6人；第2小队伤亡较少，只损失了小队长和一名士兵；而第3小队已经只剩下3人。中队部和第2小队见势不妙，先撤回军用仓库地区，在那里进行重整，但奥克斯莱德的第1小队和第3小队的3名幸存者都还留在前方。

这波乱流很快就波及主干道附近的洛根中校团部和詹姆斯中队，还留在休金斯路障，等待前进的其他部队也受到影响。先前故意引诱A中队进入伏击圈的日军开始从各个方向向澳军后续部队施压。洛根当即命令詹姆斯向左翼迂回，同时让后面的科布中队跟上，向右翼迂回。全团队尾的一个中队跟随科布中队行动。然而要重新调整部署，速度却快不起来，因为洛根的无线电只能直接和科布通信，而要和其他部队通信，必须依靠人力。

詹姆斯率部企图迂回时，发现日军的

抵抗非常坚决，不得已又退回道路附近的狭窄地区。日军士气大振，冲杀过来，双方发生了近战。澳军的O.K.桑德森下士一连撂倒了3个日本兵，但自己终究没能逃过这一劫。13点前后，詹姆斯发现当务之急是先守住自己的阵地。他将部队都集中起来，建立了一个环形防御阵地。上午11点，团长洛根中校身负重伤，他的双腿被日军炮弹炸了个粉碎，陷入无意识状态的他挣扎着向后方爬行，希望回到休金斯路障，但中途因为失血过多，在路旁的灌木丛中断了气。团副官福尔克斯中尉随后就在斯特朗少校首次与敌人遭遇的地方，建立了阵地，和詹姆斯中队连成了一片。

■2/7骑兵团的2名士兵E.H.T.波拉德和A.J.凯利。

夜间，詹姆斯一共在休金斯路障前的环形防御阵地集结了约100人，主要是詹姆斯中队的人，还有斯特朗中队的幸存者，零星的团部成员和C中队的一些与中队主力失散的人。C中队由于无法获得更多进展，只能先退回休金斯路障。

科布中队在右翼迂回受挫后，只能放弃一整天的努力，回到道路附近。E.D.康奈尔下士在前线中弹倒地，身负重伤后，自知已经不行了，向远处的同伴示意不要管他，但同伴们不愿丢下他，顶着日军的子弹希望能够去救他。康奈尔心急如焚，眼看日军已经调转枪口，准备阻击他的战友，用尽身上最后的力气，一跃而起，挡住了日军射向战友们的子弹……他再次倒下以后，没有了任何动静。战友们含着热泪，紧咬着牙关，忍痛撤了下去。天黑时，中队大部都撤回了休金斯路障，但科布上尉、副中队长F.B.海登上尉、中队部的其他一些人，还有弗兰克·贝克中尉的一个小队仍然留在詹姆斯阵地南面大约100码的道路沿线。

20日，骑兵团能做的就是先巩固阵地。詹姆斯用无线电指挥澳军炮兵向阵地前方的日军开火，同时将前线的大致状况报告留在路障的代团长威尔逊少校。11点，詹姆斯和附近的科布进行了简短的联系。科布向威尔逊请求让他的其他两个小队到前方和他会合，但威尔逊认为敌人的重机枪封锁了道路，让这两个小队现在直接上前线太冒险，没有同意。随后詹姆斯告诉科布目前他所在位置的具体细节，科布回答说他会尝试和他的前方阵地会合。

詹姆斯满心以为很快会见到科布，谁知这次无线电谈话竟成了永别。原来，第二天黎明前，他和他的部队开始小心地沿着詹姆斯指示的方向，在路旁的一条小沟向他的阵地靠拢。但日军早就在这附近设有阵地，射杀了科布的4名部下，将他的小分队又打散了。科布在日军阵地的强力压制下，花了一整天时间集合余部。天黑后，科布让他的伤员们先沿着小沟撤退。而他自己独自留下断后。后来他的战友们再也没能见到他。最后一个离开中队长的E.R.艾伯纳二等兵在转身离去的时候，还听见科布开枪和投掷手雷的声音。他一直以为自己还会见到他们敬爱的上司，但一个月后，发现的是他的尸体，在他身旁还有一个日本兵。科布尸体的头部下方压着一个收藏着地图和作战计划的背袋，显然他在临死前一刻，都没有忘记自己的使命，拼上了最后一口气，没让这些重要材料落入日本人手中！21日夜晚，这个小分队的指挥权，就落到了海顿上尉身上。

同一天，詹姆斯已经在他的防御阵地里作了进一步部署，使这个阵地更加坚固，而且还铺设了地标，希望能够引导飞机空投弹药，无线电用电池，以及食品（当时他们身上只携带了2天的口粮）。16点，威尔逊命令他设法派一个巡逻队回路障，汇报前方阵地的细节问题。

夜幕降临后，詹姆斯派H.A.莫顿下士，G.切斯沃斯二等兵和F.C.G.汉考克斯二等兵从道路西侧大范围迂回，再从东面进入路障。这三人忧心忡忡地在日军阵地当中，缓缓穿过黑暗的丛林和沼泽，大气也不敢出。22日凌晨2点，他们估计自己已接近休金斯路障，于是转向东面，开始最后一段路程。但运气抛弃了他们，他们不知不觉间进入日军阵地势力范围。一颗日军手雷就在他们脚下爆炸，气浪将沼泽地里的污泥掀起，溅了他们满头满脸。被发现的三人先向身后打出一梭子弹，不顾一切地向前飞奔，只想尽快甩开背后日军火力的截击。切斯沃斯和汉考克斯先后倒下，但莫顿虽身负重伤，还是咬紧牙关，一瘸一拐地从敌人的阵地间努力穿行。就在他向身后扔出的一颗手雷爆炸后，他再度中弹。

莫顿以为自己快不行了，绝望地嘶吼起来："休金斯（路障），你在那里吗？汉·莫顿在这儿！"

"汉！这里是'休金斯路障'，我们就在这里，伙计！"友军的声音仿佛天籁，射击都停止了。一双双手从路障阵地里伸了出来，将莫顿拖了进去。原来，他不知不觉已经闯进了"休金斯路障"的美军外围阵地，最后一颗手雷正好落在阵地旁边，他中的第二弹也是被友军误伤了。

根据莫顿带回的情报，22日，休金斯路障和詹姆斯阵地之间的澳军就开始派出有力部队，积极巡逻，尽可能掌握日军阵地的更多情报。然而两个阵地之间一时还无法建立直接联系，而海顿的小分队依然在日军阵地当中，孤立无援。不过，詹姆斯的部队一直都在积极了解阵地周围的情况，希望在团主力突破日军包围，来同他会合时，能够顺利指引重炮和迫击炮打击日军阵地。

1942年底的萨纳南达

12月22日，来到萨纳南达前线的多赫蒂准将终于开始行动。39营尽管在戈纳之战表现出色，但已疲惫不堪，减员严重，连营长霍纳中校都罹患疟疾，目前由A.J.安德森少校代理指挥。多赫蒂准备让他们替换已经筋疲力尽的休金斯路障的美国驻军，但并不指望他们能发挥更大作用。49营目前也已减员到只剩下基干，仍会留在路障东南几百码的灌木丛里，护卫新补给线两侧；2/7骑兵团尽管仍是一支生力军，而且积极求战，但第一批部队刚到时只比半个步兵营略多，他们已进行了一次艰难的进军，目前需要再度将他们的兵力集中起来，虽能进行一定的攻势，但不能寄望太高。多赫蒂审时度势，认为自己目前的任务就是维持前方的两座路障阵地，建立可以供应弹药和粮食的补给线，进行积极巡逻，而不准备进行任何大规模战斗。

15点，多赫蒂向三支澳军部队传令。39营在17点50分赶到休金斯路障，正式替换德尔庞中尉指挥的美军。德尔庞请示美军指挥官博莱姆少校以后，集合他的部下，撤出路障。在敌后连续奋战22天的休金斯部队终于可以松一口气了。他们一个个头晕眼花，恶心欲吐，疲惫不堪，腿脚状态极为糟糕，几乎都不愿意挪动。然而，他们的士气依然高涨。尽管澳军对美军32步兵师整体评价不高，但对这支长时间在敌后坚持，建立了一个稳固阵地的美军小部队，却由衷赞叹不已。

美军126团就此脱离萨纳南达战场的第一线，澳军则需要继续设法以现有兵力改善自己的处境。在多赫蒂准将率部到达后，S.霍顿中尉完成了带领C中队和2个19日与詹姆斯部失散的小队向詹姆斯上尉镇守的“卡诺路障”强行军的准备工作。23日一早，霍顿部便出发向东北进军。而49营在他们出发后，会在道路右侧进行大范围迂回，确保他们侧翼的安全。霍顿部在和49营迂回部队取得联系后，再向西穿过主干道，进入卡诺路障。他们化整为零，推进缓慢，在日军防线的迷宫中穿行，试图找到损失代价最小的一条通道。霍顿在完成约三分之一的路程后，派出E.J.戴维斯中士指挥的一个小队，建立一个小型环形阵地，充当这支大型巡逻队的后盾，保持路线畅通。继续推进一段后，霍顿又分出一个小队，由O.H.巴彻勒中士指挥，建立第二个前进基地。随后主力继续穿过日军遗弃的一连串阵地，在H.皮尔曼二等兵完成前方侦察后，越过公路，进入“卡诺路障”。这次机动任务完成得非常出色，全

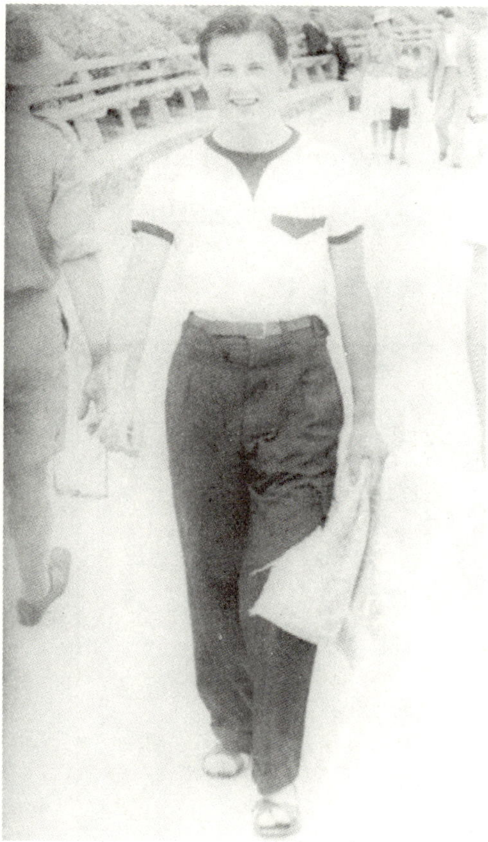

■12月23日，在萨纳南达被日军狙击手射杀的36营大卫柯兰普二等兵，时年仅19岁。

队没有损失1人。尽管詹姆斯的部队每人只剩半听紧急口粮了，但他们士气依然高涨。詹姆斯见到霍顿，用力和他击了一掌。

24日，霍顿回到休金斯路障。根据他的情报反馈，多赫蒂决定让除迫击炮分队和医疗分队之外的骑兵团余部全部前往卡诺路障和詹姆斯会合。当天下午，这支部队有惊无险地完成了行军。

骑兵团再度集中，“卡诺路障”里詹姆斯聚集的部队合计224人，但他们的处境不容乐观。经过6天苦战，他们合计仅推进了400码，阵亡已达40人，另有更多官兵负伤和失踪。现在他们所能做的是在稳固现有阵地的基础上，更积极地侦察和骚扰敌军阵地。随后的第一项任务是在圣诞节，将伤员撤离到后方。当时留在卡诺路障的伤员还有13人，其中8人已经无法行走，必须上担架。医疗队将伤员送回休金斯路障后，给骑兵团带回了不少信件和贺卡，还有一些糖果。战地的圣诞节能得到这些东西，会使战士们得到无形的精神慰藉，减缓紧张情绪，真是太及时了。

然而还有一个小分队无法和骑兵团的大部队一起，分享这个简朴而温馨的圣诞节。海顿的小分队一直在休金斯路障前方，主干道一旁的小沟里艰难图存。孤立无援的他们减员严重。为了和大部队会合，海顿绞尽脑汁，最后决定就在敌人眼皮底下，挖掘一条狭窄的交通沟，从这里设法回到休金斯路障。为求得生存的机会，士兵们忍受着由于缺乏食物而承受的身体煎熬，和身处敌境的精神压力，努力挖掘。26日傍晚，经过8天艰难辗转后，海顿终于带领他的小分队回到休金斯路障。

1942年年底，盟军在萨纳南达前线，除了2/7骑兵团建立了“卡诺路障”这个更接近目标的前进基地外，几乎没有取得任何进展。日军在“休金斯路障”和“卡诺路障”间的防线仍很坚固，而在卡诺路障北方的防御阵地更为强大。多赫蒂准将现有的兵力只能向北发动有限攻势，代价高昂，收效却不大。后方30旅对岔道口阵地日军的扫荡战也好不了多少。尽管这支日军的外围阵地已被攻破，但塚本中佐的部队和日军在后方的部队一样强悍。和戈纳地区的日军部队不同，塚本部下多是南海支队从关岛一路打到巴布亚的老兵，战斗力绝不是戈纳的那些以后勤和工兵部队为主的守军可相提并论的。

30旅的扫荡战丝毫不比前方的多赫蒂部轻松，进展缓慢。波特准将以55/53营和36营（欠一个连）进攻西面的日军阵地。博莱

地图五十三　12月24日的萨纳南达

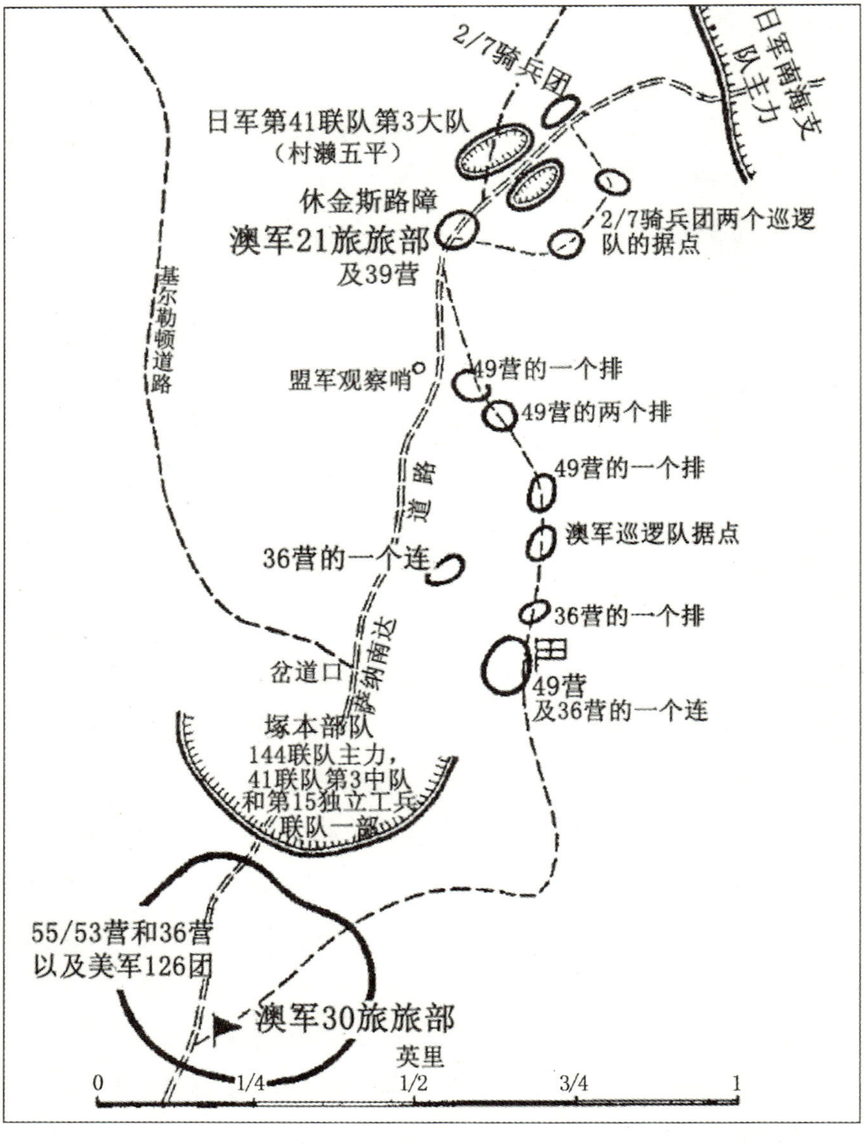

姆少校的美军和36营的一个连负责东面。这两路进攻在日军的坚决抵抗下，每啃下一码阵地都要费九牛二虎之力。

塚本中佐虽处于守势，但并非一味消极防御。他看出当面的盟军战斗力并不强，一直都在设法反击。12月24日，道路右翼的美军用手雷消灭一个日军步枪壕和机枪阵地后，为守住这个阵地，必须击退日军的多次反击。12月28日到29日夜间，40名配备轻机枪、步枪和炸药的日军，渗透到盟军后方，袭击了炮兵阵地，成功炸毁了1门25磅炮。盟军在战斗中击毙了13名日军，俘获1人，但日军的渗透和反扑不会就此停止。

30日到31日夜间，一股日军突击队成功渗透到美军右翼，澳军一个连在环形阵地的连部，澳军连长和其他数名官兵被杀，仅少数日军被澳军在反击中击毙，余部大多在夜色中安全逃脱。

日军的反击和渗透虽偶尔能奏效，但整体上还是以防御为主。塚本的阵地全部纵深大约1200米，盟军的渗透蚕食往往一次只能推进几米而已，能拿下一座碉堡或者一条壕沟都算较大的收获。波特准将指挥的战斗异常艰苦，前方的多赫蒂准将也一样。

29日一清早，骑兵团的C.凯普中尉带领一个加强小队对日军在道路以东，位于盟军前方两座路障中间的灌木丛深处的一个阵地发动突袭。日军的这个阵地对“卡诺路障”的补给线是一种持续的威胁，澳军希望能早日将它拔掉。凯普的加强小队一溜小跑，清除了日军设置的路障，在日军火力点正面，土工作业建立了两个外线哨所，然而，日军的反击卓有成效，凯普小队在付出5死4伤的代价后，被迫撤退。

■12月27日，在萨纳南达前线阵亡的49营下士莱斯利·查尔斯·厄普顿，年仅22岁。

凯普回去报告：“如果能增派更多兵力，应该能够拿下那个火力点。”两天前来到前线的C. J. A.摩西中校，原先曾在第8师服役，年初曾跟随戈登·贝内特将军从新加坡要塞出逃，对日军非常了解，现在代理2/7骑兵团团长职务。摩西决定派霍顿中队执行这项任务。多赫蒂安排了重炮和迫击炮火支援。30日10点，进攻开始。尽管重炮按计划进行了火力准备，但迫击炮火却又迟又没准头。迫击炮火校正目标，进行又一轮炮击后，霍顿11点率部出发。然而日军早已有备，霍顿中队很快就伤亡16人，其中包括3名小队长。霍顿自忖再这样不计伤亡地缠斗下去非常不明智，于是主动撤退。

年底的战斗在梦魇中结束，萨纳南达成为盟军在巴布亚最难啃的硬骨头。原始的沼泽地，湿地和安静的灌木丛处处埋伏杀机，盟军损失惨重，眼前的日军会死战到最后一刻，一切的一切令这一战显得如此可怕。经历过这一战的所有士兵都将永生难忘，很多人多年以后被问到在太平洋战场最艰难的战斗是哪次，都会脱口而出："萨纳南达。"

在这种情况下，澳军和美军部队都度日如年。经过数周战斗，当地已经堆积了大量来不及处理的尸体，随风飘来的尸臭味对战士们来说，也是一种难忍的煎熬。美军在萨纳南达的指挥官博莱姆少校不得不尽力设法安抚每一名士兵。

博莱姆尽力让部下能得到休息，但无法将他们从前线替换下去，只能每次让一两个人到后方在河里洗个澡，带上些干净的衣物回到前方去。食物主要是以澳大利亚牛羊肉为主的C类伙食，除此之外就是D类的牛肉加浓缩巧克力饮料，根据博莱姆的切身体会，没有哪个人的胃能长期吃这些东西而不出毛病。

此外，由于战斗和非战斗减员严重，博莱姆日益发觉，要找到足够的人手维持美军负责的战线都很困难。圣诞节的时候，他手下还能战斗的人员已只有400出头。几天后就只剩300多人。但前线需要巡逻队，后方的澳军炮兵阵地和各级指挥部也需要人手保护，博莱姆和美军各级指挥官只得绞尽脑汁维持能够执行任务的人员，还得忍受澳军的埋怨。

到了年底，一直竭力强撑的博莱姆筋疲力尽，终于病倒了。艾克尔伯格中将得报，派弗朗西斯·埃尔文少校接替。在他到来之前，博莱姆仍带病在萨纳南达坚持了一个多星期。12月31日，埃尔文正式接替博莱姆的时候，美军在吉鲁亚河以西还能参战的部队只略多于一个连，已经到达极限。

12月26日，美军前敌指挥官怀德利上尉负伤，由1营后勤股长约翰·费拉斯基中尉继任。费拉斯基曾和德尔庞一起在休金斯路障奋战，身体也早就垮了。3天后，费拉斯基完全虚脱，不得不撤下火线。德尔庞中尉又当起了救火队长，当他看到自己接管的队伍名单时，不由开起了玩笑："没想到一个中尉可以指挥10个连啊！"但这10个不同的连留在前线的总兵力不过78人，只能勉强维持自己的阵地而已。

12月10日，博莱姆接替拜特克少校指挥萨纳南达美军时，吉鲁亚河以西可战的美军官兵尚有635人，13日即减少到547人。平安夜已经减员至417人。而埃尔文少校接替指挥权后，在新年元旦进行了全面统计，美军在萨纳南达前线合计损失已达979人，其中阵亡73人，战斗负伤234人，失踪84人，因

■连夜暴雨之后，灌满了雨水的萨纳南达美军营地。

■从吉鲁亚河顺流而下，将食品送到萨纳南达前线的盟军小船。

各种疾病造成的非战斗减员为588人，而可战斗人员已仅剩244人。

126团K连和L连11月22日开始战斗时还齐装满员，到一个多月后的圣诞节，各自还剩61人和36人。一周后，K连仅剩28人，L连才17人，其他各连残存的比例也大致相仿。

接近年底，美军人员的状态持续恶化，虚弱不堪，精神接近崩溃，急需替换。但无论波特准将和瓦西少将这个时候都没有多余的兵力。布纳地区的战斗正在进入高潮，那里的美军也不可能来替换他们。

对盟军来说更不妙的是，日军的援兵偏偏在1942年12月下旬，陆续在萨纳南达集中。12月21日，日军继任南海支队长小田健作少将抵达吉鲁瓦，就地接过南海支队，以及萨纳南达和吉鲁瓦日军指挥权。当时日军阵地包括一个前方阵地和一个后方阵地。前方阵地位于萨纳南达主干道和基尔勒顿角小路的岔路口附近。由两个分别位于主干道两侧的独立环形阵地构成。后方主阵地向后越过两条道路，大约和前方阵地相距500码，全长约1500码。主阵地由三个相互联系，从东西方向跨越道路的环形阵地组成——2个在北，1个在南。

小田能够指挥的是整个巴布亚战场规模最大，实力最强的一支部队，不仅在前线的工事和掩体里有强大的部队，而且能从萨纳南达角及吉鲁瓦角两地为前线提供预备队。至少从理论上来说，小田少将完全能像塚本中佐守住第一道防线那样，稳守第二道防线。

■新任南海支队长小田健作少将。

但对日军来说尤其不幸的是，他们的补给状态已经陷入绝望。塚本中佐在岔道口的部队尤其缺乏粮食、武器和手雷，以及各种弹药。他的部队不得不依靠通往基尔勒顿的小径补给食物，正处于饥饿的边缘。小田的部队也好不了多少，每天只能吃一顿米饭，其他时候只能吃就地搜取的草皮、树根、螃蟹和蛇，各种各样能够找到的可以下肚的东西。

吉鲁瓦的日军战地医院景象可怖，没有药物，没有食物。病房里都是积水，很多医务人员都死了，只剩下大批病人自生自灭。

12月11日，第15独立工兵联队长横山大佐就向拉包尔反映过南海支队目前所处的恶劣条件。横山描绘的景象如此凄惨，以至于第18军作战参谋杉山茂中佐都怀疑他是不是在夸大其辞，在他的回信中写道："真的很难相信，情况已经像你所说的那么糟糕。"

拉包尔的18军司令部可能更担心滩头阵地的状况。他们曾计划在曼巴莱和库姆西河口建立两个补给基地。从拉包尔出发的潜艇会运载补给，在曼巴莱湾卸货，随后用登陆艇在夜间将物资送往吉鲁瓦。

这个计划虽经过精心策划和仔细制定，但已经失败了。当地的盟军海岸观察哨指挥员诺克斯中尉在沿海地区发现日军在存储物资，便用无线电报告给莫尔兹比港。几个小时后，美军航空兵便抵达当地，将日军的军需仓库，还有一些登陆艇全部炸毁。

令日军雪上加霜的是，美国海军鱼雷快艇中队——第50.1特混部队，自从12月20日在图菲建立基地以后，就在戈纳以西海岸出没，阻截日本的沿海航运。平安夜，这个快艇中队在曼巴莱河口外海成功击沉日军"伊-18"号潜艇。当晚，他们又在曼巴莱湾以东15海里以外海面，击沉了两艘满载部队的大型驳船。船上的日军第170步兵联队第1大队余部最后依靠剩余的登陆艇在安博加河地区登陆。这是日军在运输途中遇到的最大挫折。这支日军当晚到达目的地，向旅团长山县栗花生少将报到。

18军司令官安达中将决定，在巴布亚滩头补给无法确保的时候，会将170步兵联队的后续部队留在拉包尔。12月26日，布纳

■第21独立混成旅团长兼布纳支队长山县栗花生少将。

■第18军司令官安达二十三中将。

告急，他命令山县立即率部去吉鲁瓦。第二天，山县集中当时他在滩头附近的全部兵力，晚上乘驳船启程前往吉鲁瓦。这次调动非常顺利，没有遇到盟军海空兵力阻击。

面对种种不利条件的盟军，12月19日以后，就已经明白即便得到澳军2/7骑兵团和36营增援并不能一路打到海边。20日，赫林中将来到萨纳南达前线，和瓦西少将进行了会谈后，一致认为以现有兵力无法在前线组织全面进攻。赫林提到他会试图将坦克和新到的步兵投入战斗，但援兵最早29日才可能到。在这之前，瓦西的师部先用了3天时间，统计这一时期该师的各项数据。从11月25日到12月23日为止，第7师在前线的5905名官兵，已经因为各种原因减员达4273人之多，目前瓦西在前线直接指挥的澳军兵力不过1632人。

如果放到整个布纳－戈纳战场的大背景之下，这些数字是令人极为不安的。在萨纳南达右翼的布纳战场，澳军18旅还会面临许多战斗，在形势明朗之前，不能来萨纳南达助战；美军32师的厄巴纳部队要攻下布纳教区，还要先穿过令人头痛不已的三角地区和“政府花园”地区；瓦西的数据，还有第2/7骑兵团和第30旅的战斗经历，已经显示了萨纳南达的困境；至于左翼的戈纳部队除了确保戈纳地区之外，无力承担更多任务。

瓦西少将自己都认为只有空中行动才是他左翼阵地唯一得到的真正保护。莫尔兹比已经没有其他步兵部队可调。澳军留在新几内亚的最后一支步兵机动部队就只有米尔恩湾的17旅，但那里地理位置极其重要，以及邻近的海岸线和岛屿，都需要一个整旅的兵力护卫，布莱梅将军绝不会冒让日军在米尔恩湾地区开辟新战场的风险，将这个旅调往布纳。

那澳大利亚本土呢？最精锐的帝国军团的3个师当中，第9师仍在中东；第7师已经全部投入新几内亚战场，目前已经由于战斗伤亡和疾病减员到达极限；第6师16旅也在新几内亚的战斗中筋疲力尽，17旅必须留守米尔恩湾，而19旅是本土北部驻军的核心，也不能动。当时国民军团等其他单位的民兵步兵共编为18个旅（其中2个仅辖2个营）。这些民兵旅中的3个旅已经在新几内亚战场，另有3个预定在1943年初到达；5个驻守本土西部，2个驻守北部，护卫还有可能遭到日军登陆威胁的广阔地区。仅剩的最后5个民兵旅需要防卫从约克角北部诸岛（包括北部重要的航空基地）到东南塔斯马尼亚岛的广大地区。

综上所述，瓦西目前无法得到完成萨纳南达战斗任务的足够兵力，他不得不等待布纳的战斗结束，这样在他右翼的澳军和美军部队才能转入萨纳南达地区。

地图五十四　12月底的萨纳南达

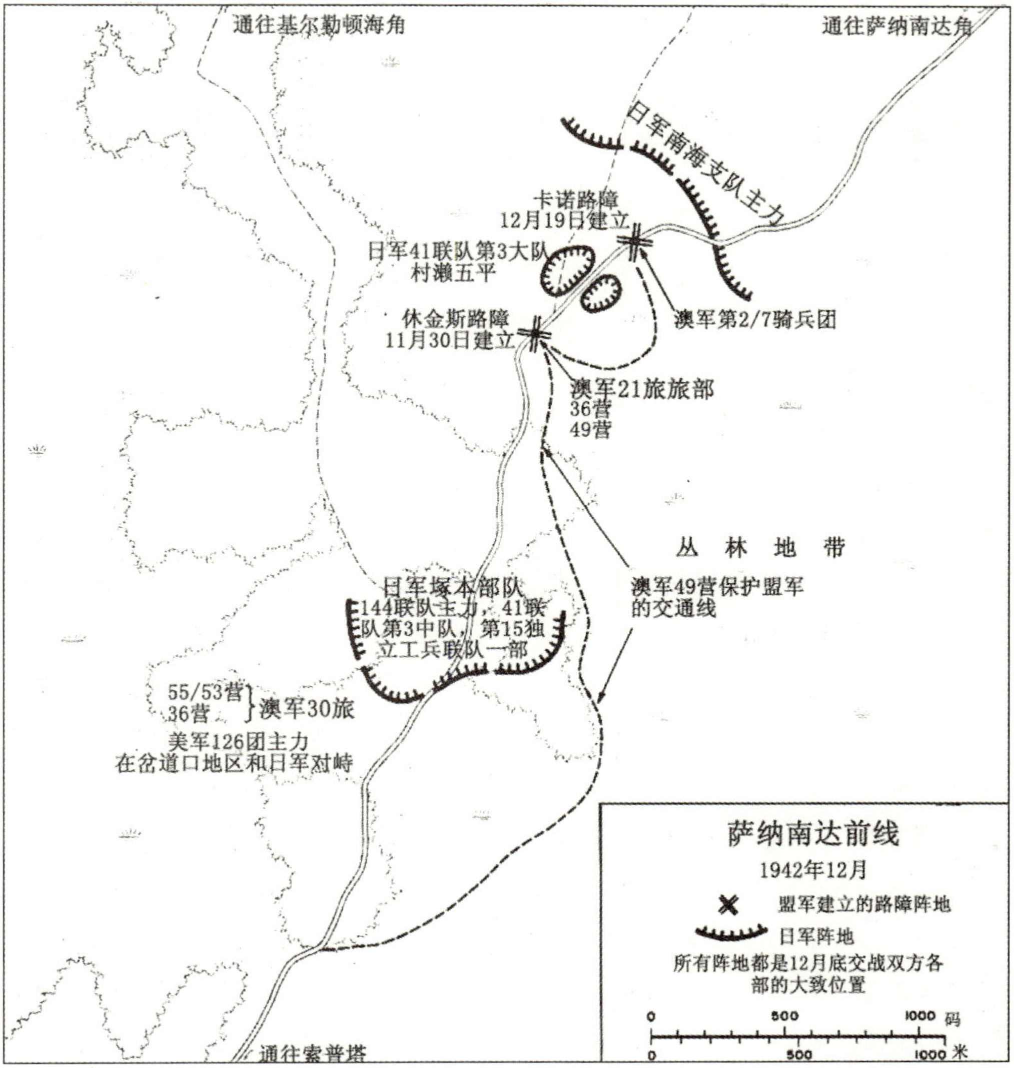

第十三章　攻克布纳机场

坦克初战

12月18日，澳军坦克将在巴布亚战场首次亮相。即将参战的2/6坦克团X中队对坦克战毫不陌生。这10辆坦克的车组成员都经过高水准的装甲坦克战训练，全是从1941年始建的澳军装甲师精挑细选出来的。这个师曾在利比亚的沙漠，和德国非洲军作战。8月到10月间，他们在新南威尔士州西部的平原进行了迄今为止，澳军历史上规模最大，项目最复杂的军事演习。新几内亚满是泥浆和腐朽灌木的战场与训练时的地理条件正相反，但长期装甲战集训不可能没有任何效果。

X中队一共4名军官会第一批赶到布纳。2/6装甲团团长霍奇森中校现年39岁，原先是一位英国军官，高个子，冷静而自信，是个严厉的装甲兵军官，部下都很尊重他；N.G.怀特海德上尉是个大块头，肩膀宽阔，非常自信；G.E.柯蒂斯中尉，刚过29岁，矮小壮实，不会辜负任何部下的期待；V.H.麦克罗洪中尉身材高大挺拔，是一个参加过北非西部沙漠部队的老兵，在那里为第6师骑兵部队服役。以盟军当时在新几内亚的运输条件，加上日本海军的威胁和友军飞机误炸造成的意外，这几位军官还能够将他们的轻型坦克一辆不差地都带到布纳战场，已经在一定程度上说明了他们的能力。

12月16日，伍滕准将的18旅先头部队已全部到达布纳。2/9营的664名官兵全部到位，其中还包括刚刚划拨给他们营的127名援兵。2/6装甲团X中队；第17旅装甲车集群的5辆装甲车；2/4工兵连的一个工兵分队和2/5野战救护连等配属部队也都已到达。2/10营的682人已经在波拉克准备次日登船调运。

澳军坦克兵在布纳观察地形时，发现种植园一带和新跑道地区最适合坦克行动。沃伦部队的新一轮进攻计划以X中队主力开道，2/9营的两个步兵连随后跟进，进攻杜罗帕种植园，然后沿海岸直扑恩代阿德雷海角。美军128团3营会跟随在澳军后方扫荡日军阵地。夺取海角后，盟军会转向西面的西梅米溪一线，占领溪口附近的桥头堡，威胁日军后方。对新跑道会同时从东面和南面两路进攻。126团1营会从南面向两条跑道间的桥梁推进。X中队的其余坦克在美军128团1营和2/9营的另一个连支援下，进攻新跑道东端，从疏散区一带切入，经新跑道北角向机场间的桥梁推进。

在进攻之前，重炮和迫击炮会进行火力准备。安格南面是美军的一门105毫米榴弹炮，澳军的25磅炮负责两翼，2门3.7英寸山榴弹炮就在新跑道西角不远处，至少有一门25磅炮会转移到新跑道东角靠近疏散区的位置，炮击那个地方的碉堡掩体。预计18日到达的2/10营将接管2/9营的宿营地，然后根据旅长的命令投入战斗。

17日夜间，X支队主力，共7辆坦克隆隆开向他们的集结区。麦克罗洪中尉的3辆坦克分别由瘦削黝黑，年仅22岁的埃文·巴内特下士和瘦高的杰克·拉蒂莫中士，以及他本人担任车长。另一组由柯蒂斯中尉本人，能干的约翰·丘吉中士和C.B.坎布里吉下士分别担任车长。第7辆坦克由怀特海德上尉亲自担任车长。

坦克开动时，盟军原计划让飞机在布纳上空飞行，掩盖坦克车辆引擎的轰鸣声，但没能实行。澳军因此担心坦克进攻失去突然性，但即使冒险，也只能继续下去。好在前线的美军128团1营和3营集中使用迫击炮火，炮声遮掩了坦克引擎的震动和履带拖动的声音。这种权宜之计是成功的，日军巡逻队非常靠近坦克正在到达的区域，但没有发出警报。2/9营的步兵跟随在坦克车队后面，越过海边的阴暗灌木丛，亦步亦趋地进入他们自己的集结区域。

为掩护正在靠近前方的澳军，美军对日军战线进行了压迫，很多时候，他们距离最近的日军碉堡都不到50码。18日5点30分，澳军从集结区走向进攻出发地，美军128团1营和3营准备撤退，给澳军让路。这样调度，部队就不会受到近距离炮火误伤，坦克和步兵也能获得足够的机动空间。

美军128团1营和3营在6点到6点45分之间，悄悄后撤300码，退入他们的指定阵地。6点50分，盟军航空兵开始轰炸和空中扫射，前沿阵地的所有火炮和迫击炮都开始向日军开火。在这10分钟火力准备期间，澳军2/9营在营长克莱门特·科明斯中校指挥下，通过两个美军营的队列，到达出发线。7点，炮火弹幕刚刚消散，飞机停止空袭，澳军的坦克就和步兵一起带头发动了冲锋。

科明斯中校安排A、D、C三个连进行这次攻势。A连和D连由5辆坦克带领，直接向北方海岸推进，正面宽度约为500码。右翼的A连由R.泰勒上尉指挥，最终目标是恩代阿德雷海角，麦克罗洪的3辆坦克和他们一起行动。中央的D连由格里芬上尉指挥，柯蒂斯的两辆坦克会和他一起行动。左翼的C连由C.B.帕伯里上尉指挥，在新跑道东端正北200码的位置左转，从一片草地奔向种植园边缘地带，并且保护另两个主攻连的侧翼和后方，同时向西面沼泽地和灌木丛中的日军阵地施压。本森上尉的B连留作预备队。

坦克和步兵之间保持适当距离，大部分时候在相互支援的范围以内。澳军离开出发线的同时，麦克纳布和克拉克森的两个美军营也开始向北方和西方前进，执行支援任务。比弗少校的一个营会对新跑道西端和跑道之间的桥梁地区继续施压。

澳军的7辆坦克直接冲向从海边到新跑道东角的日军防御工事群。每座工事都是一座巧妙隐蔽和伪装的小要塞，有些由交错的椰木和6英尺厚的土层覆盖，有些安装了铁板屋顶，其他建筑结构也相当好。从这些碉堡工事射出的火线无情地杀戮澳军步兵，尤其在帕伯里连左转时，那些转向得不到支援的士兵纷纷倒在那片长草地间，就像被一只巨手掀翻一样。

尽管盟军的重炮和迫击炮火准备没能摧毁日军的工事，但向恩代阿德雷海角的进攻仍非常成功。澳军的坦克和生力军着实打了山本大佐一个出其不意，坦克在推进的主轴线上，充分发挥了作用，美军步兵长时间都奈何不了的种植园阵地对坦克来说，根本就不是问题。

坦克在一座又一座日军工事前安然通过，保护紧密跟随的步兵。步兵会将他们的手雷和枪榴弹都从工事的小口塞进去，直到把那些狂热的日本守军杀干净为止，再跟着坦克奔向另一座工事，他们在米尔恩湾就已

■澳军2/9营的步兵从坦克手手里接过手雷。

经知道该怎样和这些日本兵战斗，会努力保证在他们通过的道路上不会留下一个活着的日本兵，这对他们来说才是最安全的。

坦克兵们完全摧毁了日军的士气，曾经让美军步兵损伤惨重的密集火力对坦克就像隔靴搔痒。日军就像被逼进死角的老鼠，不过除非M3坦克推进到非常近的距离，用37毫米口径主炮近距离射击，不然无法给日军工事造成多少直接损害，还得依靠跟上的步兵一起解决战斗。

艾克尔伯格中将对澳军在新几内亚的第一次坦克战赞赏有加，称为“一场壮观而戏剧性的，勇敢的攻击”。从新跑道到大海大约800米。美军向西面的澳军提供支援，其他美军执行最后的扫荡战。而跟随在坦克后面的都是精神饱满，生气勃勃的澳军老兵，他们用汤姆森冲锋枪痛击被逼进死角的日军，然后美军的担子就轻了不少。美军巡逻队前几天没发现的隐蔽日军阵地燃起了大火。坚定的澳军坦克兵和步兵稳步通过空地和高大的椰树林，推进速度之快，让美军都错以为他们没有遭遇多少伤亡。

澳军中央的格里芬连推进迅速。W.F.麦金脱什中尉指挥的排出任右前锋，沿着椰树林边缘穿过水线边上一道沙堤旁的灌木丛。在他前进的时候，巴内特下士的坦克已经直接向昨天晚上美军阵地前方发现的一座坚固的日军圆木工事发动进攻。那里有两挺机枪和5名日军把守。坦克炮轰了这座工事，跟随坦克的麦金脱什的部下向里面投掷手雷。

■澳军步兵在坦克支援下，向恩代阿德雷海角推进。

两个日本兵从冒着浓烟的工事残骸，爬进周围两英尺高的长草之间。乔治·泰勒下士发现一个爬出来的日本兵就在他眼前5码远的地方，两人同时举枪射击，泰勒的手臂受了伤，但那个日本兵被他当场击毙。

紧靠泰勒左边的是R.R.托马斯下士的一个班。这个班正在和一座麦金脱什昨天傍晚没发现的日军工事激战。托马斯冲向这座工事时，一枚手雷几乎就在脸上爆炸，他的半张脸都开了血花。

“活见鬼！”托马斯简直怒不可遏，这是澳军的制式手雷。原来工事里的日本兵直接用十几天前，从弗格森的装甲车上拆卸的布朗式机枪和手雷弹反击。尽管这在战争中很平常，但想起以前阵亡的战友，托马斯怒不可遏，抹去脸上的血沫，大吼一声：“你们来吧，臭鬼子！”一个箭步冲了上去，击毙了两名日军。第三个日本兵从这座工事两棵圆木之间的空隙伸出了缴获的布朗式机枪开火。托马斯一个侧翻，刚刚避过，子弹就在他刚才所在的位置“噗噗”直响。等日军这一梭子弹打完，他冲上去一手握紧了枪口，也不顾发烫的枪口会把他烫伤：“他妈的给我撒手！”硬生生把这支枪拽了出来，再一跃从工事的出口冲了进去，杀死了那个刚才还在向他开枪的日本兵。

随后托马斯又连续战斗了两天，直到他的伤势传到排长麦金脱什耳中，才强制命令他离开战场。这个排随后又和坦克一起一路摧毁了三座挡在他们路上的日军工事。8点10分，他们已经沿着海岸线，折向斯特里普角进军。

尽管右前锋麦金脱什排突破非常迅速，但格里芬连左前锋T.R.西维尔中尉的一个排就不那么幸运了。他们推进时，要越过长长的椰树林和生长在椰子树中间的长草。当他们推进到离海角200多码的位置时，一座混凝土工事射出的火力线挡住了去路，尽管麦金脱什排试图从靠海一侧用机枪火力支援，但西维尔排还是付出了沉重的代价。西维尔中尉本人也中弹身亡，他部下的V.D.普伦泰斯中士负伤。格里芬上尉赶紧派绰号“矮子”的A.沃尔特斯中士指挥这个排。但沃尔特斯在冲向前线的时候，头部受了致命伤，于是这个排的指挥权最后只能由一名下士代理。

格里芬的左前锋排遇到不少困难，但和他们连左边的泰勒连相比，还是小巫见大巫。8点10分，当格里芬连的右翼排成功到达目标时，泰勒的人都在至少200码以外的阵地列成一线和日军鏖战，伤亡很大，但没能取得进展。格里芬连的左翼也没有打开。营长科明斯中校仔细观察敌情后，安排了一些机枪，在掩护格里芬连较弱的左翼前锋的同时，增强泰勒连的火力。

与此同时，科明斯营左翼的帕伯里连在新跑道东端面临的困难，远大于中央和右翼的两个连。就在他们左转的那一刻，被日军许多强点的轻重机枪火线撕扯得支离破碎。日军先下手为强，甚至在他们离开出发线伊始，就已成为日军机枪打击的目标。出发后，日军轻武器的密集火力线也让他们吃尽了苦头。没有配备坦克的帕伯里连找不到任何可以抵挡日军子弹的屏障，从出发线推进仅仅100码，10分钟左右，全连87人已经损失46人。右前锋排排长德·范蒂尔中尉和他所有的士官，除一人之外，包括曾在米尔恩湾表现出色的J.戈登中士，全部阵亡。

帕伯里失去了和范蒂尔排的联系，担心他们已被全部消灭，于是先下令让残余部队全部卧倒，这样至少能藏身在两英尺高的长草里，获得幸存的机会。他打电话报告科明斯营长后，科明斯建议他尝试用一个班渗透，看看是否能完成大部队无法完成的突破日军工事屏障的任务。于是帕伯里从J.H.杰西准尉的预备队排里抽调G.W.莫雷中士的一个班执行这项任务。但莫雷和他的人推进不到20码就在日军的狙击火线下全部阵亡。帕伯里连余部只得在日军最前沿阵地前60码，即距离日军主碉堡工事一线约100码的位置等待坦克支援。

那个时候，本森上尉的预备队连主力正毫不留情地消灭任何在格里芬和泰勒连所过之处仍残留的日军，夺取位于前方两个连阵地边缘的日军强点。得知帕伯里连的困境，本森派出了他的一个排。克拉克森的美军128团1营也尽可能呼应帕伯里，向他们连左翼靠拢。美军战士们匍匐穿过长草，安全推进了一段距离，在澳军后方大约30码的位置停止前进，然后先掩护澳军伤兵后撤。

帕伯里的部队伤亡惨重，不由怒从心头起："这坦克为什么跟进那么慢，真是活见鬼！"坦克兵确实有自己的困难。他们出发时，为尽可能控制整个中队，而且能迅速找到最需要坦克的地方，怀特海德上尉本人乘坐的那辆坦克就位于队形的中央正后方。但战斗开始后，他立即意识到，必须让他部下的军官和各坦克的车长自行决定怎样才能最有效地帮助步兵。于是他开始让他部下的坦克各自为战。刚开始，他的坦克中队干得非常出色。几乎就在他冲过敌军阵线前，发现前面的一棵高大棕榈树上藏着一个日军士兵，他对炮手戈登·布雷说："干掉他！"但布雷无法将他的枪炮调整到足够的射角。怀特海德随即改变命令："把那棵树打倒！"这回布雷就直接用37毫米主炮瞄准树干的某一部位连续射击。第一炮正中目标，第二颗炮弹就像斧子一样将这棵树砍断。日军狙击手像树上的鸟窝一样倒栽下来，摔断了脖子。就在坦克通过这个奄奄一息的日军狙击手，向日军主阵地冲去时，布雷又给了他一梭车载勃朗宁机枪的子弹。

大约一小时后，怀特海德首次收到帕伯里的求援信号。当时他正在新跑道东端东北的某个地方，一名步兵过来敲打他的坦克报信："嘿，伙计！我们连需要支援，再没有坦克全都得挂了！"他转过车身，跟着步兵向西去，很快发现自己面前的三个日军防御强点。怀特海德选择了最南面的一座日军工事，耗费了4到5发炮弹将它解决。但当这辆坦克掉头对付第二座日军工事时，布雷的视野里升起了一团烟雾，一瞬间，一阵冲击波使炮管猛烈摇晃起来。怀特海德也被从座位上掀起，他本能地用双手挡在前额上，缓冲撞击的冲击力，意识到有日军靠近坦克爆破，他从观察孔向外张望，想查看外面的情况，正好一个亡命的日军士兵跳上坦克，将他的步枪枪口努力伸进观察孔开了枪。子弹和弹片就在怀特海德的脸和伸展的手臂旁一英寸多一点的地方穿过。怀特海德的一只眼睛被弹片弄瞎了，一阵晕眩，满脸是血。他重重地坐倒在坦克车底板上，一只好眼中满是金星。

怀特海德只觉得有许多子弹飞舞，原来他从被打开的观察孔就能看见10码外正在发射曳光弹的日军机枪。好在坦克已经得救。两名澳军步兵跟上了这辆坦克保护，发现一名日军士兵想爬上坦克，以最快的速度将他击毙，但没能阻止他打伤怀特海德。过了一会儿，坦克稍事后退，将他们受了重伤的上尉先送出去。一名日军狙击手乘机从一棵树后向它开枪。布雷正憋着一肚子火，对准那棵树就是一炮。这一炮打个正着，将芭蕉树从中打断，从树上摔下来的日军摔成了一团靴子和血布包裹着的肉酱。

在霍奇森中校代替怀特海德指挥这辆坦克前，血流不止的他几乎休克。霍奇森投入战斗后，像他自己教别人的那样，经常从坦克的开放式炮塔向外观察，以获得完全视野观察前方。结果他不可避免地被一颗飞溅到

■坦克正在向前方的一座日军碉堡开火，一名步兵军官爬上车身，告诉坦克手，在右边还有另一座日军工事。

坦克车身上的机枪流弹打伤，身受重伤的他在炮塔里颓然坐倒。大约10点，两名军衔最高的坦克指挥官都已因伤退出战斗。

与此同时，巴内特根据直属上司麦克罗洪中尉的命令，将支援他的步兵留在目标区域，一路冲进中央阵地椰树林的混战漩涡当中。麦克罗洪自己正忙得不可开交。拉蒂莫指挥的那辆坦克在椰树林更深处显然遇到了麻烦，麦克罗洪直接去支援他。他一直听见拉蒂莫在无线电里呼叫："快过来，快点过来！"原来拉蒂莫的坦克被压在一棵倒下的椰子树下。然而这个时候，麦克罗洪已经没有了弹药，于是他只得先撤退。这样一来尽管他还会从无线电里听到呼叫，非常着急，但也只能先离开，让他们留下接受命运的安排。

麦克罗洪很快就心急火燎地满载着弹药赶了回来。日军本来要放火焚烧拉蒂莫的那辆坦克，幸亏拉蒂莫和他的部下已经先逃了出来。先一步靠拢过来的巴内特赶走了那些日军，然后他让炮手先把坦克车上的易燃品全都先搬开，这样才能去清除拉蒂莫车身上正在燃烧的断木。由麦克罗洪满载弹药的坦克在一旁掩护，巴内特也不必担心会遭到日军突袭。麦克罗洪小队在所有成员共同努力下，尽管受损不轻，但没有损失一辆坦克，柯蒂斯小队却没那么走运。

8点30分以前，柯蒂斯本人的坦克在支援泰勒连在中路的进攻时，撞上了一个大树桩，被卡住了。像拉蒂莫那样，他和他的部下在被敌人放火烤熟之前，在步兵的火力掩护下，安全地逃出了舱门。这时，丘吉中士的坦克正好赶到，但日军点燃的大火已经在蔓延，他所有试图抢救的努力都是徒劳。柯蒂斯的坦克就这样被焚毁。麦克罗洪来到泰勒连的中央阵地助战，眼看着第二辆（很可能是坎布里吉下士的那辆）坦克在冒烟，正想设法救助，但一颗磁性炸弹贴着冒烟的坦克车身爆炸了。车长和他的士兵们从车里跳出来，一路飞奔，尽可能远地逃避坦克车飞腾的火焰和敌人的子弹。

澳军在西南太平洋战场的首次坦克和步兵协同作战热火朝天地进行到18日13点，柯蒂斯中尉接管了丘吉的坦克，带领另两辆坦克一起来支援苦苦守候的帕伯里连。当这3辆坦克在步兵后方等候时，帕伯里向三位坦克车长指明了敌军阵地和工事的具体位置。帕伯里的计划是让杰西准尉带领他的排居中，两个班分居左右两翼，每一班人都有一辆坦克掩护。杰西指挥中央的一个班会用明光弹向坦克指明目标。在30码的前方和杰西右翼70码的位置，德·范蒂尔排的余部共11人会提供支援。帕伯里上尉会和范蒂尔排目前的代排长——8个月前刚刚从其他部队调入这个营的L.G.罗根二等兵，安排支援事务。在帕伯里等待坦克的时候，罗根已经向他汇报过情况。该连的第三个排，F .S.平威尔中尉的一个排会跟在杰西的坦克步兵队列后方。主攻部队前进时，"布朗式"机枪手会扫荡树林中的日军狙击手。就在帕伯里希望这项新的作战计划能解决战斗时，他没有料到3名日军士兵正偷偷穿过草丛，试图向右翼的一辆正在开火的坦克投掷燃烧弹，好在帕伯里的步兵在他们靠近之前就已经将他们消灭。

14点，澳军展开孤注一掷的行动。杰西的闪光弹落入日军最后的阵地当中，坦克炮弹就沿着他们在空中划过的弹道落入日军阵中。步兵的“布朗式”机枪鸣响了。每一名澳军手中的武器都打得逐渐发烫。几座日军工事覆盖的干燥圆木被点着，火苗蹿起老高。一些日本兵尖叫着冲出了他们的工事。这时澳军步兵就会成为摧毁日军抵抗的核心，他们的手雷在坦克后方或外侧左右开弓。半个小时以内，澳军已经扫清了11座工事。余下5座工事里的日军一见大势不妙，也终于抱头鼠窜地逃跑了。战斗在15点结束，气喘吁吁的澳军就在跑道东角上方，面对着向西的通道，露出了一张张如释重负的笑脸。坦克在他们左右环绕，消灭的敌人大约有80人，还有更多人埋在被摧毁的碉堡里，支援的美军步兵会解决他们，将所有工事填平，不会留下任何残存的日军士兵。

帕伯里连终于在左翼摆脱了长时间纠缠他们的日军阵地，本森连的部队从他们右翼绕过，继续为取得一条可以充分向西展开的战线而战。下午晚些时候，北面的泰勒连和本森连一部与一些坦克继续向前推进了一小段距离，最终在恩代阿德雷海角基地周围成功左转，使他们和格里芬连的战线连成一片，合拢了后者的左翼。18日夜间，澳军已经建立了一道向西面对日军后备阵地，从大海向南延伸到新跑道东端的前线。格里芬连处于最右翼，该连右翼位于恩代阿德雷海角以西约400码的方位，前沿阵地大约350码长；泰勒连位于格里芬连左翼，约250码长；本森连和一个美军排位于泰勒连左翼；帕伯里连位于最南面，左翼阵地正好位于机场通往海岸东北通道的尽头。

澳军2/9营在坦克支援下，18日一天之内就夺取了恩代阿德雷海角周围的一片阵地，完成了他们的第一项任务。他们付出的代价也不小，合计伤亡171人，占所有参战人员的三分之一以上。新几内亚初次登场的澳军坦克兵厥功至伟，充分显示了自己的重要性，但已有2辆坦克被焚毁，另有一辆需要维修观察孔。

12月18日的战斗尽管一如既往惨烈，但盟军的战果具有决定意义，日军在杜罗帕种植园－机场新跑道地区的防线已被撕裂，而他们在西梅米溪东岸地区的防御阵地被完全压制。

前线取得重大进展后，盟军终于有时间和精力在占领区观察残留的日军工事。很显然，美军32师尽管表现不及澳军帝国军团的精锐正规军，但当初仅以他们获得的各种物资支援，是无法单独摧毁当地的日军立体防御工事的。艾克尔伯格在给萨瑟兰的信中，明确指出战区司令部不知道的许多困难：“我知道麦克阿瑟将军将会很高兴了解到这

■倒在一座日军大型工事外的几具日军尸体。

一点，我们（在日军阵地）发现了配备铁门的混凝土碉堡，这样的碉堡组成的防御阵地是步兵在缺乏其他帮助的情况下，几乎无法逾越的。”两天后，他在表扬伍滕准将的出色表现时又补充道：“我很高兴他能有坦克助战。我不相信他或其他任何人在没有坦克的情况下能走多远。”

向西推进

12月18日的战场是整个布纳地区最适合坦克行动的地区，但即使在那里，M3“斯图亚特”式轻型坦克都像被套上犁的赛马那样迟钝。按照设计方案，这一型坦克的速度是最好的自我防御方式，为追求较快的速度，必然相应牺牲装甲的厚度。在种植园长满长草的粗糙草地，通过泥泞的沼泽，越过弹坑时，坦克却只能减速，缓慢地像老爷车那样开动，而即使根据坦克和步兵协同作战的要求，也并不需要拖到这种低速。而M3坦克本身的设计方案也并不要求他协同步兵作战，乘员没有经历过这个科目的训练，当然也就没有相关经验。布纳战场的步兵同样没有和坦克协同作战的经验。双方都要在战斗中直接沟通磨合，所有细节问题必须在实战中不断检验和摸索。尽管可以就地设置通信信号，但坦克在布纳地区几乎“两眼一抹黑”，因为他们的视野大多数时候都被高大的热带植物给挡住了。

18日傍晚，战斗进入尾声，伍滕准将获准可以在下一天重整他的部队。晚上，2/10营（欠2个连），从波洛克港乘海防舰赶来。这支生力军将接管之前2/9营的营地，充当18旅预备队。

和前一天相比，19日相当平静。18日空运到前线的2门澳军4.5英寸榴弹炮在桥梁下方奥海尔炮兵部队南面建立了阵地，参与炮火打击。整个上午，盟军对桥梁地区新锁定的日军工事进行了几次集中炮击。2/9营各连各就各位，随后克拉克森的美军128团1营沿机场新跑道北边加入桥梁地区前方比弗126团1营的阵地，128团3营将在行动开始后面向西方，和澳军2/9营一同向西梅米溪进发，他们的右翼和澳军左翼保持联系。

18日，新几内亚部队就已下令要修建一条从奥罗湾直达多博杜拉机场的道路。19日夜间，澳军2/10营搭乘数艘海防舰从波洛克港出发，而“贾帕拉”号搭载的美军工程部队和物资同一天晚上已进入奥罗湾。搭乘“贾帕拉”号的科林·米尔斯上校，在到达目的地后即就任COSC奥罗湾基地司令。同船货物合计750吨，人员包括一个加强港务营和美军第43工兵营先遣队，他们的任务就是修建奥罗湾到多博杜拉的道路。道路一旦建成，将使盟军可能首次能在欧文·斯坦利山脉东北侧建立轰炸机和战斗机基地，以空中优势封闭日军进攻莫尔兹比港的道路，而且可以为攻打占据休恩半岛的日本守军奠定基础。

“贾帕拉”号带来一批澳制平底驳船，用于卸货作业。这种驳船堆满货物后，被推到岸边，就能充当浮动船坞。使用这种驳船卸货的速度创造了西南太平洋战区成立以来的纪录，“贾帕拉”号也在天亮前就成功返航。

前线虽然相对平静，但各作战部队也不清闲。澳军2/9营和美军步兵最后一次扫荡了他们的占领区，澳军调整自己的战线，确保与美军麦克纳布营在新跑道东端的右翼紧密相连，以后会随着战败的日军放弃这一地区的其他工事占领整个新跑道地区。而2/10营正在哈里科整顿备战。为补充2/9营18日折损的兵力，伍滕准将决定调2/10营马特森上尉的一个连在20日加强该营。随后伍滕命令2/9营营长科明斯，让他的部队完成第一阶段的全部作战任务，占领整个机场地区以北到海岸和西梅米溪为界的地方。当然，科明斯营仍会得到足够的炮火和装甲兵支援。

为弥补18日X中队的损失，澳军从莫尔兹比港调来一位高大壮实的黝黑装甲兵军官摩斯少校。摩斯少校是一个大胆无畏，不向任何困难低头的硬汉，人送绰号“公牛”。19日，摩斯和E.D.贵恩中尉，还有11名坦克手来前线报到。除火炮和坦克外，航空部队也会尽可能派飞机支援。美军地面部队则派出麦克纳布营负责占领澳军左翼阵地，克拉克森营和比弗营会从新跑道以南和桥梁区域对日军施加压力。

20日6点30分，盟军的3架轰炸机在基罗帕角投下15枚500磅炸弹。随后盟军的火炮、迫击炮和机枪对目标地区进行了一次大规模火力准备。7点，2/9营的步兵准时出发，贵恩中尉和麦克罗洪中尉指挥的4辆坦克和他们一起冲向敌阵。格里芬连继续沿海岸线推进，泰勒连、本森连依次向左排开，前天伤亡较大的帕伯里连残部和12名从运输排补充给他们的士兵一同充当营预备队。营长科明斯中校让2/10营的马特森连守护恩代阿德雷海角待命，根据战况再安排他们的下一步任务。

一开始，在澳军步兵穿过椰树林之间杂乱的灌木丛时，还只有日军的狙击手和部分骚扰性火力给他们制造麻烦。当他们从出发位置向前推进3小时后，已从地形较为规则的棕榈树林进入矮小灌木丛和长草覆盖的斯特里普角正南地区，这是布纳地区最典型的荒地。没多久泰勒上尉就负了伤，该连减员也较多，于是帕伯里连替换了他们，让负伤的泰勒带领他的部队退后充当预备队。

帕伯里和本森的两个连同时在一片标志明显的800码长草地（草地的草根都长在烂泥里）穿行，随后一路奔向斯特里普角基地，沿着海岸边前进的格里芬包围了斯特里普角，报告那里并没有日军把守。

于是帕伯里和本森的两个连退后，踏入另一片长满长草的沼泽灌木地带。这回澳军的问题是这种地形太不适合坦克行动了。2辆坦克在泥沼里陷得太深，只有海滩那边才适合坦克前进。这样一来，帕伯里连在通过第二片沼泽地时，就没有装甲兵掩护。没过多久，13点到14点之间，这些倒霉的澳军遇上了又一个麻烦。

当时帕伯里的右前锋排靠近海岸，而平威尔中尉的一个排在左翼。平威尔排和右翼的一个排失去了联系，随后他们突然与西梅米溪向北延伸到海岸的一道日军防线遭遇。麦卡锡中士用手雷摧毁了一座日军工事，但平威尔排的推进还是被日军的近距离机枪火力击退。平威尔本人和另外2人阵亡，麦卡锡和其他3人负伤，其他人只得向靠海的另一个前锋排退却。

营部情报班的W.F.米尔恩二等兵试图去前线寻找平威尔排，但中途被日军狙击手打伤。一心惦记着自己任务的米尔恩缓慢地爬向前方，但他后来发现自己错过了平威尔排，身处日军阵地中间，最后他被日军用刺刀连捅了几刀。在这漫长的一天消逝后，澳军有人找到了米尔恩临死前留下的便条，将这位战友留下的最后信息保存起来。米尔恩的信息都写在一本皱巴巴的小笔记本上，字迹显示，他是在临终前用铅笔在本子上留下了这些模糊的字迹，看上去仿佛是一个初学写字的小孩的笔迹：

当我死后，你们可以在周围的灌木丛里仔细搜索我们的伤兵。杰克·艾伦就在我左边的某个地方（最后战士们在他的右边某个地方发现了艾伦，可惜艾伦在12月29日还是伤重不治）。

在这一页的背面写道：

炸弹落在我周围到处都是，不过我觉得这挺让我高兴的。

平威尔排遇到麻烦的半小时内，科明斯亲自来到前线。在他和帕伯里讨论形势的时候，格里芬连绕过斯特里普角，沿海岸线推进，来和他们会合。几乎就在这个时候，日军迫击炮从前方300码外向他们开炮。由于很多澳军士兵没有找到适合的地方挖掘散兵坑，很多人都被击中，帕伯里自己也受了伤。随后这两个连都由格里芬指挥。而本森连在向日军新防线进逼时，虽得到重炮和迫击炮火力支援，但他们的处境并不比其他部队好到哪里去。澳军当时在斯特里普角和溪口之间组成了一个向西的钝箭头形阵地。麦克纳布营的美军在澳军左边也被日军截住，好在还能和本森连保持联系，澳军和麦克纳布营筋疲力尽，就在这里迎接夜幕降临。

20日最大的收获是新跑道地区日军最后的阵地被扫清。克拉克森的128团1营和比弗的126团1营从一大早到中午一直在联合战斗，成功地将桥梁前的最后一座日军碉堡清除干净。

巧妙的拖延战斗以后，山本重省大佐已将余部的主力（大多是229步兵联队的官兵），从两个地方撤到溪对岸。在新跑道战斗的日军就利用桥梁后撤，而杜罗帕种植园－斯特里普角一带的日军余部则从溪口的浅滩撤退。山本大佐煞费苦心地保护这个地方，只因这里是整条溪流唯一能徒涉而过的地方。日军在溪口的一个小岛上设有一个防御强点，这个时候得到了大量增援，而日军在西岸的炮兵阵地锁定浅滩前的位置开炮，阻止盟军从那里过河。

盟军要跨过西梅米溪，成了一件困难重重的任务，一时也找不到什么好办法。坦克在浅滩地区涉水风险太大，直接让步兵强攻，伤亡代价势必极大。美军克拉克森营和比弗营先发动了过桥战斗。这座桥全长125英尺，不仅横框溪床，而且还越过两侧的沼泽地，从这里通过似乎是最好的办法。然而日军不是吃素的，这么长的桥虽一时来不及拆光，但也被炸出了一个大断口，还有几挺机枪和四五十条步枪在对岸封锁了过桥的通道。

20日午前，克拉克森就派出一个巡逻队尝试过桥。但他们到达桥东头之前，就被日军的密集狙击火力打退。后来比弗营的供弹和先锋排的几个人，在排长约翰·斯威特中尉带领下，由2门37毫米火炮为他们提供掩护，试图将一个木板台搭在桥梁的豁口上。斯威特带着两名部下，顶着日军的阻击火力，试着将木板台放下，结果发现还是短了6英寸，而且很快会被日军的密集子弹打成

■盟军士兵在刚刚攻占的一座阵地里，观察一名已经虚脱的日军战俘。

筛子。

眼看试图填补桥梁豁口的尝试全都失败，沃伦部队副总指挥马丁上校不屈不挠，立刻再次设法尝试，这次他希望伍滕准将调派1辆坦克支援，在部队修补桥梁时，坦克立即攻打桥西头的日军工事，吸引他们的火力。但伍滕准将对坦克另有安排，这个计划被迫放弃。

剩下唯一可行的办法是：让部队徒步涉水过溪，在他们到达对岸后，压制敌人在大桥西端的部队。即使在水势最平缓的状态下，这都是个艰难的壮举。这条溪流除了出海口的浅滩外，其他地方水都很深，要到达对岸，还得穿过满是棘刺的大沼泽，通过一片18到20英尺高的棕榈树林，天知道日军在那里会不会有埋伏。

马丁上校命令部队寻找一个适合的过河点，比弗少校傍晚派出一个巡逻队去溪边寻找。美军尝试的过河点就在桥梁正北，还没下水就被日军火力逼得退回东岸。晚上比弗在桥梁南面的一个地方又试了一次。126团B连承担这个任务，但再度失败。水实在太深，敌人高度警惕，根本没有机会。第二天黎明，马丁上校只能承认自己的尝试完全是徒劳。很明显，在桥梁地区找不到过河点。

21日上午，伍滕准将命令麦克纳布的美军128团3营，还有昨天下午已经在新跑道东端集结完毕的澳军2/10营主力，在西梅米溪下游寻找过河点。

多布斯中校的2/10营格外卖力，他们和日军有一笔旧账要算，只为抹去米尔恩湾那场不快的记忆。即便环境再肮脏，条件再困难，地形再恶劣，都挡不住他们。他们发现在溪水里跋涉时，经常会走进臭烘烘的沼泽灌木之间，巡逻侦察得顶着刺鼻的淤泥臭味，污水会漫过他们的脖子。128团1营营长克拉克森少校给了他们一些帮助。他建议多布斯中校尝试从旧跑道低端东北的溪流U形弯角处寻找渡河点。多布斯立即让桑德森上尉带领他的一个连彻底搜索U形弯地区。

22日一早，桑德森一脸疲倦和困惑，他们根本找不到可以过河的地方。多布斯满怀期望地找到他时，不幸的上尉回答说：“我的几个排搜寻了一整夜，长官，没有任何发现。”多布斯不假思索地答道：“当你的排长们不能完成任务时，你知道该怎么做。”然后转身走开。桑德森明白这话的含义，走进了沼泽和溪水。他在2名“布朗式”机枪手掩护下，又是涉水，又是游泳，尽力寻找。最后，他来到一块平整的干地，那里覆盖着2英尺的长草。桑德森一时还不敢确定是否已经过河，但远处出现的两个日军的背影令他如释重负地笑了：“上帝呀，我终于找到过河的路了。”

桑德森马上回东岸向上级报告，他找到了通向西岸旧跑道的路线，当时前面的灌木丛中没有发现日军活动迹象，机不可失。于是他以最快的速度率自己部下的一个排先从那条路线越过河去，22日11点之后已经在西岸建立了一个桥头堡。J.H.特莱维维安少校的一个连连夜循着这条路线到达对岸。23日黎明，A.H.伊弗尔德上尉的一个连也来会合。除了少量日军迫击炮弹外，他们过溪时没有遇到麻烦。

与此同时，2/9营奉命肃清海岸到西梅米溪之间的占领区。科明斯本想尽可能在21日让他的部队休整，但为了彻底铲除日军，不得不让各巡逻队四处搜寻。格里芬连

V.J.唐纳利准尉的巡逻队在沿溪流向西搜索时，撞上了日军隐蔽阵地的火力网。唐纳利提着左轮手枪扑向日军火力点时，被一颗子弹打中了钢盔，当场倒地，好在性命无忧。得信的麦金脱什排很快就过来支援，发现那是一个5人日军战斗小组。他们有2挺机枪，就躲在一棵大树树根下的工事里。这组日军虽只有5人，但十分顽强，而且阵地位置非常好，麦金脱什只能先掩护唐纳利排撤出，帮助伤员退下火线。为了抢救重伤伤员，L.R.索恩下士非常冷静地站在完全暴露的位置提供火力掩护，吸引日军注意力，麦金脱什和克里斯滕森二等兵两人飞快地冲上去将伤员抬了下来。这只是这一天占领区众多的零星战斗之一，尽管都是些已经没有意义的扫荡遭遇战，但还是让2/9营4死6伤。

22日7点50分，科明斯的2/9营在从海岸线南面开始，延伸到跨过沼泽和灌木丛的突出部，大约800码长的出发线等候时，炮火准备已经开始。10分钟炮火齐射结束后，各连依次出发，格里芬的混成连在右翼，V.F.托马斯中尉接管的A连位于左翼，本森连位于全营的稍后方，充当预备队。“维克斯”式重机枪从他们的两翼扫过林中的树冠，穿过他们道路前方的长草地，驱除日军隐蔽的狙击手。

澳军不急不忙，缓缓在长草地间搜索。连日的战斗让他们明白日军的可怕之处，如

■恩代阿德雷海角附近的坦克轨迹（见图左）。

果急于求成，很可能会遭遇在隐蔽工事里埋伏的日军袭击。这些鬼子会耐心到等澳军几乎踩到他们工事的顶上才开枪射击。一开始澳军并没有遇到大麻烦，只有零星的轻武器火力骚扰，然而托马斯连还是遭到右翼的日军机枪火力伏击。这种阻击让澳军真切感受到了扫荡战的危险和冷酷，但更糟的事情还在后头。

大约半小时后，溪对岸日军阵地的炮弹射了过来，据估计，日军将他们的高射炮改作地面炮火了。随后这些炮弹带着不祥的巨响在澳军出发线附近落地开花。炮火捕捉到2/9营的营部地区，营部的多位迫击炮手和“维克斯”重机枪手纷纷被弹片击中倒地，短时间内，其他人员在内，共20人伤亡。不久，2/9营的各攻击连队就在和美军麦克纳布营会师的半路上停止了。麦克纳布营正在扫荡本营战区溪东岸，向2/9营的左翼靠拢。这时两辆澳军坦克开了上来，炮击右路前线遇到的日军强点。但到了中午，坦克油量告急，不得不回去加油，而步兵仍只能顶着飞来的子弹，小心地在长草地里搜寻日军踪影。2/9营上午的扫荡战非常艰难，好在澳军的炮火落点极佳，仍在持续打击日军的后方区域。13点30分，加完油的坦克重新回到前方，右翼的格里芬混合连终于在它们的支援下，能够继续推进。

下午的扫荡同样艰辛，对岸日军炮火的威胁尤其令人胆战心惊。还不到半小时，格里芬混合连就报告营部，混合连的军官已经全部退出战斗。麦金脱什中尉被一枚弹片重伤，格里芬在赶到出事地点时中弹殒命，而他的副连长P.C.G.罗伯茨上尉的一颗眼珠被一枚弹片直接挖出。S.P.麦克雷迪上士暂时接过该连余部的指挥权，而杰西准尉成为混合连的代连长。祸不单行，科明斯中校自己也很快就受了伤，W. N.帕里－奥克顿少校接替了他的职务，指挥2/9营。他将三个进攻连残部合并，在战场上仅存的一辆坦克支援下（另一辆抛锚了），去消灭日军的残余工事。

17点，帕里－奥克顿终于向伍滕准将报告，他们已经拔掉了日军在溪东岸最顽固的一个据点，但溪口中央小岛的一个日军强点依然在负隅顽抗。山本大佐安排在这个小岛上的几挺日军机枪相当棘手，伍滕准将一来认为不易找到他们的准确位置，二来这对盟军只是一种骚扰，无关大局，于是决定暂时置之不理。22日的扫荡战就此结束，2/9营为完成西梅米溪东岸最后一天的战斗任务，合计伤亡58人，丝毫不比前几天轻松。

伍滕准将的第一阶段作战胜利进入尾声，23日要做的就是修复从新跑道通往旧跑道的桥梁，保证部队能够顺利攻入西梅米溪西岸，进入旧跑道。

22日，美军第114工兵营C连3排已经完成收集运输木料和其他物资的准备工作。木材主要都是当地的椰木，为了让部队安全过桥，这些木材必须被安放在最适合的位置。比弗少校和克拉克森少校的两个美军步兵

■恩代阿德雷海角战斗结束后的盟军士兵。

营，还有X坦克中队的4辆坦克都在等待，只要桥一修复，就马上过河。

23日一大早，澳军2/10营的艾弗尔德连刚从大约400码外的浅水区涉水过溪，就按照多布斯营长的命令左转，向桥梁靠拢，负责打击桥梁西端的日军，准备迎接比弗和克拉克森的两个美军营。日军这个时候仍未意识到自己在西岸露出了老大破绽，满心以为西梅米溪是盟军难以逾越的障碍。中午，艾弗尔德连几乎以零代价驱散了桥西端的守军。日军显然被澳军的这次行动彻底打懵，迟迟没有派兵争夺西岸桥头堡，放弃了桥梁地区。

与此同时，美军工兵排已经在年轻的排长詹姆斯·多格蒂少尉带领下，开始架桥。对岸艾弗尔德澳军连的成功行动，最大程度保障了施工安全，日军只能从旧跑道地区等较远的阵地进行火力骚扰。即便如此，架桥的工兵仍会面临危险。年轻的排长多格蒂少尉异常冷静沉着，无视对岸射来的流弹，到各工段巡视，指导，鼓励他的部下，安抚他们的情绪。桥梁的修复工作进展顺利，午后半个小时，多格蒂排把木板铺在豁口上，桥面已经修复。10分钟内，126团B连的尖刀排已顺利过桥，到达对岸。126团1营主力一阵欢呼，很快跟了上去。下午，128团1营也全部过桥，而X中队的4辆坦克在工兵对桥梁进行严格的载重测试，确定能承载他们超

■114工兵营修复的西梅米溪桥梁。

■布纳机场新旧跑道之间，西梅米溪东面的沼泽地。

过14吨的重量后，依次过桥。配属2/9营的2/10营C连稍晚，在东岸的扫荡战确定结束后，会回营归建。减员较大的2/9营和美军128团3营将留守东岸地区。

地图五十五　12月18日到12月22日和23日夜间，澳军2/9营及各支援部队行动路线

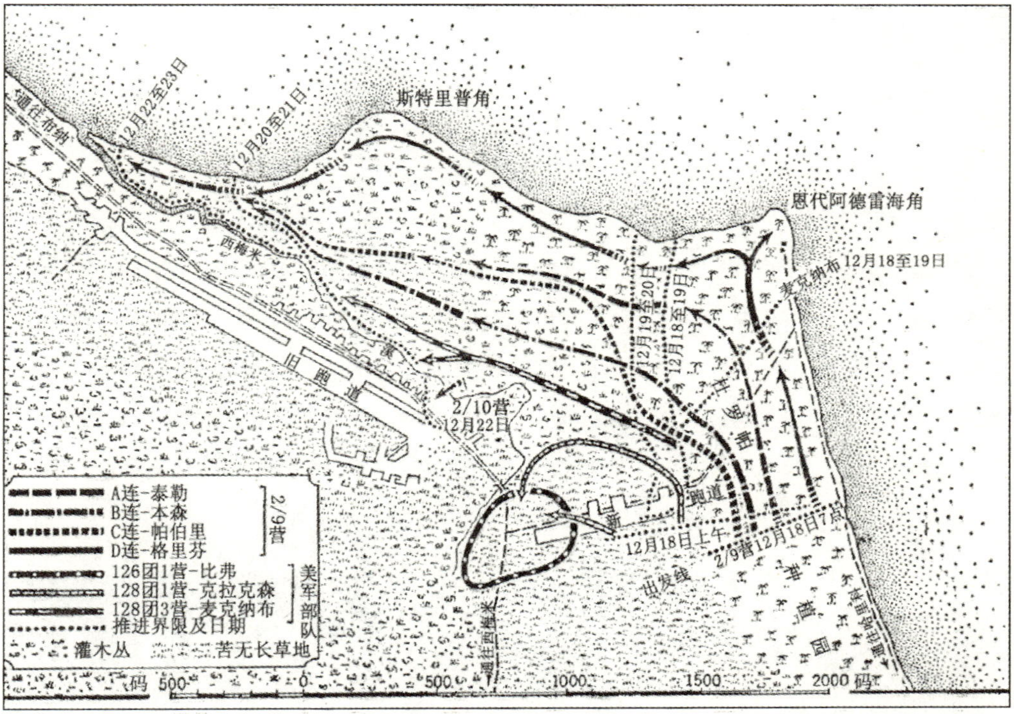

攻打旧跑道

比弗的美军126团1营过溪后，很快就根据伍滕准将的命令，向多布斯的2/10营靠拢，保持联系。而多布斯营正从垂直方向直插旧跑道。

比弗营向旧跑道运动时，敌人的平射炮和迫击炮炮火渐趋猛烈，美军推进相当缓慢。23日15点30分，副总指挥马丁上校亲自赶到前方，与比弗营会合。

17点45分，澳军2/10营已经在过河点到机场右端之间建立了400码长的阵地，比弗营在他们的左翼向东南延伸了200码。1小时后，克拉克森的128团1营过桥，在比弗营左翼组成了战线。X中队的4辆坦克则预定第二天早晨会全部过桥，与西岸的3个步兵营会合。坦克到来后，3个步兵营就会从澳军21日过河时就已经确定的旧跑道控制塔附近的位置，穿过旧跑道，向纵深推进。

日军总指挥山本大佐手中还有相当数量的兵力，抓紧时间在旧跑道地区的预备阵地部署。这一带是一个战壕和碉堡工事密集的阵地。日军挖掘了几条横跨旧跑道的交通沟，这些交通沟一直从沼泽地延伸到西梅米溪。机场北部的疏散区和机场南面建有多座日军工事，北角以外的椰树林也建立了良好的工事体系。

山本的武器充裕，机枪和迫击炮都不缺，而且至少有2门75毫米口径火炮、2门37毫米口径火炮，旧跑道西北角还有几门25毫米小口径双联或三联多管自动火炮。距离旧跑道东南角几百码的位置，有几个3英寸高射炮阵地，而这些高射炮和碉堡工事，火力战壕呈三角形连接分布。在机场北面还有另一门3英寸高射炮，山本拥有一个非常出色的控制旧跑道的阵地，弹药供应暂时也没有问题。

盟军事先就已经知道日军在旧跑道附近有3英寸高射炮，但炮兵相信这些高射炮已经被打烂了。实际上盟军航空兵已经好几天没有在机场附近遇到日军的高射炮阻击，似乎可以证实这一点。为安全起见，盟军决定第一波进攻只出动3辆坦克。第4辆坦克先留在后方待命。

南半球热带的夏天，白天出奇地长，22点左右，天色才刚到黄昏。盟军以为可以安然度过这个夜晚时，海上发生了一次险情。2艘日本武装鱼雷快艇，在环绕恩代阿德雷海角外海航行时，击沉了哈里科岸边停泊的盟军驳船“艾娃”号。当时美军128团供给连正在卸载船上的弹药，突然整条船就炸开

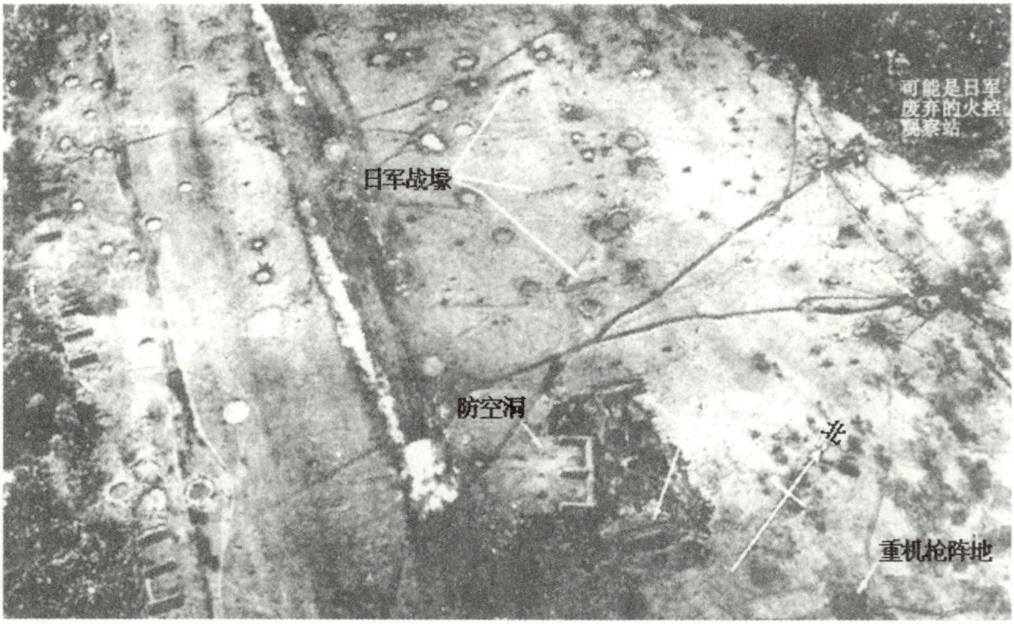

■布纳机场旧跑道。

了锅，火光冲天而起。袭击驳船后，2艘日军快艇的12.7毫米口径机枪向海岸扫射。供给连赶紧用轻武器从岸边的阵地还击，但这两艘日军快艇进退时机掌握得很好，在美军能组织重火力还击前就走远了。128团3营长麦克纳布中校得报，非常懊恼，立即下令在海滩加强防御，以免日军故伎重施。

日军的这2艘快艇没遇上更重要的运输船队。K.P.M.荷兰船队与“卡西克”号同级的“巴丹”号装载着2辆新到的M3轻型坦克和420吨补给物资，就在日军快艇袭击哈里科时，到达奥罗湾卸货，完成作业任务后，运输舰在天黑前安全返回波洛克港。

尽管发生了恼人的意料外损失，但24日的备战工作仍在有条不紊地进行。伍滕并不认为自己失去了优势，他告诉多布斯，让他的营继续沿旧跑道行动。目前最大的问题是手头可用的坦克数量较少，能够使用的4辆坦克已经全部过桥，2辆坦克刚到奥罗湾，肯定赶不上明天的战斗，而第二批的11辆坦克才离开米尔恩湾。因此伍滕对仅有的4辆坦克不得不谨慎使用，尤其在他知道这一地区的日军高射炮能用于反坦克战以后。日军的这些火炮已经好几天都没有对盟军飞机开火。可能这些炮没弹药了，也可能被澳军炮火摧毁了，但仍不得不防范日军炮兵诱敌的诡计。伍滕对第三种可能不免有些担心，但他没有向明天指挥坦克兵的麦克罗洪中尉透露这件事。

伍滕和他的情报科长在给麦克罗洪的简报中都肯定地告诉他，他可以无视原先在他行动路线左翼日军高炮阵地的任何威胁。麦克罗洪在观察过机场西北满布蔓草的开阔地和两边那不均衡的灌木后，请求允许他一开始就使用所有的4辆坦克，因为预定的这条战线对3辆坦克来说实在太宽了。伍滕准将知道可能存在隐患，不同意这么做，但最后麦克罗洪坚持己见。

12月24日一早，麦克罗洪的坦克就已全部过桥，抓紧时间先扫荡了机场东北的澳军占领区。9点30分，10分钟炮火准备结束后，4辆坦克列成一线，各自保持50码间隔，向旧跑道开进。丘吉的坦克在最右，拉蒂莫、巴内特和麦克罗洪的坦克依次向左排开。2/10营的步兵在后方跟随，特莱维维安连在跑道右边，而艾弗尔德连在左边扫荡，桑德森连充当营预备队。比弗的美军126团1营和克拉克森的128团1营从艾弗尔德连左翼向更远处延伸。比弗的任务是保护澳军侧翼安全，而克拉克森负责搜寻和消灭沼泽地间的日军。

战斗刚开始不久，一个日军狙击手就让艾弗尔德连烦恼不已。艾弗尔德一开始就和这个狙击手对上了，两人交互射击，但艾弗尔德技逊一筹，死在那个狙击手枪下，于是布朗中尉接过指挥权，一时顾不上为连长收尸，继续跟随坦克稳步前进了半个小时，一路扫荡遇到的日军步兵。

第一个小时的进攻很顺利。麦克罗洪

的坦克集中在最前方推进，搜寻日军在机场西北角外的重炮，根据18旅旅部的情报，那是唯一会对他们构成威胁的日军火炮。坦克保持原先的间隔稳步推进。突然麦克罗洪发现他左翼出现了一道火光，然后又是另一道火光闪现，紧接着又是第三声炮响。他赶紧对着无线电大吼："快离开!那是他妈的鬼子的重炮！"但关键时刻无线电又罢工了。他的驾驶员知道不好，赶紧让坦克进行曲线运动。麦克罗洪咆哮起来："你在冲向一个大坑！"驾驶员急忙而无奈地答道："没办法，现在我来不及转向了！"话音刚落，就掉进坑里，动弹不得。日军炮手随后将目标对准了巴内特的坦克。命中炮塔的日军炮弹杀死了T.R.琼斯下士，还重创了巴内特的手臂。然后炮火转向拉蒂莫。这一炮命中车体的炮手席，F.F.福斯特当场阵亡，利格特下士也受了致命伤。最后，丘吉的坦克也没能躲过这次灾难。

日军煞费苦心的反坦克战术一举成功。失去装甲兵掩护的澳军步兵成了日军隐蔽火力点最好的猎食目标。这里的防御工事体系丝毫不比西梅米溪东岸差，更要命的是，日军的炮火解决坦克后，可以腾出手来对付步

■澳军装甲兵驾驶的M3"斯图亚特"式轻型坦克。

兵了。

整个美澳联军战线中央的布朗连处境最艰难。他们正对着跑道中央的日军工事群，减员极快。美军也没能及时发现和吸引澳军侧翼的日军火力点，除了正面的日军火力外，布朗连还同时遭到侧翼和后方的日军火力点打击。布朗中尉别无他法，只有率部尽快离开跑道，以免被日军全歼。

失去了坦克，盟军步兵推进全面放缓。然而，特莱维维安连午后在右翼还是取得了一点进展，他的部队一路推进到一片大型椰树种植园外围，这片种植园后面是环绕布纳政府所在地的海岸线，一直通往基罗帕角，东南角一边是西梅米溪，另一边挨着旧跑道。特莱维维安停下脚步，固守阵地，下午一直在对付日军的渗透。这一天澳军前进了500到700码，建立了一条穿过旧跑道，向后弯曲的战线。澳军左翼的美军比弗营前进的距离也远超过澳军左翼的2个连，但没有特莱维维安连那么远。比弗营后方的克拉克森

■12月24日，美军士兵在布纳机场新跑道附近的小路运送补给。

■平安夜当天，美军士兵得到一份热餐。

营上午对左翼远方的沼泽地进行了全面进攻，但在那里被困住了，推进距离也不如比弗营。

这天夜间，盟军的战斗巡逻一无所获，平安夜没有给他们带来好运。25日，多布斯中校组织了一次新的机动。伍滕准将特地向他强调要寻找日军“死穴”，引导他将注意力转向日军右翼，他觉得那里很有可能打开突破口。多布斯随即计划在那个方向使用已从2/9营归建的马特森C连，从美军左翼大范围迂回到日军右翼。

7点刚过，美军比弗营的C连行动开始不久，就在出发线左翼被前方日军的一个隐蔽阵地火力线挡住去路，而他们左翼的克拉克森营很快也遇到日军阻击。

马丁上校努力想要解决美军两个营的问题。他让克拉克森的128团1营立即派出一个巡逻队进入沼泽地，迂回到日军后方。这个巡逻队没多久就回来报告，沼泽地里根本无法迂回。马丁相信部队如果真的下定决心，能够越过那片沼泽地，于是要求克拉克森给他找一个勇敢的军官带队。9点，克拉克森推荐的乔治·赫斯少尉从营部带领15名士兵出发。他们一路向左翼迂回，在沼泽中穿行，泥浆时常会浸没腰部。马丁上校亲自跟随巡逻队走到半路，在进行一番指示后，返回主阵地。13点左右，巡逻队发现在他们右翼环绕的日军阵地挡住了去路。赫斯少尉带领大家在日军左后方的干地建立阵地，避免被日军发现。

马丁上校得到赫斯派人送回的情报，试图派人支援赫斯现在据守的阵地，但一时无法做到。日军发动了火力反扑，前线枪声响成一片，但除了左翼的迂回行动之外，形势几乎没有变化。傍晚时分，盟军的战线形成了一个浅“V”字，旧跑道就在“V”字的开口部分中间，而在这条战线西面，山本大佐部署了他的大部分3英寸重炮，对盟军威胁最大。

澳军同样一筹莫展。特莱维维安连虽然确实又向前推进了一段距离，但在椰树林最外围遇上了日军的阻击工事，再也无法挪动分毫。布朗连的残部退到特莱维维安连后方，而桑德森连在跑道左边和美军右翼的位置，一样只推进很短距离就被日军挡住了。下午，马特森发现自己无法突破上午阻击美

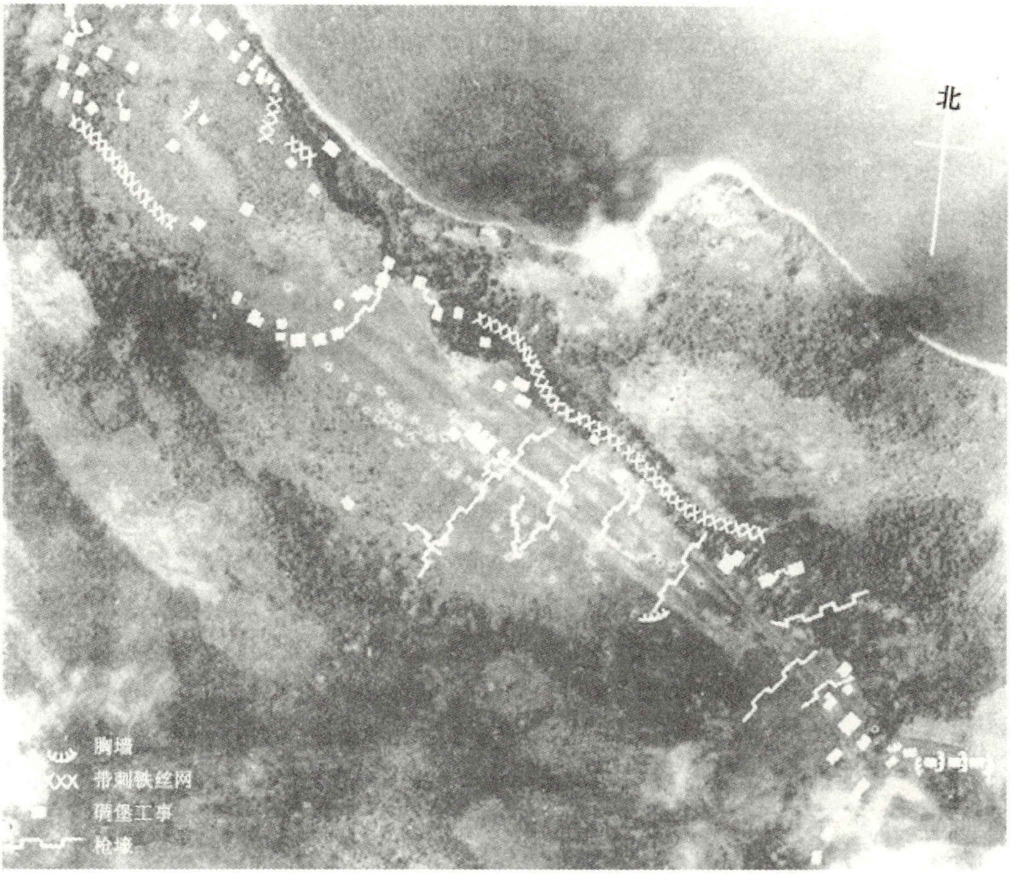

■日军在布纳机场旧跑道地区的防御工事体系。

军的日军阵地。

日军已经发现有一支美军小部队在他们右后方的茂密丛林里建立了一个阵地，开始向那里发射迫击炮弹，用轻武器射击，但迟迟没有组织兵力驱赶赫斯的巡逻队。128团C连的唐纳德·福斯中尉率部天黑前赶到赫斯的阵地。以后除了日军的间歇性火力骚扰之外，他们也没有受到更多压力。和福斯一起赶到那里的马丁，命令他第二天上午对位于西面大约100码的日军炮兵阵地发动一次进攻。

这时，多布斯中校也制定了澳军第二天的行动计划，他会让他的三个主力连在旧跑道推进，而马特森连的生力军从左翼迂回行动。美军的两个营会从澳军远方的左翼迂回攻打正面阻挡他们的日军阵地。

26日一早，马特森连在沼泽地之间经过漫长的艰苦跋涉，终于来到美军福斯别动队左翼的一个阵地。

7点，炮火准备结束后，澳军主力开始行动，但进展甚微。最右翼的特莱维维安连进入机场西北角尽头的一个疏散区，取得了一些成果。该连左翼的桑德森连一度与日军陷入混战，多布斯营长和他们失去了联系。然而10点以后，他们突破了在机场中央一直阻挠澳军的日军阵地。T.休斯二等兵和他的战友们集中步枪火力和手雷，将他们面前的日本守军全都轰出了战壕。但他们的左翼仍有一座日军机枪阵地和其他防御阵地拱卫的高炮，那就是前几天挫败麦克罗洪坦克车组的日军火炮，自从盟军在旧跑道地区行动以来，一直都受到它们的严重威胁。

日军的两座炮兵阵地之间相距约200码，火炮都安装在混凝土基座上，火力打击面覆盖了所有从南面和东面进攻旧跑道的道路。每个炮兵阵地周围都是4.5英尺高的圆形土堤，都覆盖着茂密的长草，除非十分靠近，不然根本无法准确识别伪装。机枪碉堡，侧翼的步兵战壕和火炮构成了三位一体的完备阵地。日军官兵再度让盟军见识了修筑地面工事的出色实力，但后勤供应不济的致命弱点也再度抵消了一线官兵的努力。炮弹用完后，第一座炮兵阵地落入比弗营和克拉克森的一个连手中。

临近中午，总指挥伍滕准将变得很不耐烦。他告诉多布斯，桑德森和马特森的2个连绝对需要在预定15点开始的进攻当中，全力以赴。桑德森必须突破阻击他们的日军机枪阵地。马特森连推进得不够快，还得再加把劲儿，和美军一同将仍在阻挠他们的日军高炮阵地一举拿下。

炮火准备的浓烟还未散尽，盟军就已开始行动。跑道右侧的特莱维维安连又向前推进了一些距离，但桑德森连在跑道正面的进攻再度因一场混战失去秩序，O.格雷中尉的一个排从正面闯进连队前方左翼阵地的弹雨中。格雷身先士卒，多处负伤，全排除3人之外，全部非死即伤。日军的防御阵地仍岿然不动。

与此同时，马特森连和日军在机场地

区最后的炮兵阵地进行了一场激战。他原计划以2个排的兵力，在澳军2英寸迫击炮火烟幕掩护下，突袭这个炮兵阵地。但炮火引起的浓烟并不能完全掩藏他们。R.J.麦克林中尉和麦克道尔中尉两名排长带队冲向日军阵地。迎接澳军的是一股密集的弹雨，日军自己的弹药已经用完，这次他们在用缴获的澳军“刘易士”轻机枪阻击澳军。两位中尉和一些士兵都被击中，麦克道尔原先在配属2/9营作战时，已经负伤，但坚持不下火线，现在也在尽力照应他的部下，希望坚持到得到足够的援兵消灭日军，占领炮兵阵地为止。这两个排的部分人员先后撤40码，退到长草地，在蔓草掩护下向敌人射击，同时斯潘塞中士指挥其他人，留在靠近日军阵地的地方。

双方展开了一场异常火爆的近战，澳军接二连三将手雷扔进日军阵地，但好几次都被日军在行将爆炸前扔了回来。炽烈的战斗让日军被沸腾的热血灼烧得完全失去理智，一名日军不顾火炮已经没有可用的炮弹，直接点火发射空包弹，只为让澳军藏身的草地着火，让焰火在澳军阵地中引起混乱，但这无异于告诉澳军，他们确实没有炮弹了。

他们已经没炮弹了。只要我们再加把劲儿，就能干掉他们。

说得对，但是他妈的该怎么办才能干掉他们?

只剩下步枪子弹的日军就像提线木偶一样进退有度，从防御阵地深处依次出击——退回——出击——退回，澳军仍奈何不了他们。最后总算有人想起请求汽油弹支援，可是……

就一颗?

现在就这该死的一颗汽油弹，千万瞄准。别让那群该死的鬼子有机会躲过。

迫击炮手两眼直瞪着这颗汽油弹，测好距离，炮弹入膛，校正标尺。炮手的右手因为紧张和兴奋颤抖不已，吞下一大口唾沫，开炮……

同伴们的心随着弹道轨迹猛烈地搏动，燃烧弹正中目标，日军阵地上便出现了火苗，整个阵地都烧成了一片火海。澳军士兵的心跳逐渐恢复正常，耳边清晰地传来了日军的惨叫声，皮肉灼烧的焦臭味也随之传来……

漫长的进攻就在那一瞬间结束了。这个炮兵阵地里的日军被悉数歼灭，而阵地外围都躺着澳军的尸体和伤员，曾勇敢地带领一个班冲锋的P.J.赫隆下士的尸体就倒在阵地右侧。

马特森连随即占领了这个炮兵阵地，过夜之前，用迫击炮炮击300码外的旧跑道西北一线阵地。澳军右翼也并不太平，就在日落前的最后一刻，日军对跑道右侧特莱维维安的尖刀排发动了反击，战斗的惨烈程度

■背负辎重的盟军港务兵。

丝毫不亚于炮兵阵地。当这个澳军排击退日军，守住阵地时，全排已只剩4人了。

代价昂贵的进展并没有让盟军彻底结束机场旧跑道的战斗，在敌人被彻底击败之前，他们还需要付出很多努力。26日夜间，盟军的前沿阵地变化并不大。战线中央位于机场东南角650码左右的位置，总体呈镰刀形，最右翼的澳军部队是刀把，中央和中央左翼的美军和澳军是刀锋，而最左翼的澳军2/10营C连（马特森连）是镰刀的钩尖。

26日夜间，“贾帕拉”号商船第二次进入奥罗湾，这一次它带来了另一批澳军坦克兵，一批港务兵，还有修建奥罗湾－多博杜拉公路的其他工兵部队，卸载工作同样在天亮前安全完成。

桥下方奥海尔炮兵连的3.7英寸山榴弹炮26日便弹药告罄，无法继续战斗。不过，霍尔炮兵连的一门25磅炮27日一早便进入机场东南角的阵地，最大程度弥补了失去山榴弹炮的损失。

攻克旧跑道

27日，除炮兵之外，盟军的行动以巩固阵地和局部向日军阵地边缘突击为主。这时盟军最右翼的澳军特莱维维安连加上之前已经配属给该连的布朗连残部已经只剩下约20人，尽管营部直属连又给他们派来一小队援兵，但全部兵力也不超过一个整排。特莱维维安少校就靠这么一支部队，将旧跑道西北角外右侧，仍在护卫日军抵抗核心地带椰树林边缘的一座日军阵地扫荡一空。可见日军在旧跑道一带经过连续苦战，有生力量的消耗比澳军更大。

昨天夜间，桑德森连放弃了白天耗费无数血汗才取得的阵地，这一天上午进行了调整，13点前后，他们的两翼已经得到美军部队的保护。盟军最左翼的马特森连在机场旧跑道西北方向的椰树林边缘形成了一个突出部，距离主力大约1000码。相对孤立的马特森连处境并不妙，他们昨晚突破的南面的一条道路上，很可能还有一座日军阵地，于是美军将他们和主力联系起来，监视那座日军阵地。

这两天，日军组织了两次较大规模的空袭。26日上午对多博杜拉的空袭并不成功。27日一早，先后有56架日军陆基飞机从拉包尔出发，经莱城机场中转，空袭布纳地区。不过这次依然雷声大雨点小。盟军地面部队因这次空袭仅损伤11人，3人死亡8人负伤。而美军第5航空队的战斗机群及时升空截击，一共击落14架日机，自己损失了1架

■被打得千疮百孔的日军“零式战斗机”残骸。

P-38战斗机。

下午，盟军炮火打击开始发威。澳军第13野炮团的N.R.斯托克斯上尉带来的4门4.5英寸榴弹炮也全部参与这轮炮击。最先调来的2门榴弹炮，20日就在奥海尔炮兵阵地以南约500码的位置建立了阵地。后到的2门炮乘船从莫尔兹比港走海路，23日在哈里科上岸，随后被运到前线。这些榴弹炮很快就证明自己是前线补充的最优秀的野战炮兵。

一大早调到桥梁前方最前线的25磅炮很快取得了成果。这门炮在霍尔少校的炮兵连，被昵称为“弗雷迪1号”。它的观察员在大炮前方约1300码位置的一颗70英尺高的树上，还有机场南边外侧的灌木丛中建立了观察哨。R.G.卡森炮兵中士负责指挥这门炮的填弹小组，于是这门炮在布纳前线得到一个新外号“卡森之炮”。原先这门炮是出了名儿的事故多发炮，但在位置前移后，却屡建奇功。为提高炮火对日军工事的破坏力，减少误伤，“卡森之炮”这次改用穿甲弹，替代原先的高爆弹。27日凌晨，霍尔少校亲自下令，打响了它在新阵地的第一炮。炮弹划过一条弹道轨迹，准确命中目标，留下一个12平方英寸的弹洞（后来才知道，这一炮正好打在一座日军75毫米火炮的庇护所上）。很快这门炮和日军的一门3联25毫米炮展开了对决。一开始，双方你来我往，各不相让。但到了27日，随着一声巨响，这场炮战已变成“卡森之炮”单方面的怒吼。这仅仅是一个开始，卡森组的人夸口说他们会获得更多“狙击”成果。后来大家都有意无意地和他们争论，其他人都众口一词地说，没有人能用1门25磅火炮“狙击”。

“卡森之炮”非常争气，接连让友军的步兵目瞪口呆。这门火炮的前方观察员T.J.哈德兰－史密斯中尉准确地指示打击目标，而炮弹就像和他有心灵感应一样，能够捕捉到他发现的任何日军散兵游勇。当一群日本兵从机场远侧被打坏的碉堡里逃出来时，哈德兰－史密斯报告说有一个日本军官正在给他的2名部下指示。话音刚落，一颗炮弹直飞过来，这个倒霉的日本军官（可能只是军曹）立即一头栽倒在一旁的一条浅沟里了。而这条浅沟两旁有很多日本兵都被这门炮的炮弹先后直接击毙。卡森开玩笑说：“应该给这条浅沟注册一个商标。”

哈德兰－史密斯继续告知下一个锁定目标。开炮命令传得飞快，所有人都盯着那个日本兵。熟悉而令人喜欢的炮声又响了。那个日本兵意识到这一炮是冲着他来的，不假思索地靠上一段战壕的胸墙，以为这样能得到庇护。

“老天爷！”目击的盟军士兵纷纷发出观赏戏剧高潮般的呼声。他们都目睹这枚炮弹直接命中这个日本兵的腹部，将他给炸了个四分五裂。卡森得意地耸耸肩，撇着嘴做了个鬼脸儿，说道：“可怜的蠢货。”是啊，他不动一下没准儿还打不中呢！

尽管炮兵这一天的表现近乎完美，但并不意味着步兵就会很轻松。这天晚上最值得盟军高兴的是，澳大利亚货船“穆尔科拉”号运载着7辆M3坦克和400吨物资在奥罗湾安全登陆。而最激烈的地面战就发生在这批物资运到的时候。21点刚过，现在担任特莱维维安连左翼前敌指挥官的W.H.麦考利夫中士打电话给连长，报告他发觉日军已经在压迫全连的右翼前沿阵地。特莱维维安急忙派布朗中尉带着他的人赶去受威胁的地方。不出麦考利夫所料，布朗发现右翼前线发生了一些混乱，断喝一声，将所有部队集中到自己周围，对突入的日军发动反击。反击非常及时，尽管他自己和原艾弗尔德连的所有军官和士官在战斗中全部挂彩受伤，伤势最轻的S·哈林顿中士也伤到了脚，但他们在日军架起机枪之前，及时将日军击退，否则这个阵地当晚绝对无法收复。

特莱维维安连在后来的战斗中苦尽甘来，送来及时雨的又是“卡森之炮”。该连在跑道西北角的疏散区战斗时，“卡森之炮”的炮弹不偏不倚，就落在他们要攻击的疏散区顶部区域周围几英寸的地方。“炮弹就好像长了眼睛一样落到那里。”特莱维维安少校也惊叹不已。

“卡森之炮”一时成为巴布亚前线的炮

■美军士兵将伤员抬回急救站。

兵大明星，而在较远后方阵地里的其他火炮相对不那么引人注目，但同样一直都在起重要作用。盟军的步兵和坦克全面进攻之前，他们一直都在用穿甲弹持续破坏日军在机场跑道的工事，逼得日军纷纷逃出被摧毁和打破的工事，直接暴露在炮火下。日军指挥官山本大佐在盟军的炮火威力和右翼阵地遭受的重压下，感到继续困守旧跑道地区意义已经不大，于是让他的部队向基罗帕角周围的种植园地区撤退，但他仍留下一支有力的后卫部队断后，希望能掩护尽可能多的部队顺利撤走。

盟军炮兵的艰辛终于收到了最好的回报。这几天，澳军重炮几乎日夜不休，白天对日军阵地全面炮击，夜间也进行不定时的炮火骚扰。夜间作业搞得炮兵们疲惫不堪，但只要想到能让敌人更加疲惫，杀伤更多鬼子，使步兵由衷为他们欢呼，就会觉得一切都值得。

为了维持几乎彻夜不停的夜间炮火骚扰，炮兵们只能忍受夜间任务的折腾，一般每门炮会留2到3名炮兵轮值，其他人躺在附近休息，大家轮班替换。隆隆炮声下，即使能够轮休，一般人哪里睡得着？但令人称奇的是，这些炮兵还真能在25磅炮以外几码的地方酣然入梦，任大炮在一旁吼叫。不过一旦有人过来招呼："喂！轮到你了！"也不用拉扯，熟睡中的炮兵立即会一骨碌爬起来。

尽管夜间炮火骚扰时能够轮休，习以为常的澳军炮兵也能在炮声中入睡，但睡眠条件着实不怎么样。"简易床"就是一块烂泥地，一旦晚上下起雨来，就变成一张"烂泥水床"，而巴布亚热带地区的晚上，下雨比晴天多得多。由于经常下雨，穿着湿制服睡在烂泥地实在太难受，炮兵为了图方便，都懒得穿戴整齐，通常就只戴着帽子，穿着靴子，挂着身份牌，其他几乎都不穿，反正在这鬼地方都彼此彼此，也没人会发笑。

一旦炮击开始，炮兵们就各就各位，全神待命。炮长一声令下，所有人就按照规定程序，装弹，发射，看着炮弹飞出，在目标爆炸，引起火光和烟雾，等烟雾散尽，再重复同样的作业。每次炮击大约1小时，然后大家可以溜进简陋的掩体休息一会儿。这就是炮手们熟悉的夜间炮火骚扰，这样的炮击并不是一晚一次了事，而是每晚要进行多次。炮兵进入巴布亚战役以来的黄金时期，他们已提供了步兵和坦克兵所希望的几乎所有支援。

27日下午4点15分，沃伦部队副总指挥马丁上校发现日军有从旧撤退的迹象。

28日的全面进攻开始前，特莱维维安少校指挥的全部兵力共30多人，仍在旧跑道西北上角和疏散区下角之间的椰树林里。经过他们的不懈努力，疏散区一带的日军终于被扫荡干净。而桑德森连也终于肃清了本连负责区域的某些地点，美军克拉克森营的一个连填补了旧跑道左边和桑德森连间的缺口。桑德森连向西北一直到达疏散区一线半路的一个地方。这样一来他的左翼和马特森连的右翼之间，在西北方又出现了一个几百码的缺口。美军部队上午就已将这个缺口封住，按照命令保护马特森连的后方。然而，多布斯一大早就向伍滕准将抱怨，美军并没有协同马特森连一起更坚决地压制日军。于是伍滕8点左右就明确告诉马丁，马特森连后方残留的日军全部由美军消灭，同时告诫美军，加快推进速度不代表将中央的日军兵力留在自己后方置之不理。除了局部需要进行调整外，28日上午盟军的战线基本上从西梅米溪向西，到达位于基罗帕角以南约800米的一个地点，呈约长1英里的弧线分布。

根据当天的作战预案，弧线队列西端的马特森连将和桑德森连一起向东北方向的海岸地区推进，美军将负责协调和及时支援，而特莱维维安连会从弧形队列的另一端继续对日军施压。盟军沿旧跑道推进时，西北角外的疏散区等地仍有日军的各种重武器开火，“政府种植园”一带的日军阵地也仍会直接威胁到跑道后方，但旧跑道地区本身大规模有组织抵抗已经结束，只有零星的战斗还在持续。中午，伍滕准将宣布旧跑道地区进入最后的扫荡阶段。

2/9营在西梅米溪东岸的前车之鉴证明，扫荡战一点都不轻松。血腥的局部战斗

■一座日军放弃的工事内部一览。

时有发生。还留在旧跑道孤立据点里的日军，已走投无路，但他们仍会坚持战斗到最后。扔进他们工事坑洞的手雷只要还没爆炸就有可能被扔出来。盟军士兵经常会被迫面对他们用刺刀和指挥刀进行的疯狂的自杀式冲锋。6名日军士兵身穿他们从死尸上扒下来的美军和澳军军服，试图误导对手，但由于人种相貌上的明显差异，这几乎没有用处。盟军紧张地想将敌人都就地解决，但一心死战的日军时常让他们骇然。

中午，盟军重整了战线。最左翼的马特森2/10营C连距离基罗帕角前方的椰树林还有200到300码。其他各连在日军疏散带的酷烈重火力和“政府种植园”炮兵阵地的炮火打击下，收获都不多。

马特森连冒险向西北大跃进，实际已经越过了基罗帕溪。由于他突得太快，从南面美军炮兵阵地射出的炮弹都开始落在他的部队附近。马特森觉得他已经到达布纳战场西部“厄巴纳”部队的行动区域，这个推断很快得到相遇的厄巴纳部队美军士兵证实。美军士兵告诉他，通往布纳海岸的道路已被打开了。马特森意识到自己推进太快，和主力距离太远，十分危险，于是重新回到基罗帕溪东岸。随后他得到命令，让他占领西北方向穿过他的前线，通往基罗帕角的道路两侧。尽管他觉得这样做没必要，因为溪西岸的长草和灌木容易藏身，而且道路畅通，并不容易封锁，但还是派J.G.鲁达尔中尉的一个排执行这项任务。鲁达尔安全地穿过了那条道路，但日军很快就逼近了他。地形不利，这个排的人员损伤很快，他本人被打穿了髋关节。这种情况下，马特森如果再派另两个排支援就太愚蠢了，他把人都撤了下来。一直坚持战斗，多处负伤的鲁达尔这次再也支撑不下去了。马特森连长一见他那张惨白的脸，就赶紧派人将他送去美军克拉克森营C连的医疗站。

19点40分，天黑了，日军开始发动反击。他们首先攻打盟军中央战线。当时美军128团1营C连正在替换澳军2/10营A连。发现敌袭，美国人和澳大利亚人携手对敌，击退了这股日军的反扑。第一波战斗结束后，澳军A连也不再退后，就在美军左翼设立了一个新阵地。

23点，日军再度对特莱维维安的2/10营D连发动反扑。特莱维维安少校事先得到桑德森连的一个排支援，已经严阵以待，将这股日军击退。但日军的夜袭不是一般的可怕，近乎凭借一种狂热的杀手本能，一队接一队地在沉沉夜幕中冲向盟军战线。

其中一股20人的日军可能是27日马特森连机动时的漏网之鱼，结果在美军接管这一区后，闯进了克拉克森营C连的连部。当时是29日凌晨4点，C连连部没有任何人察觉到日军偷袭，更不幸的是连部附近就是一个美军急救站。日军在黑夜中用手雷和刺刀吼叫着袭击了急救站的伤员，有些人为了引诱盟军，用生硬的英语在喊“医生，医生！”在营部熟睡的几名士兵被敌人的刺刀捅死。

发觉敌袭的美军士兵和伤员来不及拿武器，就和日军肉搏，却怎敌得过这群全副武装的日本兵。日军在这次偷袭中，一共杀害15人，打伤12人。死难者包括刚被送来不久的澳军中尉鲁达尔，还有128团C连在这5星期之内的第5任连长，也是该连目前在前线仅存的军官福斯中尉。克拉克森营长得报，一阵揪心懊恼，派C连右翼的A连连长谢尔登·达内利中尉接管遭遇不幸的C连。大部分偷袭的日军扬长而去，但现场还是找到了5具在肉搏战中被杀的日军尸体。

经不能夺回任何阵地。旧跑道被牢牢掌握在盟军手中。沃伦部队已能够随时攻打基罗帕角，那是山本重省大佐在基罗帕溪以东最后的阵地。伍滕准将下一步要做的就是占领基罗帕角，将那里和西梅米溪西岸的日军全部消灭。这一步完成后，沃伦部队就会占领从基罗帕角到恩代阿德雷角之间的所有海岸，伍滕准将当然不会耽误时间。而在沃伦部队的战斗进入收尾阶段之际，布纳西线的厄巴纳部队也在顺利进入这一战的最后阶段。

■布纳前线的美军通信站。

■澳大利亚画家杰弗里曼华林以澳军第18旅和26装甲团协同作战为题材的水彩画。

地图五十六　12月23日至29日澳军2/10营及支援的美军各沿机场旧跑道推进的路线

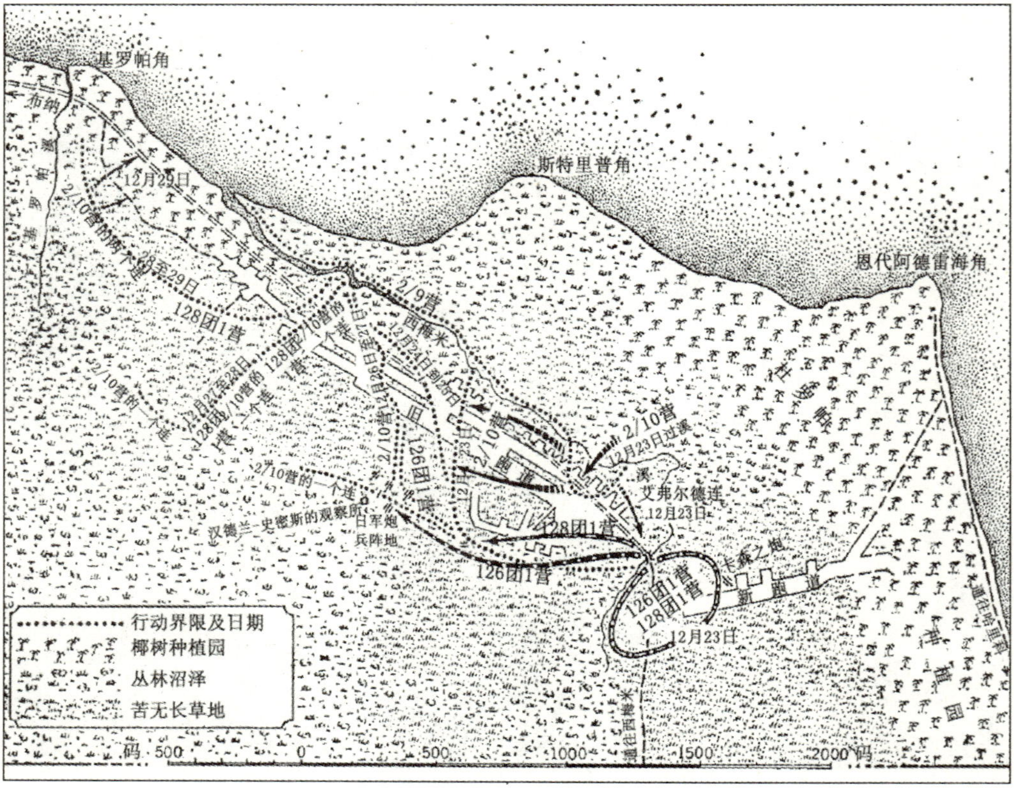

地图五十七 沃伦部队12月18日至29日之间的行动

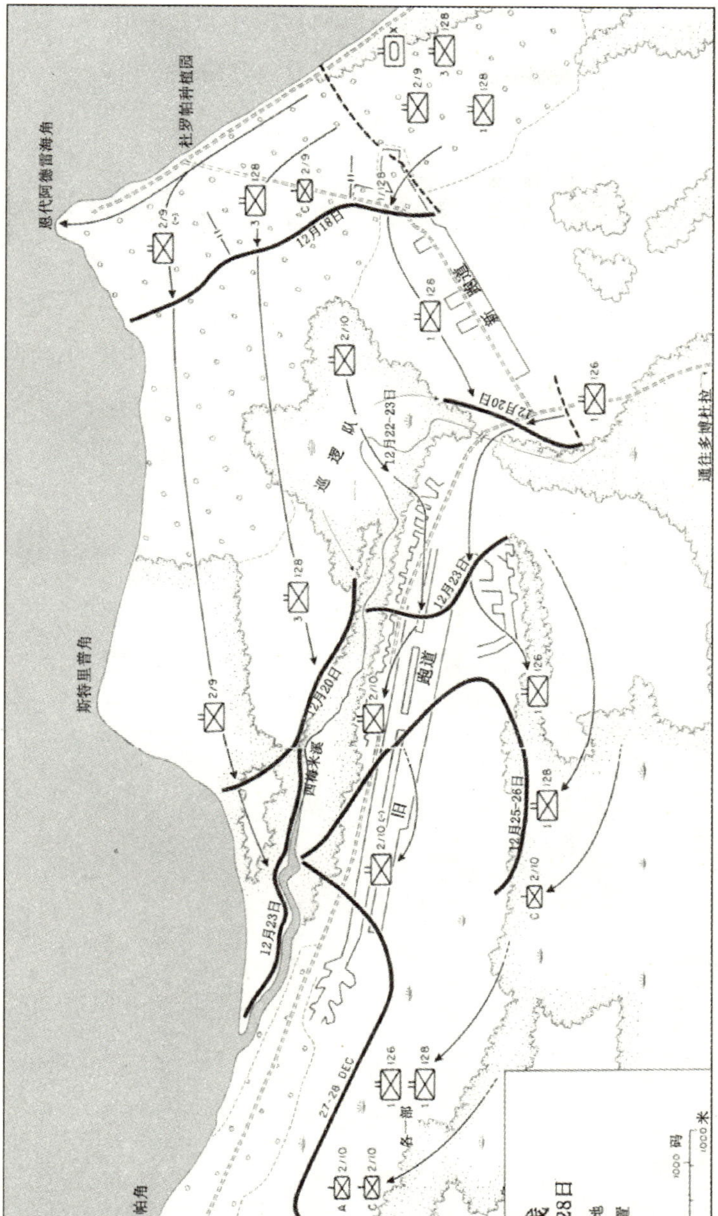

第十四章　占领布纳

厄巴纳部队的主攻方向

12月16日，接任厄巴纳部队总指挥的126团团长汤姆林森上校，命令126团F连施瓦茨中尉指挥的一个排，向西沃里村西北约1英里的塔拉凯纳推进，防备吉鲁亚河以西的日军增援东岸。

厄巴纳部队已经攻占布纳村，缩小了日军在基罗帕角以西的占领区，但主要目标布纳教区仍在日军手中。现在的问题是需要找一个切实可行的主攻方向，厄巴纳部队的各级指挥官都在苦思良策。如果能拿下布纳教区正南面的穆西塔小岛，不仅能让盟军近距离火力打击布纳教区，而且能为从南面进攻教区提供一个跳板。而要从东南方向，经“政府花园”进攻布纳教区，必须先拿下“三角地区”。

新到的生力军，美军127步兵团负责以上两项任务。该团3营已在前线待命几天，2营在巩固安格阵地以后，也已开始调到前线。16日该营E连和F连还留在安格，而营部直属连，G连和H连已经在向前线进发。1营仍在飞行途中，着陆后，就会全部赶赴前线。

随着127团各部陆续到位，汤姆林森上校也在整顿厄巴纳部队的阵地。127团I连顶替了在岛屿和椰树林之间的128团2营。被替换的该营除H连的一个迫击炮排外，都奉命去西梅米溪一线休整。126团2营接管了椰树林的阵地，并且派出部分部队进入三角地区的上方和下方区域。刚到前线的127团E连和F连充当预备队。126团一个由艾尔弗雷德·科岑波尔中尉指挥的混合排开始向西沃里村运动，接替当地128团的部队。接到汤姆林森命令的施瓦茨带领15人的巡逻队出发，前往塔拉凯纳。

12月17日，127团L连接到正式命令，第二天上午去夺取布纳教区正南方的穆西塔岛。这不是一个简单的任务，通往小岛的人行桥早就被日军破坏，即使在低潮期也无法涉水通过，何况溪流正在涨潮。部队现在没有造桥装备，通往小岛的水面太宽，不是直接伐木就能架起桥梁的。剩下的可行方案是让士兵们带着一条缆绳游水过溪。

12月18日午前，L连连长罗伊·温特兰上尉带领3个步兵排和一个机枪班，成功地游水上岛。美军小心翼翼地沿着小岛东半部前进，没有遇到抵抗。

“一切顺利就好。”温特兰上尉喃喃自语道。然而，当L连向连接小岛和布纳教区的岛北小桥前进时，对岸日军隐蔽阵地的迫击炮弹和机枪子弹就像飞蝗般扑来。“快隐……”话音未落，温特兰就已中弹身亡，另有4名官兵阵亡，6人负伤。日军的重火力继续喷吐着狙击的火舌。L连发觉他们每打一枪，至少会有3颗子弹回应，唯恐寡不敌众，只得连夜先从小岛撤出。

穆西塔岛首战不利，而三角地区是下一个目标。这条狭窄的、树丛覆盖的地区位于一片沼泽之中，掩护能通往布纳教区的唯一干燥通道，形如一个天然要塞。日军很自然地在三角地区的两边和与道路的岔道口部署重兵，修建隐蔽的碉堡工事和战壕。要从南面直取岔口将意味着高昂的代价。试图从北面取道三角地区的开口部分，从入口溪上的桥梁通过，看上去损失也不会小。狭窄的桥梁地区东面没有回旋余地，也无法从南方夺取岔路口，除非能突破日军的火力封锁线。

汤姆林森的计划是汲取128团E连和G连在17日的前车之鉴，让126团的2个连从椰树林进攻，越过桥梁，而第3个连从南面封锁日军阵地。进攻开始前，航空队会对布纳教区发动一次空袭，麦克莱利上校的17门81毫米迫击炮会对三角地区进行炮火准备。迫击炮阵地就位于小岛桥梁以南约300码的位置。由于三角地区地势太过狭窄，在部队攻入以后，为了避免误伤，就无法让飞机和炮火进行直接支援了。

E连和G连会抽出100人，加上配属的H连一部，发起第一波进攻。18日22点，他们就从入口溪上的桥梁上进入三角地区入口处的桥头堡地区。稍后不久，F连的36名官兵进入岔路口下方的阵地。

第二天一早，6点50分，航空队的9架B-25轰炸机对布纳教区投下多枚100磅和500磅炸弹。7点15分，13架A-20攻击机又对布纳教区和基罗帕角之间的沿岸道路进行了轰炸和空中扫射。A-20攻击机一口气投下475枚20磅定向炸弹和集束杀伤弹，发射了超过2.1万发7.62毫米口径和12.7毫米口径机枪子弹。空袭对日军造成了很大损害，但投弹精度还离预期甚远。一枚带4颗小弹的集束弹落在127团营地50码距离以内，另有一名访问布纳村，为部队做祷告的牧师被袭击基罗帕角日军的机载机枪子弹打伤。

7点30分，麦克莱利上校的迫击炮群准时开火。根据他的布置，17门迫击炮的炮弹将覆盖三角地区的所有角落。15分钟后，E连和G连在迫击炮弹幕掩护下，向南发动进攻。弹幕并没有给这两个连带来实质性的帮助。离开出发位置不久，他们就被日军的十字交叉火力挡住。在最前线指挥的代营长博伊斯上尉费尽心机，组织第二次冲锋，但日军的十字交叉火线坚不可摧。每次冲锋都只会徒增伤亡。9点45分，博伊斯被日军迫击炮弹击中，受了致命伤，不久便告不治。约翰·沙利文上尉接替营长职务，指挥这两个连先退到后方。

根据艾克尔伯格军长的命令，14点15分，迫击炮群对三角地区集中发射白磷烟雾弹，128团2营重新发动进攻。在磷烟掩护下，部队推进了一小段距离，不过很快被缓过劲儿的日军再度用十字交叉火力将他们挡住。16点发动第三次进攻前，17门迫击炮合计发射了700发炮弹，也没能改变失败的结局。美军根本无法跨过日军的死亡交叉火线。夜幕将临，他们只得在出发线附近挖掘散兵坑休息。128团2营的2个连合计已阵亡40人，另有107人负伤。

减员严重的128团E连和G连已不能继续进攻。第二天一早，这两个连就被127团E连替换。除继续留在三角地区顶点的F连，128团2营全部兵力据说还有240人，目前都在西沃里村－塔拉凯纳地区，转为厄巴纳部队预备队。今后的进攻任务将主要由127团承担。

127团对三角地区日军阵地的进攻时间

■艾克尔伯格中将（中）和他的部下一起在三角地区附近观战。

将从12月20日开始，作战计划前一晚就得敲定。和之前一样，首先要保证炮火准备不会伤到友军。127团E连奉命拂晓进入椰树林，任务是在炮火掩护下，越过小溪，在对岸建立桥头堡。126团F连仍留在三角地区下方，但要后撤约300码，为炮兵对岔道口实施炮火准备提供空间。

锁定岔道口的位置后，澳军的25磅炮群和美军的1门105毫米榴弹炮都使用了烟幕弹，以每分钟2发的频率进行了5分钟炮火准备。在后一个5分钟，炮火发射频率提高了一个级别。127团E连在火炮和迫击炮的烟雾弹掩护下，将冲过两座桥梁，在溪东岸位于原渡口以南的某个位置，等候炮火。重炮射击停止后，迫击炮会进行多轮齐射，对目标集中发射40枚白磷弹。迫击炮的第一枚烟雾弹落下后，E连就向前冲锋，在烟幕掩护下，冲到和日军碉堡最接近的距离，用手雷将里面的敌人消灭。

20日8点45分，重炮已锁定目标。他们开始第一轮炮火准备时，步兵就在烟雾当中，冲过了那条溪流。昨晚艾克尔伯格在给萨瑟兰的信中坦言，那天晚上他一直很担心有些人在这一阶段会被友军的炮弹击中，“那是一片密林覆盖的地方，而我们的部队太靠近岔路口了。”好在没有一人误伤。看上去一切似乎进展顺利，但溪西岸的机枪手们突然聚集到出发线后方，提前开火，破坏了一切。这种未经同意，从后方用机枪开火的草率行动使缺乏经验的部队陷入极大混乱。当部队最终在10点投入进攻时，他们发现敌人早已有备。在一个多小时的漫长行动当中，E连不可能冲到手雷的攻击范围以内。

这轮进攻11点30分停止。连长詹姆斯·奥尔福德上尉提出了一个新设想，试图用保罗·维泰克中尉和唐纳德·福里少尉两人指挥的一个加强排在连里其他部队火力支援下，渗透三角地区中央的低洼地。当这个排靠近敌军碉堡时，就发起冲锋，用手雷攻击。汤姆林森上校批准了这个计划，但当时就在指挥部的艾克尔伯格认为这实在太过鲁莽，可能只会导致无谓牺牲，否决了这个方案。奥尔福德上尉信誓旦旦地保证他部下的两名军官和敢死队一定能成功完成任务，军长终于同意了他的请求。

敢死队在小约翰·雷哈克上士引领下，一口气冲进了碉堡的手雷进攻距离之内，正准备投弹，但日军料到美军会有这一手，立即冲出碉堡，以纵射火力线和连发自动武器打散了美军的队形。包括维泰克、福里和雷哈克在内的7名官兵当场阵亡，还有20人负伤，敢死队伤亡大半。这天的进攻一无所获，E连合计伤亡39人，占当天全连进攻兵力的40%以上。

13点35分，汤姆林森下令停止进攻。E连又花了几个小时，将伤亡人员从三角地区撤出，这是一个和作战一样危险的任务，日军充分利用了有利形势，他们的重火力不会放过任何救援人员。这项工作结束后，奥尔福德连长率部撤到椰树林里休整。

14点10分，心力交瘁的汤姆林森上校建议，在127团成为一线作战主力时，由该团团长格罗斯上校接管厄巴纳部队的指挥权。格罗斯是一个组织观念和纪律性非常强的军官，他告诉汤姆林森，自己无权擅自接替他的总指挥职务，这样的人事变动必须通过艾克尔伯格将军。汤姆林森也不多客套，15点22分直接向军长提出请求。艾克尔伯格了解汤姆林森在这段时间里承受了很大压力，确实需要缓一缓，当即同意了他的请求。17点，格罗斯重新就任厄巴纳部队总指挥，127团尚未到达前线的各部马上得到赶赴第一线的命令。

突破僵局

到20日夜间为止，形势已经非常清楚，夺取三角地区是一项极端困难的战斗任务。不但攻击部队没有机动空间，日军的密集火力也不会允许任何一人活着冲过去。停止对三角地区的正面进攻，在其他地方寻找一条更适合的线路，从别处穿过通向海岸的“花园地区”更为明智。

艾克尔伯格19日获得赫林将军的首肯，如果次日对三角地区的进攻仍然失败，他可以先迂回不打，另寻进攻路线。

20日进攻失败后，艾克尔伯格当即开始寻找一条新的路线越过“花园地带”。晚上他向萨瑟兰解释了前线的形势：“赫林对我能否夺取岔道口很着急，我非常希望能成功，但是敌人……在那里（三角地区）非常强大，而且能够按照自己的意愿增兵。我会对他们施加炮火压制……明天上午，我会继续这么做。然后我将找到一个（日军防线的）薄弱环节越过‘政府花园’地带。”

第二天上午，艾克尔伯格命令127团E连留在三角地区北方牵制日军，126团F连也继续在南方进行封锁。同时让炮兵对三角地区实施和昨天完全相同的炮火准备，使日军误以为美军对三角地区的另一次地面进攻迫在眉睫。

E连在和昨天相同的时刻、相同的地点冲过桥梁，烟幕弹也同时落入三角地区的日军阵地。士兵们纷纷上了刺刀，嘶吼了2分钟，作势进攻。日军纷纷从碉堡出动，像之前那样在战壕各就各位，准备迎接美军步兵的冲锋。这次美军没有进攻。E连的步兵只是坚守阵地，而火炮和迫击炮倾尽炮弹，岔道口完全被浓烟笼罩。

艾克尔伯格在傍晚的报告中称，他相信之前的进攻和炮火打击已经消灭了相当数量的日军，但所有夺取这个阵地和岔道口的企图都已失败。不过无法夺取三角地区并不是很大的挫折，因为美军早已决定在椰树林和三角地区以北寻找更可靠的进攻路线跨过“入口溪”。

在入口溪对岸的什么地方建立最初的桥头堡是个问题。研究现有的所有地图后，艾克尔伯格认为最佳地点是“花园区”西北角

■127团指挥所内，格罗斯上校（坐者）正在研究下一步作战计划。

外的树林边缘，那里看上去能获得更好的掩护，而且敌军火力比任何其他地方都弱。20日到21日深夜，他下令第二天建立桥头堡。

格罗斯上校选择3营I连和K连执行这项任务，第二天一早，I连被部署在椰树林正北区域，L连从穆西塔岛下方的阵地转移到I连右侧。K连原先位于I连后方，现在奉命转移到L连左翼，沿入口溪西岸几乎延伸到溪口。调动之后，K连能从规定的桥头堡阵地直接过溪。

格罗斯一开始就认识到K连过溪会比I连更困难。I连要跨过的湍急溪流，约宽25码，而工兵只有一个上午的时间在那里用一些树苗，停泊在小溪中央的俘获的敌船建造一座小桥墩。另一边K连要越过的溪面至少50码宽，7到8英尺深。格罗斯上校亲自到K连渡河点观察后，感到从这里过溪绝不乐观，于是打算让K连从I连渡河点过溪。他打电话请示艾克尔伯格，希望得到更多准备时间，但他显然没有让将军明白他提出请求的原因。后来格罗斯在回顾和艾克尔伯格共事的经历时发现，这位将军对任何推迟行动的建议都很不耐烦。他拒绝给他更多时间准备，于是格罗斯命令K连连长阿尔弗雷德·迈耶上尉按计划从原定地点过溪。

16点过后，迈耶给团部打来电话：“上

校，我派一些士兵涉水试过，水太深了，没法儿直接蹚过去，泭水的时候，只要一冒头，溪对岸的鬼子马上会用重火力阻击。直接从这儿过溪和自杀没区别，我请求让我们连从I连过河点的浮桥上过河。”格罗斯顿了一顿，答道：“不行。”“那……至少等到晚上，让我们用绳索、浮筒和其他可用的装备过去行吗？”迈耶只有退而求其次。格罗斯上校了解他们的困难，但军令难违，只得告诉迈耶，即使他的人不得不泭水过河，现在也必须立即行动。

迈耶上尉决定冒抗命的危险给命令打个折，让他的人在白天进行了一些小规模的尝试，结果证明溪对岸的敌军火力太强，根本不能硬来。夜幕降临后，连里终于用一条粗绳子来重新尝试过溪。

小爱德华·格林中尉自愿提起绳子的一端，与几名士兵开始游往对岸。格林几乎一开始就中弹牺牲，他的尸体被激流冲走。几分钟后，一名士兵手上乏力，松开了绳子，也被水冲走了。50多码宽的溪水如此漫长，最后终于有一个人游水越过了入口溪，其他人连欢呼的力气都没有，提起装备，面对日军的持续阻击火力，缓缓向前。凌晨2点，47名K连的官兵登上了溪对岸，天亮的时候，到对岸的官兵一共75人。为了过溪，全连一共损失54人，6人过溪时被日军击毙或溺水身亡，在出发的桥头堡地带阵亡8人，负伤40人。

22日一大早，K连在东岸的新桥头堡地区和日军发生正面冲突，M连从西岸为他们提供火力支援，迈克尔·伍斯特鲁克上尉指挥的I连从浮桥过溪。正像格罗斯预计的那样，那里是一个相对安全的通道，上岸后也容易推进到东岸桥头堡。12点35分，I连进入K连右翼阵地时，全连没有一人伤亡。

溪面上能看见K连过溪阵亡人员的尸体，不免令人感伤，但这次强渡好歹成功了，美军在东岸建立了桥头堡。K连昨天的战斗经历艰苦而令人沮丧。两天后，了解情况的艾克尔伯格不无愧疚地说道：“知道让K连在黑夜中越过那湍急的溪流时遭遇敌人重火力袭击真令人心酸，如果另一个夜晚我们还这么做的话，那简直就是最可怕的梦魇。”

厄巴纳部队右翼取得突破的同时，左翼也在稳步推进。18日和19日夜间，施瓦茨巡逻队在西沃里村以西和日军巡逻队遭遇，顺利将他们击退。赫林中将为确保左翼的安全，建议126团2营再拨一部分兵力增援。于是施瓦茨得到20名援兵，总兵力达到35人，开始出发前往科诺姆比溪西岸，大约位于西沃里村西北1英里的小村庄塔拉凯纳。

12月20日一早，施瓦茨部抵达塔拉凯纳，但很快被日军优势兵力逐出。布纳部队作战训练主任弗兰克·鲍文赶紧从2营抽调一支32人的混合队伍增援。施瓦茨在傍晚之前得到了这支援兵，黄昏时分再度向塔拉凯纳前进。

巡逻队成功地在夜间夺回村子的一角，

但敌军的兵力比预计的还要强大，犀利的反扑迫使他们退往溪对岸。巡逻队在这一夜的战斗中共损失了15人，施瓦茨中尉本人也负了伤。随后詹姆斯·格里菲斯中尉接替指挥，但21日下午，他也负了伤。于是刚带领127团直属连和供给连一部到达的路易·查古农中尉接管了巡逻队。美军显然寡不敌众，查古农在塔拉凯纳东南几百码的位置先建立了一个防御阵地，等待日军的下一步行动。

12月22日，美军工兵修复了通往穆西塔岛的桥梁。下午，桥梁刚刚建成，127团L连的一个巡逻队就从桥上登岛，没有遇到任何抵抗。当他们继续向小岛北面连接布纳教区的桥梁前进时，受到日军重火力阻击。好在127团作战训练科长本杰明·法拉中校带领F连的2个排和重武器连M连的一个机枪班及时赶来支援，这才稳住了局面。第二天11点15分，美军抓获了岛上的最后一个日本兵。F连完成增援任务后，重新退回原地。

2营重武器连H连就此移驻该岛，除本连的重武器外，还得到一门炮弹充足的37毫米火炮。而驻守布纳村东面一个小半岛的127团E连的一个排，也在用37毫米火炮发射霰弹支援。于是美军就能够从这两个独立据点，同时向布纳教区的日军实施近距离火力骚扰，夜以继日，连续不断。

■入口溪通往穆西塔岛的桥梁。

穆西塔岛终于攻下，盟军获得了一条进攻布纳教区的新路线。还要解决的问题就是派部队越过小岛北边通往布纳教区的桥梁。艾克尔伯格在给萨瑟兰的一封信中补充道："也许在那里夺取一个立足点会比我原来设想的更容易些。"

向海岸推进

12月23日傍晚，厄巴纳部队已在"政府花园"西北角建立了稳固的桥头堡。艾克尔伯格将军命令格罗斯第二天上午越过"花园"地带，向东进攻。格罗斯一共能调集127团的5个连发动这次攻势，方案是让3营的步兵出击，在入口溪沿岸就位，出发线后方的M连提供重火力支援，一些人会隐蔽在树林里。G连则留作预备队。

部队距离敌人太近，为免误伤，步兵不会得到直接的空中火力支援。安格的重炮和麦克莱利在穆西塔岛南面的密集迫击炮群会在部队出发前，进行大量炮火准备，而在他们行动以后，会在他们前方延伸炮火，形成弹幕。岛上和布纳村小半岛的部队会尽最大努力向布纳教区射击，不仅能扰乱日军的判

■美军的60毫米迫击炮正在向布纳教区开火。

断，同时也能防止他们增援“花园地区”。

美军对布纳教区的炮火和其他重火力打击持续了整个晚上。日军也用他们的山炮，重迫击炮，还把高射炮放平，持续骚扰美军的桥头堡阵地。整个晚上，出发线就位的各连队都在保持警惕，但除火力骚扰外，日军没有发动任何反击，也没有试图渗透美军阵线。

12月24日黎明，G连越过小溪，M连沿溪岸排开。L连替换I连在左翼的位置，I连阵地则向右翼延伸，昨夜伤亡较大的K连充当预备队。不久，I连和L连2个主攻连在M连重火力支援下，沿出发线进入阵地。6点，重炮和迫击炮群准时开始火力准备，小岛上的H连也用所有武器向布纳教区开火。在密集火力掩护下，2个主攻步兵连15分钟后，沿着400码宽的前线推进。

穿过花园地区通往大海的路有800码远。覆盖灌木丛和齐肩高长草的园地延伸了大约400码，然后是一片约100码宽的沼泽。沼泽的另一边，与大海相望的是一个直径约300码的椰树种植园，布纳教区和基罗帕角之间的沿海公路从园中穿过。

安田海军大佐在这一带做好了准备，美军能够发现和无法发现的火力点火线能覆盖每个角落。穿过园地的通道覆盖着碉堡，碉堡两侧和后方呈梯形。长草覆盖的独立散兵坑和射击壕，许多都有顶盖。园地北面和东面四周的沼泽地里，有坚固的工事，而在椰树种植园和海岸沿线，还有更坚固的堡垒。

对进攻方来说，即便“花园地带”没有掩体都很难通过。有人这样形容：

入口溪东面几乎得不到掩护，迫使部队在一次进攻当中被挤压在狭窄的空间里。园地本身很平坦，覆盖着大量的苦无草，从而为日军提供了出色的掩护和极佳的射击覆盖区域。周围的沼泽地有很多隐藏在树上的狙击手出没。所有这一切都使得穿过“政府花园”的机动非常困难。

I连和L连离开出发线，穿过长草地时，遭到日军猛烈火力阻击，停下了脚步。I连前方的火力尤其凶猛，他们奋力将出发线正前方紧挨的一座孤立的日军工事清除，但向日军直接通往后方阵地的一个防御主强点的渗透完全失败。日军充分利用他们部署的许多隐蔽阵地，成功地打退了美军的每一次进犯。

两军的近战短兵相接，异常激烈。I连被日军火力困在一座防御强点前面。埃尔默·布尔上士一眼看见敌人的一颗手雷，正好落在亲临前线的连长伍斯特鲁克上尉附近，眼看已来不及示警，便全身扑到手雷上，大喝一声：“卧倒！”连长和周围的人本能地躺倒在地，耳边一声巨响，舍身保护战友的布尔被炸得粉身碎骨。布尔后来被追授荣誉勋章，他是整个巴布亚战役期间，也是新几内亚战场第一个获此殊荣的美国军人。

■巴布亚战役期间第一个被追授荣誉勋章的埃尔默·布尔上士。

格罗斯上校已将他的指挥部移动到非常靠近出发线的位置——实在太近，以至于法拉中校上午在前指被日军的轻武器流弹打伤，但仍看不到I连的推进状况。随行的团后勤科长哈罗德·胡特曼少校请求让他去前敌查看。格罗斯有些惊讶，他没想到法拉受伤后，自己的又一位重要参谋人员在有充足的理由回到后方时，反而主动要求去最危险的地方。他点头答应："好，你自己小心。"然后嘱咐他尽快回来汇报。这居然是格罗斯和胡特曼的永别。后来士兵们在距离一座日军工事不远处发现手持步枪的胡特曼的尸体，来到前线的胡特曼见到惨烈的战斗，热血上涌，竟亲自抄起一支步枪想要夺取这座日军工事，奋战身亡。

几乎就在胡特曼刚离开前指的时候，I连的消息就送到了，他们损失惨重，建制已被日军火力打乱。格罗斯上校亲自去找该连确认消息后，当场命令I连回后方重整，9点50分派G连接替I连。G连就位一小时内，报告说他们已经铲除一座先前阻挡I连的，由三座掩体构成的日军防御强点。G连的开局尽管漂亮，但他们也没能再获得更多进展。连长威廉·戴姆斯上尉在占领的最靠前的工事里建立了指挥所，继续命令部队进攻阵地的其余日军工事。在这位异常大胆豪气的连长指挥下，这个连一路突破到道路两旁，但日军隐蔽工事的猛烈火力阻击，使他们无法很快继续向前突破。

和右翼相比，这一天真正最令人失望的是美军的最左翼阵地。L连由温特兰上尉的继任者马塞莱斯·法莱斯中尉指挥，得到了友军所有可能提供的支援，对日军进行渗透。M连在入口溪沿岸用自动武器提供有力的火力支援。麦克莱利上校也一直在指挥81毫米迫击炮群在岛南面提供炮火支援。由于距离日军实在太近，麦克莱利最终在战斗中负伤，第1军炮兵指挥官霍勒斯·哈丁上校直接代理师炮兵指挥官，继续指挥迫击炮群。令人失望的是，L连只在最初取得了一些收获，再没能继续前进。

了解情况后，格罗斯灵机一动，10点28分从A连的一个排抽调了20人，从穆西塔岛取道岛北的小桥，攻打布纳教区，命令他们尽可能在桥北的桥头堡地区坚守。日军在

■日军的地下工事。

“花园”忙于抵御美军主力进攻，一时无暇他顾，这支美军小分队尽管有些跌跌撞撞，但还是过桥来到布纳教区南面的桥头堡。一开始他们没有遇到反抗，但发觉异常的日军很快就疯狂反扑，阵亡8人后，其他人被迫退往桥南。

这次试探性进攻虽未果，但格罗斯已经意识到分兵多点进攻比一开始想象的更可行。确实如此，安田和山本的部队此时也消耗很大，而且被迫从花园西北角的防御强点抽调兵力保卫布纳教区，以防美军再度进攻，左支右绌，已经非常困难。花园地带的127团L连也注意到直接进攻布纳教区可能有希望，于是弗莱德·麦茨少尉和查尔斯·米登多夫少尉率领的左翼排开始向那个方向运动。他们几乎没有遇到阻力，开始穿过长草地，但也很快与连主力失去联系。连长法莱斯中尉一开始也没有发现他们的动向，稍后才注意到这个变化。

这个排用了很短时间，就穿过花园地带，来到椰树种植园外围。他们在那里遭遇两座直接坐落在道路上，控制前进路线的日军工事。尖刀班的肯尼思·格鲁恩内特中士负责拔掉这两颗钉子。在排里其他人员火力掩护下，他独自匍匐前进到第一座工事近前，用手雷投进了其中一个射击孔，干掉了所有鬼子，但自己的肩膀也负了重伤。麦茨少尉示意他到后方治伤，但被拒绝。在格鲁恩内特顽强意志的压力下，第二座工事的日军不甘心坐以待毙，冲了出去，和美军面对面决斗。格鲁恩内特在战斗中被日军狙击手射杀，但他圆满完成了任务，后来被追授荣

■巴布亚战役期间被追授荣誉勋章的另一位美军士官肯尼思·格鲁恩内特中士。

誉勋章。

尽管完全和连主力，以及厄巴纳部队的其他友军失去了联系，麦茨排还是继续稳步推进。中午，他们已经能看见大海，但也遇上了真正的考验。日军开始向他们逼近，而安格的重炮部队并不知道有一支友军推进到这么远的地方，仍在向这一地区开炮，结果米登多夫少尉被友军炮弹误杀，而麦茨少尉也受了轻伤。

这时麦茨排只剩下9人，有一人身负重伤，无法再行动了。麦茨少尉决定留下照顾这名重伤员，命令其他人立即撤退。他们在经过艰难的2天行军后，安全撤回本方战线，一路上，大部分时候都在齐髋深的沼泽地里穿行。和麦茨少尉一起留下的那名士兵最后还是死了，麦茨发现他断了气，也就顾不了了，但有伤在身的他一时也无法回到美军阵地，只得留在敌后东躲西藏。直到8天后，厄巴纳部队主力占领这一地区，才终于和他会合。

直到这一天中午，格罗斯上校才得知有一个排一路突进到靠海岸的椰树种植园。他立即命令I连后退到G连右翼阵地，同时派K连去左翼寻找和援助这个排。K连就按照麦茨排的进攻方向一路攻了进去。与此同时，发现漏洞的山本也在竭力堵住这个缺口。双方发生激战。最终K连的保罗·克拉斯内中尉和其他8人突破日军的封堵，沿着海滩进行了搜索，但一直没能找到麦茨排的行踪，友军也没有人来接应，于是他们在被日军合围前，先行撤退。

下午，格罗斯上校发现战线已不能继续向前推进，再度进行调整。15点11分，F连奉命从L连右翼进攻。然而直到傍晚，他们只从出发线向前推进了150码而已。

格罗斯请求艾克尔伯格给他一些时间重整，但被拒绝了，于是他只得下令第二天的圣诞节一早就继续进攻。艾克尔伯格日夜都留在前线，希望能以这种身先士卒的作风，引领所有将士积极奋战。就连一心都希望他能早日攻克布纳的麦克阿瑟都劝他先从火线退下，但他次日在给麦克阿瑟的报告中拒绝了这项提议，而且颇为动情地说，眼看进攻失败是他人生中的“最低谷”。

圣诞节当天，格罗斯上校已在前线集中

了127团8个连的兵力，准备让A连和F连进攻最左翼，一路推进到海岸。K连和L连在中央和左翼的两个连密切配合，向前推进。集中I连和G连的兵力摧毁控制通过花园地区小路的日军工事，而且会在下午进攻三角地区的日军阵地。C连则充当预备队。重武器连M连继续提供火力支援。

最左翼的A连和F连发动进攻时，不会得到任何重炮和迫击炮火支援。这两个较完整的连进攻前，H连将从穆西塔岛向布纳教区发动全面进攻，施加压力，迫使日军削弱在花园地区的兵力。当A连和F连的进攻意图被发觉时，敌人就已经上钩了，然后美军其他各部会同时出击，希望这次出其不意的机动能让敌人大吃一惊。

圣诞节早晨，雷鸣般的炮声响彻在布纳上空，炮弹雨点般落在布纳教区，穆西塔岛上的H连先穿过北面的桥梁，上演“声东击西”的序幕，佯攻布纳教区。11点35分，小岛上的骚动到达顶点时，A连和F连一路越过花园地区。正戏开场了。A连（欠2个还没到达的排）被日军阻击，但F连发现前一天还无法前进的地方，今天变得容易通过了。F连长拜伦·布拉德福德上尉率部一路越过花园地区和沼泽，13点45分，到达椰树种植园。

“太奇怪了。”布拉德福德总觉得那里不对劲，正在这样想着，日军的枪声响了起来。美军的计划被识破了，山本大佐料到了格罗斯的这步棋，在这一带布置了足够的兵力，请君入瓮。日军呐喊着包围了布拉德福德连，发动反击。布拉德福德咬牙率部与日军接战，付出沉重伤亡代价后，这个连利用种植园外侧边缘的一系列弹坑，建立了一个近似圆形的环形阵地。这个阵地大致位于岔路口以西200码，距离大海约250码，离布纳教区600码。

16点20分，霍勒斯·哈格尔上尉带领A连的一个先遣队赶来为F连解围，然而该连重装排遭到日军伏击，就在正要打开缺口之际功败垂成。稍后A连余部赶到，哈格尔虽然还想继续努力，但已无力突破日军包围圈。天黑后，A连的先头部队和K连及L连的先头部队距离海岸附近被围的F连至少还有350码。

美军对三角区日军掩体阵地的牵制性进攻，在下午晚些时候进行。E连的一个排进入三角地区入口，同时C连的一个排在D连重火力支援下，从南面主攻。尽管这次C连连长詹姆斯·沃克曼上尉指挥的进攻经过精心策划和准备，但还是失败了。沃克曼本人带队向一座日军工事冲锋阵亡后，这次进攻最终停止。

所有牵制性攻势都付出了很大代价，但对缓解I连和G连的压力作用很小。这两个连经过一个白天的苦战，收获微乎其微。日军的掩体防卫出色，而且隐藏非常巧妙。戴姆斯上尉和法莱斯中尉尝试坑道作业进攻这些工事，但在天黑的时候，日军的掩体仍然屹立，看似和之前一样坚不可摧。

A连和F连的无线电受潮，无法工作，从上午开始，厄巴纳部队其他各单位就与他们失去联系。127团团部直属连的戈登·埃奥夫二等兵、威廉·巴尔扎一等兵和威廉·菲尔中士3人，为了将电话线送到前方进行了不懈努力，但当天所有试图恢复通信的尝试都没能成功。

下午晚些时候，格罗斯上校重新调整了部署，按照他的调度，I连和K连退出阵地，C连（欠一个守卫三角地区下方阵地的排）接管最左翼阵地。I连回到溪的另一侧，K连转作预备队，L连继续向右延伸，和G连的左翼相连。

26日，C连需要执行的任务是打破海岸附近日军对A连和F连的包围圈，和他们连成一气，为美军打通入口溪通往大海的通道。1营长埃德蒙·施罗德少校将亲自指挥这次进攻。

26日，各地的战况都在逐步好转。G连在I连协助下，摧毁了几座道路右侧的工事。然而最左翼的日军仍寸土不让，顽强抵抗。整个上午C连都没有取得任何进展。

日军直接从布纳教区抽调兵力，加强他们在花园地区北部的阵地。为了阻止日军，当天中午，盟军炮兵对布纳教区西南角进行了10分钟的集中炮击。施罗德少校命令C连

■正在向布纳教区开火的美军37毫米反坦克炮。

的一支部队分散成若干巡逻队进入花园地带北面的沼泽地，对付那里的日军。C连的其余兵力，再加上下午赶到的，约翰·刘易斯中尉指挥的B连继续发动正面进攻。

这一路进展缓慢，而且从午后的迹象来看，C连难以突破日军包围圈。于是格罗斯上校命令新任32师参谋长布拉德利上校去处境困难的各连视察，回来报告他们的情况。布拉德利由于格罗斯的要求，目前还是127团的副团长，一个师参谋长同时兼任一个副团长多少有些让人尴尬，但他和自己军衔相同的格罗斯却没有产生矛盾，二话不说就和施罗德少校，2营情报参谋罗伯特·麦克坎贝尔中尉，带上C连的一个排，由特德·约翰逊中尉领路，赶赴火线。布拉德利带领的这个巡逻队还带上了前线急需的电线、弹药和食物。在经过和敌人的几次短暂冲突后，巡逻队17点45分赶到目的地。

当巡逻队到达的时候，A连和F连的处境恶劣。麦克坎贝尔中尉一眼望去，景象十分凄惨，战友们的尸体都来不及掩埋。伤病员们挤在一起，忙于和日军战斗的战友只能略表关心，部队士气低落。施罗德营长赶到后，立即重组阵地，让人救护伤员。利用战斗间隙，大家先抓紧掩埋尸体……有力的组织和及时的物资和人力支援，构筑了一个坚强的防御阵地。

傍晚，布拉德利上校由一个小型巡逻队护送，从环形阵地回到前指，带来了一份完整的报告。施罗德少校和麦克坎贝尔中尉留在那里继续整顿部队。

27日上午，美军恢复进攻。根据格罗斯的命令，布拉德利统一指挥B连，C连和A连的一个分队。C连和哈格尔上尉A连的一个分队在花园地带北面依托阵地固守，而他们右翼的B连当天取得了突破性进展。下午敌人对花园地带的草地放火，只能短暂地阻挠B连前进。17点，刘易斯中尉已经突破了日军包围圈，带领全连进入施罗德的阵地。

28日，实力大增的施罗德完成对前方环形阵地的整顿，准备投入战斗。这里与主力的电话畅通无阻，后方也送来了足够的弹药和食品，能够走动的伤员都成功地被疏散到后方，部队都经过重组，准备发动进攻。

清晨，格罗斯上校命令L连退出前线休整。他已经预感到打破日军包围圈的各连随时会采取行动。这种预感很快成为现实。午前片刻，左翼的C连和右翼的G连突破了包围施罗德部的日军阵地。A连主力随后向他们靠拢，美军成功构建起一道从入口溪通往椰树种植园的通道。施罗德心情大好，在通道建成的第一刻就打电话给格罗斯，半开玩笑地问："你在后方需要我们帮忙吗？"

日军丧失花园地带的控制权后，三角地区的阵地就会被包围，与其他阵地的联系会被切断，根本无望守住。安田和山本都清楚这一点，只得下达撤退命令。美军127团E连派出的查尔斯·瓦格纳中士和詹姆斯·格林一等兵带领的一个侦察小组当晚摸进三角地区，发现那里的14座掩体和无数战壕都已空无一人。日军撤退时非常匆忙，不少装备和轻武器弹药都留在掩体和枪壕里。2门20毫米小口径气动车载高炮和弹药都被留在后面。整个地区布满了弹坑，盟军的炮火确实让日军尝到了不少苦头。

日军就此放弃了美军耗费大量时间和精力，付出无数伤亡代价，始终无法拿下的三角地区。军长艾克尔伯格将军得报，兴冲冲地跑到前线视察。稍后，他在给萨瑟兰的报告中说："我就在那一带步行，发现那些工事真的很坚固。这是一个被沼泽地包围的大规模掩体和工事体系。他们为什么能阻挡我们这么久一目了然。"

28日傍晚，厄巴纳部队已能彻底排除日军干扰，使用穿过花园地区，直达椰林的小路，而且控制了沿海地区的岔道口。施罗德少校的部队在椰树种植园深处，他的先头部队B连距离大海仅120码。入口溪通往海岸的走廊已经完全畅通。从基罗帕角到布纳教区的日军，都处于美军的兵锋之下。

地图五十八　厄巴纳部队12月18日至28日的进攻

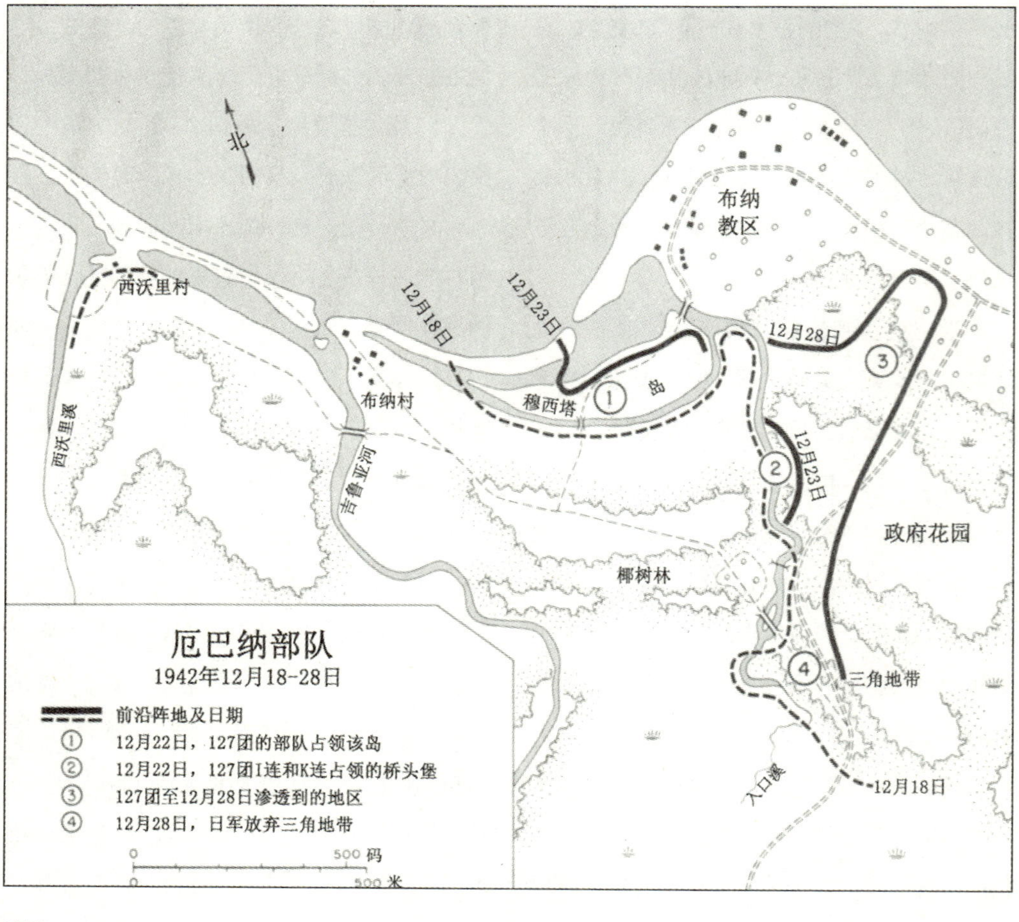

占领基罗帕角

12月28日，盟军沃伦部队尽管已完全占领布纳机场，但旧跑道的日军仍然在活动，而且找准机会就杀戮盟军官兵。29日上午，总指挥伍滕准将不禁对多布斯中校抱怨，批评他和他的营不够努力。多布斯满腹委屈，他自己生了病，部队持续的人员伤亡令他心痛不已，只有依靠勇气继续支撑。后来他为了使用新到坦克的问题，和伍滕准将争论了半天。

当时装甲团B中队主力已从米尔恩湾来到前线，而中队长泰少校本人和4辆坦克已先期到达前线。28日晚上，伍滕曾提前通知泰，让他的坦克车组随时准备助战，于是他29日上午7点30分带领4辆坦克在桥梁附近待命。另外7艘坦克由副中队长R.E.G.梅上尉指挥，在机场新跑道待命。

冷静下来的伍滕告诉多布斯，下午会派泰的4辆坦克，2/9营R.A.埃姆森中尉的一个连支援他的2/10营。埃姆森连2天前就已被调到桥梁地区待命，守卫这个重要的结合部，同时充当旅预备队。多布斯接下来的任务是越过西梅米溪口和基罗帕角之间的海岸。目前前线左翼阵地在马特森的C连手中，正面宽度足以令澳军向他们的目标发动进攻，同时能够击退从东南和西北两个方向可能反扑的敌人。炮兵会在步兵进入这一地区之前，从东南方对基罗帕角海滩进行10分钟火力准备，随后会集中炮火掩护步兵在左翼的进攻。美军克拉克森营会为澳军攻击部队充当后盾，保护西面、西南和南面三个方向不受侵犯。

伍滕准将早先调整了2/10营各连的位置，桑德森连天亮前被调到左翼，在马特森连右边建立阵地。多布斯为保障左翼的主攻兵力，将2/9营埃姆森连的一个排增派给他们，充当预备队。这个排可能在必要的时候投入曾让鲁达尔战死沙场的左翼外侧阵地。当初的惨痛记忆，让多布斯不敢掉以轻心。马特森在备战时，连一个瞌睡都不敢打，从他宽阔的左翼来看，眼前的日军阵地和以前一样难啃，而且日军兵力还很强大。他的部队急需休整，但今天的主攻任务仍会由仅剩47名官兵的C连承担。午后，他仍在惴惴不安地等待着坦克到来。在他右翼，同样仅剩47人的桑德森连也在等候。14点，他们已在矮小的灌木丛和长草地里各就各位，目光投向大约40码宽一堆树桩外的椰树林，日军在那里建造了完备的防御强点，而澳军坦克仍迟迟未到。

进攻开始时间被推迟到16点，但坦克还是没到。马特森和桑德森的步兵大眼瞪小眼，一时不知如何是好。多布斯中校不愿让他部下不足百人的2个连没有任何装甲兵掩护，暴露在日军火力打击之下，于是动身去寻找坦克。过了一会儿，一辆坦克终于开到前线，就在马特森的步兵想上前和坦克一起行动时，这辆坦克一路从那堆树桩上碾过，

■准备向基罗帕角发动最后一击的澳军坦克和步兵，但基罗帕角第一天的战斗对澳军来说简直是一场灾难。

飞快地撞上了最后一排的一棵木桩。步兵们面面相觑，只得再次回到自己的出发位置。大约17点15分，其他3辆坦克出现了，究竟是多布斯终于找到了对地理不熟的他们，还是他们总算找对了方向很难确定，但他们总算到了。这三辆坦克依次来到马特森连前方的位置，桑德森连的战士们个个起身跟上。与此同时，马特森连的47人开始前进。

马特森连右边的3辆坦克很快就在椰树林边缘停了下来，和日军对峙。桑德森连试图穿过被清除的树桩区域，向第一排直立的芭蕉树外不到15英尺的日军较强阵地进攻时，也停了下来。左翼的马特森连遇到的抵抗较弱，于是继续前进。负责指挥原麦克林排的J.米切尔中士已在全连右翼带队向海岸突破，原鲁达尔排现在由R.C.费中士指挥，保护米切尔的右后方，斯潘塞中士的一个排（原麦克道尔排）在他的左翼。米切尔向日军逼近；费排提供坚强的支持；而斯潘塞排和一股可能威胁米切尔排左翼的日军发生了冲突。斯潘塞高大的身躯和魁梧的体形在开阔地成为日军射击的显眼目标。这时当天最大的误伤事故发生了。

原来日军也在琢磨对付坦克的办法。这次澳军的3辆坦克冲锋时，第一列工事里的日军主动放弃他们的掩体，退到第二列工事里。澳军坦克不明就里，也不去管那些撤空的掩体，直接开向日军第二列工事。这时，日军步兵抓住这个时间差，又回到第一列工事里。他们这样做，让桑德森的步兵连暗暗叫苦，因为缺乏协调，他们没能及时跟进，和坦克分开了，而日军可以乘机在第一列工事阻挡他们。而这时澳军2英寸迫击炮造成的烟雾在日军阵地弥漫，混乱的澳军坦克辨不清敌我，将烟雾中隐约出现的马特森连的人影当成了日军，便向他们开火。

"我的上帝呀！"马特森上尉失声惊叫。澳军坦克的这轮炮火正好在接近目标的米切尔排阵中开花，几乎让他们全部覆灭，还波及费排。掩体里的日军倒丈二和尚摸不着头脑，还以为是自己的炮兵发威了。

费排的"雪人"A.A.埃文斯二等兵一步三骂，一溜小跑冲到一辆坦克旁边，顾不得落在坦克装甲上的日军子弹，跳到坦克顶上，拼命敲打，希望引起坦克手的注意："你他妈的到底有没有长眼睛！你在屠杀自己人哪！眼瞎了回自己窝里玩蛋去！混蛋！"埃文斯的嗓子都喊破了，但坦克兵显然没听见他说话，即使听见他在外面敲打，也以为是日军的子弹，他们的炮手还在继续开火。此情此景，马特森上尉也只有仰天长叹："今天轮到坦克跟前些日子的飞机学，而且他们打起自己人来更狠！"

18点35分，天快黑了，马特森无心恋战，向夜空射出绿色信号弹，示意撤退。全连的残部都窝着一股无可名状的悲愤内火，回到出发位置。米切尔面色铁青，骂不绝口，他们全排出发时就只剩14人，现在已经只剩下4人。马特森全连47人，现在已经只剩22人，副连长麦凯上尉也阵亡了。而一直在积极战斗的2/9营的埃姆森中尉也没能生还。

马特森垂头丧气地带着他的部队和同样损耗不小的桑德森连会合。两个老搭档相视苦笑。马特森借着天黑前最后的余光发现桑德森脸色有些不对，不禁问道："你没事吧……"桑德森狠狠吐了口唾沫："呸！今天够他妈倒霉了，别再触霉头！"其实马特森猜得没错，他确实受了伤，但倔强的桑德森不愿在这个时候离开队伍。

在战斗最后，澳军的坦克还在集合。这几辆坦克的官兵们回来后，得知自己闯了大祸，几乎都吓傻了，急忙寻找原因。窝了一肚子火的步兵七嘴八舌，指出坦克兵们今天犯的错误数到天亮都算不清。

事实上B中队的所有坦克今天都失误连连，霉星高照。他们从桥梁地区出发起，就错误连连。16点的时候，所有人都不知道这11辆坦克的具体位置。15分钟前，摩斯少校从桥梁附近发回的报告称：2辆坦克在规定的集合点；2辆仍在靠近集合点的某个地方；2辆陷在旧机场下端；2辆后备坦克留在桥梁地带；还有3辆仍留在新机场地区。18点25分，在他的后续报告中，他手下的这些坦克简直让人哭笑不得：1辆还在战斗；2辆已经没弹药了；1辆被摧毁；1辆出了故障，无法行动；1辆还在去前线的路上；2辆仍陷在原地；另有2辆坦克在设法帮助那2辆坦克脱困；1辆还留在预备区。

这两份战斗前后送回的报告只能确定一个事实，那就是步兵根本就没能得到坦克兵承诺的有组织支援。尽管他们并不缺乏克服困难的勇气，但经验匮乏和地理不熟，让他们成事不足，败事有余。两位坦克兵中尉麦克罗洪和希普今天表现也不佳。拥有足够战斗经验和勇气的麦克罗洪发现了前方的困境，立即赶去助战，但没能起到作用。身材瘦削，平时看似性格温和的希普本不打算参加这一天的战斗，傍晚临时接管了一辆回来的坦克，急急忙忙投入战斗。然而，到了战场上，他的注意力就全在那辆被树桩困住的坦克身上了。他没能成功让这辆坦克脱困，但将里面的坦克手都救了出来。那时已经天黑了，于是他在离开时，不得不走在他的坦克前领路，返回旧跑道。当他回到桥梁附近，最后出现在他那焦急的朋友麦克罗洪眼前时，麦克罗洪和守候着的一大群人都松了口气，他们还真怕他出事。

坦克兵当天的表现糟得不能再糟，但这一天并不是只有他们犯错。伍滕准将的部署本身就有问题。等候澳军进攻的日军兵力不弱，而对2个又弱又疲劳，实际兵力都不满半个建制连的连队来说，就实在太强。但话又说回来，让他们进行最初的进攻，也能够起到查清日军抵抗力量的作用。可难以令人理解的是，为什么坦克延误到天黑之前才到达，仍没有取消这次进攻。攻击时间太过仓促，即使坦克没犯致命错误，也注定起不了什么作用。

这不幸的一天已进入夜晚，日军依然精神饱满。素有夜战传统的他们，对澳军右翼发起了冲击。不过特莱维维安连早已领教过多次，熟知该怎样对付。2英寸迫击炮口发射的火光点亮了战地的夜空。当日军冒着炮火冲到澳军阵地20码内时，特莱维维安连在左翼前线的4挺维克斯式机枪同时打响，和右翼的步枪火线形成完美的十字交叉火力，让日军冲上了一条通往地狱的火网，将这次反击打退。

日军在特莱维维安连阵前躺倒一片，一时静寂无声，远方也没有人继续冲过来。前方隐隐传来将死未死的日军的呻吟声。特莱维维安冷漠地一挥手，他的部下纷纷向倒在地上的人堆扔出手雷。澳大利亚人并不是铁石心肠，然而交战时救护日军伤兵风险太大，他们可不愿拿自己的性命冒险，巴布亚战场的教训够多了。不祥而冷漠的爆炸火光就在前方的地面上闪现，像死神撕裂大地的巨型镰刀。直到确定再听不见任何声音，澳军才停止投弹。第二天天亮后，特莱维维安连在他们前方那片恐怖的堆尸场里计点了数字，共有42具日军尸体。

经过连番苦战的多布斯营已筋疲力尽，替换他们的援兵终于到了。阿诺德中校的2/12营28日晚上已乘船抵达奥罗湾。29日一早，阿诺德先去前线报到，其他人都在去杜罗帕种植园的路上。2/12营人员整齐，共有33名军官和582名士兵。30日一早，伍滕准

■基罗帕角的澳军迫击炮为步兵提供火力支援。

将正式下令该营接替2/10营左翼阵地。阿诺德本是从2/10营出来的军官，他在多布斯的营部得知老部队的情况，恨不得立即接替他们的任务。比弗少校的美军126团1营也同样需要休息，于是在恩代阿德雷海角地区休整一星期的麦克纳布128团3营接管了他们的阵地。

30日20点整，阿诺德命令他的部队次日一早接管旧跑道西角周围桑德森和马特森两个连的阵地。一天后，沃伦部队整个前线的调动完成。31日傍晚，澳军2/12营在左翼就位，美军128团3营接管中央阵地，澳军2/10营在右翼。整个沃伦部队前沿阵地为面向大海的东西走向阵线，长1100码。2/10营阵地和机场旧跑道几乎呈直角，前方宽度约400码，左翼和128团3营相连，右翼延伸到西梅米溪。克拉克森少校的美军128团1营在2/12营左后方，2/9营A连充当总预备队。

重新部署后，沃伦部队的目标，就是在1943年元旦攻下西梅米溪口以西，基罗帕角以东的椰树种植园地区。左翼主攻部队澳军2/12营正面宽度为400码，美军2个营和2/10营负责的中央和右翼前线宽度约700码。阿诺德占领和巩固沿海阵地后，会沿种植园转向东南前进，最后目标是旧机场地区。为避免29日可怕的混乱局面重现，伍滕对梅上尉带领的6辆坦克的行动路线做了严格而细致的规定。另3辆坦克，与接替指挥2/9营原埃姆森连的托马斯中尉一起行动，托马斯连会得到C.H.蒂佩兹中尉指挥的另一个排支援。而新到的一个尚有78人的混编连会充当旅预备队。炮兵照例会在进攻前进行10分钟火力准备。著名的“卡森之炮”天亮开始，就会炮击椰树林中发现的任何目标，直到步兵全部越过出发线为止。多布斯的2/10营营属迫击炮会根据阿诺德的要求提供支援，2/9营会从他们在西梅米溪东岸的阵地向基罗帕角以东的海滩，提供火力支援。

12月31日晚上，就在沃伦部队为第二天即将来临的战斗养精蓄锐时，K.P.M.船队的荷兰船“巴思”号和澳大利亚货船“柯玛拉”号一共运载850吨物资进入奥罗湾。黎

■基罗帕角的澳军步兵和坦克一同行动。

明前，2艘货船卸货完毕，安全离去。这是巴布亚战役，乃至整个新几内亚战场后勤作业的里程碑。自从12月11日至12日夜间，“卡西克”号完成对奥罗湾的首航起，先后6艘商船一共进行9次航行，将约4000吨物资运送到前线。同一时期，战区航空队组织3次大规模空运，将1252吨物资运送给美军第32师。而在32师的全部作战时期，2450吨物资中的1550吨都依赖空运。从12月20日起，依靠船舶运输，奥罗湾的日卸货量已达200吨。在战斗结束前，盟军在布纳战场的补给已不再是问题。

阿诺德以A.McL.穆雷上尉和柯克上尉的两个连充当左右前锋，让艾维上尉和盖特古德少校的两个连为左右后卫，负责支援。艾维和盖特古德除消灭战壕里配合碉堡掩体作战的日军外，还要保护可能会落在后面的澳军坦克。

元旦一早8点，天气晴朗，轻风将云雾都吹散了，能见度很好。阿诺德的2/12营即刻出发。这次备战时间长，准备更充分。该营每个班都有专人配备2磅炸药、一颗手雷和瞬发引信的爆破装置。梅上尉在他的头车上早早和部下其他坦克进行了无线电测试，确保坦克车队内部，以及与阿诺德营部的通信畅通。阿诺德第一批部署6辆坦克在步兵前方开道，另有3辆充当装甲兵预备队。重炮、迫击炮火和12挺重机枪很快进行了火力准备。机枪手们根据米尔恩湾战斗的经验教训，无情地向任何日军狙击手可能藏身的芭

■遭受澳军炮火打击后，连树带人一起栽倒后，当场毙命的日军士兵。

蕉树顶扫射。

坦克兵率先穿过开阔地。当他们到达芭蕉树林时，步兵快速跟上，掩护装甲兵的后方和两翼。梅非常谨慎而精密地控制他的坦克群，在掩护防御强点战壕中的日军士兵面前有序移动，然后用坦克炮猛轰日军工事的薄弱环节和正门。当工事的外壁被打开时，步兵就会用自动武器和步枪从洞口向内射击，将工事里日军的注意力都吸引过来后，爆破手就会用手雷将另一侧炸开。受到两面夹击的日军再凶悍也会胆战心惊。最后澳军会将缴获的日军汽油桶扔进去点燃，这座工事就被烧毁，里面的日本兵不是被活活烧死，就是在冲出后，被澳军的子弹结果掉。

坦克兵用这种方式袭击了所有他们能够打击的日军工事。但不少日军工事非常厚实，而且兵力布置得当，澳军右翼的柯克和盖特古德的两个连较早遇到严重困难。日军的机枪火力线在他们队列中肆虐，而狙击手也在杀伤他们。9点，这两个连和营里的其他各单位都无法正常通信。很长一段时间内，日军猛烈的狙击火线阻挡了他们的所有进攻意图。两位连长只能通过坦克兵和其他单位传递信息。

阿诺德得报，准备给右翼的两个连送去一门3英寸迫击炮，但日军的火力线封锁住了他们的去向，许多官兵前赴后继地抬起迫击炮向前走，但都被日军的子弹打倒。10点20分，柯克上尉阵亡，他们连的所有军官负伤，只有一名军官还能留在前线继续战斗。盖特古德连的情况不过稍好一点，连长本人在竭力聚集2个连余部时，身负重伤，全连唯一没有受伤的军官O. A.柯蒂斯上尉接替指挥权，好歹将两个连的兵力重新集合。在日军密集火力打击下，伤兵只能缓慢后撤，不仅十分危险，而且还拖累了其他人继续前进的速度。阿诺德营长命令萨泽斯上尉带领营部直属连的大部分人员从左翼两个连的后方迂回到柯蒂斯的右翼助战。

左翼穆雷和艾维的两个连可能已冲入日军的司令部地区，尽管日军抵抗也很猛，但没有右翼那样强，推进很快。他们成功在8点51分就推进到海滩，随后转向西北，向基罗帕角前进。穆雷的右翼紧靠着大海，而艾维连在他左翼跟进。在向基罗帕角阵地进攻时，穆雷和副连长T.T.洛根中尉双双阵亡，2名排长L.J.史密斯中尉和D.S.克拉克中尉也负了伤。伤势较轻的克拉克在连长阵亡后，接过指挥权。艾维连的副连长C.B.艾尔芬斯通中尉和一位排长H.I.希尔柯克中尉和其他一些士兵都受了伤。

就在穆雷和艾维的两个连激战正酣时，萨泽斯率部一路推进到海岸，随后折向东南方，面向西梅米溪口冲去。而右翼两个连的余部重新集中后，一路沿西梅米溪向上游推进。傍晚，萨泽斯得到2/9营蒂佩兹中尉和托马斯中尉两个排的援助。澳军右翼面临一场血腥的战斗，但他们十分勇敢。海岸线上灌木和茂密藤蔓缠绕的日军防御强点；在通向东南方的椰树林之间；在和西梅米溪相连

■澳军2/12营在对基罗帕角的日军工事发动进攻，图中可见迫击炮火引起的硝烟。

的沼泽地里，都留下了他们战斗的足迹，澳大利亚人和日本人的鲜血到处挥洒。在坦克可以到达的地方，澳军步兵紧密合作，用信号弹引导坦克炮，在它们开炮时，会用手雷和步兵武器的火力扫射配合。有许多地方坦克无法行动，只有靠步兵单独徒步进攻。W.P.鲍尔曼中尉在多次激战中为步兵领路。天黑的时候，澳军已经在这一地区夺取大片布满壕沟的阵地，将日军分割在多个孤立阵地里。而2/12营越过或忽视的阵地，会由美军的2个营和澳军的其他部队扫荡。有些小型阵地发现的日军尸体约10具，但多数日军阵地都有30具左右，其中最大一片阵地一共躺倒70具尸体。

黄昏时分，澳军左右两翼的形势已经分明。右翼日军只剩下被澳军各部切断的孤立阵地。而从西梅米溪口到西北方向，日军还有一个较大的袋形阵地，多布斯的2/10营和麦克纳布的美军128团3营正从南面向日军施压，萨泽斯的部队在旧跑道疏散区上方建立了一个面向南方跑道的阵地。远方左翼的澳军两个连沿海岸线向基罗帕溪一线推进，除了在溪口还有一部日军凭借一处防御强点据守外，进展都很顺利。这一夜电闪雷鸣，热带暴雨又和战士们见面了。日军的小型作战单位和个别人都试图从西梅米溪口的袋形阵地打出一条对外通道。一股日军曾来到V.E.桑普森上尉的医疗站附近。吸取教训的澳军早已有备，桑普森上尉沉着应对，没让伤员们遇到危险。澳军和美军麦克纳布营一直在逐个拔除日军防御工事，在黑暗和潮湿的灌木丛中，每到闪电划过，电光映出日军士兵的身影时，他们都会毫不犹豫地射击。

1月2日，盟军继续进攻，西梅米和基罗帕角的步兵各得到2辆坦克支援，而2/9营仍负责扫荡西梅米溪东岸的残敌。当天大部分时间都在双方最后的遭遇战中度过。下午晚些时候，西梅米溪沿岸的战斗已进入尾声，澳军2/12营在基罗帕角集中了全部兵力。尽管已拿下基罗帕角最后的日军阵地，但直到下午，澳军才歼灭全部残敌。日军一如既往凶悍，在海岸的每个角落战斗到最后。元旦一共只有8人成为战俘，其中6人都是劳工。而2日，只有1人投降。

阿诺德中校本人在扫荡战中，直观地体会了那些日军的狂热精神。他在战斗的最后时刻，亲临西梅米溪一线。溪口小岛上的日军从去年12月22日起就一直盘踞在那里，即使只剩最后2名日军军官，仍非常顽固。阿诺德试图劝告他们投降，回答他的是子弹。等他们的子弹打完，阿诺德再度劝降时，日军仍不为所动，也许他们连听都没听。一

■1943年元旦，澳军维克斯机枪手正在消灭藏在丛林中的日军狙击手，摄影师乔治·希尔克拍照时，机枪手大声呵斥，让他卧倒，日军狙击手不会放弃任何射击澳军士兵的机会。

■1月2日，澳军的坦克和步兵协同作战，步兵正用布朗式轻机枪射击100码外废弃碉堡出逃的日军。

■澳军坦克和迫击炮一起向从碉堡里出逃的日军开火。

人神色悠闲地转身离开，另一人在河口的咸水中梳洗后，还掬水喝了一些。然后，他无视周围瞪眼看着他的沉默的澳军士兵，向着太阳深深三鞠躬。等他再度站立起来，面朝澳军士兵时，阿诺德第三次发话：“在我数到十之前，你都可以投降。”日本军官一言不发，拿出一面小的日本国旗，将一头缠在他举起的指挥刀上，一头握在他的左手，遮住了他的胸膛。而他仍然沉默地面对着他的敌人。阿诺德从容地数了下去，当他数到“九”时，这个日本军官非常响亮而清晰地用英语喊道：“滚！”随后，澳军士兵的子弹从四面八方将他打成了蜂窝。当他们找到另一名军官时，发现他已经上吊自杀了。

2/12营在这场战斗中一共损失了191人。从12月18日起到1月2日为止，18旅各营

地图五十九　1943年元旦的基罗帕角

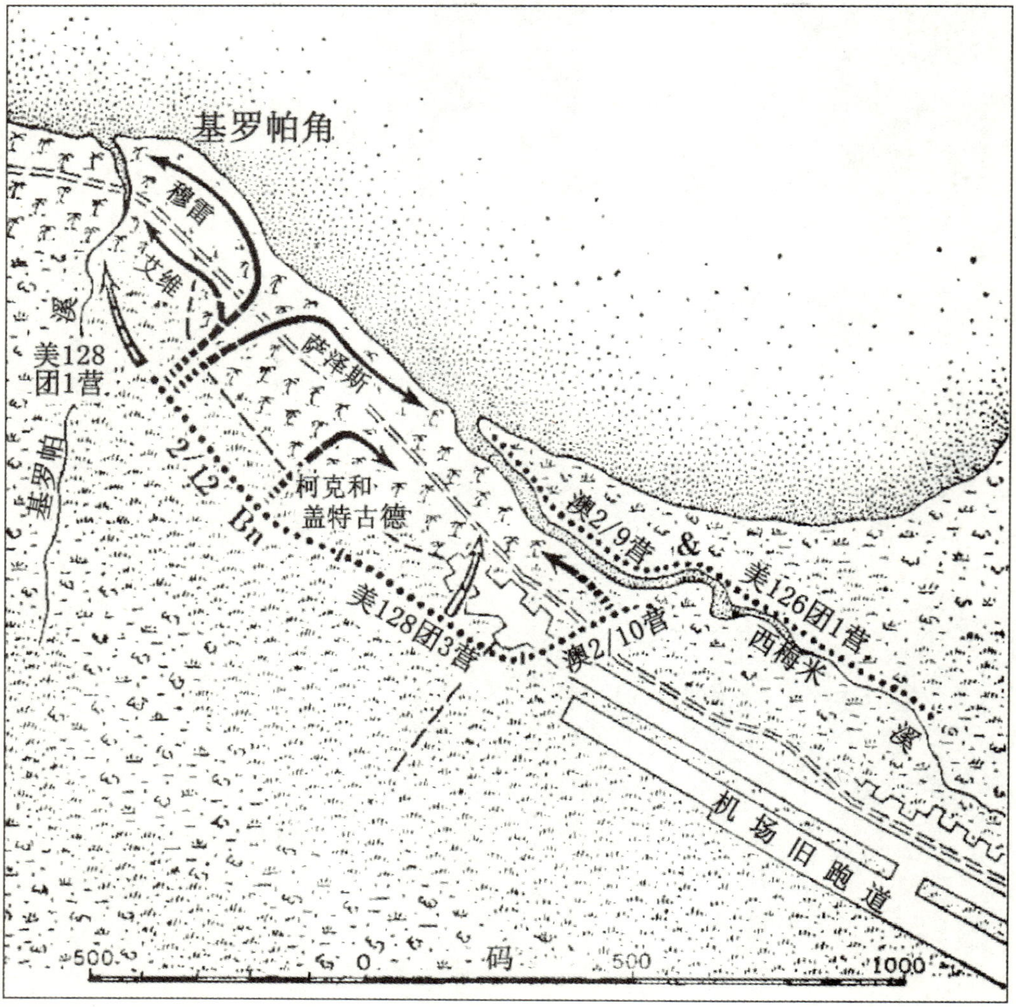

合计伤亡863人，约占在布纳海岸地区战斗总人数的45%。尽管这些数字的具体细节还存在一些争议，但无论以任何标准来看，伤亡代价都是沉重的。

日军在基罗帕溪西面的兵力相当强大，但他们在基罗帕角以东的部队已几乎被全歼。到1月2日为止，澳军掩埋的日军尸体已超过900具。1月2日，澳军第18旅在布纳海岸第一阶段的战斗任务胜利完成。与此同时，以美军为主力的厄巴纳部队在基罗帕溪西岸的战斗也在进入尾声。

厄巴纳部队受挫

12月28日13点30分，盟军厄巴纳部队开始建立起入口溪通往海岸的通道，准备向大海进军时，艾克尔伯格在战区参谋长萨瑟兰将军、第1军参谋人员鲍文上校、罗杰斯上校和哈丁上校陪同下，从布纳部队司令部来到格罗斯上校的前敌指挥所。格罗斯简短汇报战况后，阐述了部队的后续行动方案。格罗斯刚刚让127团3营从火线上退下，进行一次非常必要的休整。艾克尔伯格怃然不悦。14点28分，他也不和格罗斯讨论，直接命令3营兵分两路，立即进攻布纳教区。一路从穆西塔岛过桥向布纳教区推进，另一路从岛南乘坐前一天刚到前线的5艘澳军军用小艇向布纳教区进攻。

几天前，艾克尔伯格和格罗斯讨论过进攻布纳教区的计划，但还没研究过相关细节。格罗斯对军长这样急于让一个已经非常疲惫的营执行他只用了几分钟时间就决定的机动进攻任务大为吃惊。

除投入进攻的部队很疲惫外，还有一个更大的困难。敌人在桥北端正前方外侧正好有一线工事掩体，而桥梁本身是一条40英尺长，2英尺宽的狭长小桥，而且由于盟军的炮火击中桥北端，已经形成一个15英尺宽的断口。

吃惊不已的格罗斯缓过劲儿来，首先想到的是在军官中召集志愿者进行必要的准备工作。鲍文上校志愿带工兵去收集修桥的必要木料，罗杰斯上校去侦察岛上的阵地和观察部队行动，哈丁上校协调和控制迫击炮和重炮火力。格罗斯命令团情报科长斯蒂芬·休伊特上尉对侦察5艘军用艇的航行路线，作战训练科长莱昂纳德·加莱特上尉安排和协调岛上的H连和布纳村角落的部队进行火力支援的问题，这两个地方在进攻正式发起前，都要对布纳教区进行火力打击。

多亏格罗斯上校能跟上艾克尔伯格的思路，以最快的速度制定这次进攻的具体细节。在进攻发动时，重炮和迫击炮火要同时炮击布纳教区和面向北岸桥头的日军掩体。休伊特上尉会将侦察结果告诉3营K连。K连的40名官兵会分乘5艘战斗小艇，在火力准备转换期间，绕过小岛东角。他们会在布纳教区桥东建立一个桥头堡。穆西塔岛上的H连和布纳村小半岛E连的一个排会提供火力掩护，应对日军的反击火力，掩护桥梁，使工兵能架设木板，相对安全地进行修复工作。木板铺设完毕后，K连余部会直接过桥，I连和L连再依次跟上。在这3个连全部过桥后，他们将向北进攻，呼应从东南方向海岸进攻的施罗德少校的部队。

准备工作以飞快的速度完成。休伊特上尉架着一艘战斗小艇出发后不多时，就回来报告侦察结果。6名士兵志愿铺设填补桥北断口的木料。管理这些军用小艇的3营弹药及先锋排排长克拉伦斯·里格斯中尉将船迅速转移到岛南边大片树叶遮蔽的位置。罗杰斯上校引导3营余部从岛中央向桥梁地区前进。原以为能休息的3营态度消极，行动十分缓慢。而在炮火对布纳教区的第一次齐射完成之前，罗杰斯也无法带领他们进入桥南阵地。

17点20分，第一波炮火齐射进行时，5艘战斗艇离开了隐蔽地点。然而，先前休伊特上尉的侦察结果是错的，K连的这支40人战斗队没有环绕小岛航行，反而开往入口溪东岸登陆。更糟的是，E连在布纳村小半岛的一个排将他们误当作日军，对准他们直接开火。带队的里格斯中尉的小艇中弹沉没。里格斯不会游泳，好在船已经快靠岸了，水并不深，他迅速蹚水上岸，招呼小半岛的澳军停止射击，但为时已晚，大部分小艇都在浅滩被毁，万幸没有人被误杀，或者溺水身亡。

过桥的战斗也没能成功。4名114工兵营A连的工兵和H连的2名士兵志愿承担架桥任务。他们每2人扛着一根木料，从桥上穿过。他们遭到对岸日军重火力阻击，将木料安放在断口上，然后撤了回来，除厄尔·米特尔伯格二等兵不幸在桥上中弹身亡，其他5人都安全撤回。桥刚补完，K连余部立即开始过桥。几乎就在两名排头兵刚到达桥北时，新铺的木料因为北端木桩吃不住力，掉进了溪里。2名排头兵中的一人受了伤，偏偏都不会游泳，只有先在溪岸下方躲藏。晚上，H连迫击炮排排长小威廉·布拉格中尉带着排里的3名士兵游到对岸，将他们救了回来。

艾克尔伯格心急火燎的抢攻终于没能成功，好在美军付出的代价不是很大。

这一天晚上，127团的弹药和先锋部队在花园地区西北角完成了2.5英尺的壕沟挖掘工程。29日一早，这条交通沟已经能向前方运送补给和疏散伤员。

29日上午，最早的厄巴纳部队——126团2营，128团2营退往新壕沟一线。126团2营（欠塔拉凯纳和西沃里村各一部）在“政府花园”东南角建立了一个阵地，而128团2营进入三角地区布防。就在这两个营从前方转入休整地区时，127团B连从他们的阵地沿着布纳教区东南海岸，向大海前进，而且在沿岸地区建立了一条200英尺长的正面战线。

施罗德少校的战线当时从入口溪一路延伸到大海，但岛上的部队仍遭到桥北的日军火力阻击。这一晚午夜前，127团H连的一个巡逻队在艾伦·西姆斯中尉带领下，从布纳村的沙嘴一路涉水向布纳教区西南的小突出部前进。他们在溪流的布纳教区一边上岸后，搜索了半个小时，没有遇到任何火力阻击，也没有发现一个日本兵。在布纳教区建立桥头堡的问题就此迎刃而解，显然日军在布纳教区的兵力已经相当薄弱，无法全面防御，出现了漏洞。接到报告的厄巴纳部队指挥部随即制定了夺取布纳教区的新计划。

根据新方案，127团E连和128团F连会先后越过布纳村和布纳教区之间的浅滩。E连在布纳教区上岸后，向左转，建立一个桥头堡。F连在他们后面过河，在E连解决桥北的工事，工兵修复桥梁时，沿着岸边向东北直取布纳教区。127团H连和128团G连在桥梁可以通行后，过桥与F连的右翼取得联系，再发动进攻。施罗德少校的127团1营在得到2营和3营的部分兵力增援后，同时从东南向布纳教区推进。最终美军将对布纳教区从正面和两翼同时进攻。时间定在12月31日一早。

30日早晨，戴姆斯上尉的127团G连进入椰树林休整的同时，杰弗逊·克朗克上尉的128团F连进入布纳村营地，和127团E连会合（欠在小半岛的一个排）。E连由于在三角地区损失惨重，士气受挫，现在由H连的布拉格中尉指挥，布拉格自告奋勇带领他们越过浅滩进攻。

与此同时，施罗德少校正在进攻布纳教区。日军在海岸沿线的防御依然很强，他取得的进展不大，只是使得他的阵地更稳固而已。当时正面面对布纳教区的战线上，美军共有127团的F连、A连、K连和L连四个连。M连的部队和B连的一个排在沿海通道两侧的花园地带；C连和I连位于通道中央；D连在东面，负责监视当时尚未拿下的基罗帕角。美军相信，当他们从布纳村和穆西塔岛两面夹攻时，敌人即使使出浑身解数也守不住布纳教区。

次日清晨4点30分，天还没亮，127团E连就和128团F连呈一列纵队从布纳村小半岛地区的浅滩穿过，向布纳教区推进。E连在前方开道，布拉格中尉一马当先。美军的原计划是在拂晓对布纳教区桥头堡的日军发动突袭。事先每个战士都得到命令，行动时尽可能安静，在得到命令之前，不得随便开火。E连的行动很顺利，没有惊动日军就顺利登上了布纳教区一边的土地，随即右转，向内陆进军。然而就在E连先头部队顺利上岸后，他们后方的一些人发现小半岛海滩边附近有几艘日军驳船停泊，为了不让日军乘船溜走，他们掷出了手雷。手雷的爆炸声立刻惊动整个布纳教区，所有阵地一片哗然，海滩上出现了爆炸的火罐，美军部队用手雷，枪榴弹和自动武器展开了全面进攻。

日军的反击使美军陷入恐慌。被艾克尔伯格军长称为“整个行动的火花塞”的布拉格中尉，战斗伊始，双腿就被日军射中，情况变得更加糟糕，混乱在加剧，而布拉格中尉也失踪了。

格罗斯上校就在布纳村的小半岛等候消息。他派人携带高音电话和电话线跟随部队一起行动，随时报告战况。格罗斯从电话里听到的第一个声音是接替失踪的布拉格中尉指挥的那名中尉说的“快向后方跑”，后来还有其他人和他谈话的声音。

格罗斯立即对电话吼了起来：“不许后退！给我回到阵地上去！”那名中尉无奈地回答：“我也没办法，大家都在从我身边跑回去了。全连都跟着他们。”格罗斯面色铁青，提着手枪走到小半岛前方，部队回来时必经的小径，拦住了那名中尉和所有跟随他的人。

给我回去！

我……我真的办不到。

你明白这意味着什么吗！

我知道。

格罗斯气得发抖，他的眼睛落在负伤的一位上士身上，同意让这位上士去急救站包扎。随后他指定一位中士去召集他们连的人回到战场，那位中士按照命令去做了。格罗斯下令逮捕那位中尉，派人押到后方看管起来。

尽管E连的表现令人失望透顶，但克朗克上尉的128团F连没有受到该连溃散的影响。格罗斯上校赞道“克朗克镇定自若，就好像他不是身在战场，而只是训练场一样”。F连稳步前进，最后E连终于也回来了，随后他们在布纳教区西南的小半岛上建立了一个坚强的阵地，并且守住了这个桥头堡。格罗斯命令克朗克同时接过127团E连的指挥权，统一指挥两个连，进攻桥北地区的日军工事。由于进攻早早失去了突然性，只能变成一场消耗战，战斗持续了一整天，日军坚决抵抗，克朗克只推进了一小段距离，唯有希望第二天能好转。

克朗克上尉的坚定和努力挽救了这一天的战斗。美军最终在布纳教区获得了一个立足点，而安田大佐从面临两面夹击的那一刻起，就已明白自己在劫难逃。

12月25日晚上，安田曾经从一艘日军潜艇上得到了一些粮食和弹药，从而能继续在布纳教区与美军战斗。布纳教区东南沿海地带的战斗更为激烈，而美军127团C连仍在花园地区北面的沼泽地里忙于肃清残敌。尽管126团E连，F连和H连在沙利文上尉指挥下，已经在三角地区右边推进了300码，从而完全控制了花园地区，但当天在沿海地区和花园北方的沼泽地里，战局则令人失望。

日军狂热地坚持抵抗，但明显已是强弩之末。几天以来，盟军的炮火大量集中在沃伦部队前线，而厄巴纳部队的前线尽管也处于重要的转折点，得到的炮火支援却不足。不过地面部队的进展虽然不很顺利，形势却也不坏，除了两路同时向日军逼近的主攻部队外，当天上午，126团2营的一个巡逻队，已经在花园地区西南角和沃伦部队的一个巡逻队取得了联系。

■美军士兵在一座被控制的日军地下工事外面仍不敢大意。

在沃伦部队部署对基罗帕角的最后一击时，127团B连也得到命令，第二天向东进攻，和沃伦部队取得联系，协助他们进行扫荡战。艾克尔伯格当晚给萨瑟兰的信中提到，他希望这次进攻能顺利进行，那样厄巴纳部队就没有后顾之忧，随后将一举荡平布纳教区。

艾克尔伯格提到当时的形势时说道：

在右路，澳军已经用他们的坦克推进到西梅米溪口，两条机场跑道和周围整个地区都已被我们掌握。马丁的部队从旧跑道向左延伸了几百码，现在厄巴纳部队和沃伦部队之间的距离大约只有600码而已。在左路，我们已经在基罗帕角和布纳教区之间建立了一条通道，有足够的人员维持。著名的“三角地区”曾长时间困扰我们，最终也被拿下，我们的人还拿下了布纳村南面的小岛。今天，我们从两个方向逼近布纳教区，我真心希望我们能将它解决。

许多曾令人失望的情形，在前线正日益减少，也许在不久的将来，就不会再困扰盟军了。

与此同时，日军在布纳地区行将崩溃的局势引起了18军司令部的高度关注。12月26日，军司令官安达二十三中将命令当时在戈纳北面达纳瓦图指挥战斗的布纳支队长山县栗花生少将率他的全部兵力从海路转移到吉鲁瓦，同时尽快设法救援布纳地区的驻军，如果失败，他就转移到吉鲁瓦防线，在那里坚持到最后。两天后，安达将军意识到布纳大势已去，命令日军撤离布纳。矢泽清美大佐的一支特别部队会沿海岸一线从吉鲁瓦向布纳推进，进攻美军左翼。在打开美军包围圈，和困在布纳教区的日本陆海军部队会合后，他会掩护他们撤回吉鲁瓦。

这是一个险中图存的绝望计划，但并非不切实际。日军从与美军查古农中尉那支52人的部队在塔拉凯纳附近的冲突经验当中得出结论，认为美军在布纳的左翼几乎不设防。因此，矢泽大佐的突击部队从塔拉凯纳越过沿海仅2英里长的道路，速战速决，接应布纳守军突围具备一定可操作性。

山县少将接到命令，次日，便率他在滩头能集结的170联队第1大队（欠第3、4中队）、第9中队、联队炮兵中队、独立21旅团通信队、第25野战重机枪中队、独立21旅团工兵队一部，合计430人，乘登陆艇前往吉鲁瓦。170联队第1大队和第3大队一部组成的后卫仍留在安博加河地区，任务是在那里尽可能拖住澳军。31日，山县部队的余部全部到达吉鲁瓦。而在安博加两岸扫荡的澳军21旅没能察觉日军的动向，最后使得700多名日军援兵成功到达吉鲁瓦。

山县命令41步兵联队长矢泽清美大佐负责指挥部队，准备接应布纳驻军突围。矢泽久经战阵，直接参加了穿越欧文·斯坦利山脉和撤退到巴布亚沿海的战斗，是日军在吉鲁瓦经验最丰富和最值得信赖的指挥官。事实上，他很清楚拉包尔军司令部赋予他的这项使命的重要性。

山县少将本人12月29日到达吉鲁瓦，2天后，向矢泽大佐传达了命令。这次解围行动，将由山县少将指导，矢泽在前敌指挥。兵力集合完毕后，解围行动将正式开始。然而，日军的行动还是太迟了。尽管矢泽开始集结兵力，但布纳的沦陷已进入倒计时，那里的大多数守军命已不久。

攻占布纳教区

1943年元旦，当沃伦部队向基罗帕角发动最后一战时，厄巴纳部队也满怀希望地对布纳教区发动致命一击。清晨，就在B连向东进攻基罗帕角时，重炮和迫击炮火齐鸣，布纳教区上空落下了重重弹幕，厄巴纳部队的其他地面部队从四面八方收紧了包围圈。克朗克上尉从布纳教区小半岛的桥头堡率先发动攻势，施罗德少校的部队沿入口溪，从东南方随后向布纳教区推进。

B连的一些部队都很快能看见基罗帕角的澳军坦克了，但日军在基罗帕溪西岸的抵抗仍非常强硬。当格罗斯上校将127团E连撤下重整时，留在布纳教区桥头堡的就只有128团F连一个连了。由于兵力单薄，克朗克发现自己无法推进更远。沼泽地里的C连在右翼的M连支援下，推进了150码，而向沼泽地后方进攻的其他各连也取得了一些进展。

末日将近，日军困兽犹斗。1月1日傍晚，史密斯中校的128团2营和克拉克森少校的128团1营在厄巴纳部队和沃伦部队接合部建立了一个联结两个部队阵线的前哨基地。他们在那里发现第一次有日军试图从布纳教区游泳逃生——这是布纳教区明白无误的总崩溃信号。

为了准备次日的进攻，厄巴纳部队从元旦傍晚开始，就进行了认真的准备。次日的主攻方向会从沿海地带发动。这个任务将由2个休整相对充分的步兵连127团G连和128团G连承担。128团F连会从桥头堡推进，127团C连在扫荡完花园地区以北的沼泽后，会接管桥梁以北地区。只要可能，这两个连就会修复桥梁，使127团H连从小岛过桥直扑布纳教区。

日军继续想尽各种办法试图出逃。1月2日黎明前，20名日军士兵在一名少尉指挥下，携带沉重的包裹，试图打开缺口，冲到停在小半岛地区的登陆驳船上。他们有3挺机枪，包裹里装的都是食品，药品和个人用具，看来只是为了尽快逃走。克朗克连的机枪和步枪对准他们就是一顿猛扫，这股日军很快就只剩最后一人哇哇乱叫着逃回镇上去了。天亮后，布纳村到塔拉凯纳所有道路上的观察哨都汇报说，水里有大批日本人。有些日本兵完全靠自己泅水，其他人或是靠箱子、木筏和圆木当逃生工具，还有些人试图靠小船逃走。盟军重炮和机枪立即将炮口和枪口对准了水中的日军。10点，航空兵的B-25轰炸机、P-39战斗机，甚至“韦拉威”式教练机都开始空袭这股逃逸的日军。

布纳的两名日军最高指挥官山本重省大佐和安田义达海军大佐自知已到最后时刻。他们不愿不名誉地狼狈逃窜，在布纳教区中央会面后，按照日本传统的武士道仪式，切腹自杀。

尽管布纳教区的部分守军已经逃散，但日军仍有足够的兵力。无法逃脱的日军决定在阵地上死守到最后一刻，多拉几个美国兵陪葬。用艾克尔伯格将军的话来说，这一天的战斗“极度麻烦”。10点，进攻开始前，施罗德少校在前方观战时就被一枚日军流弹穿透颅骨，受了致命伤。营参谋唐纳德·鲁诺上尉当即接过全营指挥权。格罗斯上校得报，亲自赶到海岸地区指挥战斗。

步兵出击前，大口径重炮炮弹和白磷烟幕弹在日军头上纷纷落下。克朗克上尉的一个连从小半岛折向东南进攻。沼泽地的C连和右翼的M连向小岛和布纳教区间的桥梁推进。戴姆斯上尉指挥的127团G连，还有128团G连越过I、L、M三个连的阵线，从东南方向布纳教区推进。一开始，这轮进攻就非常顺利。白磷燃烧弹使教区几个草木茂盛的地方燃起了大火。火焰肆虐之下，整条日军掩体组成的防线都暴露给了盟军。日军试图从已经暴露的阵地逃跑，刚出来就遇到美军在小岛和小半岛上的机枪火力阻击。除树木之外，燃烧弹还使得教区的几座小木屋也烧了起来。日军逃出火场时，就遇到盟军从四面八方射来的火力线，几乎全部被杀。

残存的日军仍在负隅顽抗，美军只能用

■穆西塔岛通往布纳教区的桥梁。

手雷、机枪和冲锋枪将他们全部杀死。左翼的127团C连和右翼的127团G连进展顺利，但128团F连却被日军拦住了前进脚步，与此同时，127团B连仍在向东进攻。

14点，C连已经能看到日军掩护桥北端的工事了。一个半小时后，127团G连已到达布纳教区中心，128团G连紧随其后。他们只遇到零星的步枪火力抵抗，随后他们遇到了12名除了短裤之外，什么都没穿的中国籍劳工。

10分钟后，C连也来了，随后是M连，几分钟后，I、L、A连先后到达。工兵们完全修复了桥梁。16点20分，H连过桥赶来。美军夺取布纳教区的计划已全部完成。

16点32分，布纳教区都被占领。当地的残余日军不是被在藏身之处逼出来，然后被射杀，就是被直接活埋。17点，除海滩地区还有少数顽固的据点外，战斗已经结束。上级决定，将最顽固的日军工事留待第二天处理。

这时的布纳教区满目疮痍。整个教区和周围地面布满弹坑。树木被打残折断，满是烟火熏过的痕迹。废弃的武器和登陆艇在海滩上横七竖八，日军的尸体到处都是。

■战斗结束后的布纳教区。

进攻基罗帕角时，B连曾在海岸附近的岔道口遭到一片日军工事阻击，后来他们绕过这些工事，沿海岸向东推进。攻下布纳教区后，艾克尔伯格将军以最快的速度将C连从布纳教区撤出，让他们去协助B连。傍晚，这两个连进行了集中攻击，将这些工事全部扫清，后来在19点30分和澳军第2/12营取得了联系。2/12营已经和其他部队将西梅米溪西岸和基罗帕角以东的地区扫荡干净。经过6个星期的战斗，盟军终于夺取整个布纳地区。

盟军扫荡日军孤立据点的行动又持续了几天，直到最后一股残敌被肃清为止。除了零星的枪声之外，这段时间布纳地区相当平静。唯一较大规模的战斗发生在基罗帕角西南的丛林地带，不过那里主要是一群劳工，连战斗人员合计不超过100人，没过多久就放弃抵抗，试图逃入沼泽地和丛林，最后都被抓获。

1月3日，美军和澳军制定了一条遍及四面八方的行动路线，有条不紊地肃清基罗帕角和布纳教区周围的日军残余。中午，美军在岸边的小树林中，打破了布纳教区最后的阵地。几个日本兵从掩体出逃后，继续依托海滩上的一条废弃驳船开火，最后被一枚高爆炮弹将他们和船一起炸了个粉碎。这一天中午，美军在布纳教区已经合计发现了约150具日军尸体。

■布纳教区海岸边的日军尸体和驳船。

分散的美军小分队完成了肃清最后一批顽抗的日军工作。战斗告一段落后，终于可以稍微放松一下了，一些美国兵跳进大海里游泳。有些人就在岸边清洗他们已经好几个星期都没洗过的衣服。很多人都已筋疲力尽，什么都不愿想，就在树林中的弹坑里和沙滩上的散兵坑之间呼呼大睡，好好补一个觉。

1月5日，留在当地的最后一批仅存的日本兵从布纳村越过恩代阿德雷海角，三五成群，或者孤身游走。他们在丛林和沼泽地里东躲西藏，现在已经饿得前胸贴后背，白天藏身，晚上试图借助月光黯淡的夜晚摸进盟军防线去寻找一些食物，后来终于全部被俘。

最终盟军在布纳教区一共掩埋了190具日军尸体，在基罗帕角则为300具。在布纳地区合计抓获50名俘虏。沃伦部队俘获了21名非常瘦弱的朝鲜籍劳工和1名日本士兵。厄巴纳部队俘获28人，主要都是中国和朝鲜籍劳工。其中极少数日本籍战俘都是在西沃里村或塔拉凯纳地区，在海中泅水，体力不支时，盟军确定他们手无寸铁，才被俘获的。

两支部队都缴获了大量战利品。沃伦部队除了缴获3英寸高射炮和机枪、步枪、无线电设备、几门37毫米炮、2门75毫米山炮、9辆报废卡车外，还发现了一些飞机残骸，其中在旧跑道发现的2架“零式”战斗机看似还可以修复。厄巴纳部队的战利品也以各种火炮和军事装备为主，而粮食和弹药都很难找到，可想而知，日军的补给在最后已经无法维持下去了。

1月3日，日军在吉鲁亚河以东，布纳地区的所有有组织抵抗全部终结。中午，美军第1军军长艾克尔伯格中将发出了一份特别备忘录，他告诉所有参加这次战斗的美军官兵，在经历战火洗礼后，他们已不再是新丁菜鸟，现在已经是一群老兵。他们在布纳取得的经验教训，将有助于他们在将来的战斗中减少损失，去夺取更多的胜利。

晚些时候，布莱梅将军向在沃伦部队前线取得成功的澳军18旅旅长伍滕准将和他部下的所有部队发来贺电。他说，他们的一系列作战“计划非常完备”，“一直都处于最精确和坚定的控制当中”，“在实战中表现出了勇气和决心”。

赫林中将同时高度评价澳军和美军部队，称赞他们“进行了长期的杰出努力”。他多次亲临前线，目睹了日军的坚固防线，很清楚日军究竟是怎样顽强抵抗的，明白一线指战员承受着怎样的艰辛，而他们是怎样坚持到胜利的。在赞扬所有参战部队的坚毅和决心后，他说：“我们两国确实应当为你

■攻占布纳教区的美军士兵在验收缴获的战利品。

■布莱梅将军在艾克尔伯格陪同下，在布纳巡视。

们所完成的任务感到自豪。”

次日，得到捷报的马歇尔将军向麦克阿瑟将军发来贺电。麦克阿瑟感谢马歇尔后，颇有些感慨地说道：“可能我这样说是不必要的，但国内明显轻视和贬低了这一地区（西南太平洋战区）所作的努力，而实际上我所有的努力都和他们的印象相反，这真令人沮丧。而您的祝福是一种安慰。”

艰辛的努力终于得到回报，美澳联军在布纳取得了胜利。盟军在布纳当地掩埋了1400具日军尸体，基罗帕角以西500具，东面900具。而盟军阵亡620人，负伤2065人，另有132人失踪。美军第32步兵师一共损失1954人，其中353人阵亡，1508人负伤，93人失踪。澳军第18旅共损失863人，267人阵亡，557人负伤，39人失踪。

盟军在布纳地区的伤亡及失踪总数为2817人，这个数字高于32师在布纳地区首次对日军发起进攻时，所估计的日军兵力（2500人）。正像艾克尔伯格将军所说的那样，对32师这样一个初上战场的新丁师来说，这种残酷的血与火的考验，会让他们成为一支真正有战斗力的部队。

除战斗减员外，盟军在西南太平洋战区也首次体会到了各种热带疾病的困扰。部队在长期的丛林战当中，饱受各种寄生虫和蚊

■美军士兵押送日军战俘去后方盘问。

蝇滋扰，许多人都感染了热带传染病，发烧是家常便饭。在相当长一段时间里，由于补给跟不上，他们只能吃冷餐，睡在灌满雨水的散兵坑里，而且一连几天水都没排干。他们一脸憔悴，形容枯槁，膝盖和手肘部分的制服都被磨破，可想而知巴布亚的丛林究竟何等艰难。

第1军军医E.曼斯菲尔德·古恩少校在1月10日的一封信中真实而生动地描绘了巴布亚前线的状态：

所有在丛林里用过的设备必须在冷水里一次次浸泡，否则都不能使用，而且会发臭……此外，我们不能肯定这些会浸染设备和衣物的物质不会被人体吸收，随后能随尿液排出体外，因为某些尿样显示异常……净化饮用水的氯片对每个人来说都拥有最大价值。由于所有的东西要阴干都很慢，每人都绝对需要配备2双鞋。

恙虫病日渐增多……我们都进行了接种，预防欧洲斑疹伤寒，但除此之外，再不能做更多事情。这一带有不少体形很大的老鼠，而那些在战死日军尸体上爬过的跳蚤，无疑对我们的士兵威胁也很大。一名军医患上了致命疾病，另一个现在情况也非常恶劣。我们在部队有许多工作要做，而现有的行军条件下，是我们所有人曾经历过的最糟的情况……各种各样的疾病，尤其热带疾病急剧增加，我预计师里的每一个人都可能因为伤病倒下。我并不想描绘一幅令人沮丧的画面，但这就是今天依然在发生的事情。当你看到他们的时候，都会觉得一切那么可怕。

1月中旬，32师军医主任沃蒙霍芬上校仍在敦促部队里的所有人强制每日服用奎宁，然而困难的是药品仍然短缺。他指出，128团的一个营已经几天没能得到药品了。沃蒙霍芬还发现，饮用水经常被污染，经过氯化处理都低于标准。尽管现在部队有时已经能吃上加热的食物了，但口粮依然不足，大部分时间里，部队仍只能吃冷餐。

布纳地区的疾病和非战斗减员令人瞠目结舌。布纳扫荡战结束以后，32师进行了一次全面体检，对三个团的675名士兵的体温进行了抽查。沃蒙霍芬的抽查报告指出："这群士兵53%体温在华氏99度到104.6度（37.2摄氏度到40.3摄氏度）之间……导致发烧的原因依次为：疟疾、疲劳过度、肠胃炎、登革热、急性上呼吸道感染和斑疹伤寒。沃蒙霍芬指出，一支部队平均的正常发病率应为3.8%。但32师的发病率已经高达24%，而且还在继续上升。全师已经有2952人因疾病和发烧住院治疗，大约3/4是在布纳战场患病的，而每天有50到100人会因为疾病和发烧被从布纳送往莫尔兹比港。

即使布纳地区不会再听到枪声，无论美军还是澳军的士兵都不愿继续在巴布亚这个绿色地狱里多留。然而战斗还没有结束。

12月31日夜间，日军第41步兵联队长矢泽清美大佐正式接到接应布纳教区守军撤退的命令，率41联队本部26人、170联队第1大队一部、第9中队230人，合计400余人的部队，准备离开吉鲁瓦东进，但由于登陆艇燃料不足，耽搁到1月2日部队才集结完毕，正式出发。不久，他就得到布纳教区失守的消息。随后，他尽可能在沿途收集从布纳教区出逃的日军。为完成救援任务，他需要拿下

■一名澳军士兵在岸边抓获一名试图游水逃跑未遂的日本兵（从左到右）：示意日本兵举手；日本兵正在举手；日本兵按照要求举手完毕。

■布纳的战斗结束后，疲惫不堪的美军士兵倒头就睡。

塔拉凯纳周边地区，因为许多幸存的日军士兵在游水西逃时，都会在这里上岸。在对美军查古农巡逻队进行仔细侦察后，他在1月4日黄昏，倾尽全部兵力大举进攻。

当天下午，查古农中尉刚得到126团E连的21名援兵。矢泽进攻时，他部下一共有73名来自7个不同中队的官兵，1门60毫米迫击炮，3挺轻机枪。但他们弹药不足，而日军的进攻完全出乎预料。矢泽的兵力占据绝对优势，便采用三面围攻战术。查古农的巡逻队竭力战斗，直到耗尽弹药为止。被日军包围的他们孤立无援，唯一求援的方式就是派人下水游回布纳海岸。查古农中尉亲自用一挺机枪断后，和日军对抗，直到全员撤退，枪打得卡壳为止。巡逻队的所有成员连夜撤进西沃里村。第二天，除4人之外，全员都已在西沃里村集合。在遭遇矢泽压倒优势兵力进攻的情况下，他们已将损失减少到了最低。

矢泽占领塔拉凯纳后，也无意恋战，只是继续在当地执行救援任务。到1月6日为止，他一共收容了陆军180人，海军190人。他们中的大多数人都是泅水逃出布纳教区的，白天不得不避开盟军的耳目。

格罗斯上校也没闲着。1月5日一早，他便派127团F连一部，越过西沃里溪西进。这支部队过溪时未遇抵抗，在对岸迅速重建桥头堡后，开始向西北前进。

攻克布纳后，又在西沃里溪重建了桥头堡，但战斗还远未结束。盟军在吉鲁亚河以西的萨纳南达前线正与日军僵持。1月3日，赫林中将宣布，布纳的战斗已经告一段落，但他们还需要消灭萨纳南达地区的敌人，这项任务不会比布纳的战斗容易。这是一个非常及时的提醒。美军第1军人事处长莱斯利·斯科里上校说：“当我们在布纳地区战

地图六十　厄巴纳部队和沃伦部队1942年12月18日至1943年1月2日行动路线

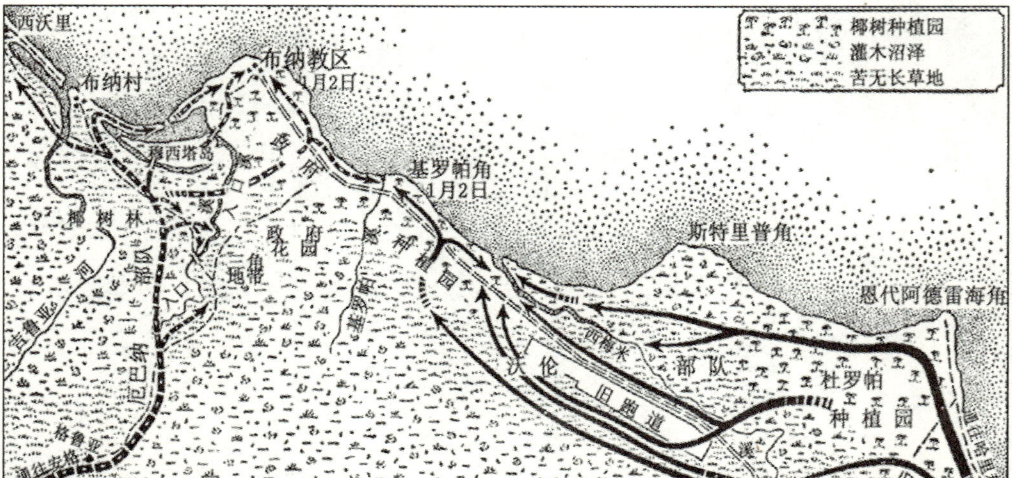

斗的时候，没有太多时间去关心和思考其他地区的战斗。但消灭了这里的日军后，我才意识到，实际上最困难的战场是在邻近的萨纳南达地区。”随后他着重提到，“那里正在对日军进行一种半包围攻击，但一直没取得什么进展”。

在127团调往塔拉凯纳时，澳军第18旅、坦克部队和布纳地区的绝大多数可用炮火，都会转移到吉鲁亚河对岸，投入萨纳南达－吉鲁瓦地区的战斗。

根据安达司令官的命令，小田少将负责日军在萨纳南达－吉鲁瓦南部和中央的阵地，山县少将坐镇北部，统一指挥全局，一定要与盟军周旋到底。

地图六十一　盟军攻克布纳

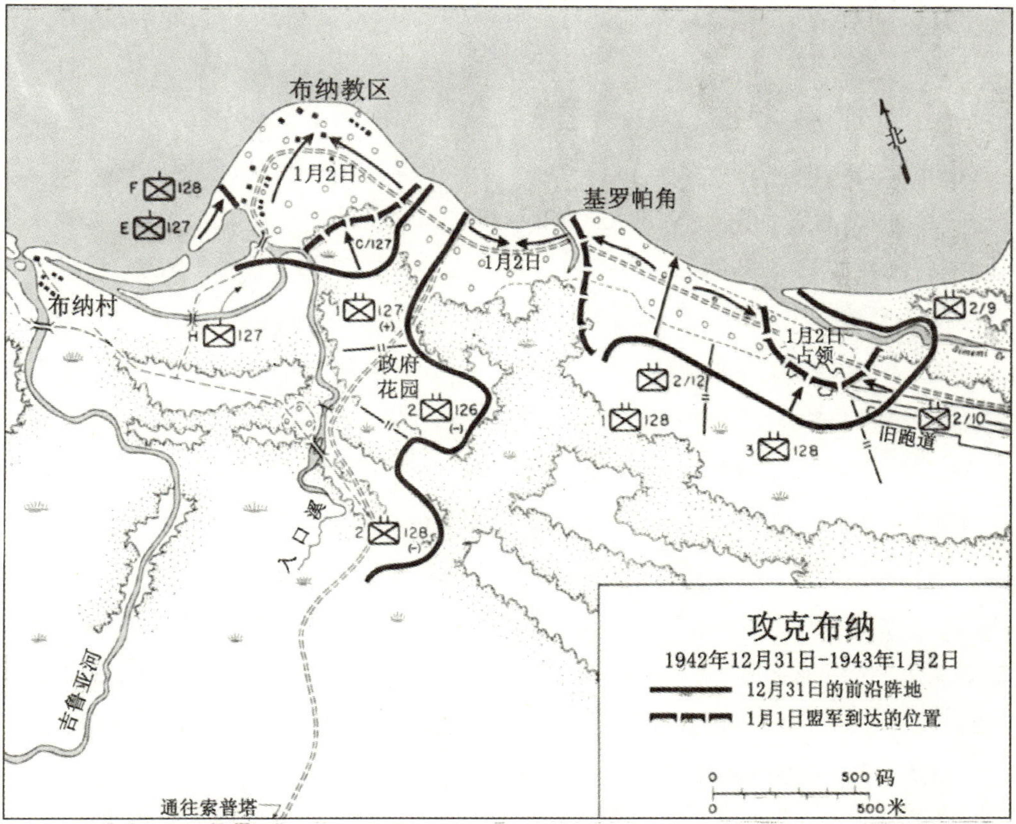

第十五章　巴布亚的胜利

美军163团到来

1942年至1943年之交，盟军在吉鲁亚河以西的萨纳南达前线陷入僵局，和日军形成了3条相持的战线。第一条在南面萨纳南达主干道和基尔勒顿小路的岔路口一带；第二条在“休金斯”和“卡诺”两座路障以北；第三条则在戈纳以北的纳帕博－安博加河地区。波特准将的澳军第30旅暂辖36营和55/53混成营2个营，在他们右翼到吉鲁亚河一带是美军126步兵团余部（目前仅剩200余人）。多赫蒂准将的21旅旅部指挥两座路障以北的军事行动，辖澳军第39和49营，及2/7骑兵团。而21旅建制内的2/14营、2/16营和2/27营正在扫荡安博加河地区。

21旅的3个建制营执行第二阶段任务时，伤亡惨重。12月底，这3个营各自的残余实力已不足一个连。2/27营仅剩55人，2/16营略好些，也不过89人。他们已经不能再战，必须尽快替换，而替换他们的部队正在路上。

12月29日，赫林中将制定了来年的新一轮作战计划。盟军攻克布纳后，将对萨纳南达－吉鲁瓦地区展开全面进攻。萨纳南达和布纳的盟军各部将被划为澳军第7师和“布纳部队”两部。届时澳军14旅、18旅和30旅，以及美军163团都将纳入第7师战斗序列。美军32师的3个团全部归建，组成“布纳部队”。第7师的任务是占领萨纳南达角和基尔勒顿角之间的阵地，遏制日军在安博加河－曼巴莱河之间的活动。布纳部队的任务是保卫恩代阿德雷角和布纳地区，同时派部分兵力取道塔拉凯纳，沿海岸线向日军的萨纳南达防线施加压力。布纳地区的多数火炮，及从莫尔兹比港海运到前方的2/1野炮团的另外8门火炮都会调往萨纳南达。坦克部队大部会在布纳的军事行动结束后，纳入第7师建制。

根据赫林的计划，莫尔兹比港的14旅旅部会接管戈纳地区，美军41步兵师163步兵团先头部队来到萨纳南达前线后，将替换澳军21旅，届时将对休金斯路障南北夹击。

163步兵团开赴前线时，配属41师直属

■赫林中将（左）与艾克尔伯格将军。

本人会亲自干涉具体作战方案。布莱梅据理力争，在给麦克阿瑟的回信中提出，他是战区盟军地面部队总司令，下达的命令是经过深思熟虑的，最高司令不应提出不必要的不同意见，而且直接介入战役指挥的举动并不合适。麦克阿瑟是个自我表现欲望和自尊心都非常强的人，但他从来不是一个会无节制地自我放纵的人，也不是一个会完全无视部下意见，一意孤行的人。从布莱梅的回信中，他认识到自己的不妥之处，欣然收回成命，同意按照赫林中将的决定，将163团调往萨纳南达前线。

队550人，但和32师一样，没有炮兵。12月27日，163团团长简斯·多埃上校率部到达莫尔兹比港，全员合计3820人。

163团到达莫尔兹比港当天，萨瑟兰参谋长正在前线视察，麦克阿瑟将军直接向布莱梅将军传达自己的命令，让他派这个团去布纳协助厄巴纳部队拿下布纳教区，而不是派往萨纳南达。布莱梅立即提出反对意见。他指出，艾克尔伯格已经有足够的兵力拿下布纳，而萨纳南达左翼戈纳阵地澳军21旅的残存战力合计都不足一个步兵营，急需替换，最后，这位战区地面部队总司令委婉地向麦克阿瑟提出，他很遗憾最高司令

163团经过长期高水平训练，所有人都生气勃勃，而且各级指挥官人选也非常得力，身体和精神状态都很好，对参战已做好充分准备。但布莱梅将军以下，澳军出于对美军军官批评澳军产生的逆反心理，以及32师差强人意的表现引起的成见，对这个团并不看好，不过这个美军步兵团是唯一能立即开赴前线的生力军，无论有多少芥蒂，都暂且搁置，一切以大局为重。战区航空队立即安排空运，163团的3个营将按照战斗序列，

依次飞赴前线。

12月30日清晨，1营和团部飞过群山，分别在多博杜拉机场和波庞德塔机场着陆。副团长查尔斯·道利中校率先头部队到达多博杜拉后，立即赶去新几内亚部队前敌指挥部，向赫林中将报到。稍后，多埃上校也从波庞德塔赶到。他们和同时从索普塔赶来的第7师师长瓦西少将、澳军副总参谋长贝利曼少将，一同与赫林中将进行了会谈。赫林中将首次明确规定163团的任务——配合友军消灭吉鲁亚河以西的日军。随后，多埃和道利，随同瓦西和贝利曼一同去见艾克尔伯格中将。

多埃一行4人大约10点30分赶到第1军军部。艾克尔伯格悉心招待他们，还准备了茶水。当时艾克尔伯格还以为163团会投入布纳前线，一开口就向多埃交待任务，准备让他的部队午饭后就在厄巴纳部队前线就位。瓦西和贝利曼两位澳军少将只有保持沉默，如果他们宣布赫林将军的决定，未免会让艾克尔伯格太尴尬。多埃主动告诉军长，他在新几内亚部队司令部接到的命令是让163团去萨纳南达前线。艾克尔伯格十分惊讶，麦克阿瑟事先已承诺会将163团给他，现在却变卦了，但既然上级重新调整了部署，他也只有保持沉默。

喝完茶后，多埃和道利跟随瓦西少将一同前往索普塔的第7师师部。瓦西向他俩简要说明形势后，告诉他们，第一项任务是尽快接管路障地区。12月31日，1营在索普塔集结完毕，瓦西少将、多埃上校和163团的参谋人员一同前往“休金斯路障”进行了侦察。1943年元旦，多埃和道利忙于为团里修建一个补给基地时，1营长哈罗德·林德斯特罗姆中校带着营部参谋前往休金斯路障，安排次日替换多赫蒂准将的21旅。

瓦西少将当即调整部署。一直在休金斯路障驻守的39营，保卫补给线的49营和在卡诺路障前方战斗的2/7骑兵团，将替换岔道口以南的36营和55/53营。替换完成后，36营和55/53营会去戈纳地区替换21旅原建制内的3个营余部，同时划归刚到戈纳的14旅旅部指挥。澳军18旅到萨纳南达后，将替换美军126团余部。

1943年1月2日至3日，布纳地区的日军有组织抵抗已进入尾声，布纳前线的澳军炮兵和坦克部队开始按照赫林将军的命令，先行调往萨纳南达前线。1月4日，赫林中将在自己的前敌指挥部召集艾克尔伯格中将、瓦西少将、贝里曼少将和18旅旅长伍滕准将开会，这是向吉鲁亚河西岸敌人进攻前的最后一次军事会议。

尽管与会成员制定了一个歼敌计划，但很快发现他们对敌人的兵力和部署，尤其是卡诺路障以北的日军情况知之甚少。情报显示，日军的武器和弹药充足，但缺乏粮食，可这一切都是猜想。后来艾克尔伯格写道：“我们（在会议上）作出决定的时候，甚至都不知道鬼子在萨纳南达到底有1000人还是5000人。

盟军各级指挥官对敌人的兵力还缺乏确切认识，但都假定在萨纳南达等地仍有数千具备战斗力的日军，把困难估计到最大。当美军163团2营和3营，以及替换澳军18旅伤病员的800名澳军士兵到达前线后，163团、18旅和美军127团将对萨纳南达－吉鲁瓦地区发动钳形攻势。前两部由瓦西指挥，取道基尔勒顿小路和另一条道路向萨纳南达推进。美军127团取道塔拉凯纳和吉鲁瓦向萨纳南达推进，两支部队将组成完整的包围圈。

发动主攻之前，各部会进行一些先期战斗。127团将收复塔拉凯纳，163团1营扫荡休金斯路障和卡诺路障之间的日军阵地，163团2营负责夺取休金斯路障正西，横跨基尔勒顿小道的阵地。随后18旅将集中肃清休金斯路障南面的所有敌军。

澳军18旅的第一批部队，旅部和2/9营1月5日先行到达索普塔，同行的还有2/6装甲团B中队的4辆坦克。就在坦克离开前，天降豪雨，布纳机场旧跑道、多博杜拉和索普塔之间的道路都成了烂泥塘，后续的更多炮车和坦克一时都无法行动。2/10营和2/12营的步兵会于之后两天到达，而其余坦克和2门25磅炮不得不先滞留在吉鲁亚河东岸，等待路况好转。

天气不仅使配属给瓦西将军的大多数坦克无法到位，而且令他无法最大限度使用调给他的重炮。曼宁和霍尔的2个炮兵连尽管能在吉鲁亚河以东的阵地斜向炮击萨纳南达前线的日军阵地，但距离太远，为避免误伤友军，还得采取特殊措施，在道路条件允许他们过河前，效果必然大打折扣。

天气造成的麻烦还不只这些，盟军补给

■1月，瓦西少将（左一）召集美军163团团长多埃上校（中）和澳军营以上军官商议军情。

线也受到很大影响。连续几天暴雨使前方的各条道路都泥泞不堪，连吉普车道都无法使用。多博杜拉和波庞德塔的所谓“全天候机场跑道”也陷入数日难以运作的窘境。好在之前盟军后勤各部门共同努力，在前线储存了足够的物资，在天气转好之前，现存物资足够支持前线的战斗。

1月7日，18旅已从吉鲁亚河东岸全部转移到索普塔集结。瓦西将军当即命令伍滕准将接管2/7骑兵团的指挥权，同时替换波特准将的39营和49营，以及美军126团余部。39营和49营将会回到索普塔附近充当师预备队，21旅撤出戈纳的几个架子营立即返回莫尔兹比港，埃尔文少校指挥的126团余部尽快回到布纳的团部归建。

126团的替换1月9日13点前后完成，病愈后，充当埃尔文副手的博莱恩少校，在同一天先返回布纳，准备迎接归建的后续部队。澳大利亚人不止一次抱怨过美军126团战斗力不济，有时甚至认为他们还不及澳军的民兵营，但毕竟是一同艰苦奋战，抗击敌寇的盟友，在他们撤离萨纳南达前线时，无论是由于更为理性地看待美军，还是纯粹出于安慰，都对他们的奋战精神和蒙受的巨大损失表示了敬意。8日，波特准将下令，希望126团能尽量和其他部队那样“为保持在过去的战斗中获得的荣誉和骄傲，尽可能像军人那样离去”。后来，波特在让博莱姆少校转交艾克尔伯格将军的信中写道：

在博莱姆少校返回贵部时，我有幸向您略表谢意。在我的指挥下，贵师的部队在萨纳南达道路，给予我们不少帮助。

现在已经发现，部队在这里遇到了比预想当中更多的麻烦，而贵师的部队很可能承担了大部分困难……您的部队是可靠的同志，拥有坚强的内心。我相信他们在不久的将来就会重新恢复状态。以他们如今积累的经验，将会锻造出一支强大的部队……

126团的2个主力营在11月投入萨纳南达前线时，共有约1400人。12月初，团部的56名成员调入布纳地区，后来再没有调动其他人。1月9日，在他们被替换时，仅有165人，这些人的身体状态都几乎到达极限，简直已无法行走。

三天后，126团主力仅存的“纸面上”的158名还能战斗的官兵开始前往布纳。埃尔文少校带队，晋升上尉的德尔庞充当他的副手。下午到达西梅米的营地后，大家先刮胡子，清理和整备急需的蚊帐等物资。2天后，他们来到布纳归建时，艾克尔伯格特地为他们举行了一个小小的欢迎仪式。

我用军乐队迎接他们归来，真希望这能被称作一次凯旋。但实际上，我看到的每一张脸，都是一副忧郁的游子回家的表情。疾病，死亡，伤残达到骇人听闻的程度……这些人都衣衫褴褛，他们是那样可怜。当我向他们打招呼的时候，眼睛已经不由自主湿润了。

先期战斗

根据赫林将军1月4日的整体计划，美军163团和澳军18旅在萨纳南达前线集结之前，布纳部队的任务是积极进攻，让日军误以为盟军下一步的主攻方向是沿东面的海岸从塔拉凯纳越过克诺姆比溪，进攻萨纳南达。艾克尔伯格根据这一指示，决定以127步兵团为主的厄巴纳部队（包括126团和128团各一部充当预备队），承担向西进攻的任务，沃伦部队将留在原地负责布纳地区的岸防任务。

1月4日傍晚，日军矢泽部队驱散了塔拉凯纳地区的美军查古农巡逻队。厄巴纳部队总指挥格罗斯上校必须派一支生力军收复西沃里溪另一侧丢失的滩头阵地。当天晚上开始，盟军炮弹就落在当地的日军头顶。5日清晨，麦克坎贝尔中尉指挥的127团G连先行越过西沃里溪，不久，詹姆斯·柯克尔中尉的127团F连随后跟进。溪床水面很宽，而格罗斯上校手中只有2条小船运送部队过溪，速度相当慢。9点，这两个连终于全部过溪，开始分头西进。G连沿着狭窄而暴露的海岸道路行进，F连则在道路左边的沼泽地穿行。

5日和6日，主要由日军170步兵联队第1大队一部组成的矢泽部队在塔拉凯纳地区建立了几个阵地固守。7日，美军的2个连推进到塔拉凯纳村外500码，而日军在这里也建立了一个据点。与此同时，鲍威尔·弗雷瑟中尉的E连已推进到溪边的沙咀上，用37毫米火炮炮火支援友军。得到炮火支援，F连和G连7日傍晚就将日军从这个据点赶了出去，一共缴获了5挺机枪，包括查古农巡逻队丢失的2挺。

第二天，G连再度前进。E连仍在右翼提供火力支援，F连在沼泽地掩护G连的左翼。沼泽地的恶劣地形和日军布置在沼泽地里的一些部队使F连步履维艰。在连长柯克尔中尉安排，赫尔曼·肖上士指挥的尖刀排引领下，F连还能及时和G连保持联系，在当天余下的时间维持好阵地。

16点，G连再度发动进攻。他们一个小时内推进到塔拉凯纳村外围，缴获了日军的3挺机枪和1门迫击炮，包括查古农巡逻队丢失的1挺机枪。这一天早些时候，格罗斯上校又派1营A连和C连赶去前线，这时候已经赶到。G连把村子留给了生力军。1营的2个连越过G连阵地，C连打前锋，当天傍晚对村子发动进攻。由于美军及时集中了优势兵力，日军很快抵挡不住。18点30分，C连已攻入村内，3小时后，战斗全部结束。127团共击毙42名日军，缴获大量武器。自己一共损失19人，其中2人阵亡，16人负伤，1人失踪。

发动进攻时，美军3个连兵力已经比编制差了一截，F连仅72人，A连81人，C连89人。不过夺取布纳后，127团的士气正处巅峰。艾克尔伯格军长当天上午就曾到沙咀观战，亲眼目睹战士们的精神面貌。次日，他在给麦克阿瑟的报告中说："现在我们的部队就在昨天日军占据的地方，他们看上去已经完全不同。127团非常自在，我昨天在战场上第一次听见有人唱歌。"

攻下塔拉凯纳村后，下一步就要越过克诺姆比溪，这是一条宽约40英尺的溪流。吊桥已被严重破坏。1月9日，美军试图过溪时，遭到对岸隐蔽的日军阵地火力阻击。于是格罗斯上校计划当晚先让C连一部乘坐2艘可用的小船，从敌军阵地侧翼过河。

10日凌晨，C连的部队上船出发，湍急的溪水直接把船冲向大海，好在危险在可控范围之内，战士们在发生损害前，及时回到岸边。这样只剩一个办法可行，直接用人力把缆绳送到对岸。C连的罗伯特·汤普森上士和E连的杰克·坎宁安一等兵在黑暗中泅水过河，天亮前已经在对岸将缆绳固定在一个位置。但天亮，小船在溪边的沙滩上就位时，缆绳偏偏断了。

傍晚，汤普森上士再度泅水过溪，这次C连有雷蒙德·米尔比一等兵、雷蒙德·贾德、马尔文·彼得森和劳伦斯·斯普拉格二等兵4名志愿者跟随。他们过河时，身上携带的武器只有手枪和手雷，E连的弗雷泽中尉在东岸用37毫米炮和迫击炮火打击对岸的日

■美军127团士兵用可拆装小艇和绳索过溪。

军。敌人果然被弗雷泽的炮火吸引，疲于应付，汤普森等5人乘机安全洑水过溪。

17点40分，汤普森小组已将缆绳位置固定好，C连长福尔默中尉立即带领C连的一个排开始过溪。福尔默的小船用缆绳维持航向，一路非常安全。弗雷泽的迫击炮和37毫米炮经过连续炮火打击后，削弱了控制桥梁的日军炮兵阵地。随后，美军过溪的速度飞快。C连17点55分已经全部过完，A连很快跟上。傍晚，这两个连已向纵深挺进，在对岸建立起200码的桥头堡。

过溪后，部队前进时发现地形非常困难。从海岸几乎没能发现向南延伸的路径，海岸线又是一条非常狭窄的沼泽沙地，几乎一直都有海水侵袭。

12日，艾克尔伯格向麦克阿瑟解释了127团的处境。他在信中写道："在吉鲁亚河的对面，我们已经建立了一个越过克诺姆比溪的桥头堡，但现在正进入一个直通大海，遍布红树林的沼泽地。涨潮的时候，潮水会升高沼泽的水位……"他认为在这种情况下，继续强行西进是不明智的。总之，只有等到163步兵团和18旅开始向萨纳南达地区直接发动进攻，迫使日军分散精力的时候，127团在海岸方向才能继续推进。

这段时间，预定从基尔勒顿方向发动的前期作战也在进行。1月3日，163团1营和团部全面接管了路障地区。多埃上校当即给休金斯路障取了新代号——"火枪"路障。他在卡诺路障部署了C连和D连的一个排。团部、1营营部、B连和D连主力都留在火枪路障。A连的一个排在火枪路障东面约400码的位置建立了一个代号"摩尔"的环形阵地，主力负责掩护基尔勒顿小径东面的补给路线。

这时，火枪路障已建成一个设施完备的阵地，主要由内外两个环形阵地组成，每个环形阵地都有步枪和自动武器各班组成的方形或圆形小阵地，炊事区位于阵地中央。每个班的阵地里都有自己的排水沟和蓄水槽，间隔大约15码。团部和营部都在内环阵地，里面还有通信总机、急救站、弹药库和81毫米迫击炮。在两座环形阵地间是两个连部和前敌仓库。整个地区交通沟四通八达。

从澳军手中接管环形阵地后，163团同样也遭到藏身在高大热带树木上的日军狙击手骚扰。日军的狙击火力虽时断时续，但偏偏在吃饭时间特别激烈。夜间，日军散兵和小型巡逻队也让美军不胜其烦。日军的这些行动会骚扰路障阵地侧翼，而阵地后方也会遭到日军自动武器和步枪火力短点射骚扰。多埃上校针对日军的这些骚扰手段，很快制定出对策。他在阵地前沿的交通沟，侧翼和后方的树林里各设置了2个狙击观察哨。美军狙击手用电话线和坚固木板做成梯子，在树林里可以选择最适合的位置。树林中的反狙击哨所建立后，三五成群的美军反狙击巡逻队就能在哨所官兵的掩护下，从地面消灭日军在树上的狙击手。为了阻止日军狙击手夜间在侧翼和后方的活动，美军反狙击小组设置了陷阱，通常会把两颗手雷绑在相邻树木上，用绳子拴住引信，日军狙击手只要一碰就会爆炸。

这些措施见效很快。日军狙击手明显受到限制，后来只能在有效射程之外狙击，几乎无法构成威胁。

“火枪”路障成为163团的主要营地，为安全起见，制定了严格的措施，夜间戒备尤其严密。哨兵们在枪壕里会从黄昏一直呆到天亮。整个营区周围在夜间都禁止任何行动，以免发生误会，外围环形阵地前沿的官兵只能使用手雷应对可疑的动静，以避免暴露各种武器的具体位置。

当初休金斯和德尔庞的部队驻守这个阵地时，补给只能偶尔进行，现在已成为一种常规作业。土著民夫会轮班将补给送到火线后方的指定地点，同时将伤病员接回大后方。阵地里专门安装了一个净水装置，各个储水槽也都灌满了水。此外阵地里还布置了迫击炮、2门37毫米火炮和一些掷弹筒。

163团后续部队到达前，1营对敌军防线先进行了全面搜索。没多久就发现日军在“火枪”和“卡诺”2个路障间设有2座较强的环形阵地。这两座阵地大约位于“火枪”以北200码，和“卡诺”南部的距离大致相等，分别位于道路两侧，路西的阵地面积大约是路东的2倍，都建在丛林沼泽地相对干燥的位置，就像“火枪”路障一样被高大的树木包围，于是只能直接从主干道或者穿过沼泽地才能到达。

1月7日，沃尔特·兰钦少校率2营来到前线。团长多埃上校将2营部署在补给线沿线，随后命令1营次日负责攻打日军的两座阵地，如果成功，1营就将进入卡诺路障，而2营会接管“火枪”路障的阵地。

多埃上校计划以B连和C连从道路两翼同时进攻，B连负责路西较大的日军阵地，C连负责路东较小的阵地。B连出发后，会向西北迂回到较大的日军阵地西侧攻击；C连会在“摩尔”和“卡诺”这两座美军阵地间的位置出发，从东北攻打路东较小的日军阵地。届时汉森的25磅炮和1营其他各部的迫击炮和机枪都会尽可能提供火力支援。

1月8日午前，汉森的炮兵对两座日军阵地实施了15分钟集中炮击。25磅炮现有的炮弹只有打入淤泥或者在地表以下才会爆炸，用处并不大。尽管B连和C连都得到了营里所有的迫击炮和机枪掩护，但他们的进攻都没能成功。汉森的炮兵从东南方开炮，无法在B连侧翼进攻时提供支援。于是B连只能被迫正面进攻，结果不仅同时闯进两座环形阵地的火力线，而且直接撞上路西较大阵地的最强点，不久便被迫后撤，当晚在目标30码外挖掘散兵坑过夜。

C连更惨。前一天下了场大雨，C连从东南方进攻路东较小的阵地时，路过的沼泽地由于雨水浇灌已足有齐腰深。部队通过沼泽地时，就遭到日军重火力阻击。地形不利，日军的火力又太强，哈罗德·菲斯克中尉等人阵亡后，C连不得不退回卡诺的原始

■澳军2/7骑兵团在一个灌满水的散兵坑旁边。

领基尔勒顿道路两侧，孤立日军在岔道口的阵地；第2阶段，18旅，第2/7骑兵团和坦克部队将歼灭岔道口阵地的日军，将“火枪”路障以南地区荡平；第3阶段，163团从补给小径向萨纳南达角推进，第18旅沿基尔勒顿小路向北进军，随后向东，完成对萨纳南达角的夹击；第4阶段即最终的扫荡战。

第1阶段的战斗是后续战斗的重要基础。首先，能阻止岔道口地区的日军战败后，利用这条路径逃跑，还能为18旅荡平岔道口后，提供一个向萨纳南达角进军的出发点。

1月9日，团长多埃上校简要布置后，2营在兰钦少校指挥下，从补给线沿线阵地出发，越过“火枪”路障，向800多米外的基尔勒顿道路进军。行军途中，2营和上级一直保持电话联系。

10点30分，2营和日军遭遇，当时他们正在接近一条狭窄的，南北纵向穿过基尔勒顿道路的通道。兰钦少校派G连的一个排去这条通道南端的丛林边缘，掩护营左翼。这个排行动时，很快遭到日军在通道南方一个阵地的迫击炮和步枪重火力阻击。G连连部、第2个步兵排和连重武器排一部在日军

阵地。为纪念阵亡的菲斯克，美军稍后就将“卡诺”的代号改为“菲斯克”。大雨不停，B连新挖的战壕很快就积满了齐腰深的水，当晚他们被2营E连替换。次日上午，B连睡了一段时间，吃了些热食后，重新接管了原先的阵地，E连回到了补给线一带的旧阵地。

两天前，在163团2营和18旅第一批400人的补充兵力到位后，瓦西少将开始部署第7师的进攻方案。根据这个方案，下一步攻势将分4个阶段进行。第1阶段，163团2营占

重机枪和步枪火力阻击营其他部队推进前，率先越过林中的空地。在连长威廉·本森指挥下，G连余部最终打破日军阻击，经过空地中的一条坑道穿过基尔勒顿小径，在小径路西建立了一个环形阵地，而掩护主力的一个排仍在小径东面。

与此同时，2营余部在营作训股长保罗·霍利斯特指挥下，折向北面，在丛林边缘前进250码后，越过了小径，一路只遇到轻微抵抗，在道路两侧建立了阵地。这个几乎位于“火枪”路障正西的新环形阵地，直接用2营长的姓氏“兰钦”充当代号。

2营在当天的行动中，付出了4死7伤的代价，为维持他们的阵地，在今后几天时间里，又蒙受了一些人员损伤，但瓦西作战计划的第1阶段已顺利完成。岔道口地区日军塚本部队的逃脱路线被封锁了。

1月10日，莱昂纳德·温少校的3营和澳军18旅的第二批400人补充队一起来到前线。与此同时，1营在继续进攻“火枪”和“菲斯克”（前“卡诺”）路障之间的两座日军阵地。这个时候，团属反坦克连的保罗·奈特注意到主干道东面的较小日军环形阵地没有开火。大胆的奈特摸过去侦察，发现日军已经放弃了这座阵地。多埃得报，大喜过望，决定好好利用这个机会。A连的一个排立即占领了这个阵地，第二天上午，该连余部和先遣排会合。新到的3营K连接管A连在补给线的阵地，I连和L连，还有M连都进入“火枪”路障替换B连，B连就此转为团预备队。

日军在丢弃的阵地里留下不少物资，包括1挺12.7毫米口径水冷机枪，2门迫击炮，一些手雷，一批轻武器和弹药。当日军放弃这座阵地时，他们已经饥饿难当。从美军发现的尸体来看，为争夺食物，他们甚至已经在自相残杀。

攻占岔道口

1月8日，麦克阿瑟将军对前线的战局已经相当满意，觉得他没必要再留在新几内亚，于是回到布里斯班。稍后几天，布莱梅将军也返回布里斯班。1月11日，根据新形势的需要，赫林中将返回莫尔兹比港坐镇。两天后，艾克尔伯格中将正式受命接管前敌所有美澳军队指挥权，成为新几内亚部队前敌总指挥，澳军副总参谋长贝利曼少将留在前线，执行前敌参谋长职权。

在高级指挥层进行调整的几天时间，前线的进展相当顺利。伍滕准将的澳军18旅在替换30旅各部的同时，对部下各营进行了部署，准备攻打岔道口日军阵地。18旅旅部驻地在岔道口下方约1200米的位置，旅右翼是帕里－奥克顿少校的2/9营，他们接管原49营的阵地，位置在岔道口东面和东南偏东方向800米左右，基本上与主干道平行的灌木丛和沼泽地里。阿诺德中校的2/12营右翼与帕里－奥克顿的左翼连接，一路延伸到主干道西南。阿诺德营后方是2/7骑兵团，这个

■1月8日，巴布亚战场大局已定，麦克阿瑟（前排左）和肯尼（前排中）等人，一同回到澳大利亚本土。

团分头建立了一系列阵地，从主干道西面一直向北延伸到接近基尔勒顿道路的位置，最北面的一个阵地位于岔道口上方大约800到1200米。2/10营长多布斯中校在布纳之战的最后阶段已身患重病，战斗结束后，就被送进医院，目前该营由C.J.吉尔德中校指挥，在旅部周围充当预备队。伍滕的部署，使澳军在美军封锁岔道口日军北逃路线的同时，完全控制住岔道口日军阵地以南的要道。

10日和11日，18旅前方的两个营对日军防御阵地进行了试探性进攻，希望能刺探一些有价值的情报，日军对这种武力试探的反应强烈，澳军各巡逻队合计阵亡9人，伤19人。

11日，伍滕准将召集部下各营级指挥官讨论次日作战计划。这次澳军前沿阵地距离日军阵地都不到50码，重炮几乎没有用武之地，必须尽可能发挥装甲兵的作用。当地多为沼泽地，但坦克可以在补给栈道上行动。伍滕准将的第一步计划是以2/9营和2/12营占领岔道口和主干道以外400码左右的区域。然而根据他对对手的了解，对这个计划能一举成功不抱希望，因此决定分几个步骤进行。首先，12日让这两个营从两翼向日军阵地同时进攻，右侧的2/9营向西南方进攻，而左侧的2/12营会从东面靠近主干道，同时沿道路展开进攻。3辆坦克会协同2/12营一同战斗，2/10营会向2个前方营各派出一个连的援兵， 2/10营余部、2/7骑兵团、1辆坦克和2个营的迫击炮部队充当总预备队。“火枪”路障的美军部队会在2/9营右翼提供直接支援，而“兰钦”路障的美军则会向南边的日军右后方阵地施加压力，协助澳军作战。

12日8点，在弥漫的晨雾中，盟军重炮从东面和南面率先炮击日军后方阵地，美军163团的支援部队各自从“火枪”和“兰钦”两座阵地出动，骚扰日军侧翼。澳军的两个主攻营集结完毕，准时出击。2/9营营长帕里－奥克顿少校以G.K.杰克逊中尉和P.A.劳伊德中尉的两个连从阵地右翼大范围迂回，直扑岔道口东北方的日军阵地。另2个连仍留在岔道口东面和东南，最初的任务是向西为进攻部队提供火力掩护，稍后则向左翼靠拢，同时骚扰他们前方的日军。

杰克逊连8点准时出发，不多久就开始杀散日军外围阵地的守军。然而，他左翼的劳伊德连耽误了几分钟，后来发现他们面对主要的日军阻击火力，举步维艰。一时间，杰克逊不得不先后退，和劳伊德连保持一致。不过，尽管如此，杰克逊连还是在9点30分成功到达树林中的目标位置。劳伊德顶住日军的三板斧后，也攻破日军防线，向前推进，而且和杰克逊的左翼保持联系。营里的另两个连在维持本营前沿阵地的同时，在劳伊德连左翼对日军前沿阵地保持压力。尽管日军核心阵地仍在主干道一带屹立，但澳军还是达成了第一步目标，开始掘壕守卫。战斗中，2/9营包括阵亡的杰克逊和劳伊德两位连长在内，合计损失33人。而该营阵地与2/12营也仍保持着联系。

然而可惜的是，尽管2/9营取得了进展，但这天的战斗从一开始就出现了重大失误。澳军的3辆坦克8点1分就已出发，坦克兵事先被告知，自从12月23日以来，岔道口一带的日军野炮和反坦克炮就没有再打响过，他们不用担心遭到反坦克炮袭击。坦克的任务是摧毁日军的掩体和工事，但没有人告诉他们那些工事的具体位置。道路前方是一条穿过沼泽地的路段，两旁的地质都太松软，坦克无法在上面行动，路段本身也太过狭隘，坦克一旦上去，似乎就无法转向。于是看似只有一个办法——3辆坦克依次通过。希普中尉的头车出发后，C.G.波顿下士的第二辆坦克落后20码跟随，最后K.A.麦克格雷格中士的第3辆坦克保持同样的距离跟进。

希普的头车推进60码后停了下来，向左边开始搜寻，友军曾告诉他，这里会找到一个日军工事，他的坦克炮缓缓向左转，寻找打击目标。这时，意外发生了。一枚日军炮弹正好击中坦克前方，这颗炮弹没有直接爆炸，但跳弹正好击中驾驶座的部位，驾驶员被震得额头直接撞上内舱壁。这时，希普从坦克潜望镜里看到日军炮火的闪光（由于位置和角度的关系，他无法看到日军的炮），大致判断出日军的火炮位于他右前方大约40码的位置。还没等他反应过来，日军的第二炮就直接命中履带。

“哪个傻瓜说日军没炮弹的！”希普懊恼地骂道。不是澳军步兵傻，实在是日本鬼子太狡猾。原来岔道口的日军指挥官塚本中佐特地留下了最后一些炮弹，专门对付澳军坦克，为此他硬忍了整整19天让火炮不发一弹。第3发炮弹紧跟着飞来，正好击中车体保护炮手的位置，将炮手也震晕了。这时，希普将坦克的炮口对准了日军炮兵阵地的位置反击，但他的脑海里不由在想：“鬼子会不会还有其他埋伏的火炮？”日军的第4枚炮弹又飞来了。眼下希普唯一避开日军炮火的方法就是离开栈道。他用无线电通知波顿之后，采取了断然措施，让头车陷进了左边的灌木丛。波顿的坦克随即冲了上去，敌暗我明，他的坦克被敌炮接连击中，而他的坦克炮无法捕捉到看不见的敌炮位置，很快本人就受了致命伤。

澳军的第二辆坦克无法找到日军炮兵阵地，而且已经受损，夹在狭窄的栈道上，似乎在劫难逃。但驾驶员F.R.T.林恩下士是个冷静的勇者。他透过破损坦克车身上的一个大洞向外观察后，让坦克在看似绝无可能移动的道路上转动车身，变换方向，一步三晃

■2/6装甲团的克罗夫茨兄弟，左为哥哥理查德·托马斯·克罗夫茨下士，右为弟弟欧内斯特·爱德华（杰克）·克罗夫茨一等兵。两人在1941年7月28日同时入伍。1943年1月12日，杰克的坦克在萨纳南达中了日军地雷，和同伴们在试图离开坦克时，被日军射杀。哥哥理查德在战争中幸存，于1945年11月13日退役。

地退出了战斗。无所畏惧的麦克格雷格中士第三个将坦克开了上去，但他没料到塚本还留了一手，在道路上埋下了地雷。麦克格雷格的坦克刚和日军火炮对射，就感觉坦克下盘猛地一震，撞上了地雷，动弹不得，随后接连被日军炮弹直接命中，车身很快燃起熊熊大火，车组成员全部遇难。

3辆坦克全部退出战斗，使2/12营的步兵只有依靠自己。按照营长阿诺德中校的原计划，J.A.J.特利尼克上尉和柯蒂斯上尉的2个连应在主干道上和坦克一起进攻，其他两个连会在道路右侧推进，提供支援。特利尼克是个年方25岁，非常乐观的青年军官，他在之前的战斗中负伤后，一直希望早日归队，为此甚至不惜在体检宣布他还不适合前线任务的时候，就回营“骗”营长让他归队，结果他在这次战斗中受了致命伤，半个月后终告不治，而他的连也很快无法前进。他左翼的柯蒂斯连承担全营的主攻任务，接连三次不顾一切向前猛冲，但每次都被日军的火力逼回出发线附近。2/12营在这天的战斗结束后，损失了99人，却几乎毫无所获。这次战斗和日军的距离实在太近，战斗中要想给他们提供食物困难重重。即便热食能送到前线，也只有先送进连部附近的指定地点，最后都变凉了。晚上战士们归队之后，也不管冷热，直接就往嘴里送。

18旅在1月12日的战斗中共损失了142人，其中34人阵亡，66人负伤，51人失踪（有9人后来还是归队了）。而岔道口的日军阵地几乎依然完好。澳军的各级指挥官都非常失望，这天简直彻底失败。瓦西师长晚上到伍滕的旅部商议对策，按照目前的前方指挥序列，他们把当天的战况和自己的意见上报给艾克尔伯格将军。艾克尔伯格在给麦克阿瑟的报告中写道：“对那座该死阵地（岔道口阵地）的进攻没能成功。在向那些曾经报告过没有日军活动的地方推进时，都会遭到日军阻击。”

第二天，艾克尔伯格、瓦西、贝利曼三位将军，和第7师参谋长波拉德上校一起讨论了形势。瓦西认为继续向敌军在丛林当中的坚固阵地正面进攻是在重复一次大战的消耗战错误，得不偿失，最好能设法通过海路

■1月11日，在萨纳南达阵亡的2/12营伯纳德·林顿·麦凯中士。

让盟军部队在基尔勒顿海角地区登陆，前后夹击，但现在根本不具备条件。

当晚，艾克尔伯格向赫林中将报告了前敌高级指挥官们的一致决定：目前对日军阵地采取任何全面进攻都无法成功。最可取的计划是围困萨纳南达地区，切断日军补给线，同时对日军进行炮火打击和持续骚扰。尽管这样进展会十分缓慢，但强攻的代价太大，这样做是最可行的。

情绪低落的盟军将领怎么都没有想到，他们低估了1月12日的战果。尽管日军仍有足够强大的，经过精心伪装的完善掩体防御体系，但他们的身心已经达到承受的极限。塚本中佐的部队被完全包围，补给线被切断，再经过盟军12日的全面攻势，已经无法继续支撑。塚本中佐12日当晚就已经下令让他的部队撤离岔道口的阵地。

尽管日军努力在萨纳南达前线将战事拖入僵持状态，但他们自己的处境也日见绝望。日军曾竭力在曼巴莱溪口建立一个补给基地，希望能够维持吉鲁亚河以西的补给，但被盟军航空兵挫败。这对日军是个灾难性的打击。包括伤病员在内，山县少将当时在各个阵地合计拥有5000人左右的部队，但他们的粮食几乎已经断绝，各地的日军都面临绝粮的威胁。

日军每人日标准口粮供应量约800克，而萨纳南达12月底人均口粮已只有285克左右，1月第一周更是下跌到不足60克。1月12日，就在盟军对岔道口发动全面进攻时，日军的大米供应已完全断绝。

除缺粮之外，日军的药品和其他医疗用品也极度短缺。吉鲁瓦的野战医院断药已超过一个月，病房严重浸水，几乎所有医务人员和伤病员都已死亡。弹药的储备量也趋于枯竭，步枪、手雷、枪榴弹、追击炮弹和步枪子弹都在实行严格配给。

12月22日，南海支队长小田健作少将抵达吉鲁瓦时，还宣称对未来的战局非常乐观。他告诉部队，他们会在适当的时候得到增援，无论发生什么状况，本土都不会放弃吉鲁瓦等地。相比之下，布纳支队长山县少将对形势并不抱任何幻想。当得到让他继续留在安博加河的命令时，他写道："看来我们现在已进入（巴布亚战役的）最后阶段。"他的判断是正确的，与此同时，东京的日军大本营对巴布亚的看法也和他一致。

1943年初，日军在瓜岛的形势日见恶化，主要困难和巴布亚一样，都是补给问题。1942年12月底，在对瓜岛和巴布亚的战局进行初步讨论以后，大本营在1月4日作出决定，由于船舶短缺，对瓜岛和布纳都无法有效提供补给，日军必须放弃这两个战场。于是，大本营命令瓜岛日军在夜间逐步撤离，去北所罗门群岛建立新的防御阵地。而萨纳南达和吉鲁瓦的日军将在拉包尔的生力军增援莱城和萨拉莫阿后，向这两个据点撤退。

拉包尔的第8方面军司令部接到1月4日的大本营决议后，司令官今村均中将立即着手执行，而布纳地区的撤退任务全部交第18军司令官安达中将处理。当时日军第51师团第102步兵加强联队已经在船上整装待发，安达随即下令让他们前往莱城。次日，日军护航运输船队启程前往目的地，尽管盟军航空兵试图中途拦截，但1月7日，这支日军还是安全抵达目的地。

此后5天，安达中将有意先对巴布亚战事再观察了一段时间，却依然不见起色。1月12日，就在塚本中佐的残部开始撤出岔道口阵地时，支队长小田少将在萨纳南达村向18军参谋长吉原矩少将发了一份急件：

大多数人都得了痢疾。很多人都病倒在床上，没有食物，身体虚弱，已经不能再进行这种残酷的战斗……饥饿正在夺走很多人的生命，而它正在整条战线上削弱我们。我们失败了。几天后，我们会遭遇比巴萨布亚和布纳守军更悲惨的命运。如果我们继续在这里战斗下去，会最终献出生命，迎来我们的结局。然而如果放弃，这就意味着我们会失去在新几内亚（东部）的立足之地，战友们在过去6个月间作出的牺牲都是徒劳……因此（我）请求立即派援兵在戈纳附近登陆增援。

次日，安达中将经过反复斟酌，终于同意山县少将从萨纳南达和吉鲁瓦地区撤退。根据安达亲自制定的计划，日军将撤往库姆西河与曼巴莱河河口，再从那里经陆路或海路前往莱城和萨拉莫阿。拉包尔会尽量为日军提供汽艇从海路撤离，但其他人还是要走陆路，突破盟军防线，在戈纳另一侧建立基地，逐步继续西撤。伤病员即刻开始撤离，在这些无法战斗的人员全部撤离之前，夜间的疏散行动会一直持续下去。为了借助较好的月色，从陆路到达戈纳西部的撤退行动从1月25日才会开始，计划在29日结束。然而怎样在小田少将1月12日概述的那种几乎绝望的形势下在萨纳南达和吉鲁瓦坚持到1月25日，安达并没有给出明确的指示。

日军撤退的重要情报很快就传到盟军耳中。14日早晨，163团巡逻队在“火枪”路障正南的灌木丛中发现一个身患重病的日军士兵，将他俘虏。经过审讯后，盟军得知日军已得到命令，放弃美军两座路障以南的全部阵地，所有还能战斗的人员都已全部撤离，只留下伤病员坚持到最后。

13日到14日晚上，塚本中佐就接到后续命令，让他当晚就放弃所有阵地。这两天澳军巡逻队在前方很少遇到日军抵抗也能证实这个消息。瓦西确认消息属实，立即命令18旅发起总攻，163步兵团派出所有可用部队南下，封锁所有基尔勒顿路和补给线路沿途日军可能逃生的路线。已在向澳军2/9营右翼道路以东地区运动的163团K连，会得到“火枪”路障赶来会合的B连支援，然后向南沿补给线去和迎面而来的澳军会合。“兰钦”路障出动的E连和G连在基尔勒顿小路活动，扫荡沿途的日军阵地。

地图六十二　1月12日上午的萨纳南达

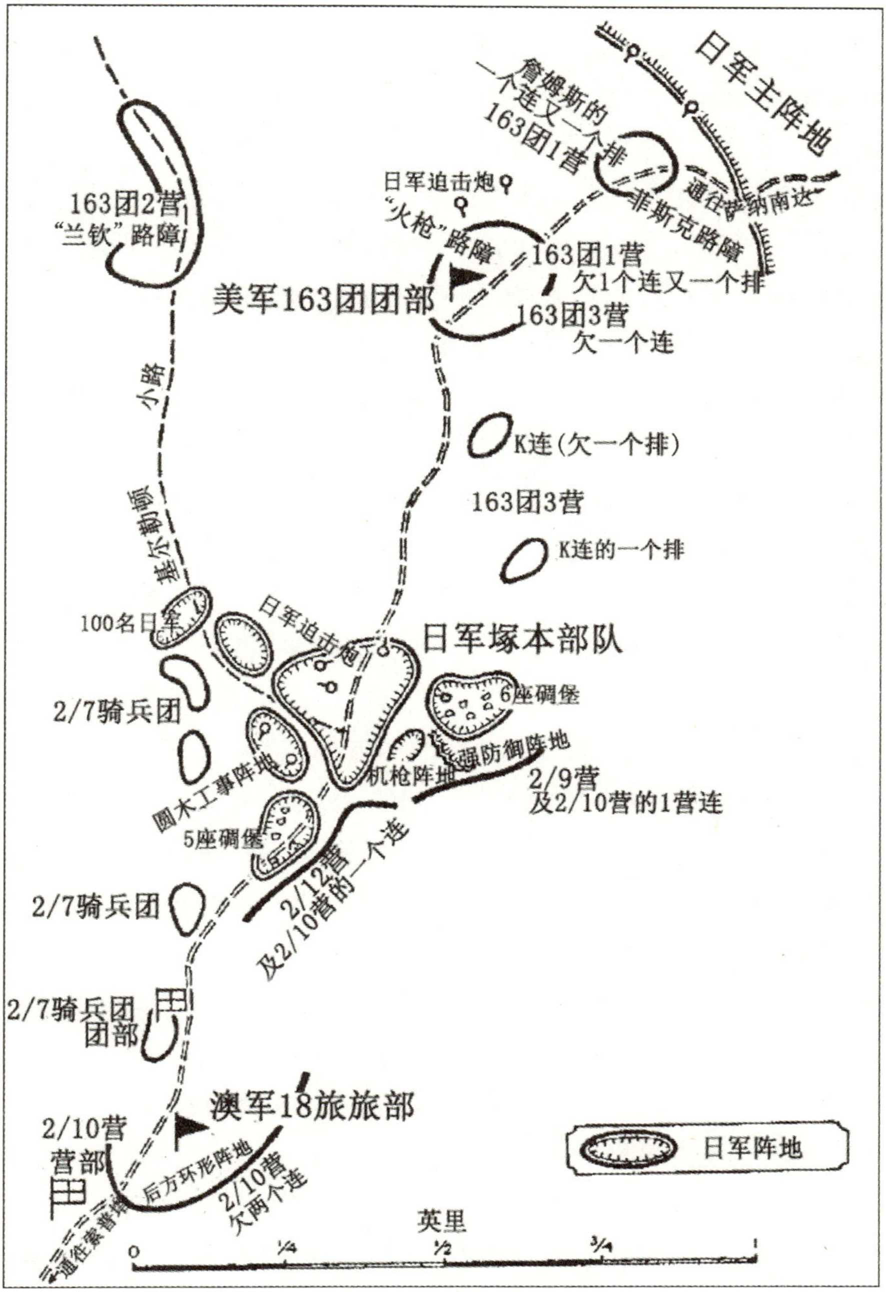

兰钦少校的部队在汉森的重炮和本营迫击炮火掩护下，一路占领了他们南面侧翼的3座敌军环形工事。163团的这波进攻当中，至少100名日军被杀。大多数日军无心恋战，在从岔道口阵地出逃。盟军一路缴获了许多机枪、步枪和弹药。

伍滕准将接到命令，让自己的18旅和配属他指挥的2/7骑兵团全面出动，尽快消灭仍留在岔道口地区的日军残部。下午2点左右，澳军已扫荡了岔道口地区，与美军163团的部队顺利会师。黄昏时分，澳军占领整个岔道口地区，共缴获日军的1门3英寸高射炮，6具掷弹筒，40挺机枪（包括13挺日军一度从澳军缴获的“布朗式”机枪），120条步枪（其中30条是日军一度缴获的澳制步枪），还有一批手雷。塚本率领的岔道口日军主力已经撤走，澳军这次歼灭的日军数量比美军略多，共击毙152人，俘虏6人。

瓦西命令伍滕的18旅尽快追击逃敌，沿基尔勒顿路一路推进到海岸，占领基尔勒顿角，然后从西面进攻萨纳南达角。多埃的美军163团歼灭两座路障附近的日军，随后直接沿萨纳南达主干道向萨纳南达角进军。两路主力推进时，2/7骑兵团负责扫荡后方地区，30旅留在后方守卫索普塔－朱姆博拉的军用仓库。14旅继续保护盟军左翼在戈纳地区的阵地，切断日军西逃路线。

14日摧枯拉朽般的战斗证明，两天前的战斗，澳军尽管受挫，但实际上却取得了胜利。前线出现的戏剧性变化很快传到艾克尔伯格耳中。第二天，他写信告知萨瑟兰，岔道口阵地已尽在掌握，萨纳南达的战事进入最后阶段，所有盟军高级指挥官又惊又喜。

追击穷寇

日军尽管已决定放弃巴布亚战场，从萨纳南达和吉鲁瓦地区全面撤退，但这不代表盟军能轻易将他们一网打尽。盟军一线兵力不足，戈纳的兵力尤其单薄，1月中旬，那里只有14旅旅部及直属队，还有36营和53/55营这两个减员严重的民兵营，要靠他们截断日军的西逃路线，完全不切实际。盟军想尽可能多地歼灭日军，只有让较完整的澳军18旅和美军163团在萨纳南达尽快捉住日军大部队围歼。

14日傍晚，18旅将岔道口阵地的扫荡战移交给2/7骑兵团、39营和49营，随后以2/10营为前锋，向“兰钦”路障方向推进。夜间，他们在“兰钦”一带草草过夜，次日一早，向北面1英里半的一个椰树种植园推进。稍后2/12营的一个连夺取种植园以东约500码的岔道口，2/9营和2/12营主力进入种植园地区的宿营地，2/10营和旅直属队继续向北推进1.25英里，占领了一个离海岸不过900码的岔道口。15日将近傍晚，美军163团2营接管2/12营早先占领的种植园以东的岔道口，2/10营B连开始向东面距离基尔勒顿角以南约1000码的基尔勒顿村推进。

这天18旅没有遇到抵抗，次日主力会向

基尔勒顿海角、威尔角和萨纳南达角前进。163团2营也在准备东进，而营主力会从“菲斯克”路障向北进攻。

15日，163团在“火枪”和“菲斯克”两座路障之间的地区进展顺利。负责夺取两座路障之间日军各环形阵地的A连收获很大。7点30分，该连的一个排穿过补给道路，从另一边的北面，避过日军耳目，潜入日军在道路另一边的大型环形阵地。连长霍华德·麦肯尼中尉指挥的连主力正面进攻这座长300码，宽150码的环形阵地。这座日军阵地的掩体和壕沟纵横交错，日军遭到澳军两面突袭，措手不及，但抵抗仍非常顽强。团长多埃上校力求速战速决，再派C连的一个排从东面，B连从西面对日军阵地施加更大压力。三面夹攻的美军对日军阵地形成包围态势，但绝望的日军仍依托强大的工事负隅顽抗。美军当天还无法完全占领这座阵地。

15日午前，瓦西来到多埃的指挥所，指示他第二天上午对“菲斯克”路障以北的日军阵地发动总攻。2营已承担从椰树种植园向东面进攻的任务，多埃选择了1营这个战斗力最强的连向北进攻，而3营则会占领两座路障之间日军阵地，该营集中在“火枪”路障的重武器会为步兵提供火力支援。

要让1营北进，多埃上校必须变更部署。I连接管C连从“摩尔”到“菲斯克”之间的阵地，K连和L连替换正在进攻日军环形阵地的A连、B连和C连的一个排。1营的3个连在前方集结完毕后，便在营长林德斯特罗姆中校率领下北进。

这次作战经过精心筹划。集中在“火枪”路障的15门81毫米迫击炮，以及吉鲁亚河两岸曼宁和霍尔两个炮兵连的25磅重炮都会给予炮火支援。澳军2/6装甲团仅剩的2辆坦克都开到“菲斯克”西南角，配属林德斯特罗姆指挥。16日上午，在夜间骚扰炮火和上午的15分钟集中火力准备完成后，1营会从菲斯克西面的树林开始进攻，届时和东进的2营会合。

与此同时，从东面向萨纳南达推进的美军127团也在进行总攻前的准备。1月10日，127团在克诺姆比溪西岸建立桥头堡后，距离吉鲁瓦已只有1英里之遥，但路上的地形条件恶劣，于是暂停全面进攻，只派出小股部队骚扰。随着形势的变化，16日澳军18旅和美军163团都在准备发动总进攻时，127团也到了重新全面西进的时候。

1月14日，艾克尔伯格将军召回在前线表现不错，但目前非常疲劳，急需休息的格罗斯上校，派32师作训主任豪中校接任厄巴纳部队总指挥兼127团团长，已晋升中校的博莱姆充当他的副手。次日，豪奉命上午就开始向吉鲁瓦推进。

15日，豪接过指挥权的当天，就命令B连扫荡海岸地区的日军。步兵行动前，重炮和迫击炮对当地的已知日军阵地进行了彻底的炮火压制，但B连前进几百码后，还是遇到了日军机枪袭击，造成2死5伤。步兵暂时退后，重炮和迫击炮进行了更仔细的炮击，随后B连再次尝试推进，但还是很快就遇到日军的第二挺机枪阻击。这次B连派一个班进沼泽地寻找和包抄日军机枪阵地，但又走进另一挺日军机枪的射程。另一个班得令从道路上的另一点进入密集的沼泽植被地区搜寻，却根本无济于事。

晚上，豪中校在和布拉德利中校通电话时说道：

这该死的沼泽地里有大片红树林，不像澳大利亚的那样矮小，非常高大。树杈刺向天空……整株红树高出地面6到8英尺，在有些地方，这么一棵大树就正好长在泥丘顶上。

一个或者2个人可能在这种地方挖掘一个散兵坑，但没有地方能够挖掘和构筑一个足够大的阵地。其他地区都是散发着恶臭的地狱般的沼泽，走进去，淤泥立即没过膝盖。除了海滩边上的狭窄道路外，整个地方都是该死的沼泽。我亲眼去前线察看过，就是这种情况……一旦海潮上涨，沿海的整个地区都会被海水浸没……

更糟的是，日军看来占据了沼泽地南面的要地，在那里架起机枪，阻击澳军。豪中校报告说他的一个巡逻队及时识破了日军布下的埋伏，发现了日军的一系列防御阵地，那里有一台5吨重的起重机、小码头和一条停泊在克诺姆比溪支流岸边的橡皮艇。在这种情况下，豪希望知道“老头子”（艾克尔伯格）是否仍要127团“继续和这些日军缠斗下去”。他又补充道，“如果我们真要继续的话，势必将投入整整一个团”。

晚上，布拉德利打电话告诉豪，除了D、H、M这三个营的重武器连留在布纳村－基罗帕角地区防御滩头阵地之外，军长会把整个127团的步兵都交给他。他还告诉豪，除了已经无力再战的126团外，艾克尔伯格会在必要的时候，尽可能从马丁的沃伦部队抽调兵力。

就这样，围攻萨纳南达的所有盟军部队都已准备完毕，连老天都作美，大雨从13日起停了几天，几个星期以来，各地的道路第一次变干。

全面进攻1月16日早晨正式开始。左路伍滕准将以18旅2/10营C连和D连向海岸推进，随后向东占领基尔勒顿角和威尔角。2/10营A连则向基尔勒顿村东南方约1英里的岔道口推进，然后从那里向东推进到补给小道。2/9营和2/12营充当预备队，必要时立即协同出击。

中路的163团以左翼的2营从种植园以东的岔道口向公路推进，然后转向东南方，从背后袭击“菲斯克”路障以北的日军。全团中央的1营进攻靠近他们前沿阵地的日军左翼阵地。3营继续扫荡两座路障间的日军残留阵地。

东路豪的127团分别向南面和西面推进。I连会向南搜寻前一天发现的日军阵地，A连和B连沿海岸道路向西进攻，而A连在沼泽地负责掩护右翼道路上的B连。

日军防线瓦解

1月16日一早，特莱维维安少校指挥的2/10营尖刀连最先出发，他们要通过一片令人厌恶的红树林沼泽。特莱维维安在巴布亚经历过多次战斗，但这次沼泽地之行仍令他叫苦不迭，称之为从军以来最艰苦的任务。大多数时候泥浆都会没过手肘，有时甚至没顶。特莱维维安连的前进速度只能保持在大约每小时100码，必须削平沿途的红树才能将补给送到前方。这一阶段，澳军必须靠人力抬着辎重前进。发生战斗时，迫击炮起了很大作用。最后特莱维维安连好不容易抵达一条紧靠海滩，最终通往基尔勒顿村的道路。日本兵当时正在这儿休息，全无防备，

■萨纳南达的澳军迫击炮阵地。

真是意外之喜，还沾着泥浆的澳军迫击炮一顿炮轰，将这群日军炸了个哭爹喊娘。

特莱维维安连沿着海岸行动时，库克上尉的B连奉命去占领基尔勒顿村，昨晚他们一度迷路，好在这天上午终于顺利找到了村庄，没有遇到抵抗。

由于没有当地的地图和航空照片，2/10营经常无法确定自己的位置，最后航空队派一架飞机专门为步兵引路，几经辗转，总算使得2/10营在午前顺利到达基尔勒顿海岸。

2/10营（欠库克连）随即在海角一带沿海岸线扫荡，和日军的少数孤立据点遭遇，很快将其肃清。晚上，前进最远的威尔逊连已到达威尔角（大约位于到达萨纳南达角三分之一左右的位置），连里的巡逻队更是已遭遇威尔角以东200多码外的日军外围据点。这些阵地的守卫较强，特莱维维安连17日黎明越过威尔逊连的阵地，迅速推进200多码以后，下午先行撤回，以便迫击炮发挥威力。这次迫击炮一共落下45发炮弹。

就在18旅主力向日军萨纳南达角主阵地逼近时，2/10营的库克连正向距离基尔勒顿村东南大约2英里的一个位置推进。16日傍晚，他已接近那个地方。伍滕得到库克连的回报，随即命令2/12营沿这条路推进。天黑之后，阿诺德中校带领他的部队从基尔勒顿道路向东进发，20点30分与库克连会合。库克连就此暂配属2/12营一起行动。几天不见的暴雨又下了一整夜，闪电不时划破长空。暴雨的直接后果就是抬高沼泽地的水位。第二天上午，阿诺德营余部在和营长会合时，又多费了不少力。阿诺德营原先的驻地椰树林，由已经调到前方维持交通线的39营接管。上午道路沿途的沼泽地都几乎齐颈深了，好在11点30分，艾维连已越过沼泽地，在公路两侧就位，他们正好遇上一股西撤的日军，双方进行了间歇交火，库克连在艾维连略靠南面一点的道路两旁布阵，听到枪声，赶紧向北靠拢艾维连。随后2/12营各连陆续到达公路，天黑时，他们占据了大约300码长的道路。

17日天黑前，2/12营（加强库克连）占据的公路阵地，已经和南面的美军163团对一大股日军阵地形成夹击态势，2/10营主力沿海岸线从威尔角向萨纳南达角东进。伍滕准将估计时机已到，便让2/9营在日军阵地中寻找薄弱环节渗透。帕里－奥克顿少校随即率部从旅部向东南推进，到达库克连16日的宿营地后，转向东北，向萨纳南达角靠拢。夜间，2/9营在萨纳南达角西南，与海角直线距离1.2公里的一大片长草地建立防御阵地过夜。这一夜的豪雨，让澳军第二天蹚着齐腰深的泥水才能继续行军。帕里－奥克顿的部队当天直取萨纳南达村和海角，粉碎了两座日军防御强点，在吉鲁亚河留下A连把守。这一战澳军仅1死2伤，击毙了21名敌军，俘虏22名日军和朝鲜籍军人及21名苦力（绝大多数是日军从香港强征的劳工）。尽管澳军已顺利占领萨纳南达，然而很明显，日军主力已经从当地出逃。随后C连沿萨纳南达主干道南下，去为2/12营助战。他们一路摧毁了两座日军据点，但天黑时被第三座据点挡住了去路。

18日，阿诺德营从南方沿主干道推进，一开始200到300码没有遇到任何抵抗，但很快左前锋克拉克中尉指挥的一个连就遇到一座顽圄的日军阵地。克拉克这一天先后尝试了三种不同的方式进攻，但这座阵地始终顽固地阻挡着澳军的去路。而右前锋柯蒂斯上尉的一个连也遇到了麻烦。除这两个连之外，阿诺德的另外3个连这一天都没有出动，他的两个前锋连当天共损失34人。

19日清晨，巡逻队回报，挡住他们去路的几座日军阵地仍在顽抗。阿诺德感觉时机已到，命令配属的库克连去突破左翼最顽固的日军阵地："去给我把左路的那把大锁撬开！"库克8点50分率队出发。不久，阿诺德在营部就看到天空中出现库克报告胜利的信号弹。

克拉克和库克成功攻克这座日军阵地是战役最后阶段的最大收获。日军守卫的这座阵地几乎完全被齐肩深的水泽环绕，只有大约15码宽的小片干地可以通过，而那里都被日军的轻机枪火力覆盖。库克连在迫击炮火掩护下，三三两两沿着那片狭窄干地渗透到敌军阵地25码以内。库克中尉打了个信号，大家心领神会，一手甩出手雷，然后立即端起早已上好刺刀的步枪向敌阵冲去。日军还没反应过来，手雷掀起的弹幕就把他们炸得抬不起头，等他们好不容易在烟雾中睁开眼睛，如狼似虎的澳军已经端着刺刀杀到。

日军的抵抗终于全面崩溃，克拉克连呼应库克的攻势，乘胜追击，一路疾进500码，毙敌150多人，其中大多数都藏身在临时营房里，不少都是伤员，另外还占领了3座军用仓库。由于之前在很多次战斗中，日军伤员都经常袭击盟军士兵，以至于盟军无暇辨别真伪，索性宁枉毋纵，对日军伤员不问情由，照样痛下杀手。这无疑会使日本宣传机构捉到攻击盟军的口实，然而深受法西斯军国主义熏陶的日军每一次战斗几乎都在负伤以后，还顽固地袭击盟军士兵，盟军士兵不愿拿自己的生命冒险，先下手为强也就不难理解了。

随后阿诺德部一路向道路以西推进，和一大早刚从2/9营C连手中接管营前沿阵地的B连取得联系。然而，在路东，日军依然寸土不让，直到2/9营的部队从北面一路杀来，2/12营T.G.A.哈维连和艾维连同时从南面夹击，日军终于抵挡不住。

萨纳南达之战的最后阶段，由于滂沱大雨和因此造成的沼泽地泛滥变得更加可怕。道路布满了令人厌恶的污泥和积水，每次行军都举步维艰。每一路盟军行动时，都感觉身体如灌铅一般沉重，这噩梦似乎没有尽头。20日，2/12营和2/9营试图会合时，对这种艰苦之极的行军深有体会。10点前后，这两个营都稍事撤退，让重炮得到炮轰日军阵地的空间。

炮击结束后，2/9营C连再度从北面穿

■1943年1月，在萨纳南达前线的观测站里看到的盟军炮轰日军藏身树林的效果。

过泥地，进逼仍在道路阵地顽抗的日军，阿诺德同时让哈维和艾维的两个连继续从南面北上。当这两个连筋疲力尽，再也无法动弹时，库克连越过他们的阵地，继续北上。但后来库克连也被挡住去路。

澳军的两个营当天夜间包围了日军在路东的防御阵地，留守萨纳南达的这最后一支日军拒绝坐以待毙，也绝不投降，誓死战斗到底。抱着必死决心，困兽犹斗的日军也许比过去更可怕。在萨纳南达主干道战斗的澳军每天都要蒙受50多人的伤亡，仅库克连19和20日两天就损失了51人。

到21日，阿诺德营终于结束了在泥浆、污垢和死尸堆中看不到尽头的梦魇。他的巡逻队一早就回报，部队已很少遇见抵抗，而一个已经皮包骨头、筋疲力尽的战俘供认，还留在萨纳南达防御阵地的日军已只有伤病员而已。胜利在望的澳军打起精神，继续向日军逼近。最后的战斗中，日军大约阵亡100人，烂泥堆和沼泽地里横七竖八地浸泡着他们的尸骸。

1月17日开始，2/12营在巴布亚战场最糟糕的地域度过了不堪回首的4天。补给道路两侧溪流纵横，中间除丛林沼泽外再没有其他。这条道路只有几英尺宽，很多地方都变成了烂泥洼，经常会遇到空袭留下的弹坑，加上溪流阻隔，食物补给和伤员的疏散就变得非常困难。战斗期间，整个地区的沼泽和溪流都布满了日军的死尸，空气里弥漫着恶心的尸臭。阿诺德中校说："这是我这辈子见过的最肮脏的地方。"有些日军尸体显然已死了很长时间，不少都开始腐化，甚至还有一些已经几乎变成骷髅。

不过阿诺德的部队还不能停留。21日午后，2/9营和2/10营留在萨纳南达进行最后的扫荡战，2/12营继续沿萨纳南达－吉鲁瓦海岸向东推进，而美军127团正从东面赶来与他们会合。

1月16日，豪中校的部队越过克诺姆比溪取得的收获几乎可以忽略不计。对小型码头一带进行侦察后，发现日军已经撤空，但试图沿海岸道路向吉鲁瓦推进的行动几乎没能取得进展。尽管进攻当中，美军事先已同时使用重炮和迫击炮进行密集炮击，但127团在一整天的战斗当中还是只推进了很短的距离。傍晚，F连和G连替换了A连和B连，准备第二天上午实施一次更强大的攻击。

1月17日上午，I连和K连沿克诺姆比溪西岸向南推进，搜索美军曾发现的小码头以外地区是否还有日军活动。而G连和F连在炮火准备结束后，向西进攻。他们和昨天的A连和B连一样，很快发现西岸的地形比东岸困难得多，沼泽地更深更难行走，而且很难向隐蔽的敌军阵地集中火力打击。

美军仍然没能推进多远。G连推进一小段距离，缴获一挺机枪后，又被另一个巧妙布置在沼泽地小块干地的日军机枪阵地火线挡住了去路。这座机枪阵地周围都是沼泽，美军无法进行侧翼迂回。此时，南下搜索敌踪的I连和K连在小码头以南约50码的位置遭遇日军的一个前哨站，在战斗中击毙了11名衣衫褴褛、瘦骨嶙峋的日本兵。

18日，沿海道路附近的进攻继续进行，F连和G连依然分居左右两翼。K连和I连在他们左后方，豪中校又加派L连保护K连和F连的接合部。日军的抵抗明显减弱，2个前锋连一路推进了300码。尽管地形依然恶劣，但127团终于大范围迂回到日军阵地侧翼，这股日军的末日也到了。

19日天方破晓，127团E连开始向海滩推进，K连负责他们的左翼。为帮助K连压制沼泽地中仍在顽抗的日军，E连特地调给他们一挺12.7毫米口径重机枪。这挺机枪压制日军阵地火力非常奏效。在塔拉凯纳前线曾表现出色的37毫米火炮也被调了过来，就布置在海滩上，掩护E连前进，再立新功，有效地打击了敌人。

次日，F连和E连会合，一同沿海滩西进，C连调到他们左翼，更左翼的I连和L连也开始西进。现在他们前方已很少遇到日军反抗。几座日军机枪阵地都已被占领，俘获了一些日本兵，他们都身患痢疾，饥肠辘辘。16点30分，127团已能看到吉鲁瓦海角。吉鲁瓦村另一侧的澳军2/12营士兵也发现了他们。东西两路盟军很快将顺利会师。

负责萨纳南达地区南部战斗的美军163团进展也很顺利。16日上午，在炮兵对日军"菲斯克"路障以北主阵地彻夜炮火骚扰后，1营开始沿道路西半部“菲斯克”路障以西的丛林边缘推进。麦金尼中尉的A连和杰克·范·杜因上尉的C连并列在一条800码宽的前线推进，罗伯特·汉密尔顿上尉的B连紧随这两个连后方，充当营预备队。右前锋A连右翼紧挨着公路。左翼C连一路延伸到日军右翼，试图迂回到日军阵地后方。

8点45分，一切准备就绪，盟军的重炮开始炮火准备。1营重武器连D连的7.62毫米口径机枪全部向3个步兵连两翼的树林和灌木丛开火。同时菲斯克阵地以东的3营重武器连M连的机枪对日军阵地南面和东南方实施火力搜索。8点57分，团里全部3个重武器连的15门81毫米迫击炮在“火枪阵地”集中齐射，2分钟后，3营的60毫米迫击炮在菲斯克阵地以南也向日军阵地开火。9点正，重炮和81毫米迫击炮停止射击，步兵开始向基本和主干道平行的东北方向推进。

美军步兵出发后，日军阵地的阻击火力仍然很猛。右翼的A连遇到一座日军的防御强点，很多日本兵占据这个强点后方的高大树木，从那里用步枪组成了隐蔽的火力网，给A连制造了不少麻烦。麦金尼中尉调来轻机枪，除掉几个狙击手后，步兵得以继续稳步推进。左翼的C连一直在迂回包抄日军阵地，而A连很快在那个日军强点前方又遇到了麻烦。

A连的攻击线推进到距日军工事20码以内，就在一片开阔地遭到至少4挺日军机枪阻击，顿时被扫倒一片。热带的太阳开始肆虐，气温急剧升高。这片小块开阔地的空气除了日军机枪的“哒哒”声之外，什么都听不见。炎热和紧张折磨着每一个士兵，A连先后有2名军官和18名士兵倒下，不得不先退了下去。

更糟的是随着战线的推进，军需补给有些跟不上了。美军几乎耗尽了机枪子弹。日军狙击手见美军机枪火力减弱，胆子也大了起来。美军步兵和日军距离太近，盟军的重炮和迫击炮火这时不可能开火。林德斯特罗姆中校命令B连的一个排设法增援A连，但B连自己也被日军缠住，脱不开身。中午，眼看形势一时难以好转，林德斯特罗姆只得下令撤退。这一天，A连合计9死17伤。

与此同时，C连遭遇的抵抗几乎微不足道。鉴于C连正在顺利大范围迂回日军阵地，林德斯特罗姆中校索性将B连也一并派了过去。这两个连一路席卷日军右翼，迅速在日军防线后方建立了一个200码左右的环形阵地。1营可以从这里突破，继续向纵深推进，这个阵地位于道路以西大约400码。

2营以F连和G连为前锋，到达1营的环形阵地。H连一部被留在种植园以东的小路路口掩护全营后方。2营跟上不久，就意外迷了路，好在1营B连的一个巡逻队找到他们，将他们带进1营的环形阵地。兰钦少校的部队在阵地里吃了些东西，短暂休息之后，取道东进，穿过补给路上大约位于日军防线后方1000码的地点，和澳军2/12营取得了联系。

13点前后，K连和L连消灭了“火枪”和“卡诺”路障之间最后一批负隅顽抗的日军。至此，“菲斯克”路障南方的所有地区，都再没有任何活着的日本兵。

1营和2营目前都已到达“菲斯克”路障北面，在日军主防线后方建立了阵地。163团团长多埃上校随即决定全面合围残敌。他首先将K连加强给1营，在菲斯克阵地西南到1营的新补给点之间建立一条新的补给线。1营充分休整后，他下令继续执行战斗任务。

17日，B连几个巡逻队的目标是日军前一天阻击A连的强点。B连部队离开营地后，向西南方运动，连夜在日军阵地中穿行了100码。第二天上午，他们要通过一条15英尺宽，齐胸深的溪流。溪对岸就是一排日军防御工事，迎面打来好几梭子弹“招呼”。B连以主力吸引日军工事火力，一个排过溪攻坚。这个排拔掉了日军前沿阵地的一座工事，但马上发现后方就是日军工事组成的第二道防线。日军的重火力将他们彻底钉住，当天再也无法继续推进。留在对岸的B连巡逻队只得继续向左运动，去搜索一个更便利的过河点。然而他们很快发现，日军的两道工事防线延伸很长，几乎两眼能看见的地方都被日军工事的火力覆盖，连长汉密尔顿上尉随即命令全连进入营地，准备第二天上午再战。

A连和K连当天上午去包围日军从补给路延伸的一线阵地。而在尝试到达补给路时，他们遭遇日军防线后方约250码的路弯据点阻击，被截住了。F连得报，随即从2营宿营地沿补给路南下，进入K连右翼的位置，开始向路弯推进，随后向左翼迂回，试图摸清日军在路东的阵地。F连很快和日军遭遇，敌人的抵抗非常顽强，F连需要集中全部精力应对。

16日以来，163团估计他们在这一带遭遇的日军大约在250人以上，而多埃上校必须指挥全团将他们歼灭。

从19日起，多埃上校要做的就是消灭菲斯克阵地东北补给路一线日军主阵地残留的3个袋形阵地。19日，C连破晓时分就和B连一起出动，两个连一左一右，进攻日军在道路北面最西端的强点。F连前一天推进250码后，从东北方进攻道路以南，一座更大的环形阵地。A连和K连从西北方继续向路弯中的日军环形阵地施压，这座阵地距离另两座环形阵地数百码。

根据消灭西面日军环形阵地的计划，右翼的B连会从前一天他们打开的小缺口继续前进，肃清第二道防线的日军，而C连会消灭第一道防线的日军。美军为这次进攻做了充分准备，所有营属60毫米迫击炮和4个步枪排之间都建立了电话联系，2位连长汉密尔顿上尉和范·杜因上尉紧密合作，轮流在电话机和前线之间两头跑。

这两个连首先要克服的问题是必须先越过形如日军屏障的那条溪流。对岸的日军火力仍然非常凶猛，最先过溪的C连陷入苦战。一开始，C连只派出约翰·摩尔中士指挥的一个班过河。摩尔一共只带了9人，他本人和威尔伯·鲁梅尔下士率先过溪，其他8人为他们提供火力掩护，以最快的速度相继成功摧毁6座日军工事，使连主力能相对轻松地过溪。当C连控制住敌军阵地时，B连已能毫不费力地涉水过溪了。为消灭日军的第二线工事，这两个连整整耗费了一下午。眼看美军的进攻就要突破日军重点防区时，两道防线的日军全面撤出，进入后方的第三道工事群，再度阻止美军前进。

这时天已快黑了。美军的两个连在日军阵地中建立了一个宿营地，先吃晚餐，然后准备第二天的进一步行动。

公路东面的F连上午也遭遇激烈抵抗。路上遇到圆木和泥土垒成的两道日军工事防线后，他们呼叫重炮火力支援。连长康威·艾勒斯上尉在日军工事防线约30码外建立了一个观察所。2营长兰钦少校和一位澳军前敌炮火观察员一同观察敌情。14点起，澳军的重炮和美军的81毫米迫击炮进行了一个半小时的炮击，炮火停止后，先前退开一段距离的步兵开始进攻。这次遇到的掩体是用较软的圆木制成的，不及布纳和其他地方建造的工事坚固，被盟军的持续炮火彻底打烂，大多数日军在工事里就直接被炮火击毙。

F连越过日军工事防线，继续前进了

■1月20日，美军127团士兵在阵地的散兵坑里。

150码，发现自己在两条齐肩深的溪流之间，遭到前方和侧翼的日军机枪阵地阻击。美军尝试拔掉其中一座机枪阵地时，5人当场阵亡，而侧翼的一个排在沿一条溪流的另一边溪岸迂回行动时，也没能成功。天已经渐渐黑了，而F连的弹药几乎告罄，兰钦少校命令E连长詹姆斯·巴克兰上尉率部替换F连。美军换防时，被日军察觉，于是立即发动了反击，E连早有准备，稳住阵脚，沉着应战，打退了这波反扑。

第二天，在B连和C连继续和西面环形工事拼死抵抗的日军战斗时，A连和K连还在路弯附近的阵地与日军纠缠，而I连将一路从南面疾进，向南面的日军环形阵地发动猛攻。步兵进攻前，澳军的25磅炮一共发射了250发炮弹，“火枪”路障的美军81毫米迫击炮群整整开了750炮，“菲斯克”阵地的M连也用轻重机枪火力支援。美军的重火力横扫了这一带的树林和灌木丛。但非常不幸的是，I连出发前，一枚迫击炮弹误杀了他们的连长邓肯·杜普里上尉和詹姆斯·博兰上士。没过多久，日军的子弹又夺去他们一位排长的生命。I连急中生智，故意后撤。老练的日军不给美军反击的机会，冲出工事，彻底打退了他们的这次进攻，但自己也已到了强弩之末。

163团在19和20日这两天之间，蒙受了沉重的伤亡代价。日军残部尽管已经被包围，对外联系彻底断绝，却依然坚守阵地，但是他们已经无法长期坚持下去了。

萨纳南达的胜利

早在1月18日，日军第21混成旅团长山县栗花生少将风闻萨纳南达的日军前线已经崩溃，就明白他的部队不能像安达司令官5天前布置的那样，等到25日才放弃现有阵地，然后再向西越过盟军防线。他当天中午就命令部队比预定计划提前5天，从20日20点整就开始撤退。在部队突破盟军防线后，他的部队会在布纳北面约7英里的巴昆巴里附近集结，那里会有小船等候，送他们安全脱险。而山县少将和旅团部会提前一天，19日就乘坐摩托艇离开。

当天晚上，几艘日军摩托艇就试图赶到吉鲁瓦，想将所有还能使用的通信设备，和尽可能多的伤病员带走。盟军炮兵发现这些摩托艇，将它们击退。与此同时，小田少将、矢泽大佐，还有相当一部分日军都放弃了吉鲁瓦东西两侧的阵地，进入沼泽地，试图逃往巴昆巴里。不少日军士兵顺利出逃，但小田少将和矢泽大佐在劫难逃，半路撞上了澳军的哨所，双双被击毙。

澳军2/12营沿补给路紧靠萨纳南达正南面的路段一路歼灭了日军在这一带最后的抵抗力量。21日早晨，163团2营替换了2/12营，阿诺德中校的这个营随即北上，从2/9营手中接管萨纳南达角－吉鲁瓦地区。下午，这两轮替换全部完成，2/9营腾出手来，向萨纳南达以西移动，对付长时间和

2/10营对抗的日军残余。

澳军的2个营分三路包围日军残留的袋形阵地。2/10营的2个连从西北方进攻，2/9营从东南方进攻，2/10营C连越过萨纳南达以西的大草地，进攻日军阵地中央。三路澳军下午出发，没想到一路几乎没有遇到抵抗，白天的战斗中仅俘获一名日军。天黑前，日军只剩最后一个残留的袋形阵地了。第二天上午，澳军在重炮炮火帮助下，三下五除二就干掉了最后一座日军阵地。13点15分，三路澳军在海滩附近顺利会师，标志着萨纳南达日军有组织抵抗的结束。在最后两天的战斗中，大约200名日军被击毙。萨纳南达西部的日军阵地，已经全部被占领。

美军127团占领吉鲁瓦也没有再费多大力气。21日，127团E、C和A连由E连带队，一路沿海岸道路西进。后来的这段路比之前好走得多，更宽阔，沼泽也没有那么多。敌人很可能已经得到撤退命令，也不打算长期据守，只有零星抵抗而已。12点30分，弗拉瑟尔中尉的E连一路未遇抵抗，已经通过吉鲁瓦村。45分钟后，弗拉瑟尔连和澳军部队在吉鲁瓦礁湖东岸顺利会师。稍后，E连的一个巡逻队在吉鲁瓦正东地区巡弋，进入日军第67野战医院。医院里的场景怵目惊心。伤病员就在医院里横七竖八地躺着，绝大多数都饿得奄奄一息。里面还有不少已经断气，无人掩埋的死尸。澳军形容他们只看见“瘦成骷髅的几个人还能走动”。证据显示，日军已经出现了自相残杀的现象。即使到了绝境，日军仍未放弃战斗，发动了反击。最后澳军在医院地区击毙了起来反抗的20名日军，另外69名实在无力反抗的人，成为盟军的俘虏。

22日夜间，日军汽艇来到吉鲁瓦外海，企图登陆，再度被盟军炮火驱逐。23日早晨，澳军扫清了当地最后一支抵抗的日军。而吉鲁亚河西岸的日军司令部只进行了象征性的抵抗，就被攻下。

163团前线的战斗这两天仍在滩头附近进行。吉鲁瓦和萨纳南达西面袋形阵地的战斗在21日达到最高潮。163团团长多埃上校亲自上前线指挥。上午的进攻非常顺利。10点15分，A连和K连各自后撤150码，炮兵开始对日军在路弯环形阵地的最后一座掩体开炮。10点30分，重炮的弹幕散去，“火枪”阵地的迫击炮火和机枪进行第二轮火力准备。5分钟后，最后一轮迫击炮火齐射完成，A连和K连发动了进攻。在机枪火力掩护下，他们捕获了大部分还藏在掩体里，或是打算出逃的日军。试图脱逃的日军很快被纷纷击毙，环形阵地被迅速占领。右翼的A连散开队形，为仍在环形阵地西部战斗的B连和C连提供一些火力支援。压力减轻后，B连和C连风卷残云般迅速扫荡敌军阵地。美军的4个连随即一同南下补给路，B连和K连分别去左右两翼，一同打扫战场。傍晚，盟军合计清点了超过500具日军尸体，这是从格拉里之战以来最多的一天。而163团当天一共1死6伤。

■向吉鲁瓦日军开火的美军重机枪阵地。

同一天，3营情报参谋约翰·雅科布奇中尉，亲自在东部环形阵地锁定了日军的防御主强点。22日上午10点47分，洛伦·奥德尔中尉的I连和爱德华·利姆斯的L连从南面集中攻击那座主强点。迫击炮火的最后一轮齐射过后，步兵们一拥而上，将仍躲在坑洞里，或者企图出逃的日军全部消灭。11点52分，这座阵地已经被摧毁。随后，将东北角日军阵地荡平的E连前来助战。13点整，最后的扫荡战彻底完成。日军在补给路一带的有组织抵抗就此告终。傍晚，道路两侧的扫荡工作全部完成。而吉鲁瓦和萨纳南达以西的日军残余几个小时前也已被肃清。澳军18旅、美军127团和163团投入萨纳南达前线的战斗以后，共损失了828人，但他们终于完成了战斗任务。整个巴布亚战役在历时6个月后结束。而日军在西南太平洋战场，随着南海支队的溃败，已经被迫转入守势。

18旅、127团、163团，还有戈纳的澳军第14旅，缴获了包括步枪、机枪、迫击炮、反坦克炮、地雷、无线电台、通信器材、医疗品、各种工具和12辆机动车在内的大量物资。他们一共掩埋了1993具日军尸体，抓获超过200名俘虏，其中日本战俘共159人。

根据盟军的最终统计，从萨纳南达－布纳的战斗开始起，在瓦西少将负责的区域，盟军共击毙2537名日军，其中959名是在戈纳和戈纳以西地区被击毙的。尽管取得了胜利，但山县少将的当即立断，使日军相当数量的有生力量及时逃脱。战区情报处长维洛

■1月26日，8名澳军士兵用缴获的日军手推车运送弹药和武器过一座浮桥。

比准将怀疑，萨纳南达的敌军死亡人数并不能全被视为有战斗力的日军，其中应当包含不少被杀的伤病员。

澳军地面部队，尤其是最后留在戈纳的第14旅各部，确实意识到相当数量的日军悄悄逃出了他们的视线。当地都是茂密的丛林，他们的兵力不足，这也是难以避免的。当时澳军估计，约有700名日军成功逃过了戈纳的澳军阵地，但实际数字还要远远超出。1月13日到20日之间，共有1190名日军伤病员从海路撤退，月底，大约又有1000名还能战斗的日军成功从盟军防线渗透，到达戈纳另一侧的安全地带。而根据日本官方战史资料记载，最终连伤病员在内，日军撤出布纳－戈纳战场的总人数在3100到3400人之间。而在11月中旬，布纳－戈纳之战开始以后，日军连增援兵力合计为11000人，即在此期间阵亡及失踪人员合计在7600到7900人之间，连伤患，减员为8800到9100人之间。

盟军的胜利代价也不小。在萨纳南达和戈纳战斗的澳军第2/7骑兵团，第14、16、18、21、25、30旅各部，合计战斗损失高达2700人。美军在萨纳南达前线先后战斗过的127团、163团，以及126团主力，战斗伤亡也达到798人。第7师所辖各部队伤亡合计达约3500人，比布纳地区大约多出700人。

整个巴布亚战役结束后，筋疲力尽的澳军第7师和美军第32师终于能够等候替换

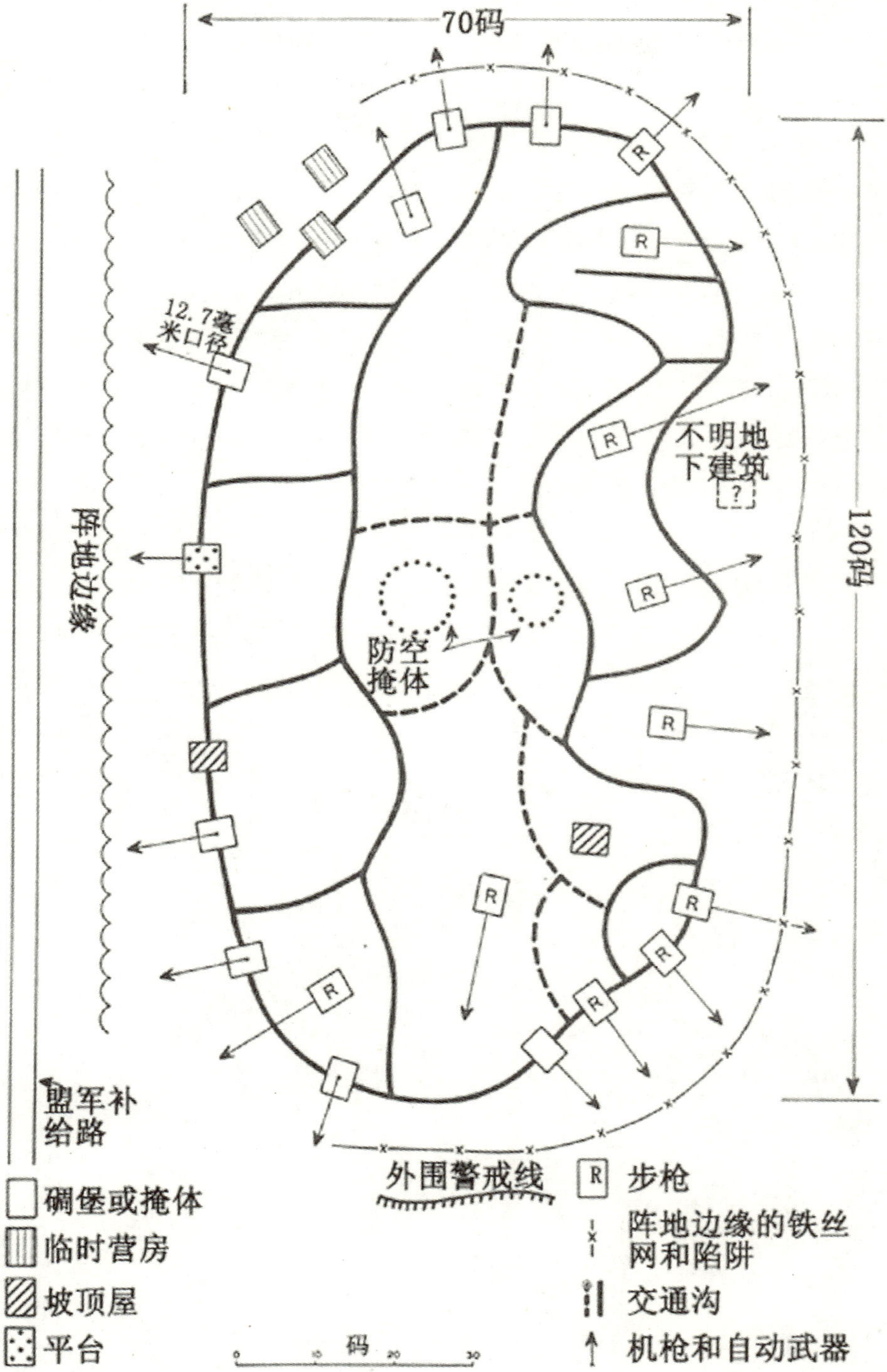

■萨纳南达地区的日军环形工事示意图。

了。美军第41师的另2个团开始抵达前线，他们的第一项任务就是尽快替换前线部队。

1月25日，41师师长福勒少将接过奥罗湾－戈纳地区的所有盟军部队指挥权，艾克尔伯格中将带领第1军军部参谋人员同一天回到莫尔兹比港。几天以后，贝利曼将军和留在前方协助福勒将军替换前敌各部队的新几内亚部队前敌指挥部，一起回到莫尔兹比。

根据预先的安排，受创最重的126步兵团22日最先离开战区，其余部队的替换将在月底全部完成。在天气条件许可的情况下，部队将尽快飞回莫尔兹比港，经过短暂停留，再从海路回到澳大利亚。

盟军在巴布亚已取得了决定性的胜利，这并非盟军在太平洋战场唯一的胜利。2月7日，日军完成了瓜岛撤退行动。2天后，瓜岛战役宣告终结。和巴布亚战役几乎同样持续了6个月的瓜岛战役，也以日军失败告终。从1943年2月起，西南太平洋和南太平洋的战略主动权也已经转入盟军手中，但新几内亚岛和所罗门群岛的漫长战事还远未结束。

地图六十二　1月15日至22日，萨纳南达地区的战斗

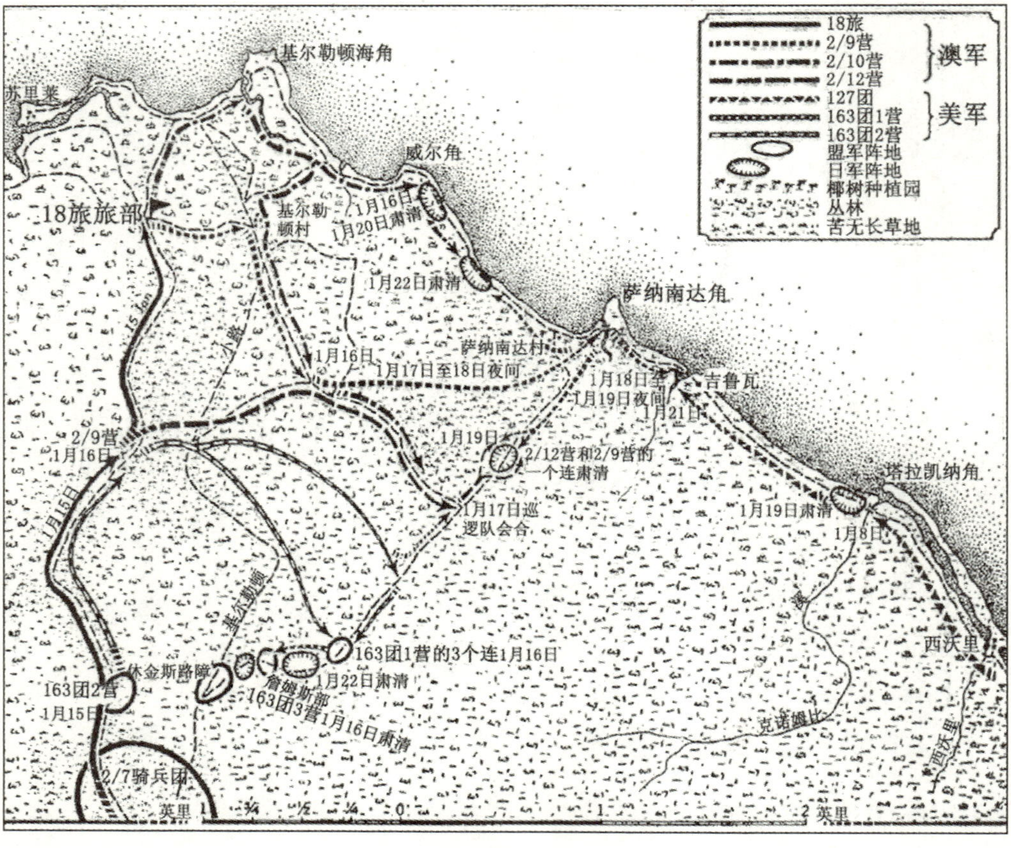

尾声　战役的总结与思考

在军事史上，巴布亚战役一直没有得到充分重视。无论麦克阿瑟本人如何强调西南太平洋战区的重要性，都改变不了它在盟军全球战略中的次要地位，即使同在太平洋战场，巴布亚战役的知名度也远不及同期进行的瓜达尔卡纳尔战役。然而，与之前的中途岛战役和同时期的瓜岛战役一样，巴布亚战役同样是整个太平洋战场转折阶段的一场重要战役，在战术和战役层面上，都颇值得认真探讨。

从战术角度来看，整个巴布亚战役值得注意的课题有两个，第一个是科科达通道进行的热带山地丛林战。盟军在东南亚战场就已经与日军进行过山地丛林战，但在经过精心准备，早早就掌握制空权和制海权的日本南方军面前，几乎只有招架之功。参加科科达之战的日军南海支队和41联队都拥有山地丛林战经验，而无论是澳大利亚军团的民兵部队，还是从中东战场归国的皇家军团正规军，在参加科科达之战以前，对热带山地丛林战毫无经验。难能可贵的是，澳军经受住了这场全新的考验，在防御阶段逐渐了解山地丛林战的特殊性——受地形等客观条件限制，往往无法集中兵力作战，要战胜敌人，只有在解决前方补给的前提下，不厌其烦地克服各种不利条件，积极采取迂回战术，才能最终将日军全部驱赶到布纳－戈纳的滩头阵地。尤其需要指出的是，澳军在科科达通道的大部分时间都没有重型火炮火力支援，大约一半时间没有空中火力支援，这就使得步兵迂回战术更为重要。而日军在山地作战期间体现出的战术水准充分证明了他们的步兵战术水准确属一流，后来的滩头阵地防御期间，他们也维持了这种水准。

第二个是滩头阵地攻坚阶段的战术课题。布纳－戈纳滩头阵地，是第二次世界大战当中，盟军首次遇到日军层层设防的纵深坚固工事阵地。尽管这次进攻是从陆地展开的，而后来的一系列战役基本上是从海上发动抢滩登陆战，然而基本的战术条件相同——即盟军采取攻势，而日军精心设防。因此最大的差异并不是在于布纳－戈纳属于陆战，后来的战役几乎都属于两栖登陆战，而在于后来的任何一场战役进攻部队在攻打滩头阵地时，战备和支援条件都要比这一次更好，能够使用多种战术和武器尽快削弱和占领日军阵地。另一方面，在布纳－戈纳缺少支援的盟军步兵在进攻当中一再落空，战斗从某一方面来说演变成围困战，而饥饿成为日军最终崩溃的一个重要因素。不过从积极意义上理解，盟军在今后的战役指挥方面从布纳－戈纳汲取了大量经验教训，对今后的战争无疑大有裨益。

需要指出，在太平洋战争的所有战役当中，特别是在滩头作战的最后阶段，都没有出现过巴布亚战役这样，对敌人准备完善的阵地，大多数时候只能用步枪、机枪、迫击炮和手雷等步兵武器进攻的情况。

战役进入布纳－戈纳的滩头攻坚战阶段后，艾克尔伯格将军一直都处在压力之下。11月30日，麦克阿瑟将军就告诉他："时间至关重要。"12月13日，麦克阿瑟又说："时间正在愈发对我们不利。"圣诞节那天，再度发话："如果不能速战速决，整个战局就可能发生根本性的改变。"艾克尔伯格将军尽可能用各种他能够采用的方式发动了进攻。12月18日，虽然他终于能向麦克阿瑟报告进展情况，但他还得向麦克阿瑟将军保证"从来没有忘记，我们的时间不多了……"12月30日，赫林中将问他为什么不让他的部队"稍微放松些，因为澳军这两天不打算在进行任何战斗"。艾克尔伯格回答他不打算这么做，因为他一直认为"时间是这次进攻的首要因素"。无论战区最高司令部是否认识到这点，由于他们一再强调，急促进攻已经成为这次战役的标志。

在整个战役进行的6个月间，澳军地面部队一直在战斗，前后出动了7个步兵旅，相当于一个步兵营的2/7骑兵团，和一支装甲部队，投入的总兵力达到18000到20000人。尽管在一条战线上集中的兵力最多不过4个旅，而且在一次战斗中，与日军接触的总兵力也不超过3个旅（约7000到7500人）。某些时候，他们的兵力只有2个旅，而在战役开始阶段，甚至还少于2个旅。但无法集中更多兵力并不是因为澳军不积极求战，主要还是因为时间因素和巴布亚地形条件的限制，让他们无法投入和集中更多兵力。比美军稍微幸运些的是，他们的轮换基本不受影响。

美军地面部队从1942年11月中旬开始投入战斗，先后共有126、127、128和163步兵团共4个团，合计接近15000人投入战斗。在12月初，127步兵团到达前线之前，一线作战兵力仅2个团，一度没有预备队可用，127团到位之后，情况才有所好转。由于一直无法进行轮换和补充，一线兵力不断下降，直到战役行将结束，163团到达前线后，才缓过劲儿来。

战役期间，澳军地面部队战斗损失共5866人，其中1702人阵亡，133人因重伤不治身亡，299人失踪（列为因其他原因死亡），3732人在战斗中负伤。美军地面部队战斗损失共2959人，其中阵亡671人，伤重

■盟军在巴布亚战役期间缴获的日军枪械。

不治身亡160人，116人失踪（列入因其他原因死亡），2012人在战斗中负伤。

另外32师不被计入战斗损失还包括由于友军炮弹或炸弹误伤的211人，还有在战场上因非战斗因素负伤的287人。

综上合计共有澳军和美军地面部队共有

■在战斗中负伤的盟军士兵，集中等待土著民夫将他们送往战地医疗机构。

3081名官兵因战斗死亡，5744人负伤。全部战斗伤亡为8825人。

澳军各部损失很大，在各旅被替换之前，下属各营的兵力都只有甚至不满一个连的编制。而美军32师的情况也大致相同。艾克尔伯格在一月中旬给麦克阿瑟的报告中这样写道："这里的各团很快就会减员到营的规模，稍后甚至比连一级多不了多少。"伤亡报告也证实了他的看法。32师在作战地区合计投入10825人，包括7125名病号在内，合计减员高达9688人，减员比率近90%。126团在1942年11月中旬进入作战地区时，共有3171人。1943年1月22日，他们在撤往莫尔兹比港时，已经只剩下611人，略小于一个整营，很多人当时还在发烧，只是没有被送进医院而已。

1943年1月20日，在126团返回莫尔兹比港以前的一份详细报告显示：战役期间感染疾病的人数极多。前文已述，澳军投入的地面战斗人员总兵力为18000到20000人之，到1942年底，疾病病例高达15575例，其中疟疾9249例，痢疾3643例，登革热1186例，恙虫病186例。而美军投入作战地区的14646人，共有8659人染病。32师在巴布亚战场的将近11000名官兵中，共有5358人感染疟疾，其中4000人是初次感染，其余人是多次复发。另外据医疗记录显示，美军共有17人因患恙虫病病故，而感染痢疾和登革热的病例也达到2147例。

美澳军队在返回澳大利亚后，接受了一次体检，结果显示每个人的体重都大幅降低。体检又发现了563例腹泻和痢疾患者，还有1200人患有钩虫病。贫血、疲劳和营养不良让他们的身体严重亏损，每5人中就有1

■1943年2月4日，完成战斗任务的美军32师士兵来到多博杜拉机场，准备返回澳大利亚本土。

人血细胞数过低，每8人中有1人血红蛋白偏低。

腹泻、贫血和钩虫病经过治疗很快能恢复，但大部分疟疾患者需要长期调理。他们长期缺乏休息，抑制病情的药物，超过一半的病人无法得到妥善照顾。病人的情况普遍恶化，而不是好转。许多人的病情一再复发，很多人最后在9月被认定不再适合战斗任务，直接退出32师的编制。这个时候32师的总兵力已经只剩下2334名官兵而已。

澳军部队的情况也差不多，然而大家都明白，巴布亚战役无法避免，但综合考虑疾病因素，代价比原先设想的要昂贵得多，为了胜利而付出的人员损失比例，在整个太平洋战争的各场战役中都名列前茅。

日军的伤亡比例更为惊人。他们在巴布亚战役中投入的地面部队大约在17000到18000人之间。其中1300人成功从米尔恩湾撤退，300人从古迪纳夫岛撤出。战役期间，约1000名日军伤病员从巴萨布亚乘船返回拉包尔，而在战役结束阶段，约有包括伤病员在内的2400人从海路或者陆路逃脱。综上所述，日军在战役期间成功撤出了5000人（绝大部分有各种伤病）左右，损失总数在12000到13000人之间。如果加上海军舰队及航空兵死亡人数，则在13000到14000人之间。盟军共掩埋了7000具日军尸体，俘获350人。而日军自己大约埋葬了5000多名战友的尸体。即便是撤出战斗的约5000名日军，绝大部分都在战斗中负伤或者感染了热带疾疫，还能维持元气的，可能不超过1000人。

饥饿对打垮和最终导致日军彻底失败起到了重大作用。澳军和美军都不止一次发现过日军出现人相食现象的证据。而127团在吉鲁瓦医院地区俘获的日军散兵都瘦骨嶙峋，证明日军在战役的最后几星期因缺粮已经困窘到何种程度。

12月9日，澳军攻克戈纳后，发现过一些发霉的大米和少量弹药，至多还能维持几天而已。14日，美军攻下布纳村时，也曾缴获了一些食物和弹药，但1月2日拿下布纳教区时，只能找到极少的食品，而弹药几乎没有。1月12日，日本兵每个人都领完了自己的最后2盎司大米。2天后，163团已经发现了忍无可忍的日军，出现了人相食的惨状。战役最后阶段，盟军接连迅速攻克日军阵地证明，即便盟军没有主动进攻，他们甚至也无法维持更久。

日军第41步兵联队第2大队长小岩井光夫少佐是南海支队唯一参加过整场巴布亚战役，并且在战争中幸存下来的佐级军官。在战争结束时，他这样说道："我们在布纳的失败，是因为无法保持空中优势，无法对部队进行补给，而我们的海军和航空兵也无法破坏敌人的补给线。"当他被人问到盟军进攻的效率时，他认同盟军的行动确实卓有成效，而且补充了一点在布纳－戈纳滩头阵地战斗过的大多数日军的共识："战术方面，盟军的火力协同和行军协同性非常娴熟。然而当我们在布纳阵地陷入缺粮窘境时，我们都疑惑盟军为什么不围困我们，留下我们自己忍饥挨饿。”小岩井少佐的证词清楚地证明了饥饿对于日军滩头阵地最终陷落的重要影响，如果盟军当时没有决定用正面进攻将阵地拿下，饥饿同样会让日军崩溃。

美军的炮兵在整个战役期间没能起到多大作用，最主要的原因是在确定让32师前往巴布亚前线之前，没有足够的适合的炮车能够从海路运到前方。尽管美军战地指挥官迫切要求更多火炮，但前线长期只有一门129野炮营的105毫米榴弹炮能够直接打开日军的掩体工事。但科布斯上尉指挥的这门榴弹炮缺乏足够的炮弹，被迫经常熄火。好在后来澳军改进了他们的炮弹，炮兵在战役后段还是起到了一些作用。然而，如果在前线能有足够的105毫米榴弹炮，延时引信炮弹供应充足，或者能有一些155毫米榴弹炮的话，盟军甚至就不必让坦克冒险在不适合的地段作战，许多生命都可能被拯救，战役时间也可能被明显缩短。

航空兵在战役期间扮演了重要角色。肯尼将军让航空火力取代重炮的豪言未能成为现实，但航空队在经过整顿之后，依然起到了重要作用。首先，正是由于航空队的空运能力，才能将整团整旅的盟军官兵及时送往前线。除此之外，他们在战役期间成功让约6000名美澳军伤病员撤离，让经过苦战的前线作战单位能及时返回莫尔兹比港休整。在战役期间，他们一共运送2450吨粮食、弹药和装备支援前线部队。使用568架次飞机执行了总共72次支援任务，其中121架次负责为地面进攻部队提供近距离支援。他们对沿海地区进行了不间断的海上搜索，扰乱了日军的多次增援和补给企图，为地面部队的获胜提供了有力保障。

航空部队为美军的物流补给作出了很大贡献，而盟军的海上运输线作用更大。在西南太平洋战区缺乏海上武装力量的艰难时刻，包括荷兰K.P.M.商船队在内的货船和三角帆船，从海路完成的运输量超过航空队三倍以上。然而在战役最关键的11月和12月初，盟军的海上补给由于三角帆船的损坏降低到底谷时，仍是靠航空运输保证了前线补给不至于中断。

美军第5航空队和澳军航空兵在战役后期对沿海地区的侦察行动，持续进攻日军试图增援滩头阵地的护航船队，挫败敌人在库姆西河口和曼巴莱河口建立补给基地的意图。而航空队在为炮兵锁定打击目标，以及保障战区的制空权，阻截日机空袭，这两项任务都完成得令人钦佩。

然而航空兵为地面部队提供的直接支援火力却遭到诟病。首先数量就偏少，121架次飞机一共投弹40吨，发射7.62毫米和12.7毫米口径机枪子弹97000发。即使这种当时航空部队能够竭力提供的最大限度的火力支援，由于训练水准和其他因素，成效也让人不敢恭维。在大多数时候，飞行员轰炸和扫射的地面目标并不是敌人，反而造成了不少误伤事故，对部队的士气产生了负面影响。

造成事故频发的原因是，当时第5航空队的飞机数量太少，前线支援任务又刻不容缓，无暇进行更多战前训练，新到的飞行员不少都缺乏经验，这样为数不多的飞机能够执行的地空联合行动一般都不是那种精确的定点轰炸。不仅飞行员不能从空中识别巴布亚战场的盟军地面目标，地空通信也几乎不存在，整个战役期间，都没有一起地空无线电通信引导飞行员成功完成战斗任务的事例。

随着战斗的持续，盟军也意识到依靠现有的飞机，尽管能够出色地完成区域轰炸和截击日军航空兵力的任务，但无法满足前线部队精确轰炸敌军阵地的要求。包括肯尼中将在内，众多航空部队官兵都呼吁减少直接空中火力支援。这种建议在当时有一定合理性，但也让地面部队指挥官烦恼不已。12月底，艾克尔伯格将军在信中写道："我希望我们能有一些精密的俯冲轰炸机，可以将炸弹投到日军头上。我们拥有的最伟大的武器是我们的航空兵，我真不喜欢看到他们没有多少用武之地。我意识到我们应当承担一定数量的误伤损失。如果我能保证20颗炸弹中有19颗能落到日军头上，那我宁愿承受第20颗炸弹落在自己部队头上的损失，这总好过无法使用空中力量。"

事实上12月22日，在艾克尔伯格写信

■1943年2月4日，美军41师主力抵达多博杜拉机场，准备替换澳军第7师和美军第32师。

这一天起，一直到战役结束为止，盟军地面部队都没有再要求过哪怕一次直接空中火力支援，在航空兵还无法掌握这种战术技巧，了解自己应尽的责任之前，只能放弃这种战术。

由于兵力不足，西南太平洋战区海军对滩头地面战起到的作用很小。卡彭德中将不愿让他不多的军舰进入布纳沿海水域，从一开始就决定了海军不能起到更积极的作用。最后，除了鱼雷快艇曾执行过一次和海防舰一同将澳军18旅护送到战区登陆的任务之外，海军再也没能起到其他作用。

从战术层面上来看，巴布亚战役的最大教训是，要想在丛林地区打破日军长时间阻挡盟军前进的各种掩体和工事，必须将现有的诸兵种协同作战战术和技术提升到一个较高水准。在战役最终阶段，盟军已经摸索出了一种较为成熟的战术，在有力的炮火支援下，通常都能证明是有效的。战术的第一步是派巡逻队锁定日军工事的位置。随后，炮兵会对日军掩体的某个特定部位实施炮击，炮火往往能直接打破掩体，甚至杀伤日军士兵。就在炮火停止之前，步兵会在自己的步兵武器火力掩护下，抢在掩体里的日军进入先开火位置之前，控制住日军。最后，步兵会用手雷或者一种澳军设计的简易炸弹结果日军，占领这个掩体。至于在后来的太平洋战场普遍使用的有效的火焰喷射器，炸药包和凝固汽油弹，在巴布亚战场还没有条件使用，而在巴布亚获得的战斗经验和教训，对于今后的战术发展及武器的使用，都会起到借鉴作用。

战役还提供了其他方面的教训。首先，部队在上战场之前，为了适应战斗的要求，就应该在本土选择与他们即将作战的地区，地形类似的地方进行训练，从训练阶段开始，他们就要习惯实弹射击，这样在进入实战阶段以后，他们就会在必要的时候“冷酷无情”。尽管重炮和炮弹数量经常达不到要求，尤其在哈丁少将指挥32师的阶段，但实战证明火炮在丛林地带可以和步兵进行战术协同，更重要的是要学会利用丛林的地形条件。在战役期间能够在正确的位置部署重炮，对一个面临日军工事阵地的指挥官来说，至关重要。

巴布亚战役证明要有效提高战斗效率，通信不可或缺，除了地空之间的通信条件必须改善之外，丛林当中使用的无线电对讲机也需要大大改进。而37毫米反坦克炮和枪榴弹被证明是在丛林战当中，对付敌军战壕或较薄弱掩体的非常优秀的杀伤性武器。另外丛林战证明步兵需要一种比M-1步枪更轻便实用的步兵武器。

在医疗方面，巴布亚战役和瓜岛战役证明了丛林战部队必须配备诸如氯片、维生素片和盐片等必备药品。同时有必要配备奎宁和阿迪平等治疗疟疾的药品。更重要的是，部队里的所有人都普遍需要了解关于疟疾的必要知识。后来西南太平洋战场规定的一系列防控疟疾的硬性措施，很大程度上都是总结巴布亚战役经验的成果。

另外在后勤方面还形成了一条基本规则，即野战厨房的消毒设备应当跟随部队一起行动，否则他可能会危及整支部队的身体健康。从战争诞生之日起的一条最古老的教训就是“兵马未动，粮草先行”。要让部队能够保持持续战斗力，就不能让他们挨饿，而且要供应他们最低限度维持生活的炊事用具，保证他们在一定的时期内能吃上热餐。经过长期战斗之后，要给他们提供休息和维护个人卫生的时间。

从战略层面来看，巴布亚战役对胜败双方都是苍白的，更像是一个无可避免的悲剧。日军在夺取东南亚之后，一心想以积极的攻势，迫使同盟国屈服，承认他在西太平洋的霸权。要做到这一点，海军必须歼灭美军太平洋舰队主力，陆军必须切断美国本土和澳大利亚之间的交通线。中途岛海战的失利，使海军的美梦化为泡影，但联合舰队虽然损失惨重，主力尚存，如果日本陆海军能认清形势，更为理智地尽早采取守势，停止入侵南太平洋和澳大利亚，巩固东南亚和内南洋群岛的内线阵地，大量的陆海军有生力量也就不会在所罗门群岛和新几内亚消耗殆尽。

具体落实到巴布亚战役、珊瑚海之战战略失利之后，从科科达通道走陆路入侵莫尔兹比港一开始仅仅是一个对具体地形条件并不了解的预备方案，但在辻政信等人不顾客观事实的独断独行之下，演变成了一场准备不足的全面进攻，而日军的整个军政和军令系统一直都没能纠正这种独断行径。在整个战争期间饱受诟病的后勤补给问题，即使在巴布亚战役前期，日军还掌握滩头阵地地区制空权和制海权期间，也没有得到妥善解决，最终成为日军失去滩头阵地的直接原因。尽管堀井富太郎少将和南海支队各级官兵在战役期间不乏战术亮点，但这无法抵消日军在战略层面上的一连串错误。

那么日军是否可以放弃瓜岛，专心经营巴布亚战场呢？瓜岛战役打响之后，日军面临两线作战，情报滞后而不准确，仍不愿及时取舍，导致在瓜岛和巴布亚两面被动，陆军兵力无法集中，只能被盟军的优势兵力不断打击消耗。如果日军放弃瓜岛，将所有兵力集中到巴布亚战场，首先补给线较短，其次兵力也便于集中，至少在新几内亚不会早早陷入被动局面。问题是放弃所罗门群岛，便无法威胁美澳交通线，这对于根本就没有想过转入战略防御状态的日军来说，是不可能作出的决定。而任由美澳交通线畅通的话，美国的战争资源便可以源源不断地流入澳大利亚和西太平洋，最终日本仍不可避免地将会在新几内亚，乃至整个太平洋战场陷入被动。正像山本海军大将曾预言的那样，一旦战争陷入长期化，日本的失败将不可避免，无论是他本人，还是整个日军，都无法破解这个死局。

就盟军方面来说，忽略科科达通道的战略地位，是战役准备阶段不可饶恕的错误。

1942年7月21日到22日夜间，日军抢在盟军在布纳－戈纳滩头阵地设防之前，占据了那里。随后就是一场漫长而血腥的战役。当这场战役在1943年1月22日宣告结束时，从战略角度来说，西南太平洋战区在经过6个月的激战，付出了将近9000人的战斗伤亡代价，终于收复了一个他们早在去年7月就应当占据的滩头阵地。

但是，无论已经付出了多少代价，而且让相当一部分日军成功逃脱，西南太平洋战区还是将日军在巴布亚的立足点连根拔起，从而阻挡住日本帝国南侵的巨轮。战役期间成功建起多博杜拉等地的机场，奥罗湾等港口，以及多个其他基地，使盟军从1943年初开始，能够着手进行更为积极的战斗。而盟军日趋完善的后勤供应系统，将会确保后续攻势的进行。下一步，麦克阿瑟将军的目标就是休恩半岛和新不列颠岛西部的日军了。

附表四 科科达及布纳－戈纳海岸日军战斗序列概览

南海支队	
支队本部	
支队长	堀井富太郎少将(继任 小田健作少将)
参谋	田中丰成中佐(继任 田岛宪邦少佐)、富田义信中佐、丰桥御雄少佐
支队副官	佐佐木利雄中尉
144 步兵联队长	
联队长	楠瀬正雄大佐(继任 山本重省大佐、吉田章雄大佐)
副官	弘田平四郎大尉
第 1 大队	
大队长	塚本初雄中佐
副官	大西亘中尉
第 1 中队长	小川幸男中尉
第 2 中队长	上野义鹿中尉
第 3 中队长	能势宗吉中尉
第 1 机枪中队长	系崎直马大尉
大队炮兵小队长	坂本充中尉
第 2 大队	
大队长	堀江正少佐(继任加藤幸吉少佐)
第 4 中队长	冈崎正男中尉
第 5 中队长	木原德重中尉
第 6 中队长	上村宇贺重大尉
第 2 机枪中队长	井野厉大尉
大队炮兵小队长	川村授惠喜少尉
第 3 大队	
大队长	桑田亥四郎中佐
副官	金子精一中尉
第 7 中队长	纸屋纯良大尉
第 8 中队长	柳濑义卫中尉
第 9 中队长	浜田正英中尉

续表

第 3 机枪中队长	北村骑男士中尉
大队炮兵小队长	冈本义彦中尉
联队炮兵中队	
中队长	川本流一中尉
联队通信中队	
中队长	入交荣大尉
第 55 骑兵联队第 3 中队	
中队长	川岛清喜中尉
第 55 山炮联队第 1 大队	
大队长	穗积镇雄中佐
副官	吉本治千代中尉
第 1 中队长	浜田真彦中尉
第 2 中队长	泷石胤重中尉
第 3 中队长	高木义文中尉
第 55 工兵联队第 1 中队	
中队长	高森八郎大尉
第 55 辎重联队第 2 中队	
中队长	崎川岁春中尉
第 55 师团卫生队 3 部分队	
分队长	赤尾浜吉大尉
第 55 师团第 1 野战医院	
院长	板东丈夫大尉
第 55 师团防疫给水部第 1 分部第 8 支部	
支部长	山本晋大尉
第 55 师团病马厂第 1 分部	
分部长	盐浜康和少尉
第 15 独立工兵联队	
联队长	横山与助大佐
副官	门谷修中尉

续表

第 1 中队长	多田教士中尉
第 2 中队长	斋田稔中尉
第 3 中队长	高田一雄大尉
第 47 野战高炮大队	
大队长	渊田贞英中佐
第 37 驻泊司令部第一分部	
分部长	森本诚一少佐
第 10 独立工兵联队第 3 中队(加强第 1 中队第 4 小队)	
中队长	鹈饲义信中尉
第 124 陆地勤务中队第 1 小队	
小队长	花津谷修一郎中尉
第 40 水上勤务中队(欠 2 个小队)	
中队长	铃木喜与司中尉
第 100 水上勤务中队第 1 小队	
小队长	野路井晋中尉
船舶高炮联队一部	
指挥官	富田响吉中尉
船舶通信联队一部	
指挥官	吉村有二少尉
第 45 固定无线电队	
队长	上妻幸生中尉
第 7 独立无线电分队	
分队长	饭塚英次中尉
第 88 独立无线电中队一部	
指挥官	山本亮马准尉
第 41 步兵联队	
联队长	矢泽清美大佐
副官	蜂须贺忠大尉
第 1 大队	
大队长	宫本菊松少佐
第 1 中队长	姊崎利市中尉

续表

第 2 中队长	妹尾达雄中尉
第 3 中队长	竹中秀太中尉
第 4 中队长	菅野平八郎中尉
第 1 机枪中队长	山上文次郎大尉
大队炮兵小队长	田中敏雄中尉
第 2 大队	
大队长	小岩井光夫少佐
第 5 中队长	荒木将德中尉
第 6 中队长	秋山静一中尉
第 7 中队长	大野御中尉
第 8 中队长	八岛三次中尉
第 2 机枪中队长	冈今朝像中尉(继任　三浦淳吉中尉)
大队炮兵小队长	森田荣一中尉
第 3 大队	
大队长	小林朝雄少佐(继任　村濑五平少佐)
第 9 中队长	林宪男大尉
第 10 中队长	柄泽严中尉
第 11 中队长	宗田二郎中尉
第 12 中队长	冈本国市中尉
第 3 机枪中队长	正冈隆中尉
大队炮兵小队长	重政圭介大尉
速射炮中队	
中队长	野手保中尉
步兵炮(迫击炮)中队	
中队长	北浜俊弘中尉
通信中队	
中队长	近藤靖彦大尉
第 229 步兵联队第 3 大队	
大队长	监物平七少佐
第 38 山炮联队第 2 中队	
中队长	椎木一夫中尉

续表

第 21 独立混成旅团	
旅团长兼布纳支队长	山县栗花生少将
参谋	田中正司中佐,青柳澄治少佐
170 步兵联队	
第 1 大队主力	
第 3 大队一部	
重机枪中队	
旅团工兵队	
船舶工兵队	
野战医院	
海军地面守备部队	
守备队总指挥	安田义达海军大佐
横须贺第 5 特别陆战队一部	
佐世保第 5 特别陆战队一部	
台湾高砂义勇队	
海军第 14 设营队	
海军第 15 设营队	

附表五　日军南海支队人员状况一览(1941 年 11 月至 1943 年 8 月)

番号	人员状况			
	出发时人员	补充人员	阵亡及其他原因消耗人员	残留人员
55 步兵团司令部	180	155	253	82
144 步兵联队	3500	1150	3264	1386
55 骑兵联队第 3 中队	130	30	130	30
55 山炮联队第 1 大队	900	257	905	252
55 工兵联队第 1 中队	300	50	310	40
55 辎重联队第 2 中队	145	30	140	35
55 师团卫生队一部	220	80	250	50
55 师团防疫给水部一部	50	10	45	15
55 师团兽医厂一部	21	5	20	6
55 师团第 1 野战医院	140	30	115	55
合计	5586	1797	5432	1951

附表六　科科达及布纳－戈纳海岸盟军战斗序列

新几内亚部队	
司令部	
司令	希德尼·罗威尔中将(1942 年 9 月底由埃德蒙·赫林中将接任)
参谋长	R. N. L. 霍普金斯准将
澳军第 7 步兵师	
师长	亚瑟·艾伦少将(1942 年 10 月底由乔治·瓦西少将接任)
参谋长	波拉德上校(1942 年 11 月底接任)
工程主任	W. D. 麦克唐纳中校
后勤主任	L. G. 卡内特上校
军医主任	弗兰克·金斯利·诺里斯上校
第 30 旅	
旅长	塞尔文·波特准将
科科达通道时期	
巴布亚民兵营指挥官	沃特森少校
39 营营长	威廉·欧文中校(1942 年 7 月 29 日阵亡) 卡梅伦少校 R. 霍纳中校(1942 年 8 月 16 日接任)
布纳－戈纳海岸时期	
36 营营长	O. C. 伊萨克森中校
39 营营长	R. 霍纳中校(配属别部)
49 营营长	O. A. 凯塞尔斯中校
55/53 营营长	D. J. H. 罗弗尔中校
第 21 旅	
旅长	阿诺德·波兹准将(1942 年 9 月底被调回澳大利亚本土,解除前线指挥职务。)
科科达通道时期	
2/14 营营长	A. S. 凯伊中校(1942 年 8 月 30 日失踪,后来确认死亡。营长职务一度由罗登上尉代理。)
2/16 营营长	A. E. 卡洛中校

续表

2/27 营营长	G. D. T. 库珀中校
53 营(配属)营长	K. H. 沃德中校(1942 年 8 月 27 日阵亡。)
布纳-戈纳海岸时期	
旅长	多赫蒂准将
2/14 营营长	H. B. 查伦中校
2/16 营营长	A. E. 卡洛中校
2/27 营营长	G. D. T. 库珀中校
第 3 营(配属)营长	卡梅伦中校
第 25 旅	
旅长	K. W. 艾泽尔准将
2/25 营营长	C. B. 维希中校(1942 年 10 月初,由 R. H. 马森中校接任。)
2/31 营营长	C. C. 邓巴中校(1942 年 11 月 5 日,由詹姆斯·米勒中校接任,同年 12 月 14 日,米勒阵亡。)
2/33 营营长	A. W. 布特罗斯中校
2/1 先锋营(配属)	
第 16 旅(配属)	
旅长	劳伊德准将
2/1 营营长	P. A. 库伦中校
2/2 营营长	C. R. V. 埃德加中校
2/3 营营长	J. R. 史蒂文森中校
第 18 旅	
旅长	乔治·伍滕准将
2/9 营营长	C. J. 科明斯中校(1942 年 12 月 22 日,因伤由帕里基-奥克顿少校代理。)
2/10 营长	J. G. 多布斯

续表

2/12 营长	A. S. W. 阿诺德中校
查支队(由原 21 旅表现最得力的部队混编,相当于一个步兵营)	
支队长	查伦中校(1942 年 11 月 14 日回 2/14 营归建)
副支队长	萨布雷特少校(1942 年 11 月 14 日继任为支队长,遂成为第 7 师师部联络官)
正副支队长另有任命后,所属三个连被分配给 25 旅的 3 个营	
第 2/7 骑兵团(澳军的团级建制相当于别国的营)	
团长	E. P. 洛根中校(1942 年 12 月 19 日,在萨纳南达阵亡。)
2/6 装甲团	
团长	C. R. 霍吉森中校
美国陆军第 1 军	
第 1 军军部	
军长	罗伯特·艾克尔伯格中将
参谋长	克洛维斯·拜尔斯准将
副官	丹尼尔·爱德华兹上尉
人事处长	莱斯利·斯科里上校
作战训练处长	克拉伦斯·马丁上校
情报处长	戈登·罗杰斯上校
军法处长	约翰·格罗斯上校
第 32 步兵师	
师长	埃德温·哈丁少将(1942 年 12 月 2 日被免职,由沃尔德龙准将代理师长职务。3 天后,沃尔德龙负伤,由军参谋长拜尔斯准将接替指挥职权。12 月 15 日,拜尔斯准将因伤退出火线以后,32 师各部由军长艾克尔伯格将军直接指挥。)
参谋长	约翰·莫特上校(12 月 2 日被免职,由晋升上校的布拉德利接替。)

续表

作战训练主任	梅尔·豪中校
情报主任	W. D.霍金斯少校
后勤主任	约瑟夫·布拉德利中校
工程主任	约翰·卡鲁上校
师属炮兵	
指挥官	阿尔伯特·沃尔德龙准将
副指挥	梅尔文·麦克莱利中校(沃尔德龙代理师长职务后,升任师上校炮兵指挥官。)
由于运输及战区司令部不愿配合等问题,该师建制内的4个野炮营共48门榴弹炮仅有1门105毫米榴弹炮来到布纳–戈纳前线,其余皆为澳军炮兵。澳军25磅炮口径为88毫米。	
126步兵团	
团长	劳伦斯·奎因上校(1942年11月5日,因飞机失事身亡,由克拉伦斯·汤姆林森上校继任。)
副团长	博恩德·拜特克少校
情报科长	威廉·博伊斯上尉
作战训练科长	奥利弗·迪克森上尉
后勤科长	赫伯特 M. 史密斯少校(后由阿尔弗雷德·麦登多普上尉接任。)
军医官	西蒙·沃蒙霍芬少校
1营长	埃德蒙·卡里尔中校(1942年12月13日因心绞痛退出战斗,由师部参谋切斯特·比弗少校接任。)
2营长	亨利·吉尔德斯(1942年10月下旬,因在巴布亚山区行军劳累过度,突发心脏病,由赫伯特 M. 史密斯少校接任。同年12月7日,史密斯少校负重伤,由博伊斯上尉接任。12月19日,博伊斯伤重不治,由约翰·沙利文上尉接任。)
3营长	克拉伦斯·汤姆林森中校(1942年11月5日,由乔治·邦德少校接任。)
该团1营的两个连及3营在巴布亚战役期间,配属萨纳南达的澳军部队作战。	
127步兵团	
团长	约翰·格罗斯上校(1943年1月14日,因疲劳过度,由32师作训主任豪中校暂代。)

续表

副团长	埃德温·施密特中校(后因故由师参谋长布拉德利上校兼任。1943年1月14日,由晋升中校的博莱姆接替。)
作战训练科长	本杰明·法拉中校(1942年12月24日负伤,由莱昂纳德·加莱特上尉接任)
情报科长	斯蒂芬·休伊特上尉
后勤科长	哈罗德·胡特曼少校(1942年12月24日阵亡后,由W. A.拉尔森上尉继任)
1营长	埃德蒙·施罗德少校
2营	
3营	
128步兵团	
团长	小J.特雷西·海尔上校(1942年12月2日被撤换,由克拉伦斯·马丁上校继任。)
副团长	亚历山大·麦克纳布中校(1942年12月13日,与3营长米勒中校对调职务。)
作战训练科长	米尔顿·齐贝尔少校
1营长	罗伯特·麦考伊中校(1942年12月13日,由军部参谋戈登·克拉克森少校接任。)
2营长	赫伯特·A.史密斯中校
3营长	凯尔西·米勒中校(1942年12月13日,与副团长麦克纳布中校对调职务。)
澳军2/6独立连	
连长	哈考特少校
163步兵团	
团长	简斯·多埃上校
副团长	查尔斯·道利中校
1营长	哈罗德·林德斯特罗姆中校
2营长	沃尔特·兰钦少校
3营长	莱昂纳德·温少校

附表七　巴布亚战役伤亡一览表

澳大利亚陆军伤亡人数	
科科达之战	
阵亡	491
失踪推定死亡	66
因伤不治死亡	67
战斗负伤	1023
合计	1647
米尔恩湾之战	
阵亡	167
战斗负伤	205
失踪推定死亡	5
合计	377
布纳–戈纳之战	
阵亡	967
失踪推定死亡	228
因伤不治死亡	66
战斗负伤	2210
合计	3471
古迪纳夫岛战斗	
阵亡	65
负伤	179
其他战斗伤亡(含日军空袭莫尔兹比造成的伤亡)	
阵亡	12
负伤	15
澳大利亚陆军在巴布亚战役期间的全部战斗损失	5866
澳大利亚陆军在巴布亚战役期间的全部疾病非战斗减员(包括莫尔兹比港等地未参战的驻军)	29100
澳大利亚陆军总计减员人数	34966
皇家澳大利亚海军伤亡人数	
阵亡	5
负伤	5
皇家澳大利亚空军伤亡人数	
阵亡	310
澳属新几内亚行政机关(ANGAU)	
勤务死亡	9

续表

美国陆军巴布亚战役伤亡人数	
阵亡	671
失踪推定死亡	116
战斗负伤	2172
合计	2959
全部非战斗疾病减员人数	7920
美国陆军总计减员人数	10879
美国陆军航空兵伤亡人数	
阵亡	330
失踪推定死亡	195
陆军航空兵合计	525
巴布亚民兵及皇家巴布亚警察部队	
阵亡	8
勤务时死亡	4
战斗负伤	17
其他新几内亚土著人	
为盟军服役的民夫死亡人数	140
为日军服务的民夫死亡人数	1200
日本陆军伤亡人数	
阵亡	8400
负伤逃脱	2000
病死	3100
染病逃脱	2000
日本陆军合计	15500
日本海军伤亡人数(包括地面、海上及空中部队)	
阵亡	1800
负伤逃脱	650
病死	300
染病逃脱	1000
日本海军合计	3750
日军总伤亡人数	
战斗及因病死亡	13600
负伤或染病逃脱	5650
合计	19250

附表八　澳军主要装甲武器及火炮性能概览

名称	项目	数据
M3“斯图亚特”式轻型坦克	自重量	14 吨
	长	14 英尺 7 英寸
	高	8 英尺 8 英寸
	宽	8 英尺
	引擎	大陆 W-670-9A,250 马力
	最高时速	58 公里(36 英里)
	战斗里程	119 公里(74 英里)
	装甲厚度	平均 1 英寸,炮塔前装甲厚 1.75 英寸
	车载武备及配弹量	37 毫米 M6 主炮一门,配弹量 174 发;共 3 挺 7.62 毫米 M1919A4,合计配弹 7500 发
	通信系统	一套无线电系统,用于车组成员内部通信,且能与标准步兵无线电台沟通
	乘员	5 人
布朗式装甲车	自重量	3.75 吨
	长	3.65 米(12 英尺)
	高	1.57 米(5 英尺 2 英寸)
	宽	2.06 米(6 英尺 9 英寸)
	动力装置	福特 V-8 引擎,85 马力
	车载武备	主要为布朗式轻机枪或博伊斯式反坦克枪,后来可加装维克斯式机枪,M2 勃朗宁式机枪,2 英寸或 3 英寸迫击炮及其他步兵投射武器
	时速	48 公里(30 英里)
	装甲厚度	7 到 12 毫米(0.3 到 0.5 英寸,部分覆盖)
	战斗里程	250 公里(150 英里)
	乘员	2 到 5 人
25 磅重炮	重量	1633 公斤
	全长	4.6 米(15 英尺 1 英寸)
	炮管长	2.47 米(8 英尺 1 英寸)
	宽(炮车车轮间距)	2.13 米(7 英尺)
	高(耳轴高度)	1.16 米(3 英尺 10 英寸)

续表

名称	项目	数据
	炮组成员	6人
	可用弹型	高爆弹,反坦克弹或烟幕弹
	弹重	11.5公斤(25磅,含引信)
	口径	87.6毫米(3.45英寸)
	射角	-5度到45度
	发射速率	全开　6-8发/分钟; 强火力　5发/分钟 速射火力　4发/分钟 常规火力　3发/分钟 慢射火力　2发/分钟 最慢　1发/分钟
	炮弹初速	198-532米/秒(649-1745英尺/秒)
	最大射程	12253米(13400码)

附表九　澳军主要自动武器一览

项目	枪械型号			
	维克斯式机枪	布朗式轻机枪	刘易士机枪	欧文式冲锋枪
空枪重	18.1公斤	10.2公斤	11.8公斤	4.21公斤
全枪长	1155毫米 (45.5英寸)	1150毫米 (45.3英寸)	1283毫米 (50.5英寸)	813毫米 (31.7英寸)
枪管长	723毫米 (28.5英寸)	635毫米 (25英寸)	666毫米 (26.2英寸)	247毫米 (9.7英寸)
膛线	4条,右旋	6条,右旋		
供弹方式	250发帆布弹链	30发弹匣或 100发弹鼓	47发或97发弹鼓	32发双排弹匣
射速	450-500发/分钟	500发/分钟	500-600发/分钟	700发/分钟
子弹初速	744米/秒	744米/秒	744米/秒	420米/秒
有效射程	2000米(2187码)	550米(600码)	800米(880码)	123米(135码)
最大射程	4100米(4500码)	1690米(1850码)	3200米(3500码)	
标准操作人数	3人	2人,机枪手和供弹手		
子弹	0.303英寸口径 英制子弹	0.303英寸口径 英制子弹	0.303英寸 英制子弹	9毫米口径

参考书目

Lionel Wigmore, The Japanese Thrust, Canberra Australian War Memorial, 1957.

Dudley Mccarthy, South-West Pacific Area－First Year Kokoda to Wau, Canberra Australian War Memorial, 1959.

Samuel Milner, Victory in Papua, Office of the Chief of Military History, Department of the Army, 1957.

Center of Military History United States Army, Papuan Campaign The Buna-Sanananda Operation(16 November 1942－23 January 1943), Historical Division, War Department, 1990.

Army Air Forces in World War II, Vol. IV, The Pacific: Guadalcanal to Saipan August 1942 to July 1944, Edited by Wesley Frank Craven and James Lea Cate, Office of Air Force History, 1950.

D.M.Horner, Crisis of Command Australian Generalship and the Japanese Threat,1941－1943, Australian National University Press Canberra A.C.T. and Norwalk,Conn., 1978.

Patrick Lindsay, The Essence of Kokoda, Hardie Grant Books, 2003.

Lida Mayo, Bloody Buna: The Campaign That Halted the Japnese Invasion of Australia, Doubleday Company Inc, 1977.

［日］近藤新治－日本防卫厅防卫研究所战史室：《戦史叢書·南太平洋陸軍作戦(1)ポートモレスビー·ガ島初期作戦》，朝云新闻社，1969。

［日］近藤新治－日本防卫厅防卫研究所战史室：《戦史叢書·南太平洋陸軍作戦(2)ガダルカナル·ブナ作戦》，朝云新闻社，1969年。

［日］角田求士（編纂）－日本防卫厅防卫研究所战史室：《戦史叢書·海軍航空概史》，朝云新闻社，1976年。

［日］御田重宝：《ニューギニア地獄の戦场》，德间书店，1978年。

［日］奥宫正武：《ラバウル海軍航空隊》，学习研究社，2001年。

［美］杰弗里·佩雷特：《老战士永不

死——麦克阿瑟将军传》，海南出版社，1999年。

［日］岛贯武治等－日本防卫厅防卫研究所战史室：《大本营陆军部》，四川人民出版社，1987年。

［日］服部卓四郎：《大东亚战争全史》，商务印书馆，1984年。